U0490841

长城形态图志

严欣强　严共明 —— 著

北京联合出版公司

图书在版编目（CIP）数据

长城形态图志 / 严欣强，严共明著 . -- 北京 : 北京联合出版公司, 2025.1. -- ISBN 978-7-5596-8083-9

Ⅰ. K928.77-64

中国国家版本馆 CIP 数据核字第 2024G34D61 号

本书由香港中和出版有限公司授权出版，仅限中国内地销售。
北京市版权局著作权合同登记 图字：01-2024-5840 号

长城形态图志

著　　者：严欣强　严共明
出 品 人：赵红仕
筹划出版：后浪出版公司
出版统筹：吴兴元
编辑统筹：梅天明　宋希於
特约编辑：张妍汐
责任编辑：肖　桓
营销推广：ONEBOOK
装帧制造：墨白空间·黄海

北京联合出版公司出版
（北京市西城区德外大街 83 号楼 9 层　100088）
天津裕同印刷有限公司印刷　新华书店经销
字数 1197 千字　787 毫米 × 1092 毫米　1/12　47 印张
2025 年 1 月第 1 版　2025 年 1 月第 1 次印刷
ISBN 978-7-5596-8083-9
定价：328.00 元

后浪出版咨询(北京)有限责任公司　版权所有，侵权必究
投诉信箱：editor@hinabook.com　fawu@hinabook.com
未经书面许可，不得以任何方式转载、复制、翻印本书部分或全部内容
本书若有印、装质量问题，请与本公司联系调换，电话 010-64072833

总 目

序　言　李少白
前　言

第一篇　长城的墙 …………………………………… 1
第二篇　长城的门 ………………………………… 111
第三篇　长城的墩、台、楼 ……………………… 191
第四篇　长城的垛孔 ……………………………… 293
第五篇　长城的石刻砖雕 ………………………… 363
第六篇　忧心回望 ………………………………… 473

致　谢 ……………………………………………… 546
后　记 ……………………………………………… 551
出版后记 …………………………………………… 552

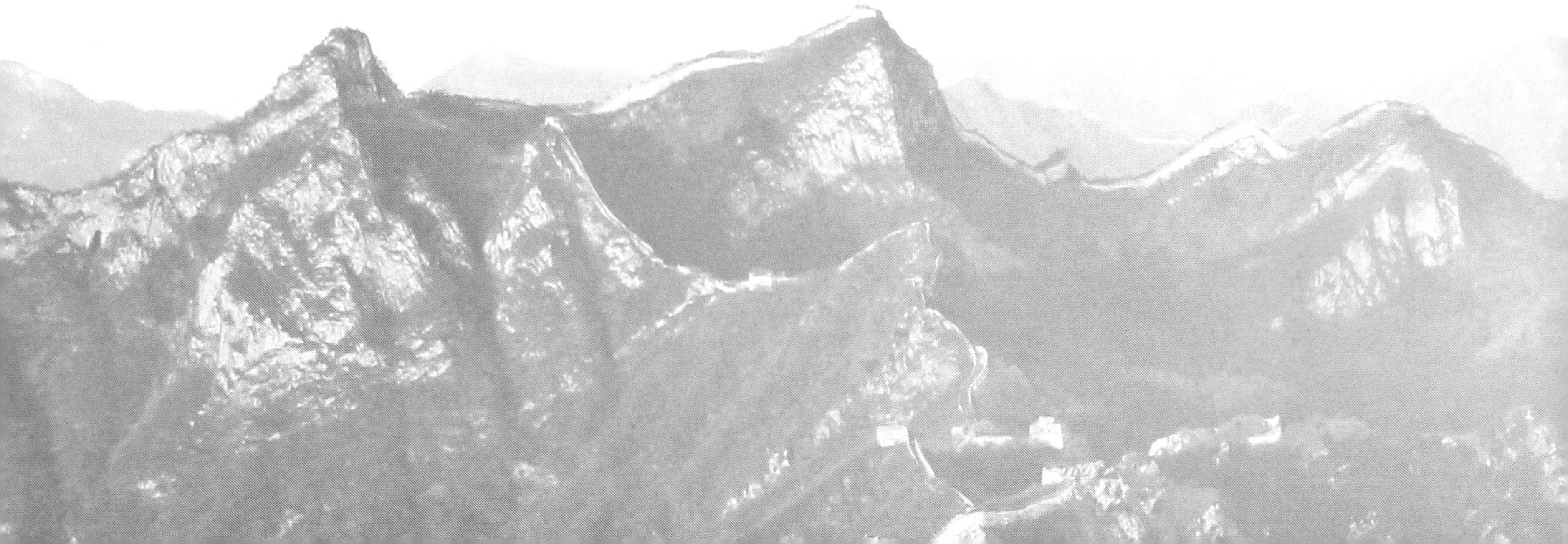

序　言
在长城上让我折腰的严欣强

李少白

从 20 世纪 90 年代初，我就开始爬长城，拍摄长城了！起因是，我发现有相当多的摄影家是因为拍长城拍得早、拍得好而出名的。长城是一个重大的题材，也是一个非常丰富的摄影矿藏，我也很想借长城这个伟大的平台使自己的知名度得以提高。有一次在拍摄长城的过程中，结识了让我很钦佩的摄影家翟东风。当我赞赏他的长城摄影成就时，他却谦虚地摇头，说担当不起，并说我夸他的话应该用于另一个人的身上才合适，此人名叫"严欣强"。说来也巧，就在翟东风让我知道拍摄长城有一个叫严欣强的达人后，第二天我就在北京箭扣长城的一个敌楼内遇到了严欣强先生。从此，我就和严先生成了朋友。我认识严先生之后，很快就受到了打击和刺激。我是一个很要强，也很自信的人，在长城上爬上爬下的结果，除了积累了一批从数量到质量上都相当骄人的片子外，还在内心里储蓄了志夺天下的豪气。可是当我看到严欣强所拍摄的照片后，我却泄了气。这些照片让我感到自己真有些夜郎自大，因为他的那些照片很多是我不仅未见，甚至未闻的。我醒悟到，面对长城，面对真正热爱长城的摄影人，我还远远不够，要想在长城上争雄，还得把严欣强先生当成老师，当成对手。从此，我只要有时间，总是不放过机会追随着他去爬长城。严先生胸怀宽广，不因我争强好胜、把他当成对手而对我排斥拒绝，而是主动向我提供有关拍摄长城的信息、知识、经验，而且只要有可能就带领着我去长城，尤其是那些我从未接触过的长城，他更是力争让我能随他前行。他还介绍我加入了中国长城学会，认识了更多的长城专家，得到了更多的了解长城的机会。

虽然如今在拍摄长城上我已可以算功成名就了，但是我在严欣强面前依然还是要折腰。他不仅在拍摄长城上是我最尊敬的老师，而且至今仍是我拍摄长城的最强大的对手之一。虽然他是学美术出身的，但他拍摄的长城照片，不喜欢玩光弄影，不喜欢用云啊、雾啊、雪啊、花啊来给长城涂脂抹粉，而是非常平实地描绘了长城的本来面目。他的照片多数看来颇平淡，然而这正蕴含了一种高级。就在那些貌似平淡的长城图像中，我分明看到了长城在严欣强心中伟大、崇高的位置，又清楚地看到了在长城巨大的躯体上，闪着严欣强温和、亲切、挚爱的目光。

希望广大读者看了严先生的长城照片，读了我对他的介绍，即便不折腰，也能对他有一个深度了解：他是一个真正持久热爱长城，而且知道如何将对长城的爱转化成有价值的照片的人！

李少白

中国当代著名摄影家。1942 年出生于重庆市。曾就读北京体育学院足球专业，毕业于北京邮电学院无线电技术专业。先后任《大众摄影》《中国摄影》《摄影与摄像》等杂志的编委，并任中央民族大学现代图像艺术学院客座教授。

李少白先生是一位坚持从人本主义的审美角度展现、诠释中国传统标志性建筑（群）的摄影家。出版了《李少白摄影作品选》《神秘的紫禁城》《伟大的长城》《走进故宫》《中国长城之最——司马台长城》《长城野韵》《看不见的故宫》《看不见的长城》等多本画册，视角独特，影响深远。

李少白的长城和故宫摄影作品曾在北京、上海、台湾等地展出，并在法国、德国、日本、爱沙尼亚、瑞士、美国等国展出。

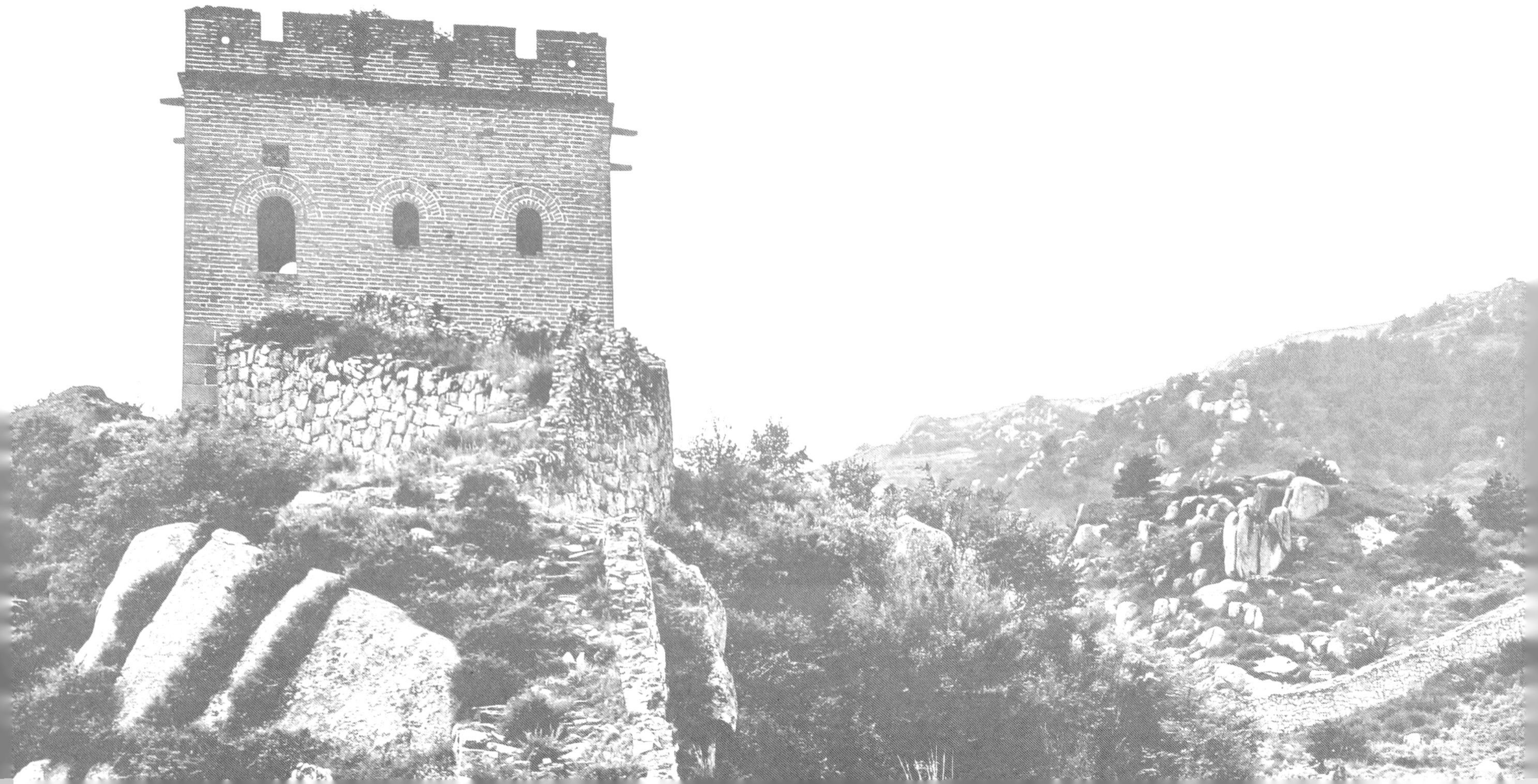

前　言

两千年来，在中国北方，伴随着农业文明和游牧文明冲突与交流的历程，筑高墙、修长城几乎贯穿了整个中国古代历史，也见证了中华民族的诞生与壮大，中国人可以说是世界上修筑长城历史最长的民族。如果说毛主席的"不到长城非好汉"浓缩了国人的英雄情怀，那么《义勇军进行曲》则将长城深深谱入了我们的国魂。

相信每个首次登上长城的朋友都曾经被长城那磅礴的气势所震撼。有的人因为这种震撼，踏上了走遍长城之路，用双脚和时间来证明他对长城的热爱，也有人因为这种震撼拿起了画笔或相机，用作品呈现长城在他心中的美。我们父子二人也是因为这种震撼，产生了对长城的好奇。自1984年以来，这份好奇心一直驱使我们带着求知的心态，不断探索长城。

最初，走上长城，攀到高处，只见绵延的长城望不到尽头，我们以为已经了解并观赏了长城，回家后会在拍摄的照片后面写下时间和地点来作为记录。但随着实地考察长城所收获的知识越积越多，我们才发现这只是"看到"了长城，而不是"观赏"了长城。如何消化这些观察所得并将其变成营养，成了一个难题。如何才能从更高层次来归纳不同地段长城的特点，以及我们的感受上的差异呢？经过多年的摸索，我们渐渐体悟到，只有从艺术的角度去观察长城，长城的特点才能被发现和观赏。

那么，艺术的本质是什么？艺术的本质是在客观事物中发现美的规律。画家从绘画艺术的视角去观察长城，摄影家以摄影艺术的角度去观察长城，而若想全面、系统地将人类对长城美的感性认识提升到艺术高度，就势必要格外关注长城的细节以及其形态构成。

作为经典古建筑，长城的建筑本身蕴含了大量的细节，相关领域也早有中国古代建筑专家在努力研究，在这里我们无意班门弄斧——然而，长城上丰富多样的墙、台、门、楼、雕刻该如何欣赏，又绝非"古建筑"三个字可以简单涵盖，因此急需一套系统学说与之相配。

同样的，自从新中国重新融入世界大家庭，作为最有特点的"外交名片"，长城得到的关注热度不断上升，而对长城的理解和认识也迫切需要深化。介绍长城的书籍可谓不少，但多是以历史、旅游或摄影为主题。时至今日，仍缺少一本聚焦长城细节的著作，系统性地帮助读者领略长城的形态之美。

关于"长城的形态美"这个概念，我们所获得的启发最早来自《中国艺术教育大系》中由辛华泉先生编著的《形态构成学》。其中对构成的目的、形态的分析等论述令人思绪豁然开朗。

"长城形态说"就是适应新时代长城观赏与研究的新发展而产生的。它以长城建筑为研究对象，从三维空间的角度，观察长城形态的各种构成元素以及组成方式。在本书中，我们归纳整理了过去几十年来观察长城所积累的丰富资料，抽取其中类同的部分，并用形态构成的方法比对其异同，力求将长城的形态美分类归纳、清晰有序地介绍给读者。期望大家不但能从艺术的高度来观赏曾经看过的长城，还能留意到长城上许许多多不曾被关注的细节之美。

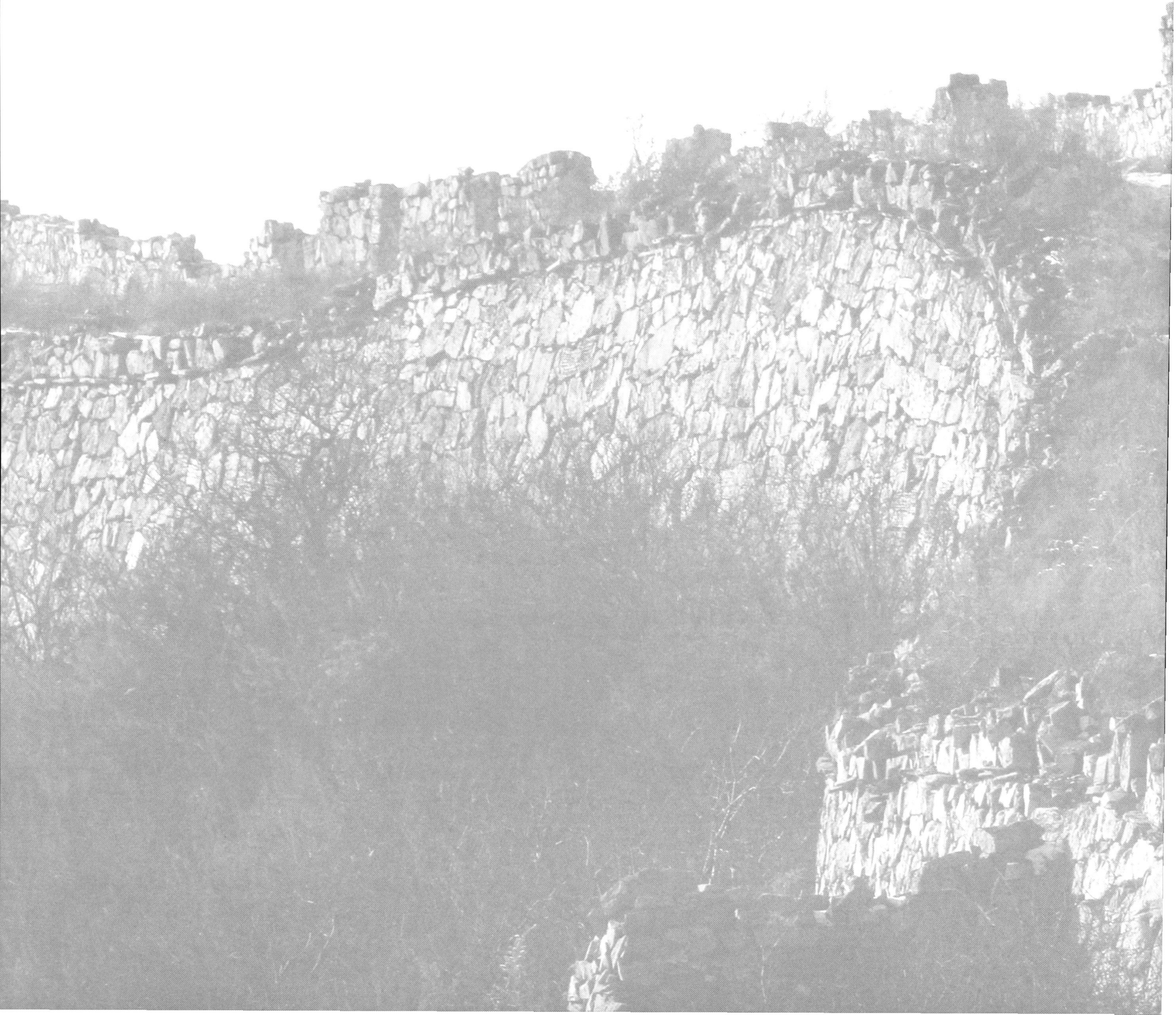

第一篇　长城的墙

第一章	土城墙	3
第二章	石城墙	11
	第1节　石缝成行的平面墙	12
	第2节　石缝成行的毛面墙	15
	第3节　石缝不成行的平面墙	19
	第4节　石缝不成行的毛面墙	22
	第5节　塌垮成垄埂的石墙	25
第三章	砖城墙	31
	第1节　砖石面墙	32
	第2节　砖面墙	36
第四章	短横障墙	43
第五章	山险墙	51
第六章	垛墙	65
	第1节　土垛墙	66
	第2节　石垛墙	70
	第3节　砖垛墙	79
	第4节　宇墙	101

第一篇　长城的墙

▲ **甘肃永昌的土城墙**　吕　军　摄

甘肃永昌金川峡的明长城高达6米多。墙头宽不到1米。这段长城多处墙根酥化，一反下宽上窄的梯形截面。这段长城墙根内缩严重，土墙截面如同出土青铜残矛的短柄矛头，远看十分高大，近看摇摇欲坠。

▼ **山西朔州威远堡土堡墙**

山西朔州右玉县威远堡是明长城体系中的一个军事重镇。古堡的夯土墙还保持着10米的高度。老城的东门和南门被彻底拆成大豁口，水泥小马路从残破的瓮城穿过。南门两侧的夯土墙开裂坍塌。村民采取的措施是沿着水泥小马路修葺带垛牙的矮砖墙，以防即将塌垮的夯土墙危及安全。村民对夯土墙的整体坍塌趋势束手无策。

▲ **甘肃永昌毛卜喇的土堡门**

甘肃永昌金川峡西的毛卜喇明长城断断续续，遗存的墙体高达6米多。断豁处多呈土埂状。毛卜喇有个带残围墙骑长城的大墩。大墩围堡东墙有一堡门洞，门洞外遍生荒草，道路湮灭。门洞内堆积着塌落的土块。从土块断面看已有些年头了。土长城的天敌是雨雪浸泡，无人维护的土长城在风雨中必然会发生损毁。

◀ **甘肃高台许三湾古城土堡墙**　吕　军　摄

甘肃高台许三湾古城离许三湾村不到三里地。古城北有一个带残围墙的大墩。古城只有一个南门，南门外有高8米多的瓮城。城南门和瓮城门已是豁口。瓮城墙外多处开裂，瓮城墙根堆积塌落的土块数量颇多，估计超过了两辆大型卡车的装载量。

▶ **甘肃嘉峪关外的夯土墙**　吕　军　摄

嘉峪关是明长城西端最大的关城。明洪武五年（1372年）筑土城。明弘治八年（1495年）在土城以西建嘉峪关西关门的门台及门楼。明正德元年（1506年）在土城上建东西门台及门楼。明嘉靖十八年（1539年）用砖包砌西关门台及罗城（整个土关城的马道、垛墙也用砖砌筑）。有七百多年历史的嘉峪关，在近六十年中得到了保护和维修，既是明长城最西端的代表，也是明长城夯土墙的典型。

第一章　土城墙

　　根据建筑施工材料，长城可分为土城墙、石城墙、砖城墙。

　　"甘肃、宁夏、陕西三省长城都是土沙城墙，经长期风雨腐蚀已经基本坍塌。"中国第一位职业探险家刘雨田先生1984年开始独自徒步明朝万里长城，他事后回忆，"只有山丹、盐池还留有一些比较完整。"

　　同在1984年，秦皇岛工人董耀会、吴德玉和张元华三人从山海关老龙头出发，由东向西沿长城徒步考察，并用一年半时间走到了嘉峪关。事后三人以"华夏子"为笔名合著《明长城考实》。书中对西北长城现状记述多为"圮坍严重""存毁多半""成堆状土脊""仅为土埂状遗迹"。据我们多年在画册中翻看和实地田野长城考察，他们的记述都是客观如实的。

　　与石城墙、砖城墙相比，土城墙在明长城总长度所占比例大、修建时期早，但是因为旅游的发展和国人现在对长城的热爱，土城墙实在承担不起这份重担。历史原本、真实的样貌才是应该被尊重善待的。

第一篇　长城的墙

▼ 甘肃嘉峪关的土坯墙

嘉峪关高大的城墙，除了西门台和西罗城是用砖包砌，关城、瓮城和长城主线墙都是夯土墙。嘉峪关的墙顶马道和垛墙为砖砌，砖垛墙以下是土坯（未经烧制的泥块），掉了墙皮的地方，都可以看到土坯的存在。嘉峪关墙高9米，再算上1.7米高的垛墙，总高10.7米。嘉峪关是长城夯土墙中最神气的代表，其关城墙因不断的维修，现在是长城夯土墙保存最完好的状态，在河西走廊的荒滩上显得雄伟醒目。

▲ 甘肃永昌的夯土墙

甘肃永昌金川峡长城沿山谷而建，远看长城体态明显，近看酥蚀斑驳。这段长城墙体尚在，垛墙不存。长城墙顶已无法站人。

▶ 甘肃永昌的夯土墙　吕　军摄

甘肃这段长城质量最高。在墙头明显能看到有垛墙，使长城向背的方向感十分明确。在土筑城墙中能有保存至今的土筑垛墙，这一点是十分珍贵的。

第一章 土城墙

◀ 陕西定边的土长城

从陕西定边到甘肃兰州，高速公路边有与高速路毫不相干的游览提示："明代长城"。按提示看去，长城似乎无心站立，全趴下了。看不出一点垂线，横直的地平面摊着一串巨大的鼓丘，蜿蜒看不到尽头。这是目前明长城的真实状态，这一段还不是保存最差的土长城。

▲ 陕西神木的土长城　罗　宏摄

陕西神木解家堡质量差的土长城，呈现酥垮的状态。

◀ 陕西府谷新民堡的夯土墙　罗　宏摄

陕西府谷新民堡质量好的土长城，还能看到完整的墙立面。

第一篇　长城的墙

▶ **山西偏关的夯土墙**　郭茂德 摄
偏关县老营堡的夯土墙还保持着 8 米的高度。这是一段虽然高大，但正在坍塌的土长城。

▼ **山西河曲的夯土墙**　山雪峰 摄
在河曲县，长城沿着黄河岸边而立，基本保持着原有高度，但墙体分段塌垮。

▶ **山西偏关的夯土墙**　熊启瑞 摄
在山西，明长城也有内外之分。外长城位于山西省与内蒙古自治区的交界线上。内长城沿偏关县柏杨岭、神池县、代县、繁峙县、灵丘县分布。内长城也有很多很完整的高质量遗存地段，但偏关县柏杨岭这一段长城，是山西土长城中保存较差的地段之一。

▼ **山西朔州的夯土墙**　郭茂德 摄
山西朔州高石庄乡少家堡的墙体立面完整，但墙体以柱样开裂塌垮。

6

第一章 土城墙

▶ 山西朔州的夯土墙　罗 宏摄
山西朔州阻虎乡正沟村的夯土墙有厚度、欠高度，是酥垮成缓坡的夯土长城。

◀ 山西山阴的夯土墙
山西山阴的夯土墙有高度、欠厚度，已是临危状的夯土长城。

▼ 山西宁武的夯土墙
山西宁武大水口的夯土墙基宽5米、墙高6米，大部分完整。

◀ 山西大同的夯土墙
山西大同新荣区镇河堡的夯土墙基宽10米有余，墙内面斜垮成坡，墙外面还有6米高立面的夯土墙。

第一篇 长城的墙

▶ **山西阳高的夯土墙** 山雪峰 摄
阳高县守口堡两侧的地形险要依旧。守口堡长城夯土墙大都保持6米高。夯土墩台也比较完整。陡峭山崖上的长城成了今天山西省大同市长城发烧友灵感的汇集地。每当春花遍野,或是大雪初霁时,不光"晋"字牌小汽车塞满了路边,其中甚至还有不少"蒙"字、"京"字牌的小汽车来凑热闹。

◀ **山西朔州的夯土墙** 山雪峰 摄
位于山西与内蒙古交界的朔州,其境内长城都是夯土的。看不出长城两边的土地有什么区别,树木、庄稼甚至民居看起来都差不多,但站在长城上,你能想象当年长城外有一股巨大的力量在虎视着这一切。当年,这列与田地极不协调的大墙就是防御这股力量的屏障,那力量就是虽远在天边但如同寒风一样可以随便吹遍大地的蒙古骑兵……岁月散尽,蒙古骑兵的子孙过上了新的生活,而阻挡铁骑的高墙在春雨、清风中一点点地松散,回归天地。

◀ **山西天镇的夯土墙** 龚建中 摄
天镇县李二口的长城用土夯筑,即把土堆在固定的夹板中夯实。万里长城所经过地区的土质差别很大。多年的雨水冲刷,土少沙多的部分就散开、脱落,土墙就溶出大大小小的麻坑,成了长城的"天花墙"。

第一章 土城墙

▶ **山西天镇的夯土墙** 龚建中 摄

在天镇县榆林口的山坡上，长城保持着原厚旧高，但季节性洪水把长城拦腰冲断，连长城的基础也冲开了。长城是人修的，而自然的力量有时压倒了人的力量。

▼ **河北赤城的夯土墙**

河北省是长城大省，但夯土长城并不多。直到今天仍然高大、坚硬的夯土墙长城，只在张家口市赤城县八里庄有一处。

第一篇　长城的墙

◀ 山西大同的夯土墙　龚建中 摄

当年大同镇在新平堡专设了一路"新平路参将"，是大同镇东路防守的第一个要害。从地图上看，这是一个很关键的地方；从实际地形上看，这里几乎无险可用。从现存的长城看当年确实下了不少功夫，这是很典型的山西长城。因为现代当地人不需从长城上取土掮地，这段长城仅是自然地风化，保存状况是山西长城中比较完好的。

▶ 北京延庆的夯土墙　丁　岩 摄

北京在永乐皇帝时成为明朝的首都。明长城按九镇划分，北京由蓟镇和宣府镇两个镇拱卫。从修造水平和质量来说，这两个镇是明长城中数一数二的。图中延庆区外炮长城的夯土墙至今未被发掘和开发。这是北京明长城中唯一的夯土筑长城，非常宝贵，急需认真保护。

▼ 河北怀安的夯土墙　吕　军 摄

怀安县的长城大部分是石堆墙，在渡口堡乡桃沟村才能看到几处夯土墙。夯土墙虽然塌垮酥化，但夯土层面还清晰。

▶ 河北怀来的石城墙　张　俊 摄

怀来县庙港长城的石城墙在当地有"样边"之称。意思是非常高级，达到榜样的水平。其实此处砌长城的石头大小没有严格尺寸，也未精雕细刻。墙立面石头并不平整，垒砌石缝也不严格成行，但大段保留了石垛墙。在石砌墙长城中因少有而被人们所喜爱。

第二章　石城墙

　　石城墙就是用石质材料垒砌的长城。石长城的材料，从砂岩、花岗岩、页岩到河滩石都可以采用。明长城修筑时通常就地取材，而石材体积有大小之别。巨大的石块需要众人利用斜坡、撬杠使其翻滚就位，稍次则要多人绳捆肩抬使其就位，一人可以搬动的就算小石块了。

　　根据实地考察，石城墙用的石料有精加工、粗加工、不加工之分，石城墙保存状态与石料加工水平、砌石黏合灰浆质量关系很大。至今保存如初的石城墙必是两者达标，而石料粗糙、灰浆糊弄的石城墙肯定经不起风雨。垮成石垄状的长城也是历史的真实写照。

　　从形态角度看，石城墙可分平顶墙与封顶墙两类。平顶墙，墙顶平齐又可供人员在墙顶活动，并配有垛墙（石砌或砖砌）。封顶墙，墙顶断面为三角形，上无垛墙，不可站人也不易攀爬。从石墙立面效果可以看到有石缝成行的平面墙、石缝成行的毛面墙、石缝不成行的平面墙及石缝不成行的毛面墙四类。

第1节 石缝成行的平面墙

石缝成行的平面墙，其建筑要点之一是石料砌缝水平规矩，不论墙体高低起伏蜿蜒，砌缝始终保持平行；要点二是每块石料加工精细，保证单块石料在石墙砌合中都保持了与相邻石块的协调一致，使石墙立面总体保持平整。在墙体弯曲之处，每块石料都恰到好处地整理了凹凸，使石墙立面弯曲得光滑顺畅，远看效果如刀切斧削一气呵成，令坚硬石料砌建的长城呈现出奇妙的力度。

精加工的条石砌墙对石料开采及选用有严格的尺寸要求。石料外面四边需要垂直，石块厚度要统一。全砌的城墙石缝平行、严密，墙面平整，浑然一体。人工的精致与自然地貌产生强烈的反差。这类高标准、高质量的精加工石墙只在重要地段和重要关口附近使用，并非大面积铺设。其中比较典型的地段包括北京延庆的石峡长城、八达岭长城、水关长城、大庄科香屯长城，昌平关沟中间的居庸关长城，怀柔西水峪长城。另外，在河北的易县紫荆关关城、涞源县的乌龙沟关城也能看到。

▲ **山西偏关的平面石墙**　孙国勇 摄

在老营堡东门的瓮门外发现了一段还保留至今的完好的石砌墙面。该石墙用的石料比八达岭的条石小，规格尺寸统一如同砖垒。让人吃惊的是墙面虽呈斜面却十分整齐，虽经几百年风雨、氧化，还能保持着光洁的感觉。这样的石城墙在山西只有老营堡东墙有几十米遗存，它证明山西也有极下功夫、石缝成行的高级石墙。

▲ **河北涿鹿的平面石墙**　严共明 摄

位于涿鹿县的长城中，马水长城最神秘，不论文物考古还是长城旅游都会有意躲开这一段。马水长城的石墙也是按八达岭长城的规格修筑，从局部表面上看很难区分二者。

◀ **河北易县的平面石墙**　山雪峰 摄

易县紫荆关北的石头墙。从每块石高低的严格一致、每层石缝的平行笔直、石墙面的总体的平整，可以看出来，这段石墙从选料、加工、施工，到最后的效果，都是石墙中规格最高的，和长城中顶级的部分——北京八达岭长城完全一样。能在距京几百里以外的山沟中出现这样一段高水平石墙，实在罕见！

第二章 石城墙

▲ 北京延庆的平面石墙　李玉晖 摄

延庆区石峡东长城，从建筑技术到最后完成的效果，应该说与八达岭长城是一样的。人们找不出来这段长城与八达岭长城有什么不同，都是那么整齐，有气势。八达岭长城是守卫关沟通道的第二道防线，石峡长城是八达岭长城的侧翼，该段长城内无道路通往北京市区。

◀ 北京延庆的平面石墙　严共明 摄

八达岭长城的石墙在明长城的石墙中是规格最高、施工质量最好的。每块巨型条石五个面均以90度相接，主面凿平。砌筑时按水平码放，石缝水平成行。因为长城墙体随山势起伏，形成巨大生动的曲线，而石墙的石缝却在巨大的曲线内描出工整的水平细线，形成一种强烈的反差对比。自然的野性与人工的理性构成一种悦目而震撼的效果，长城磅礴的气势与沉静的细节组合令人赞叹。

13

第一篇　长城的墙

▶ **北京延庆的平面石墙**　黄东晖 摄

延庆区香屯长城石墙和八达岭长城石墙质量似乎相近。因该段长城外山势更高，其气势显然不及八达岭长城。

▼ **北京怀柔的平面石墙**　马　骏 摄

怀柔区西水峪长城石墙不比八达岭长城石墙质量差，只是不在交通要道，没有重重关口。它名气虽不及八达岭长城，但在位于北京的长城中算得上一流水平，是绝对值得去看的长城。

▲ **北京延庆的平面石墙**　严共明 摄

水关长城比八达岭长城地势起伏更大。石墙条石从山谷低底完全水平依次向高处砌筑。该段长城质量和八达岭长城在同一等级。

第 2 节　石缝成行的毛面墙

同为石缝成行的墙体类型，毛面墙与石平面墙的不同之处在于石料接缝以及石墙立面的平整程度。因为毛面墙石料的加工程度不如平面墙精细，稍显粗糙的石缝不如平面墙石缝平直。虽然石缝大体上成一条直线，却不十分严格，做工稍差的，石缝就起起伏伏了。同样受加工不够精细的影响，石料砌出的墙立面是凹凸不平的，似乎是施工者放弃了对精细工艺的追求。

这种形态的石墙在山西、河北、北京有广泛分布，其中较典型的是慕田峪长城。慕田峪关并非军事要冲，由此关进出长城比较绕路，故不为商旅、兵家看好，历史上也没有大的战争记载。笔者怀疑其建筑规格因此而较八达岭、古北口等要塞为低。修建慕田峪长城时，用这些公差较大的石块砌起来的墙，虽然也保持了行距，但石缝比较随意，并不追求齐平，特别是石块的主面没有特意加工，导致其墙立面比八达岭的墙立面毛糙，不够精致。不过，这种石料加工及砌筑的方式，也令石缝成行的毛面墙体多了几分天然厚重的感觉。

◀ 北京怀柔的毛面石墙　严共明 摄
怀柔区慕田峪长城石墙虽然石缝成行，但没有保持水平。墙立面比八达岭长城石墙毛糙。

▲ 山西平定固关的毛面石墙　熊启瑞 摄
山西是长城存留的大省，但未见到保存完好的石块垒砌的城墙，现存墙体材质以土为主，砖、石墙体遗存很少。固关的石墙施工时，每层增加石块，层与层之间的差异一目了然。因石块外面不凿平，石缝虽然成行，长城立面却极毛糙。

▶ 陕西府谷的毛面石墙　吕 军 摄
府谷县是一座据黄河岸崖而立的山城。石砌的城墙存留七成。这是陕西省内长城的珍贵遗存。（六个城门居然都还存留有门洞，也是个奇迹。）石墙为大石块垒砌，石料加工尺寸很严谨，石缝十分平整。墙体对敌的一面石料并不找平，墙面粗糙，给人一种结实、厚重感。

第一篇 长城的墙

▶ **山西平定的毛面石墙** 郭茂德 摄

平定县固关瓮城的高墙均为块石垒筑，大小不均。但石层清楚，说明在施工前对石料有要求，在施工时是按层码放的，因此，三丈高的石墙结实、耐用。凡路经此处的行人都会对此关的坚固、高大留下深刻印象。

▼ **山西偏关的毛面石墙** 熊启瑞 摄

偏关县柏杨岭是山西内外长城的交会地，稍高于地面的墙体，多为石堆状，偶有石块包砌的石墙，又多为杂树丛木所困，难以拍摄。图为用规格不统一的条石砌成的一段偏关长城石墙，可看出石缝成行，墙面并不平整。

▶ **河北涿鹿的毛面石墙** 方 明 摄

在涿鹿县有一段长城，除"长城小站"的朋友在网站上介绍过，再没任何人或著作提起过这段埋在历史里的宝贵遗存——龙字台长城。羊圈村龙字台长城存留的六个敌楼中有三个敌楼还保存着原来的楼匾，使现在的人可以凭此明白当时长城敌楼的顺序，非常宝贵。
龙字台长城的墙面并不十分平整，较为毛糙。每个块石向敌的一面四边加工平整。

第二章 石城墙

◀ 北京怀柔的毛面石墙　吴　凡　摄

怀柔区黄花城长城的青石体积都相当大，要两个人才抬得起来。这样大的石头在这么高的山上，只能就近取材。前人开石时是凭借估算，开下来稍稍加工就码放上墙了。可以看出石块是按层码砌，但石缝不保持水平。

▶ 北京延庆的毛面石墙　徐宝生　摄

在垒砌长城的墙体时，有两种方法：一种是顺坡砌，这样石墙的石缝与山坡平行，长城如同沿坡而爬的巨龙。而另一种不考虑坡的陡斜，从最低处开始时就水平垒放，山坡不管多大、多陡，石墙逐层水平砌上去。这样，石墙的石缝不是沿顺山坡爬，而是一层层水平往上垒砌。

◀ 北京密云的毛面石墙　山雪峰　摄

密云区古北口一带的长城，只要没有被拆光，就能看到基本都是砖包的大墙。石砌的墙只有古北口卧虎山西北侧有。卧虎山西侧的石墙石块尺寸不大统一，大石垒几层，再以小石垒几层，这样石块行距并不一致的石墙，在其他地方的长城中很少见到。

17

第一篇 长城的墙

▶ **北京密云的毛面石墙** 严共明 摄
司马台长城靠近水库的部分，墙体是用粗加工的毛石垒砌的，石墙面并不平整。石块大小不规范，能看出是按层码砌的，但石缝没有保持水平成行。

◀ **河北遵化的毛面石墙** 山雪峰 摄
清王朝定都北京后，在马兰峪修造长城内的陵园。而马兰峪山上耸立着的明朝长城当然被清王朝陵园视为忌讳，因此，马兰峪明长城被彻底毁坏。马兰峪残存的石墙墙面相对比较平整，石缝虽不十分平直，但层次清楚。

▶ **河北秦皇岛的毛面石墙** 高玉梅 摄
秦皇岛罗汉洞关——界岭口关西侧的一个小关口——是长城在当地的重要通道。罗汉洞长城石墙采用的石料体积巨大，很难再加工。石料来源有限，一半改用砖砌。石料不用严格加工，只要一面能拼接成石墙立面即可。如何运用不规则石料，也是一种智慧。

第 3 节　石缝不成行的平面墙

把石料加工成规则的六面体，只要使它们的长宽高基本一致，垒砌到长城上的石料长接缝自然就会成行。

若石料收集后不经加工，在多面体的状态下就垒砌到长城上，石料的接缝就很难成行或有规律的状态。石缝不成行的石墙在长城上比比皆是。

石缝成行的平面墙分为平面和毛面两类状态，受此启发，我们发现，石缝不成行的石墙也有平面和毛面两类状态。

石缝不成行的平面墙之所以"平"，是筑墙工匠在砌墙时，把每块不规则的石料上相对平整的石面砌筑在向外对敌的立面上，或者是把不规则的石料预备安放后，对外侧立面给予一定的加工，使长城石墙立面基本平整。

充分利用每块不规则石料上仅有的平面，或者是把每块不规则石料加工出一个可供与其他石料拼接的平面，是石缝不成行平面墙的宝贵亮点。如此可成倍地提高效率、缩短工期，克服石匠劳力不足的问题。

▲ **山西繁峙的平面花石墙**　山雪峰 摄
繁峙县韩庄长城是山西省少有的还保留石砌墙的长城。繁峙县韩庄村 108 国道南北各有六座保存状况好坏不一的敌楼。因有的楼门还保留编号楼匾，可推测为茨字贰拾贰号到茨字叁拾肆号。韩庄长城石墙的石料大小各异、石缝紊乱，石墙立面却相当平整。临敌面绝无攀爬借力之处。

◀ **河北涞源的平面花石墙**　山雪峰 摄
涞源县白石山长城的石墙亦是利用不规则的大小石块垒砌，包括主墙上的垛墙也是如此。这种筑墙的办法，在涞源县长城多处可见。需要强调的是，长城临敌的墙面十分平整，敌方攀爬很难找到可利用的地方。

第一篇　长城的墙

▲ 河北赤城封顶式平面石墙　明晓东 摄
赤城县独石口长城是封顶式石墙存留得最完整、最长的一段。在大量现状已是石堆、石垄的长城遗存中，能看到这样高大、完好的石墙真让人感到宝贵和不易。这种石墙的石料都不大，一个人一次可抱起四五块。用这样的小碎石块，垒砌起两人高的石墙，还不用石灰勾抹石缝，可以看出技术还是很高的。

▶ 北京密云平面花石墙　姚泉龙 摄
路是明长城防御体系所设置军事指挥管理体系中的一个等级名称。整个长城体系只分为十一个镇，每个镇下统若干路，密云区墙子路就是蓟镇下的一个路。墙子路长城在密云也是很有特色的地方，保存较为完好，在垛墙上有字迹清楚的文字砖。

第二章 石城墙

◀ 北京平谷的平面石墙　张　骅 摄

整体而言，平谷长城的保存现状在北京各区县中是最差的。平谷的长城多为石块垒砌，看不到一段保存完好的。只有平谷金海湖地区的红石门长城还能看到保持有石墙立面的石砌墙，石垛墙仅有零星遗存痕迹，比延庆的八达岭长城、怀柔的慕田峪长城、密云的司马台长城差远了。

▶ 河北秦皇岛的平面石墙

河北的明代长城可分为冀东、冀西北、冀西南三部分，其中冀东长城墙体的建筑标准、整体保存状况好于后二者。例如，在秦皇岛苇子峪东山最高处，有这样一段高大完整的石墙，墙顶砖垛墙完好，箭孔依次排列，不规则的石块垒砌完整。石块拼接的墙立面达三人多高，十分平整，在花石砌长城中，应是十分罕见的。

◀ 河北秦皇岛的平面石墙　黄东晖 摄

三道关是山海关到九门口关之间的长城的一个险要关口，以在山谷沟坡中修了三道石墙而得名。其中第三道因山崖陡峭最难修建。如今前两道石墙都只存残迹，只有第三道还保持着历史原貌。

第一篇　长城的墙

第 4 节　石缝不成行的毛面墙

我们本以为有前面的三类石城墙形态，就可囊括石长城形态的全部了，不想，在归纳石缝不成行的石墙照片时，发现还有一些虽然与石缝成行中的毛面墙形态特点接近，但石料平面不明显，不够平整，甚至还保持着河滩鹅卵石的凹凸。这类石墙墙面实在够不上"平整"二字，我们才因此归纳出第四类石墙，即石缝不成行的毛面墙。

石缝不成行的毛面墙从形态上有三个特点：一、砌墙石料加工程度最少，很多都保持着石料原始的自然状态，这样可以省去巨大的石料初加工、精细加工的工作量，甚至可以舍去石匠的队伍；二、由于石料的不规则，石料之间相互捏合咬吻较差，表现在石墙立面石料接缝存在巨大的缝隙，对墙体的牢固程度产生直接影响；三、在这四类石墙中，石缝不成行的毛面墙墙体规格最低、遗存最少，有此类石墙存在的地段，其长度也非常有限，对于仅有的遗存，其状态也常令人叹息。

▲ **河北涞源的毛面石墙**　孙国勇 摄

在涞源县长城中，白石山长城以敌楼完整密集、墙体存留完好成为精品。这段墙是从长城主线向南"甩出"的一段石垒墙，对白石口村有一点保护意义。从这段石墙可以看出，长城石墙的修筑，因时间、修造者不同，质量水平、工艺水平和最后效果就会大不相同。

◀ **河北怀安的毛面石墙**　王　虎 摄

怀安长城是河北外长城与山西长城的交接位置，从地理位置上看这段长城很重要，但其存留状态却令人不敢恭维。山西的长城遗存基本是夯土墙，河北的则多是石砌墙，精华地段有砖包墙留存。怀安长城在河北长城的最西端，石墙高不足两米，断面呈锥状，用碎石干垒。大部分已塌成石堆，只有零星未坍塌处还能看出原石墙的墙斜面。

第二章　石城墙

◀ 河北怀来的毛面石墙　山雪峰 摄

用可搬动的石块把山崖临敌面的石壁加高垒成墙状，在山崖顶上码出平面，再垒出可用作防御的石垛墙，砌出可观察敌情的望孔。这段石墙在怀来县长城的石墙中是最惊险的一段，足以令人赞叹。

▼ 北京密云的毛面石墙　马　骏 摄

密云区黑关堡北山势陡立，陡崖下的石墙用料不是从山上开采的，而是从河滩里搬来的。在河北、北京一带，长城石墙用河卵石的不多。掌握了用圆河石筑墙技术的工匠自然充分利用自然资源，搬来就用，否则只能开山取石，那样自然麻烦得多。

▲ 北京密云的毛面石墙

明长城所设的十一镇中，蓟镇长城下分三协，每协下又分三到四路，曹家路当年统领军士也得上万，总辖二十二个关堡，五十多个敌楼，控制着一百六十多里的长城。曹家路残存的关堡北墙，证明该处当年地位不低。石墙用料有块石也有河滩石，这样垒出的墙面，有的石头带棱带角，有的石头圆头圆脑，石墙有两人多高，墙面虽然并不平整，但若想爬上去，这圆头圆脑的石头手抠不上，脚蹬不住，对防守方是非常有利的。

23

第一篇　长城的墙

▲ 北京密云堡墙上的毛面石台
密云区遥桥峪堡只有一个堡南门，堡城四方角上各有一个角台。砌墙的石头都是从河滩里搬来的。用这些圆溜溜的石头砌墙已是不易，砌角台就更难了。但筑墙的工匠想了个办法，先用稳定性好的块石垒好角台的三个角边，这样有三个角边箍着，再把这些圆河石挤在里面，就垒成了城角台。

▶ 辽宁绥中的毛面石墙　山雪峰 摄
辽宁省长城的石墙保存下来的不多，绥中县永安堡乡锥子山长城是辽宁省境内长城的精华。蔓枝草长城也在锥子山长城保护范围内，蔓枝草长城山上还有三个带石匾的敌楼。山坡下的石墙是用巨大的块石砌成的，码砌时不讲究石层缝呈水平，也不追求墙立面的平整；石缝没有白灰勾抹。墙立面虽然粗糙，但至今仍高大、结实、完整。

第 5 节　塌垮成垄埂的石墙

如果指着这些摊在山坡上的碎石堆说，这就是明长城的石墙，估计会伤害一些爱长城的朋友的感情。我们第一次看见时，也不愿意相信这就是长城。

经过前后十多次考察，我们从北京市延庆区的九眼楼向西过永宁，从延庆区白河堡到河北省张家口市赤城县，再从赤城县独石口拐向南，从龙关镇地界出赤城县（长城几乎把赤城县从南向北纵穿），甚至沿宣化区向西，再沿万全区北界和西界到怀安县西的桃沟，所见的长城都是这个状态。只有赤城县独石口、万全区洗马林附近的几处长城石墙还保留着原状。

以上所说的长城，是明朝长城九镇中宣府镇统辖修造的地段。历史上这里战事不断，但这段长达 600 多千米的石垒长城就是这个状态。

垮成石垄堆的石墙也是长城，只是不好拿来当作形象代言。其实这也是历史，也是当年施工人员的作品，经历了数百年风雨的石墙，呈现这种状态，也是一种真实，我们应当接受，也该欣赏这种苍凉。

▲ 河北万全的石堆墙　李　炬　摄

河北长城沿张家口市尚义县与万全区交界处延伸。万全区西南长城上的墩台多数截面为圆形。板山长城是万全区长城的南头，这段石堆墙里还有几处没垮的石垒墙，截面为锥三角形封顶式，与赤城县独石口长城的封顶式石墙样式一致。

◀ 河北怀安的石堆墙　张　骅　摄

河北长城在怀安县渡口堡乡向西与山西长城相接。该段长城现存的墩台还有台圁。桃沟长城，是河北长城石堆墙的最西端。

第一篇　长城的墙

◀ 河北万全的石堆墙　李　炬摄

万全西边洗马林长城上的墩台有截面呈方形的砖包台，台门券上亦有台匾，部分刻字还保持着原状，但石墙多是石堆状。

▼ 河北万全的石堆墙　郑　严摄

河北长城沿万全与张北交界延伸到宣化。万全北边的长城是河北长城中当年设计规格最低、如今毁坏最严重的地段。该段长城如同点缀在荒野上的石垄堆，不用蹬上石堆墙，站在石堆下两边已可互望。

第二章 石城墙

▲ **河北宣化的石堆墙** 黄东晖 摄
宣化长城向北经过一座山，当地人称呼"人头山"。应该是从某个角度看，与人头外形相似之故。人头山下有一个较完好的砖包台，该段石墙也已垮成石堆状。

▶ **河北宣化的石堆墙** 黄东晖 摄
河北长城在张家口宣化大白阳堡一线最大的特点，是二十多个截面呈方形、顶面下开门的砖包台。该段石堆墙也垮成石堆状。

第一篇　长城的墙

◀ 河北张家口的石堆墙　张　骅 摄
张家口偏北的坝底村附近的一段长城，墩台和石墙都毁坏严重。若不是还高大的墩台土芯作为存留的证明，你不敢相信它脚下与荒草混杂的碎石堆就是长城。

▶ 河北崇礼的石堆墙　黄东晖 摄
河北长城从宣化向赤城延伸，经过崇礼四台嘴乡。在明朝修建长城时，这三个县都归宣府镇，所以崇礼长城与宣化长城一样，石墙多为石堆状。

◀ 河北赤城的石堆墙　马　骏 摄
因要探寻河北赤城龙门所镇的"盘道界楼"（详见 283 页），沿着石堆状的长城走了半天才找到。该镇附近的长城石墙都是这类状态。

第二章 石城墙

◀ **河北赤城的石堆墙** 张 骅 摄
冰山梁位于赤城独石口东。因其在赤城地区地势较高、气温较低而得名。长城在冰山梁没有一处是完整的，全都垮成石滩堆状。

▼ **河北赤城的石堆墙** 王宗藩 摄
独石口是长城在赤城最重要的关口。因为一段保存极完好、截面为锥三角形封顶式的石垒墙，独石口在长城石墙建筑形式里独占一席。其实独石口长城石墙总体说是完好的少，塌垮的多。图为紧邻着不太长的完好石垒墙边上的石堆墙。

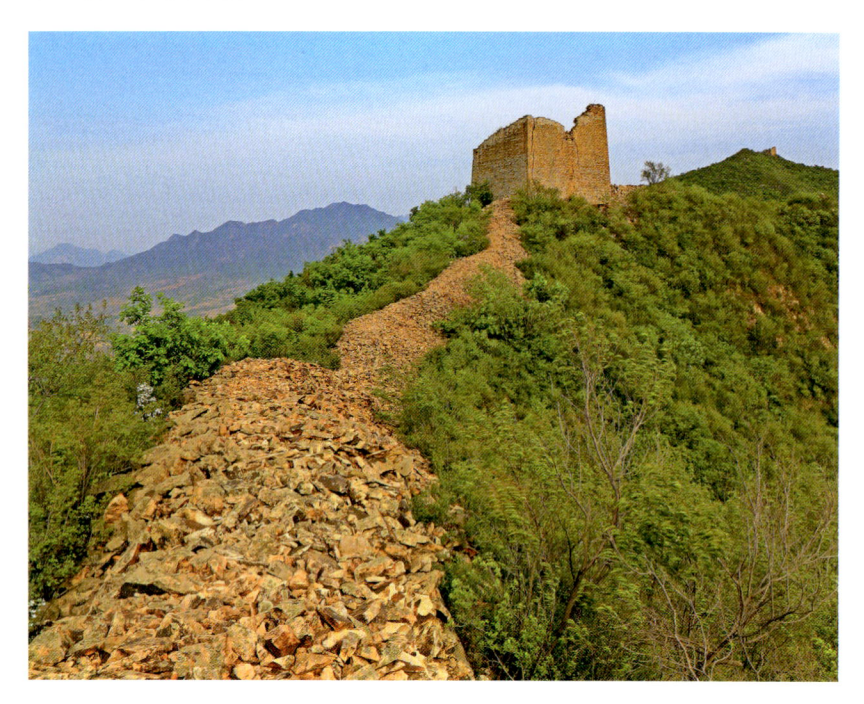

第一篇　长城的墙

◀ 河北赤城的石堆墙　吕　军摄

河北长城在赤城县虎叫村南山与北京延庆长城相接。虎叫长城的砖包实心台多有残破，但未完全坍塌，石墙则已全部垮成石堆状。北京怀柔至延庆九眼楼的长城在明朝同为宣府镇统辖。从虎叫到九眼楼长城石墙全都是图中的状况。

▶ 河北秦皇岛的石堆墙　马　骏摄

北京东边的河北长城在明朝归蓟镇统领，在规划、设计、施工方面，蓟镇长城都比宣府镇长城要强一些。蓟镇长城石墙也有塌垮地段，但连续几里都垮了的不多。图中秦皇岛梁家湾长城石墙在山梁凹处垮成石堆状。

▼ 河北秦皇岛的石堆墙　吕　军摄

背牛顶在秦皇岛祖山南麓。该段地势环境艰险，山崖陡、山谷深、林木密。该段长城的敌楼和石墙多有损坏，山林中的石墙呈石堆状，任由植被掩盖。

▶ 河北迁安的砖石面墙　张　骅摄

河北迁安河流口长城分为河东、河西两段，此为河西保存最好的地段。总体而言，这一带长城的保存状况是越靠近村庄越差。离开村边田地，长城才逐渐显出痕迹。随山势升高，开始有裸露石块的墙面，石砌墙基上厚厚的包砖被大量扒开拆走。只有到了更高处，才能看到完好的砖石面墙，在包砖墙体的根部，有三至八层水平铺砌的大条石。

第三章　砖城墙

明代早期长城筑墙多利用长城附近各种沙土、岩石，经过挑选加工成为城墙的建筑材料。明中期（自嘉靖时期）后则开始在维修加固长城时使用砖，并把原有的土筑石砌的城墙用砖包砌，砖比土坯结实，又比石块容易加工，方便规划，是修筑长城的上等材料。但用砖砌筑的前提是长城附近必须有大量适合制砖的土，以及足够的烧砖燃料。随着砖的产量不断提高，至万历时期砖砌城墙达到鼎盛。

经过多年实地考察，我们在今天的甘肃省、青海省、陕西省、宁夏回族自治区极少见到砖包墙长城。山西省尚有少量砖包墙残存，而北京市、河北省东部长城的砖包墙存留则较多。这不禁令人产生两个疑问：一是明朝砖包墙普及较晚，是否因此导致有些地段从未包砖？二是西北地区大量的土长城遗存，以前是否曾经全面包砖？要想找出答案，需要从文献以及考古的角度进行更详细的调查。

第一篇　长城的墙

第 1 节　砖石面墙

长城的砖面墙有两个类型：一类是从墙根到墙顶垛墙通体用砖，墙基的石头不明显，粗看墙面是单纯的砖面墙；另一类是从墙根起用方石垒，少的两三层，多的可至墙腰，长城主体墙面下半为石砌，而上半用砖砌，这样的墙面半砖半石，外观不同于纯砖面墙，可谓砖石面墙。这种半砖半石的砖石面墙在北京和河北东部（在明朝为蓟镇）多有存留，而在河北赤城、怀来等县（宣府镇）和涞源县（真保镇）以及山西省内则很少见到。

砖石面墙现存的地区和长度比砖面墙还要少，就以北京市地区长城东起平谷，西出门头沟，经过了六个区，但是只有怀柔长城上才有。怀柔长城从青龙峡起，十五个地段中只有五个有砖石面墙分布，还不到该区长城总长的一半。

◀ 河北秦皇岛的砖石面墙　吕　军 摄

秦皇岛黄土岭长城在九门口东边。墩台、敌楼多数还能看出区别。长城的墙有用石砌的，也有用砖砌的，保存完整的非常少。图中的砖砌墙保存状况尚算不错，仅是砖垛墙毁坏。墙面上半用砖下半用方石水平砌。因施工技术不错，砖下的方石保持着原状。

▲ 河北迁安的砖石面墙　黄东晖 摄

迁安河流口长城大部分是砖石面墙。河流口西边三个敌楼之间的砖石墙保存还完整，墙面上半用砖，下半用方石。可以看出方石加工不精，水平砌的技术也差一点儿，和秦皇岛黄土岭长城一比就显出区别了。

第三章 砖城墙

◀ 山西天镇的砖石面墙　龚建中 摄

山西长城上砖下石的墙只在桦门堡南墙可以看到，墙面极其完好，是山西很罕见的一处存留。《明长城考实》介绍了桦门堡，提到此堡有砖券堡门和残存包砖。我们是根据此书的介绍才找到这个一无人居住、二无公路相通的山顶上的废堡子。桦门堡南墙下由九层红色方石水平砌，施工技术高超；上用砖砌，砖面多处酥化。

▼ 北京怀柔的砖石面墙　任树垠 摄

怀柔区铁矿峪长城的砖石城墙与天镇桦门堡南墙的石城墙明显不同。主体墙身下半部的条石不是水平砌，而是顺坡砌。上半部用砖，也是顺坡砌。砖垛墙也是顺坡砌。

33

第一篇 长城的墙

◀ **北京怀柔的砖石面墙** 任树垠 摄

怀柔区旺泉峪长城砖石城墙下半部用条石,是水平砌。上半部用砖,亦是水平砌。完好无损的砖垛墙则是顺坡砌。

▲ **北京怀柔的砖石面墙** 韩正文 摄

怀柔区撞道口长城很有特色,首先此地有一个名副其实的关门洞,关门洞内外各有一块门匾。门洞北口上的石匾刻着"镇虏关"三个大字,门洞南口上的石匾刻着"撞道口"三个大字,撞道口因此得名。此段长城的砖石墙,是用大条石先沿山坡水平砌出一人多高,然后用砖接着砌,包括用砖砌出砖垛墙。

▶ **河北迁安的砖石面墙** 黄东晖 摄

从迁安河流口长城垮塌的砖石墙,可以看出晚期、早期长城两种墙体。早期的长城用不规则的石块垒砌,被晚期的砖墙包砌。晚期的外砖墙下用规则的方石垒砌。方石墙和外砖都是水平砌。墙顶的砖垛墙已经消失。

◀ **河北迁安的砖石面墙** 山雪峰 摄

迁安大龙王庙长城。该段长城保存状况比白羊峪长城（所谓的大理石长城景区）更为完整，大段砖垛墙还多数保留着。这样完整的砖石墙在整个河北省的长城中都是少见的，这是大龙王庙长城的特色。

▼ **北京怀柔的砖石面墙** 韩正文 摄

怀柔黄花城的长城被修复了一段，其上砖下石的砖石墙保存极完好。

▶ **辽宁绥中的砖石面墙** 山雪峰 摄

九门口长城因有九个过水的桥洞俗称"九门口"。因靠近山海关，在历史上只要山海关有战事，九门口就一定会被波及。明末李自成的军队在这里与吴三桂部苦战一场，其后清军入关，大顺军大败而逃，成了李自成从兴向衰的转折。

第一篇　长城的墙

第 2 节　砖面墙

砖面墙不同于砖石面墙。砖石面墙从墙面可看到上半部用砖、下半部用石砌。而砖面墙的墙面可看到从墙根到垛墙都是砖砌，比砖石面墙的墙面简洁、光净。砖面墙是长城建筑史中的晚辈，又是长城建筑史上的顶峰。砖面墙长城是在土面墙、石面墙、砖石面墙长城的基础上发展而来的。砖面墙长城因材料规范，黏合性强，进一步提高了长城建筑质量。砖块的使用为长城提供了表现细节的手段。长城的垛墙、垛口、关门门洞也因此结实了许多。砖面墙长城比土面墙、石面墙长城更精致，然而砖面墙长城的遗存也比土面墙和石面墙长城要少。

山西的明长城只有山阴的白草口到新广武村的山梁上断断续续保留着砖面墙。北京明长城存留最长的一段砖面墙在密云一带，从古北口的卧虎山向东，过蟠龙山，经河北境内的金山岭，回到司马台水库东第八个敌楼止。河北存留最长的一段砖面墙在秦皇岛，从程山东过界岭口，到箭杆岭止。

▲ **甘肃嘉峪关的砖垛砖楼土墙**　吕　军　摄
嘉峪关的西门内是关城。关城东、西城门各有瓮城。关城四角各筑一角台，角台上各筑一角楼。角楼对外每面各开一楼窗，对内面开一楼门。站在关城外角台下，可以看到角楼和墙顶垛墙为砖砌。高大的关城为土夯筑。

▶ **甘肃嘉峪关的砖面墙**
嘉峪关的西门外是荒凉的戈壁滩。嘉峪关西门是明长城西端第一个关门。关堡最初是以土夯筑，在筑关 134 年后，才用砖把三个关门台和西门两侧的罗城用砖包上。图为嘉峪关的西门及西门侧的罗城，西门的门台和罗城的墙面都是砖砌。

第三章 砖城墙

▶ **陕西榆林南城门瓮门砖面墙**

榆林古城为陕西省存留下来的一处十分宝贵的明代砖面墙。榆林市因为著名的镇北台坐落当地,地位独特。虽然近年重建了古城的西墙,但南城墙、东城墙和东城门基本上是原有的状态。

◀ **山西大同的砖面墙** 吕朝华 摄

大同市新荣区镇河堡长城,留存了一段气势非凡的砖面墙。据当地老人说,这是侵华日军为修建据点炸墙取砖留下的断壁残垣。这是山西古城墙保存下来的最奇怪的一种状态,也是最值得现在的人们对历史做反思的一种状态。

▶ **山西代县的砖面墙** 山雪峰 摄

山西长城的存留多为土墙,少量石墙,砖面墙极其罕见。白草口的砖面墙,完好得连垛墙都还能见到,十分宝贵。这段长城是万历三十三年(1605年)巡抚都御史李景元率众所建,墙高8至10米,垛墙高1.7米左右,墙顶三层砖铺面,宽4米,这段总长十多里的墙,如图中一样完好的不足两里。其余连砖都已经消失,只存土芯。

第一篇　长城的墙

◀ **河北滦平的砖面墙**　严共明 摄

金山岭长城在 20 世纪 80 年代被修复开发，成了河北长城的金字招牌，所有长城摄影名家都有到此拍摄作品的经历。

金山岭长城的砖面墙在长城全线中首屈一指。金山岭长城还具有一些八达岭、慕田峪长城没有的亮点：一、敌楼形态构造多样；二、在陡坡墙体多处设置障墙；三、在适当的地段设置平时利于边民进出、战时利于军队活动于墙内外的小关门洞；四、长城砖上有制造年代和制造单位的压印文字。

◀ **北京密云的砖面墙**　严共明 摄

北京古北口长城分蟠龙山长城和卧虎山长城。虽然都是砖砌墙，但是破损的墙多，完整的墙少。砖垛墙非常罕见。

▶ **北京密云的砖面墙**　方 明 摄

墙子路在明朝为蓟镇所辖，是一个路城。可惜古路城的城墙和城内古迹全都拆没了，只有墙子路山上的长城保存较好。墙子路长城最宝贵的是墙砖上有制造年代和制造单位的压印文字。北京的长城墙砖上发现有文字砖的，只有怀柔大榛峪附近、密云司马台左右以及墙子路。其中墙子路长城的文字砖品相最好。

第三章 砖城墙

▶ **天津蓟州的砖面墙** 方 明 摄
黄崖关长城是天津市在1984年修复的一段明长城。黄崖关在北齐时就有割据者修建的界墙，规模不大，质量不高，明朝时在此基础上做了加高、加固。修复黄崖关时，复建了八卦关城，以及山上的太平寨过墙门。新修复的砖面墙与金山岭、墙子路长城的砖面墙不一样，单独开辟了黄崖关长城的风格。

◀ **河北迁安的砖面墙** 马 骏 摄
迁安五重安镇的马井子长城有一段长约200米、里外均是青砖的砖面墙。此段砖面墙两头都是石砌墙。该段十几里的长城中只有这一段200米的砖面墙。它不在关口处，位于山顶部分，很显眼。为什么偏偏要在这里建这么一段砖面墙，不得而知。

▶ **河北迁西的砖面墙** 马 骏 摄
河北迁西的长城多为石砌，本来应该有砖面墙，然而被拆被挖，所剩无几。在喜峰口的山头上还能遇到没被毁掉的零星砖面墙，这段砖面墙临陡崖垒砌，与山崖浑然一体。这是长城利用地形、借用地势的建造理念的一个很珍贵的实例。

39

第一篇　长城的墙

▶ 河北秦皇岛的砖面墙

界岭口关城的东、西山头上各有一个月城，这一形制属于长城遗存的孤品。西月城门洞垮塌一半，而东月城门洞基本完好，并且月城门洞下的关墙上还有一个出入关城的过墙小门洞，保存得也十分完好。界岭口月城虽有特色，但其砖面墙处于自生自灭的残破状态。

▲ 河北迁安的砖面墙　龚建中 摄

迁安徐流口是迁安最东边的一个山口，徐流口西边是迁安的名关——冷口关，此关在抗日战争和解放战争中均为军事要地而屡经战火。因为战火，原砖面墙已大面积毁坏，目前仅呈残留状态，完好的不多了。

◀ 河北秦皇岛的砖面墙　龚建中 摄

在秦皇岛城子峪长城，垛墙大段保持完好。从城子峪到董家口，是秦皇岛长城砖面墙体的代表性地段。

第三章 砖城墙

◀ 辽宁绥中的砖面墙

绥中九门口长城是以横跨河流、似桥一般有九个水门洞的水关而得名，这里以前还有一个名字：一片石关。九门口关是山海关西北另一个地势平缓的内外通道，是山海关侧翼非常重要的关口。历史上很多战事都先在九门口爆发，然后才在山海关展开，所以该处长城毁坏严重。现在的城防设施几乎都是为了开发旅游重新复建的，其砖面墙没有一点儿历史的沧桑感。

▶ 河北秦皇岛的砖面墙

明清以至近代以来，角山长城也是经历战火最多的长城地段之一。清军入关、民国初年军阀混战、抗战时期日军侵略华北，都曾在此爆发战事。角山长城又是新中国重新修复长城最早的地区之一，现在是山海关居民晨练的健身公园，长城几乎被新砖、水泥、软线霓虹灯包装一新，当年的军事要地完全变成了旅游经济产业的活动场地。角山长城修复的砖面墙不太长，两头残破的长城与之对比强烈。

41

第一篇　长城的墙

▶ **河北秦皇岛的砖面墙**　黄东晖　摄
山海关老龙头长城伸向大海。这段面向大海的砖面墙可以看出垛墙是新砖，其余多是旧砖，基本保持了历史原貌，做到了修旧如旧。

◀ **河北秦皇岛的砖面墙**　张　鹏　摄
山海关向外的东门，不光有瓮城，在瓮城外还有一道罗城，并且罗城的关门外又再设一道瓮城。这么复杂和用心，只有嘉峪关西门可有一比，其他部分长城的关口再没见过。
最初修筑该处罗城时，砖墙并没有修得与东门瓮城一样高。后继者加高了墙体，于是东罗城的墙体立面就有了上下两排墙顶石棱线。后来的施工者忽略了马面的收分应为斜面，改用垂直的办法向高处续砌，以致立面出现了鼓凸。

▶ **河北秦皇岛的短横障墙**
整个河北省的长城中只在秦皇岛董家口长城的孙家楼南看到了两段完好的短横障墙。南段的南头是山峰为屏障的山险墙。北段的北头是董家口长城最南段的敌楼孙家楼，敌楼内有标牌注明此为"孙家楼"。孙家楼的北边还有一道短横障墙。

第四章　短横障墙

在长城主墙外沿,建有高于墙顶的矮墙,一般称为垛墙,内沿的称为宇墙。从形态的角度观察,还有一种横砌在长城主墙顶上的短墙。这种障碍墙横砌在长城主墙顶上,一头与垛墙相接,另一头跟宇墙之间留出供士兵来去的通道。短横障墙上,高低开设垛孔,供守卫士兵观望、射杀敌人。其功能是为了加强墙顶面的防御,制止敌方登上墙顶后的活动。

长城垛墙形态可分为水平的牙形垛墙和斜坡上的齿形垛墙。跟短横障墙相接的垛墙多是齿形垛墙。障墙与斜坡上的齿形垛墙相接的方式,又可分为齿尖接和齿窝接。齿尖接障墙是从齿形垛墙尖头部位横砌出一道障墙,齿窝接障墙则是在齿形垛墙的内角窝处横砌出障墙。

短横障墙只在北京密云和河北承德、秦皇岛等少数地区可见,全国其他地段的长城,即便坡度再陡、保存再完好,也不曾见到。笔者怀疑短横障墙并非明朝建长城时制度规定的产物,而是工匠的个性化创造。

第一篇 长城的墙

▶ **北京密云的短横障墙** 张 骅 摄
密云古北口五里坨关已垮塌。关东坡十四道短横障墙全都有裂缝，最高处裂缝最大。这是一个很危险的信号，表示此墙已大段开裂。十四道短横障墙里仅一道还完整，可看出原有四个垛孔，上下各一，中间两个，是障墙单面垛孔数最多的。

◀ **北京密云的短横障墙** 严共明 摄
密云古北口卧虎山东坡的短横障墙，可见共有十一道矮横障墙残迹。台面外侧的短横障墙没有一堵完整。万幸的是障墙下的水平台面很明显。十一个台面之间有一条两人宽的梯道。这种障墙使进攻者爬上长城后不能顺利沿墙扩大战果。每一道障墙都可被防守军士利用来继续战斗，成为进攻者的障碍。

▶ **北京密云的短横障墙** 山雪峰 摄
密云古北口五里坨关西坡的十一道短横障墙，比东坡的短横障墙完整许多。短横障墙的墙面完好，墙面上的四个垛孔亦完好，可惜与之相依的垛墙全部从根垮掉了。

第四章 短横障墙

◀ 河北滦平的短横障墙　吕朝华 摄

金山岭长城"库房楼"现在已改称"将军楼"。金山岭长城于1983年开始修复，其中将军楼最先修好。将军楼北坡长城墙上有九道短横障墙，全部为重新修复。每道短横障墙上只开了一个垛孔。

▲ 河北滦平的短横障墙　山雪峰 摄

从古北口到金山岭垛砖口之间，长城有十个关口，龙王谷关（今在五里坨附近）是其中之一。这是龙王谷关东障墙。长城临敌一面垛墙已全部垮塌，反而于水平台面上横着的障墙还保持站立，像墓碑一样。这段障墙每垛均有三个垛孔，垛孔分布是上面两孔，位于肩高位置；下面一孔，位于腿膝部。

第一篇 长城的墙

▲ 河北滦平的短横障墙　孙国勇 摄

金山岭沙岭口过墙洞东西各有一楼室垮掉，仅存楼座的方台。沙岭口西方台的东边坡下有一段新补修的短横障墙。新修短横障墙的墙头与外垛墙头同高，每面障墙只开一个垛孔。新修的比遗留的样式简单。

▶ 河北滦平的短横障墙　山雪峰 摄

在后山口关门洞西有一段短横垛墙存留完好，均可辨认，能数出十五道短横障墙，在金山岭长城中是最多的。一般横垛墙顶应与对外垛墙顶一样高，而这段横障墙都比外垛墙矮四层砖，这是此段障墙的一个特点。此段短横障墙是金山岭长城的宝贝。

第四章 短横障墙

◀ 河北滦平的短横障墙　山雪峰 摄
金山岭长城黑楼西有八道短横障墙，最高的一道被毁平。现存的七道每面开三个垛孔，高处两个，低处一个；低处的孔口大，高处的孔口小。

▶ 北京密云的短横障墙　丁　岩 摄
司马台长城位于金山岭长城东边，明朝都归古北路统管，两段长城本是一脉相承。在障墙样式上，司马台比金山岭长城多一些。本图是位于司马台水库东，1991年新修复的陡且窄的一段短横障墙。七道短横障墙，墙面上的垛孔有三个的，也有四个的。

◀ 河北滦平的短横障墙　山雪峰 摄
金山岭长城高尖楼西有八道短横障墙。这段短横障墙完全是明朝老物件，没有一点儿修复的痕迹。八道短横障墙全部存留，仅在墙顶小有破损。每个墙面上开了四个垛孔，垛孔内口大于外口。

47

第一篇　长城的墙

▶ **北京密云的短横障墙**　严共明 摄

在司马台长城的东十三号楼向东方神台看。这里是司马台长城最窄的地段之一。所筑的长城单边墙也不是一条直线，而是顺山崖走向取势。单边墙在山崖上的每个拐点都有一道仅能藏住一人的窄横障墙，障墙宽才 1 米。每道障墙开了高、低两个垛孔。

▲ **北京密云的短横障墙**　刘 萌 摄

在司马台长城的东方神台向东十三号楼看。山崖起伏使长城必须先筑石台，再用砖筑薄墙。在墙内本还可通行的地方加筑了短横障墙，障墙石台阶边没有保护的山崖。长城的薄墙开三排垛孔。这段窄横障墙，反映了当年设计者的担心和智慧，为长城的多样性留下了珍贵的实例。

▲ **北京密云的短横障墙**　严共明 摄

在司马台长城的东方神台向西看。台西有六道短横障墙，其中五道墙的墙顶分水砖都还完好。横墙高近 2 米，宽 1.5 米，每面墙上各开一垛孔。短横障墙脚下是山石筑的石台，石台边是落差 30 米的山崖。

第四章　短横障墙

◀ 北京密云的短横障墙　王　虎 摄

大角峪长城最精彩的地方就是这段临陡坡而立的十八道短横障墙了。此墙临沟底部有两个走水的门洞。因为长城所爬的山崖壁立，障墙水平台磴面积窄小且数量密集，狭窄的水平台磴面积小到两个人须相拥着才能挤得进去。然而这样窄的横障墙，每垛还开了上、下两个垛孔。也因为陡峭，台阶踏面狭窄，极易踏空失足。

▲ 北京密云的短横障墙　严共明 摄

墙子路长城陡峭处都筑有水平台磴，台磴都筑有用以防护的短横障墙。可惜的是能看出来的水平台磴虽不少，防护台磴的短横障墙却要扒开荒草去找。图中这五阶水平台磴很明显，短横障墙却毁坏得只剩下可怜的残迹。

49

第一篇 长城的墙

▲ **河北秦皇岛的短横障墙**
在整个河北的长城中只有秦皇岛董家口长城还留存了两段完好的短横障墙。南段是十一道短横障墙。短横障墙不与外垛墙同高，略低一头，有两人身宽。每道垛墙高低居中的地方都有一个垛孔。此十一道短横障墙存留极其完好，是长城短横障墙存留里最好的一处。

◀ **河北秦皇岛的短横障墙** 马 骏 摄
董家口长城北段短横障墙本有六道，现存留完整的有五道。短横障墙的顶与齿形垛墙的墙根相接，说明齿形垛墙更安全，可以依靠。短横障墙外侧是战斗方向。为什么只在董家口长城修筑了两段短横障墙？今天没有人知道答案。

◀ **河北秦皇岛的短横障墙**
河北的长城经过的险山、陡坡不少。在沿山势起伏筑墙时，会利用水平面台磴来分解陡坡的艰难。在秦皇岛的板厂峪，有几段长城在陡峭处筑有水平台磴，却看不见防护台磴的短横障墙。秦皇岛长城上这样的陡墙不少，而短横障墙没有作为一种常规办法使用。

▶ **辽宁绥中的山险墙** 山雪峰 摄
明长城的辽东镇长城和蓟镇长城接合点在河北秦皇岛锥子山。蓟镇长城从山海关北上，到锥子山向西奔小河口而去；辽东镇长城从辽宁绥中永安堡乡的蔓枝草东来，在锥子山与蓟镇长城相接。所谓相接处是锥子山山崖顶一石砌台。山崖陡坡西边可见西去的砖包墙，山崖东石岗下可见到东来的石砌墙，山崖南坡是从山海关北来的石砌墙。锥子山以其陡险构成了山险墙。

第五章　山险墙

　　山险墙是当年的长城建造者利用自然地势起伏，把有形的长城墙体与难以通行的高崖深谷结合起来，并借用山崖天险作为长城的墙体，以山为墙。这种以天险构成的屏障就称为山险墙。

　　并非所有的自然险阻都可以成为山险墙。该险阻必须位于长城线上，而该处的长城墙体走向非常明确，人工墙体止于山崖上下，山崖承担的防御功能十分清楚。

　　在农业文明时代，最重要的财富就是可耕种的土地、人丁以及可被搬运的农作物收获品。长城将适宜耕作的土地围起来，控制住一切生活物资交流。把凭借武力掠夺财富的游牧民族拒之墙外，就达到建长城的目的了。

　　高山断崖对游牧骑兵的阻碍其实绝对大于长城墙体的作用。把有利于防守的自然地势变成长城体系的一部分，这种借助自然力量来屈人之兵的智慧令人感叹。

第一篇 长城的墙

◀ 甘肃嘉峪关的山险墙

明长城的西头是屹立在讨赖河畔的明长城第一墩。讨赖河河岸与河水落差近 30 米，河岸峡谷弯弯曲曲，不利于军事调动。借助这种天然的地形限制，高高的河岸成为长城的组成部分，使天险为人所用，巧借地势为山险墙。

▶ 山西和顺的山险墙

山西省与河北省交界处有一道沿着太行山分布的长城，黄榆关是其关隘之一。黄榆关面对山西一侧地势较缓，面对河北一侧则坡陡、路弯、险境处处。黄榆关隘口两侧长城的石墙延伸到人马无法翻越的陡崖即止步，险恶的山崖成为长城的扩充部分。若想了解长城如何利用自然地形险恶，这里是一个极好的例证。

第五章 山险墙

◀ **山西和顺的山险墙** 郭茂德 摄

支锅岭关在山西和顺到河北邢台交界处。关南是无法上下的山崖，关西是高耸九天的石壁，关墙与石壁衔接，过关的小路就在这石壁下的坡面上。支锅岭关因关城门洞完整、门洞石匾署有当年管关的上级官员的姓名而特别宝贵。利用巨大的石壁成为城墙，绝对是最惊人的杰作。

▼ **山西繁峙的山险墙** 刘 钢 摄

繁峙韩庄有一段保存完好的明长城。完整的砖敌楼及完整的石砌墙，使韩庄长城在山西长城中具有重要价值。有意思的是，这么完好的长城并没有延伸很长，而是左右都与大山相接，以山险为墙了。

第一篇　长城的墙

▶ **河北涞源的山险墙**　王盛宇 摄

涞源边根梁长城的墙、楼保存应算完好。但向东到山腰处即戛然而止，这并不是长城断了，而是高山大石的险恶，代替了石墙的防御功能，它们就是长城了。这类自然界的山峰巨石被明长城设计者利用收编，成为无须修造而可以使用的一部分，山险也可以当墙。

▼ **河北怀来的山险墙**　王　虎 摄

水头长城东西向分布并不是很长，扼守着怀来山梁通往永定河的山路。这段长城并不与西面沿河城长城相接，而是借助人马无法攀爬的大山为障，使从北方进犯北京的人马只能沿山沟南下，下到沿河城的关防挨打。

第五章 山险墙

◀ **北京怀柔的山险墙** 严共明 摄

怀柔铁矿峪长城中有一段山险墙。按说此段山势并不十分险峻高耸，但规规矩矩的长城就修到坡根止住，两段长城夹住一个大馒头似的山包，山头成了长城的替代品，以山为障、以山成墙。笔者在这里曾多次尝试从山包上爬过去，发现十分困难。因为与长城相接的山包上的石头十分坚硬光滑，举步艰难，只能设法绕山而过。

▼ **北京密云的山险墙** 黄东晖 摄

密云白道峪长城，地势陡峭，长城建筑一直延伸到山崖边缘，并借用无法筑墙的山崖天险来象征长城的延伸。图中的3×3眼敌楼建在落差大于近80米的山崖上，敌楼两边不再筑墙，巨大的山崖就是一道长城，起到与长城近乎一样的防御作用，这是充分利用山崖的险势造墙。

第一篇　长城的墙

▶ **北京密云的山险墙**　郑　严　摄
密云的长城有一段是沿着白河大峡谷的东岸据险而立，当年归石塘路所辖。要说北京长城中水平落差之最，山势险恶之最，要属白河峡谷了。笔者沿山脊在几个敌楼中穿行，并未发现有任何石墙或砖墙的残迹。倒是曾多次在山崖中寻找判断从哪里可以上下进退，若是判断错误，在天黑之前还找不到脱离险境的办法，麻烦可就大了。这样难以攀爬的山崖确实起到了阻碍的作用，无须再修墙，大山已经是墙了。在这种地形面前，对山险墙的理解最容易。

▼ **北京密云的山险墙**　郑　严　摄
密云不老屯镇东坨古，深沟两侧山头上都有敌楼，两侧陡坡却未见一点儿长城的石墙或砖墙。山崖比石墙还有震撼力，山崖就是长城的墙。

第五章　山险墙

◀ 北京密云的山险墙　黄东晖 摄

长城从北京密云白岭关到大角峪，只在地势较低的山洼处修石墙，山口处筑砖墙，而在地势险恶的山崖尖，只建敌楼不再修墙。利用攀爬困难的山崖作为墙体延伸。图中的敌楼镇守在左右都是 60 米落差的山崖上，而险峻的山崖代替了长城的墙。

▼ 河北承德的山险墙　马　骏 摄

承德县榆树底黑沟，两边山势逐渐险恶，让人望而生畏。这段长城大部分就是利用山险，在视野开阔的山尖处建敌楼，而不再筑墙。山崖的凶险和山崖上的敌楼已融合成一个很有震慑力的场景。真正了解大山的威力又珍惜自己体力的行人，对这种山险墙是绝对敬畏的，山下的平路才是他们最好的选择。

第一篇　长城的墙

▶ **北京密云的山险墙**　刘建光 摄

密云新城子镇关门堡，扼守在吉家营堡通向雾灵山长城外的一个沟口处，与遥桥峪堡隔山而立。两堡之间的山头上有四个敌楼，楼与楼之间无墙。但关门堡东的第一个敌楼东、西都有石墙，西墙与关门堡相连，东墙与东山崖相接。关门堡东山的山势险恶，别说马队、步兵，就连行人都很难徒手攀登。所有想穿越长城的商贾行人，一看这山势就明白只能扣关上税，想从山上绕过去肯定行不通。这种绕不过去的恶山，就是长城的一部分。

▼ **北京密云的山险墙**　吕朝华 摄

密云新城子镇大角峪长城以险著称。大角峪沟底东、西皆有宽厚石墙。待翻上山尖后，只见敌楼不见石墙。爬这种恶山，累还在其次，危险是首要充分考虑的。险山是长城的墙，称之山险墙很贴切。

第五章　山险墙

▲ **北京密云的山险墙**　韩正文 摄
密云新城子镇遥桥峪南沟，敌楼据高而立。敌楼四周不见有任何长城的墙体。图为站在沟底的敌楼向山梁上的敌楼望去。两楼之间攀爬困难，不用费劲再修墙体——没人愿意在这里发起挑战。

◀ **北京密云的山险墙**　丁人人 摄
遥桥峪南沟低处的敌楼临沟据守。这是一座 1×2 眼敌楼。虽说临近沟底，但敌楼下的山崖也仍有 30 多米高。敌楼四周没修城墙，因为所在的位置，对敌楼的攻击无处着力，而敌楼守卫落石放箭却都不费力。这里山崖比城墙更具威力。

第一篇 长城的墙

▶ **河北秦皇岛的山险墙** 张 骅 摄

凡是到抚宁黑龙头山探寻长城的人都能明白，这里不用修墙，这里的山崖陡险是任何人都无法穿越的。在整段秦皇岛长城中，由于地势山崖的突变，山险墙的分布还有多处，但明确的石墙与山崖相接时戛然而止，这一处是比较典型的。

▼ **河北卢龙的山险墙** 吕 军 摄

卢龙长城最东的关隘为重峪口关。重峪口关向西，长城墙体延伸到图中山顶的破3×3眼敌楼便停止了，从该敌楼再向西，只见山顶上的敌楼延续，却不见再有筑墙。图中陡峭的石崖代替了长城，石崖就是长城。

第五章 山险墙

▶ 河北秦皇岛的山险墙　吕 军 摄

在苇子峪到花厂峪最高的山梁上,陡峭的山崖中忽然有一段极完好的石砌墙。墙体宽厚,顶面的砖垛墙也保留完整。在此,长城内、外两边的地势都比较平缓,是一个可以歇息或组织进攻的地方。而这段石砌墙的两头则崖石高耸,脚下陡险,没有着力的地方。正是这样一段完好的石墙,把山梁最高处严密地封锁起来,使山梁上的隘口堵死,把高山耸崖的阻碍作用充分发挥了出来。

◀ 河北秦皇岛的山险墙　吕 军 摄

秦皇岛苇子峪关南长城只有不足百米的碎石墙和一座敌楼,然后就是骤起的石岗。向南去的长城在山岗上左盘右旋,向着柳观峪的"双楼"蜿蜒而去。一般游客都会被这陡壁吓住,只能驻足惊叹山石凶险,其实他们正是被山险墙拦住了。

61

第一篇　长城的墙

▼ **河北秦皇岛的山险墙**　山雪峰 摄

花厂峪关是一个山谷两边都保留着完整砖包墙的关口。花厂峪关长城在河谷有两道，外道长城还加筑有两个石砌墩台。花厂峪关长城向南止于高坡石崖根，利用关南的高山作墙。

▲ **河北秦皇岛的山险墙**　吕　军 摄

花厂峪长城跨过山沟，沟底偏南为一石台紧临一砖楼；沟北为巨崖，崖顶有一座 3×4 眼砖楼，沟口还有一处兵堡残址。从 3×4 眼楼南望，山势骤起。长城从砖楼向南沿山势筑了近百米，之后就借陡而止了。从遗存来看，此处山口两边都利用了山险墙这一防御理念。此沟内大小河石乱堆，均被急流冲刷得干干净净，可知雨季里这处山沟会非常不安全，而山谷两侧的敌楼就守着河石站立了几百年。

第五章 山险墙

▼ **河北秦皇岛的山险墙** 吕朝华 摄

板厂峪"穿心楼"北山崖为巨大石笋群，敌楼之间全凭经验摸索上下。作者曾经走过两次，但从照片里已找不出曾走过的路。这个山险墙比砌筑的长城更有威慑力。

▲ **河北秦皇岛的山险墙** 严共明 摄

板厂峪长城"杨来楼"向西 60 米石墙尽头有一石砌小墩台。墩台紧靠着石笋山崖，从这处石墩台到高处敌楼，充分利用山崖，没有筑墙。长城在此不算中断，壁立的石笋山崖被当作长城的石墙，即山险墙。

63

第一篇　长城的墙

▶ **河北秦皇岛的山险墙**　马 骏 摄
秦皇岛董家口长城向南与城子峪长城中间隔一陡峭的大山，这座山上没修长城，但它比长城还难逾越。大山成了长城的组成部分。

◀ **辽宁绥中的山险墙**　郭茂德 摄
绥中小河口长城往东到锥子山，应是绥中长城的精华地段，因为人们现在看长城都是从摄影和绘画的角度来判断，长城所在的山形越险峻，长城才显得越雄伟。此段长城的特点是稍微厚实的山尖都有一个敌楼，敌楼之间山脊陡峭、处处危险，以山险为墙不言自明。

▶ **北京延庆的砖垛墙**　黄东晖 摄
北京八达岭长城是长城砖垛墙保存最完好的地段。八达岭长城主墙用方石水平砌，砖垛墙却是沿主墙顶顺坡砌。垛墙的砖线和垛墙顶线，与主墙顶线和山坡保持平行，沿着地势起伏，顺畅生动，有一种人工建筑与大自然结合贴切的美感。

第六章　垛墙

垛墙是指在长城主墙的顶面上临敌一侧用来保护战斗或巡视人员的矮墙。

垛墙以垛牙为间隔，开设垛口和垛孔。自主墙顶面计算，垛墙一般 1.5 至 1.8 米高。从其墙腰部向上开设一人肩宽的垛口，两个垛口之间的护墙为垛牙，垛牙一般比垛口宽。

在垛墙的根部、垛牙的腰部开设可以瞭望和射箭的垛孔（关于垛孔的形制，后面有专篇介绍）。

长城主体墙有土、石、砖三种不同的材料形式。垛墙由于是一种附墙，材料一般和主体墙统一，但据实地考察，这种墙也有特例：嘉峪关关城是土墙上建砖垛墙；八达岭、慕田峪和北京怀柔其他长城多是在石墙上建砖垛墙。

由于突出于主体墙顶部，并且相对薄弱，垛墙更易因战争、自然风雨而损毁。垛墙尚在的长城，绝对属于保存完好的。垛墙保存得越长，长城就越完好。这几乎是不用争辩的评判标准。

第1节 土垛墙

土垛墙是长城各类垛墙中"辈份"最大的,它与夯土墙相伴而生。这类垛墙在青海省、甘肃省、宁夏回族自治区、陕西省、山西省分布广泛。

土垛墙由于不如砖石垛墙般能经受风雨,故留存状况很差。根据实地考察发现,土垛墙只在甘肃省永昌县金川西村、宁夏回族自治区永宁县三关口、山西省阳高县守口堡村等地保存相对完整,其中甘肃省永昌县金川西村的土垛墙最接近历史原状。

土垛墙近年得到了重视与修复。以嘉峪关为例,其东门外的东闸楼两侧,原有的封顶式夯土墙均被加盖了装饰性的垛牙,而垛牙采用的风格却是波斯风格的半圆形。另外,由甘肃省内农民企业家出资修复的"悬壁长城",也全部修建了土质垛墙,其垛牙与垛口的造型则酷似京剧中的戏台背景。

土垛墙修复过程中最令人担心的就是用砖垛墙来代替,这违背了历史真相,与"修旧如旧"的观念也是相悖的。

◀ 甘肃嘉峪关的土垛墙

嘉峪关由内外两个城组成。外城的夯土墙高3.8米、底宽1.5米、顶宽0.65米。外城东闸门两边土墙上的垛墙是近几年新修的。垛墙与外城墙顶一样厚,垛墙里没守卫者落脚的地方。垛牙呈半圆形,有中亚风格,与明长城其他部分的垛牙不同。

▲ 甘肃嘉峪关的土垛墙

甘肃省嘉峪关市的悬臂长城是由一位热爱长城的企业家自费复建的。新修的悬臂长城垛墙先用土坯垒后再抹泥。从实际情况看,这种保留有垛孔的土垛墙,经不起雨水浸打。遥想当年,守城的军士一定是随时维护修复,每逢下雨之后,必得挑泥巡墙,及时修补,方可保得土垛墙完好。

第六章 垛墙

▶ 甘肃敦煌的土垛墙

甘肃境内的长城基本为土筑，经过几百年的风吹雨打，破败塌垮处处可见，多数地段的土长城，墙头风化到如同牛脊马背。位于敦煌的"寿昌城"的土墙保存相对较好，虽经风化酥蚀但依旧高大，只是土垛墙几乎无存，但零星残存的垛墙也是极宝贵的证据。

▼ 甘肃高台的土垛墙

甘肃省许三湾古城的土墙还有8米高，在土墙顶还可看见零星的土垛墙痕迹。

第一篇　长城的墙

▲ **甘肃永昌的土垛墙**　吕　军 摄

甘肃省内最好的明长城遗存，笔者认为是在永昌县。《明长城考实》一书中也专门提到，这里的长城上可以罕见地看到土垛口残存。我们爬上长城夯土墙，看见高不及 0.5 米、厚度小于 0.5 米的土垛墙。在陕西、山西、宁夏各地土长城上几乎没有见过这样的遗存。

▶ **甘肃永昌的土垛墙**

虽然在《明长城考实》一书中没有提到，但笔者认为，永昌西的土垛墙比毛卜喇的土垛墙更完整。残垛墙高 1.5 米有余，厚近 1 米。稍有不足是这段墙多处断垮，好坏反差较大，不如毛卜喇长城的残垛墙稳定连贯。

第六章 垛墙

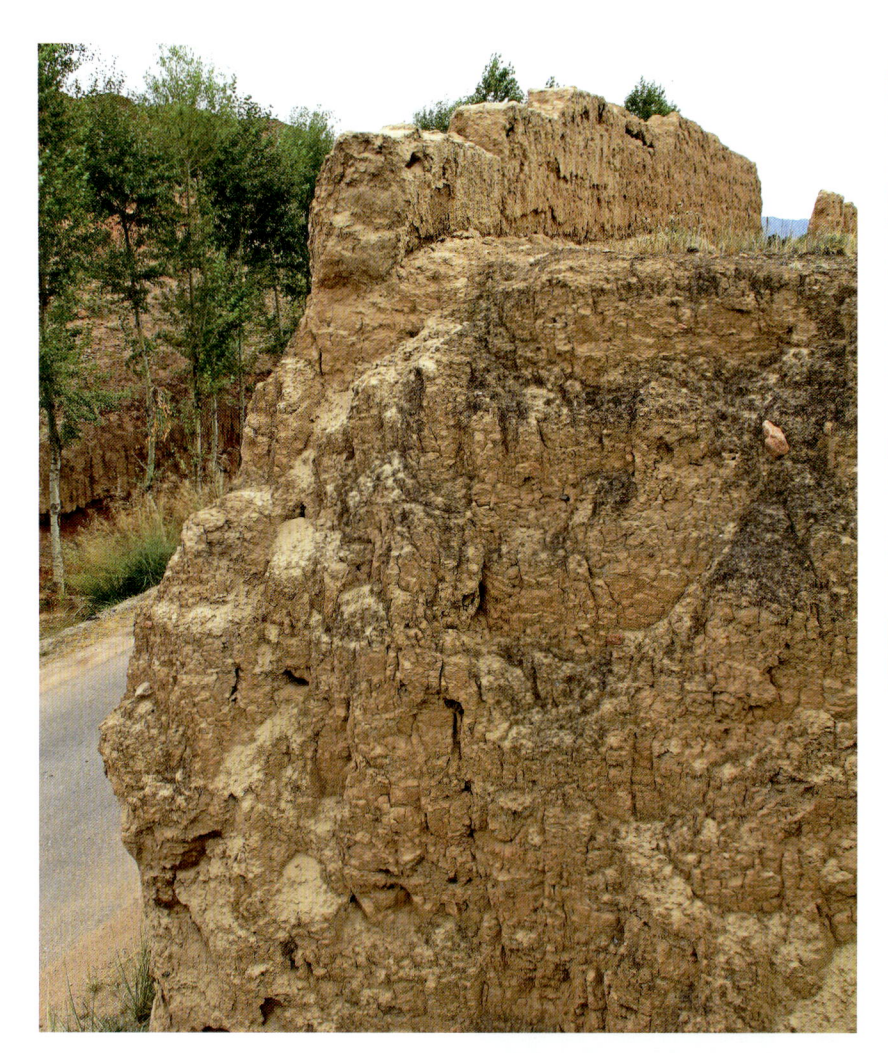

▲ 甘肃永昌的土垛墙

在甘肃省永昌县金川峡，能看见高大的夯土墙和"汉长城文物保护"的石碑。从断裂的墙缝处爬上去，发现这段长城不仅高大、宽厚，墙头外沿的土垛墙也十分高大，近一人多高，垛墙根近1.5米厚。在土筑长城中，这是保存最完好的一段土筑垛墙了。其中还有一个细节应该强调：这段长城的土筑垛墙虽然很高很厚，却没有在垛墙上留垛口和挖垛孔。这是否与此墙所处区域军情不多、战火稀少有关？现在无法判断。但此形制明显不同于石、砖所筑的垛墙。

▲ 甘肃永昌的土垛墙剖面 吕 军 摄

甘肃省永昌县金川峡有很长一段长城与公路相依，公路沿着长城外侧修筑。沿着公路驾车观赏长城十分便利。我们发现，土筑长城是分段施工，在段与段的相连部分施工质量较易出问题，易损毁。这给现在爬长城的"驴友"留了一个可供上下的缝路，也为后人了解土长城留了个剖面。我们可以清楚地看到，土筑长城是用黄土一层一层夯实垒积起来的。而垛墙是在主体墙外，立着再起一层，逐步夯实，直到超过主墙，成为垛墙。这一层从用料到夯筑，都比主墙更用心用力。

▶ 山西阳高的土垛墙 龚建中 摄

山西省长城土筑的多于石筑的。几乎没有见过有土垛墙的残留，只在阳高县守口堡长城东山上发现有遗存。这段长城两边地势陡峭，长城墙头的内外沿都有土筑垛墙。土垛墙高的有1.5米，低的有0.6米。内沿垛墙似乎有垛口的痕迹。

69

第一篇　长城的墙

第 2 节　石垛墙

石垛墙是长城石砌墙顶派生出的一类矮墙，由不规则的石块砌成，但上面有规律地分布着的垛口和垛孔。

那些散布在自然山野的普通石块，被筑墙工匠们集中运用，于是散漫被汇聚成了力量——石垛墙就是筑墙者智慧与创意的结晶。

与石垛墙相伴的石长城，多为石缝不成行的平面墙或毛面墙，有的石垛墙上也会混杂大量的泥土，似乎更应称其为"土石垛墙"，但因为在垮塌的墙断面中可以看出还是石块居多，泥土只为填缝隙用，故仍把"土石垛墙"归在石垛墙类下。

石垛墙耐风雨的程度远远超过土垛墙。在山西平定的固关长城，河北涞源的乌龙沟至白石山一线，河北怀来庙港到水头村的山脊上，北京怀柔河防口、大水峪，北京密云司马台的仙女楼东侧、北庄镇干峪沟，天津蓟州黄崖关，河北秦皇岛板厂峪、苇子峪和三道关，都可以见到保存相对完好的石垛墙。

▲ **河北怀来的石垛墙**　刘建光 摄
庙港长城的石垛墙大段保存完好，这才可以看出石垛墙的垛牙宽度基本保持一致。砌垛墙的石块不像城砖长短固定易于计算，石垛墙宽度保持一致，显示出施工技术的高超。宽窄统一、连贯不变的石垛墙与山峦自然起伏形成对比，展示出理性之美。

◀ **河北怀来的石垛墙**　黄东晖 摄
在河北张家口地区的长城中，怀来庙港长城是石砌墙保存得最长的一处，其石砌墙顶上的石垛墙也大部分完好，因此被张家口地区长城爱好者热捧为样本边墙——"样边"。怀来长城在明代归宣府镇辖制，庙港长城的石垛墙在宣府镇长城中保存得最完好。

第六章 垛墙

◀ 山西平定固关的石垛墙　王献武 摄
固关长城在山西是老字辈的长城地段。在春秋早期此地为中山国，为了争夺生存空间，在固关山口和两侧修筑了城垣。历史无论如何演变，固关在地理上一直是太行山通行要道井陉上的一个关口，也就必然成为统治者维护一方的必守之地。如今旅游兴起，长城又找到了新生的理由，各地均纷纷修复长城。固关地区花了大钱，修复了固关的关城关楼以及两边山上的石墙。图中是固关东山新修复的石垛墙。细心的读者会发现，此石垛墙与本书所记录旧存的石垛墙样子差了不少。

▼ 河北涞源的泥石垛墙　严共明 摄
涞源长城绝对是河北明长城的富藏。敌楼、关堡、石匾额的存有量和完好度，都在河北长城中占有数一数二的位置。涞源长城垛墙多为石泥混合或以石为主。图中乌龙沟长城垛墙为泥石混合，还用膏泥抹平。

第一篇　长城的墙

◀ 山西灵丘的石垛墙

灵丘荞麦茬长城的石垛墙，用料片石多，块石少。垛墙已损坏，仍保持方形。石缝间灰泥流失，缝隙宽大。

▼ 河北涞源的石垛墙

涞源口子沟长城的石垛墙整体形态均已毁成半圆形。垛墙面石块拼接平整，石缝间灰膏填抹得光洁。

◀ 河北涞源的石垛墙

白石山长城敌楼多有损坏但都还有个大体形状，沿山头站立架式基本不倒。在林立的敌楼中间，长城墙头断断续续留有石垛墙。垛牙较完整，垛墙面粗糙。

◀ 河北涞源的石垛墙

作为涞源乃至冀西长城的精华，乌龙沟长城敌楼损坏小，往往只限楼顶垛墙和哨房。这段长城的垛墙全都是石垛墙，多数保留着垛牙。石料大小不等，全靠大量的石灰黏合，才砌出平整的立面。已蚀化的垛墙顶还保留着用泥土和石块堆出的护顶分水斜面。乌龙沟长城顺山势起伏，但在斜坡上的石垛墙还保留着石料水平垒砌出的层次。

第六章 垛墙

▶ 河北涞源的石垛墙

站在石窝长城主墙上近看石垛墙，发现垛墙才齐胸高，垛孔开在垛墙根。石块拼接的垛墙面不够平整，石缝间灰膏多有缺失。

▶ 河北涞源的石垛墙

涞源长城石垛墙，因材料来源不同，建成后质量与建筑风格也多少有所不同，但能保留最原始状态，或能让现在的考察者一览原貌。笔者掂量再三，认为湖海长城的这处石垛墙是原始状态。

▲ 河北涞源的石垛墙

插箭岭长城的巨石所砌主墙和小碎石所砌垛墙。石垛墙几乎保持着原状，不同大小的石头主次分明。即便是外行来看，也能明白当初长城施工用料的原理。

▶ 河北涞源的石垛墙

寨子清长城没有完整的石垛墙。图为寨子清长城较好的石垛墙，垛墙牙尖缺失，垛墙石料大小差别较大，垒砌时还注意逐层补平。

第一篇　长城的墙

▲ 河北涞源的石垛墙

涞源县湖海长城还能看到存留至今的石垛墙，以保存程度分类，排在保存较好的一类中。即便如此，湖海长城也有塌垮处，石垛墙也随基塌垮。

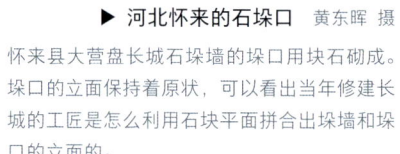

▶ 河北怀来的石垛口　黄东晖 摄

怀来县大营盘长城石垛墙的垛口用块石砌成。垛口的立面保持着原状，可以看出当年修建长城的工匠是怎么利用石块平面拼合出垛墙和垛口的立面的。

◀ 河北涞源的石垛墙

寨子清长城的石垛墙是少有的保存完整的石垛墙，很长的一段石垛墙上垛牙一个不少。全部垛牙上却没有开一个垛孔，很少见。该处石垛墙是非常少有的无垛孔的石垛墙。

第六章 垛墙

▶ **北京密云的石垛墙** 吴 凡 摄

图中的石垛墙在"仙女楼"东。该段石垛墙用不易加工成形的火山岩石块垒砌，然后用高质量的石灰膏抹缝。在整个密云的长城中，此段石垛墙质量最高，保存完好。完整的"仙女楼""望京楼"屹立在高耸的山崖上，组成气势非凡的画面，让人赞叹喜爱。

◀ **河北涞源的石垛口** 钱琪红 摄

涞源县寨子清长城石垛墙的个别石垛口还保持原貌，石块缝隙的白灰膏仅少量存留，石垛口的口底有毁坏痕迹。

▶ **北京密云的石垛墙** 严共明 摄

密云区北庄长城多是山险墙，只在干峪沟村北有一小段石砌墙。石砌墙上锯齿状石垛墙还有存留，石垛墙上还能看到垛孔。干峪沟村南还有一段石砌墙，大名"五十磴"。可惜句磴的石垛墙只存残迹，比村北这段石垛墙保存得差远了。

第一篇　长城的墙

▶ **天津蓟州的石垛墙**　吴　凡　摄

天津市在 20 世纪 80 年代投巨资修复了黄崖关长城的关城和东山上的太平寨长城。太平寨长城有一段石砌墙和一个石砌圆敌台，建筑风格与明长城的石墙多有不同。因为山脊狭窄，这段石墙可以让人行走的墙面几乎和石垛墙一样宽。在垛墙的墙头上用白灰做了一层墙头盖，防止雨雪水的侵蚀。石垛墙用此方法，仅此一例。

▼ **河北迁安的石垛墙**　山雪峰　摄

迁安大龙庙向白羊峪方向有很长一段上砌砖垛墙的石砌墙，而图中这段白色石块垒的石垛墙使大龙庙长城比白羊峪长城多了些特色。大龙庙长城还有一个特别之处——另有一道石砌的复线长城，可惜已垮成石垅状。

▲ **河北秦皇岛的石垛墙**　龚建中　摄

秦皇岛平顶峪长城的亮点是山梁上的砖包墙，十分完整，在秦皇岛长城中十分罕见、宝贵。在这段砖包墙低处的长城没有砖包，而是石砌。虽然这段石砌墙参差不齐，但它的幸存能让人判断出当年的防御方向。

◀ 河北秦皇岛的石垛墙　王盛宇 摄

秦皇岛董家口长城是近年当地自发修复的地段之一。这里长城以砖包墙为主，并且砖垛墙基本完好。在董家口大部分砖包墙中，居然有一段地势狭窄不易筑墙的地段保留了完整的石砌墙，而且石墙上的石垛墙也十分完好。石砌墙比砖包墙要窄得多，宽仅容两人并排。这是充分利用自然山形地势的一个办法。

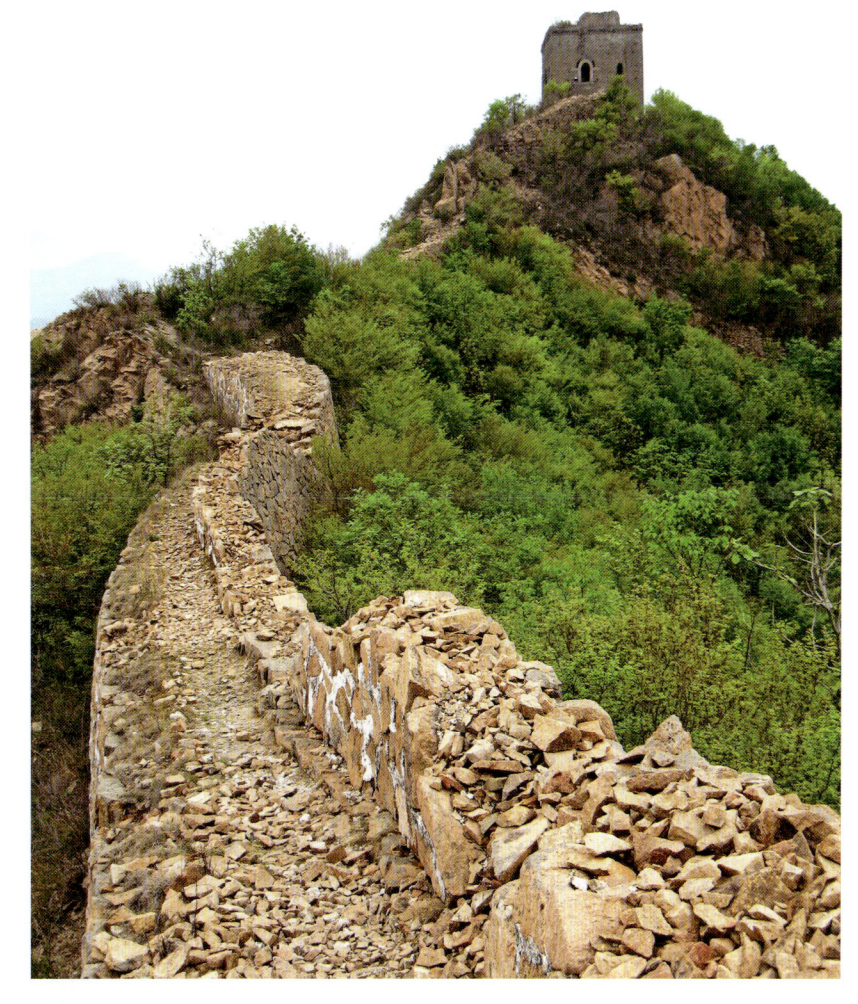

▶ 河北秦皇岛的石垛墙　龚建中 摄

秦皇岛破城子堡北山山形陡起，在山岗两边均已不能攀爬的山梁上居然垒着石墙，而且主体墙外沿还有残破的石垛墙，主体墙内沿还留有保护人员的宇墙残迹。

◀ 河北秦皇岛的石垛墙　山雪峰 摄

秦皇岛苇子峪长城的敌楼都还保存着大致的形态。苇子峪长城的石垛墙很有特色，厚1米、高1.2米，有垛口，无垛孔。有意思的是，这段石垛墙延伸至远处的山头上，居然还有几段完好的砖垛墙。这种低处是石垛墙、高处是砖垛墙，让人不得其解。在秦皇岛长城中，还是难得与珍贵的。

77

第一篇 长城的墙

◀ **河北秦皇岛的石垛墙** 严共明 摄

秦皇岛板厂峪长城以"杨来楼"为界,杨来楼以西的长城是砖垛墙,以东的是石垛墙。砖垛墙大部分保存完好,石垛墙保存远不及砖垛墙。板厂峪的石垛墙工艺粗糙。

▼ **河北秦皇岛的石垛墙** 黄东晖 摄

秦皇岛三道关长城这一段石垛墙几乎保持原状,石垛墙的垛口和垛牙很少缺损。垒砌讲究,主体墙外面垒砌平整,一看可知当时的工匠作业十分认真,其外观和质量给人留下深刻印象。

第3节 砖垛墙

前文说过土垛墙是与夯土墙相伴而生的。石垛墙则是在石砌墙上派生出的，虽然砖垛墙的"辈分"比土垛墙和石垛墙要晚不少，然而砖垛墙却并不只出现在砖砌墙面顶部。在甘肃嘉峪关的夯土城墙上，砖垛墙取代了土垛墙。在河北怀来陈家堡的石砌墙上，砖垛墙同样取代了石垛墙。北京延庆八达岭长城是石缝水平成行的平面石墙，怀柔慕田峪长城是石缝不水平成行的毛面墙，而其顶部的垛墙却都是砖垛墙。在怀柔的大榛峪、箭扣，密云古北口的卧虎山西侧，均可以见到保存完好的砖垛墙，而其下部的主墙都是石砌墙体。

因为明长城城砖的长宽厚薄有统一规制，为砖垛墙规矩的形态定下了基调。砖垛墙与主墙的砖缝线随着墙体起伏产生灵动的美感。砖垛墙上的垛孔也因砌砖层数不同而出现有规律可循的变化，而砖垛孔眉砖也为砖工匠的石展雕刻技艺释放了空间。如果说土垛墙蕴含着原始的苍凉，石垛墙展示着建筑智慧和技艺，那么砖垛墙则令气势宏大的长城充满了精致细腻。

◀ **北京延庆的砖垛墙** 黄东晖 摄
北京境内的长城由延庆八达岭向西，过石峡关，进入河北怀来。在山势起伏和缓的地段，长城主墙顶的砖垛墙多为牙形。砖垛墙沿墙顶顺坡砌，砖缝呈波浪形状。

▼ **北京怀柔的砖垛墙** 吴 凡 摄
怀柔旺泉峪长城的石砌墙顶有砖垛墙。坡陡处砖垛墙为锯齿形，墙砖沿墙顶水平砌，并开有内高外低向下的垛孔。

第一篇　长城的墙

第1目　牙形砖垛墙

之所以在砖垛墙中还要细分一类"牙形垛墙",是因其不同于起伏的齿状垛墙,每个垛牙都侧接垛口,远看如长城墙头分布着一排平头的板牙。山势陡斜之处,无论牙形垛墙的顶线如何倾斜,其两侧垛口却能砌得与水平面垂直,但一些牙形垛墙旁的垛口会迁就垛墙斜顶,保持与垛墙垂直。

长城的蜿蜒高大,体现出了力量美,而其顶部规律分布的垛牙则展现了工匠营造的韵律美,连续的垛牙由此在各类图籍中化身为长城最简洁的象征。

▲ **甘肃嘉峪关的牙形砖垛墙**　吕　军　摄

嘉峪关是明长城西端规模最大,也最壮观的关城,从始建到完善前后用了二百多年。明亡后清朝还继续利用此关城,清史记述前后三次维修加固。新中国大修过五次,小修过无数次。嘉峪关城墙顶的牙形砖垛墙则极为简单。

▲ **山西代县的牙形墙**　岳　华　摄

雁门关关城近几年修复一新。关城西门北坡的砖包墙沿坡而上,砖包墙内外两侧均砌有牙形砖垛墙,这与北京慕田峪长城一样。

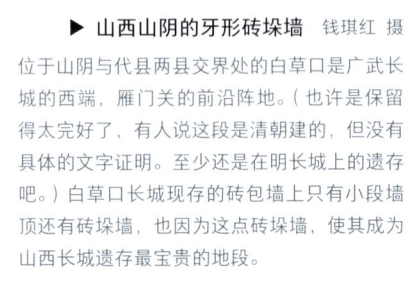

▶ **山西山阴的牙形砖垛墙**　钱琪红　摄

位于山阴与代县两县交界处的白草口是广武长城的西端,雁门关的前沿阵地。(也许是保留得太完好了,有人说这段是清朝建的,但没有具体的文字证明。至少还是在明长城上的遗存吧。)白草口长城现存的砖包墙上只有小段墙顶还有砖垛墙,也因为这点砖垛墙,使其成为山西长城遗存最宝贵的地段。

第六章 垛墙

◀ 北京延庆的牙形砖垛墙　高玉梅 摄
水关长城在八达岭长城东南方，现在全名为八达岭水关长城。水关长城主体墙是石缝水平成行的石砌墙，垛墙是顺墙顶平行的牙形砖垛墙。垛墙砖缝与墙顶线平行，但墙顶是连续的砖台阶。

▼ 北京延庆的牙形砖垛墙　高玉梅 摄
八达岭长城的牙形砖垛墙和水关长城的砖垛墙大小规模一样。八达岭长城主体墙顶和水关长城不同，斜坡上用方砖顺坡漫接。垛墙砖缝基本与墙顶方砖面平行。垛牙的两个角都呈90度。当长城墙头水平整齐时，垛墙自然水平；长城若沿地势略有起伏蜿蜒，砖垛墙随主墙起伏蜿蜒，单个的牙形砖垛墙会巧妙调整，以保持垛墙与主墙的起伏蜿蜒相随。

▶ 北京怀柔的斜牙砖垛墙　钱琪红 摄
怀柔大榛峪长城牙形砖垛墙不同于前述的牙形砖垛墙。此段砖垛墙顶线顺着主墙看是一条同高的墙，垛墙顶为平行于主墙的墙顶面，但在斜边上垂直开垛口，使得垛牙的两个角一个大于90度，一个小于90度，砖垛墙呈斜牙形。

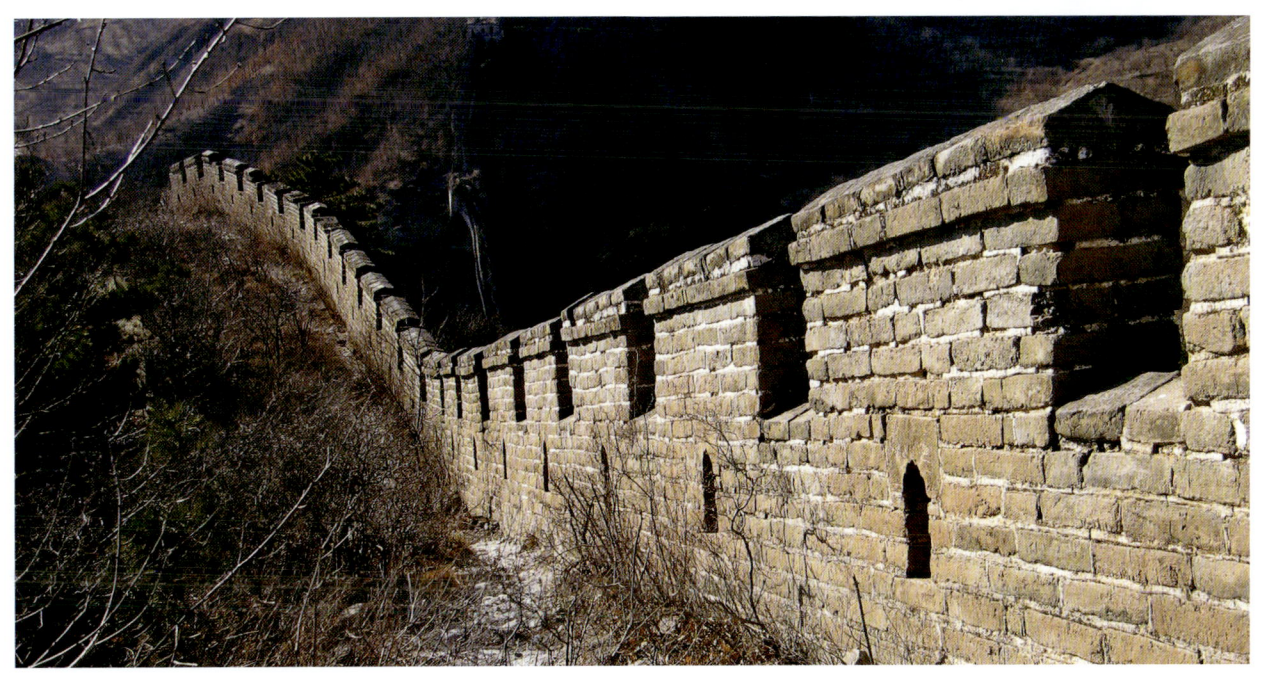

▶ 北京怀柔的牙形砖垛墙　严共明 摄
怀柔撞道口东坡的长城，存留完好程度不在慕田峪长城之下。图中这段牙形砖垛墙是顺坡与墙顶平行砌。长城主体墙顶尽是荒草杂木，墙的顶沿砖和墙顶的分水砖都是老物件。

81

第一篇 长城的墙

◀ 北京怀柔的牙形砖垛墙　李玉晖 摄
怀柔西水峪长城的主墙用砖顺坡砌，砖垛墙沿主墙顶继续顺坡砌。砖垛墙顶线与主墙顶线和山坡保持平行，垛墙的垛孔与垛墙的垛口底及砖垛墙顶线保持平行。

▲ 北京怀柔的牙形砖垛墙　刘建光 摄
怀柔西水峪长城的砖垛墙比黄花城的砖垛墙略瘦。垛孔位置在垛口底线上，垛牙左低右高，是顺坡砌的砖垛墙。

▲ 北京怀柔的牙形砖垛墙　严共明 摄
怀柔黄花城长城的牙形砖垛墙，仅墙顶分水砖碎了一块，其他均完好。垛孔左右居中，高低位置在垛口底线下，是非常端正标准的牙形砖垛墙。

▶ 北京延庆的牙形砖垛墙　黄东晖 摄
北京八达岭长城的主墙用方石水平砌，砖垛墙却是沿主墙顶顺坡砌。砖垛墙顶线与主墙顶线及山坡保持平行。

第六章 垛墙

◀ 北京怀柔的牙形砖垛墙　严共明 摄

怀柔慕田峪长城在1987年的维修工程主要是关于敌楼的，其主体墙和砖垛墙大都完好。后人发现，其对内、对外两边垛墙都一样，被人称为双面垛口墙（其实怀柔长城很多地方如此）。垛墙顶线与地表平行，表现了地面的起伏。

◀ 北京怀柔的牙形砖垛墙　黄东晖 摄

位于黄花城的牙形砖垛墙，其顶线为近似波浪的起伏线条。左垛牙宽五块砖，右垛牙宽三块半砖。垛墙砖缝虽然与垛墙顶线平行，但主墙顶是新修的水平砖台阶。左垛牙的垛孔是两块砖，右垛牙的垛孔是五块砖。牙形砖垛墙形态生动而具有活力。

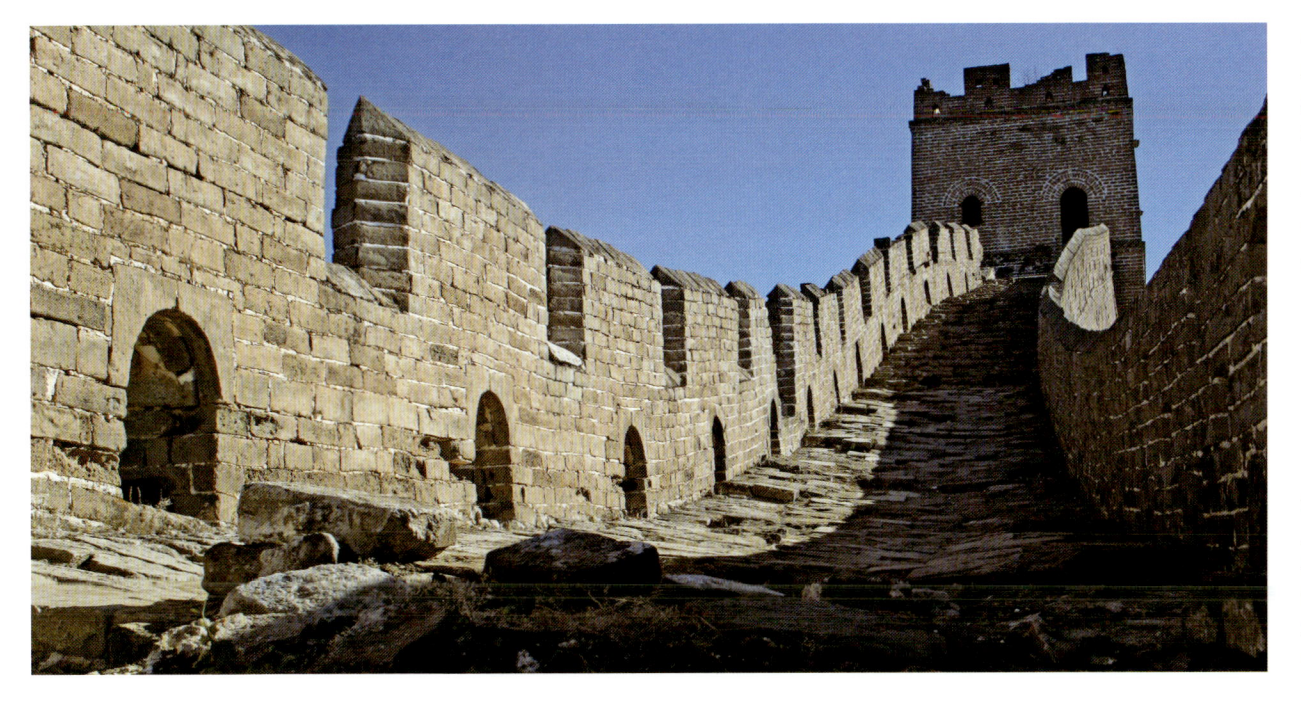

▲ 河北秦皇岛的斜牙砖垛墙　吕 军 摄

秦皇岛苇子峪长城的垛墙，不是呈方齿形，而是呈斜牙形。砖垛墙在斜坡，墙头却采用水平码砌，斜垛牙与水平砖缝造成两种线条交织的另一种感觉。此斜牙形垛墙宝贵之处在于垛口下有一垛孔，而垛墙中也有一垛孔，垛墙上开两种垛孔的地方非常少见（因为垛墙是长城上最易毁坏部分），物以稀为贵。

◀ 河北滦平的牙形砖垛墙　山雪峰 摄

金山岭长城的牙形砖垛墙，最大的特点是垛墙上没开垛孔，在每个垛牙根都有一个巨大的石孔，大小如脸盆，墙外还嵌筑凹槽。这种形制的凹槽，只在金山岭、司马台有留存。垛墙的垛口为内外八字斜面，垛墙顶分水砖为三角形。

83

第一篇　长城的墙

◀ 河北秦皇岛的牙形砖垛墙　龚建中 摄
城子峪长城是秦皇岛长城中最容易爬的一段。此段长城所处地势比董家口或平顶峪相对平缓，敌楼损坏并不特别严重。城子峪长城只在离村庄最远的地方还保留着砖垛墙，砖垛墙全部为牙形状，没有齿形砖垛墙。在靠近村庄的地方，长城损毁严重。

▶ 河北秦皇岛的牙形砖垛墙　黄东晖 摄
平顶峪长城主体墙的包墙砖是水平砌，主墙砌成后再砌砖垛墙。然而砖垛墙却是沿着主墙顶面码砌，结果主墙砖缝是水平的，墙顶面是斜的。砖垛墙的墙顶线与主墙顶面平行，牙形垛墙的砖缝是斜的。两种不同方向的砖缝组合出一种很有意思的纹理效果。

◀ 河北秦皇岛的牙形砖垛墙　严共明 摄
站在垛墙边，可以清楚地看到垛墙完全顺着主体墙顶面砌筑，垛墙砖缝及垛墙顶线随着长城墙顶面起伏。牙形垛墙顶有三角形分水护顶砖。垛口为内外八字斜面，垛孔沿着垛墙根、左右居垛墙中排列。这些都是明代遗留，没有后人加工改动过，是真正原样的明代垛墙。

第六章 垛墙

▶ **河北秦皇岛的牙形砖垛墙**　吕　军　摄

秦皇岛长城破城子堡北山的敌楼是锥子山到董家口中间最高的，得名"东高楼"。东高楼的西坡一路呈45度斜下，长城也沿山脊西下，在这里保留了一段非常独特且完好的斜牙形砖垛墙。垛墙垛口的夹角一个为钝角，一个为锐角。垛墙也还是牙形，但成了斜牙形砖垛。如此形状的砖垛墙是明代遗存，而不是后人发挥乱来的，所以特别珍贵。

◀ **辽宁绥中的斜牙砖垛墙**　王　虎　摄

从九门口到锥子山二十几里的山上，石砌墙多，砖包墙少。图中的砖垛墙是斜牙形垛。垛口垂直开，不与垛墙顶线成垂直角度。垛墙一边为钝角，一边为锐角。这种垛墙垂直垛口给人一种非常稳定、结实的感觉。垛墙完全保持着当年的历史原貌，也没有一点人为或自然损坏的痕迹。

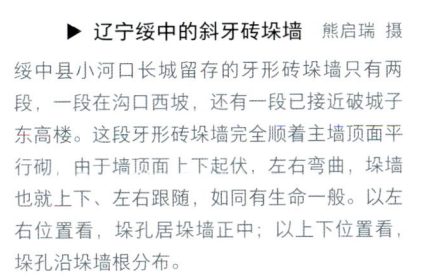

▶ **辽宁绥中的斜牙砖垛墙**　熊启瑞　摄

绥中县小河口长城留存的牙形砖垛墙只有两段，一段在沟口西坡，还有一段已接近破城子东高楼。这段牙形砖垛墙完全顺着主墙顶面平行砌，由于墙顶面上下起伏，左右弯曲，垛墙也就上下、左右跟随，如同有生命一般。以左右位置看，垛孔居垛墙正中；以上下位置看，垛孔沿垛墙根分布。

第一篇　长城的墙

▶ **辽宁绥中的牙形砖垛墙**　王献武 摄

九门口长城是 1985 年辽宁绥中重修开发的旅游景区，有意思的是长城上的文物保护石牌却为河北省文物局立。重建的砖垛墙有牙形垛，也有齿形垛，还另有一些变化灵活的形态。新修的牙形砖垛墙十分规整，垛顶有护顶砖，垛口底有垛底石。垛孔沿垛墙根设置，左右对称，居牙形的垛墙正中，一垛一孔。

◀ **河北秦皇岛的牙形砖垛墙**　方　明 摄

从图中可以看到山海关角山长城主体墙有加高的部分。新修复的砖垛墙与主墙顶面平行砌成牙形砖垛墙，对内的宇墙却砌成锯齿形垛墙。此段垛墙是每一垛牙下有两个垛孔，垛孔高四层砖。这种位置布局和大小形状独一无二，因为是新砖，可以判断为现代人的功劳，至于这种位置布局样式依据何在，不得而知。

▶ **辽宁兴城的牙形砖垛墙**　吕　军摄

辽宁兴城史载为宁远州城，是明朝山海关防线指挥官驻防地。明末这里发生过几次大的血战。现在的西、南两门，仍有门楼和瓮城。虽然多次维修，也许有点走样，但基本保持了历史原状。经过修复的南门瓮城上的砖垛墙，宽垛墙、窄垛口与明长城其他地段样式一致，而垛孔置于垛墙根，守城人想要利用垛孔观望，弯腰或蹲下都不行，非得趴下方可通过垛孔向外看。

第2目　齿形砖垛墙

齿形垛墙与水平均匀分布、由垛口间隔开的牙形垛墙不同。这类垛墙常见于地势起伏变化剧烈的地段。远看此类垛墙为连续90度角，如同锯齿密布，故将这种无垛口、沿斜坡保持尖角的垛墙称为齿形垛墙。其特征是墙顶分水砖保持水平，垛墙侧沿始终保持垂直，垛顶的宽度和高度则因地制宜。

齿形垛墙并非全由砖砌，石垛墙上也有齿形垛墙存留。在北京密云司马台东的"天梯"，就是齿形石垛墙。

▲ **北京怀柔的齿形砖垛墙**　宇 鸣 摄
怀柔大榛峪长城，在地势陡急的地段其砖垛墙多采用齿形样式。此段垛墙连续有十四个齿牙，单个齿牙宽横一块砖，竖高五至八块砖，是小尖连续的齿形砖垛墙。

▶ **北京怀柔的齿形砖垛墙**　宇 鸣 摄
位于怀柔西栅子村西的"北京结"，是明朝内长城与外长城的东交汇处，其北坡是箭扣（又称"涧口"）长城落差最大的地段。此段长城砖垛墙也是小尖连续的齿形砖垛墙。从"北京结"高处到山崖低处，连续齿牙有三十五个之多。

第一篇　长城的墙

▶ 山西代县的齿形砖垛墙　钱琪红 摄

山西代县的白草口长城因山势陡峭，不能修筑太厚的墙，只能沿石坡砌了一道砖垛墙。砖垛墙随坡度变化递次升高，使每个牙尖砖墙如同锯齿状。砖垛墙齿牙横宽有四块砖，竖高都为八块砖。每个尖牙垛墙上还开有垛孔。

▼ 山西平定的齿形砖垛墙　熊启瑞 摄

娘子关长城，齿形砖垛墙有三十一个之多。齿牙竖高都为八块砖，横宽为两块砖或四块砖。细看有修补过的地方，但历史老照片证明新修补符合旧物规矩，没有走样。

第六章 垛墙

▲ 山西代县的齿形砖垛墙　钱琪红　摄

山西代县雁门关城曾多次修缮，现已开发为旅游景区。这是 2012 年刚刚修复的关城西墙。有意思的是，与娘子关长城比较，后者的齿形砖垛墙是对敌面才修筑，对内一面修的是齐胸高的平头宇墙；而新修复的雁门关城墙头对内、对外都修建成齿形砖垛墙。

▶ 河北怀来的齿形砖垛墙　方　明摄

陈家堡长城的砖垛墙保存完好的长度，在怀来长城中可排第一位，图中这段齿形砖垛墙完好程度在陈家堡长城中则可排第一位。此段齿形垛墙每个齿竖高七层砖，横宽两或三块砖，连续有二十一个齿尖。齿形垛墙的护顶分水砖大多数保留。

89

第一篇　长城的墙

▲ 北京延庆的齿形砖垛墙　山雪峰 摄
延庆石峡长城，对敌一面的砖垛墙是齿形砖垛墙。此齿形垛每个齿竖高八层砖，横宽四块砖。以齿形砖垛墙而言，这是标准大小，属于中等齿形。砖垛墙低处开有垛孔，垛孔高为两层砖，宽为半块砖。

▼ 北京怀柔的齿形砖垛墙　姚泉龙 摄
怀柔大榛峪长城对外、对内砖垛墙都是齿形砖垛墙。在坡缓处，齿形竖高为四层砖，横宽两块砖；在坡陡处，齿形竖高为六层砖，横宽一块砖。垛孔就无法一垛一孔，而是三齿两孔，或四齿两孔了。

◀ 北京怀柔的齿形砖垛墙　任树垠 摄
怀柔西水峪长城，对外砖垛墙残破严重，对内砖垛墙保存极好。对内砖垛墙亦是齿形，齿形竖高均为五层砖，横宽三块砖，大小一致，非常规范。

第六章 垛墙

▶ **北京怀柔的齿形砖垛墙** 任树垠 摄
怀柔旺泉峪长城因有五个完好的 3×5 眼大敌楼，非常宝贵。旺泉峪长城完好的砖垛墙多为牙形砖垛墙，仅在旺泉峪沟口长城骤然起伏，沟两边的砖垛墙变为齿形垛墙。

◀ **北京怀柔的齿形砖垛墙** 吴 凡 摄
怀柔箭扣东长城的齿形砖垛每垛竖高五层砖，而垛横宽一块砖。垛孔也不是一个垛齿内开一个垛孔。两垛孔之间上有五个齿尖。此段砖垛墙塌垮部分在逐年扩大。

▼ **北京怀柔的齿形砖垛墙** 吴 凡 摄
箭扣长城本身有许多独具特色之处。在平缓处，长城墙面可容五人并行，而狭窄之处就只可一人上下。箭扣长城西段最窄的地段因为特别陡而且坡长，长城如同一架登天的梯子，被一些长城爱好者称为"小天梯"。完好的长城如此狭窄而且如此陡斜，可为怀柔长城之最。

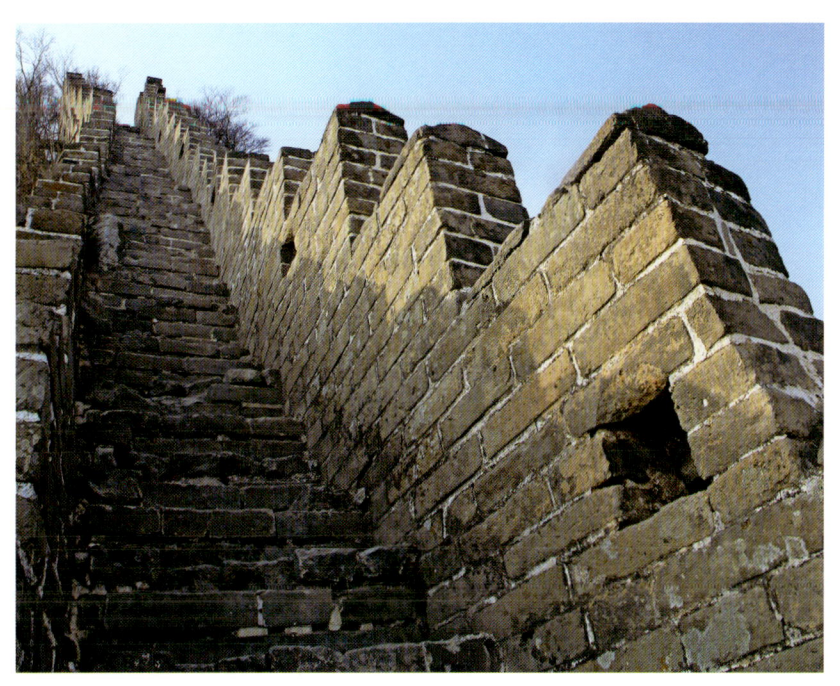

91

第一篇　长城的墙

◀ **河北滦平的齿形砖垛墙**　丁　岩　摄

此为金山岭"将军楼"东南位置上的一段砖垛墙，严格地说是主体墙的内墙，即一般称为"宇墙"的墙。但金山岭长城对宇墙下了很多功夫，一是尽量设置墙孔，多时可分布高、中、低三排；二是在坡度较大的地段，宇墙改砌为齿形砖垛墙。齿形砖垛竖高六层砖，横宽四块砖。坡转缓时，齿形砖垛墙在一个齿形垛上开两个垛孔。这点是金山岭长城特有的。

▲ **北京密云的齿形砖垛墙**　山雪峰　摄

密云古北口潮河东边的丘陵地貌有个美名，叫"蟠龙山"。潮河西山比河东山高了许多，因山形似卧虎而得名"卧虎山"。在中国文化中，这一山川口两边是蟠龙和卧虎，那自然为凶险之地了。卧虎山西的长城墙体上的砖垛墙是古北口长城唯一的砖垛墙存留，而且其齿形砖垛墙的齿牙基本完整。

◀ **北京密云的齿形砖垛墙**　姚泉龙　摄

密云墙子路长城的齿形砖垛墙每齿竖高十层砖，横宽四块砖，属于超大型齿形砖垛墙，比金山岭长城的还大。墙子路长城的齿形砖垛墙齿面平直，如同巨大的锯条，一口气连续三十四个齿牙，基本完整无缺。

第六章 垛墙

▶ 河北秦皇岛的齿形砖垛墙　张　骅 摄

秦皇岛板厂峪长城于 2002 年经过整修（挖去生长在长城上的杂树，清理淤土，少量修补台阶），开放为旅游景区。板厂峪长城砖垛墙多有存留，以牙形垛墙为多，其间偶有齿形砖垛墙。因齿形宽大，每齿形垛竖高为十二层砖，横宽四块砖，规格不同于别处长城而值得留意。

▼ 河北秦皇岛的齿形砖垛墙　孙国勇 摄

秦皇岛苇子峪长城的砖垛墙存留很少，粗估计不到苇子峪长城三十分之一。此段砖垛墙，图片左侧用角砖砌垛口，是牙形垛墙的特点，而右侧稍高处的垛墙立面用平砖砌，又体现了齿牙砖垛墙的竖边。牙形垛墙和齿形垛墙从竖边用砖就有区别。

▲ 河北迁西的齿形砖垛墙　吕　军 摄

迁西潘家口长城主墙低处靠近水面的为砖包墙，高处靠近山顶的为石砌墙。完整的砖砌垛墙非常罕见，此段砖砌齿形垛墙是潘家口长城唯一的存留。垛墙齿牙高低、宽窄并不统一，齿牙上的垛孔高低分布也有变化，成为迁西长城齿形砖垛墙的代表。

第一篇　长城的墙

▼ 河北秦皇岛的齿形砖垛墙　张　骅　摄
板厂峪长城景区将此段长城命名为"倒挂长城"。长城在山石坡中码砌，沿陡石顺坡递次建十多个方形砖台。在砖台中间开一条仅一人宽的梯道，又称"踏步"。砖台外侧砌出方形高垛墙，垛墙顶与上台根相接，远看都是垛墙连续的尖角。此段齿形垛墙每齿高十六层砖，宽三块半至五块半砖不等。垛孔左右位置居垛墙中。

▲ 辽宁绥中的齿形砖垛墙　孙国勇　摄
这是1985年新修的绥中九门口长城砖垛墙。垛墙顶都有护顶砖，垛口底有垛底石。此齿形垛高五层砖，宽三块砖。垛孔高低位置大致在人的腰部上下。

▼ 河北秦皇岛的齿形砖垛墙　吕　军　摄
秦皇岛角山长城残破的齿形砖垛墙。角山长城在修复时只到此为止，残破的齿形砖垛墙增加了砖垛墙的变化，让游人感觉到垛墙样式的丰富。

第3目　组合型砖垛墙

长城的牙形砖垛墙最明确的特点是每个垛牙两边都有垛口，沿垛墙顶线与垛口底线都与长城顶面保持平行。长城的齿形砖垛墙最明确的特点是没有垛口，以齿尖点连续成线和齿根点连续成线与长城顶面保持平行。长城的组合型砖垛墙比前两种要复杂，纵观有垛牙顶线、垛口底线、齿尖点、齿根点连续成线，初看眼花缭乱，细看构思巧妙，结构合理。

因形态差异，确需在牙形与齿形砖垛墙外，单独来介绍组合型砖垛墙。

▲ 北京延庆的组合型砖垛墙　黄东晖 摄

组合型砖垛墙由于有垛口，确定了砖垛墙的宽。同为四块砖宽，这与普通牙形砖垛墙的宽度是一致的，不同点在于组合型砖垛墙的垛顶又分成高矮两段。本图中有的垛墙顶是高段两块砖，低段也两块砖，有的高处三、低处一，也有的高处一、低处三，变化丰富。当年施工者真是下了功夫。

▲ 北京延庆的组合型砖垛墙　任树垠 摄

香屯东坡第五个楼北边的石墙上的砖垛墙是极其珍贵的一段。此段砖垛墙上规律分布的垛口貌似牙形墙，然而从垛顶线看却有高有低。（因顶上护顶三角砖全无，并有多处人为拆毁。）至少可以判读每垛顶可分两段，一高一低成为两个齿尖。每垛四砖宽，十四层砖高，按说体量不大，属小巧型。每垛于垛根居两垛口中有一垛孔，为一垛一孔形制。难能可贵的是此墙两边均为此样式垛墙，这在"宇墙"一节中还会有所涉及。

◀ 北京延庆的组合型砖垛墙　黄东晖 摄

北京延庆大庄科香屯长城，东坡的砖垛墙是长城砖垛墙中极其珍贵的一段。从八达岭长城基本完整的砖垛墙来看，牙形砖垛墙顶构成一条平线，而香屯长城组合型砖垛墙的墙顶为阶梯线。延庆石峡长城的齿形砖垛墙墙顶不开垛口，但香屯长城组合型砖垛墙在墙顶开有垛口。

◀ 北京怀柔的组合型砖垛墙　钱琪红　摄

青龙峡长城可以称为怀柔长城的东头，青龙峡东坡有三段完好的砖垛墙，且样式都不一致，图中这段位于最东边坡上，按有垛口应为牙形垛归类。垛墙为九块砖宽，两个垛口之间的一个垛牙上的牙顶分成五到六个小齿牙。每一垛墙开三个垛孔，高孔于高齿尖中心部位，低孔在低垛口根开，中间一个垛孔左右居垛墙中，高低齐垛墙根，还与左右两垛孔的低位孔持平，能做到这点，应该是垒垛墙前就设计好了，否则不会做到如此规律。

▶ 北京怀柔的组合型砖垛墙　林　焕摄

这段砖垛墙从垛顶线看，呈齿线状，但每一垛又都自成一牙垛状，因临高一边垛墙还开了一个垛口。此段墙主体墙沿坡筑成了逐坡的大台磴，台磴边有窄砖梯道上下，现在台磴损毁形已不十分清晰，细看尚可分辨。每磴的对敌面为一垛墙，垛墙两边均设垛口，只是高低差距很大，两个垛口中高位垛口为其对应台磴所用，而低位垛口为低处台磴所用。

▲ 北京怀柔的组合型砖垛墙　钱琪红　摄

北京怀柔铁矿峪组合型砖垛墙。铁矿峪长城位于大榛峪西大楼长城西，黄花城长城的东边，大部分已损毁，只有临三岔村沟西坡有一段几近完整的砖垛墙。这段墙初看应归为锯齿形垛墙，细看在密集的小齿（宽不足一块砖，高四层砖）有五个砖垛口（原来以为是塌损），再细看，能看出来垛口底位置很低，几乎接近主墙面，已到垛墙根的位置了。两个垛口之间是一个垛牙，一个垛牙的顶分成五到八个小齿牙。这种大牙顶含小齿牙留存的特别少。

第六章 垛墙

◀ 北京怀柔的组合型砖垛墙　王　虎　摄

此段长城垛墙完整地段都可以看出来是牙形垛制式，唯一不同地段是莲花池沟西坡第二个三眼楼坡下的一段砖垛墙。从连续的垛口可以判断这段砖垛墙有牙形垛的特征，但从墙所在的坡度及主体墙的墙面棱砖看，完全是齿形垛的基础。可惜现存垛墙的顶面大多残碎，几乎无一完整，齿形垛的样式体现得并不充分。每个垛口下边，于垛墙根都有一个垛孔，两个垛口之间还设一个垛孔，垛墙基为齿状，而垛顶可能有五个齿尖。

▲ 北京怀柔的组合型砖垛墙　钱琪红　摄

青龙峡东坡一段完好的砖垛墙，其样式非常有趣。每垛顶有多个齿尖，多者可达十个，每垛开有多个垛孔，分布也不甚规则。

97

第一篇　长城的墙

◀ 北京密云的组合型砖垛墙　钱琪红 摄

北京密云小水峪东坡另一段完好的砖垛墙。每垛牙仅四块砖宽，每个垛牙的顶为三个齿尖。（有的一齿仅半块砖宽。）每个垛牙开三个垛孔，底孔沿垛根开，高孔于高齿尖中心部位。这段垛墙有两个密集：一、垛孔密集，二、垛齿密集。

▼ 河北滦平的组合型砖垛墙　山雪峰 摄

河北滦平金山岭长城在将军楼（旧称库房楼）分出一支向北的探墙（又称支线墙）。此段墙是虎皮石垒砌，但垛墙为砖砌。以开设垛口而言，此应归入牙形垛，每垛牙仅八块砖宽。垛墙顶分砌五或六个齿尖，临垛口的齿牙上又设垛孔。在垛墙根又开一个大垛孔，且左右不居中。

第六章 垛墙

▶ 河北遵化的组合型砖垛墙　郑　严　摄
河北遵化洪山口长城的垛墙。有两点需强调：一、此段砖垛墙内外均为垛口墙，而非一面垛墙，一面宇墙；二、每个牙形垛墙顶不是平顶，而是砌成两台。本来此段垛墙每牙为四块砖宽，然而垛顶分成两台，齿宽就两块砖。两台顶砖高低差四层砖。每个垛口之下设一垛孔。

▼ 河北秦皇岛的组合型砖垛墙　郑　严　摄
河北秦皇岛板厂峪长城的砖垛墙。齿形垛墙感觉很清楚，每齿形墙顶又开一垛口，四个牙垛的顶线相距甚大，足有一人多高，若以齿论，可谓巨齿了。（一齿竟有十五到二十七层砖之高。）有意思的是四垛牙宽也不相同，低处垛墙宽四块砖，而最高一垛竟宽至八块砖。这是在锯齿形垛墙顶开垛口的组合型砖垛墙。

▲ 河北秦皇岛的组合型砖垛墙　郑　严　摄
河北秦皇岛夕阳口长城完整的砖垛墙。垛口为缺角异型砖竖砌，低垛口的顶比高垛口的底还低。完整的垛牙顶分成了六个齿尖，每齿之上护顶的三角形分水砖还在。这是在垛牙形垛墙顶加锯齿形的组合型砖垛墙。

第一篇　长城的墙

▶ **河北秦皇岛的组合型砖垛墙**　李玉晖 摄
秦皇岛黄土岭长城有很短一段完整的砖包墙，其上的砖垛墙也十分完整。此段垛墙的两个垛口之间特别宽。这样的宽垛墙顶为齿阶状，每齿宽两砖，一垛之上有六个或八个齿牙，每个垛开两个垛孔。这种样式在河北省的长城中非常罕见。

◀ **辽宁绥中的组合型砖垛墙**　熊启瑞 摄
辽宁绥中九门口长城是新近复建的。这是九门口临近水关的砖垛墙，从垛墙顶线看像是齿形，但每垛齿之间均有垛口，并且垛口石也为阶梯线，每垛于垛根设一垛孔，高低位置仅齐于脚面。

▶ **河北秦皇岛的组合型砖垛墙**　熊启瑞 摄
河北秦皇岛角山长城新修复的砖垛墙多是牙形垛墙。但在此处，牙形垛墙顶改为齿形垛，也可以看作是在垛齿墙顶再开一个垛口。以牙形砖垛看，左起的垛牙窄，右边垛牙宽。以齿形砖垛看，左起的垛齿竖高，右边垛齿牙竖低。可见新修复的角山长城颇下了功夫，组合型砖垛墙得到了传承。

第 4 节　宇墙

用于防守的高墙，在长城遗存里有两大类。一类是封顶式，即不论这类墙用什么材料，土、石或砖，也不论它有多长、多高、多宽，墙的最高部分都不能站人。不论防守者还是进犯者，都无法利用墙的高度从上向下打击对方。

而另一类是可在墙头站立，甚至可以纵马或多人并行。在这种高墙上，就必须于墙沿两边再筑矮墙。对外一侧矮墙开垛口、垛孔，称之为垛墙，用于防御、打仗。对内一侧矮墙用于防止守墙人员跌落，以往书中多称此类墙为"女墙"或"宇墙"。因与垛孔功能不同，宇墙矮小且简单。笔者在考察长城过程中，发现长城的宇墙本来就遗存不多，各地长城宇墙的样式规矩还各不相同。简单的宇墙无垛口及垛孔，高约九层砖（含墙顶分水砖）。嘉峪关、雁门关、娘子关、居庸关、山海关等处皆是如此。复杂的宇墙无垛口但有垛孔，高约十四层砖，上有高、中、低三种位置的垛孔，在北京密云古北口到司马台一带可见。还有一类宇墙，把长城墙顶外延的垛墙在内沿上复制一遍，称为"双面垛墙"。

▲ 河北滦平的宇墙　孙国勇 摄
金山岭长城，新修复的宇墙与对外的牙形砖垛墙相对而立。宇墙无垛口，但开设高、中、低三种位置的垛孔。宇墙沿墙顶马道顺坡砌，算上墙头护顶分水砖有十四层砖高，在新修复的长城对内宇墙里属于偏高的。

◀ 北京延庆的宇墙　山雪峰 摄
北京延庆石峡长城在八达岭长城西南方。长城主体墙是石缝水平成行的石砌墙。对外垛墙是沿墙顶水平砌的齿形砖垛墙。墙顶马道是延续的砖台阶。对内宇墙与墙顶线平行，顺坡砌成无垛口无垛孔的矮墙。

第一篇　长城的墙

▲ 甘肃嘉峪关的宇墙　吕　军　摄

甘肃嘉峪关的砖垛墙在新中国成立后多次修补过。对外用于防守、打仗的砖垛墙为二十五层砖码砌，高 2 米左右。对内一侧保护守墙人员防止跌落的宇墙为十层砖码砌，高 1 米左右。宇墙上无垛口、垛孔。墙头马道不足 2 米宽。

◀ 山西大同的宇墙　严共明　摄

山西大同古城新垛墙，图中右边是以牙形垛设置的砖垛墙，为十七层砖码砌，近 2 米高，图中左边是由九层砖码砌的宇墙。该段墙似乎看不出有什么问题，甚至还能发现新墙使用了水泥，能使建筑更牢固，应是件好事。新建的大同古城比嘉峪关的墙头宽了许多。

第六章 垛墙

▶ **北京延庆的宇墙** 严共明 摄
北京延庆八达岭水关长城作为八达岭长城的侧翼，按理说建筑规矩和样式应该比较一致，但不管是后来复修的还是原来残存的宇墙，确实与八达岭的不一样。水关长城内外两边全是牙形垛墙，两边垛都高为十六层砖，都有分水护顶砖。垛墙顶线保持与墙头马道坡面平行。

▼ **北京昌平的宇墙** 郑 严 摄
北京昌平居庸关长城的主墙是沿着老墙旧痕迹上翻盖的，砖垛墙的规模样式，看得出来是依照八达岭长城复建的，宇墙也是如此。图中的齿形垛墙高二十一层砖。垛砖依水平砌，垛墙齿形顶成水平线。主体墙台阶很宽。宇墙沿主体墙面平行斜砌，仅高七层砖，没有垛口和垛孔，完全依照八达岭长城宇墙的规矩。

103

第一篇　长城的墙

▶ 北京延庆的双面垛墙　任树垠 摄
北京延庆大庄科乡香屯长城，再向东即是怀柔长城。香屯长城东坡的砖垛墙是长城砖垛墙极其珍贵的一段，内外两面均为灵活型砖垛墙，可惜的是对内宇墙的灵活型砖垛墙多有残缺，没有对外御敌面的灵活型砖垛墙完整。

▼ 北京怀柔的双面垛墙　黄东晖 摄
北京怀柔渤海镇西大楼长城蜿蜒于山脊。长城外是荒山野岭，长城内山脚下村落多多。此图右为长城外，左为长城内。从长城的垛墙看，两边都是牙形砖垛墙，分不出内外。

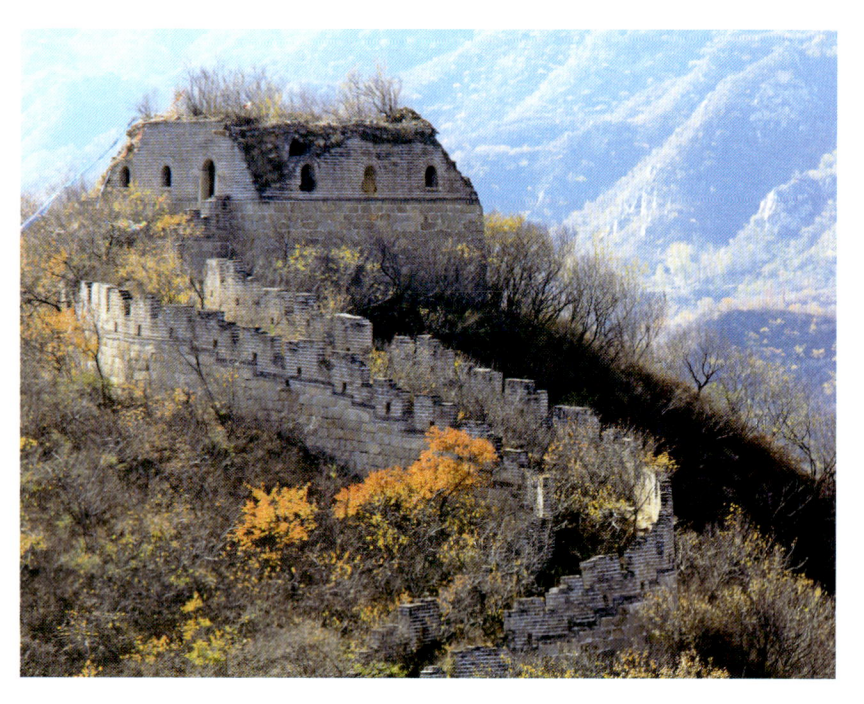

▼ 北京怀柔的双面垛墙　黄东晖 摄
北京怀柔神堂峪沟东坡长城，保留着完好的砖垛墙。长城对外一面是开设垛孔的齿形砖垛墙，对内一面也是齿形砖垛墙，只是垛孔少，齿形砖垛墙的体积也小了一些。

第六章 垛墙

◀ 北京怀柔的双面垛墙　刘建光 摄

北京怀柔慕田峪长城东边在大角楼向南分出一段支线长城，当地人称"秃尾巴边"。在支线长城南端的砖垛墙大部分完整，可以看出两边都是牙形砖垛墙。

▼ 北京怀柔的双面垛墙　任树枫 摄

北京怀柔渤海镇旺泉峪长城，保存完好程度可与慕田峪长城相比。旺泉峪是内线长城，此段长城东北向有从"北京结"到张家口直至嘉峪关的外线长城。长城砖垛墙修成双面牙形垛墙。

▼ 北京怀柔的双面垛墙　严共明 摄

北京怀柔慕田峪长城在被修复开放时，长城专家强调，慕田峪长城的特色之一就是双面牙形垛墙，极其漂亮。慕田峪长城大角楼东边为莲花池村，古为亓连关。大角楼西边长城的垛墙每垛牙为十八层砖高，四块砖宽，垛口深七层砖。

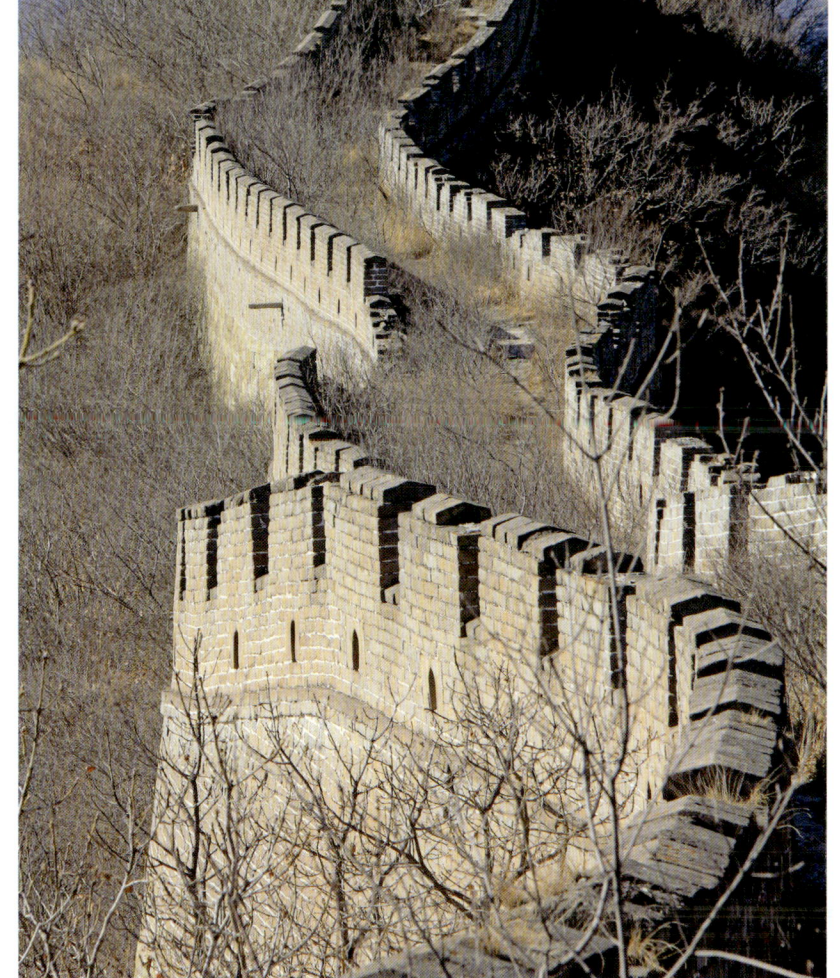

第一篇　长城的墙

▲ 河北滦平带射孔的宇墙　王　虎　摄

河北滦平金山岭长城于对外一面砖垛墙高处开垛口，垛墙根设置了礌石孔。对内一面的宇墙没有垛口，但开有高、中、低三排墙孔。这种分布三排墙孔的宇墙只在司马台长城和金山岭长城有遗存。

▲ 北京密云的双面垛墙　山雪峰　摄

北京密云古北口卧虎山西北支线长城是古北口地区唯一保留着砖垛墙的地段。图中长城右边是长城外侧，左边是长城内侧。对内一面本该修宇墙的地方，完全改为与对外一面相同，里外均为齿形垛墙，这是离金山岭长城最近而不同于金山岭长城宇墙的地方。

▶ 北京密云的双面垛墙　姚泉龙　摄

北京密云墙子路长城，对外砖垛墙存留较多，对内宇墙大部分残缺。图中长城的右边是长城内侧，右边的砖垛墙应是对内的宇墙。宇墙现高十三层砖，垛宽七块砖，每垛设三个垛孔。两个高部位的垛孔紧挨着垛口，一个低部位的垛孔居垛墙正中，紧临垛墙根，齐主体墙面砖棱线。这点存留还能反映出宇墙原貌，颇为宝贵。

第六章 垛墙

▶ **天津蓟州的宇墙** 吴 凡 摄

天津蓟州太平寨长城是近年新修复的，修复时参照了八达岭长城的样式，还尽量保留了北齐长城的石砌墙和石砌圆敌台。太平寨长城对内一侧的宇墙，现高十二层砖（将近于人的胸部，不到肩部），没有垛口。严格说这样修复没什么错误，但宇墙之高，看得出是加大对现在游客安全的一种保护。

◀ **河北秦皇岛的双面垛墙** 龚建中 摄

河北秦皇岛平顶峪长城完整的砖垛墙，完全不同于八达岭、山海关的长城垛墙有内外之分，而与慕田峪长城的砖垛墙形式一致，内外两边全部为垛口墙。笔者判断左边是长城内，右边是长城外。

▶ **河北秦皇岛的宇墙** 马 骏 摄

河北秦皇岛董家口长城，其修复工作是尽量保持长城原样的典范。董家口长城的障墙、楼门石刻、多望孔的"哨楼"，在秦皇岛长城中都是一绝。长城的高大垛墙和低矮的宇墙均是历史遗存。图中的宇墙高才五层砖，但护顶的分水砖居然全都不缺，说明此段宇墙完好程度很高。

107

第一篇　长城的墙

▲ **辽宁绥中的宇墙**　山雪峰 摄
辽宁绥中前所城是明朝山海关外的一个重要军事据点。在明朝时，明军与后金军（暨后来的清军）曾在这里交锋。前所西门瓮城新修的对内宇墙高七层砖，属于比较高的，对经营旅游而言，对游客保护的作用更大。宇墙无垛口，也无墙孔，看得出来简单了一些。

▶ **河北秦皇岛的宇墙**　吕 军 摄
河北秦皇岛苇子峪长城以祖山公园东门分为南北两段，敌楼多数完整，长城墙体保留原高，但对外砖垛墙存留不多，宇墙也几乎绝迹。这是在苇子峪长城南段发现的一小段完好的宇墙，荒草灌木中露出保持原状的宇墙顶分水砖，如同粗大蚯蚓，拨开荒草能露出三层砖。宇墙实际原高不会超膝盖。

第六章 垛墙

▼ 辽宁绥中的宇墙　山雪峰 摄

辽宁绥中小河口山口西坡长城，对外的齿形垛墙高十四层砖，每个垛墙墙根处有一垛孔。殊为不易的是，对内的墙沿上还存留着大段宇墙，宇墙的护顶三角形分水砖也有一些存留。宇墙连护顶砖才五层，极矮，可坐而不可倚靠。由于是真正明代存留，更为宝贵。

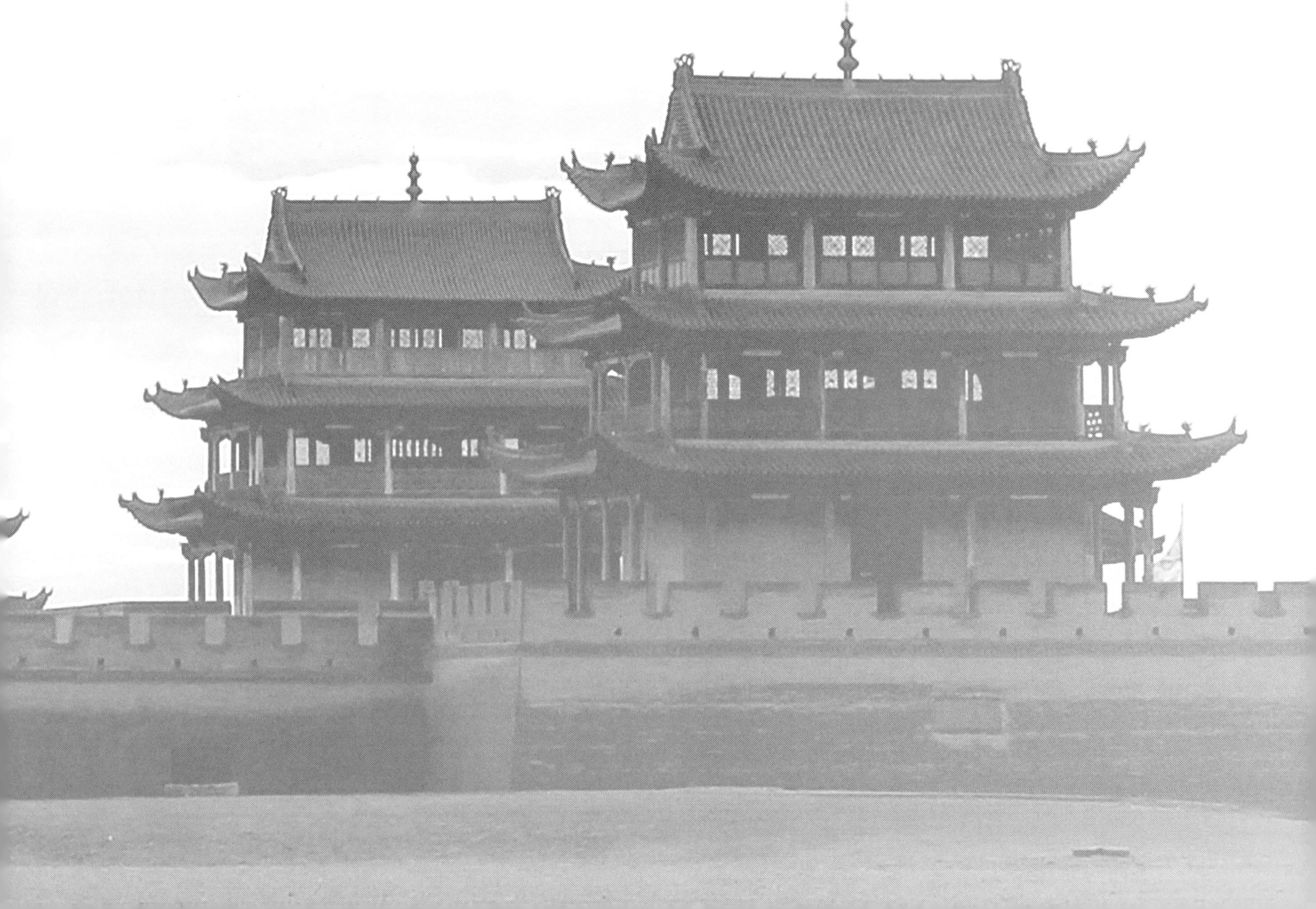

第二篇　长城的门

第一章	完整的大型城门	113
第二章	完整的小型城门	121
第三章	中型城门	131
	第1节　有门楼的中型城门	132
	第2节　无门楼的中型城门	139
第四章	过墙门	153
第五章	上墙门	161
	第1节　上墙门的位置	162
	第2节　上墙门的形态	175
第六章	水门	181

第二篇　长城的门

▲ **样式普通的随墙式门**　杨文宴 摄
北京先农坛是明清两代帝王祭祀先农诸神的地方，其中太岁殿的西墙开设一墙洞式（随墙式）门。墙高门低，未做任何装饰。看着简朴，实际用料都很奢侈。

▼ **装饰豪华的随墙式门**　严秋白 摄
北京故宫外东宫的北门是一高墙之下的随墙式过墙门，极尽奢华装饰之能事。门面按房屋式中最高级的宫殿样式做。采用琉璃构件贴门梁、斗拱、瓦拢、庑殿顶房脊。门柱用白石砌束腰须弥座。四个描金边六方门簪。竖门匾上满汉文并列题写"贞顺门"。

▲ **高大宽敞的房宇式门**　孙国勇 摄
山西大同华严寺的山门面阔五间，进深三间，为中国古代寺庙山门规模最大者。屋顶采用最高等级的庑殿顶。殿中塑有四大天王像，高5.2米。该殿又称天王殿。

▶ **样式朴素的房宇式门**　余 浩 摄
山西大同善化寺是始建于唐代开元年间的一所佛教寺院。进出门开在山门的东侧。进出门面阔三间，进深一间。屋顶采用等级一般的硬山顶。

◀ **高大豪华的琉璃牌楼**　刘天乐 摄
山西大同法华寺山门外的琉璃牌楼，是典型的追求奢侈、营造繁华气派装饰性的栅栏式大门。

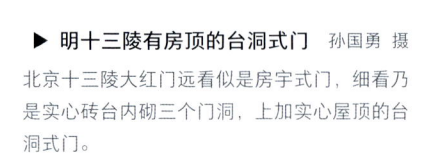

▶ **明十三陵有房顶的台洞式门**　孙国勇 摄
北京十三陵大红门远看似是房宇式门，细看乃是实心砖台内砌三个门洞，上加实心屋顶的台洞式门。

◀ **庄严肃穆的石牌坊**　刘 焕 摄
北京地坛是明清两代帝王祭祀地神的地方。祭祀坛围墙四面的大门是汉白玉石牌坊，这四座大门还有个名称："棂星门"。统一的白色调衬托出素雅的气氛，汉白玉石材标示着等级之高。汉白玉牌坊与祭祀地神的尊崇气氛合拍。

▶ **北京先农坛改建后的北门**　孙国勇 摄
先农坛北门是个在砖台内砌门洞，上加实心屋顶的台洞式门。现为了能通过车辆扩大了门洞。

▶ **新建成的水泥彩牌楼**　杨健武 摄
北京密云曹家路建成的水泥彩牌楼。曹家路在明代长城九镇的蓟镇归西路协守。当年的路城西门旧址现在是一个水泥彩牌楼，起到标识作用。牌楼西是村外，牌楼东是村内。牌楼标识了地界在何处起始。

▶ **北京故宫午门**　吕朝华 摄
北京故宫午门本是明代皇城的南门，不是长城上的城门，但它是城门中规模最大、等级最高者，所以我们不妨先看一看。
一、故宫午门门洞宽可五人横排同行，高可骑马举旗。二、故宫午门本身城台巨宽，开了五个门洞，若说可占几个门洞宽，我认为城台有二十五个洞宽。台高为两个门洞高。可谓长、宽巨大的门台。三、午门城台上门楼是最庞大的。有崇楼五座，正中为九开间，汉白玉栏殿基，重檐庑殿顶，东西两侧为四座重檐四角攒尖方形亭楼，俗称五凤楼。

112

第一章　完整的大型城门

长城的主要功能是保护长城内侧的安全、利益和财富，但社会的经济活动和人口流动又必须在长城阻挡的防线上留出便于管理、适合各种往来的出入口。这种军民两用又有经济价值的设施，在长城的不断发展中，演变成大大小小的城门。笔者在寻访长城时看到，长城关口中最关键的建筑就是城门。

在中国古代建筑中，门的类别可分为四大类：一台洞式，二房字式，三随墙式，四栅栏式。这四类几乎是共生的。根据统治者的需要，等级制度的完善，门成为古代建筑的一个大科目。台洞式的典型结构是门洞以拱券顶的形态砌在宽大的门台里。门台上建有单层或多层屋顶的门，楼门台向外的一面门洞券顶上必须设一个刻有大字的石匾。人们多以此石匾的题字称呼此城门。

一般人可能认为在长城上有一个关口就有一个城门。如山海关，大家都以为就是山海关关城的东门，即挂着"天下第一关"匾的这个关门。再如嘉峪关，大家也都认为是嘉峪关关城的西门，即在门洞上石匾额刻着"嘉峪关"三个大字的城门。实际上，山海关在东门（天下第一关）外还有瓮城门、罗城门。罗城自己还有瓮城门和南北侧门。想出东门，还有三道门要走。反过来从东门向河北，还有两道城门要走。进出一个山海关要穿过六个城门。长城从海边老龙头到角山，山海关是中心。两侧还有南北水关、南北旱门关、南海口关、铁门关、宁海城、威远城，沿着长城数，关门不止八座。长城之长是最大的特点，城门洞之多是第二个特点。

城门的大小区分

明长城总共有多少个城门？没有确切的统计数字。从形态的角度来观察长城的城门，无非大、中、小三类。新修复的城门无残缺，特征明显，归类比较容易些。残破严重者，特征缺失，归类难度大些。但不妨碍我们用形态的眼光去判断，使对城门形态认知条理更清晰。

判断城门大小可有三个依据，城门的门洞、城门台、城门的门楼，有些可能不大不小，难以判断，所以本书先大型后小型，余下的为中间型。

最简单的判断一，城门洞的大小。是高、是低、是宽、是窄？可分大门洞（大门洞高可容骑手持竖旗坐在马鞍上进出，洞宽可达容五马并行的规模。山海关东门又称镇东门，即门楼上挂着"天下第一关"的那座，这个城门门洞高7.5米，宽5.7米）和小门洞（洞高限骑手必须下马，旗矛顺平，洞宽只容单人牵马通行。山西省山阴县、代县的白草口还保留着一个完好的小门洞）。

判断二，门台的大小。用门洞与门台比较，门台可达几个门洞来衡量。极宽的门台可容置二十五个门洞，如故宫午门（当然这是最宽的）。一般门台横宽可达三个门洞，小门台也就仅两门洞宽。城门台高低也用城门台下所开的门洞来比量，而高的门台可有三个洞身高，如山西省娘子关长城的南门、雁门关的南门，都是门台有三个洞身高。一般门台为两洞身高，矮小的门台，也就一门洞高。门券砖后就是台顶了。

判断三，城门楼的大小。按规矩，城门台上一定会有一座城门楼，而其从样式上又可分文、武两类。文式门楼房檐下是木柱，木柱后是木质隔窗。木柱前是环廊扶栏。武式门楼史称箭楼，房檐下只有光洁的砖墙，上布洞眼式的箭窗。文式门楼的大小，可以从高低层数、屋檐的宽窄、每层有几根木柱来进行判别。武式门楼的大小则可以从高低有几层、箭窗的宽窄、每层有几个箭窗来判断。

第二篇　长城的门

▲ 甘肃嘉峪关西门

嘉峪关西门是从长城西端排序数第一个大城门。门洞高6米、宽4米、深25米，都属于最气派、最威风之列。门洞可五马并行，人骑在马上可举着旗出入。门台厚25米、高10.5米（近两洞身）、宽30米（可占七个洞身）。门楼为歇山顶三层三檐，城门楼三开间，两间进深，二、三层为栏格式，一、二层带环廊。门洞上有石门匾，上刻清代乾隆帝所题写"嘉峪关"三个大字。

◀ 山西代县雁门关东门　董耀会 摄

雁门关东门门洞上有石匾，上刻"天险"二字，据传说为武则天题写。雁门关东门门楼虽为新近复建，门台的尺寸基本沿用老基础。一、城门洞是可容人骑马立旗、五马并行的大门洞；二、城门台为七洞宽，四洞身高（这是罕见的高门台了）。门楼不算巨大，单檐二层楼，歇山顶。城门楼三开间，两间进深。门楼一层有环廊，门楼二层有木匾，为当代长城专家罗哲文先生题写"中华第一关"。

第一章 完整的大型城门

◀ 山西忻州偏关复建南门　山雪峰 摄

山西偏关南门也是近几年复建的。门洞宽大，与山海关镇东门的城门洞一样，但城门台宽仅为五个洞身，高为两个洞身。城门楼是二层重檐歇山屋顶。重楼三开间、一间进深，一、二层带有环廊。门洞上方的门台砖墙上嵌有黑石门匾一块，从左向右浮雕行楷"偏头关"三个大字。南门外是偏关城唯一的小广场，长途车、大货车都在这里停靠，小吃摊、游贩也在这里展开买卖，完全沿承了中国农业文明的商贸方式，在城门下做买卖。

▼ 山西右玉杀虎口复建关门　吕朝华 摄

杀虎口在山西与内蒙古交界处，是一处地势最平坦的长城关口，无险可依据，完全靠人工筑高墙。明代的关门早就毁于战乱，2003年当地政府开始复建这个著名的长城关门。新关为两个巨大的包砖墩台，中间以横桥连接，墩上各有一个单檐歇山顶重层，三开间、一间进深的望楼，两墩之间横梁有一巨大石匾，上有罗哲文先生题"杀虎口"三个描金大字。

115

第二篇　长城的门

◀ 山西平定固关复建西门　吕　军　摄

山西固关也是 2000 年由当地村民在文物专家指导下照原样修复。城门洞高可容人骑马举旗，洞宽可三马并行。城门台高却为两个洞身，关门洞紧挨着山崖根，门台宽只三个洞身。门洞内仅是一条可容一车通行的夹道，据当地人讲，此关因坡缓可通车辆，而娘子关因坡太陡只通人马。关门楼为单檐歇山顶，二层楼三间阔、一间进深，一层带环廊。在门洞上方的石块砌墙上有石门匾一方，凹刻"固关"两个大字，在门楼二层屋檐下又悬一木匾，上有描金"固关"两个大字。

第一章　完整的大型城门

▶ **山西大同南门"永和门"**　严共明 摄
山西大同南门在 2009 年复建，由八座城门、四座瓮城组成。永和门是南瓮城最南端箭楼下的大门。永和门的门台有两个门洞高、五个门洞宽。箭楼高三层，每层南开八个箭窗。门洞上有门匾一方刻有"永和门"三个大字。屋檐下悬一木匾，上书白底黑字"势塞乾坤"。此门箭楼大小不在嘉峪关西门、山海关东门之下。

第二篇 长城的门

▶ 山西大同东罗城的"和阳门" 刘 萌 摄

山西大同东门也是 2009 年复建，由三座城门、一座瓮城外套一座罗城组成。三个城门洞上的石匾都刻着"和阳门"三个大字。此城门是罗城最东面的城门，即东罗城箭楼下的大门。城门的门台有两个门洞高、五个门洞宽。箭楼双檐布设两层箭窗，每层八个。顶檐下悬一木匾，上书黑底黄字"京师藩屏"，二檐下悬一木匾，上书黄底黑字"东瞻白登"。此门比大同南门"永和门"略小，木匾多一块。

▼ 山西大同东门正门"和阳门" 严共明 摄

大同东门的正门、瓮城门、罗城门的城门洞上的石匾都刻着"和阳门"三个大字。此城门是跨在大同城东墙上的城门。正门的门台有两个门洞高、九个门洞宽。门楼为三层三檐砖木结构，五间阔、三间进深，一层带环廊。东面抱厦三间阔、一间进深。三层屋檐正中各挂一木匾，一层木匾黑底黄字"山川毓秀"，二层木匾黑底黄字"国风蔚起"，顶檐下的木匾黄底黑字"巍然重镇"。东门的正门与南门的正门规格样式相同。

第一章　完整的大型城门

▲ 河北正定南门　山雪峰 摄
河北正定古城的南门为近年复建。门台有两个半门洞高、七个门洞宽。门楼两层，五开间阔，两间进深。一层带环廊，二层带围栏。门洞上有石门匾一方，刻着"三关雄镇"。

▶ 河北宣化南门　郭 峰 摄
宣化在明长城体系中是北京之下的九大防区之一的镇指挥部所在，规格比居庸关高得多。宣化南门是按旧有模样复建的，周围已面目全非。宣化南门门洞宽 5 米，可五马并行，门洞高 5 米。门台有十一个洞身宽，有两个多洞身高。门楼也甚宽大，重楼五开间，一间进深。一、二层带有环廊。楼顶为单檐歇山顶。宣化南门门台之宽仅比午门的门台小一些。

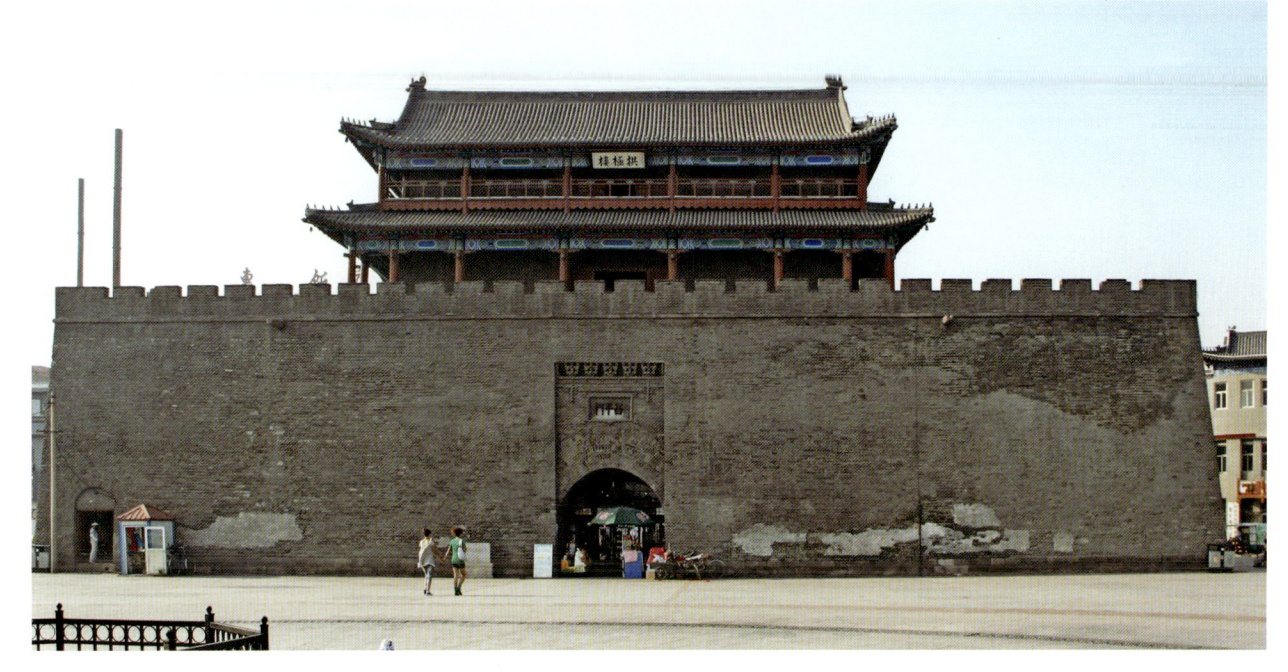

第二篇　长城的门

▲ 河北秦皇岛山海关"镇东门"　王京秋　摄
山海关镇东门门台（宽 43 米，高 12 米）以门洞宽 5.7 米计，门台有七个洞身宽；门洞高 7 米计，门台有近两个洞身高，是个典型的大门洞大门台。镇东门有瓮城，瓮城门上却没有门楼。所以镇东门身兼二职：门楼对外一面为箭楼式，二层门楼，厚墙，每层均设两排箭窗，每排九个；对内为隔扇门窗楼阁式。这种两式合一的，只山海关东门城楼一处。

▶ 北京昌平居庸关南门　黄东晖　摄
严格来说这不是明代居庸关南门应有的模样。从居庸关北门在历史老照片中的影像看，南门也应是一层三间小门楼。但现在重檐、重楼，一层带有环廊，二层带廊有廊栏，面阔三间，进深一间，制式与当年京城的永定门一样。居庸关当年只是一个路城，怎么可以和京城的城门一样大？

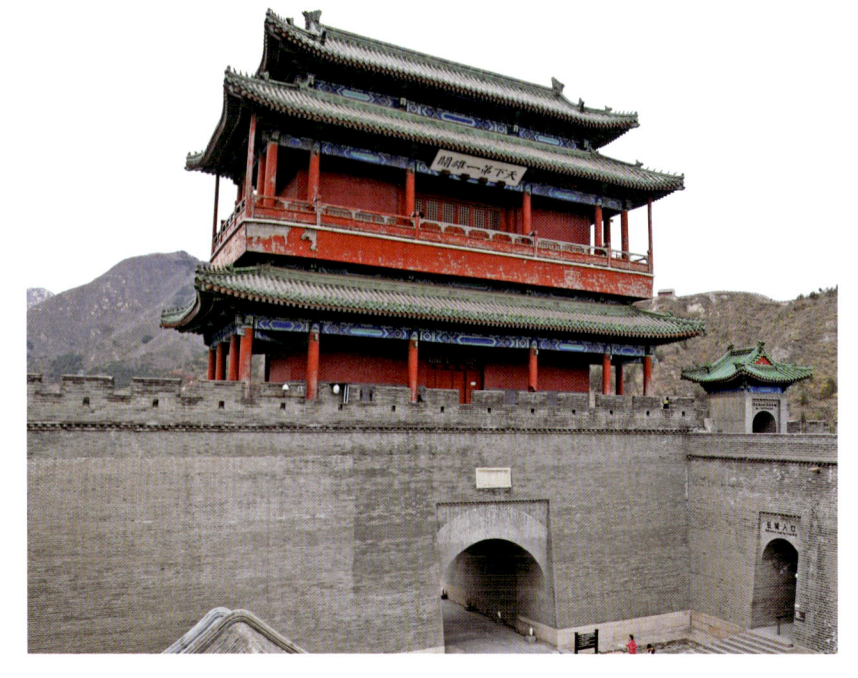

▶ 河北井陉凉沟桥关关门　熊启瑞　摄
河北井陉凉沟桥关始建于明代，清代增修。门洞低矮，人不可骑马过。门台亦低矮，以至于门洞上无置石匾位置。石匾不在门洞正上方，挪到门台侧边，上刻"金汤巩固"四字，款署同治二年（1863 年）。

第二章　完整的小型城门

决定城门大小的因素，笔者觉得有三个。

一是受修建时该地在整个防御体系中的等级和规格限制，要塞开设大型城门，而偏僻小道上则多开小型门洞。所以长城防线上的镇城、路城、卫城、堡城的城门模样大小是一回事，牢固与否是另一回事。

二是受当地经济实力的限制。筑城之地若经济较好，富户较多，城门就与穷乡僻壤的大不一样。

三是受地理条件限制。所建之地是开阔的平地还是陡峭狭窄的山谷，是位于和缓的坡梁还是险恶的山崖断壁，城门大不相同。几百年过去了，这些城门饱经战火和自然风雨，能保持下来应算是奇迹。小城门，首先是门洞小，然后是门台小，如果还有门楼，门楼也小。这三个小，才能说这是小城门。长城上最小的关门，在龙泉关到娘子关的一线的内长城上，位于河北省平山县上观音堂乡古榆树村。关门门台向外的一面，有石匾刻着"威远"两个大字。

第二篇 长城的门

▶ **山西平顺虹梯关关门**　王献武 摄

虹梯关不在"太行八陉"之内，就是排出"十六陉"也数不到这里。从山西向河北有一条"虹霓河"，在此地从太行山穿淌而下。明朝内长城关口一般都以黄泽关为最南端。虹梯关是明朝嘉靖八年（1529年）设立的，当时的内阁首辅还来此巡查过，因此把虹梯关列入明朝关防设施是可以的。

此关坐落于山崖仅有的一崖湾边上。关门一边是羊肠盘坡小道，另一边是绝壁耸天。上下只能一路纵队行进，在关门附近因地面狭窄无法展开攻打的队形。

整个关门为当地石料砌筑，门洞宽、高都为2米有余，深不足2米，门台如同一道厚石墙，不像一座石城门台。门洞券系用凿好的形石拼接出石门券边。门洞上有一块石匾，从右向左深挖刻出"虹梯关"三个大字。此地虽不缺石材，但门台因紧挨山崖建筑而建得极窄，只有1/4门洞宽。这是在长城关门中，门台与门洞比例中最单薄的一个典型。

▼ **山西和顺支锅岭关关门**　熊启瑞 摄

支锅岭关是山西和顺松烟镇到河北邢台浆水镇古道上的关口，此关的名分很不得了。一般的关城门洞都有门匾，应该刻有关名，或是刻有振奋士气的题字。在太行山上长城的诸关门中，只有此关门上留有一内容丰富的石匾。上书大字从右向左为"支锅形胜"四个大字，匾右手竖写"总督蓟辽都御史杨□巡抚保定都御史孙□整饬大名兵备副史姜□"（姓氏以下部分风化严重，无法辨识）。在此石匾上刻字的官员均属河北而非山西，说明此关军事上归河北统领。

此关城门洞较小，高仅1.8米。门台为五个洞身宽，两个门洞高。门台厚超过宽，这是一个形体比例规范，建筑形制也规范的门台。门匾上字分大小，关名和相关的官员名皆备，唯缺少刻制年代。《明长城考实》查证，史书记载为嘉靖二十一年（1542年）建。支锅岭关城门从形制上说是个小关门，且是一个很规范的关门。

第二章 完整的小型城门

▲ 山西和顺黄榆关关门　熊启瑞 摄

"太行八陉"之外，还有一些山间险道，商家视为难途，而当地百姓往来却是近道，军事上一定要作为安全的命门扼控。这些自古争战之地在明朝内长城上都成了险关要塞，有名字的可以数出十多处。黄榆关是山西省和顺县大雨门村与河北省邢台市冀家村乡营里村之间的一条可通人马的古道，也是马岭关与支锅岭关间的一条偏僻古道，此关不守绝对谈不上严防，守住此关就等于控制住南北四十里的防线。本图从山西省地界看黄榆关，关城门全部用块石垒出，因残破塌垮太多，已看不出完整的模样。从存留部分看，门台宽不够两个门洞，高也仅比门洞多三层石头。这是小城门洞和小城门台最简单的样子。

向山西一面的门洞是用大石料凿成形料拼成门券拱券，向河北省一面的门洞券用砖砌，一券二伏。

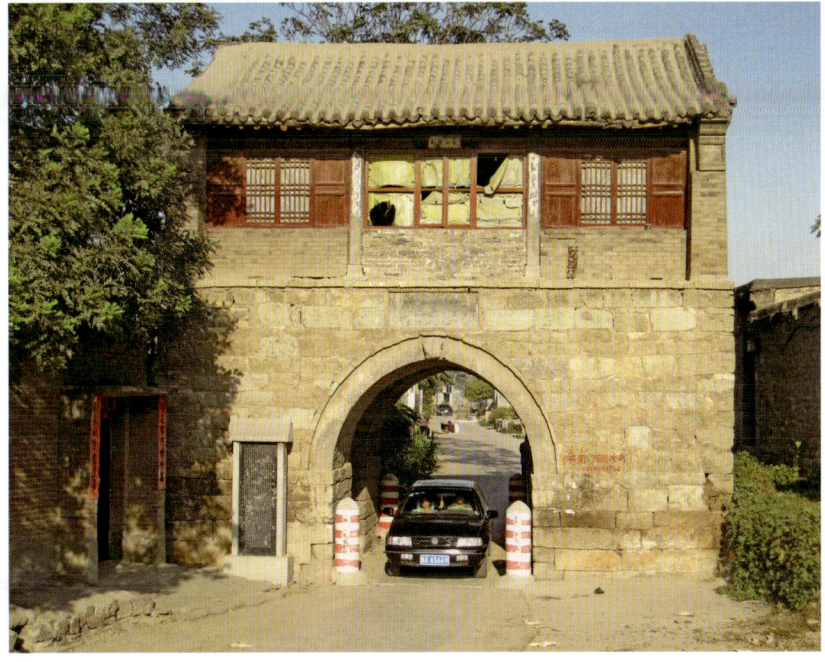

◀ 河北井陉东土门关西门　山雪峰 摄

井陉是"太行八陉"中的第五陉，在中国军事历史上是一个兵家必争之地。自秦到清，不计小打小闹，发生在井陉关的你死我活的血战可以查到十七次。

这样一个重要的战略据点，城门却不大。现在东土门只残留一个西城门。门洞很窄，小汽车经过时必须小心慢行才不至于剐伤。如此小的门洞是开在一个两边比门洞宽不了多少的门台里。门台约三个门洞宽，高度仅比门洞略高一点，有个放门匾的地方。石匾是清朝雍正八年（1730年）所置，上书"镇威述先阁"。不大的门台上满满当当地坐落着一座门楼，三开间的屋墙齐着门台的外沿，门洞里还有凹置门板的门洞膛，门台外还有石垒的登顶台阶。

123

第二篇　长城的门

▲ 山西平定娘子关中门　山雪峰　摄

娘子关有一南临大坡的关南城门和面向苇泽关的关东城门。娘子关堡城唯一的一条小街中间似乎有一座过街楼。图中的中门，又是娘子关东门的二道门。这个门洞不是平直筒子，而是前宽后窄，门洞上有卡门轴的石耳，其实这是又一道关门！

门洞宽仅有2米多，门台宽容不下两个洞身。门台仅比门洞高四分之一，小门台上盖的门楼也是满边齐沿地坐住了。有意思的是这个门楼不光是三开间，还是前后带廊，屋顶脊上多一宝瓶，从设施上讲，就不是楼而是阁了。从城防设施来讲，有这一个门总是多一分准备，万一关东门出了问题，或自己堡内有什么内乱，控制住这个门，对某些人而言，就多了一些安全保障，这也是在乱世时不得已的办法。

▼ 山西阳泉苇泽关东门　山雪峰　摄

紧挨着娘子关的地方还有一个苇泽关，我是从李少文先生《图文长城·山西卷》得知的。其实很多关隘建筑时都考虑了"进可攻、退可守"的原则，而苇泽关与娘子关就是依托地势的建筑典范。

在苇泽关看到了两个完整的小关城门。图为东头的，小门洞、小门台，门台上被门楼坐满。与娘子关二道门一样三开间。门楼面向关内一面带廊，关外一面无廊。因为门洞是个直筒子，没有安门轴的设备。

第二章　完整的小型城门

▼ **河北鹿泉西土门关东门**　山雪峰 摄

井陉东口两边山坡各设一个防守堡城。沟东为东土门，沟西为西土门，西土门的堡城门两个都在。城门洞大小一定是旧尺寸，宽仅有2米多，高近3米。石垒的门台大小与东土门西城门相同，宽不超过三洞身，高不到一个半洞身。这样一个小门台上也是建了一个齐边齐沿的"大门楼"，虽然单层单檐，但楼身宽与台宽一样，楼高与台高也差不多。这样比例的关门后来才发现是山西特有，这座土门关也沿用了。

门楼也是硬山屋顶、三开间宽、一间进深的小门楼。门楼上挂一木匾，上有三个大字"土门关"，门台为石砌，门洞为石拱券，门洞上有石匾一块，题写着"山辉川媚"四个大字，意在赞美山川让人喜爱、留恋。门洞下河卵石铺的路面，石面光滑，为路人千百年踏磨留下的岁月痕迹。

▼ **山西繁峙神堂堡东门**　刘 钢 摄

繁峙县神堂堡西有韩庄明长城，东有牛帮口明长城，正位于两段明长城防线中间。从韩庄到茨沟营、牛帮口，这三个军事据点都要经过神堂堡，按说地理位置十分重要。神堂堡旧城仅有的堡东城门和堡西城门，都在原址，是按原样重建的。

门洞宽仅有2米多，高不足3米。门台宽不足三个洞身，仅高出门洞一个门匾，整个门台以条石砌，门洞券另用石券砌，门洞上的石匾上凹刻"神堂堡"三字。

▼ 山西繁峙茨沟营东门　刘　钢　摄

繁峙县茨沟营堡，这个明朝驻军堡据传是由女兵驻守，所以盖了一个奶奶庙碧霞祠，里面供奉的神仙，是解衣给婴儿喂奶的妇女泥塑。

茨沟营的堡城门形式也很特别。门洞小，仅2米多宽。门台仅有三个门洞宽。这样一个小门台，却盖了一个和门台同样宽的门楼。门楼仅一间进深，三开间宽，成为小型城门的标准样式。门楼因太窄，竟然还搭一廊，续在了门台外，用木柱支撑，建筑方法如同云贵地区的临街楼阁。

▼ 河北阜平龙泉关西瓮城门　王盛宇　摄

龙泉关在明长城体系中是山西、河北两省古道上的一个重要关口。龙泉关在明正统二年（1437年）建关，至嘉靖二十五年（1546年），不断修建。本有内、外两城，内城有东、西两瓮城，今只一西瓮城门还保留。整个瓮城门从券门洞看基本完好，门洞券砖为五伏四券，门台完全砖包，宽可容三个洞身，高（因塌垮较多）也接近三个洞高。从残面可以看出，门洞开口是由门台斜立面向内凹的，但找不到有门匾的痕迹。

第二章　完整的小型城门

▼ **河北平山古榆树关**　山雪峰 摄

河北与山西之间的太行山隘口中，在龙泉关南，平山还有一偏道，为山西盂县至华北的通道，亦有一关名为"古榆树隘口"。

关门洞高不足 1.8 米，门洞特窄，仅宽 0.6 米。门洞中间有一用整石加工成的门框，还深刻着门轴窝。门台宽厚 3 米多，高 5.5 米。门台于门洞东侧接石墙的高度有进二层小室的楼门，楼室顶木梁已无。门台顶垛墙基本完整。整个门台全部为石砌，如同一个立方体。门台南面的门匾上，有嘉靖二十一年（1542 年）各位官员署名的功德匾。北面还有一门匾，上石刻"威远"两个大字。

第二篇 长城的门

▶ **陕西府谷引正通堡东门外**

陕西府谷引正通堡是个据高临川、已废弃的古堡。唯一的堡门三券三伏砖券仅剩半个。门洞内积土，使得洞高不足1.5米。门台包砖全无，几乎垮尽。堡四边土墙尚有2米高。

◀ **陕西府谷清水堡南门外** 罗 宏 摄

陕西府谷清水堡位于清水川西坡，西高东低。堡的东墙早就让位给民居和道路建设，堡南墙和堡南门还在，南门瓮城有残迹。堡南门可看出是三券三伏砖券。门洞宽仅可过一辆电动三轮车。门台包砖全无，门台尚有4米高。

第二章 完整的小型城门

▶ 陕西神木卧虎寨南门外

陕西神木卧虎寨本是个保护墩台的围堡。长城墩台为加强安全而在四周筑起围墙，围墙上再开设带门台的堡门。有的墩台骑围墙而建，把墩台无门的一面突出在围墙之外，墩台只有一半受围墙保护，卧虎寨的墩台就属于这类骑围墙墩台。其堡门由条石砌筑，门台及门洞都还完整。门洞宽度2米，高不足2米。门台宽达三个门洞，高有两个门洞。石砌的门洞券上有一石门匾，上刻"卧虎寨"三个大字。

◀ 河北张家口威远台南门　张　骅　摄

从《张家口现存的古长城》一书中高鸿宾先生的一篇文章得知，张家口市桥东区东榆林村有一个空心大墩台。找到实物一看，发现是一个四面均有六个楼窗的大敌楼。敌楼有堡墙，只围了半个楼，楼北半个在围墙外。围墙南边开一堡门，样式完全合乎明代城门的规范。据当地官员介绍，大敌楼顶上原有庙、有石碑，所刻文字记载为明万历年间之事。南边的堡门洞宽仅可容两马并行。门洞矮得人只能下马牵马进出。门台不及两个洞身宽，门台高却有三个洞身高。门台两边的墙包砖已被扒光，只剩门台包砖。门台顶垛墙无存。门台上有没有门楼也无迹可考。还能看出来门洞外是券拱半圆顶。门洞上抹了灰膏，底下有一石匾刻着"威远台"三个大字。

第二篇　长城的门

▶ **北京密云江米城东门**　郑　严　摄

江米城在北京密云新城子镇塔沟村南，古迹内无人居住。江米城四周石砌墙高度多在 2 米以上。只设一个东门，砖砌门洞 2 米多宽，近 3 米高。砖包门台毁坏严重，可看到乱石垒就的门台芯。图中右边山上有长城敌楼，站在此城内，可将东南方向山上所有的敌楼尽收眼底。

◀ **北京怀柔鹞子峪堡门**　王京秋　摄

北京怀柔鹞子峪堡在撞道口关外，现在仍然为村民所居住。仅有一个堡门，是村民每天出入的唯一通道。从门外看没有门台，门洞为三券三伏砖券，砌在条石构筑的石堡墙里。门洞底为石铺路面，被踏磨得光滑平溜。门洞券南口石墙上有一石匾刻着"鹞子峪堡"四个字。石匾左右均有款署，因风化无法辨认。

▶ **北京密云关上堡北门**　黄东晖　摄

明长城蓟镇下属十一路中有个墙子路，现在是北京密云大城子镇的一个村庄。墙子路村东有个关上村，为墙子路城外长城线上的城防古迹。关上村现仍为村民所居住，村内有一古城门向北开。砖砌门洞近 4 米宽，4 米多高。砖包门台达三个门洞宽，两个多门洞高。三券三伏的砖券上有用两块石拼接的大石匾，刻着"墙子雄关"四个大字。

第三章　中型城门

本篇先从大型城门开始，然后再介绍小型城门。大城门肯定有大的用处，小城门有其小的理由和难处。至于不大不小的城门则放在本章介绍。这类中间规模的城门在笔者看来有以下两个特点。

其一是配属大城门，作为附属，在规模尺寸上要有一个收缩和主次的"礼让"。重要的大门多有瓮城、罗城护卫，在尺寸规模上，这些瓮门、罗城门一般要小于主门或正门。

其二，万里长城关城门很多，扼守地段有重轻难易之分。从现存数量就可看出，中型城门其实是正常标准配置。这些城门似乎差不多，但又不完全一样，尽管明朝的军事建制繁杂细密，但这与工业文明的标准规范终究是两回事。

历史上军事冲突是家常便饭，而长城上这些关口总是首当其冲。虽然太平盛世时也会有一些政府官员以修复被毁坏的古建筑来表示自己的功绩，但历史上总是毁的多、恢复的少。

第二篇　长城的门

第 1 节　有门楼的中型城门

前文介绍过，判断城门的大小，要先看城门洞，后看城门台，再看城门楼。

城门洞宽可容三马并行，即为中型城门洞。与之配套的城门台基本上都是宽可置三个城门洞，高可容一个半城门洞。中型城门楼应该是二层楼高，一层面阔三间，进深一间，现在修复的中型门楼基本沿用这个模式。

本书把存有城门楼的中型城门归为一节，意在证明在明长城的城门楼中，建筑制式并不严格。城门楼虽然非常重要，建造者的初衷肯定愿其气派体面，但从存留下来的例子中不难看出，其实际形态受到不少因素影响和限制。嘉峪关瓮城的瓮门楼、东闸门的门楼，老照片中娘子关的南门楼、居庸关的北瓮门楼都只有一层，面阔三间，有的才面阔一间，与小型城门比都还小了一些。

通过存有城门楼的中型城门，便可以了解长城城门形态之丰富。那些保留着时代痕迹的城门楼，为我们修复长城提供了宝贵的参考依据，千万不要用现在的体面气派掩埋了这些特点。

▲ 甘肃嘉峪关东瓮城门外

嘉峪关的关城又称内城，东、西各有一个大城门。东、西城门外各配有一座瓮城，每座瓮城各自有一瓮门，均不与内城门直通。东瓮城的门台和门洞为砖砌，而城墙为土夯。门台在顶上与城墙齐平。土城墙收分大，而砖砌门台收分小。门台在土墙顶面鼓了出来，显出门台的角色。门台上满边齐沿盖了一个门楼。门洞宽 4 米，高近 5 米，门洞为五券五伏券顶。门台极窄，只为两洞身宽（门洞两边台为一窄柱状），高却为三个门洞高。门台上有一石匾，刻着"朝宗"，表示不忘朝廷、忠于皇帝。

门楼为悬山顶，对外一面有柱廊。门台垛墙规格比瓮城垛墙窄小一倍。垛口与内城垛口一致，但垛孔位置与瓮城垛孔的中间高位孔不同，是每个垛牙中间低于垛口底的位置。作为配套设施，嘉峪关瓮门的大小、宽窄都做到了主次分明，从视觉搭配上让人觉得井然有序。

◀ 甘肃嘉峪关东瓮城门内

第三章 中型城门

◀ 新疆伊犁惠远古城"来安门" 黄东晖 摄

新疆维吾尔自治区伊犁哈萨克自治州霍城县惠远古城的来安门，始建于清光绪十年（1884年），为中原建筑样式。面阔三间，进深一间，带环廊的门楼，重檐歇山顶，砖砌门台，门洞券顶和门台垛墙都有些走样。

▼ 河北万全黑石堰堡南门 李玉晖 摄

如果不是在门洞里发现有安置门扇的横膛，外来人都会以为这是座过街楼。门洞宽3米多，高4米。门台有三个多洞身宽，低于两个洞身高。门楼为单檐歇山顶，面阔一间，进深一间，南有窄门廊。门洞券上有一石匾，被糊了水泥五角星。

▼ 甘肃嘉峪关东闸门

嘉峪关的关城东面对内有一城门名为东闸门。由三十六根方木柱支撑的方门洞高4.2米，宽3.8米，深10.6米。门台有条石砌筑的基础，砖包门台壁。门楼为单檐硬山并圆山顶，门楼面阔三间，进深两间。门楼檐下挂一木匾，黑底黄字题写"天下雄关"四字。

133

第二篇 长城的门

◀ **山西代县雁门关复建西门**　陈晓虹 摄

雁门关西门是关城的辅门，2010年仕西门遗址原地复建。门洞宽4米，高近5米。门券为五券五伏砖券顶。门台有五个多洞身宽，两个半洞身高。门楼为重楼单檐歇山顶，一层砖墙带环廊，只有一门，二层开三个方窗。檐下挂一木匾，上书"威远楼"三字。门台北面门洞上有石匾一块，上刻"人杰"二字。

▶ **山西平定娘子关东门外**　熊启瑞 摄

从南门外看娘子关，是高居陡坡之上的雄关。但在东门外看娘子关，就成了俯视。以致娘子关的东门必须加高，才有一点儿守卫者俯视对方的心理优势。最后东门的高度有了，东门的翼墙却没有同样加高，于是娘子关东门台成了一个与两边城墙脱离、鹤立鸡群的高敌台。门洞宽3米、高4米，门券为四伏三券砖和料石板砌成的券顶。门券上有石匾一方，两行字上为小字"直隶"，下为大字"娘子关"。门台宽可容六个洞身，高达四个洞高，是长城门台中高宽比例中的高个子了。门台上有一新小门楼，进深一间，面阔三间，歇山瓦顶，向城内一面门楼有门廊。如此小的门楼，与南门的两层大门楼极不般配。

134

第三章 中型城门

▲ 河北怀来鸡鸣驿西门外

鸡鸣驿堡城只有东、西两门，把安全和便利因素揉在了一起。东、西两门大小规模一致，门洞都是三券三伏券顶。门洞宽可出三马，门洞高至人可下不马。门台左右各一前凸马面，宽度只能估计为五个洞身宽，门台高为两个半洞高。门楼为重檐歇山顶，一进三开。新修的垛墙，于每垛墙根开一大垛孔。

◀ 河北怀来鸡鸣驿东门外

鸡鸣驿是明朝宣府镇唯一现存的重要军驿，也是当时京师之西最大的驿站，还是中国现存最大、保存最完整的古代驿城。因附近有座山为唐太宗命名鸡鸣山，明朝在此筑驿站就以山名为驿站名。驿站发展和安全需要筑起堡城，又以驿站名为城名。这样以功能作用得名的城堡在历史上并不多见。驿站有官署、驿馆、马号，有相应的供给服务设施，还有饭馆、旅馆、票号、商铺、铁匠铺。文武官上香的文昌宫、真武庙，马队、马号祈福的马王、马神庙，百姓求人身安全、兴旺的碧霞娘娘庙……多达十几个，使得此地因驿而发展成一个门类齐全的小城镇。

第二篇　长城的门

▶ 北京昌平居庸关复建北瓮门内

居庸关本是卡在关沟中的一个要塞，只有南北门。南门比北门地势宽，北门位于关沟最窄地段，沟两边均为陡壁，北瓮门几乎就是一道重墙。北门与北瓮门两门洞都是南北向开，但并不沿一条轴线建，而是错开。由北瓮门进，向南似乎撞墙，再偏东方可入北城门。这有军事的想法，也有风水的道理。北瓮门洞宽 5 米、高 6 米，规模实在不小。但门顶砖券还是三伏三券，数字不大，不同一般的是，砖券下还有一伏一券石门券，从质量和数量上都有了变化。瓮门台北面门洞券上有汉白玉门匾一块，上刻"居庸关"三个大字，是明代景泰年间维护长城的珍贵佐证。门楼是新建的单檐歇山顶、二层箭窗的门楼，这与抗日战争时侵略者拍摄的相片中的一层门楼完全不同。

▼ 北京密云古北口复建北门内　孙国勇 摄

北京密云古北口堡位于卧虎山长城和蟠龙山长城组成的防线内。古北口堡旧设东门、南门、北门。2017 年修复一新的北门是北京密云明长城里唯一有门楼的城门。门楼为重檐歇山顶，一进三开带环廊。新修的门台护墙没有修垛口。

第三章 中型城门

▶ **河北秦皇岛宁海城北门外** 吕 军 摄

宁海城是老龙头身后长城的第一座堡城。1988年重建时，也修复了宁海城的西门和北门。宁海城的北门洞宽4.5米，高7.15米，尺寸不算小。门洞砖券顶为三券三伏，这个数在门洞砖券上是中等。北门的门台是南面对内凸出，北面与外墙齐平，从城外看不出有城台。这是个不大的门台。在门洞上有门匾，上刻"宁海城"三字。北门上新建的门楼为箭楼样式，单檐、黑瓦、歇山顶，仅一层。面北有四个方形箭窗。按门楼的规模来说，绝对属小型的，但门洞不小。

▼ **山海关东罗城服远门内** 张 鹏 摄

山海关东门外罗城，向北名"襄龙门"，向南称"渤海门"，向东为"服远门"，只服远门外有瓮城。新修复的服远门门楼为重檐歇山顶，二层面西为三间栏窗，另三面为砖墙箭窗。门洞宽5米，高近6米。门台三个洞宽一个半洞高，门台不大，门洞较大，门楼规格特高。

第二篇　长城的门

▶ 辽宁葫芦岛兴城西门内

葫芦岛兴城建于明宣德三年（1428年），城墙设有东、南、西、北四门。城门外筑有半圆形瓮城，老城西门洞为三券三伏砖洞券（比七伏、五伏都小一号）。门台西面的门洞上有门匾一块，在此门洞边的墙上，还有石匾一块。因天色灰暗，无法看清上刻文字。但这两匾下有一新补铜板，上写此门为永宁门。门楼为近年重修，重层、单檐、歇山顶，门楼一进三开间，一层有回廊。

▼ 辽宁兴城南门外　吕　军 摄

葫芦岛兴城的南门也是近年修复，大小样式和西门相同。门台宽容四个洞身，高达两门洞高。门洞宽4米，高4米多。瓮城在正对城门洞方向开豁，修了公路。偏在一旁的瓮城门洞里安装了铁栅栏，门锁住不通。门台内西有登城马道，有圆山脊金柱马道门一座。门内有古城南门售票处。南门匾字迹不清，史料查明为"延辉门"。

138

第 2 节　无门楼的中型城门

在城门台根开门洞，在台顶上建木制门楼，以此有台洞式门楼，其最早的证据见于甘肃麦积山石窟北魏时期（386—534年）的壁画上。明代长城修建工艺和规模达到顶峰，城门的数量与质量也是空前绝后。尔后的三百余年中，长城由盛而衰。长城上的城门，除了位于旅游景区的得到了适当维护，其余的都在自然消亡，城门台上的木制门楼更是首当其冲。

受篇幅限制，本书展示的无门楼的中型城门仅是现实遗存的一部分。这些中型城门经过三百多年时光和社会变迁两重加工，有着无法复制的残破，是宝贵的历史遗存。其中也有些是在"爱我中华，修我长城"号召之后得到维护的，但并未修复城门楼——是缺乏原状参考？还是缺乏资金或施工技术？

"修我长城"不该是简单地恢复重建，更不是脱离历史原貌更新升级换代。客观地研究这些城门现状的出现原因，合理采用维护材料和技术，尽量保护其现状，才是对历史的尊重。

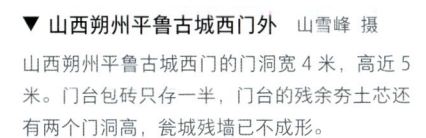

▼ 山西朔州平鲁古城西门外　山雪峰 摄
山西朔州平鲁古城西门的门洞宽4米，高近5米。门台包砖只存一半，门台的残余夯土芯还有两个门洞高，瓮城残墙已不成形。

▶ 陕西榆林常乐堡东门　山雪峰 摄
常乐堡现存东门和西门，都极完整。西门已被沙堆掩埋了一半，只露半个门洞券，东门及东瓮门都是2米高条石基础，180度大扇面似的三券三伏砖券门洞顶。门洞宽4米，高近6米。东门门台里外包砖十分完整，连台顶沿际砖还在，但与瓮城墙连接部分毁坏严重，夯土芯裸露。东瓮门南面门洞券上还有一匾，上刻"惠威"两个大字，为清代乾隆年刻，但城门是明代的珍贵遗存。

第二篇　长城的门

▶ 陕西榆林建安堡南门外

建安堡墙基本完整。堡内仍有村民居住，但废弃的旧窑洞也不少。堡中有一座新修过的钟鼓楼，钟鼓楼南有一个没了门台垮了中膛的堡南门。残存的门后筒与门前筒成了两个筒券，中间露天。从残存的门柱和筒券可以看出原门形状，至少也是4米宽，近6米高，门洞顶为三券三伏砖券顶。

◀ 陕西榆林常乐堡西瓮门外

陕西榆林常乐堡西瓮门，180度大扇面似的三券三伏砖券门洞顶，门洞宽4米，高近6米。整个门台里外面包砖十分完整，连台顶的砖还在。不过，与瓮城墙连接部分的现状非常差，夯土芯裸露，缺乏保护。城门是明代的实物，在榆林地区是极其宝贵的遗存。

第三章　中型城门

◀ 山西偏关滑石涧堡南门外

山西偏关滑石涧堡，堡四角有角台。全堡只一南门，没有瓮门残迹。堡墙下半为条石，上半为包砖，堡南门台亦如此。门台上还有一座石碑，碑座花纹丰富生动，字迹也十分清楚。南门洞宽3米多，高近6米。门洞顶为三券三伏砖券顶。砖券之上有一石匾，上刻"镇宁"两个大字。门台有五门洞宽，门台因损毁，不到两个门洞高。

▼ 山西河曲旧县堡东门外　吕　军　摄

山西河曲旧县堡是黄河边上的一个古城堡。此地因一座古庙"海潮庵"而名气较大。旧县的西门沿坡高处建立，门洞里的门道就是一陡道。站在门里，脚面比门外洞顶还高。出了城门，回头看不见门里门道高处。这种临坡筑门，利用斜坡加大防守一方的优势，是设计选择门址者的高明之处。门洞宽近2米，门口有3米多，门顶为三券三伏砖券顶，门外口仅一券一伏券。门外因在堡墙拐角，无门台设置。墙有两洞高，门洞券有凹面和一门匾，因整个墙面蚀毁严重。

▼ 山西偏关水泉堡西门内　吕朝华　摄

山西偏关水泉堡，在明朝可谓"边关"，是真正的险恶之地。也正是由于位处来往频繁之路边，现在水泉堡人丁兴旺，户户炊烟。水泉堡西门明显小于东门，宽仅2米，高不足3米。门洞顶为一券一伏砖券顶，此门因堡墙包砖被拆导致门洞短了一截，露出门洞内安放门扇的横券。从这可以看出，水泉堡这个偏门的门洞当年建造时很规矩，设计和施工很讲究。这个残存的西门洞绝对是一个很好的历史建筑教材。

第二篇 长城的门

▶ **山西天镇保平堡东门外** 龚建中 摄

山西长城最北端为平远头堡。沿长城向南为新平堡，新平堡再向南十里是保平堡。因无水源，居住生活不便，堡内原居民都搬迁到临近水源的地方。保平堡成了一个待开发的古迹。堡四面墙基本完整。全堡仅有一东门，感觉似有瓮城，但痕迹不多。门洞4米宽，6米高，几乎没有门台。门洞两边只有似柱的砖柱。门洞砖券上有石匾一方，刻有"镇云"两个大字，匾上有仿木垂花柱头两个。

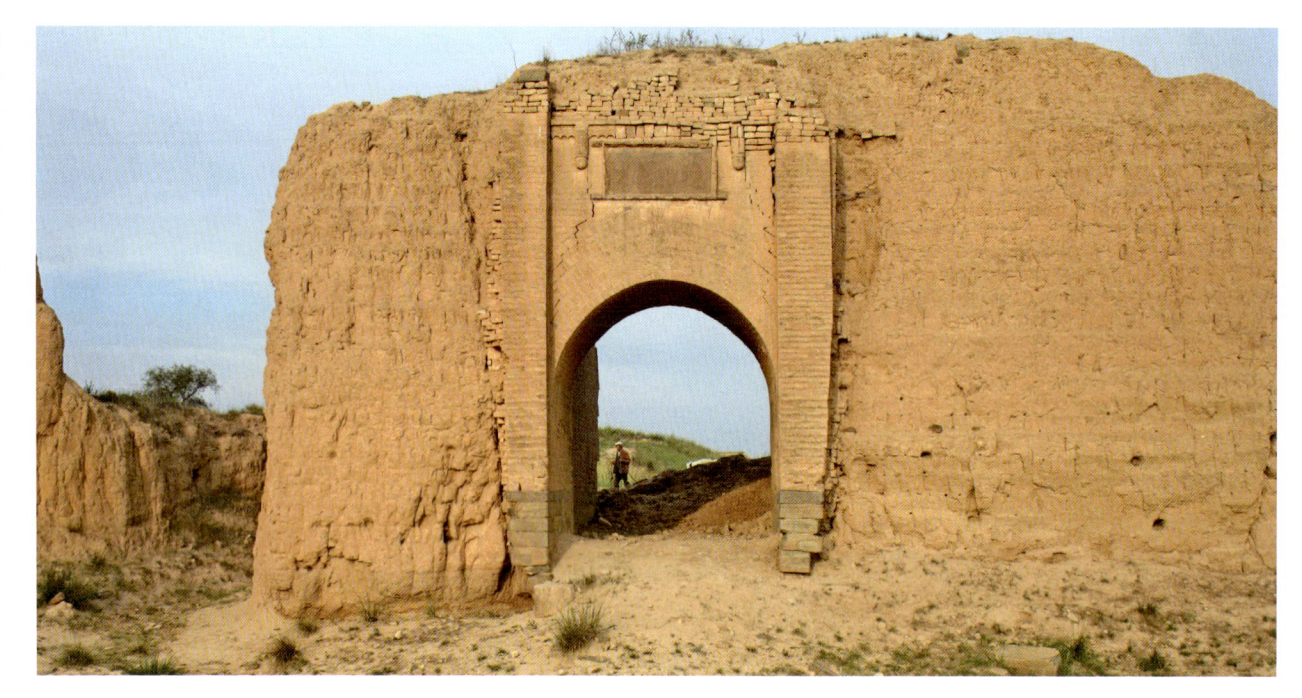

▶ **山西偏关老营城东瓮城门内** 山雪峰 摄

老营城于山西长城是一处很重要的军事据点。分南北两城，南城有东、西、南三个城门，并都有瓮城。图为老营城东门瓮城的城门。墙面被拆，可看出门券为三券三伏。门券内立壁为条石砌，大小、宽窄与东门一致。门券内立壁一边有两个门闩洞石，比别的门洞多一对。

◀ **山西天镇桦门堡东门内** 龚建中 摄

山西天镇桦门堡是个荒废多年的堡子。此堡周不及一里，堡四角有角台。堡西墙上有一废楼遗址。东有一堡门，堡门外还有一更小的外城残址。城四周均有残存的包砖墙，南墙更为完整。除无垛墙，在山西天镇长城中，这是最完整的一段砖石墙了。从堡外东边看，堡东门几乎被塌土掩埋。从堡内看效果比外边好些，门洞4米宽，还可以看出来。门洞为三券三伏砖券顶，很清楚，但洞券上和门洞两边都为塌土和荒草。我们2010年来时，在红土沟村一老乡家还见到过"桦门堡"的石匾，3年后再去，已人匾两无，只能扼腕长叹。

第三章 中型城门

◀ 山西阳高镇边堡东门修复前　张翅飞 摄
山西阳高镇边堡只有东、西两门。东门外还留有瓮城墙残迹，东门内门洞上留有装饰砖花，十分宝贵。东门洞高近6米，宽4米。门洞两边各有两洞身宽的门台（即门台为五洞身宽），因门台顶亦毁，不见垛墙，无门楼残迹，但仍有两洞身高，仍属大门台的规模。

▶ 山西阳高镇边堡东门修复后　黄东晖 摄

▼ 山西阳高镇边堡西门修复后　黄东晖 摄
"长城乡"在山西阳高县。阳高县二分之一的明长城都在此乡境内，称长城乡也不过分。现在的国家出版地图上都明确地印着"正边堡"，然而我在堡中村委会的大牌子上看到"长城乡镇边堡"，和河北怀来的"镇边城"是同一个意思。用有分量的字，以求能确保平安，压住战乱。

▶ 山西阳高镇边堡西门修复前　刘民主 摄
镇边堡通公路的村水泥道从堡西门下通过。镇边堡西门南有重建的小庙一座，庙北有古树一棵。
西门虽破败不堪，但仅是残垣断壁也气度非凡。堡西门的门洞宽4米，高近6米。只是门洞券中心塌垮，使门洞更像一个无顶的高屋。西门残台现在仍十分高大，这是在山西所见残存的堡门中最高的。

143

第二篇　长城的门

◀ 河北涞源乌龙沟西瓮门外　马骏 摄

乌龙沟堡是河北涞源长城保存最完整的古堡。其南、西两门和瓮城瓮门都还在。堡西瓮石门券上的石匾刻着"镇朔门"三个大字。门台和门洞全部用精致的石块砌筑，这种选材与修葺的风格，不禁令人想到紫荆关的北门。

◀ 河北赤城金家庄东门外　马骏 摄

金家庄在河北赤城西边的炮梁乡，该村有南山岗上一个带楼橹的砖砌敌楼（第三篇会另文介绍）。另外，金家庄的东门残留至今，除门洞附近破砖残留，堡墙只有土芯，包砖已被剥得干干净净。
金家庄东门洞宽4米，高5米多，门洞顶为五券五伏砖券顶。门洞南有凸墙面，疑是瓮城墙。门台宽幅无法判断，门台高尚可判断，为两个门洞高。门券凹面上有门匾的残窝，匾已无存。

◀ 河北赤城清泉堡西门外　李沐心 摄

清泉堡是赤城县委明晓东先生向我推荐的。青泉堡因堡内有甘甜清水涌出的古井而得名。古堡只有东、西两城门，虽然东门的门台、门洞尚存，因门洞上四个石门簪均断缺而大不如西门。西门门台也是裂缝多处，但已有村民自觉动手维护，补砖、抹缝，使古迹得以保护。西门门洞宽4米多，高6米。门台宽五洞身，高两个多洞身。门洞上四个门簪端面花纹各不相同。石门匾严重风化，字迹全无。门匾有砖雕仿木匾框，小有损坏。

▶ 河北赤城松树堡北门外　马骏 摄

松树堡是赤城县马营乡的一个小村子，可就是这个不大的堡子还留有一个堡北门。不光门洞完整，门洞上还有一块门匾，上面三个浮雕大字"松树堡"十分清楚完好。此匾有三条上下款，记录了始建和复建的时间，是一块极具文物价值的门匾。此堡北门洞宽近4米，高接近6米，深8米。在门洞里有一装置门板的门膛。门洞为直筒券，没有外小内大之分。门洞顶为五券五伏砖券顶。此门台宽可容五个门洞，高有近两个洞高，门洞西瓮城残芯还有6米厚3米高。

第三章 中型城门

◀ **河北宣化小白阳堡南门外** 陈晓虹 摄

小白阳堡是河北宣化李家堡乡的一个小村子。堡南门砖包门台宽五洞身，高两洞身。门洞宽 4 米，高 6 米，是大门洞。门洞顶为五券五伏砖券顶，门券上有一对菱芯方柱浮雕卷纹刻大理石门簪，大理石门匾上刻着"朝阳门"三个大字。到此门前的人肯定会被其高大平整的气势所吸引。

▶ **河北怀安西洋河堡东门外** 龚建中 摄

怀安县是河北省紧挨着山西省的一个县，西洋河堡是该县重要的军事支点。西洋河堡三个堡门原来都有瓮城，现在瓮城都开膛修路，堡墙的砖也基本都被扒光了。西洋河堡的门还都在。东门的顶为五券五伏砖券顶，门洞上有一看不清字迹的石匾。东门的瓮城残芯不如北门的瓮城残墙高。

◀ **河北怀安渡口堡西门外** 李玉晖 摄

怀安渡口堡是洋河北岸一个明长城防线内的军事据点。渡口堡西门命运比东门好，东门已拆光了，西门里外原来的包砖都呈残破风化状。西门内是渡口堡的商业街，一般农村市场运转的商店这里几乎都有。西门洞宽近 4 米，高 5 米多，门洞顶是五券五伏砖券顶。门台已大体破损，但门台土芯高还能看出有两个洞高。

145

第二篇 长城的门

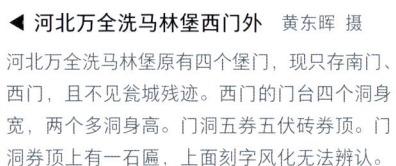

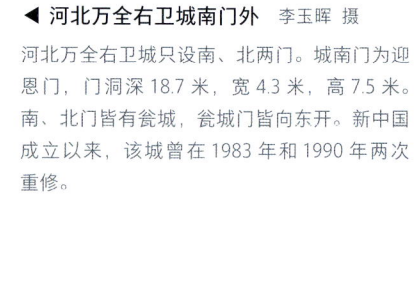

◀ 河北万全右卫城南门外　李玉晖 摄
河北万全右卫城只设南、北两门。城南门为迎恩门，门洞深18.7米，宽4.3米，高7.5米。南、北门皆有瓮城，瓮城门皆向东开。新中国成立以来，该城曾在1983年和1990年两次重修。

◀ 河北万全洗马林堡西门外　黄东晖 摄
河北万全洗马林堡原有四个堡门，现只存南门、西门，且不见瓮城残迹。西门的门台四个洞身宽，两个多洞身高。门洞五券五伏砖券顶。门洞券顶上有一石匾，上面刻字风化无法辨认。

▲ 河北涞源独山城堡西门外　马 骏 摄
独山城堡位于河北涞源水堡镇唐河东岸。只有一个堡门，向西开。门洞宽近4米，高5米多。门外没有瓮城。门台五个洞身宽，两个多洞身高。门洞券顶距离门台顶之间有一石匾，上面圆槽凹刻着"独山城"三个大字。

▶ 河北涿鹿马水堡西门内　严共明 摄
马水堡是河北涿鹿一个长城上的关堡。关堡北门外即为长城外，进入北门就是进入长城。从西门走出去，就是穿过长城了。关堡因沿山间曲折的古道而建，无法修成正方形。西门因公路从关堡边上盘绕万幸得存，但是宏大气势的关门门台全被扒干净了，只有一个门洞砖券竖立在村中的道路边。门券旁还有一走水的水洞已接近淤死。马水关是河北涿鹿长城一线名关，以现在这个样子，只能证明生活在长城边上的人对它是如此冷漠。长城保护是一个很困难的命题。

146

第三章 中型城门

◀ 北京昌平长峪城南堡东门外　郑　严 摄
北京昌平长峪城现存南北两个堡。北堡先建，现只有一座石砌垒、带瓮城的北门，瓮城门已成豁口。南堡只有个砖包带瓮城的东门，瓮城门还存外口券。南堡东门新整修后只有门洞底路石为老物件，其他均为新材料，一片新气象。

▼ 河北怀来十八家堡南门外　王　虎 摄
从官厅水库向南，往外井沟村方向，路上可看见当年长城外的一个古堡残门，即怀来县十八家堡南门。老堡子的南门由于体量巨大，远看就是一个大土堆。再细看有个门洞的砖券，是四券四伏砖券顶，因为太结实，不好拆而残存。门洞北口里被当地老乡利用作置放杂物库房，而将门洞南口用土坯封死。整个门台的包砖或石都已搬拆干净。如果门台有砖包，这个门台高度一定会在6米以上，这可是个高大的门台。

▼ 北京昌平长峪城南门内　王盛宇 摄
长城从北京延庆八达岭向河北怀来镇边城蜿蜒，经过北京昌平一座重要的关城。明正德年间在此先筑了南城，到万历年间又向北在山谷河边筑了北城，两个关城如今仅存有一个带瓮城的城门。北城瓮城已成豁口状，南城瓮城门门台尚在，门洞外口砖拱券已垮，门台上的门楼自然无立足之地，结果是瓮城门像一座拱桥横在瓮城的围墙上。

▶ 河北怀来镇边城东门外　刘　焕 摄
河北怀来镇边城堡，在明朝时驻守武官是比参将低两级的守备。镇边城堡原有南、北、东三个城门。南门已拆光，北门及北瓮门现为大豁口，只有东门尚存，最完整。门洞深9米，宽4米，高4米多。门台三个洞身宽，两个多洞身高。门洞三券三伏砖券顶。门台对外门洞券上有一石匾，刻着"镇边城"三个大字。

147

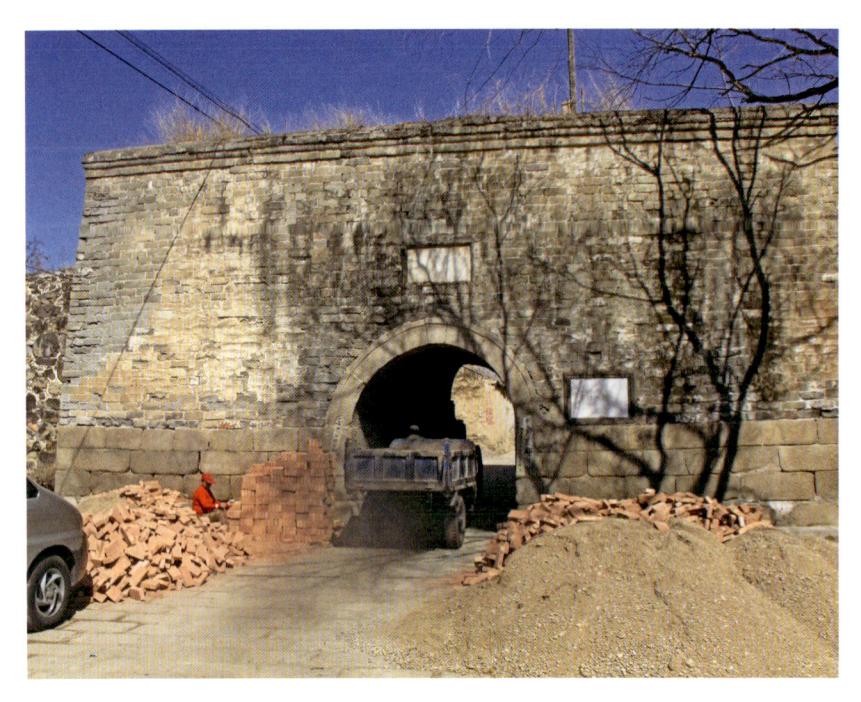

第二篇 长城的门

◀ 北京门头沟沿河城西门外　严共明 摄

北京门头沟沿河城在明朝时建城较晚。沿河城有东、西、北三门，东门现为大豁口，北门是一无门台、无门楼的讨墙洞。唯有西门保留了五层条石垒根、砖包门台，而门洞则由形石拼接成券。门洞西口洞券上有一大理石门匾，刻有"永胜门"三个字，无左右款署。门台四个洞身宽，两个多洞身高。无门楼和台顶垛墙，也无瓮城残痕。

▶ 北京延庆八达岭关城东门外

北京延庆八达岭关城有东、西两门。西门匾刻有"北门锁钥"四字，款署嘉靖己亥仲秋（1539年）。东门匾刻有"居庸外镇"四字，款署万历十年（1582年）。两门相距不到百米，时间跨度四十年。门洞宽4米多，高近7米。门台五个洞身宽，接近两个多洞身高，无门楼。因最早开放，多次维修，八达岭关城东门成了标志性的长城建筑。

▼ 北京怀柔河防口新建城门外　张翅飞 摄

北京怀柔河防口新修的城门门洞巨大，宽5米，高6米多，可过新型旅游大客车。门台两个洞身宽，一个多洞身高。门台南、北面各有一大理石门匾，同样刻着"河防口"三个字。门台顶垛墙五个垛牙，与八达岭东门的八个垛牙对照，可看出新老的不同。

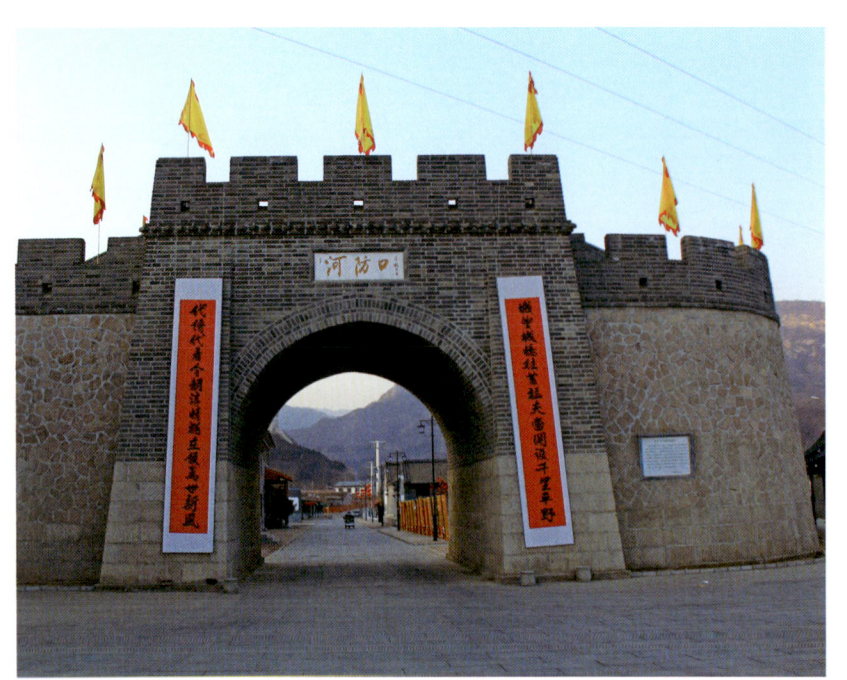

▼ 北京怀柔磨石口关残门外　徐宝生 摄

怀柔大榛峪村长城有一个响水湖景区，在景区大坝东河滩上有个长城的残门洞，是磨石口关的关门。门洞东西向，门台几乎垮光，门洞仅存顶券，远看以为是古桥。门洞内淤土有2米多厚。门洞北墙体西壁石面尚清楚，门洞南墙已全无。景区为了招揽游客，把水坝南边长城上的敌楼修复了一座，清理了近500米墙体。不过，山谷中残存的关门才是这个景区中最宝贵的古迹。

第三章 中型城门

▲ 北京密云黑关堡北门外 马 骏 摄

黑关堡在北京密云五虎水门北。黑关老堡只设一北门。如今堡内全是庄稼地。北门的门台南面还有形，可看出四个洞身宽，一个多洞身高。门台南面塌成斜草坡，全凭门洞残券提醒路人还有一处古迹。从新闻报道中得知黑关老堡的北门和北墙被修复，但没修门台和北墙的垛墙。

◀ 北京密云遥桥峪南门外

北京密云新城子镇的遥桥峪堡只有一座南门。古堡现已改造为农家乐大集，家家接待吃住。古堡由河石垒成堡墙，砖包门台、门洞都是老物件。门台顶垛墙与门洞上的门匾则是新近装修的。门匾上"遥桥古堡"四字贴金，与古朴的城门形成了巨大的反差。

▲ 北京密云白马关堡南门外 马 骏 摄

北京密云现存的明朝城门匾上还有"关"字的有两处，白马关堡南门为其一。白马关在密云区冯家峪镇，古堡现已改造，堡内不见村民走动。古堡只设一南门，门洞2米多宽，高近3米。门洞五券五伏砖券顶上一灰色石匾，刻有"白马关堡"四字。门台顶垛墙缺失多年。

▶ 北京密云吉家营西门外 郑 严 摄

北京密云新城子镇的吉家营堡南、北门走水，东、西门走人。东、西门外口都有门匾。东门匾字迹不清，西门匾可认出"吉家营城"四个大字。西门已修补整齐，门台五个洞身宽，两个洞身高，但没有修台顶垛墙。

149

第二篇 长城的门

▶ **河北迁西徐太傅城瓮城西门** 刘民主 摄

河北迁西喜峰口关东,有一明代古堡,史料称其徐太傅城。古堡内杂木荒草丛生。古堡南门外有一极小的瓮城,瓮城西门外昂陡壁。西门洞几近淤死,门洞宽不足2米,两券两伏砖券顶,没有门匾。

▲ **河北迁西青山关堡南门外** 黄东晖 摄

河北迁西青山关堡现在已完全成为旅游景区,堡中原居民已全部迁居他处。青山关关堡只有南、北两门,堡南门上有石匾上刻"青山关"三个大字。南门门台包砖蚀化严重,门台顶无垛墙,任凭荒草覆盖。

▲ **河北迁西徐太傅城东门内** 刘民主 摄

徐太傅城的东门因面对长城内,没修瓮城。东门的三券三伏砖券顶还在,门洞下可过人,有2米高,近2米宽,其余拆毁严重。东门内是高地,东门外是山谷斜坡。

▲ **河北迁西徐太傅城南门外** 刘民主 摄

徐太傅城南门比瓮城西门宽了不少。门洞仍为淤土掩埋,门洞顶可认出是三券三伏砖券顶。门台无形。

▶ **河北秦皇岛箭杆岭堡西门外** 张骅 摄

河北秦皇岛箭杆岭堡是界岭口东的一处关口。此地长城内、外地貌差别较大,内侧为平地良田,外侧为穷山恶水。箭杆关堡仅存西门,门洞残缺。门洞内的条石基础有六层,门台的里、外门脸都垮了,仅有门膛后券一段尚存。该门为三券三伏砖券顶。安置门扇的门洞高膛也垮了,存留的门门洞石显示,在这块石头以外还有一段门洞壁。有人在门券顶补抹了灰膏,防雨水浸扰。

150

第三章 中型城门

◀ 河北秦皇岛董家口堡南门外　山雪峰 摄
河北秦皇岛董家口堡只有一个堡南门。堡子里仍生活着村民。堡南门是村中体态最大、最老的建筑。门台老态龙钟，砌石缝里灰膏尽失，包砖碱蚀酥化，可看出五券五伏砖门洞券和门匾残凹。门洞4米宽，近5米高。

▼ 河北迁安冷口关南门外　宇　鸣 摄
冷口关是迁安长城关防中一个著名的关口。新中国成立前，此地一直战争不断，是兵家必争之地，也是战史名关。冷口关的明朝遗存少得可怜，唯一可见的是南门，门台已垮到呈一薄墙状。原来14米深的门洞，现仅残存2.5米，似一堵墙皮。门洞宽4.4米，高5米，洞顶为四券四伏砖券顶，也不完整。门台两边塌垮，已看不出原来模样。

◀ 河北卢龙刘家口关门内　黄东晖 摄
卢龙县刘家口关是个很有特点的关门楼。关门沉坐在山谷最低处，只要有雨来，山谷北边的水都走此关门洞下泄。关门洞的门台上没有通常木架结构的门楼，而是纯砖券结构的敌楼，并且是五箭窗的大敌楼。敌楼顶上还有一个垮了的哨房，现只存墙基。这样一层开一个高大的门洞，二层两面均为箭窗，三层为哨房（楼南面门洞上还有一方石门匾）的关门楼，在明长城中，除山西山阴新广武还有一个外，再也找不到第三个存留，所以十分宝贵。

◀ 河北卢龙刘家口堡东侧门外　宇　鸣 摄
卢龙县刘家口堡城基本毁尽。《卢龙塞略》中记述，刘家口堡城有东、南、西三座城门，其中南、西二门已毁，不可辨。东门在关堡东山敌楼的西南角，应该是一个山上偏门，规模较小。门洞外口宽1.5米，里口宽2米。洞口高2米，门洞深近5米，门洞顶为三券三伏砖券顶，从券伏层数上也不算少了。2003年时，曾在该堡内见到房院三处，但不见有人居住，已完全荒弃。

▲ 河北秦皇岛界岭口堡东侧门内　王盛宇 摄
界岭口关堡现存五个老城门洞可供参观。最大的在洋河东岸，门洞路面铺了水泥，可通卡车。另外四个分别是关堡东山头和西山头的月城城门，以及东、西月城旁边关堡内墙上的出入门。图为东山出入门内侧。门洞内口高3.5米，宽2.5米，进深3米。门洞外口高2.8米，宽2米。洞券为五券五伏砖砌，规格相当高，但砌砖风化破损严重。此出入门没有门台和门匾痕迹。

151

第二篇　长城的门

▶ **河北秦皇岛城子峪堡南门内**　山雪峰 摄
秦皇岛城子峪堡唯一残存的南门。城子峪堡内村街道已铺水泥，村民活动设施完善。在白墙红瓦中还有一座危在旦夕的古城门。南门的门台基础基本完整，完全是大块石灰岩垒砌。而门台上半部砖砌部分，基本被扫荡一空。整个门洞砖券顶，本应是深10米三券三伏的砖券顶，如同危桥，不足1米宽。砖券顶上还有一些原来的泥土材料。这是我看到的最危险的古迹。2015年时听说已修复。

▼ **河北秦皇岛界岭口西门内**　黄东晖 摄
界岭口自古就是秦皇岛长城中一处军事扼守争控的要地。界岭口关城临河设关西门，西门以东为关城内。西门洞外口高4.7米，内口高5.5米，门洞进深9米，宽6米。门洞顶为五券五伏砖券顶。门台外层砖已剥离碎垮。门洞两边的凸出部分全部无存。从门洞内可以看出门洞外沿被拆去，立框扩宽了，但门洞的基石还在。

▶ **河北滦平砖垛子关过墙门**　张 和摄
"砖垛子关"在明万历初年编纂的《四镇三关志》上提到，于史料说是个很正规的关口。从实地考察看，在河北省金山岭长城上山梁凹处。关门洞位居一个墩台西侧长城墙下。关门洞的外口三券三伏砖券顶上没有门匾。门洞外口宽1.28米，高2.26米，门洞内口宽1.65米，高3.22米，门洞内口比门洞外口尺寸大。门洞边墩台顶上修复的哨楼高达两层。从墩台哨楼之高大可断定此处是金山岭长城的防守重点，但从关门洞上无关楼、无关名匾，关门洞设在长城墙下来看，此关门仅符合一个过墙门的特征。

第四章　过墙门

长城主墙上还有一种样式简朴的过墙门值得关注。

这种过墙门是洞穿长城主墙的最小的一种门。门洞周围的墙面与长城墙体齐平，没有凸起的过墙门台。门洞拱券上也没有门匾。所开门洞的长城墙顶位置也不设门楼，哪怕是一间小小的哨房也没有。但这种过墙门通常邻近处有一座敌楼，极个别的也有离开敌楼独自开在城墙根的。

这种过墙门门洞之窄，往往仅可供单人通过。门洞之矮，则仅有一人高，长矛、旗杆等等，须平持方可通过。

不过这种过墙门也有不简单之处。一是过墙门连接着一条往来长城内外的小路，内通戍边堡寨，外通游牧聚落，为戍守兵士巡护和长城两侧的民众活动提供方便。二是城门洞有内外口之分。内口的宽高与门洞拱券一致，外口则比门洞拱券窄矮。外口内侧的门洞壁上还有安装门框的砖洞，以及固定门闩的闩窝。这种过墙洞曾经装有可闭闭的门板，以挡住不速之客。

第二篇 长城的门

◀ **甘肃永昌毛卜喇的过墙洞** 高玉梅 摄

在甘肃省永昌县毛卜喇长城一个大墩堡旁边，我们看到了一个开在长城上的过墙洞。以现在而言，长城越完整，对生活在当地的居民来讲就越不方便。这道高墙极大地限制了长城内外的活动。而这个洞口紧临墩堡，应是一个受守卫长城军士控制的出入长城之地。

▶ **山西天镇李二口的过墙洞** 龚建中 摄

在夯土长城上很少看到有过墙门洞，但在墩台的围墙上发现过过墙门洞。李二口长城是山西天镇长城里墙体较高大的地段之一，现状最好的高度近 6 米，墙顶宽 1.5 米，可以在上面行走，但几乎没见过土质的垛墙。这个过墙洞高不过半人，宽 1.5 米，大牲口肯定过不了，但人可弯腰穿行。此墙厚有 6 米。只能在此存照，作为了解土筑长城也有过墙洞的资料。

▼ **山西代县白草口的过墙门** 钱琪红 摄

在山西省代县白草口村东山长城上仍保留一个完好的过墙门洞。虽然门洞上的垛墙已垮完，门洞上也无门匾，但门洞内外口均完好。这个门洞外口宽仅 1 米、高 1.8 米。洞顶为三券三伏砖券顶。门洞内巷道宽 1.5 米，高 2 米，洞顶内口为两券两伏砖券顶。门洞内外均为地势平缓的开阔地，而整个白草口长城只此一处。

第四章 过墙门

▲ 河北涞源乌龙沟堡北门外　黄东晖 摄

乌龙沟古堡在涞源县长城中可算极其宝贵。古堡有南、西、北三个堡门。南、西堡门还附加瓮城和瓮门，瓮门上还有石门匾。乌龙沟堡南、西门相对高大雄伟，人小小上马通过。乌龙沟北门却很小，仅容两人并行或一马通过。北门洞顶内口为平顶，外口为石券顶，门洞口内小、外大，按旧时说法天圆地方、天大地小。内、外口不同十分罕见。

▲ 河北怀安渡口堡西墩围圈门　明晓东 摄

河北怀安渡口堡是长城线内一个很重要的据点。渡口堡西有一巨大墩台，墩台自己有一圈高3米、厚2米的夯土围墙，围墙南面有一过墙门洞。因全部为土筑，受雨水侵蚀，土墙损毁严重，门洞亦破败不堪。门洞没有任何砖石辅助，仅为于土墙上掏挖而成，形状近似一个下大上小的三角形。因塌土垫高地面，门洞宽、高都仅1米多，是这个大墩台土围墙唯一的出入门洞。

▲ 河北张家口的小北门外　明晓东 摄

张家口在明朝是宣府镇长城下属的68个关中的一个关口。本有东、南两个正式的城门。北墙中段与南门相对位置有一巨大马面式城台（台下没有门洞），此宽大城台的西墙根有一小过墙门洞。门洞宽2.3米，高2.5米，深6.5米。门洞外面采用明代城门式样，凹面、在三券三伏砖券顶上有一门匾，上刻"小北门"。此门洞形制与东门和南门完全不同。没有门楼，也没有瓮城，但又是不同于一般的过墙门洞，至少门匾上有字。

◀ 河北怀来庙港的过墙门　曾傲雪 摄

此过墙门位于一个人马面北、马面向西凸出。在马面向北有一薄墙，挡在门洞西。整个庙港长城主墙全部为白色云石垒砌，这个过墙门洞内口为两券两伏砖券顶。门洞外口紧缩。极有特色的是外口券是用片石砌成的三券三伏券，只是现已垮了最低的一层券伏石块。此门洞宽不足1米，高不足1.6米。门洞上方，石块垒砌的垛墙保存尚好，包括垛口以及墙根的垛孔都很完整。

155

第二篇　长城的门

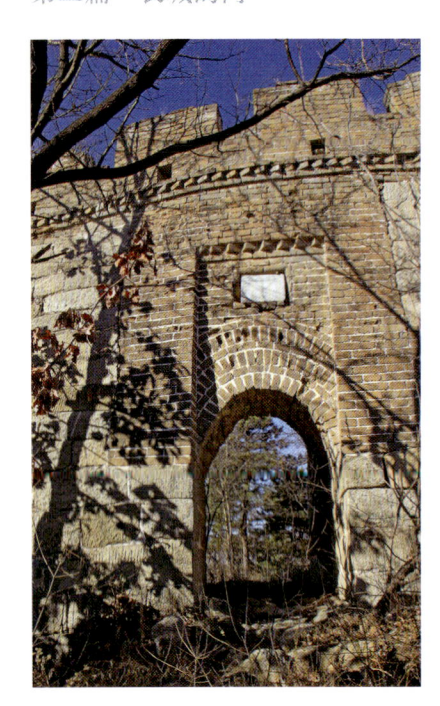

◀ 北京怀柔慕田峪鹫门外　严共明 摄

我在本章开头为过墙门确定了三个"无"：无门台、无门匾、无门楼。但在慕田峪东南山梁上的"秃尾巴边"长城上存留一过墙门，有字迹清楚的门匾，上刻"鹫门"，门洞上有房屋山墙遗存，亦即这个门洞有门匾、有门楼。砖包门台平面与石砌墙体齐平，并还做出凹面的门券额，且门洞内、外墙顶的垛墙保存仍十分完好，甚至超过了金山岭的几个过墙洞。

"鹫"是属于鹰类的大鸟，飞得高，性格凶猛。以"鹫"命名此门，取其所在位置高险，并且不易夺取，含义所指，寄托十分明确。

◀ 北京密云水石浒小城北门外

密云区古北口长城向西进入陡坡险沟地区。这里人迹罕至，却有一明朝兵堡，当地人称"小城"。"华夏子"三人1986年考察时还看到有三户村民，我们1992年考察时已不见人迹。此城因在山坡上，分成了南高、北低两部分。两个小城门均开在西墙上，进门必须先爬坡。南门于坡高处，门底基高于北门门顶。两门都是砖券拱顶，为三券三伏券，门柱为块石垒，门额仍为石垒，均无门台。两门都是开在堡墙上的过墙门。北门内外都是斜坡，现在淤积严重。小城是密云长城中最小、最完整的荒弃堡子，与江米城堡一起可称为密云长城上的两颗小珍珠。

▼ 北京怀柔箭扣的过墙门内　吕 军 摄

在慕田峪到箭扣的长城上有几个探出长城墙外的敌楼，本书归为"探楼"，当地人称之为"刀把楼"。其中一个在西栅子南，现在也是游人登城的必经之地，暂称之为"南探楼"。南探楼楼础西的长城墙体上有一过墙门洞，门洞顶为砖券两券两伏。门洞为石巷道中空式，无顶。此门洞所设位置，不被后人看好和利用，门洞内、外均无走动痕迹。倒是在此门洞东，游人来来往往，走出一条很合适游人的便道。

▶ 北京密云古北口的过墙门内　马 骏 摄

在古北口蟠龙山长城紧临五里坨关西还有一过墙门。长城上的过墙门洞，为防止门洞里的洞道被踏塌，多铺砖或石，使门洞上、下均保持完整结实。在关闭门扇时，没有空隙，利于防守安全。但这个门洞，在长城的地基上竟然踏磨出一条半人多深的石沟，关门的门板若关闭，人可弯腰从门板下出入。门洞已被升高了。更有意思的是，门洞两壁各有一完整砖券门洞，西面的门洞被齐洞壁砌死封严，而东壁券洞内是一梯道，有砖台阶向上，成一券室后被砌死，按说本是一通向墙顶的梯口。我曾为此爬上长城从墙顶寻找这两个券道出口，均无所获。这是一处修建初期预设了梯道，并建好了低处梯道券门，但在施工后期取消了梯道，从上面全部封死的半截子工程。

第四章 过墙门

◀ 北京密云水谷寨口过墙门外　王盛宇 摄

从北京密云曹家路大角峪关到黑谷关长城,在山梁洼处长城有一过墙门,是一个开在大敌楼旁边的门洞。门洞没有单独的门台,紧挨着的敌楼大体形态还完整(但每个楼窗都破得比楼门还大)。门洞外口为五块形石拼成的石拱券,门洞里三券三伏的砖券洞顶还在。因穿过此门洞的小路通向水谷寨,故此门洞得名水谷寨口。

▲ 河北滦平沙岭口的过墙门内　丁 欣 摄

沙岭口长城外是金山岭景区,长城内山下为沙岭口村。沙岭口过墙门洞本是当地往来的便捷之路,这个门洞如同立体交叉的十字路口。过墙门洞分内、外门,两门中间无券顶,露天,左右都是砖砌阶梯的登城梯道。梯道两边沿着垛墙和宇墙根各有一墙头便道。从长城上欲进出可走砖砌阶梯,欲沿长城移动可走墙头两边便道,为从沙岭口收兵或出兵提供便利。《金山岭长城》介绍,此过墙门洞外宽 0.93 米,高 2.34 米,洞顶为两券两伏砖券顶,门洞内宽 1.29 米,高 2.95 米,深 1.2 米。(页 137)

▶ 河北滦平五道梁的过墙门外　黄东晖 摄

河北滦平的五道梁长城亦有一可出入人马的关门洞。门洞的砖券塌毁严重,关门洞修建时外口要小于内口,以保护门梁、门板,现在门洞外口垮得比内口还大。这个关门洞来日不多了。

157

第二篇　长城的门

◀ 天津蓟州太平寨的中空过墙门　吴　凡 摄

天津蓟州黄崖关长城，分山下关城和山上太平寨两部分。山上的太平寨，有一个中空的过墙门洞。门洞为东西向，南北为上墙梯道。中空内墙壁上有天津各界捐资单位和个人的刻名石碑。此中空过墙门，东为外门，宽不足 2 米，高 2 米，门洞顶为两券两伏砖券顶。与此相对，4 米之外为西门，是长城内门。与东门不同，为一券一伏砖券顶，大小与东门一样。此门位于太平寨东山梁最洼处，便于人员出入长城。此门南山为黄崖关长城最高处。长城只修到山腰陡处，后仅以山为障，南山岗十分险恶不易登顶。

▲ 河北徐流口的过墙门洞外　龚建中 摄

河北迁安徐流口长城上还有个小型的过墙门洞，开在山梁凹处垮了的敌楼西边。这段长城墙包砖最外一层被整片地扒下来，现在的过墙门洞是门脸后的门道部分，门洞左边的门闩洞石可以显示已经损失的深度。过墙门洞顶为横石，门洞里还有柱石撑着横石梁。门洞里还未淤死。有大石头可做门顶横梁石时，筑城者就不用砖做券，这样省时省力。

◀ 河北迁安大龙庙的过墙门外　龚建中 摄

河北迁安大龙庙长城主墙多用石块垒基，然后起砖砌墙，再用砖砌垛墙。大龙庙这个过墙门洞门柱部分全为白色石块，门顶为两券两伏砖砌券顶（墙顶垛墙已毁），使人感觉是白石柱托着一个扇形的砖券拱，有一种造型美感。此门洞宽不足 1 米，高不到 2 米，属于极小的过墙门洞。这是迁安长城仅存的三个过墙门洞之一，又与其他两个完全不同。

◀ 河北迁西榆木岭的过墙门外　刘民主 摄

河北迁西榆木岭长城为南北走向。这个过墙门洞在村南山岗上十分显眼，远看以为是一个雄关屹立镇守一方，走到跟前才看清楚，这是一个没有门台、没有门匾、没有门楼的过墙门洞。过墙门两面的长城墙皮都被拆得很破碎，但门洞仍完好。门洞宽近 2 米，高 2 米多，洞顶为三券三伏砖券顶。门洞东为陡坡，门洞西为斜坡。从门道看，门东为墙内，门西为墙外。而长城本身是东为外、西为内。所以这个门不是长城士线门，因为在此门东还有一道墙，向东防守。

第四章 过墙门

▶ 河北秦皇岛界岭口的过墙门内　李玉晖 摄
秦皇岛界岭口的第五个过墙洞，位于罗汉洞堡西坡顶一个敌楼的东根背静处。此门没有门台，也没有门匾，仅存门洞筒，券顶为二券一伏砖券，门洞外侧门顶低了门洞顶六层砖，为两券两伏砖券顶，门洞内碎砖堆积。

◀ 河北秦皇岛罗汉洞堡东过墙门内
长城从秦皇岛界岭口向西直至卢龙，都是山脊或山梁上筑小关口。其中从界岭口到程山的墙体上开有五个过墙门洞。这种过墙门级别的小关口，有的连个名字都没有。图中的过墙洞实际上是罗汉洞堡东便门。此门无门台和门匾，但相对保存较好。此门有两个特征，一是门洞内券尚完整，可看出其外口券顶为一券一伏砖；二是门洞外口低、内口高，门道为石垒台阶。

◀ 河北秦皇岛罗汉洞堡北门外　李玉晖 摄
罗汉洞堡北门洞开在长城主线墙体上，宽1.5米，高3.5米，进深5米。门洞外口洞顶只剩一券一伏砖券。堡北门东有一马面。此堡以长城作为堡北墙，外墙全部用砖砌，墙基为条石。门北通向大罗汉洞村。

159

第二篇　长城的门

▶ 河北秦皇岛拿子峪的过墙门外

长城从义院口向西经拿子峪，向花厂峪、车厂村延伸。拿子峪长城在明朝时有堡城，古堡有墙、有门，在山沟处应有关防设施，现都无迹可寻。在拿子峪沟北第一个垮了一半的敌楼北边，长城主体墙上有一过墙门洞。虽然有一定破损，但仍完整，在秦皇岛长城的过墙洞中，这个可以算最完好的。

▼ 河北秦皇岛界岭口东过墙门内　宇　鸣　摄

在界岭口东边山梁上，长城主墙上有一个过墙门洞。在荒草中可见一砖券拱洞贯穿土石垄，站在土石坡根下能看出这是一个过墙门洞砖券顶。长城主墙塌毁，过墙门被墙土掩埋，只因砖砌的券洞塌毁速度慢于墙土芯，所以残存。门洞顶残砖券，高不及半人，仅为小动物避晒、避雨之地，当地农民、牧羊人都已无法利用。

▶ 辽宁绥中九门口圆墩瓮墙门外

绥中县九门口关内有一座顶上长了大松树的圆敌台。敌台的门距离地面 6.95 米，门下围一圆形瓮城。瓮城南面墙根开一过墙门，门宽 0.72 米，高 1.96 米，保存完好。

▼ 河北秦皇岛山海关西北过墙门外

山海关城四门俱全且还有罗城，有瓮城瓮门。当年修山海关城时，肯定考虑过不能坐以待毙，得为自己留下后路，于是就在修建高大的关城时修了几个不起眼的小门洞，现代人称之为"水门洞""暗门洞"。这个小门洞外无门台和门匾，宽窄只得容两人，不能容人骑马通行。此门外口已多有毁坏，但插门闩的洞石还在，证明这个门洞旧时有门扇，可关启。以此门洞之窄小，与"天下第一关"之宽大形成鲜明对比。这个过墙洞有五券五伏砖券洞顶，在所有的过墙洞里规格是最高的。

▶ 甘肃嘉峪关西门内上墙门

嘉峪关城西城门柔远门的登墙马道下口有一券墙开、悬山屋顶上墙门。屋顶五条脊均有刻花，屋脊上还有吻兽。此门东侧 90 度角有一道影壁墙，嘉峪关长城当地义物部门称其上墙门为门楼。这是上墙门中样式最高级的。

第五章　上墙门

　　此类上墙门在当年是只供守城和维护长城的人员出入的，进入此门有梯道可直通墙顶，其设置也包含防止闲杂人员或奸细登上长城的功能。

　　上墙门不同于过墙门，后者是贯穿长城墙体的门洞，其防御方向是长城外侧。过墙门洞对长城内侧不设防。而上墙门的防御方向则是长城内，门洞上的门板对着长城内侧，这一点从登城梯道旁的门闩窝便可看出。平时此门为人员登城提供便利，一旦需要，此门便受守城人员掌控，门板紧闭，登城变得困难。因此它是守护城上将士安全的重要措施。

　　上墙门存留状况完全取决于所在地段长城的存留状况。若主体墙已塌毁，绝对找不到上墙门的痕迹。我们仅在河北、北京等长城保存较完好的地区发现了这类门的存在。一般上墙门都临近一个敌楼或挨着通向长城内村庄的路口，方便军士、役夫上下长城。在山西、陕西，土石长城多塌得不成模样，没有遇见和发现完好或可以见证历史的上墙门。

第1节 上墙门的位置

第1目 开在长城墙根的上墙门（低开上墙门）

从还存在的上墙门里可以看到上墙门所开设的位置有三种。

一、开在长城墙根的上墙门，简称"低开上墙门"。
二、开在长城墙顶的上墙门，简称"高开上墙门"。
三、开在长城墙腰的上墙门，简称"腰开上墙门"。

开在墙根的上墙门最显著的特征是门槛与长城墙根高低齐平，上墙门内外的地面高度统一。从保存完好的上墙门内侧墙上，可以看到镶嵌门框的砖洞以及插门闩的闩窝。上墙门内为一拱券，券左右各有一道露天梯道连接墙顶。或者是根据地形限制，只在门内一侧筑梯道。

开在墙根的上墙门有两个优点：一是因这种上墙门的登城梯道建在墙内，人员上下时可左右扶靠，多些安全保障；二是墙内梯道占用长城空间体量，从筑墙备料的角度，节省了一定的建筑材料。

开在墙根的上墙门分布也有特点。从北京市延庆区大庄科的香屯向西，经八达岭水关长城、八达岭长城，直至延庆区石峡的花家窑长城，上墙门都是开在墙根，但北京市怀柔区的长城上墙门就有的开在墙腰，有的开在墙顶了。

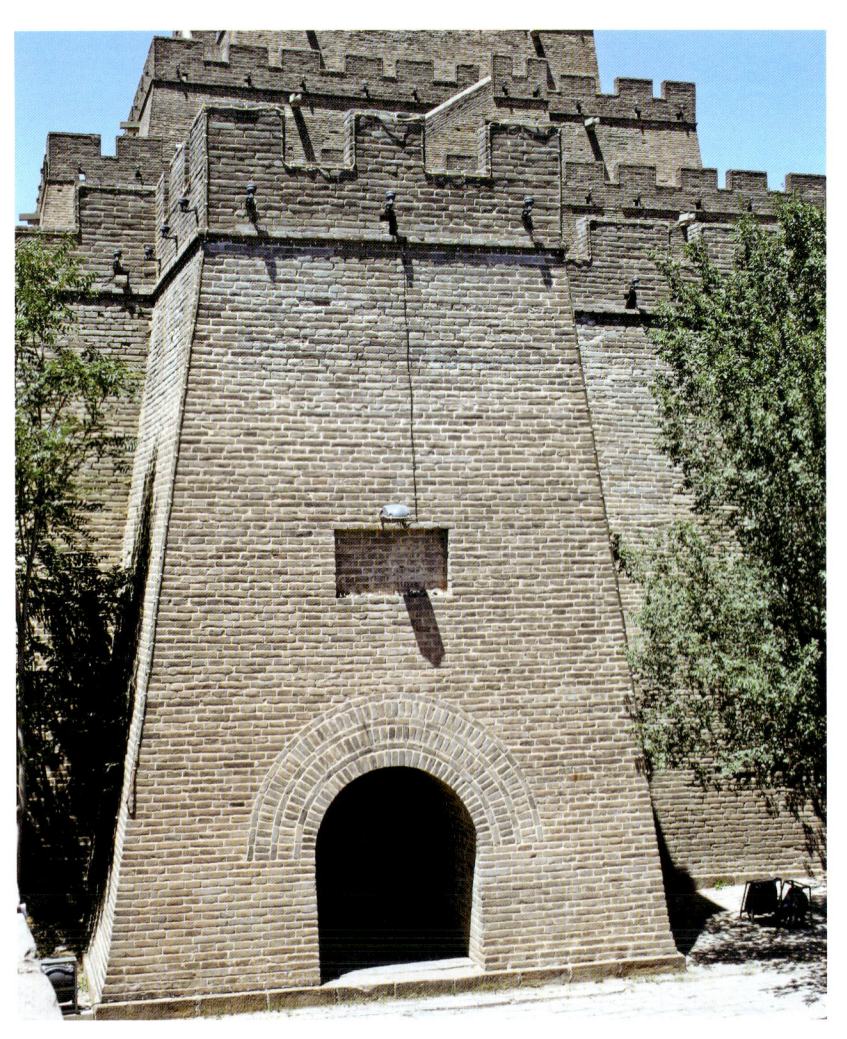

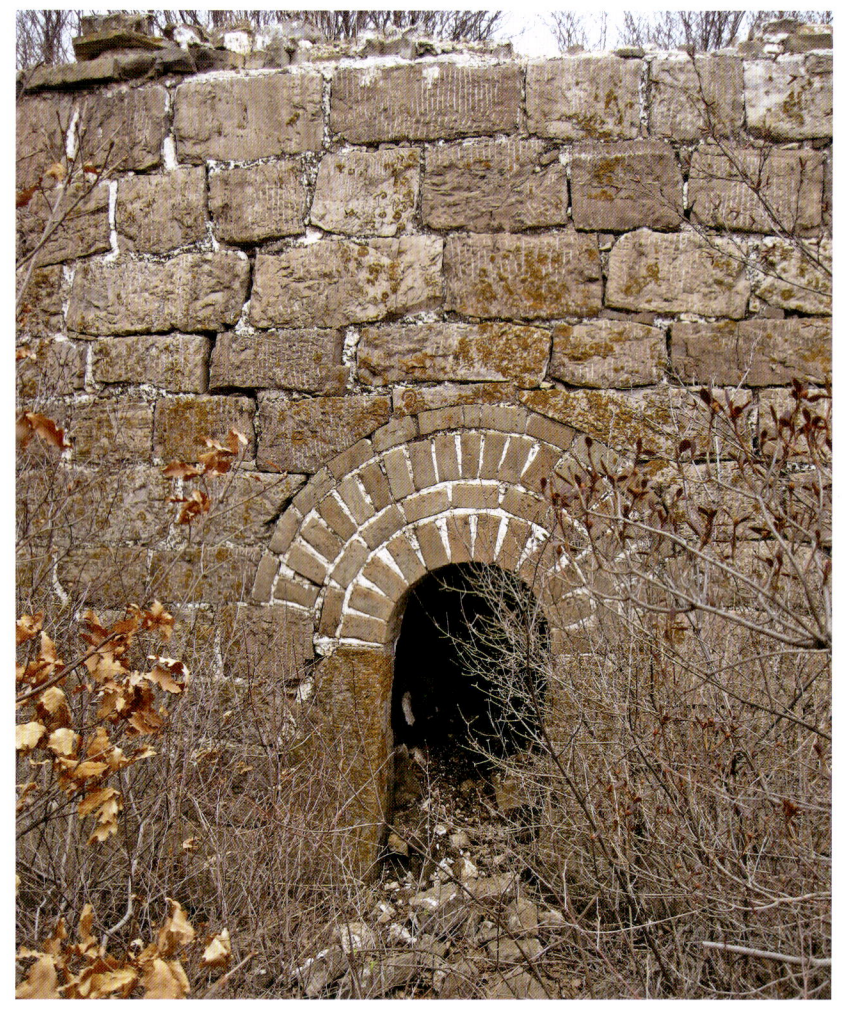

◀ 陕西榆林镇北台低开上墙门　曾傲雪 摄
在陕西明长城残破遗存中未见过一个完整的上墙门。榆林市镇北台是近年修复的，是长城墩台中体量最大、最高的。台基每边都有 60 多米长，总高 30 余米。在第一层围墙东面有一门台，墙根开一上墙门洞，是上下进出镇北台的门洞。内为砖砌台阶，直通镇北台第一层围墙的顶面。门洞宽近 2 米，高近 3 米。门洞上有一闩窝，无门圈。此门为三券三伏砖券顶。

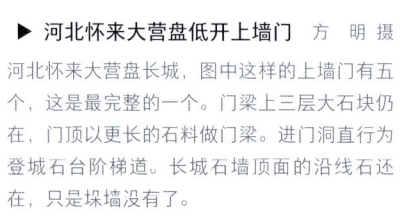

▶ 河北怀来大营盘低开上墙门　方　明 摄
河北怀来大营盘长城，图中这样的上墙门有五个，这是最完整的一个。门梁上三层大石块仍在，门顶以更长的石料做门梁。进门洞直行为登城石台阶梯道。长城石墙顶面的沿线石还在，只是垛墙没有了。

第五章　上墙门

▲ 北京延庆石峡的低开上墙门　李玉晖 摄
延庆石峡长城有几处保留完整的长城上墙门。这个地段没人修补，完全是明代的遗留。这个开在墙根的上墙门，墙顶面的宇墙十分完整，比邻近的"古长城景区"修补过的还完好。这段墙石料与八达岭长城一致，门券所用三块券石都比"古长城景区"修补墙体所用的石材体量更大，加工的质量更高，因地点荒僻，杂木丛生。

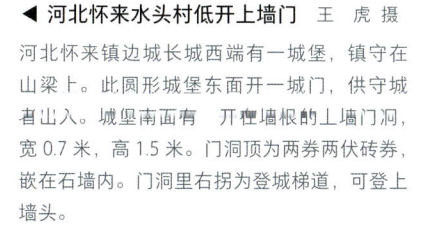

◀ 河北怀来水头村低开上墙门　王 虎 摄
河北怀来镇边城长城西端有一城堡，镇守在山梁上。此圆形城堡东面开一城门，供守城者出入。城堡南面有一开在墙根的上墙门门洞，宽 0.7 米，高 1.5 米。门洞顶为两券两伏砖券，嵌在石墙内。门洞里右拐为登城梯道，可登上墙头。

◀ 北京延庆水关长城低开上墙门
八达岭水关长城开在墙根的上墙门，建筑方法采用石梁平顶，而不用砖券顶或石券顶。门顶上仍有一层石块。虽然取石方便，门柱却没有用长条石和压柱石，说明石材不易加工。因为这里并不开放，当年通过此门下山的山路已不可寻找。

▲ 河北怀来陈家堡低开上墙门　陈小莹 摄
这个开在墙根的上墙门完全用砖砌，但长城是石块砌，门券顶上就是长城垛墙。门券上面墙体仍完整，说明此门十分完好。门顶为两券两伏砖券，证明此门规格不是最低的。

◀ 北京怀柔铁矿峪低开上墙门　徐宝生 摄
怀柔铁矿峪长城，墙面为石缝成行的石砌墙，垒墙石块粗糙。开在墙根的上墙门用的是石门柱，压柱石上门券改为砖券顶和砖包墙面，券顶上距上墙顶面还有几层砖。门券为一券一伏砖券顶，表示此是一道普通的上墙门。

163

第二篇　长城的门

◀ **北京怀柔旺泉峪低开上墙门**　黄东晖 摄

北京怀柔旺泉峪长城墙体下用条石，上用砖包。此上墙门的门柱立石还被压柱横石嵌住。门顶为两券两伏砖券顶，但有损坏。门上垛墙完整。这是个门外口券顶破损的上墙门。

▶ **北京怀柔箭扣低开上墙门**　王　虎 摄

"擦边过"是北京箭扣长城最特殊的一段长城。石砌墙从几个高耸的石尖上跨过，传说这里还用上了铁梁架设在山石之间以承担石墙。"擦边过"西南的第一个敌楼实际就坐在山崖下的石窝边上，敌楼北长城根开了一个可进出长城的上墙门。此线长城主墙全为石砌，垛墙为砖砌。此上墙门为砖砌，门顶为一券一伏砖券顶，门券上三层砖就是长城顶面了，宇墙十分完整。

▲ **北京延庆八达岭低开上墙门**　黄东晖 摄

在八达岭长城上，几乎是每座敌楼旁都有一个上墙门，并且均开在墙根。图中的上墙门位于景区南五楼的南边。门开在长城石砌墙对内一侧。门顶的拱券用一整块石料凿成，分内外两道。外口紧小，内口宽大。拱券石搭在长城墙之上。其上有顺墙顶面斜砌的砖宇墙。拱券石与宇墙的空隙则用砖沿长城石墙水平砌筑。

▲ **北京延庆香屯低开上墙门**　张翅飞 摄

图为北京香屯长城的一部分。从上墙门开在墙根、门顶上即是垛墙根可以判断，此墙对内不太高。此门左右也是块石砌的长城墙面。门柱石为长城墙面的方形砌墙石，可以看出这是另一种建筑方法，根据当时实际材料有所调整。此门的一券一伏砖券顶，也说明香屯长城上墙门的级别普通。

第五章 上墙门

◀ 北京怀柔慕田峪低开上墙门　王　虎 摄

北京怀柔"秃尾巴边"长城有一个方形敌台，长城立面都是石砌墙。这个上墙门开在长城的内侧，因墙高大，所以上墙门高还不到墙的一半。此上墙门下半截由砌墙石组成，上半截用砖砌。门券下有三层砖顶替压柱横条石。门券为三券三伏砖券顶，门券之上全用砖砌，为下石上砖组合的上墙门。

▼ 北京密云冯家峪低开上墙门　方　明 摄

北京密云冯家峪镇的西白莲门长城是密云长城中少见的主墙比较完整的地段。此段长城的西南为冯家峪长城，北为白马关长城，也都有大段的石砌墙，但都不如这一段完整。也许因为墙比较完整，这种依附于墙体的上墙门才能完整。这段长城墙体用大小不等的黄色大石头砌筑，而上墙门完全用砖砌，图中是一个开在石墙面却完全用砖砌的上墙门。

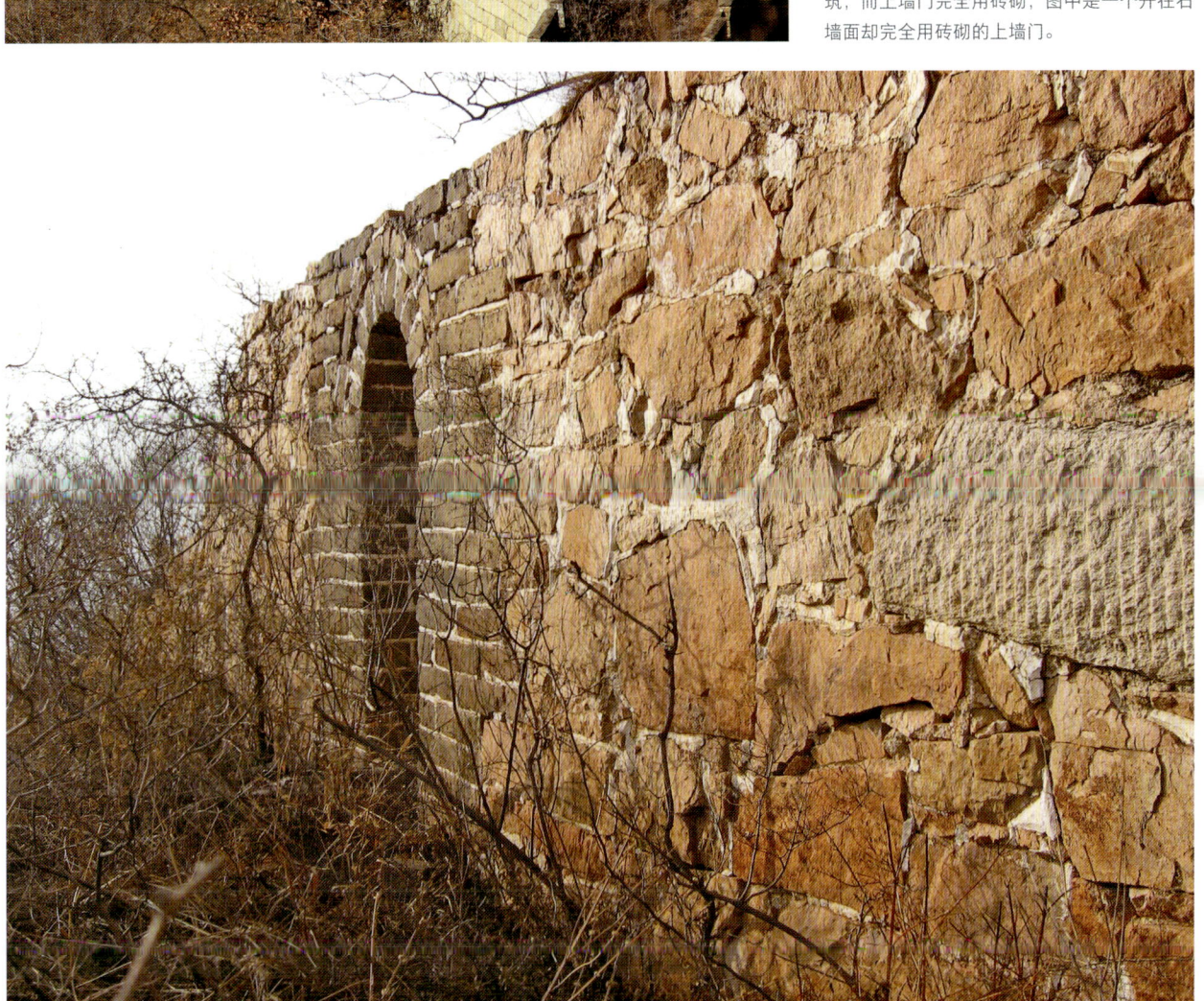

▲ 北京密云古北口低开上墙门　丁　岩 摄

北京密云古北口卧虎山长城有一段障墙残迹，外垛墙多已垮，但每障的台基还很完整。在这段障墙东的墙根保留着一个上墙门。这段长城墙体完全用砖砌，此上墙门柱为十七层砖，较高大。门顶为一券一伏砖券顶，属小数券。门券上还有宇墙痕迹。这是一个开在砖墙面砖砌的上墙门。

▲ 北京怀柔青龙峡低开上墙门　徐宝生 摄

北京怀柔青龙峡长城东坡第一座完好的敌楼东边，石块垒的长城墙根上有一个完整的上墙门。这段长城墙体为不规矩的石块所垒。在石垒墙开上墙门，除门顶为一券一伏砖券顶，所有立面均为石块。门券上还有两层石头，此门内向敌楼方向为石垒石阶。附近垛墙已毁，但墙顶面新近修补齐了。

165

第二篇 长城的门

◀ **北京密云蔡家甸低开上墙门** 马 骏 摄

北京密云蔡家甸东沟北山上有两道长城。北边一道为砖包墙，南边一道为石砌墙。南边石砌墙应早于北边砖包墙，损毁程度也大于北边砖包墙。南边石砌墙无敌楼，证明早期明长城还不善于建筑和使用敌楼。这个石砌门洞顶为横石梁。密云长城石砌墙不少，但石砌的上墙门洞，目前为止仅看到这一个。

▶ **北京密云司马台低开上墙门** 陈小莹 摄

在密云司马台长城望京楼东的"聚仙楼"下，砖包墙上有一似是瓮龛的遗存。侧看是一门洞，但其内为黄土夯实，非室非洞。其实这是一个上墙门洞的半截子工程。聚仙楼山南有条小道通向该门洞。此门洞形制尺寸与金山岭长城上的砖券门洞完全一样。门内洞壁十四层砖，门顶为两券两伏砖券顶，门券上七层砖后为宇墙。这是一个没有实际用途的门，但为开在砖墙面用砖砌的上墙门留了个样本。

▲ **河北滦平金山岭低开上墙门** 丁 欣 摄

在河北金山岭长城砖垛子关东边有一个大砖台，名为东方台。台东长城内侧墙根有一个上墙门（城墙上的宇墙可以证明这一侧是长城内）。门洞不贯穿墙体，进入后两侧都为登城砖梯道。从图中可见，门洞仅为墙高的一半。从门右完整的墙面与不够完整的墙面来看，此墙内有空心和实心之分。实心墙被沉积酸雨所腐蚀，而空心部因风干较快，腐蚀作用较弱。

▶ **河北迁安马井子低开上墙门** 马 骏 摄

河北迁安长城的西端有个马井子村，该村北山上的长城有一小段砖包墙。不知是什么原因只修了这么一段，并且不在低处修，而是在山顶上修。因为是砖包，形整且牢固。在一里多长的砖包墙内开了三个上墙门洞，门洞宽近1米，高1.8米，门洞顶为一券一伏砖券顶。这段砖包墙，留下了砖砌主墙、砖砌垛墙、砖砌垛孔及砖砌上墙门的完整信息。

第2目 开在长城墙头的上墙门（高开上墙门）

前面所列的上墙门均开在墙根。这类上墙门最显著的特点是进了门迎面是大墙，必须转身走台阶才能登上墙头，站在垛墙后面向长城外探望。

开在长城墙头的上墙门与此不同。因为有些地段长城内外地势差别极大，长城外地面与长城墙根相接，但长城内地面已与长城墙顶面差不多高，长城利用了地势的坡度。因此长城对内开门就开在了墙头，进了上墙门，就到了长城墙顶面，迎面就是长城垛墙。上墙门的根脚已与长城墙头同高。

▲ 北京怀柔旺泉峪高开上墙门

北京怀柔旺泉峪长城的上墙门有六个之多。以墙根墙高上同高，因而这上墙门比较具典型。从长城内的山坡上看（门下还有砖石构成的台阶），此门的腰中间与墙的顶际砖棱线相接，在齿形垛墙里开了一个上墙门，此门的门底脚与长城的宇墙根为同一坡面。

◀ 北京怀柔慕田峪高开上墙门　吕　军摄

北京怀柔慕田峪长城最北的出入口，就是利用了一个开在墙头的上墙门。长城内地势比长城墙顶还高。进了此上墙门，就到了长城墙顶面，迎面就是长城垛墙。

▲ 北京怀柔箭扣高开上墙门

在北京怀柔箭扣斜坡上的长城，垛墙仍采用牙形垛而非齿形垛。牙形垛的顶面沿山斜度保持与墙坡斜度平行，而这个上墙门自成一格，不与左右垛斜顶一致。上墙门的底脚与长城内的小路相接。

第二篇　长城的门

◀ 北京怀柔牙形垛墙高开上墙门

图为北京的一段长城，图中上墙门底脚与长城的宇墙根为同一高度。垛墙为斜牙形，门顶上的分水砖有缺失，门券为一券一伏砖券顶。从上墙门内外乱生的树木荒草，便可知此门已无人出入。

▼ 北京怀柔齿形垛墙高开上墙门

图为北京的一段长城，图中上墙门设在齿形垛墙中间。上墙门门柱为十三层砖，门券为一券一伏砖券顶。门内墙顶比门外山坡略高，门底脚下的山石上有一条小路。

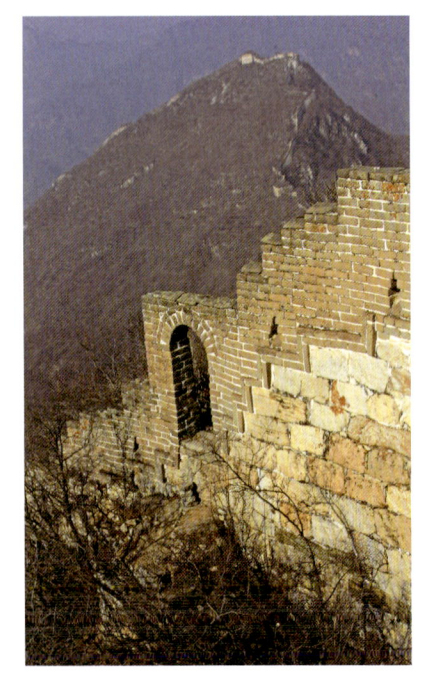

▲ 北京怀柔"北京结"高开上墙门

"北京结"上的上墙门。图左边的长城是从慕田峪而来、向图右边八达岭而去的内线长城；而以台阶形式铺下来的墙面，是奔向河北、山西、内蒙古交界方向的外线长城。这里是内线长城与外线长城的分界点。在内长城向外的垛墙上有一上墙门，开在墙顶面上，与慕田峪"刀把楼"西的那个上墙门形制一样，但此门未曾维修过。门左垛墙为齿形，门右垛墙为牙形，门下的垛墙为横窄、竖长的密集齿形。此门是一个长城地段分界门。

第五章　上墙门

◀ 北京怀柔箭扣高开上墙门　任树垠 摄
这个上墙门的墙顶分水砖为三块。门券只是一券一伏，券砖十七块，门柱十三层砖。由于老墙砖质量好，不见丁点儿风化痕迹，成了保存效果最好的墙头开上墙门。因无人维护，门口已被野树挡住。

▲ 北京怀柔营北沟高开上墙头　吕 军 摄
北京怀柔营北沟北山的一个上墙门。此处宇墙多数已不完整，但这个上墙门却较完整，突出宇墙。上墙门的门槛与长城的宇墙根处于同一水平。门槛下有七层大石和旧砖所垒的台阶。以此门推断，此门向南肯定有一条修长城时可上下山的小路。至少此门可以告知附近长城内的人员，应向此门靠拢，才能方便地登上长城。

▲ 北京怀柔慕田峪高开上墙门　严共明 摄
北京怀柔慕田峪大角楼西的上墙门开在宇墙上，上墙门的门槛和长城内宇墙根处于同一水平。砖砌的上墙门有石门框和压柱石。门券高出宇墙，成一门洞。门洞外有新修的青砖台阶，并且有矮护梯墙。这是最典型最完整的高开在墙头上的上墙门。可能是1986年维修时又建的，门券上还有用方砖搭砌出的三角分水墙顶。

◀ 北京怀柔慕田峪高开上墙门　张 宴 摄
北京怀柔慕田峪"刀把楼"高处的上墙门。"刀把楼"伸探出主线长城，与主线长城布局呈"丁"字形，在横竖接点上设置一上墙门。上墙门的门槛和主线长城外垛墙根处于同一水平。为了防守，多设置了一道门。这样开在墙顶的门不多见。这是1986年复建的。门券上也有分水砖，但没有石门柱和压柱石。

第二篇 长城的门

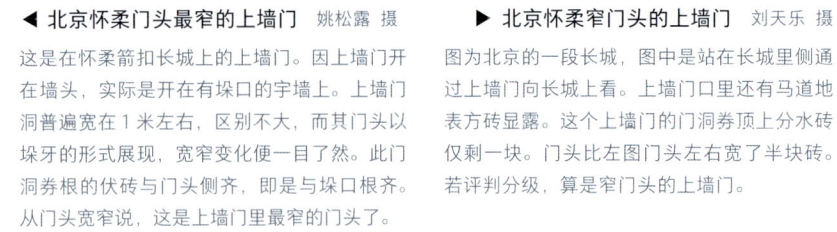

◀ **北京怀柔门头最窄的上墙门** 姚松露 摄

这是在怀柔箭扣长城上的上墙门。因上墙门开在墙头，实际是开在有垛口的宇墙上。上墙门洞普遍宽在1米左右，区别不大，而其门头以垛牙的形式展现，宽窄变化便一目了然。此门洞券根的伏砖与门头侧齐，即是与垛口根齐。从门头宽窄说，这是上墙门里最窄的门头了。

▶ **北京怀柔窄门头的上墙门** 刘天乐 摄

图为北京的一段长城，图中是站在长城里侧通过上墙门向长城上看。上墙门口里还有马道地表方砖显露。这个上墙门的门洞券顶上分水砖仅剩一块。门头比左图门头左右宽了半块砖。若评判分级，算是窄门头的上墙门。

▶ **北京怀柔标宽门头的上墙门** 陈元志 摄

这是站在长城的垛墙根通过上墙门向长城内看。上墙门内崖石下为箭扣沟谷。上墙门左右垛墙遭到毁坏。上墙门的门洞券顶分水砖还有四块半，仅右角缺一块砖。门洞券根伏砖到垛口根有一块多一点砖。以上墙门门头宽窄来说，这是标准宽门头上墙门。

◀ **北京怀柔门头较窄的上墙门** 陈元志 摄

此上墙门开在敌台的东门台阶下外侧。上墙门为一券一伏砖券顶，门头左边缺角，分水砖少了两块。门洞券根伏砖距门头外沿不足一块砖。此上墙门的门头可归为较窄门头上墙门。

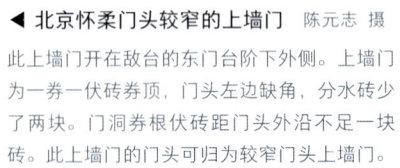

▶ **北京密云门头较窄的上墙门** 唐少文 摄

这是北京密云古北口长城唯一墙头开的上墙门。此上墙门开在长城内侧，进门就站在长城顶面。此上墙门南本有一敌楼，但已垮掉。上墙门门洞上的垛墙为齿牙形。以门洞券根到顶上垛口根有两块砖宽来看，是个宽门头的上墙门。

第五章　上墙门

第 3 目　开在长城墙腰的上墙门（腰开上墙门）

在长城上还能看到有一类既不是开在墙根，也不是开在长城墙顶面，而是开在长城墙腰的上墙门。

开在长城墙腰的上墙门最明显的特点是上墙门与地面不挨着，在可以修台阶的地方就修个连通地面的台阶，在缺乏安全感的地方就不修台阶，用可回收的木梯或绳梯连通地面。这种上墙门里面还不是长城墙头，需走几步台阶方可到达长城墙头。此种样式的上墙门在北京市怀柔区慕田峪长城上可以见到。

▲ 北京怀柔旺泉峪腰开上墙门

在北京怀柔旺泉峪东坡上看到一段向南的支线长城。此段长城有两座 3×4 眼敌楼保存较好。在偏西的敌楼边有一个开在长城墙腰的上墙门。此门顶为两券两伏砖券，门券顶上面是垛墙根。门槛距地面 4 米多高，门槛下有当年的登城砖石台阶及两边砖砌护栏。此段长城墙体由石砌和砖砌墙组成。这个上墙门开在石砌墙体之上、砖砌墙之内。上墙门内左右都是爬高的砖台阶。

▶ 北京怀柔旺泉峪腰开上墙门　吕　军 摄

在怀柔旺泉峪东坡有三座 3×5 眼敌楼，每座附近都有一个上墙门。最西的 3×5 眼敌楼附近的上墙门是开在墙根的上墙门，另外两座 3×5 眼敌楼附近的上墙门都是开在墙腰的。这是中间的 3×5 眼敌楼东，开在墙腰的上墙门。门槛距墙根 2 米多高，门槛下当年的登城砖石台阶已塌垮成堆，长着荒草树木。

171

第二篇　长城的门

▼ 北京怀柔箭扣腰开上墙门　吕　军　摄

北京怀柔箭扣长城,这个上墙门因长城内外落差不大本应开在墙根,但城墙内梯道位置是岩石不好开凿,就在墙腰开上墙门。门槛距地面3米多,没有台阶配直。上墙门下半截在石墙中,上半截在砖垛墙中。门顶一券一伏砖券,门券顶与垛墙顶齐。这个上墙门下半石垒、上半砖砌,是墙腰开上墙门的又一例。

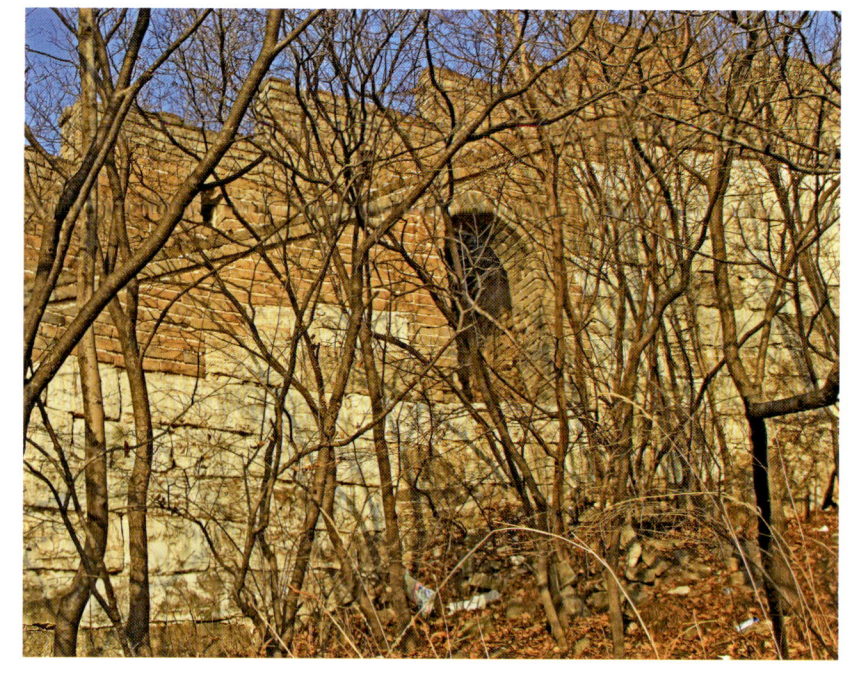

▲ 北京怀柔"北京结"的腰开上墙门

北京内外长城结点有一座石垒大敌台。此敌台东长城上原有两棵松树,现在只剩一棵了。这个结点上有两个上墙门,向北的开在墙顶,出此门长城向北通向九眼楼,往张家口方向而去。在敌台西长城内面还有一个上墙门,通向长城内的南坡,使此台东、西、南、北都可通行。这个上墙门顶为一券一伏砖券顶,开在垛墙根墙顶面砖际线下,而门壁以砖砌在石垒的墙体中。门槛距地面还有1米多,没有台阶,下墙者跳下即可,上墙者就要手脚并用地攀爬了。这样易出难进,肯定是当年设计人员的良苦用心。

◀ 北京怀柔慕田峪腰开上墙门　郑　严　摄

北京慕田峪长城开在墙腰的上墙门。此门槛距长城里侧地面2米多高,门外用巨型条石垒上墙台阶,台阶两边砌了护墙。门的下半截开在石墙上,以砖砌成门柱框;门的上半截砌在垛墙里。门券顶为一券一伏砖券,门头非常宽。长城垛墙根砖棱线位于此门中间腰部。为典型的开在长城墙腰的上墙门样式。

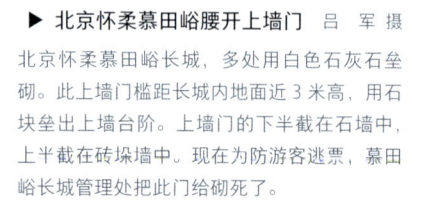

▶ 北京怀柔慕田峪腰开上墙门　吕　军　摄

北京怀柔慕田峪长城,多处用白色石灰石垒砌。此上墙门槛距长城内地面近3米高,用石块垒出上墙台阶。上墙门的下半截在石墙中,上半截在砖垛墙中。现在为防游客逃票,慕田峪长城管理处把此门给砌死了。

第五章　上墙门

▼ 北京密云古北口腰开上墙门　山雪峰 摄

北京密云古北口卧虎山西山梁上长城墙多残破，却有一个完整的上墙门。此门的门槛其实已接近地面，但一券一伏砖券却冒犯了墙面砖棱线，门券开到垛墙部分。这个上墙门开得不上也不下，只好归为腰开上墙门类。此段长城主墙为花石墙，上墙门专门用砖做门壁和门券，所以比较结实，得以存留。

▲ 北京密云古北口腰开上墙门

北京密云古北口蟠龙山长城东头有一关口，此关东边有一上墙门，开在墙顶砖棱线之下。门槛距墙根基石不太高，也就2米，位置也算居中了。问题是此墙内地面非常陡，坡落差近6米多，上下很不方便。

▶ 北京怀柔慕田峪腰开上墙门

北京慕田峪长城的一处上墙门，从门顶的砖券可以看出，它位于垛墙根的墙顶砖棱线之下。但此门下有十几级台阶才能走到城墙内的坡地上，说明此门开在墙中位置。这个上墙门仅为两券两伏砖券，但门壁为块石垒砌，是个开在石墙里下石上砖结构的上墙门。

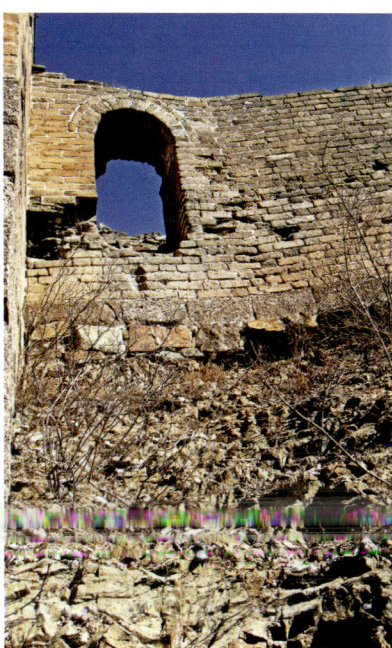

第二篇　长城的门

◀ 河北迁西喜峰口腰开上墙门　马　骏 摄
在迁西喜峰口长城古关的东堡徐太傅城墙上，有一个对内的出入城堡的上墙门。此上墙门宽仅1米，高不足1.7米，门柱十一层砖。此门虽小，门顶券还是两券两伏的砖券顶。此门下距墙根有近2米高，在门外是极窄的崖沿，不熟悉地形者根本不知如何移动才可攀下石崖陡壁。这个上墙门出入十分困难，并且危险。

▼ 河北秦皇岛罗汉洞腰开上墙门　黄东晖 摄
在秦皇岛界岭口长城西的罗汉洞关，有几个开在墙根的上墙门，只有这个上墙门开在墙腰上。门顶距离墙顶面近2米多高。门底有完好的门槛石，距离地面近2米高，门下无上下台阶，若不放梯，上下肯定困难，这实际是一种有危机意识的自我保护办法。

▲ 河北秦皇岛角山北水关腰开上墙门　张　鹏 摄
角山长城的北水关边上的上墙门。这个上墙门开在长城对外的一面上。在修复北水关北边的敌楼时，在楼座的残础里发现有个门道，修复者乐得做好事，按门道残迹复原了这个上墙门。但清理长城脚下的淤土后，发现此门离地面3米有余，没梯子根本别想上。此门上还有券窗两个。这种不上不下的位置，与开在墙根底线上的门比对，应算是开在高处，但又离墙头还差得远，所以归在中间的类别里。此门为两券两伏砖券顶，门柱十三层砖，门槛是一块高一尺半、厚一尺的大石块。修复者把上墙门修复得没走样。

第 2 节 上墙门的形态

上墙门的形态，可以根据其建于何种材料修砌的墙体和门框材料差异而细分出六个类别。砌在石墙的上墙门有石门框、砖门框以及半砖半石框三种。而砌在砖墙上的上墙门，遵循同样的原则，也可以分成三种。

石门框上墙门又可分为平直门顶和拱券顶两种。拱券顶之下，还有单块石材或三石构成门顶两类。单石拱券门顶的形态也有两种变化，一种是门顶石的上、左、右均为直边，下侧为半圆弧，另一种是把整块石材凿成弯月状弧形。

在砖门框和半砖半石门框中，若是砖砌拱券，有三券三伏、两券两伏、一券无伏的，还有在石拱券上叠加砖砌券伏拱券的。上墙门砖砌样式变化多样，展现出明代工匠的个性与特色。

还有一类在城门登城马道上修筑的管控门，也应归入上墙门类。这类马道管控门有设在临近墙顶处的，也有设在临近墙根的。以嘉峪关的登城马道管控门为例，当地人称为"马道门楼"，直观地反映了其功能与形态。

◀ **陕西榆林南门的上墙门**

陕西省榆林古城南门的登墙马道坡顶有一小门，把马道与榆林城墙头隔开。此门实际是一个开在墙头的上墙门。小门上有硬山式屋顶，屋顶的五条脊均有刻花，屋脊上还有吻兽。门楣有两个门簪。在有屋顶的上墙门中，此门规模比嘉峪关的上墙门小许多，但等级不算低。

▼ **辽宁葫芦岛兴城西门上墙门**

葫芦岛兴城西门的登墙马道坡根有一个门，是兴城墙头与兴城地面的阻断关闭处。此门实际是一个开在墙根的上墙门。上墙门上建有山式屋顶，屋顶样式与辽宁省南部民居屋顶相同。在有屋顶的上墙门中，此门规模比榆林城南门的上墙门略大些，但样式朴素无华。

第1目 石墙上墙门的形态

观察上墙门的形态，应该把视野扩大些，连同门周边的石墙一并观察。

前文介绍过长城的石砌城墙至少有四种形态，呈现着四种不同形式的宏大背景的线条组合。不同材料组建的上墙门则在这图画中组合出具体的局部纹理。大背景与小局部的线条搭配，构成了上墙门的形态。石缝成行的平面墙的几何线条，烘托出石拱券门理性精致的特点，而石缝不成行的毛面墙上不规则的野性曲线，则令砌筑于其上的砖拱门充满活力。

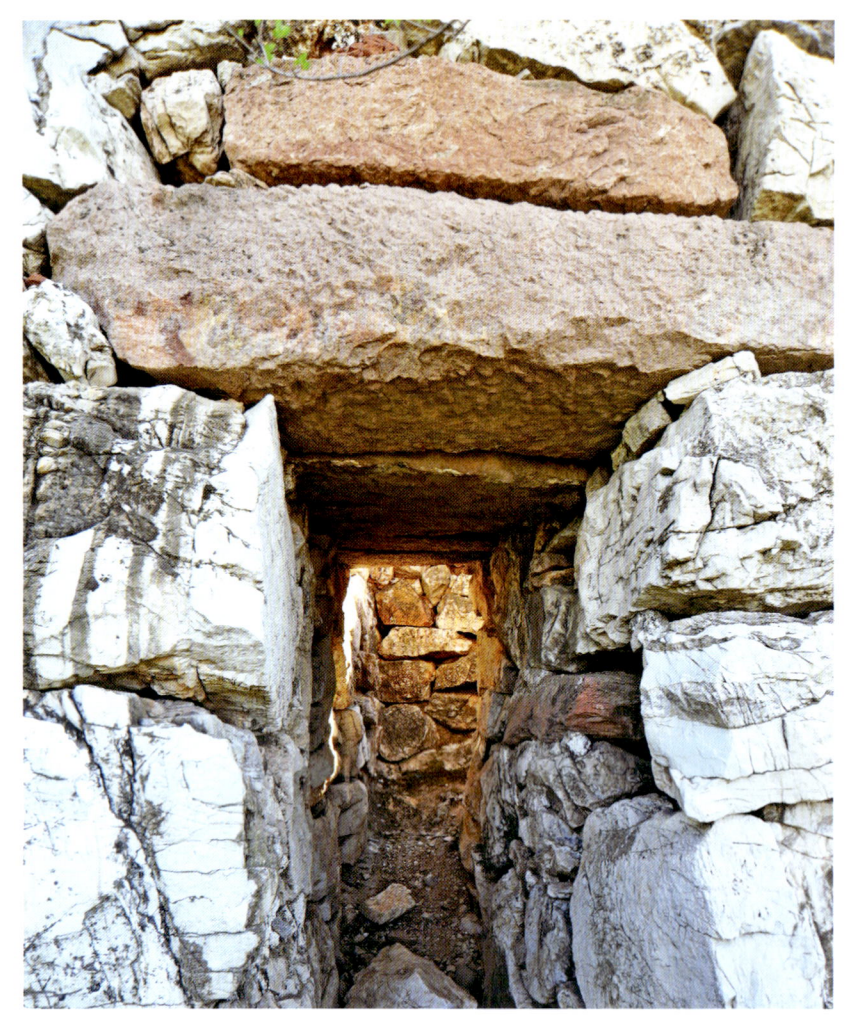

◀ 河北迁安石墙毛石顶上墙门　黄东晖 摄
河北迁安冷口长城大多是石砌墙，并且是石墙立面不平整、石缝成行的石砌墙。此上墙门全用大石块垒成。门洞高不足1.6米，深近3米。门道内侧高外侧低呈坡状。大石块虽然表面粗糙，不过门洞的立面和洞顶却工整。最不可思议的是，此上墙门开在长城石墙的御敌面上。

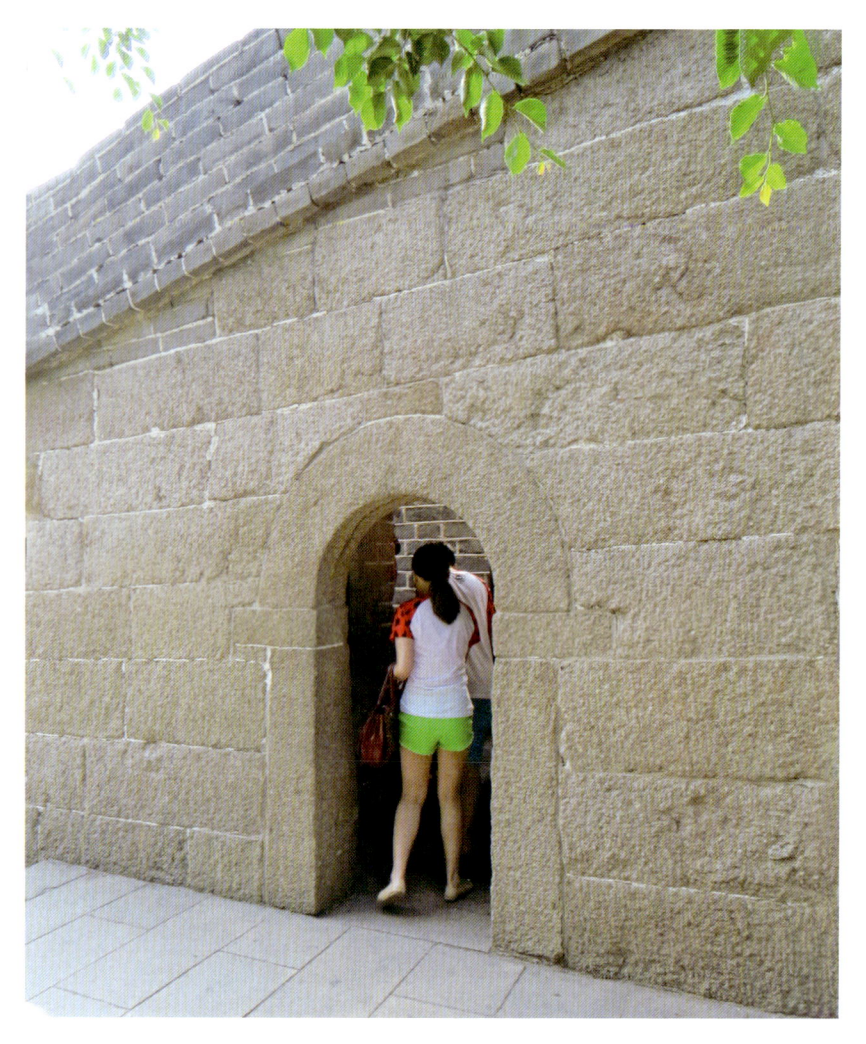

▲ 北京延庆石墙石券顶上墙门　郑严 摄
八达岭长城石墙在万里长城中用料及加工都是最高等级的。这个开在石砌墙的上墙门建筑质量也是最高的。门券为整石凿刻成形，长城墙石与门券石和压柱石都严丝合缝。八达岭景区这样的上墙门不下十个，都是这种规格和样式，游人一般不会对这个上墙门单独欣赏，但此上墙门严密的结构是构成八达岭长城的一部分，也成为中国长城伟大的细节之一。这是高质量上墙门的代表。

◀ 北京延庆石墙石券顶上墙门　李玉晖 摄
此上墙门位于八达岭古长城石砌墙上，由三块形石拼成门拱券。门券石四周都是砌墙石。门券旁的石材都加工到与石券弧线吻合，难度极大。

▶ 河北怀来石墙毛石顶上墙门　方明 摄
大营盘长城因石块立面平整光洁、石缝成行被树立为当年的样板工程。这一带类似的上墙门共有六个，这是最完整的一个。可以看到此上墙门的门柱完全由砌墙石组成，而这要事先规划好。

第五章 上墙门

◀ 北京怀柔花石墙砖砌上墙门　吕　军 摄
北京怀柔铁矿峪长城墙体为不规则的毛面石砌成，垛墙为砖砌，但是砖砌垛墙有成段残缺。这个开在不规则石砌墙面的上墙门的门壁和门券全都用砖砌，门壁柱为十五层砖砌，门券为两券三伏砖券顶，夹在门壁柱中间。这种样式非常少见。

◀ 河北涞源石墙巨石顶上墙门　吕　军 摄
眼前这段乱石干垒、工艺粗糙的石墙是河北涞源边根梁长城的一段。石墙立面不平整，石缝不成行，工艺质量不高的上墙门内已塌垮，搭上墙门的石块只进行了粗加工。门梁是块巨大的毛石，门壁石还保持着原状。

▲ 河北怀来石墙砖券顶上墙门　王　虎 摄
河北怀来水头村南山上有一个屯兵堡，此堡面东有一供人马出入的堡门。在此堡南面墙根有一个仅可一人出入的上墙门。整个堡为块石砌墙。此上墙门仅门洞顶用两券两伏砖券，门券之上仍有五层石块，说明堡墙之高。此门内为砖砌登城巷道，门口内有当年装门框和插门闩的砖洞。这个砌在石墙里砖石结合的上墙门，表现出当年石匠的筑墙技术。

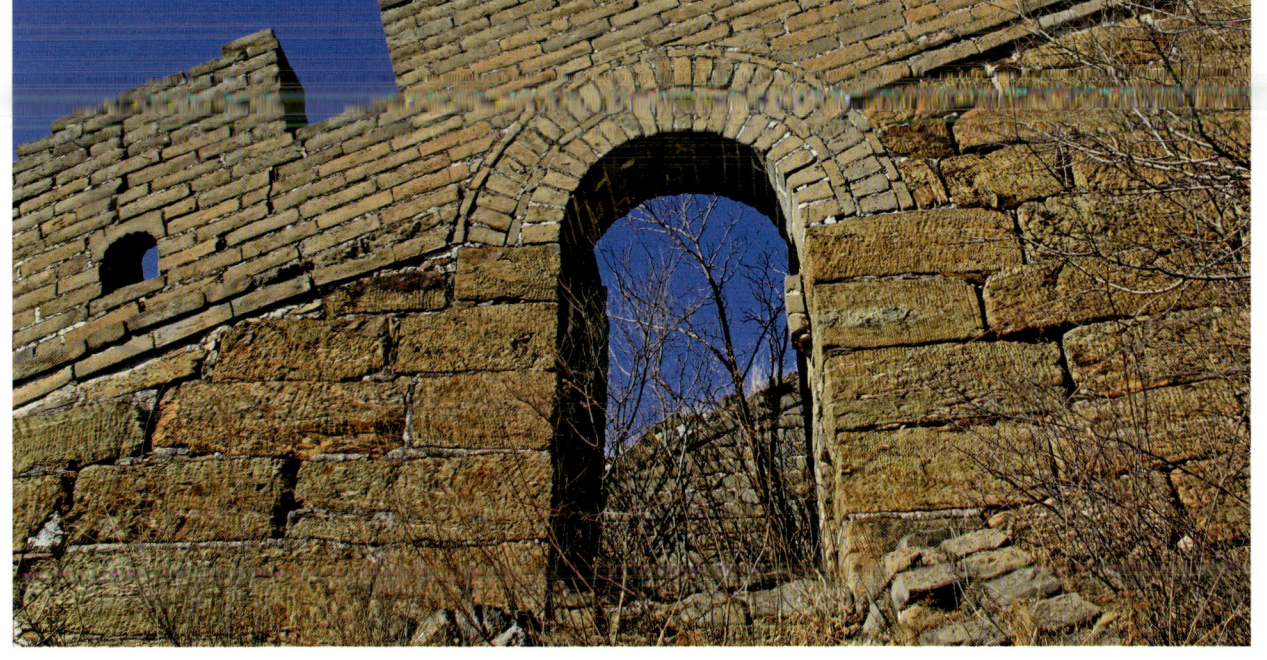

◀ 北京怀柔石墙砖券顶上墙门　任树垠 摄
北京怀柔旺泉峪长城因墙体保存完好，每个敌楼边上的上墙门也都完好。有墙根开的，有墙头开的，也还有墙腰开的。此段长城主墙为块石砌墙，上墙门的门壁由六层石块构成，门顶为两券两伏砖券顶，砖门券所占的位置在垛墙部分。

177

第二篇　长城的门

◀ 北京怀柔石墙砖券顶上墙门　山雪峰 摄

北京慕田峪南的"秃尾巴边"长城有四个完好的上墙门。这个上墙门在拐角台北、长城主墙的西边。此段长城墙体为加工平整的块石，石缝成行砌筑。上墙门里用砖砌门内立面和登顶砖台阶，门壁柱为砌墙料石，门顶为三券三伏砖券顶，门洞顶墙面仍为砖砌。长城墙立面有两个门洞高，墙顶还有带垛口和垛孔的垛墙，这是一个下石上砖组合上墙门。

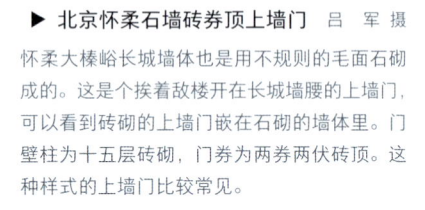

▶ 北京怀柔石墙砖券顶上墙门　吕　军 摄

怀柔大榛峪长城墙体也是用不规则的毛面石砌成的。这是个挨着敌楼开在长城墙腰的上墙门，可以看到砖砌的上墙门嵌在石砌的墙体里。门壁柱为十五层砖砌，门券为两券两伏砖顶。这种样式的上墙门比较常见。

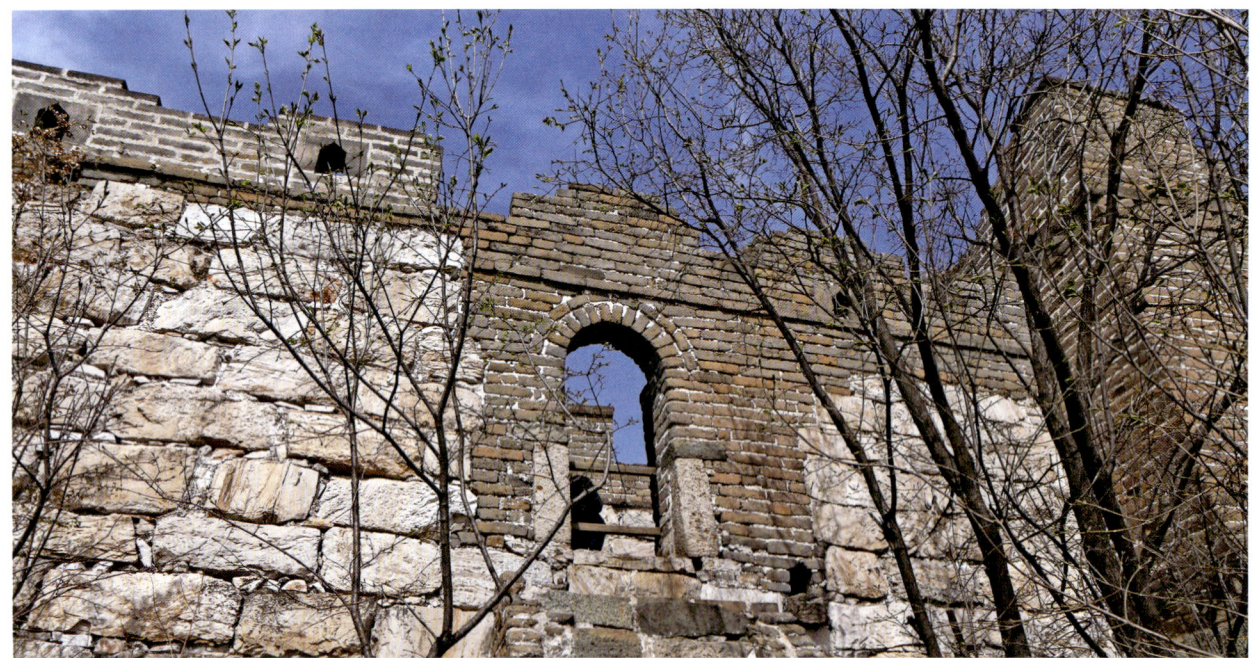

◀ 北京怀柔石墙砖券顶上墙门　吕　军 摄

在慕田峪长城可以看到各种上墙门，前文已介绍过了几个。从这个上墙门门顶的砖券可以看到它位于垛墙根的墙顶砖线之下，但此门槛下有十几阶台阶才能走到城内的坡地上，说明此门开在墙腰位置。这个上墙门门壁有石门柱和压柱石。压柱石上有六层砖，一券一伏砖券顶。这是个开在石墙里由石门柱、压柱石和券顶构成的上墙门。

◀ 北京怀柔石墙砖券顶上墙门　田丽华 摄

北京怀柔黄花城这个挨着敌楼开在长城墙根的上墙门下半截为三层块石，上半截全为砖砌，门洞顶用两券两伏砖券。宇墙没有修复，是修复者为营造历史残缺感刻意为之。

第2目 砖墙上墙门的形态

砖墙上墙门的大小形态与前文介绍过的过墙门几乎相同。只因为与石墙上墙门的概念呼应,不可遗漏,故单独成目,确认此类上墙门的存在。

与石墙上至少有四种纹路形态不同,砖墙的纹路则因城砖尺寸的统一而显得较为单一,使得砖墙上墙门与周围墙面的组合也较为固定。

若上墙门采用石材搭建,跟砖墙面反差醒目,给人稳固的感觉。若采用砖砌拱券,则可借构成拱券的券伏数量来判断建造者在细节上倾注了多少努力。

▲ 砖墙石券顶石门柱上墙门　于京秋 摄
北京怀柔撞道口长城砖包墙大部分完整如初。此处长城有三个开在墙根的上墙门,二个有损坏,算一个完好。这个上墙门开在砖墙根,门柱和门券不用砖砌而用石砌。门柱立石,压柱横石以及门券石采用同样色泽花岗岩。门券为三块形石拼成,石门券上没有砖券嵌套,而是与砖墙的横砖接合,办法比较简单。

◀ 砖墙砖券顶石门柱上墙门　田丽华 摄
河北秦皇岛拿子峪长城砖包墙立面大段完好,但只看到一个开在墙根的上墙门。其门券是一券一伏拱券顶,门柱用压柱石和门柱石。

▶ 砖墙砖石券顶石门柱上墙门　吕军 摄
这个上墙门也位于撞道口长城,砖墙面基本完好。门柱立石和压柱横石、门券石都比前一个门的规格秀气。三块形石拼成的门券外还有一券一伏砖券,应该是建筑的需要。

第二篇　长城的门

▶ **砖墙一券砖券顶上墙门**　黄东晖 摄

辽宁绥中锥子山东侧的长城在归属上应为辽宁省，历史上是辽东镇统辖。现在锥子山东的长城浏览道路极好，长城保护却极差。这个开在砖墙上的入墙门位于一座垮了一半的敌楼边上，门柱为八层砖，门券为一券砖券顶。历史存留下来的入墙门在辽宁省长城目前就发现这一处。

▶ **砖墙一券砖券顶上墙门**　吕 军 摄

这个开在砖墙上的上墙门位于河北省角山旱门关南长城墙腰。上墙门洞绝对是明代原物。门柱为六层砂砌，门券为一券砖券面，看得出来砖券为后补的新砖，老门券应为一券一伏砖券顶。因是添补伏砖不好砌，就用一券砖券交差了，修旧如旧并不容易。

▼ **砖墙一券砖券顶上墙门**　金 戈 摄

箭扣长城墙体多为石块砌，垛墙为砖砌，而且长城墙头内外都是砖垛墙。这个开在砖垛墙下的上墙门门柱有十三层砖，门券只有一层券砖，没有伏砖，门券砖中间已有两块脱垂。这是上墙门里最简单的砖券样式。

▲ **砖墙方石门顶砖门柱上墙门**　宇 鸣 摄

河北迁安白羊峪长城砖包墙立面大段完好，能看到五个开在墙根的上墙门。其中四个是砖砌门柱和门券，只有这个上墙门门券不是砖砌，而是用方形石板凿出券弧，砌在砖墙里的门顶部位。这种外方内圆的门顶石在白羊峪长城敌楼门上还有几处，而上墙门用这么大的石料仅此一处。

▲ **砖墙两券两伏砖券顶上墙门**　刘青年 摄

北京怀柔长城在旺泉峪东坡有一段向南的长城支线。此段长城支线有两个上墙门，保存较好，均是开在砖砌墙面上。两个上墙门都有当年的门下砖石台阶。偏西的上墙门所在的长城墙面砖质量大不如偏东的上墙门，其门柱为十六层砖砌，砖券顶为两券两伏砖券，门券顶距墙顶面砖际线还有四层砖，墙顶垛墙全部无存。

▶ **甘肃嘉峪关悬臂长城新水门**　吕 军 摄

嘉峪关长城附近有一段由农民企业家自费维修的长城，并借此开发了一处名为"悬臂长城"的旅游景点。其中修复了带垛的墙体、一个扼守关口的墩堡和一座跨河而建的巨大水关。从修复效果看，水关的噱头是第一位的，壮观好看、让游客喜欢是复建的宗旨，至于军事上是否利于防守、旱时如何防人、雨期如何引水，则全凭聘请的专家设计，而能否真正反映历史原貌似乎是次要的。

第六章　水门

长城上开设的水门可分两类：一类是架在四季有水的河流上的水门，只有流水不断地通过此门，正常时候人畜都不会走这种门，如北京的古北口、天津的黄崖关、辽宁的九门口。另一类是建在山谷里，或是位于坡地的关堡低处，在遇暴雨时，可排山洪，而无雨时可过行人，如河北省井陉县岸底关、北京市密云区洪桐峪关、河北省迁西县青山口。

水门的功能是排水，但水门还要防贼，更要防匪。在排水的城门里安置防贼、防匪设备的水门才称为水关，这样水关与水门就很容易区分。

水门作为军事建筑，受到山洪冲击的频率比炮火攻击的频率要高，山洪冲击的力量也比炮火攻击的力量要大，水门因此更易损毁，这也让我们更加珍惜那些轮廓尚存的长城水门。

在怀来水头以及八达岭西还会见到被淤死的水门。长城设计者对老天爷的脾气估计不足，山洪泥石太猛淤塞了门洞，导致一面完整有形，另一面无迹可寻。

第二篇 长城的门

◀ **河北井陉岸底关水旱两用门** 山雪峰 摄

太行山深谷中，明长城的关口多是控制人马的旱关。岸底关是码在山谷底的人水两用关口。因时代发展公路已从山腰修建，给位于沟底的关门留了个保存的机会。此关门洞西内壁即为山崖石根，关门洞由垒砌石墙构成门台。门洞内券顶还有门扇立轴耳石座，洞腰则有门闩的插窝。门洞北面洞券上有石门匾一块，因风化严重无法辨认字迹。其实此沟并非重要通道，但能下如此大的力量建如此规模的关门，说明当时筑城门的设计和施工人员是认真和负责的。

▲ **山西平定固关水门** 山雪峰 摄

太行山中的长城关口——固关，有一专门走水的水门。此门洞宽 5 米多，高 4 米多。门洞券为形石拼接，门洞分内外口，内大外小。洞顶外券石上有镇水兽石刻，十分精美生动。固关复建后，修复者把水沟改成暗道，到水道下游尽头又有一双门洞水门一座。此水门为石砌基础，石砌券洞，水门石墙则改为砖包墙。其上是一庙式门楼。当年笔者去时，此门楼还未考虑让哪位神仙入驻，所以此庙也还未定名。

第六章 水门

▼ 河北易县紫荆关北水门　董耀会 摄

紫荆关矗立在拒马河南岸，扼守住关南向华北平原的山口。关城骑在山岗之上，从此关通过，至少要过三个关门洞才能绕出去。但山雨洪水不会绕道，只会顺着沟坡下泄，所以在紫荆关专门走水的关门也有三个，最典型的就是在关北门边上的水门。紫荆关北门又名"河山带砺"门，有两套匾额。在关门东墙根可以看见只露出一个眉头的门券石洞，淤土快把水门掩埋了。此水门分内外口，内口券石上刻有镇水兽。水门洞上墙体内有个券室，券室地面有石质提闸穿道，估计当年水门的铁闸由此券室的券棍提降。水门外口应是排水沟，此沟横在紫荆关北门前，增加了关门前地形的复杂程度。

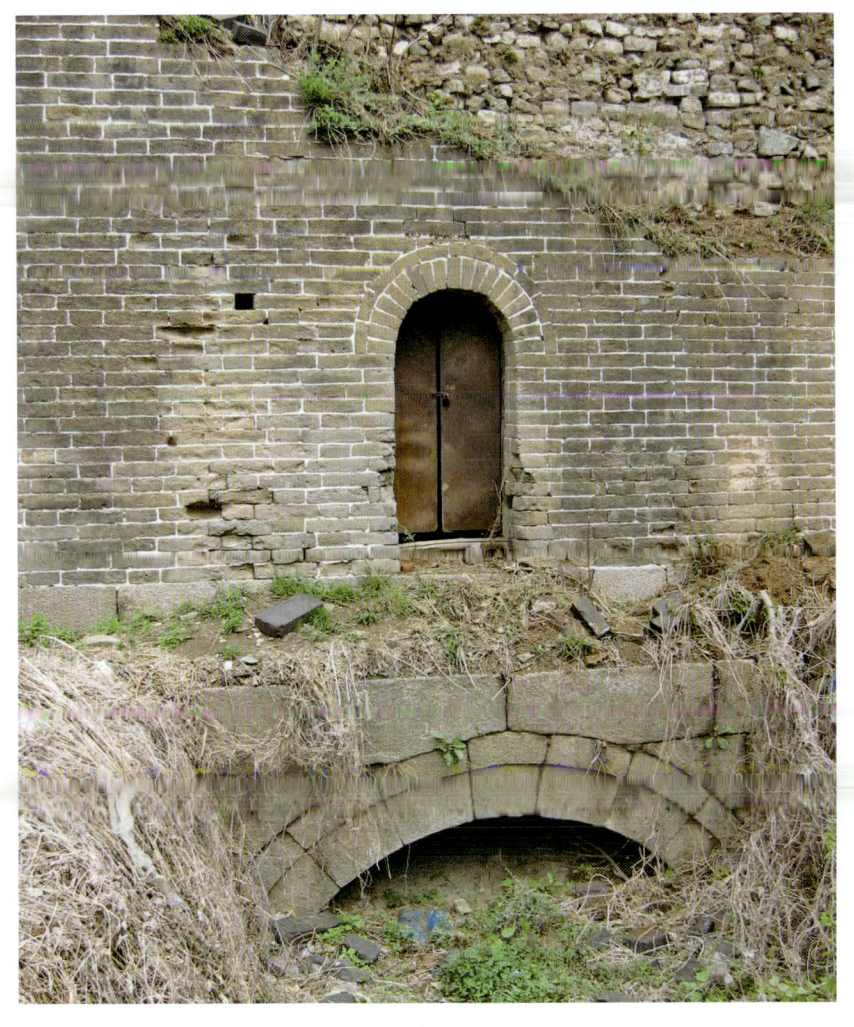

▲ 北京门头沟沿河城北水门　丁人人 摄

门头沟沿河城是驻守在永定河河边的一座古城。沿河城南高北低，有东、西两门供人马出入。古城北墙临河有一水门，是雨季为古城排水之门。

古城南墙全为山石筑砌，北墙用料以河滩石为多。水门券由花岗岩凿成的形石拼接而成，由于质量较高得以保存。墙头还存有部分垛墙，这也是十分罕见的。近几年沿河城新整修了水门，门洞地面早年铺的条石被清理了出来。

▶ 河北涞水大龙门堡北水门　严共明 摄

涞水大龙门堡坐落于河西岸高岗之上，古堡西山是必防之地。从古堡围墙沿河向西的大墙下有一个排山雨洪水的水门。此沟只能引出墙内的雨水，而不通古堡，应是为山雨洪水而设的水门。此门就近取材，门顶不用砖券，而是巨石当横梁，是因材施工的证明。

第二篇　长城的门

◀ 河北怀来大营盘水门外　张　俊 摄

怀来大营盘长城位于山岗之上。长城内有近十里坡地汇集的雨水，顺山谷汇集到谷口。此处长城下开一专门走水、不能走人的门洞，成为怀来长城"样边"中非常宝贵的一个古迹遗存。其实中国北方常年干旱，只七八月有暴雨，此门无雨时是一个无水之门。水门外口是一跌落4米多的深沟，人马不能通行。

▶ 北京延庆八达岭古长城水门　严共明 摄

八达岭长城南有水关长城景区，西有古长城景区。古长城景区也有一个水关，一般游客不会感兴趣，因为它是个被淤死的水关。从长城外面看，长城墙根水关门洞还在，但长城内侧山坡高地只见淤土荒草。这个水关门洞两边的石砌墙现状令人担忧。

▶ 北京密云大角峪长城水门内　任树垠 摄

密云大角峪长城水门有两个门洞，2米宽，近2米高。因长城外山地集水，经此门洞流入长城内，两个门洞被洪水损坏严重。砖券顶为三券三伏，门洞里、外口均破损。此水门下水边为深坑，说明曾经过劲水冲刷。此水门坐落于沟底，不宜人马通行，为专职水门。此水门是密云仅有的两处之一，近年得到一些维护，被洪水冲垮的洞壁已用水泥做了修补。长城墙体已破败，但仍能看出有两个洞身高。

第六章 水门

◀ 北京密云吉家营北水门内　郑　严 摄

密云吉家营堡是一个有四个城门的大堡，所在地势南高北低。人马过往的城门是东门和西门。堡南门外地势高，堡北门外地势低，两门为雨季山洪顺流之门，以保护南墙和北墙的稳固。从图中可以看出北门仅一人高，三人宽，门内的路为沟状。北堡墙为河石垒筑，不高的门洞却是五券五伏砖券顶，规格不低，此门无水时肯定可走人，方便出入城堡，真有紧急军情，此门也好堵塞，便于防卫。下大雨来水时，也就顺沟向北从北水门排掉。这门小，但结实耐用，安排合理。这是一个没有被后人修改过、保持原来模样的水门。

▼ 天津蓟州黄崖关水门内　严共明 摄

黄崖关景区 20 世纪 80 年代为了开发旅游，在修复时特意重修了关城、迷魂阵等各种城防设施，这个黄崖水关是最后完成的。有五个宽高都很气派的拱洞，其中三个拱洞券雕刻了镇水兽。其实此水关只是临河沟而建的一座跨河沟大桥，只是桥栏改成长城墙沿的垛墙，而于水和人实在看不出可防、可管的办法。按说有关门洞，必设闸或门才可防、可管，而黄崖关的水关下肯定不走人也管不了水，样子挺好看，气势也挺大，就是为了赏玩。

▲ 北京密云五虎水门外　宇　鸣 摄

密云五虎水门长城外是大山，长城内是密云谷地。因考虑了山洪排泄，水关门洞迎水面做了防水冲刷的条石砌护坡，门洞地面也为基石铺设。此门走水为百姓知晓，因而称之为"水门"。两个门洞里、外门券石都有镇水兽石刻，共有四个虎头，门洞北有一沟底石被刻成一卧虎，"五虎水门"成为长城水关的美谈。

此门两个门洞，均宽 4 米，高近 6 米。其西边门洞壁上有铁闸溜槽，门台顶有完好的铁闸吊绳绞棍支石。此支石为长城水门唯一的一处遗存。五虎水门是人水通用之门，是有山洪可走水、平时可走人的水门，近年配合"修我长城"的热潮，被当地清理修补。

185

第二篇　长城的门

▲ 北京密云洪桐峪水旱两用门　黄东晖 摄

洪桐峪水关为密云长城白马关堡南古道上的关门洞，大雨过水，平时过人。门洞两壁用方石垒砌，门洞券外为砖券，内为五块形石拼成石券。长城墙体已多损坏，障墙、垛墙都失去了原形，关门洞因用料讲究，才留存至今。

▲ 河北迁西青山口水门　吕朝华 摄

迁西青山关长城已投巨资开发成旅游景区，万幸的是最宝贵的水关还未被修复改样。青山关长城在跨过一山泉长流的山谷时，据山崖为依托，以山石垒门壁，五券五伏砖砌券顶，门券中还筑有铁闸吊放的滑道（铁闸早年被冲走，此水门平时为人畜绕青山关北门的必然通道）。水门底层基石多被雨水引发的洪水冲毁，山沟越冲越深，以致水门逐渐升高。大自然把这个水门加工成宽高为1:5的奇特比例，如同天门高高在上。

第六章 水门

▲ 辽宁绥中九门口水门　郭茂德 摄

九门口因长城在跨过河时有九个门洞而得名,是山海关北一处道路平缓的河谷关口。从长城内外过长城的路不在河滩中的九个门洞里,而是在九个门洞以东关城中的旱道。在河滩中行走不如旱道便利,历来战争也不以争取九门洞上的桥为主要目的,攻下九门口堡城才是关键。

这是明长城中最长的一个跨河门桥,洞眼也最多,是本书中最大的水门。不论从数字还是从造型上看,九门口都是长城水门中最气派、最漂亮的。

第二篇　长城的门

▶ **河北秦皇岛宁海城复建水门**　董耀会 摄
复建的山海关长城宁海城，其三面的墙根还有砖券顶的小门洞。高宽也就 1 米，属于专门排水的水门洞，门顶为两券两伏砖券顶，门面有凹陷，都是按老样式做的。

▼ **北京昌平居庸关水门**　董耀会 摄
新修建的居庸关水门是真正跨在关沟的门洞。居庸关位于关沟的中游，如果上游有暴雨，山洪流到居庸关正是最厉害的节点，水门必须建成两个能过大水的门洞。但华北地区四季干旱居多，关沟只在居庸关上游有几个泉眼，下游基本无水，图中的水是靠居庸关新建的拦水坝围屯出来的。

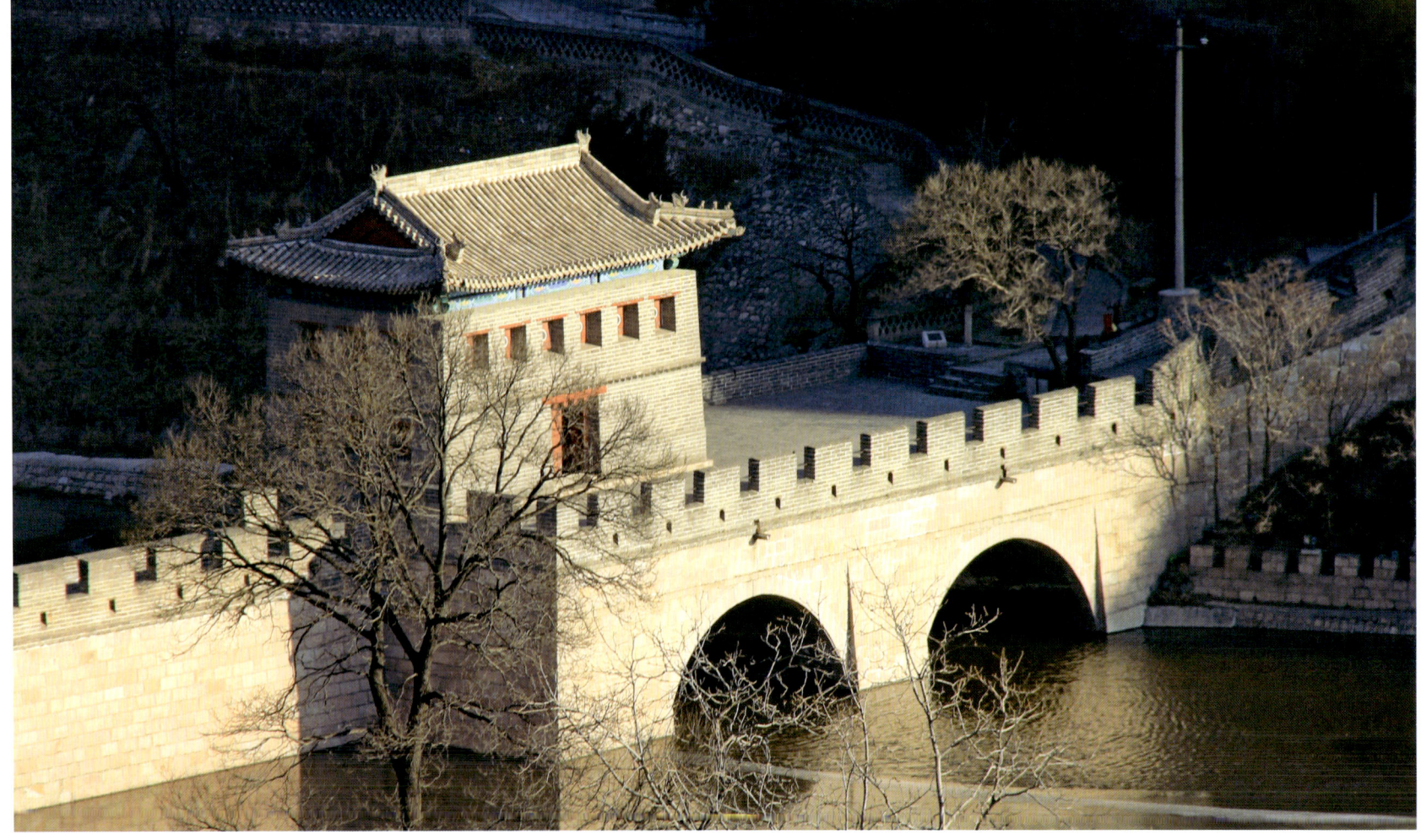

第六章 水门

▶ **河北秦皇岛山海关北水门** 张 鹏 摄

在山海关城北、角山以南有一个水门洞，旧称为"北水关"。在山海关城南还有一南水关，新修复的门洞规模十分有气势。宽近3米，高近5米，门顶为七券七伏砖券顶，从券数上可与山海关东门平起平坐。这本是一个排水的门洞（从关外流向关内），但若不放下藏在门洞上的铁闸栏，步骑可大步冲入。此水门紧急时人、水可共用，因河泥湿脚，现在水门北边又新修一个通公路的门洞。

▲ **河北秦皇岛山海关东罗城南水门**

山海关东罗城，周长五百四十七丈。罗城建有走人的南门、东门，还有略小些的北、南便门各一。因有护城河围绕东门瓮城，自然就有穿城而过的走水的水门洞。现东罗城南墙下还有下泄城中积水的水门，这是东罗城残存的古物。水门券顶先用五块形石拼接成石券顶，其上再砌两券两伏砖券顶。石券顶高度在墙基石线上，整个水门应在根基线低处。这门肯定只走水，人若穿越一定不便利。这在东罗城应是唯一没有被后人加工过的历史建筑。

189

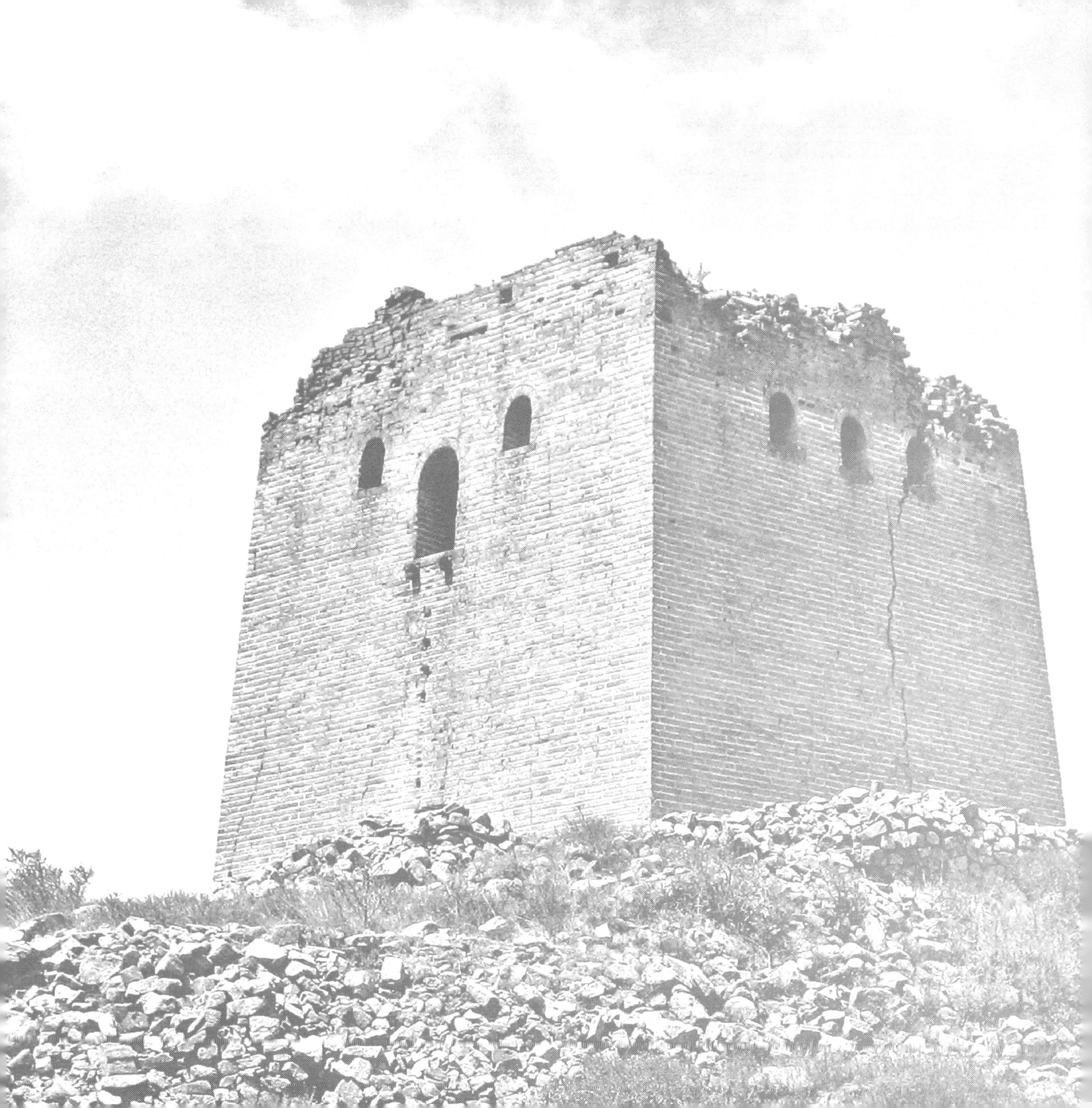

第三篇　长城的墩、台、楼

第一章　无门无窗的墩台 …………………… 193

第二章　有门无窗的墩台 …………………… 201

　　第1节　低开门墩台 ……………………… 202

　　第2节　高开门墩台 ……………………… 208

　　第3节　腰开门墩台 ……………………… 214

第三章　有门有窗的敌楼 …………………… 217

　　第1节　单面一眼敌楼 …………………… 218

　　第2节　单面二眼敌楼 …………………… 229

　　第3节　单面三眼敌楼 …………………… 241

　　第4节　单面四眼敌楼 …………………… 273

　　第5节　单面五眼敌楼 …………………… 285

　　第6节　单面六眼敌楼 …………………… 289

第三篇 长城的墩、台、楼

▼ **甘肃酒泉的土墩台** 吕 军 摄
沿甘肃河西走廊分布的汉长城墩台以土夯筑，多数风化斑驳严重。

▲ **河北怀安的砖石墩台** 李 炬 摄
怀安赵家窑的砖石墩台下半截为十四层块石垒砌，上半截砖包砌。只有西面完好。砖垛墙分三个垛牙。垛牙下开有两个根部垛孔，一个礌石溜槽和一个石质排水嘴。

▼ **陕西府谷的土墩台** 罗 宏 摄
陕西府谷清水镇明长城的土墩外形较完整。土墩南面开有一残洞，内有斜道通墩顶。

▲ **河北涞源的石墩台** 古 远 摄
涞源白石山长城的石墩台只存粗石墩体。墩顶散落垮塌。墩顶垛墙全无，不见有台顶门。

▶ **北京密云的砖石敌楼**
密云司马台的砖石敌楼顶部哨房和顶砖垛墙都是部分存留。砖敌楼东、西各一楼门均完好。楼南无窗，楼北两窗亦完好。因传说此处有仙女出没，得到"仙女楼"美名。

▼ **北京怀柔的砖石墩台** 黄东晖 摄
怀柔箭扣西大墙的石墩台两面已垮。未垮的西、南两面还有完整的砖垛墙，但没有窗洞痕迹。

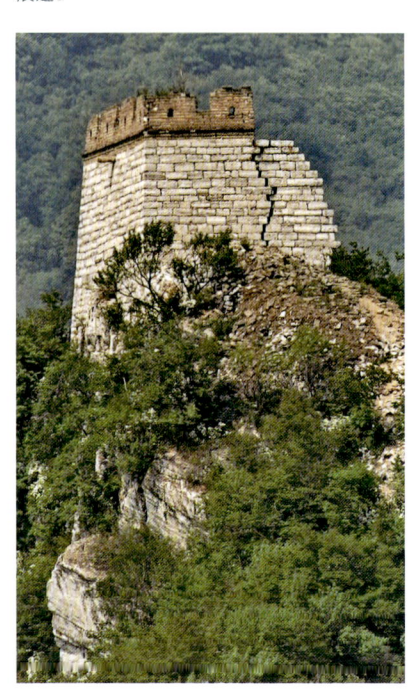

▶ **河北张家口的砖墩台** 黄东晖 摄
张家口常峪口的砖墩台顶部还有残垛墙。垛墙根下有一门洞，门洞槛边有两个挂梯柱石。门洞距地面10米多。砖墩台四面无窗。

◀ **甘肃敦煌的土墩台** 高玉梅 摄
酒泉地区阳关附近的土墩外表破败，露出大块土坯垒的墩芯，没有任何门窗痕迹。

▶ **甘肃安西路边土墩台**
从嘉峪关向玉门关的路一直是在戈壁滩里，路边没有树木、房屋，寸草不生。但土夯的墩台却五里一小、十里一大的默默地站立着。我们没有查清每个墩旁边是否有水源或水井，但在戈壁滩上，没水是无法生存的。这个大墩立于一个土堡之外的山坡上，与土堡不是同期建筑。主观推断，先建墩（墩旁可能有井），墩建好离井不够近，就在井周围建堡，把井保护起来，使守墩的人有水，堡足能捆守的地方，大墩高丁丁堡。

第一章　无门无窗的墩台

不论沿着戈壁大漠还是高原山脊，远眺长城，会发现它常与地平线平行，因而不易识别。但分布在长城上的墩台，则突破了线状的长城与大自然的天地分际。只要目力所及，山尖、河滩的那几个凸起，不是上帝送来的礼物，而是人工建筑的遗存，那便是长城的墩台。

墩台是一种比城墙更高大、宽厚的建筑。史料中将其称为战台、敌台、亭堠、烽堠、烽火燧、烽火台、烟墩、火路墩、敌楼、空心敌楼等。

如何去辨认长城上的墩台？若以原始名称去看，现代长城专家学者可以为此各抒己见，难有共识。

鉴于长城墩、台、楼的建筑材料通常有土、石、砖之分，可以借此将其迅速归类，但又没抓住墩、台、楼相异于彼此的显著特征。

若根据原有的匾刻称谓来进行分类，就会发现同样为"墩"，山西忻州的也门两墩、与河北赤城炮梁的"城雨新墩"截然不同。同样刻字为"台"，河北万全的"平房台"与北京门头沟的"沿字叁号台"也完全不一样。而同样标示为"楼"，河北赤城的"永照楼"与迁安的"神威楼"相差甚远。当年长城的建造者有权按照自己的理解和意愿去命名墩台，今日的我们，出于对研究长城、保护长城的负责，则要透过这些复杂的表征去给墩、台、楼进行"再分类"。

笔者认为，借助于形态学说，用形态分析的方法，只从长城墩台现存实际形态来区分，可以看到长城的墩台无非三类：一、无门无窗的墩台；二、有门无窗的墩台；三、有门有窗的敌楼。

从长城沿线大量遗存的墩台考查看，历史原状只能在百年前的老照片里看到。多数原来面貌已无法考证。残存墩台仅可分辨出是土夯还是石垒抑或是曾砖包。这些墩台没有完好的立面，看不出门窗痕迹，看不到墩台顶部垛墙。因为毁坏到无法估判，本文把这些不知原貌的墩台归在无门无窗的墩台里。因千里没有原始记录，不能算科学严谨，只能说是目前客观现状。

第三篇　长城的墩、台、楼

▼ **甘肃河西走廊的六面墩**　吕　军　摄
甘肃河西走廊地区的墩台有汉代也有明代遗存。墩台多数为沙石夹芦苇秆夯、土坯垒、土夯成。墩台横截面有圆、方、六边、八边形。因破损风蚀严重，看不出有门洞、窗洞的痕迹。

▲ **新疆库车克孜尔尕哈烽燧**　黄东晖　摄
新疆库车市克孜尔尕哈烽燧高约 15 米，是汉唐烽燧遗址。这在新疆地界可算最高大的烽燧。土筑顶部有木椽残留。当年是否有顶垛墙？顶上是否有哨房？是否有哨窗？无处可查。

第一章　无门无窗的墩台

◀ 山西偏关的墩台

山西偏关从水泉堡到小元峁堡长城墩台林立，形态多样。其相同点是不骑墙的墩台自己都选高处盖一圈围墙，围墙里的墩台高矮胖瘦也不一样。此墩台不矮，高有 6 米，截面近 20 米。墩台顶平整，墩台及围墙都无门窗痕迹。

▲ 甘肃永昌圣容寺的土墩台

在甘肃，长城墩台只见到土筑的，其施工方法分为土坯垒和夯土两种。甘肃长城墩台的特点之一是墩台之间的距离大。在河北、北京，墩台敌楼密集的地段，一里地可有四个，而在甘肃，长城墩台是五里地才有一个。甘肃长城墩台存留状态很差，酥化开裂坍塌普遍。这是甘肃永昌圣容寺的土墩台。

▶ 山西阳高的土墩台　张翅飞 摄

山西阳高有一村名"山"，不知因何起此村名。只看村边长城骑墙墩已垮了一半，另一半因墩脚塌垮，缺脚如同受风的船帆，挺着肚子。此墩塌垮是早晚的事。这类墩还要寻门窗就实在不着边了。

第三篇　长城的墩、台、楼

◀ 甘肃嘉峪关第二墩

我们在去嘉峪关长城第一墩路过一个铁路栏杆，因栏杆阻挡，等候火车，才得机会拜访了这个站在长城内的大墩台。此墩没包砖，没基石，没围墙，无门，无窗。这是一个夯土层很清楚的土台，宽 10 米，高 10 多米。此土台还见棱见角，就是算有形了。

▼ 宁夏银川的石垒墩台

宁夏贺兰山可通人马的山口都可看到长城残迹。此石垒墩台大形完整，基本见棱见角，但顶垛不明显，关键是全无门窗痕迹。宁夏长城现存的墩台都是无门无窗，但只能说有这样一种现象，不好说这是一种形制。

▶ 甘肃敦煌的路边墩台

在敦煌市向东的路上看到的四面墩。墩体用横一或三层、竖一层的长土坯夯垒而成，没用植物茎秆压加。台下一洞疑是一门口，近看才明白是后人掏挖的一个不深的洞。四面墩有几处裂缝和塌垮，台基每面 7 米多。在不见人烟的大漠中，只有这么一个墩台证明了古人的能力。

▶ 陕西神木的砖石墩台

陕西神木解家堡大墩台，残破得找不出是否有门和窗。这个墩台位于长城内，墩北有一个体积略小于它的骑墙土墩，跨在向左右望不到头的残墙之上。此墩位于一个堡寨的北墙之上。此堡南墙有一小门台，完好的石券门上有匾，匾上有"卧虎寨"三个精美刻字，并有款题。此墩完好的北面显示，下为严丝合缝的条石基，上为大砖，但另三面都被破坏，看不出原貌。

▶ **山西偏关的大石墩台** 吕 军 摄

山西偏关滑石涧堡长城监控堡北河谷。河岸高处的墩台用石块垒成方石台，此台所用石料长不足一尺，厚不过半尺，收集搬运方便。此台石缝成行，台面平整，但因黏合剂石灰的质量不高，此台向阳面已垮塌一半。石台没有门窗残迹。

◀ **山西偏关的小石墩台** 山雪峰 摄

山西偏关黄河边上用石头垒的方形石台。此台规模较小，台顶仅有2米见方。所用石料为白石灰岩，每块长宽都一尺多、高半尺，加工粗糙。因施工质量不高，已多处塌破，以致此台原先的门窗现都已不可考。

▶ **山西河曲的圆墩台** 孙国勇 摄

山西河曲的长城站在黄河边上，防御黄河冰冻后驱马而过的入侵者。因为此地黄土比石头多，长城都是土筑。不同于陕西墩台的是，河曲的墩台极胖。把墩台夯成大圆台的技术，肯定比夯成方台要难一些。圆台保存状况都不错，残高仍有近8米，直径更是超过15米。

第三篇　长城的墩、台、楼

◀ 山西偏关的圆墩台　吕朝华 摄

山西偏关阳湾子村两个破砖楼之间，长城内侧，立着这个带围墙，截面为圆形的土墩台。因围墙塌圮，围墙应有的墙门已不见踪影。围墙中间的土墩台顶面基本完整，此段长城上的墩台截面为圆形或方形，两种交替出现，构成这段长城的一个独特的景象。

▶ 山西大同密集的土墩台　张翅飞 摄

《明长城考实》介绍，山西大同镇川堡西有边墩二十八座，火路墩三座。在山西，以至整个明长城中独有。笔者看到土墩台分别排成三排，最里一排为骑墙墩，然后长城最外一排较密集，在最外一排和骑墙墩中间还有一排。这些墩大都截面为方形，但高低、胖瘦因损毁塌圮不同而各异。唯一共同之处是都没发现土夯墩台有门洞或窗洞的痕迹，所以把如此壮观的大墩台归到无门无窗的台中。

▶ 山西左云的土墩台　吕朝华 摄

山西左云三台子村残存的土墩台。被现在敬神的老乡在方墩顶上盖了个小庙，为了施工和上香方便，方墩斜壁被开出了台阶。古老的墩台原来如何上下，不可考。现代人采用的办法很省事，顺着墩壁挖就行了。

◀ 山西左云的土墩台　吕　军 摄

山西左云八台子村长城边上的教堂残迹见证了东西方文化交融的历史。这个墩台是离教堂最近的一个。截面为方形，无门，无窗。夯土痕迹明显，此台西还有一个保存完好、近年又维修过的"镇宁"楼。在山西省长城上有砖包、石包墩台，但大量是这样的土夯墩台。

198

第一章 无门无窗的墩台

▶ 河北怀安的圆墩台　李玉晖 摄
河北怀安长城紧临山西天镇长城，但从用料到样式明显是两个样。山西墩台用土夯居多，而河北用石料的更多一些。怀安长城是封顶式石墙（墙顶为尖角斜面不可站人，并无垛墙，高度2米上下），墩台多在长城里侧，不骑墙而建。这个截面为圆形的土墩，样式和山西墩台还有一些相似，但墩立面不平直，呈曲状弧形。墩高15米有余，远看如一个大窝头，位于总镇台村北山之上，无门窗的痕迹。

◀ 山西阳高的墩台　张翅飞 摄
山西阳高谢家屯的墩台，看不出有门窗。墩台阳面有沿壁凿出的梯道痕迹，也许当年守卫人员就是沿梯道上下？

▶ 山西山阴的圆形包砖墩台　岳华 摄
广武长城是山西长城中的精华地段，有完整的砖包墙和十多个镶嵌石匾的砖砌敌楼。在靠近山脚长城外有截面为圆形的大墩台，此墩台虽无门、无窗，但大形尚完整，墩立面有收分，残存的立面可见包砖，证明此台曾是完整的包砖墩台。

199

第三篇　长城的墩、台、楼

◀ 北京密云圆形石墩台　吴　凡 摄

北京密云长城有两个截面为圆形的墩台。古北口卧虎山西有一个，尚存有台门券洞；另一个即为此台。坐落于四座楼山崖顶，傲视密云水库。台高近 4 米，直径小于 4 米。虽位于山崖岩石之上，地基不平，然基础造得平稳，此台能屹立至今便是证明。台用毛石垒，立面收分不大，不平整。台顶中部稍凹，外沿疑是残存的垛墙根。不见台门痕迹，无法为此台做有门、有窗的归类。

▼ 山西朔州的砖包墩台　罗　宏 摄

这是山西朔州平鲁区井坪镇古城东北角的墩台，近几年得到彻底修复。砖包墩台最下为砖包花坛，其上为近 2 米高的砖包台基，台基顶安有白石扶栏，再上是砖包墩座，并附砖垛墙。墩座西、南两面各有一条台阶梯道，可登临墩座顶。墩座顶上为截面为正方形的高耸砖包墩台。台顶围砌砖垛墙。墩台南根砌有一座似门洞的壁龛。

◀ 河北怀来的石墩台　严秋白 摄

河北怀来庙港样边长城不光有截面为圆形的石墩台，还有不少截面为方形的石墩台。用有棱有角的块石垒砌，每层石头并不一样厚，但砌垒时一直注意水平找齐，使石块排列显得规整有序，这也是一种施工技术。可惜此墩台找不到门窗痕迹，好在台顶比长城墙顶高出不多，人员上下不是问题。

▶ 甘肃嘉峪关的低开门墩台　吕　军 摄

甘肃嘉峪关悬壁长城是农民企业家杨永福集资于 1987 年复建的。杨永福复建的长城，自己做了发挥创造，建了几个带门洞的墩台，墩台根开有可通行的门洞，门洞里再有拐上墩顶的梯券道，墩台四面再无券窗。这样新建的墩台在别处再没见到过。

▶ 河北秦皇岛的大石墩台　山雪峰 摄

河北秦皇岛城子峪所处山沟较宽，河滩平缓，据说当年长城建有水关，现已无迹可寻。在河滩地势略高之处坐落一个大石墩台，依然完整肃立，使你不得不对建此石台的工匠由衷敬佩。此台基宽近 10 米，高 8 米，用大块河滩石垒成，只台顶垛墙损坏，台顶沿三面仍在。因无法找出门窗痕迹，只能把此台归在无门、无窗的类别里。

第二章　有门无窗的墩台

在看到各地长城墩台后，我们认为，可以将墩台按有无门窗分为三大类。

无门无窗墩台多是破损严重的实心墩台，有门有窗的为空心墩台，还有一种介于二者之间的，即有门无窗的半空心墩台。

这种半空心墩台四面无窗，只在面向长城或侧向立面设置一门。门内通常有一券道，券道尽头有圆形或方形天井，或是转向一侧的登顶梯道。

这种只设门不开窗的半空心墩台，在甘肃、陕西、山西、河北以及北京都可见到。

在归类的过程中，我们又进一步发现，这类有门无窗的半空心墩台，因其唯一的出入门的开设位置存在较多变化，仍可以细分为三类：一、门开在台根的低开门墩台；二、门在台顶略下的高开门墩台；三、在台腰开门的腰开门墩台。

第三篇　长城的墩、台、楼

第 1 节　低开门墩台

在有门无窗的半空心台中，台门开在墩台根的存留数量最多，在长城上分布的地区也最广。

低开门墩台有完全由夯土筑的，也有以夯土筑墩、砖砌台门和竖井的。有完全用块石垒砌的，也有石砌台座、砖砌台身的，还有完全用砖砌成的。若是用夯土砌筑，台内的竖井侧壁上会挖出供攀爬的脚窝。在石砌竖井中，则使用石块空当预留出脚窝。在砖砌竖井壁上，则能明显看出当年攀爬留下的磨痕。

低开门墩台从外形上区分，有截面为方形覆斗式的，也有圆形覆盆式的。在保存较好的低开门墩台的门洞里，还能看到当年用石材凿成的门梁，巨石加工成的厚重门板，以及条石搭建出的券洞、藻井和石梯道。

低开门墩台由于要在墩台内部做出梯道或竖井，其施工难度、工艺要求，在有门无窗的墩台中是最大的。对于守卫者而言，则是最安全的。墩台的竖井，甚至可以被用作危急时刻点火放狼烟的助势烟道。

▶ 山西阳高的低开门墩台　龚建中 摄
山西阳高守口堡东墩。这个墩在长城主线上，主线之外与之相对还有一个略小一点截面为方形的土墩。这个骑长城主线的土墩自己有一圈堡墙（圈门已毁）。此墩高 10 米，墩南面开一门洞，洞内有竖井，井壁有脚窝，只要身高达 1.6 米的人即可手撑脚蹬上到墩顶。此井上口因蹬踏而塌毁扩大，故登顶时最危险。留有竖井的土墩台在山西并不多见，而且此墩台比较完整，竖井可供上下，所以十分宝贵。

▼ 陕西榆林的低开门墩台
陕西榆林市榆阳区人民政府和榆阳区长城学会在 2001 年重建的墩台。墩台位于主线长城之外，墩台截面为方形，有完好砖砌垛墙。墩台西墙根有一登台门洞，门洞外有一重建纪事石碑。门洞内有一登顶梯道，拍照时墩台顶已长出半人高的荒草。

第二章　有门无窗的墩台

◀ 甘肃高台的低开门墩台

甘肃高台许三湾古城北墩。古城为汉唐时代所建，城北墩气势远不及古城（古城墙高8米有余，而此墩高不足8米），像明代遗存。墩台孤立于古城之外，自有一小堡，堡墙多为残根。墩台三面均有临地面门洞，南门洞与东门洞相通。洞内为窑洞结构，南门内左右各一小窑，正面为一大窑，大窑东一小洞，通东门里的东窑。西面门洞内小窑不与南门内相通。窑洞内无梯道登顶。笔者认为是有人利用古墩掏窑作为居所，与汉、唐、明长城守卫关系不大。

▲ 陕西神木的低开门墩台

此墩并不守在长城主线上，而是主线长城内侧约二十里的位置上。此墩要是放烟报警，即代表敌人已经杀过长城二十里了。此墩与榆林镇北台截面正方不同，截面为圆形，立面呈梯形。墩台四周有堡墙。在墩东南面墩根开一小门，门内一梯道，仅可供一人上下。台顶沿有新修垛墙。正中央有一小庙。墩高10米有余，此墩外立面用泥塑堆一人高凸体楷书大字"二十里墩"，整个建筑涂刷一新，立面砖缝是用白粉描画的砖缝。

◀ 山西朔州的低开门墩台

山西朔州长城毁坏严重，所见墩台，不论截面方圆都是土质夯筑。唯在寺怀村见到一座骑长城石块包砌的大方墩台，高8米，宽10米。台顶石块多有缺失，墩台大形尚完整。此台东面距地面一米多高有一门洞，门洞外口被拆毁，门洞内小室及登顶石阶巷道还完整，石门洞里硬长出棵一尺多粗、近6米高的树木。此石墩台为朔州长城中一孤品。

▲ 山西朔州的低开门墩台

正沟的石墩台是朔州长城里最完整的，虽然墩台顶的垛墙已全无。台东紧挨着地面有一门洞，门洞内还留有一整块石板加工成的门板，嵌立在门轴窝内。门洞内小室及登顶石阶巷道都还完整。

203

第三篇 长城的墩、台、楼

▼ **山西天镇的低开门墩台** 龚建中 摄
山西天镇保平堡外四周都有截面为圆形的土墩,其中西南墩保存较好。此墩高8米有余,不光外形完整,墩根还有半人高的一个小门洞,门洞内有一条2米长的狭窄斜券道。顶头上口淤垮堵塞,成为后人躲雨或耕地季节置物所用。

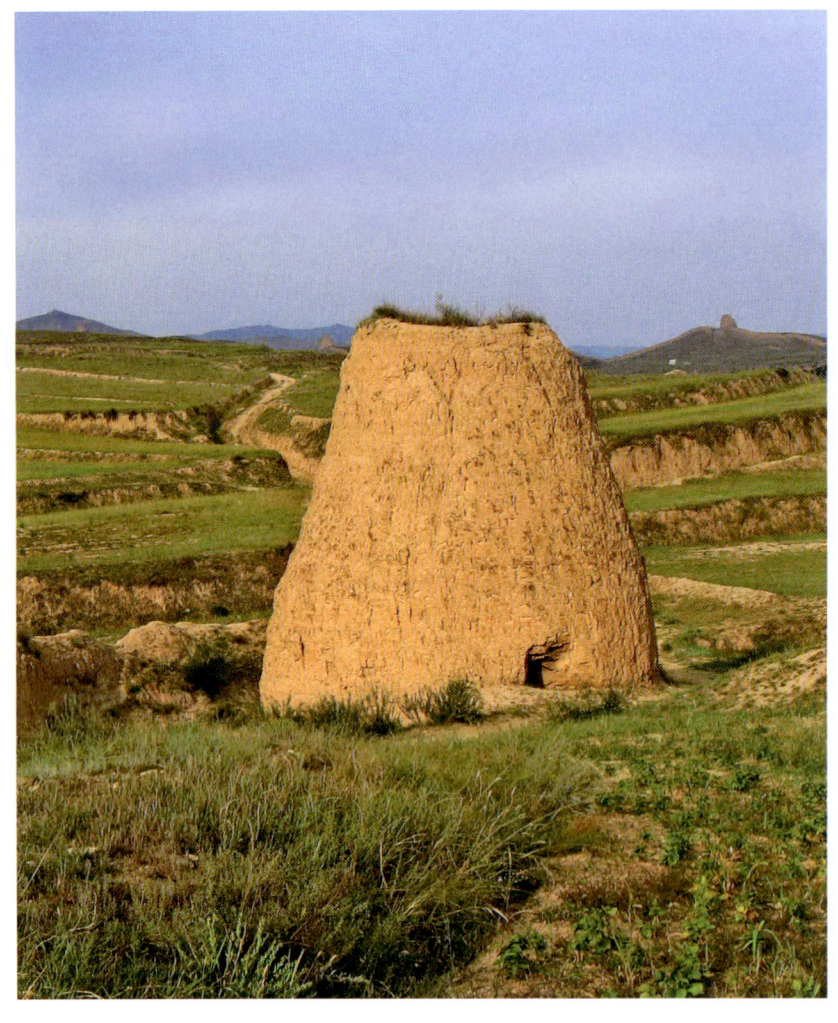

▲ **河北怀安"石山头台"** 黄东晖 摄
河北怀安长城内有个不大的村子,有一很威风的名字"总镇台"。不知是因过去有过体积最大、级别最高的墩台,还是因此处地势最高可巡视八面而得名。总镇台村北山梁上有一座跨长城的正方形墩台,建筑方式为石砌基墙,上部包砖。此台四面无窗,东面有一石券门,门上有一石匾,刻有"石山头台"四个大字(没刻"总镇台")。此台为1.5米宽、2米长,立面三分之一为11层石砌,立面三分之二为砖砌。门内1米券道后为1.5米宽、2米长的砖砌竖井,直通墩顶。此竖井为当时守卫者上下安全通道,肯定需要以木梯或绳梯借步。这种上下方法,在怀安和万全两地长城上见到多处,而在同为河北北部的宣化和赤城就从未见过。

▶ **河北怀安"太平台"** 郭峰 摄
仍是怀安,在盘道门村西沟,同样有一个四面无窗,但有一门开在墩根的截面为方形的墩台。体积大小与"石山头台"一样,此台门上也有一匾,上刻"太平台"三个大字,门内券道后也是方形竖井。台残高7米多,下有九层石砌上接砖砌的墩台。唯一的门开在2米多高的石砌部分,台匾嵌在砖面上。

第二章 有门无窗的墩台

▶ **河北怀安的低开门墩台** 黄东晖 摄

河北怀安长城最西在桃沟村。村北墩台多损坏，看不出有门或窗，但有一座包砖被扒干净，仍存泥土芯的截面为圆形的墩台，面向东南有一残门洞。门洞里一小券室，券室里有一石砌竖井直通墩顶。因竖井外也有些损坏，站在墩外也可看出石竖井的构造。此墩若不残破，应高8米以上，直径6米。现状惨不忍睹，却是怀安仅有的两个无窗石竖井、截面为圆形的低开门墩台之一。

▲ **河北怀安"太平台"东墩竖井** 郭峰 摄

河北怀安"太平台"东边有一个墩台。截面为圆形，外包砖石全被扒光。台门槛紧挨着地面。墩高5米多，直径近6米。墩台门为砖砌，门顶为两券两伏券的。门内券后为块石垒，下方上圆洞式竖井直通台顶，井壁留有石窝供手脚蹬扒。这是石垒竖井最完整和巧妙的一个，可惜其貌不扬，无匾无名分，只能依靠旁边的"太平台"得个地位。

◀ **河北万全"镇虏西台"** 黄东晖 摄

比上面无名砖台更让人印象深刻的是图中这座墩台，四面都完好，还有石匾。台高、宽都8米有余，有三层石础，四面全部用砖包，无窗。台根开一小门，门顶为两券两伏券砖，门上2米多高位置嵌有一石匾，上刻"镇虏西台"四个大字。门内券道里有一砖砌竖井，券道右手还有一两米深的券室，这种结构在别处未见过。

▶ **河北万全的低开门砖墩台** 黄东晖 摄

河北万全长城似乎与怀安长城一脉相承，有好几座把台门开在接近地面的台根上。图中为万全洗马林长城最南边板山村的一座低开门方砖台，此台东、北两面已垮，西南两面完整。无窗，仅南面墙根开一门，门顶为一券一伏砖券顶。小门几近被塌土碎砖淤死，但可看见门内是一方形竖井，直通台顶。此砖台门上无匾额，不知其名，但其高宽均近6米的残砖面威风还在。

205

第三篇　长城的墩、台、楼

◀ 河北万全"平房台"　黄东晖 摄

这是河北万全长城特有的一种墩台。从截面看是圆形，从立面看略有收分，呈梯形。夯土芯，向长城内有一砖砌面，占圆周五分之一，其余为石垒。此台砖面台根处开一券门，券顶为两券两伏砖券顶，门券上嵌有一方石匾，上刻"平房台"三个大字，因台匾石质粗糙，字迹难辨，但因有石匾，此台名分清楚，在万全长城中榜上有名。开在砖面的台门券里有一方形竖井，直通台顶。因石塌、土垮，这类墩台都是竖砖井的寿命更长，其余部分都不易保全。

▶ 河北万全"沙岭儿台"　李　炬 摄

图为万全洗马林长城上最高大的四面无窗低开门砖包台。此墩台高足有12米，基宽8米多，四面包砖，南面台根开有一与地面相接的台门。门顶为两券两伏砖券。门券里有一宽2米、长1.8米方形砖砌竖井，直通台顶。门券上距地面4米有一嵌在砖面的石匾，上刻"沙岭儿台"四个大字，此台西面已开裂，台顶垛墙塌垮。

◀ 河北赤城"镇房台"　明晓东 摄

河北赤城的长城，以一个县而言，其长城地面长度是全国第一。墩台样式繁多，比如有门无窗、低开门的墩台，在平路口长城就还保留着三座。其中最北边的远看是一个方方正正的砖台子，近看有12米高。其8米宽的台根有一个快淤死的石券门，门柱为六层墙石，门顶黑色沙岩石券再加内券两伏砖券。门内右手有登顶斜梯道，也淤塞严重。在墩台顶沿下边嵌有一黑色沙岩石匾，上刻"镇房台"三个字。此墩台四面无窗，台顶垛墙全部缺失。

206

第二章 有门无窗的墩台

◀ 河北赤城"南嵯楼" 明晓东 摄

赤城平路口还有一座高大的砖包墩台，同样四面无窗。《明长城考实》介绍此台立面有梯道气孔，在梯道拐角确实能看到。墩台高14米。此台西墙根有个门洞，门洞顶为一沙岩石券再加一券两伏砖券。门洞券里左转有梯道北上，再右拐即可登顶。梯道原宽为半尺厚三尺宽木板铺就，现梯道开裂，木板被挖走。此墩台梯道拐角气孔外为古钱样陶隔，现仍存两个。门上石匾的外框还在，石匾已无。当地人和《明长城考实》介绍此墩为"南嵯楼"。

▲ 河北赤城的"走道沟楼" 明晓东 摄

从"镇虏台"沿长城向东南二里，有一顶部垮了五分之一的方墩台，四面无窗，西墙根接地面有一门洞，门洞顶部为一整块巨石雕成的券拱，顶框石上浮雕着两个门簪，可见当年建筑者对此墩台的偏爱。门洞内右手登顶梯道已淤死，梯道在墩台上拐角有砖制气孔两个。墩顶淤土中有大量房瓦，证明此墩顶当年有屋。此墩台东面墙比西面高出近2米多，当年嵌匾于西面墩顶沿下。当地人称此墩台为"走道沟楼"。

▼ 北京怀柔的低开门墩台 姚泉龙 摄

在河北怀来和北京延庆都没有看到的保存完好的四面无窗、根开门洞的墩台（顶开门的有两个，都在北京怀柔拍成出现了）。在怀柔大榛峪，沿长城向"西大楼"攀登途中，必会路经一处似是敌楼而四面无窗的敌台，这是大榛峪长城唯一无窗的台。敌台南面有一台门与长城相通，台门低处为石砌，高处为砖砌，顶为两券两伏砖券。台门顶还有两牙完好的砖垛墙，这在前面介绍的墩台上都不具备。

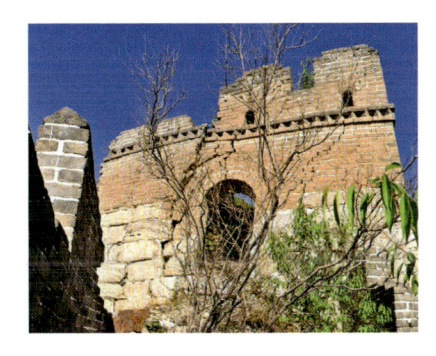

▶ 河北秦皇岛的低开门墩台 李玉晖 摄

秦皇岛黄土岭长城砖石墩台，截面为正方形。墩台下为五层条石砌，之后为砖包。墩台四面无窗，只西面墙根开一门洞，门顶券砖已全失。门洞里有一券室，右有登顶券梯道。此台顶沿完整，垛墙全无。台高6米，宽5米多。在秦皇岛长城中，这种只有门（且开在墙根）而无窗的墩台不多。

207

第2节 高开门墩台

墩台四面无窗，台顶垛墙留有供人员出入的台门，这种高开门样式的墩台，最初是在八达岭长城的南三楼见到的。当时以为这是一种长城马面的扩大，并没有觉悟到这是墩台形态的一类代表。因为墩台骑墙，台顶拱门类似装饰建筑，防守的功能不明显。

在古北口卧虎山长城见到一个圆形的无窗石墩台，台顶垛墙下的拱券门壁上，保留着安装门框和插门闩的石窝，彰显了其防守作用。该石台顶面还能看出哨房残墙的痕迹。这座石墩台与八达岭的砖台都是有门无窗，但样式完全不同。

在河北省赤城、万全、怀安和宣化等地的长城上也可以见到四面无窗，台门设在台顶垛墙根下的高开门墩台。在辽宁省绥中县还保留着一个圆形的砖砌无窗高开门墩台，这座墩台必须借软梯才能上下，在寒冬酷暑暴雨或黑夜里，攀爬会十分困难。类似的高开门墩台对守卫人员的使用来说最费力气，而对建造人员来说则比较省事。

▶ **甘肃嘉峪关的高开门墩台**　吕　军 摄
甘肃嘉峪关边上的悬臂长城不光修复了上千米的长城，还复建了一个水关、数个墩台和一个围堡，以及一个堡角墩。此墩台坐落在 5 米高的堡墙之上。墩顶四沿为垛墙，垛墙面堡方向留一豁口为顶门。门外下悬一软梯（用铁链拴横木）供游人上下。墩台高 6 米有余，底宽 8 米。这个墩台四面无窗，墩顶垛墙豁口就是顶门，如果守卫人员把软梯拉上去，谁也别想爬上墩顶。

▲ **河北涿鹿的高开门墩台**　马　骏 摄
河北涿鹿马水长城属保存较好的地段之一。这个位于狼烟山北长城主线外的四面无窗的墩台，因为垛墙完整，成为马水长城遗存中最宝贵的一个。可以看出垛墙中间的豁口是当年安排进入墩顶的"门"。这个 6 米多高的墩台，底宽 4 米多，显得瘦高，再加上近 2 米高的垛墙，若无豁口门，搭梯子上下就更费事了。墩台设门，既要守卫者方便上下，又要保证安全，这是建墩台时要仔细考虑的。

◀ **山西平定的高开门墩台**　山雪峰 摄
山西固关长城也是近年由当地政府集资修复的。固关南岗长城处一座有窗有门的敌楼，和一座无窗有门、截面为圆形的墩台。这个截面圆墩台根基被石墙环围成一个圆台，然后再垒起一个 6 米多高的墩台。台顶有近 2 米高的垛墙，垛口半米深。墩台垛墙在面向东边长城有一豁口，应算是台门，门下先有三级台阶，连接紧贴台外围而建的左右双向登台阶墙。此台不算十分高大。

第二章 有门无窗的墩台

◀ **北京延庆的高开门墩台** 严共明 摄
八达岭长城北七台，是一座跨骑主线长城，四面无窗、两面有门的石垒墩台，在八达岭旅游指南展牌上写着此处为"北七楼"。"北六楼"有窗有门，"北八楼"也有门有窗，因"北七楼"地势渐高，地盘却极窄，不可能按北六、北八的规模来筑建，只能用台顶垛墙建成一个工事。与长城相通的地方，门不做券顶，只留豁口。这是典型的台顶垛墙开豁门的高开门墩台。

◀ **河北怀安的高开门墩台** 郭 峰 摄
怀安赵家窑村北的"有味楼"是当地的名楼，图中此墩台在"有味楼"西边。墩台截面为正方形，四面无窗，仅有一门，门内的地面即是台顶。此台与前几例不同，门不是豁口，而是有券砖门顶，这样为安门扇或门板提供了条件。根据此门券1.7米左右的高度及其与台高的比例，可推测墩台高有十余米，相当高大了。此墩台位于长城主线之内，并不骑跨长城。

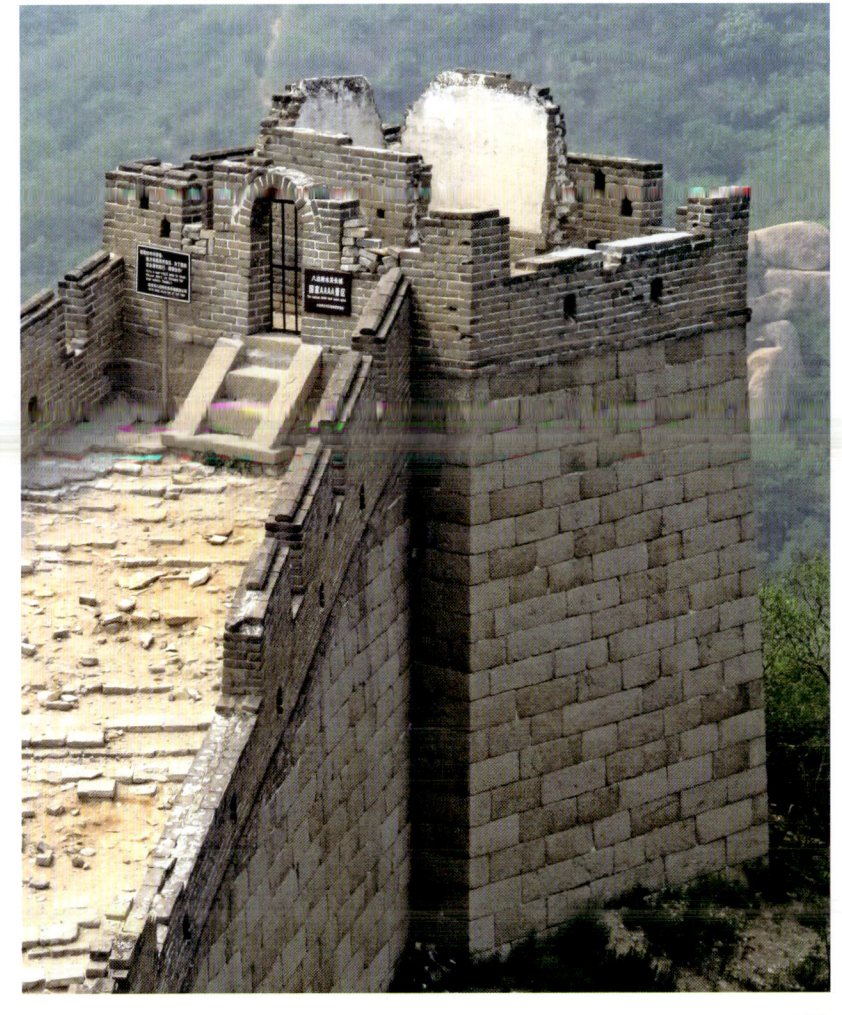

▶ **北京延庆的高开门墩台** 严共明 摄
在八达岭水关长城北线，也有三个四面无窗、在台顶垛墙留门的墩台。此台位于长城的拐点上（此台西面、南面与长城主墙相连接），用料和施工标准与八达岭完全一样。此台与长城相接面上都筑一券门，门顶外方内圆，比北七台豁口门整齐、漂亮。此台四周为垛墙，台顶还有一小屋残墙，应是一哨房或铺房的残迹。

第三篇 长城的墩、台、楼

▶ 河北秦皇岛的高开门墩台　吕　军 摄

秦皇岛拿子峪这样的墩台有三个，都建在长城主线墙外，并且保存完好。墩台四面无窗，只有垛墙，也是在面向长城的垛墙上有一豁口台门，便于守卫人员出入。

▶ 北京密云的高开门墩台　严共明 摄

长城从北京密云古北口卧虎山逶迤向西至白马关，其间骑长城的圆形石墩台只此一座。墩台四面无窗，台顶有砖砌垛墙残根，在与墩台西边的墙体相接处有一豁口，应是西门残迹，东边的墙体则与墩台腰部相连。墩台东侧的垛墙下有一拱券门，门内为窄巷道，有完整的石台阶通向台顶。台顶有哨房残痕。这是个典型的有门无窗的高开门墩台。

◀ 辽宁葫芦岛的高开门墩台　吕　军 摄

三台子墩是辽宁葫芦岛的明代遗存。此墩台截面为圆形，立面为略有收分的梯形，墩台高12米，直径16米。经历了几百年风雨战火，该墩台竟奇迹般地存留了下来。此台顶的围墙不开垛口，只有几个望孔。台顶面北有一石质券门，门槛边有挂梯石柱头。门下用石头嵌入砖墙做石磴，如同现代马路上的斑马线，为登梯上下时对台面起保护作用。台顶墙内有一小屋，虽然多年荒废却仍完整。

第二章 有门无窗的墩台

▶ **河北怀安的高开门墩台**　黄东晖 摄

河北怀安长城最大特点是石垒墙不高，但在长城内的砖包台十分高大。图中砖包台现存部分就有 12 米高，四面无窗，仅南面有一个门。此门距地面近 10 米，门内是一券室，券室左边垮破，券室顶距台残顶面近 2 米。此台门下有两个挂梯石柱头，石柱头下砖面被上下守卫人员磨出一道脚印深槽，证明当年人员来往频繁。

◀ **山西天镇的高开门墩台**　龚建中 摄

山西天镇找不到一个有包砖的墩台。但我们在去县城的路上看到一个残墩，高十多米，在墩顶下近 2 米的地方有一个残门洞，距地面约 8 米。此墩筑在一个人凸台基上，台基高 6 米，墩上下两部分上顶明显未同。从门洞与地面位置关系可清晰地看出，这是一座高开门洞墩台，但高开门位于台顶面之下。

▶ **山西偏关"老牛湾墩"**　山雪峰 摄

山西长城墩台不少，但四面无窗、只有一门的实在不多。在偏关县老牛湾黄河边上的"望河楼"是个四面无窗、只有一门的墩台。此"楼"高 14 米，基宽 10 米，楼南面距地面 10 米高有一个券砖门，此门顶距"楼"顶有 3 米多。估计从"楼"门进入后为一个券室，室内有梯道通"楼"顶。楼门上有一块石匾，上刻"老牛湾墩"四个大字，下款"万历岁酉丑夏"可辨识（见《明长城考实》页 191）。可惜的是此墩台顶垛墙已垮塌无存了。

第三篇　长城的墩、台、楼

▲ 河北怀安高开门土墩台　岳　华摄

河北怀安赵家窑村西南沟口的大墩台。问当地居民此墩是否砖包石头垒过，他们也不清楚。但此墩原来有围墙，并且围墙还有堡门，是合乎老规矩的。这个截面为圆形、四面无窗的墩台高 8 米有余，底直径超过 10 米。在墩南面有一台门，门内应是一室，室已无顶。门洞上沿距台顶沿还有 2.5 米距离。这是一个门开在顶沿下但仍距地面有 4 米多的高开门墩台。

▼ 河北怀安高开门砖石墩台　张　骅摄

在怀安石山头台再东边有一处极完整、东面垛墙都完好的砖包墩台。此台四面无窗，仅东面距地面 10 米多高处有一个砖券门。门下有两挂梯石柱，砖面有上下磨损凹印。从完整垛口根可以判断台门顶距顶应有 1 米左右。这个墩台虽完整，但垛口似乎浅了些，垛口深六层砖。可惜的是此台没有台匾。

▲ 河北怀安高开门石墩台　张　骅摄

在怀安长城上只有一座彻底用石头垒出来、截面为正方形的大墩台。此墩东、北两面均塌垮，仅西、南两面还完整。此墩台周围有一圈石墙残迹，不清楚是古人的防卫遗存，还是后人拦牛圈羊的建筑。台南距地面 6 米高的石门肯定是当年的设备。虽然石墩台垛墙无存，但门顶肯定是在台顶的下面。进入此门后应是一小室。石墩台两面已垮，距离全部塌垮不会很久了。

▼ 河北怀安高开门砖石墩台　张　骅摄

紧临左图墩台的同样是个无窗有门的墩台。台门距地面 9 米左右，门洞上有一字迹不清的石台匾。台门上的垛墙，四个垛牙中间两个垮了，垛口深十层砖。此台门左边距顶 2 米处有一水嘴，是台顶面排水装置，也是台顶面的水平标识。这个台门与顶面尚有一截距离，但仍是高高在上，证明高开门确实是开在台顶面以下的。

第二章　有门无窗的墩台

▲ 河北宣化高开门砖墩台　黄东晖 摄
河北宣化长城原本是墙顶不可站人的封顶式石垒墙，现在多数垮成石堆状，砖包大墩台成了宣化长城的骄傲。这些大墩台大多无券窗，但有一券砖台门。门槛下有挂梯石。台门顶距离垛墙顶2米有余，说明台门内本为一木结构室，室顶才是台顶，台门开在顶沿下。

▼ 河北张家口高开门砖墩台　王盛宇 摄
河北张家口霍家洼的墩台体积样式都差不多。这个墩台的特点是台东南角被人掏挖一大洞，洞中可看见原来台芯土石中还掺着不少树枝。此台东角存留一方形垛孔，证明此台门离垛墙根至少还有1米，但门内小室顶已垮，让后人以为此门内即是台顶面，实际上应以垛墙根来判断台顶面所在的位置。

▲ 河北张家口高开门砖墩台　黄东晖 摄
河北张家口常峪口是宣化长城中唯一的大山口。在常峪口东霍家洼村北山上，能见到四五个墩台，多有残破。图中这个墩台最完整，还能见到台顶角的垛墙。这个墩台四面无窗，顶沿下开门，台门距地面8米。门槛下挂的梯石遗失，门顶距台顶近2米。

▼ 河北赤城高开门砖石墩台　张骅 摄
河北赤城镇安堡东山上有一个还存有垛墙的墩台。此墩台砖面下有四层条石立面。台高12米，基宽10米，四面无窗。台南面一门距地面7米多，门上有一个用六块砖拼接成的台匾，无任何刻字，是个无字匾。门顶距垛墙根不足半米。此墩台垛墙如此完整，和此台门距地面太高有关。

第 3 节　腰开门墩台

当我们探寻长城的足迹扩展到陕西省后，才发现陕西省长城也有不少有门无窗的墩台，但与山西省的有门无窗低开门墩台和北京市的有门无窗高开门墩台都不同。高大的墩台四围建有堡墙，个别存留状况好的围堡上还保留着带门匾的堡门。这类墩台四面无窗，但在离地面和墩顶各距 3 米的台腰部开有一个门洞。去过北京市门头沟区黄草梁长城的，想必不会错过那座扼守在古道边的巨型石砌墩台。该墩台南面连接有长城石墙，而东墙上的台门距地面和台顶 2 米，此门与石墙并不相通。在密云区大黄岩口、干峪沟等地段，也有这种四面无窗的腰开门墩台。

腰开门墩台的结构比高开门墩台复杂。门内或建有石砌小屋，靠墙有石垒登顶台阶；或建砖砌券洞，墙壁中砌登顶梯道；或省略券室，只在门内砌登顶竖井、斜梯道。

腰开门墩台虽在陕、晋、冀、京等地都有存留，但数量较前两类要少很多。

▲ 陕西神木的腰开门墩台　罗　宏　摄
陕西神木木瓜梁长城有一残破砖包墩台。墩台在南面有一个门洞，距离地面 3 米多，距离墩台残顶 6 米。门洞券顶是一整块石板加工刻凿而成，门洞券上还有一块石匾，记录当年参与修建此墩台的各机构官员姓名。

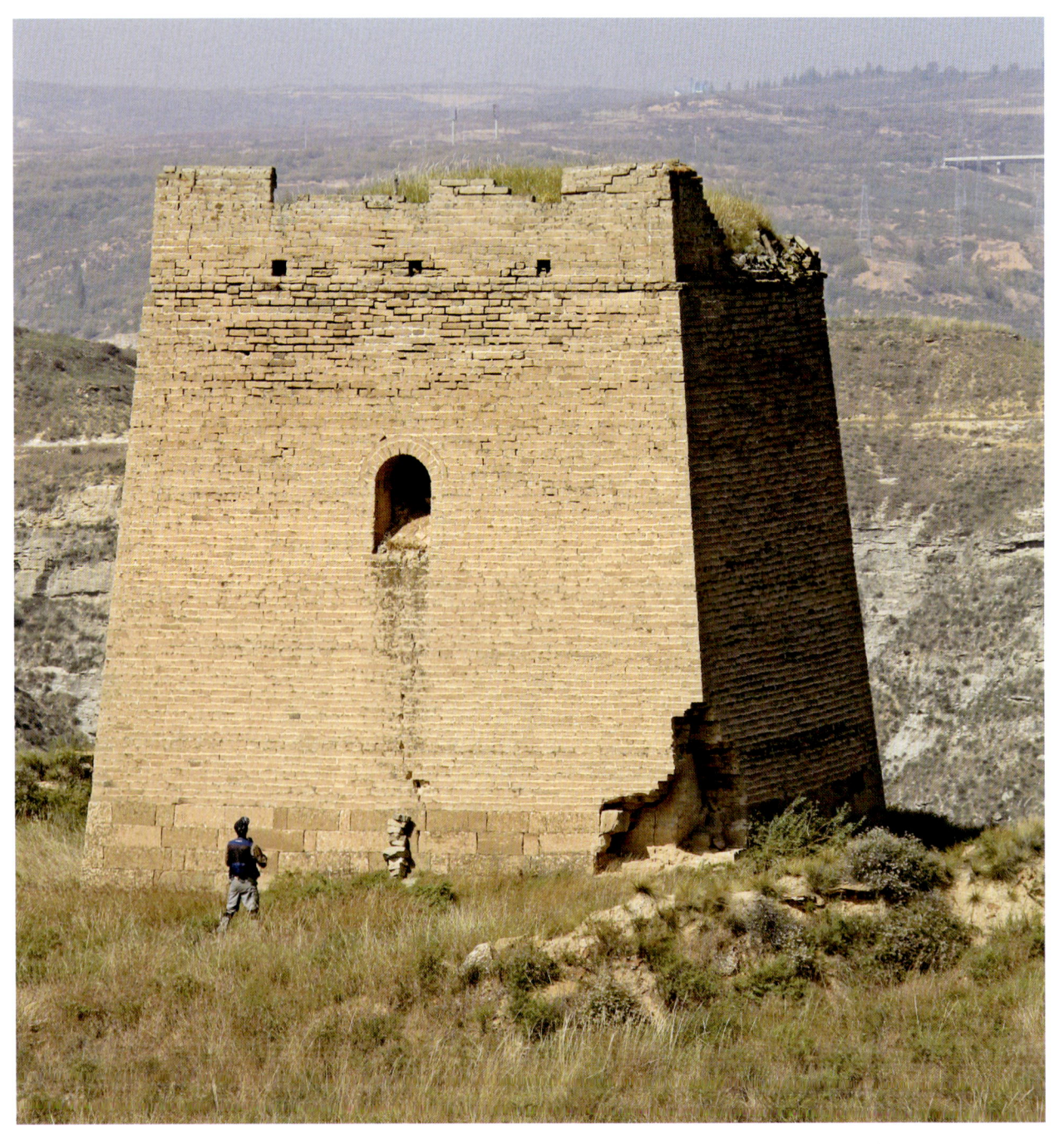

▶ 陕西神木的腰开门墩台　罗　宏　摄
陕西神木沙石岭门开在台腰的墩台。墩台位于主线长城之外，截面为方形。墩台南面有完好的砖砌垛墙。墩台南面有一登台门洞，门洞距离墩台垛墙顶 5 米，距离地面 6 米，位置开在台腰。

第二章 有门无窗的墩台

◀ 河北怀安的腰开门墩台　岳　华摄

河北怀安赵家窑有一个垮了两面、门开在台腰的墩台。此台立面下为四层条石，上为砖包，台高近13米。此台四面无窗，面东有一个完好的台门，门槛距地面近6米，门框券顶全由石材构成。台门内垮成砖堆，台顶砖垛墙残留三个。隔了一年再去，此台门右壁也塌平了。

▲ 河北怀安的腰开门墩台　郭　峰摄

河北怀安渡口堡，是当年华北通向草原要道上的一个大军事据点。长城在山脊布防，从马市口到渡口堡长城内也分布着许多瞭望传讯的墩台。这座土墩四面无窗，墩腰有一门洞，距地面4米多高，门洞顶距墩顶3米。门内本应为一室，现为一土坑。此墩台识别特征是无围墙，但墩台大形尚完整。

▲ 河北怀安的腰开门墩台　张　骅摄

河北怀安赵家窑长城东还有一个比较完整的腰开门墩台。此台立面下为二层条石，上为砖包。台高10米多，四面无窗，台门仅存两边一券一伏的残迹。台门破成一个3米多高的残洞，距地面2米多。台门左用白灰抹出正方块，再凿抠一小龛。门顶上裂一大缝，破洞里为券道，券道尽头是一个方形竖砖井。井壁上的踏窝较深大，说明此台当年上下的人员较多。

▶ 山西阳高的腰开门墩台　刘民主摄

山西阳高太平堡北的五墩是座高15米的巨大墩台。其截面为正方形，基宽近14米，四面无窗。面向长城内的一面多有开裂塌垮，虽然损毁严重，却露出了墩中心一个垂直的上下竖井，竖井上口开在墩台顶面，下口离地面4米多，台门开在台腰。这个墩台成了竖井实物做成的剖面图，为后人了解和研究墩台结构提供了最后的宝贵资料。

215

第三篇 长城的墩、台、楼

◀ **北京密云的腰开门墩台** 严共明 摄
密云北庄镇干峪沟长城在黄岩口南，墙子路北。此地山势陡险，无山口和小路可通长城内外。此段长城的墩台都是四面无窗，仅在台腰开一个台门。此墩台东、西、北三面塌垮，仅存渣堆，南面大部尚存。台南面下为六层块石砌，上为砖砌。台门槛为三层砖厚的石块，门壁高十三层砖。台门顶为两券两伏砖券。

▲ **北京怀柔的腰开门墩台** 史强 摄
怀柔箭扣长城，有门有窗的墩台全部用砖砌，有门无窗的台则下用石砌，台门和墩顶垛墙用砖砌。图中这个墩台四面无窗，只在台西面有一个砖券顶台门。门内为一个小室，小室里有一登顶梯道。梯道上口开在墩台顶的小屋内。现已垮，只有残墙根。这类结构墩台在箭扣可找到四个之多。

◀ **北京密云的腰开门墩台** 张骅 摄
密云大黄岩口位于山谷河流地势最窄之处。在沿河道急转的山梁上有砖包墙长城，以及两座砖包墩台。两砖台之间还有一个毁坏严重的墩址。两个大砖包台均四面无窗。北墩台在台南面腰开一个可登顶的砖梯台门，台门下是塌毁残破的城墙。台门距地面4米，距台顶2米。台顶垛墙根的砖棱还有部分留存。

▲ **北京门头沟的腰开门墩台** 吴凡 摄
这座位于门头沟黄草梁的石垒墩台高9米，宽12米，厚10米。此台之宽在别处少见，四面无窗，只东面距地面4米处有一门洞。进入门洞后左拐为石梯，上几磴后右拐可登顶。此台位于砖楼中间、路口咽喉的位置。这么重要的险地，却只有一个四面无窗、腰开门的大墩台，对此还没有一个合理的解释。

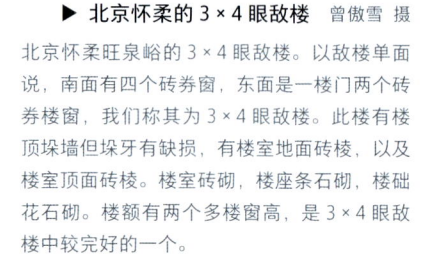

▶ **北京怀柔的3×4眼敌楼** 曾傲雪 摄
北京怀柔旺泉峪的3×4眼敌楼。以敌楼单面说，南面有四个砖券门，东面是一楼门两个砖券楼窗，我们称其为3×4眼敌楼。此楼有楼顶垛墙但垛牙有缺损，有楼室地面砖棱，以及楼室顶面砖棱。楼室砖砌，楼座条石砌，楼础花石砌。楼额有两个多楼窗高，是3×4眼敌楼中较完好的一个。

216

第三章　有门有窗的敌楼

不同于墩、台，敌楼建有楼窗，而楼窗多是砖券顶，约半人身高（实际一般有八层砖高），约一人身宽或两人侧身的宽度。窗外券为一券一伏砖券顶。窗内券有木框，木框上下有轴窝，用以安置窗扇板。做工讲究的敌楼窗台用石料加工成两头燕尾岔形嵌在砖墙里。窗台石凿有立轴窝和窗扇销窝。

一座敌楼拥有的楼窗数量包含三项信息：一是体现敌楼体积的大小，二是展现战斗力的强弱，三是透露出军事长官对敌楼附近防线是否重视。

一个敌楼有几个楼窗，要从敌楼单面开始数。大部分敌楼有四个立面，楼窗多数是两两对应。以敌楼单面楼窗多少排序，再加上相邻立面门窗数，就可说明敌楼的基本情况。有门有窗的敌楼形态丰富多样，本书从单面一眼敌楼与相邻立面门窗数的搭配组合开始介绍，到单面六眼楼与相邻立面门窗数组合为止，共将敌楼分出六大类二十七小类。

有门有窗的敌楼是长城墩、台发展演化的结果，也是明长城特有的标识。

第1节 单面一眼敌楼

敌楼与墩台的不同之处在于，敌楼多了一类设施——楼窗。敌楼若横截面为方形，则其应有四个立面。只要有一个立面开了一个楼窗（或楼门），这种敌楼就可归为单面一眼敌楼。以敌楼两个面来观察，一面开了一个楼窗，另一个面开了几个楼窗（楼门洞占一个窗位的可算一个楼眼），这就是1×几眼敌楼。

单面一眼敌楼之所以珍贵，是因其存在数量要比单面二眼、三眼、四眼敌楼还要少，在长城沿线仅属零星存在。其左右的敌楼楼窗数量都会较之为多。单面一眼敌楼所处的位置，通常地势险恶，令人难以接近。

在我们探寻长城的过程里，单面一眼敌楼本不多见。1×1眼敌楼更是罕见。断断续续地发现，如果把敌楼单面只有一个楼门称为一眼，敌楼另一个面只有1楼窗可算1×1眼敌楼。1×2眼敌楼、1×3眼敌楼、1×4眼敌楼就东一个西一个地碰到了。单面一眼敌楼实际会有五类组合变化。"敌楼"的不同样式和丰富的组合就此展开。

◀ 河北怀安的1×1眼敌楼　黄东晖 摄
关于河北怀安长城赵家窑的"有味楼"的记载，首见于《明长城考实》。当地人称其为"有味楼"估计不是指嗅觉或味觉刺激，而或许是出自"右卫"谐音，又或者是就此楼不同于相邻的墩台样式格局而言。此楼楼门开在根基处，入东门后有石质台阶夹道，券道西端为一个木顶结构小室，小室南墙、西墙各有一个楼窗。小室北有一个夹道，夹道北墙上有一个楼窗、两个望孔和两个排水孔。此楼楼顶垛墙已垮塌无存。

▲ 河北怀安的1×1眼敌楼　黄东晖 摄
这是怀安长城赵家窑"有味楼"的南面外观。楼室南面唯一的楼窗被毁坏扩大，远看似一楼门，细看楼窗有完整的窗沿。楼窗下是拆出的豁口。

▶ 河北怀安的1×1眼敌楼　黄东晖 摄
这是怀安长城赵家窑"有味楼"的北面和西面外观。楼室西面唯一的楼窗完好。敌楼北面中间有一楼窗，两边各有一个望孔和一个排水孔。排水孔的石刻排水嘴均被毁坏。

▶ 河北怀安的1×1眼敌楼　黄东晖 摄
这是怀安长城赵家窑"有味楼"的南面和东面外观。敌楼南面唯一的楼窗被拆成了一个细长的豁口，楼室东面唯一的楼窗完好。两边各有一个望孔，楼窗右边望孔下还有一个排水孔，排水孔的石刻排水嘴均被毁坏。敌楼东面墙根有一完好的楼门。入门后右仰有石质台阶夹道登上楼室。

第三章　有门有窗的敌楼

第1目　1×0眼敌楼

　　理论上讲，标准的方形敌楼，出于防御需要，其每个立面应至少各有一窗或一门，而敌楼门窗总数应在4个以上。在实际考察中，却能见到个别敌楼的楼室四面门窗总数甚至不足这个数字。换言之，这类敌楼虽然有窗，但每面至多开设一窗，且楼体四面中必有两面以上无窗，从而导致该敌楼的门窗总数是2个。如此规格的有门有窗敌楼，可以归入单面一眼敌楼目下，但只能称其为1×0眼敌楼。

◀ 甘肃敦煌的1×0眼敌楼　吕　军　摄
敦煌五墩村本以五座汉唐遗留的墩台而得名，现已塌掉两座。剩下的三座墩台中，两座中心有券室，券室有门洞可供出入。仅有一座墩台在券室开了一个券窗。从长城西端找有门有窗的墩台，这独眼敌楼可能是第一个。

▲ 河北赤城"永照楼"　李沐心　摄
赤城清泉堡村南山岗有一座完好敌楼，敌楼西面墙根中间开一券门，入门有一右转梯道，然后左转登顶。敌楼的南面有一券窗，是这个敌楼唯一的券窗。此台门洞上居西墙中间有一石匾，上刻"永照楼"三个大字，极具艺术水平和文物价值，款署天启七年（1627年）。这个敌楼仅开西门，南开梯窗，却立匾定名"永照楼"，说明"楼"的称呼于史有据。此"楼"四个立面同一水平层仅有一窗，所以归为独眼敌楼。

▶ 河北怀安"得胜台"　郭　峰　摄
河北怀安总镇台村北山有一座嵌着石匾的墩台。墩台西面塌垮成豁口，北面完整但无窗无门。东面也有一豁口，但能看出是一楼窗，南面墩台根开一门洞，门洞上两米处有一块石匾，上刻"得胜台"三个大字。在敌楼上只开了一个楼窗，也是个独眼敌楼。类似规格的墩台，在赤城县还有两座。

219

第三篇 长城的墩、台、楼

◀ 北京延庆"上花楼" 山雪峰 摄

延庆的外长城上仅有三座门窗兼备的敌楼，这是最北的一座。此敌楼北面无窗，东、西、南三面各有一窗，其中东西侧的开在楼顶垛墙根下，南窗则开在楼腰高度。南面墙根偏西开一门，此楼在国内大比例地图上标示为"上花楼"，当是沿用旧称。有意思的是，四面统共三窗，即可称"楼"，足见历史上"楼"的定义极为宽松。

▶ 河北赤城"青平楼" 张骅 摄

河北赤城龙门所镇青平楼村北山梁上有个敌楼，此敌楼民间口传大名"青平楼"，村因此敌楼得名。现在敌楼西面、南面包砖还完整，东面垮塌，北面破裂。西面墙根偏南有一券门洞，门洞里有一向北上的砖梯道可登顶，现内塌堵死了。东、西、北残破的墙面无楼窗痕迹。整个敌楼仅一南窗，楼根开西门，顶垛墙全无。此"青平楼"为各种地图所标示的称呼。由于"楼"内个立面同一水平层仅有一窗，故归为 1×0 独眼敌楼。

220

第 2 目　1×1 眼敌楼

　　横截面为方形的敌楼，只要门窗总数少于 6 个，且与楼门相邻的立面只开有一扇楼窗的，都可归入 1×1 眼敌楼。若从门窗位置来看，一面墙上仅有的门窗理应左右居中，实际却多是偏于一侧。爬进敌楼后，才发现有的楼室内设两道拱券结构，但其中一道的两端并不开窗，导致窗数较少。还有的因楼室墙内夹有登顶梯道，导致楼室并不居于截面中央，即使楼窗左右跟楼室中线对齐，但从敌楼外看，就偏离楼身的垂直中线了。

▲ **北京密云的 1×1 眼敌楼**　丁人人 摄
北京密云遥桥峪是一个可通长城内外的山谷。长城守山谷东边的敌楼只剩几个石质楼座，西边的敌楼因墨洛山崖顶而同存。敌楼西只一楼门，南、北各一楼窗。从楼西边看是座 1×1 眼敌楼，但楼东开了两个楼窗，不过也难以因此归为 1×2 眼敌楼。

▲ **北京密云的 1×1 眼敌楼**　方　明 摄
密云牛盆峪有一座单眼敌楼，楼南面距地面 4 米有一独门，东面、西面各有一楼窗，北面为两楼窗。内部也是两道室拱对。此楼顶部垛墙基本完整，楼顶哨房山墙仍存留一半。这是北京长城中敌楼最狭窄、楼窗最少但保存相对最完整的一个。

◀ **北京延庆的 1×1 眼敌楼**　张　骅 摄
北京延庆四海镇东山岗上有一座四面均有一窗的敌楼。此楼体积不大，总高不到 6 米。楼顶垛墙彻底垮塌。此楼南面楼窗偏东不居中，距地面 1 米多有一个不到 1.5 米高的券门。入门后为一夹道，夹道右转上墩台顶。敌楼内室与北窗、西窗相通，而东、南两窗道梯道。此楼室为单券拱，内部设置多毁坏。这是一座有低楼门的完整的 1×1 眼敌楼。

第三篇　长城的墩、台、楼

▲ 河北秦皇岛的 1×1 眼敌楼　吕 军 摄

河北秦皇岛苇子峪到花厂峪，山石耸立，长城敌楼据山尖而立。进入花厂峪地段，最后一座砖敌楼从体积看并不狭窄，楼窗却只有两个。此楼北面只一独门，门内为一单拱券楼室。拱券南头有一小券窗，为此楼的南窗。券室东有一向南上的登顶梯券道，券道东墙开一券窗，为此楼东窗。可惜楼顶垛墙全无。天气晴好时，在此楼可看见大海及泊在海面的巨轮。这个一门两窗的敌楼在秦皇岛属于孤例，十分宝贵。

▼ 北京密云的 1×1 眼敌楼　宇 鸣 摄

北京密云小水峪长城多处是山险为障。此楼南面独开一门，门脚离地面 4 米有余。敌楼东面、北面各开一窗，西面是两窗。此楼内为极窄的双拱券东西走向。南券东西两头各一窗，北券只西头开窗，东头不开窗，所以从外面看东窗不居中。从此楼东北面或东南面看还是个完整的 1×1 眼敌楼。

▲ 北京密云的 1×1 眼敌楼　杨健武 摄

密云高岭镇里仓峪长城从村南向东转向水石浒。这里有座敌楼，远看是个大楼，近看是个四面单眼敌楼。此楼楼座为毛石砌，敌楼室二分之一为砖砌。楼东面与长城墙体相接处只有一个楼门，西、南、北每面也只有一个楼窗。依笔者推测，这里原设计为三眼敌楼，因为楼座地基按 3×3 眼敌楼修建。到楼室包砖砌券时，可用砖数量不足，或是工期按三眼敌楼就完不成了，于是改建 1×1 眼敌楼，既省砖又缩短工期。

▼ 北京怀柔的 1×1 眼敌楼　黄东晖 摄

北京怀柔渤海镇龙泉庄北有一道由内长城主线分出来的支线长城，俗称"耷拉边"。耷拉边的尽头有座样式奇特的 1×1 眼敌楼。怀柔区长城另有的两座 1×1 眼敌楼都是楼室顶筑有垛墙，垛墙内环绕一哨房，而龙泉庄的 1×1 眼敌楼楼室顶没有垛墙。楼室顺长城的两面即是楼室支撑楼顶的山墙，而楼室顶不再加盖哨房。

第3目 1×2眼敌楼

敌楼是观察敌情和战斗杀敌的堡垒，其御敌面可视为正面，而御敌面左右为侧面。1×2眼敌楼任意面的窗数均不超过两个，御敌面必须有两窗，且能与单开一门的侧面形成1×2效果才满足条件。这类敌楼只在北京怀柔、密云的长城上见过。密云北部山势险峻，筑楼时受到地形限制，既需控制面积，又要保证御敌效果，1×2眼敌楼似是最佳选择。其体型虽然有限，但内部结构也有变化。楼门居中的多为中心室结构，而楼门偏于一侧的多是双拱券通道结构。

▲ 北京密云的1×2眼敌楼　黄东晖 摄

北京密云里仓峪村西山梁上有两座1×2眼敌楼，两座敌楼外形完全一样，其中位置偏北的这座敌楼外形完整。楼顶垛墙全无，楼顶哨房也垮没了，此楼高10米多，每面宽5米。南面距地面6米处开一楼门，门框为花岗岩凿成券石和立框石。敌楼北面楼窗破成一个大豁洞。

▲ 北京密云的1×2眼敌楼　黄东晖 摄

北京密云里仓峪村的西山梁有两座1×2眼敌楼，本图所示为偏南的一座。此楼西南角垮塌，以此与偏北的那座敌楼相区别。此楼向西开有一个石框楼门。楼北面为两楼窗，楼南面只有一楼窗，而楼东面又是两楼窗。

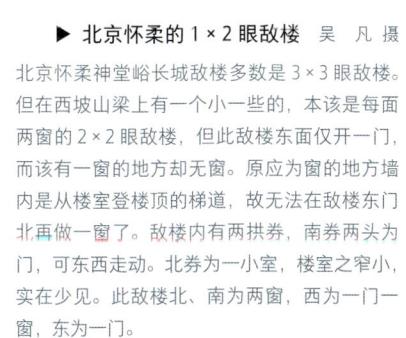

▶ 北京怀柔的1×2眼敌楼　吴 凡 摄

北京怀柔神堂峪长城敌楼多数是3×3眼敌楼。但在西坡山梁上有一个小一些的，本该是每面两窗的2×2眼敌楼，但此敌楼东面仅开一门，而该有一窗的地方却无窗。原应为窗的地方墙内是从楼室登楼顶的梯道，故无法在敌楼东门北再做一窗了。敌楼内有两拱券，南券两头为门，可东西走动。北券为一小室，楼室之窄小，实在少见。此敌楼北、南为两窗，西为一门一窗，东为一门。

第三篇　长城的墩、台、楼

◀ 北京密云的 1×2 眼敌楼　刘建光 摄
密云新城子镇曹家路南山坡上一字排开有四座敌楼。本以为都是 3×3 的标准样式，走近一看还有特别的，是一座 1×2 眼敌楼。此敌楼横截面为正方形，北面居中开一个楼门，距地面 4 米。门两边无窗，楼顶有垛墙残根和墙垛孔。敌楼的楼座为条石砌，极完好。此楼东、南、西均两窗。

▼ 北京密云的 1×2 眼敌楼　黄东晖 摄
密云不老屯镇西坨古村北山有一极危险、即将垮掉的 1×2 眼敌楼。楼室中心拱券支柱墙已全垮，只剩楼室四面的外墙。敌楼东面是一大豁洞，砖墙残存一横石为石门框的压柱石，可判断原是一个楼门，南北各有两个比券窗大许多的破洞。从残存的样子可以推断此楼原来是一座 1×2 眼敌楼。

▲ 北京密云的 1×2 眼敌楼　严共明 摄
北京密云司马台长城"仙女楼"是座名楼，因体形修长又名"棒捶楼"。此楼高 10 米有余，宽 5 米多。敌楼东、西侧面各设一楼门居中，只朝北的御敌面有两窗，其他三面无窗。楼内仅为一券室，有一天井通楼顶，楼顶垛墙缺垛牙。"仙女楼"耸立在极其陡峭的山崖之上，连接其左右的是狭窄的单边墙体，使其极难接近。再加上这座敌楼海拔近千米，经常为云雾所遮掩，确实有种仙气飘飘的感觉，所以称其为"仙女楼"也是实至名归。

224

第4目 1×3眼敌楼

1×3眼敌楼不同于1×2眼敌楼，敌楼的御敌面设置了三扇楼窗。1×3眼敌楼又可分为两种。一种是敌楼左右接长城的侧面只设一门出入楼室，而楼室御敌面和对内面均开3楼窗。敌楼的门窗总数为8个。另一种比较罕见的，是敌楼左右立面各有1个楼窗，楼室御敌面开3个楼窗，而对内面只开1个楼门。如此设置，敌楼门窗总数则为6个。故此1×3眼敌楼有8洞和6洞之分。

▼ **河北怀来的1×3眼敌楼** 郑 严 摄

河北怀来陈家堡长城有一座敌楼，南、北均有三窗。此楼东为陡坡，楼西与墙接，西面只开一门，距此城墙顶面还有1米多高，但未见登楼台阶。此楼从外面看有两道砖棱，居上的一道与楼顶面齐平，其上应为楼顶垛墙，可惜已全部垮塌，居下的一道砖棱与楼室的地面齐平，两条棱线之间为楼室。这个敌楼每个楼窗下都还有一个射孔，也是并不常见，只在工艺比较讲究的敌楼上才能看到。

▶ **山西代县的1×3眼敌楼** 严共明 摄

代县旧广武长城的敌楼多凸出在主线墙外。此敌楼南仅一个楼门，门两边无楼窗。楼室东、西面上各一个楼窗。敌楼北面，向敌的一面开三个楼窗。楼顶有哨房和垛墙的残根。从东、西两面看都是1×3眼敌楼。

第三篇 长城的墩、台、楼

◀ 河北秦皇岛的 1×3 眼敌楼　王盛宇 摄

秦皇岛义院口西山头上有一座完好的敌楼。义院口长城完好的敌楼两面多是 3×3 或 3×4 眼敌楼，这座敌楼却是南面仅开一门，东、西两面各开三楼窗，为 1×3 眼敌楼。此楼顶垛墙全毁，却还有楼顶砖棱线。因地势陡起，楼门距长城墙顶面近 4 米高，要用长梯方能上下进出。

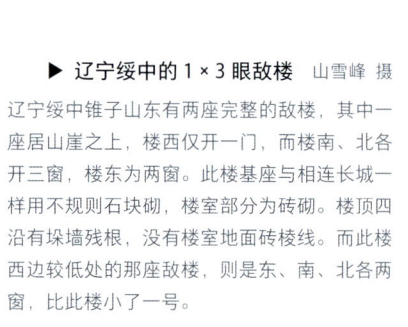

▶ 辽宁绥中的 1×3 眼敌楼　山雪峰 摄

辽宁绥中锥子山东有两座完整的敌楼，其中一座居山崖之上，楼西仅开一门，而楼南、北各开三窗，楼东为两窗。此楼基座与相连长城一样用不规则石块砌，楼室部分为砖砌。楼顶四沿有垛墙残根，没有楼室地面砖棱线。而此楼西边较低处的那座敌楼，则是东、南、北各两窗，比此楼小了一号。

◀ 天津蓟州的 1×3 眼敌楼　徐宝生 摄

天津蓟州黄崖关长城分山下关城和东山上太平寨两部分，是 1987 年前后在残迹上重建的。修缮后的黄崖关长城，敌楼有圆、有方、有扁，风格可谓多元。比如这个沿山梁而建的"扁楼"，东西与长城墙顶面相通，各开一门，再无楼窗，但南、北两面各开三楼窗。楼顶垛墙下有一道楼顶面砖棱线。关于黄崖关长城修复前的历史影像资料，目前所见极少，故而难以得知这座敌楼的原貌。

第三章　有门有窗的敌楼

第5目　1×4眼敌楼

1×4眼敌楼是指敌楼正面御敌一侧和背面均有四个楼窗，而与长城墙体相接的两侧各只有一个门洞，四面总门窗数为十眼的敌楼。

目前我们搜集到的1×4眼敌楼和1×3眼敌楼的数量都是六座，六座1×3眼敌楼都零星分布在山西山阴、河北怀来与抚宁、天津以及辽宁绥中的长城上，至于1×4眼敌楼，则集中分布在北京延庆石峡长城一带。

一座敌楼正面开设四窗，按理说应归为"大块头"，但侧面只开一门，理论上会显得比较苗条。然而从现存的1×4眼敌楼实例看，其侧面却一点都不窄，几乎和2×4、3×4眼敌楼侧面同宽，这说明是当年施工建楼时，工匠有意为之。之所以如此建造，究竟是为了图省事，还是为了避寒保温？敌楼侧面不设窗的谜团，只有等历史或建筑学的专业人士来解答了。

按楼窗数量排序，又是否存在比1×4眼敌楼更大的1×5眼敌楼呢？答案是肯定的，但目前我们也仅发现了一座，位于北京密云。由于是孤例，本书便不再为1×5眼敌楼单独设目，将其留给后来的同道补充更正吧。

▲ 北京延庆的1×4眼敌楼　张　骅摄

石峡一带的1×4眼敌楼保存有都有楼顶垛墙下的砖棱线和楼室地面的砖棱线。这座敌楼，东西面各只有一个楼门而无楼窗，但南、北面各有四个楼窗。此楼区别于附近其他三座1×4眼敌楼的特色是两道棱际线都是一层斜角摆砖，远看似为尖齿。这种齿状砖棱线其实常能见到，并非该楼独有。该敌楼的另一个特点是楼窗下无小孔。

◀ 北京延庆的1×4眼敌楼　马　骏摄

从石峡沟口西1×4眼敌楼向东再过七个敌楼，又可看见1×4眼敌楼。这座敌楼顶垛之完整，大大超过口西的敌楼。这座敌楼顺着长城东西走向的临长城面各开一个门，再无楼窗。而楼南、北两面各开四个楼窗。从可见的两个面来看都是1×4眼敌楼。此楼有完整垛墙，可以看到楼南垛墙牙下有4个垛孔，楼东面垛墙垛口下还有垛孔，共有七个方孔，并且楼窗下还各有一个方孔。这个敌楼的小孔，远多于西口的楼，另外此楼的两道砖棱线是用二层砖顺平码凸线，没有齿状尖。

227

第三篇　长城的墩、台、楼

◀ **北京怀柔的 1×4 眼敌楼**　高光宇 摄

在怀柔西栅子村的长城"北京结"以东有一座 1×4 眼敌楼。敌楼南面只开一窗，东西两面为一门三窗，北面开四窗。按照门占一窗位来归类，这也是座 1×4 眼敌楼。此楼顶垛全部塌垮，但楼室的两道砖棱线十分清楚，并且还是三层砖，两层顺平夹一层露角斜放。此楼在用料上也有特点，一般楼座用石砌，到楼室就用砖砌，窗券也用砖砌。此楼是楼室有一半用毛石块垒，到该起券才开始用砖。这是因为砖不够用，还是取石比取砖方便？不得而知。但这方式并不多见。

▼ **北京延庆的 1×4 眼敌楼**　宇鸣 摄

此楼也是 1×4 眼敌楼，样式与右图一样。小有不同的是楼顶垛墙基本完好。此楼顶北垛墙有三个垛口，四个垛牙，只有中间两垛牙有垛孔，另外三个垛口下也各有一个含斜面的垛孔。此楼石砌楼座比上图敌楼更为严丝合缝。楼窗下各有一个小方孔，两道砖棱线为顺平码。

▶ **北京延庆的 1×4 眼敌楼**　李玉晖 摄

右图敌楼位于下图敌楼北边，样式一致。南北面均只开一门，而东西面各开四窗。此楼不同的地方是楼顶垛墙的垛牙损坏了一半，不大完整，仅西南角还是原有高度。楼顶砖棱线上有四个垛牙下孔，三个垛口下孔斗被堵了一块砖，两道棱线也为顺平码。

▶ **北京密云的 1×5 眼敌楼**　梁汉元 摄

长城由北京密云墙子路向北，经大黄岩口后转向东，至黑谷关后转向西，奔向白岭关、司马台。这段长城上有数座御敌面设有五个楼窗的敌楼，而侧面开一窗的仅此一座。这也是我们目前发现的唯一的 1×5 眼敌楼。该敌楼坐落于山梁凹处，楼南御敌，因此敌楼紧靠南坡山险而建。敌楼东墙已塌成大豁，西墙完整，但唯一的楼窗也垮成了大洞。1×5 眼敌楼理应是正面很宽而侧面窄，但此楼侧面不算很窄，却仅开了一个楼窗。

第 2 节 单面二眼敌楼

在有门有窗敌楼的第 1 节，所举的例子是敌楼单面仅一个楼窗或一个楼门，而相邻的面从有一个楼窗到有四个楼窗的。本节的敌楼是单面仅有两个楼窗或是一个楼门和一个楼窗的单面二眼敌楼，而相邻的面从有两个楼窗到有六个楼窗的。（一面两窗与邻面一窗，例证在前文 1×2 眼敌楼中已涉及，故此不再重复。）

单面二眼敌楼比单面一眼敌楼大了一级。单面一眼敌楼里最大是 1×5 眼敌楼，单面二眼敌楼里最大是 2×6 眼敌楼。以敌楼御敌面有二个楼窗为标准，御敌面有四个楼窗就是大敌楼了，有五个楼窗就是特大敌楼，有六个楼窗就是超大敌楼了。2×4 眼敌楼到 2×6 眼敌楼，御敌面够大，敌楼侧面却不够大。从实际场地看是受山脊地形限制，没有再多的落脚之地了。单面二眼敌楼的大小其实是军事需要与实际可能综合平衡的结果，是长城敌楼因地制宜施工的巧妙体现。

◀ **北京密云的 2×2 眼敌楼**　马　骏 摄

北京密云有五座 2×2 眼敌楼。此楼石座用石块包住山崖，如同砌出一个马鞍，稳跨山崖脊背，然后用砖砌出楼座和楼室。此楼北面两砖券窗，东面一门一窗，距离很近。楼门距楼根 4 米多。南面应是两窗，只因残破，扩大成豁洞。敌楼西面无窗。此楼内有砖台阶可登顶，楼顶有一极小哨房的残墙基础。楼顶垛墙只有西面可见残根，另三面都被扒成斜坡。

▲ **河北宣化的 2×2 眼敌楼**　黄东晖 摄

河北宣化长城线上，墙台有门有窗者少见。在霍家涟涅上有一座 2×2 眼敌楼。楼西墙南窗砖券残破，北窗塌毁成了爬入敌楼的大豁口，存东面两楼窗清楚有形。敌楼南面两窗中东窗完整，西窗被塌堵。此楼南墙根基处有一楼门，门内有一条石拐梯道亦被塌砖堵住，此敌楼的楼室已垮，无顶。虽每面开两窗，窗与窗之间距离宽大，整个楼身也较宽大。

第三篇 长城的墩、台、楼

第1目 2×2眼敌楼

单面二眼敌楼里最小的是2×2眼敌楼。如果敌楼一面只有一个楼窗，另一面是两个楼窗，这样的敌楼已归类到1×2眼敌楼里了，此目不再重复。我们在长城上遇到的2×2眼敌楼有三十多座，多数分布在北京密云长城以及河北迁安长城上。这两处长城所经过的山地是华北地区山势起伏最剧烈的地段，能为敌楼楼础提供的空间常常有限。2×2眼敌楼的产生更像是一个不得已的选择。据观察，2×2眼敌楼所在的地段多是最危险、最难爬的。

▲ 河北迁西的2×2眼敌楼　马 骏摄
迁西城子岭长城在迁西大岭寨长城南边。城子岭长城北段看到一座罕见的2×2眼敌楼，此敌楼北、东、南面各两窗，西面只有一门，无窗。楼门距地面3米多高。楼门由门券石、压柱石、门柱石、门槛石组成石门框。敌楼顶垛墙全无。

▲ 北京密云的2×2眼敌楼　刘建光 摄
密云曹家路南，遥桥峪东大石沟有一座密云区长城中存留最好的2×2眼敌楼。此楼座石料只占一半，楼室下仍为砖包。楼室顶较高（从楼窗距楼顶距离可以看出来），楼顶垛墙大部分完整，每面三个垛牙、两个垛口（中间垛牙缺失），每个垛牙上、下各有一方形垛孔。此楼西面为一楼门一楼窗，其他三面均为两楼窗，楼门距地面3米多，门槛为一青石。

▲ 河北迁安的2×2眼敌楼　张 骅摄
迁安白羊峪西，二拨子长城有一座2×2眼敌楼。此敌楼南、北各两楼窗，敌楼东、西面一门一窗。敌楼南、北立面条石砌占六分之一，砖面占六分之五。每个楼窗都有石窗台。敌楼垛墙全无，垛墙下有窝槽，窝槽之间嵌有石块，在别处从未见过。

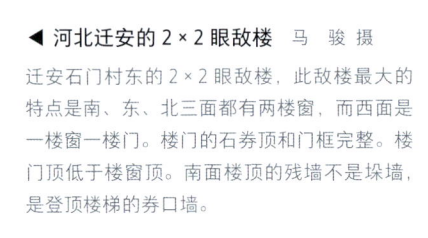

◀ 河北迁安的2×2眼敌楼　马 骏摄
迁安石门村东的2×2眼敌楼，此敌楼最大的特点是南、东、北三面都有两楼窗，而西面是一楼窗一楼门。楼门的石券顶和门框完整。楼门低于楼窗顶。南面楼顶的残墙不是垛墙，是登顶楼梯的券口墙。

▲ 河北迁安的2×2眼敌楼　刘民主 摄
迁安大沟，此2×2眼敌楼位于山崖尖外。因敌楼骑坐于不规则的山石之上，西、南两侧的石砌楼座并不等高，南面砌石沿山石变动。此楼西面略窄，南面略宽。楼门顶券石为一整块，外边梯形，内为圆弧，与压柱石、门柱石均为一种颜色。在敌楼西面砖墙上不知为何嵌了四块条石当砖使用。此楼顶砖棱线完整，但楼顶垛墙全没了。

第三章 有门有窗的敌楼

第2目 2×3眼敌楼

2×3眼敌楼是指楼室对长城内外都开三个楼窗，敌楼侧面开一个楼门一个楼窗。如此，敌楼四面楼窗和楼门总数是十个，这与1×4眼敌楼门窗总数相同。

由于一门一窗的"面宽"较窄，2×3眼敌楼并不算是长城敌楼的标准配置。这类敌楼发现的数量较少，分布地区也不连贯。目前明长城沿线总共才看到二十多座。

▲ 山西代县的2×3眼敌楼　陈晓虹 摄

山西代县曾单口东，有一座敌楼垮得只存东墙，残墙外形摆拱一鬓耸侧影，恰称"凤回头"。在"凤回头"东有个基本完整的敌楼，此楼不骑墙，而是突出于长城墙外。此楼北面设三楼窗，东、西各有两楼窗，南面只设一门。门上有砖塑仿木结构垂花门浮雕，楼匾已失。虽然楼顶狭窄，但设有哨房。此楼高大，立面收分明显，与河北、北京的敌楼风格不同。

▼ 山西山阴的2×3眼敌楼　贾朱辉 摄

这座2×3眼敌楼不同于左右之处在于它是骑墙而建。敌楼南、北各一楼门，位置居两个砖楼窗之中。南北楼门上各有一石楼匾，还都留有刻字。此敌楼于长城内一面才有两个砖楼窗。如此看这也是座2×3眼敌楼。但此敌楼四面楼窗和楼门总数是十一个，比较特别。

▲ 河北赤城的2×3眼敌楼　明晓东 摄

赤城后城镇的长伸地村本身就是一个古城堡（堡城现仍保留城墙和一个城门）。在城堡的西山崖上有一完好的敌楼，此楼南、北面各有两个砖券楼窗，东、西面各有三个砖券楼窗。楼东面中间楼窗下楼根处有一个砖券楼门，内有梯道，可盘上楼室。楼东面楼窗上还嵌有一石匾，上刻"镇房楼"三个大字。明长城敌楼匾额上命名或定名多为"台"，但这块匾定名"楼"，以此说来"楼"的称谓在明代就已出现，并非当地人的民间传承。此楼完好到楼顶垛墙也保存完整，并且还有一个极具艺术造型的兽头形水嘴。

231

第三篇　长城的墩、台、楼

▲ 河北迁安的 2×3 眼敌楼　张骅 摄

这是位于迁安小关长城山口东坡的 2×3 眼敌楼。迁安长城以白羊峪为中点，沿丘陵蜿蜒，向东至卢龙县的刘家口。这段长城上完好的敌楼以 3×3 眼的居多，也有更大一些的 3×4 眼敌楼。由白羊峪向西，经小关隘口道迁西的擦悬崖子口，山势起伏较大。山尖上保留的敌楼多为 2×2 眼的。在山梁洼处或山坡上则分散着 2×3 眼或 2×4 眼敌楼。由此可见，敌楼正面楼窗的多少，肯定与对敌情预判有关。

▶ 河北迁安的 2×3 眼敌楼　龚建中 摄

迁安的大龙庙有一个标准的 2×3 眼敌楼，此楼长宽比有些类似怀柔河防口"夹扁楼"。敌楼窄面置一楼门一楼窗，宽面有三楼窗。此楼门用偏红色的石料拼出券拱。楼座下半部分也用同样颜色石头，垒成平座。此楼所有楼窗均有破损。楼顶垛墙全部无存。即使这样，此楼仍为有模样，可归为大形完整、基本完好的 2×3 眼敌楼。

◀ 北京密云的 2×3 眼敌楼　宇鸣 摄

北京密云石塘路的这座 2×3 眼敌楼保存较好。敌楼南、北两面都开三个楼窗，东面是一楼门一楼窗，西面是两楼窗。在石塘路长城就这么一座 2×3 眼敌楼。此楼的楼座全为块石垒砌，石楼座与砖楼室交接处无砖棱线。楼室的楼额有四个窗身高，多数敌楼的楼额为 2 个窗身高，这是它的最特别之处。

◀ 北京怀柔的 2×3 眼敌楼　黄东辉 摄

在怀柔河防口长城也修复了一座 2×3 眼敌楼。此楼横截面为长方形，长宽比接近 1:3，窄的一面有两个砖券窗，宽的一面有三个砖券窗，被人称为"夹扁楼"。因敌楼位于山石高处，只在敌楼西面开一楼门，并用山石垒了一个大坡梯。此楼虽有维修，但楼顶垛墙只残存几层砖高，少了威风。此楼在怀柔长城敌楼中是一个特殊的例子。

第三章　有门有窗的敌楼

▲ 河北迁安的 2×3 眼敌楼　马　骏 摄

迁安的石门村东山梁上有一座 2×3 眼敌楼。此楼于长城内的一面有两个砖券窗完好无损，在接长城的一面开了一个楼门。楼门门券为一块整石，不知为何在门券石上又加了一块横石条。门右边的两个砖券窗都有破损，两窗间于楼顶垛根处开了一个凹槽。正对楼门的一面无门，有三个砖券窗。此楼还有一个特点，条石砌比楼室地面还高，但向长城外这面条石顺坡逐降，并不水平找齐。这种施工效果很少见。

▼ 北京密云的 2×3 眼敌楼　马　骏 摄

密云大角峪长城黑关西北有一座横截面为正方形的敌楼，本来完全应是 3×3 眼敌楼，却做成了 2×3 眼。此楼内为两拱券，东西向，北拱券顶已垮，但两头的楼窗还在。南拱券尚完好，楼南面有一个楼门，居两楼窗中。楼顶垛墙全无。按说这个敌楼所在山梁洼处周围也有施工条件，但不知为何没做成 3×3 眼，而是做成了独门 2×3 眼敌楼。

▲ 北京密云的 2×3 眼敌楼　马　骏 摄

密云白岭关西山梁上，可看到五座 2×3 眼敌楼。这座楼是南、北两面各有三个楼窗，东、西两面均为一楼门一楼窗。窗偏北，门偏南。这座敌楼的东门与地面齐平，人可随意出入，但敌楼西门却距地面 3 米有余。敌楼的西垛十分完好，楼顶哨房西山墙完整，敌楼南垛墙根处还有两个石水嘴。

▼ 河北山海关的 2×3 眼敌楼　张　鹏 摄

"靖房一号台"是河北山海关老龙头长城唯一在海水涨潮时屹立于海水之上的敌楼。此楼于 1986 年在原址上修复。其东、西两面各开三个楼窗，南面靠西低处开一楼门，在与东、西两面楼窗持平的高度开有两窗，楼北面只开一门一窗。从敌楼的东北或西北角度看此楼，都是 2×3 眼，不知当初此楼形态是否如此。

233

第三篇　长城的墩、台、楼

第3目　2×4眼敌楼

明长城的敌楼正面开三个楼窗，已成为大家对长城的基本印象和应该配置的数额。但2×4眼敌楼，从侧面看仅有两窗应归小号类；正面有四个楼窗，可就比标准的三个多出一个，应归为大号类。就拿1×4眼敌楼来看，都应该归到大敌楼类别。因为这些敌楼楼窗的变化都在面对长城外方向，站在长城外抬头看敌楼大小有几窗是第一印象，这样分小、中、大不会自相矛盾。笔者认为敌楼正面有三楼窗是标准，少者为小，多者为大。

▲ 北京延庆的2×4眼敌楼　张　骅　摄

北京八达岭古长城东坡的2×4眼敌楼。楼顶垛墙只缺几个半截垛牙，楼顶的哨房两面山墙还在。敌楼内外的四个砖券窗完好无损，只东门偏北一窗有损坏。敌楼二道砖棱线也完整，就连敌楼两边长城主墙的垛墙和宇墙也都大部分完整。这是一个十分宝贵的遗存。

▲ 山西灵丘的2×4眼敌楼　黄东晖　摄

山西灵丘与河北阜平之间的长城敌楼都有楼匾。其中灵丘铜碌崖"茨字柒号台"楼顶垛墙已全无，敌楼大形还完整。楼南、北面各有四个砖券窗，楼西面为两个砖券窗，楼东面为一门一窗。楼门上有一石匾残龛，从茨字壹号台、贰号台数过来，应该是茨字柒号。这座2×4眼敌楼基座极高，楼门距地面6米多，下半是条石，上半为砖砌。此楼有两道砖砌的棱际线，楼额不够一楼窗高，为低楼额2×4眼敌楼。

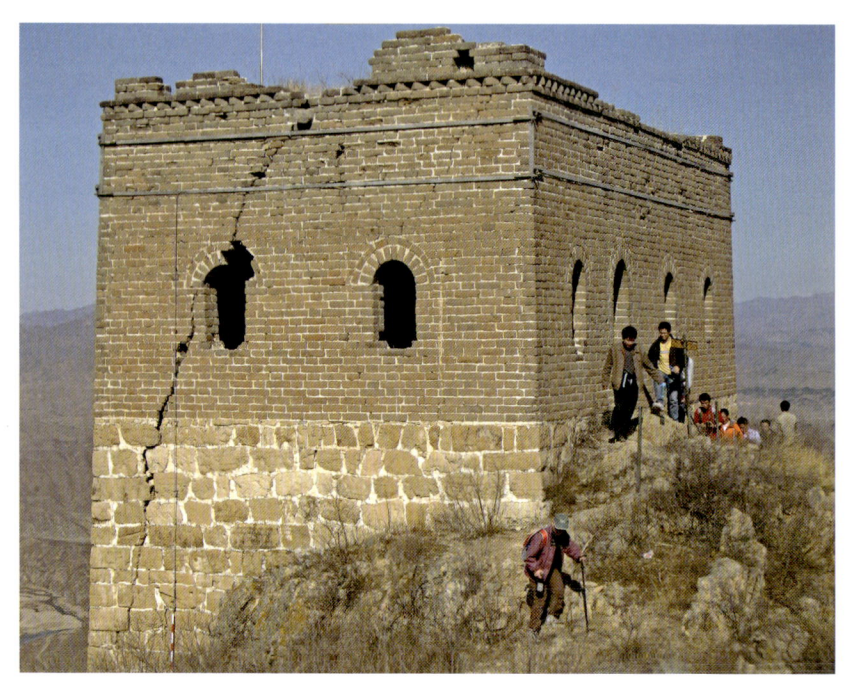

▶ 北京密云的2×4眼敌楼　严共明　摄

密云古北口卧虎山上有一座2×4眼敌楼已被安装了避雷设施，此楼座石块加工粗糙，但石块成行。楼室下没有砖棱线，楼室上有。此敌楼南面开一个楼门三个楼窗，北面有四个楼窗，敌楼东西面各两楼窗。敌楼顶还有一点垛墙残根，楼窗少有破损，窗下无方孔。

第三章 有门有窗的敌楼

▼ 北京延庆的 2×4 眼敌楼　严秋白 摄
在八达岭野生动物园南山梁上，有一座保存较完整的 2×4 眼敌楼。该敌楼接墙体的一面与 3×4 眼敌楼宽度相近。楼东面偏左一门、偏右一窗。敌楼北面四窗及窗下方孔完好，楼顶尚存部分哨房残墙，但垛墙毁坏过半。本图背景中位于高处的另一座 2×4 眼敌楼垮塌得相当严重，仅存南侧一半，粗看甚至会令人误以为是一座 1×4 眼敌楼。

▲ 北京怀柔的 2×4 眼敌楼　严秋白 摄
北京怀柔黄花城长城东坡高处的 2×4 眼敌楼。楼室下的棱线为条石，楼室上的棱线用砖砌，楼座用石砌。楼室的楼窗和楼门保持原状，楼顶垛墙只有残根，楼顶哨房亦毁尽。楼室东、西两面各四个券窗，南、北两面各一个砖券窗和一个石券楼门。此楼还未被修复过。

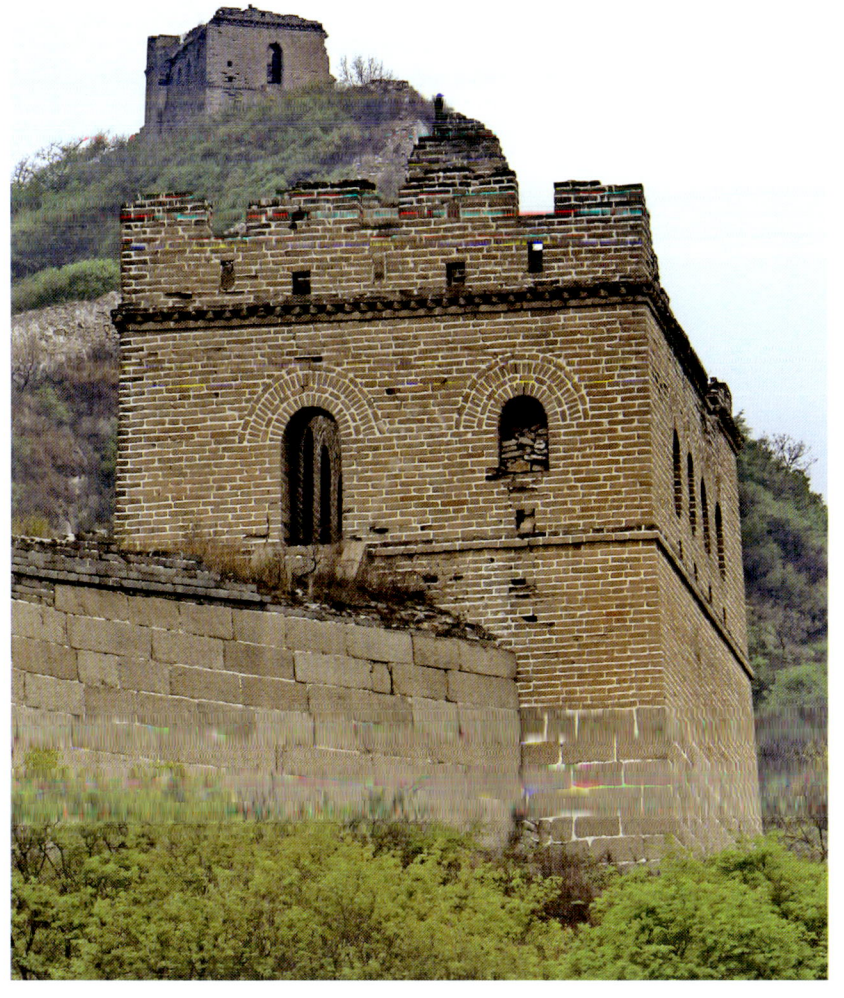

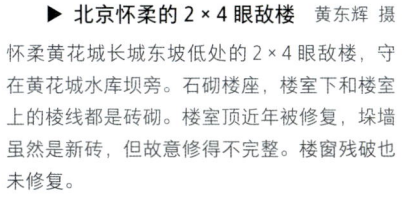

▶ 北京怀柔的 2×4 眼敌楼　黄东辉 摄
怀柔黄花城长城东坡低处的 2×4 眼敌楼，守在黄花城水库坝旁。石砌楼座，楼室下和楼室上的棱线都是砖砌。楼室顶近年被修复，垛墙虽然是新砖，但故意修得不完整。楼窗残破也未修复。

第三篇　长城的墩、台、楼

▶ 河北滦平的 2×4 眼敌楼　马 骏 摄
在滦平小古道村南山上有一座残缺的 2×4 眼敌楼。此楼明显很"扁"，砖石楼座上有楼室地面砖棱线。此楼西、北两面全破，但东、南两面尚完好。最宝贵的是东面还有三牙垛墙，每牙中还开一长方形垛孔，十分宝贵。

◀ 河北迁西的 2×4 眼敌楼　马 骏 摄
迁安长城在大嘴子山和白羊峪关之间有一个村，村名"小关"，有一条可过长城的小路。小关长城上有一座较完整的 2×4 眼敌楼。楼室立面下为十层条石所砌，上为砖包，没有楼室地面砖棱际线，楼顶面砖棱际线还可辨认。敌楼面向长城外一面是四个砖券窗，较完好。敌楼南面是一门一窗，楼门的石门框还完整。没有压柱石，这也是此楼门的特点。楼顶垛墙还存西面一段。

◀ 河北迁西的 2×4 眼敌楼　张 骅 摄
在迁西董家口长城的东山梁上还有一座较完整的 2×4 眼敌楼。敌楼于长城内外都是四个砖券窗，敌楼东面是一门一窗，都已残破。没有楼室地面砖棱际线，楼顶面砖棱际线清晰。这座 2×4 眼敌楼以西还有一座残破的 2×4 眼敌楼，迁西长城只见到三座 2×4 眼敌楼。

第三章 有门有窗的敌楼

第4目 2×5眼敌楼

长城上一面有五个窗的敌楼是很罕见的，如果见到了，会令人很兴奋。但从敌楼的两面来看若是2×5眼敌楼，意味着另一面较小或较薄。与3×3眼敌楼窗总数十二个相比，2×5眼敌楼的门窗总数达十四个，规模还是大一点。2×5眼比2×4眼分布更少，相对更集中。其分布最集中的是以下几处：北京延庆长城有四座，密云长城有四座；河北唐山有八座，秦皇岛有七座。

▲ 北京延庆的2×5眼敌楼　山雪峰 摄

从延庆石峡到八达岭古长城这一线上保存可见为2×5眼的敌楼有四座，其中最西端的一座最珍贵，因为此楼还保留部分奇特的楼顶垛墙。此垛墙不是以垛牙和垛口组成，而是把垛口做成券窗，窗下有一方孔，方孔外口挡了一个凿有圆孔的石盖。两券窗之间还有一方孔，从外面看也应有石盖。敌楼于长城外是五个砖券楼窗，南、北各有一门一窗。此敌楼立面下为十四层块石砌，上为砖砌。无楼室地面砖棱线，楼顶面砖棱线用五层砖，这也很少见。

◀ 北京延庆的2×5眼敌楼　李玉晖 摄

延庆八达岭古长城修复了三座2×5眼敌楼，这是其中第二座。此楼楼顶垛墙不及高处的敌楼垛墙完好，五个楼窗上楼顶垛墙仅有三个垛牙，排水的石水嘴只存残根。此楼楼室顶面与底面有两道砖棱线，均由四层砖构成。

▲ 河北滦平的2×5眼敌楼　王 虎 摄

滦平金山岭长城西五眼楼名字很响亮，因别的楼没这么多楼窗可与之比肩。西五眼楼有两道砖棱线。敌楼南、北各五楼窗，东、西各一楼门一楼窗，楼顶有残垛墙。这里是拍金山岭长城落日的经典机位，尤其是在库房楼向西拍照时，该楼必定是构图中的点睛之笔。

237

第三篇 长城的墩、台、楼

◀ **河北迁西的 2×5 眼敌楼** 吕 军 摄

迁西长城有一关口为铁门关。这个关名叫得很硬气，万里长城百余关口，铁门不是随便就可以用的。在铁门关东侧，山势陡峭。在铁门关西侧，一连四座 2×5 眼敌楼，敌楼规格之高，数量之密集，称为"铁门"不为过。

这座 2×5 眼敌楼，北面五窗，东、西各两窗。此楼的特点是只有一个楼门，不像旁边的三座楼都是在楼窄面两头各开一门。这个楼门开在敌楼南面五窗的中窗位置，敌楼两头不与长城相连，而是敌楼南面与长城相接。

▼ **河北秦皇岛的 2×5 眼敌楼** 山雪峰 摄

这座 2×5 眼敌楼位于秦皇岛城子峪西山梁高处。楼东、西两面各五窗，都有破损。楼南门已毁，楼北门仅留一个石槛。楼座下为三层工整条石砌，上为砖包。此楼有楼室地面砖棱线，楼顶砖棱线多有残缺，顶垛墙已全无。此楼虽然如此破败，却还是城子峪一线长城上最威风的大敌楼，因为其他敌楼都是 3×3 眼的规模，楼窗数都不及此敌楼。

▶ **河北秦皇岛的 2×5 眼敌楼** 熊启瑞 摄

在秦皇岛梁家湾沟西有两座 2×5 眼敌楼。山坡高处这座最大的特点是楼顶四周还有楼顶垛墙残根，垛墙残根上还有垛孔。楼座下为六层工整条石砌，上为砖包。此楼无楼室地面砖棱线。楼南、北面各五窗，东、西面偏北各一楼窗，偏南各一楼门，门框石料完整。楼西有一段完整无垛的砖墙，楼东门距地面 6 米，门下无墙。

▼ **辽宁绥中的 2×5 眼敌楼** 郭茂德 摄

在绥中小河口西山梁有一座貌似最完好的 2×5 眼敌楼。虽然楼南面砖有大量风化了，但五个楼窗中只有一个破损。楼座下为三层工整条石砌，上为砖包。楼室地面和楼顶的砖棱线都清楚。楼顶南面和东面垛墙完整，特别是顶垛墙下的垛孔呈三角形，这是极少见的样子。此楼从东南角拍照，样子完整喜人。若到西南角，就会发现楼西面垮了一半，楼北面早就垮没了，是座危楼。

第三章 有门有窗的敌楼

第 5 目 2×6 眼敌楼

本章涉及单面 2 眼敌楼，2×2 眼统计出二十八座。2×3 眼有二十四座，2×4 眼的相对较多，总共见到三十七座，2×5 眼也有二十五座。然而 2×6 眼敌楼极少，只在河北秦皇岛见到了五座。

敌楼的正面开设六个楼窗，侧面有一窗和一门，门窗总数达十六个，与 4×4 眼敌楼的门窗总数相同，但 2×6 眼敌楼的御敌面比 4×4 眼敌楼的就宽了许多，在不增加敌楼体积的情况下，既增加了防守面积，气势上也威武了许多。

▼ 河北卢龙的 2×6 眼敌楼　吕　军　摄

卢龙桃林口长城西段有一座残破的 2×6 眼敌楼。楼室以下用白色毛石砌成，楼室为砖砌。敌楼于长城内外两面都是六个砖券窗，偏两面各挎楼一个。敌楼有楼门的两面均塌毁，仍可看出一门一窗的痕迹。楼室已无顶，楼顶上的顶垛墙亦不见踪影。在卢龙县长城只看到了这一座 2×6 眼敌楼。

▶ 河北卢龙的 2×6 眼敌楼　张　骅　摄

河北卢龙长城东头，首关是重峪口关，抚宁最西头的关口是干涧口，两关之间山势险恶。长城墙体保存状况良莠不齐，并向长城内多设了两个分支。在这段长城中间部位有一座 2×6 眼敌楼，笔者曾三次从这个方向远望到这座楼，因时间不够，都未走到此楼跟前一睹尊容。这座楼面对长城外的一面为六个砖券窗；南面偏东为一窗，已残破；偏西为一门，已破成大洞；楼西为三个砖券窗；楼北面塌垮，门窗全无；楼顶垛墙全毁。

第三篇　长城的墩、台、楼

▲ **河北秦皇岛的 2×6 眼敌楼**　马　骏　摄
秦皇岛抚宁长城有一关，名为"青山口"。在青山口西斧劈般的山脊上有一座保存较完好的 2×6 眼敌楼。敌楼御敌面有六个砖券楼窗；两侧面各一窗一门，楼窗偏近御敌面，已有破损，楼门偏靠长城内一侧破成大洞。敌楼御敌面楼顶上的顶垛墙亦完整，每个砖券窗各有一个石制窗台，窗下各有一个小孔洞。

◀ **河北秦皇岛的 2×6 眼敌楼**　龚建中　摄
秦皇岛城子峪有一座 2×6 眼敌楼。此楼东侧本应有一门一窗，现已全部塌垮。楼西侧一门一窗尚完整，楼顶垛墙也十分完好，连每个垛牙中的方孔以及垛口下的方孔也都很完整。此楼有楼顶砖棱线，但无楼室地面砖棱线。此敌楼北面为御敌面，开六个砖券窗，其中五个都有破损。而从南面看此楼却仅有四个窗。若不到长城外观察，很难发现此楼的珍贵之处。另外，此楼东边长城主墙上开有一座可通墙外的小券门。

第 3 节　单面三眼敌楼

敌楼一面开有三个砖券楼窗，在前文中已有两次出现，有 1×3 眼的样式，和 2×3 眼的样式。敌楼御敌面都是开设三个砖券楼窗，但相邻的另外两面，要么仅有一个砖券窗或一个楼门，要么有一门加一窗，或两个砖券窗，门窗总数都少于三个。而本节介绍的敌楼，单面为三个砖券窗，而相邻面为一门两窗（相当于三窗大小）、三个砖券窗或更多。

我们看到的单面一眼敌楼和单面二眼敌楼总数不超过 150 座，而 3×3 眼敌楼能数出近 400 座，在各式敌楼中占多数。这似乎证明 3×3 眼敌楼是长城敌楼的标准配置。单论体积，三眼敌楼不算大，但在十里之外就可清楚地看见。这类敌楼多为跨长城墙而建，显得比四眼敌楼中庸稳健，更符合中国传统的中庸思维以及对称美学。

若单论门窗数，两座 3×3 眼敌楼必然是相同的，但它们之间的楼座、楼额仍存在区别。因此在区分 3×3 眼敌楼时，楼座和楼额的变化就成了重要线索。

◀ 河北高额砖石座 3×3 眼敌楼　山雪峰 摄
河北金山岭长城的 3×3 眼敌楼。砖石楼座高出长城墙顶 1.5 米，楼额有两个坐窗洞亮，有完好的敌楼顶际砖棱线，没有楼室地面砖棱线。楼顶垛墙南面五牙俱在，西面五牙缺了两个。此楼是高额砖石座 3×3 眼敌楼保存还算完整的一个。

▲ 北京低额石座 3×3 眼敌楼　黄东晖 摄
北京延庆香屯村东第四座敌楼，2015 年得到修补，新安装了避雷设备。楼室上砖棱线原本只存楼室南面中间一段，楼室西三个楼窗上都是新砖，毛面块石砌的楼座雷劈裂缝补抹了石灰。楼顶垛墙没有修补。

第1目　低额石座3×3眼敌楼

　　自下而上从垂直方向观察长城敌楼，敌楼可分为楼础、楼座、楼室、楼顶四个部分。敌楼座是指敌楼础上到敌楼室下的部分。敌楼座有石座和砖座或砖石座之分。敌楼额是指敌楼的窗券顶到敌楼室顶际砖棱线。敌楼有低楼额、高楼额和中楼额之分。低楼额是指楼窗券顶距离楼室顶际砖棱线达不到两个窗洞高。长城上石座低楼额敌楼相较于其他类型存留最少，仅在北京延庆与怀柔长城有几座。

▲ 北京低额石座3×3眼敌楼　徐宝生　摄
怀柔大榛峪长城边坑水库西山头有一座3×3眼敌楼。敌楼东面破垮，但另外三面很完整。敌楼下两面是悬崖，长城沿陡坡与之相接。石楼座超过两个楼室高。楼室上下的砖棱线均顶齐。垛墙罕见的完整。这是一个高楼座、低楼额的3×3眼敌楼。

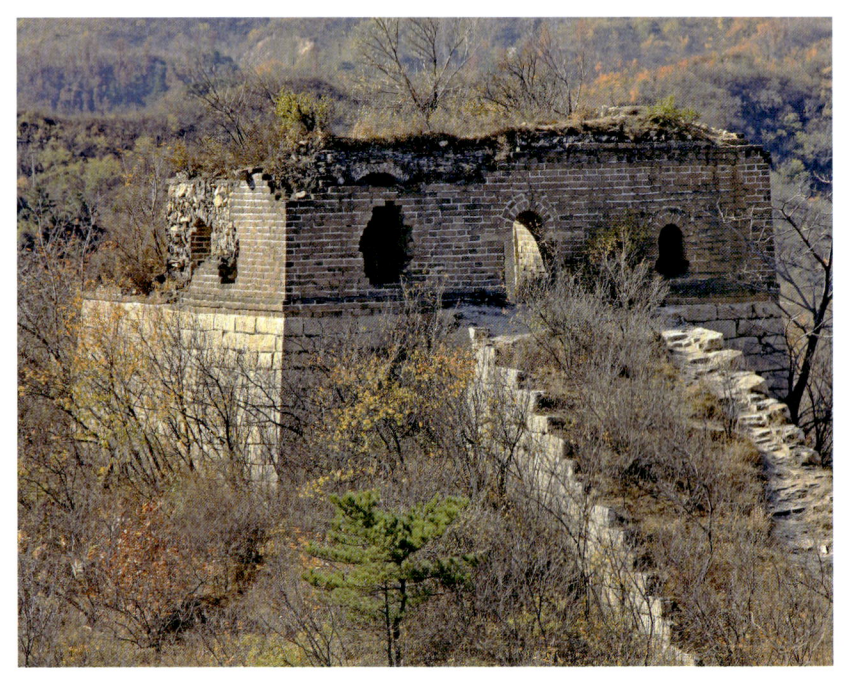

▲ 北京低额石座3×3眼敌楼　张翅飞　摄
延庆香屯村东长城上有五座可辨认的3×3眼敌楼。村东第一座仅剩了一个石楼座，村东第二座楼室南垮塌，楼室北尚完整。楼室北上、下两道砖棱线还看得见。楼额只有一个楼窗高，是很典型的低楼额。

▶ 北京低额石座3×3眼敌楼　黄东晖　摄
延庆香屯村东第四座敌楼2015年得到修补。楼室上砖棱线没补全，楼顶垛墙也没补，安了避雷设备。这是维修前的样貌。

第三章 有门有窗的敌楼

第 2 目　高额石座 3×3 眼敌楼

高额石座 3×3 眼敌楼是楼室为砖，楼座为石，砖石极分明。

此类敌楼楼室的楼额（楼窗顶距离楼室顶际砖棱线）达到三个窗高。如果说楼窗是敌楼"眼"，楼额就相当于"额头"。低楼额敌楼看着较压抑，高楼额敌楼因为"额头"明显，看上去就立刻舒展开来，有扬眉吐气之感。长城上石座高楼额 3×3 眼敌楼比低额石座 3×3 眼敌楼存留得要多一些。在北京的昌平、怀柔、密云，以及河北秦皇岛等地都有。

◀ 北京高额石座 3×3 眼敌楼　宇 鸣 摄
密云小水峪长城东坡上的 3×3 眼敌楼只有一个南门，其余三面均为三窗。石砌楼座极完整，没有楼室地面砖棱线。楼额有三窗高，楼顶垛墙仅余残根。

▲ 北京高额石座 3×3 眼敌楼　黄东晖 摄
怀柔莲花池长城东山的高楼，是座典型的 3×3 眼敌楼。因位居山尖，显得亭亭玉立。石砌楼座整体完好，楼顶每面四个垛牙完好，每牙仅在楼顶砖棱线上开一方孔。楼额有三个窗高。没有楼室地面砖棱线，有完好的楼顶际砖棱线。

▶ 北京高额石座 3×3 眼敌楼　郑 严 摄
居庸关长城在修复开发时，为充分满足游览者观赏的需求，提供安全的旅游环境，尽量扩大敌楼四周的舒适条件和丰富敌楼的样式，把关北东坡敌楼建立了宽阔的观景平台。这是现在开放长城、修复长城必须想到的。新修复的敌楼顶有哨房、楼梯口房及高大的垛墙。这个敌楼楼额有三个楼窗高，是一座有着宽大的石楼座、高楼额的 3×3 眼敌楼。

243

第三篇 长城的墩、台、楼

▲ 北京高额石座 3×3 眼敌楼 古 远 摄
密云水库西的大山上因有五座长城敌楼而得名"五座楼山"。五座敌楼中最东北临近水库的一座保存得最完整。楼顶垛墙保留完好，每面五垛牙，在楼顶砖棱线上垛根与垛牙相对开一方孔。楼额达三个楼窗高。楼座砌石接近楼窗。唯一的楼门开在南面，距地面近 5 米有余。

▶ 北京高额石座 3×3 眼敌楼 吴 凡 摄
四座楼山位于密云石塘路西，因山上有四个长城墩台、敌楼而得名。其中第三、第四座保存完好，第四座 3×3 眼敌楼有个石券、石框的楼门。敌楼顶四面垛墙极完整，五个垛牙下各开一方孔，在垛墙根又开一个曲字形孔，如此完整，在密云长城敌楼中少有。

▶ 北京高额石座 3×3 眼敌楼 李玉晖 摄
密云黄峪口长城于山口南有一座完整的 3×3 眼敌楼。敌楼东面北面各一石框楼门居两楼窗中。石砌楼座上没有楼室地面砖棱线，但近四个楼窗高的楼额上有楼顶面砖棱线。楼顶垛墙四个角的垛牙完整。

◀ 北京高额石座 3×3 眼敌楼 郑 严 摄
密云西白莲峪长城有六座较完整的 3×3 眼敌楼，都是石砌楼座高楼额，可惜的是没有一个楼顶垛墙超过两个垛牙的。这座 3×3 眼敌楼南北与长城相接，北面五个垛牙个个完好，在西白莲峪长城中鹤立鸡群。此敌楼有楼顶面砖棱线，没有楼室地面砖棱线。

▶ 北京高额石座 3×3 眼敌楼 刘 钢 摄
在密云冯家峪长城完整的敌楼里，这座 3×3 眼敌楼存留最好。敌楼南面有一石框楼门，居两楼窗中。石砌楼座上没有楼室地面砖棱线，敌楼楼额有三个多楼窗高，有完整的楼顶面砖棱线。楼门上垛墙五个垛牙只坏了一个。

244

第3目　中额石座 3×3 眼敌楼

中楼额是指楼窗顶与楼室顶际砖棱线的间距不超过两个窗高，比低额石座 3×3 眼敌楼的楼额要高，但又比高额石座 3×3 眼敌楼的楼额要低。敌楼的"额头"高低居中，标准的特征不鲜明。这是建筑石座 3×3 眼敌楼时，施工用料向更经济、更实用方向不断改进的结果。长城上中额石座 3×3 眼敌楼存留特点是密集连续。北京的怀柔区、密云区，河北的迁安，长城敌楼保存较完整的地段都可看到中额石座 3×3 眼敌楼。

▶ 北京中额石座 3×3 眼敌楼　黄东晖 摄
怀柔的西水峪现在有一水库，水库西有一座完整的 3×3 眼敌楼。楼座用条石垒砌，敌楼四面的楼顶垛墙保存相当完好。楼顶砖棱线距楼窗有两窗高，楼额为标准楼额。

▼ 河北中额石座 3×3 眼敌楼　黄东晖 摄
河北卢龙东风口东坡的 3×3 眼敌楼。楼座用灰色的块石垒砌，楼座棱角用两面成 90 度的黄色块石垒砌。敌楼西楼门石券缺了两块，石门柱上没有压柱石。敌楼顶砖棱线上垛墙有四个垛牙完好。

▼ 河北中额石座 3×3 眼敌楼　黄东晖 摄
迁安河流口到冷口长城 3×3 眼敌楼有十多座，石砌楼座的 3×3 眼敌楼现存较完好的只有这座。石砌楼座用发红石块砌，没有楼室地面砖棱线，楼额有两个多楼窗高，楼顶面砖棱线有残迹。此敌楼东楼门石券只剩三分之一，细看上刻三角几何纹样，为少有的装饰手段。

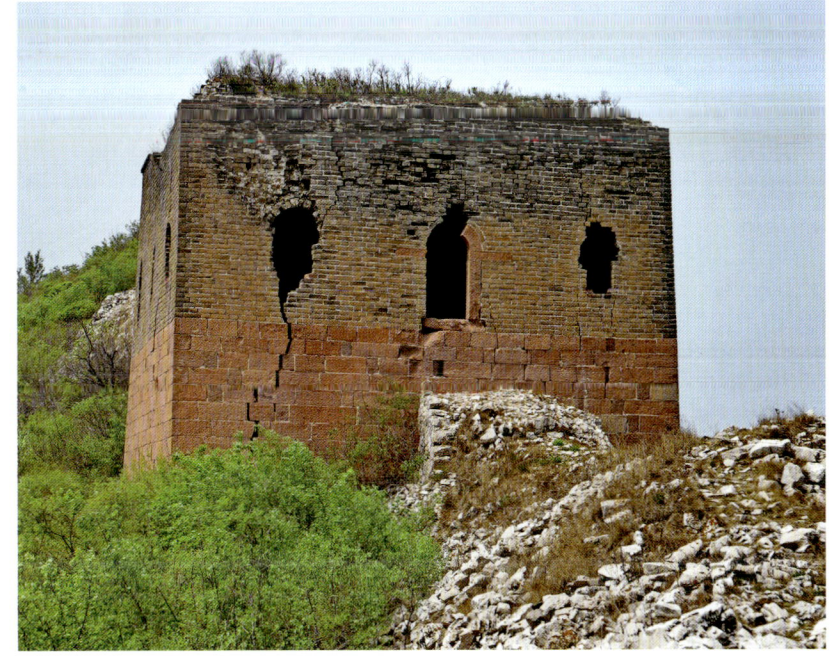

◀ 河北中额石座 3×3 眼敌楼　方 明 摄
河北涞源白石山的 3×3 眼敌楼，整个敌楼没有骑在长城主线墙上，而是伸出在长城主线墙外，只有一面与长城拐角紧靠。此敌楼只在靠长城面开一楼门，其余三面各开三个砖券窗。楼室下面为偏白色石块垒砌的楼座，楼室上下都看不见砖棱线。楼额有两个多楼窗高，是座中额石座 3×3 眼敌楼。

第4目 低额砖石座 3×3 眼敌楼

前面介绍的 3×3 眼敌楼的楼座都是块石垒砌。楼室和楼座因材料不同，很容易区分。楼座与楼室之间如果没有楼室地面砖棱线，楼室与楼座就不易区分，但增加了敌楼的整体感。进犯者搞不清敌楼内部结构，又增加了敌楼的神秘感。

下文介绍的 3×3 眼敌楼的楼座是由砖石垒砌的。砖石垒砌楼座的 3×3 眼敌楼也有低、中、高楼额之分。低额砖石座 3×3 眼敌楼的楼窗顶离敌楼垛墙根之近，使人误以为楼室很矮。若砖石垒砌楼座有三个楼室高，同时楼额较低，敌楼会显得愈发高耸威武。若楼座有两个楼室高，而楼额较低，楼窗显得较大，虽然楼窗大小是固定的，但与高楼额敌楼比，低楼额敌楼的楼窗更加突出。

在甘肃、青海、宁夏没有看到有砖砌敌楼遗存的报告和发现。在陕西，墩台遗存有上千个之多，但有砖券窗的不到十个，其中 3×3 眼敌楼仅看到四座。陕西的低额 3×3 眼敌楼全是砖石楼座，其楼室下没有地面砖棱线，敌楼外形简洁，这是陕西明长城敌楼的特色。陕西仅存的敌楼几乎不存楼顶垛墙及楼顶哨房，但都配有敌楼的外围墙或堡墙，并开有堡门，增加了相对的安全系数。

在山西、河北以及北京，低额砖石座 3×3 眼敌楼虽不是主流，也有一定数量的遗存。

▲ 陕西低额砖石座 3×3 眼敌楼　罗　宏　摄
陕西府谷引正通村，3×3 眼敌楼的楼门下附台已被拆得干干净净，无迹可寻。楼门距离地面超过 8 米。此楼在楼室顶际砖棱线下每面都做了五个溜槽，可作为灭火放水和放石雷的蹓道。楼顶垛墙全无，砖砌楼座下有五层条石，楼座有三个楼室高，楼额仅一窗高。这是个典型的低楼额砖石座 3×3 眼敌楼。

▲ 河北低额砖石座 3×3 眼敌楼　岳　华　摄
河北怀安渡口堡乡盘道门村北山上，有一座在怀安县极为罕见的完整的 3×3 眼敌楼。此楼楼窗相邻较近，不到两个楼身宽。楼门面南，居两窗中，楼门券顶不与两窗券顶同高，而是低一些。在张家口长城上，仅看到两座 3×3 眼敌楼，实在是遗存得太少了。此敌楼亦是砖石砌楼座，楼额才有一个多楼窗高。

▶ 山西低额砖石座 3×3 眼敌楼　山雪峰　摄
山西山阴新广武东坡的 3×3 眼敌楼，毁坏较严重，但还可辨认。没有楼室地面砖棱线，楼顶砖棱线已毁尽，砖砌楼座下还有条石，楼额有两个多楼窗高。山西省的低楼额砖石座 3×3 眼敌楼就看见了这一个。

第三章 有门有窗的敌楼

▶ 北京低额砖石座 3×3 眼敌楼
慕田峪长城缆车站东的 3×3 眼大敌楼是彻底重建的。敌楼的门顶与窗顶注意了齐平。此楼楼额仅一个窗高，属低楼额。敌楼楼身上有两道砖棱线。楼顶垛墙的垛牙是重新设计的，和慕田峪现存的明代垛牙样式不同。

▲ 北京低额砖石座 3×3 眼敌楼　宇　鸣 摄
北京延庆八达岭古长城景区投资修复了一座 3×3 眼敌楼。是按历史原貌修复的。楼顶垛几近完整，可以看到楼顶垛墙的垛牙上，有上下两排方形垛孔，垛口下部，还多一排与之对应的方孔。这排垛孔与垛牙下排垛孔并不完全在一条水平线上。楼身两道（楼顶面和楼室地面）砖棱线，楼窗壁立面下半截为锥斜口，上半截为齐口，整个楼显得丰富多姿。此敌楼是砖砌楼座，楼额才有一个多楼窗高，是北京长城中典型的砖石楼座低楼额 3×3 眼敌楼。

◀ 北京低额砖石座 3×3 眼敌楼　严共明 摄
北京怀柔撞道口关东的 3×3 眼敌楼，近年刚修缮过。楼窗为方形，楼门券顶比楼窗顶低了四层砖。这种低门高窗的设计并不多见，最特殊的是楼窗上仅半窗之高就是楼顶砖棱，这是楼额最矮的敌楼之一了。

▲ 河北低额砖石座 3×3 眼敌楼
河北金山岭西的这座完整的 3×3 眼敌楼，楼额才一个窗高，楼座是下石上砖，两道砖棱线俱在。楼顶垛墙完好，保持了历史原貌。这是座砖多石少的高楼座低楼额 3×3 眼敌楼。

第5目　高额砖石座 3×3 眼敌楼

前文介绍了楼座为砖石垒砌、低楼额的 3×3 眼敌楼。从野外考察看，高额砖石座的 3×3 眼敌楼遗存更多些。高楼额的敌楼在石座的 3×3 眼敌楼已介绍过，再介绍高楼额砖石座的 3×3 眼敌楼，就可看到因为砌楼座的材料有石有砖，并且每个砖石楼座的石与砖所占比例不同，与单纯石砌楼座很易区分。此外，因楼额高达三窗，远看去非常体面，非常醒目，楼窗因此被楼额抢去了风头，反而显得不够突出。这是高楼额敌楼的又一个特点。

▲ **山西高额砖石座 3×3 眼敌楼**　罗　宏 摄

从现存零星案例来看，山西长城敌楼的券窗间距普遍要大于陕西的长城敌楼上的券窗距离。在陕西长城 3×3 眼敌楼上，窗与窗之间通常只有一个券窗的宽度，而山西的 3×3 眼敌楼的窗之间距离普遍都为四个券窗的宽度。

山西忻州宁武阳方口有两座没拆毁尽的 3×3 眼敌楼。当地建油库看上了古长城的高墙可以用作油库围墙，这两座敌楼才成了附近几十里免遭毁坏的孤品，但楼顶垛墙已全毁。

阳方口西 3×3 眼敌楼的楼座可以看出是砖石砌，楼额为三个窗高。三个楼窗分布距楼角不均等。没有楼室地面砖棱线，可看见楼顶面砖棱线残痕。

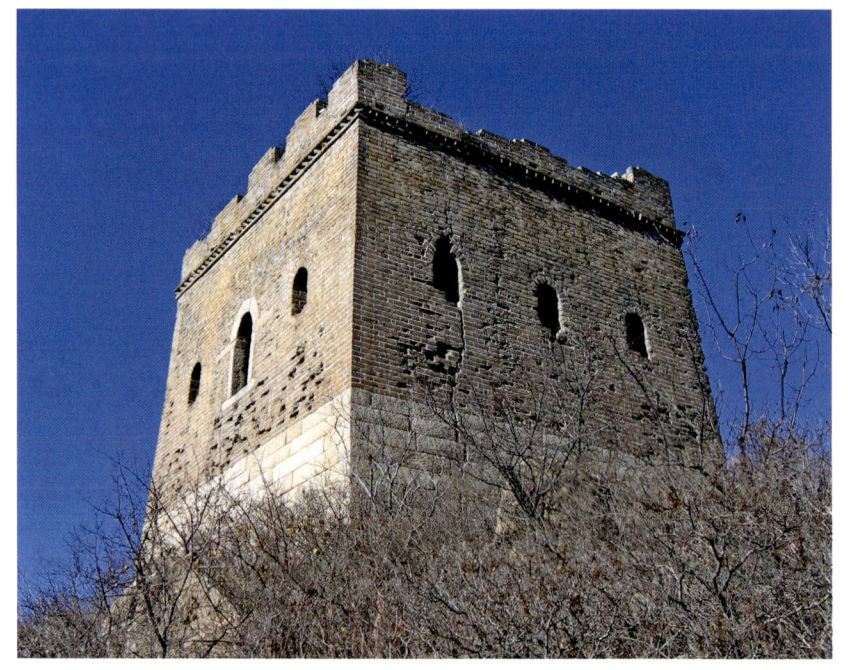

▲ **北京高额砖石座 3×3 眼敌楼**　王　虎 摄

北京密云西田各庄镇白道峪北山的 3×3 眼敌楼，无楼室地面砖棱，楼顶砖棱线明显完好。楼室只开一个南门，门上无匾，楼室其他三面都是三个楼窗。砖多石少的楼座下可看到十一层巨石垒的楼础。楼额有三个楼窗高。

▶ **北京高额砖石座 3×3 眼敌楼**　方　明 摄

3×3 眼敌楼本是长城上存留最多的，不过，砖石楼座、高楼额的 3×3 眼敌楼在河北西部以及北京西部的长城上却没有发现。到怀柔长城长园东山梁才又看到砖石楼座、高楼额 3×3 眼敌楼。此敌楼比较完整，楼顶垛墙大部分存留。没有楼室地面砖棱线，楼顶砖棱线明显。楼额为三个窗高。

第三章 有门有窗的敌楼

◀ 北京高额砖石座 3×3 眼敌楼　黄东晖 摄

密云不老屯镇陈家峪完整的 3×3 眼敌楼。砖石楼座，近三个楼窗高的楼额，高楼额砖石楼座特征明确。楼门为砖券砌。无楼室地面砖棱，楼顶砖棱线完好。有较完整楼顶垛墙，没有楼匾。

▶ 北京高额砖石座 3×3 眼敌楼　方　明 摄

北京密云石城镇鲇鱼沟北山的 3×3 眼敌楼。无楼室地面砖棱，楼顶砖棱线明显完好。楼南门上有石匾一块。这是一个楼座砖多石少、楼额为三个楼窗高的 3×3 眼敌楼。

◀ 河北高额砖石座 3×3 眼敌楼

河北滦平金山岭长城上有多座 3×3 眼敌楼，相同之处是其楼座均为下石上砖砌筑。楼室上下两道砖棱线却不全都有，楼额也有高有低。图中的敌楼俗名为"麒麟楼"，因楼顶哨房存留着一道影壁，上有砖刻拼成的神话祥兽麒麟而得名。此楼楼顶南面垛墙完好，是座砖石楼座、高楼额的 3×3 眼敌楼。

第三篇 长城的墩、台、楼

▲ 北京高额砖石座 3×3 眼敌楼　张　骅 摄
密云古北口临潮河的 3×3 眼敌楼，其楼额超过三个楼窗高。楼顶砖棱全无，楼窗下有楼室地面砖棱。砖石楼座完整。

▶ 河北高额砖石座 3×3 眼敌楼　张　骅 摄
河北秦皇岛董家口有三座 3×3 眼敌楼，只有这个楼顶哨房还比较完整。敌楼南面砖棱上的垛墙还有三个完整的垛牙，砖石楼座的石头四面水平找齐，没有楼室地面砖棱。楼窗都还完整，能看出楼额有三个楼窗高。

◀ 北京高额砖石座 3×3 眼敌楼　山雪峰 摄
密云古北口卧虎山西的 3×3 眼敌楼。此敌楼南面破豁，其余三面完整。楼座石少砖多，楼额近三个楼窗高，应算高楼额。无楼室地面砖棱，楼顶砖棱清楚。垛墙上残垛牙有四个垛孔。

250

第三章 有门有窗的敌楼

▶ **河北高额砖石座 3×3 眼敌楼**
河北秦皇岛城子峪东的 3×3 眼敌楼有八座。这座敌楼的东西两门并不居于楼窗之中，而是均位于靠南一侧。西门石构件缺失，东门石构件完整。楼顶垛墙残缺一半，楼顶砖棱明显。楼额有三个楼窗高，特征很明显。

◀ **河北高额砖石座 3×3 眼敌楼**　张　骅 摄
河北秦皇岛板厂峪北的 3×3 眼敌楼有六座，只有这个敌楼的垛墙保存较好。与上图敌楼布局相同，此楼东西两门都偏南而非夹于楼窗中。楼东门破成大洞，楼顶砖棱明显，楼额有三个多楼窗高。

▶ **河北高额砖石座 3×3 眼敌楼**　黄东晖 摄
河北秦皇岛板厂峪东有一座 3×3 眼敌楼，当地老乡称之为"穿心楼"。敌楼顶哨房基本完整，哨房的门窗向长城内开。楼顶西面垛墙上没有垛门和垛孔。敌楼北门和楼北中窗豁破成一个洞口。这是座名气很大的砖石楼座高楼额 3×3 眼敌楼。

251

第6目　中额砖石座 3×3 眼敌楼

中楼额是指敌楼楼窗顶距离楼室顶际砖棱线有两窗高，比楼额一窗高的低楼额要大，又小于楼额三窗高的高楼额。这类楼额不高不低的敌楼可归作中楼额敌楼。在全部砖石座敌楼中，中楼额敌楼存留数量较多。仔细观察，会发现不同地区的中额砖石座 3×3 眼敌楼也是千差万别。这种差异体现了不同建造者在执行统一的修筑方案时的个人诠释。外表粗犷、坚固的长城敌楼中，无处不蕴含着劳动者丰富、细腻的审美。

▲ **山西中额砖石座 3×3 眼敌楼**
这是山西山阴旧广武长城上的一座 3×3 眼敌楼。此敌楼东面与长城相接，另三面都在长城外。唯一的楼门上有清晰刻着"控扼"两字的门匾，门匾上有仿垂花门浮雕楼砖刻。敌楼顶已无垛墙。楼座有两个楼室高，为砖石砌。楼额有两个多楼窗高，没有楼室地面砖棱。

▲ **河北中额砖石座 3×3 眼敌楼**
白石山第四座 3×3 眼敌楼有一半突出在长城外，另一半与长城墙体连接。楼门不居两窗中，偏在靠长城墙体的一侧。楼顶面砖棱线比其他楼完整，但楼门顶的砖券被拆成大洞。楼室地面并不与楼外石垒的际线同高，楼门槛石下亦为楼室地面。楼座是砖石座，楼额有两个楼窗高。

▶ **河北中额砖石座 3×3 眼敌楼**　王盛宇 摄
山西灵丘与河北阜平交界的山沟里有十几座保存较好的敌楼，多为 3×4 眼敌楼。这座 3×3 眼敌楼从相邻敌楼的上楼匾编号推测，应是"茨字捌号"。这个敌楼有一道楼室地面砖棱线和楼顶砖棱线。楼券窗下各多了一个小孔。楼顶角垛墙还完整，可以看出近1.8米高。楼座是砖多石少，楼额才两个楼窗高。

▶ **河北中额砖石座 3×3 眼敌楼**　马 骏 摄
河北涞源湖海村南山沟东有一段长城。长城上的敌楼都没有垛墙，但楼窗还都完整。从楼窗数上看有三座 3×3 眼敌楼，和两座 4×4 眼敌楼。这座敌楼的楼门居两窗中，有楼匾的残龛。楼顶面砖棱线大部分还在，少有破损，有个水嘴在楼顶砖棱上。楼座上一半用砖下一半用石，楼额也是两个楼窗高。

第三章　有门有窗的敌楼

◀ 河北中额砖石座 3×3 眼敌楼

河北易县紫荆关长城存留下来的敌楼只有一座，为砖石楼座。楼室南、北两面各开三个楼窗，东、西两面各有一楼门居两楼窗中，楼门石框完好。没有楼室地面砖棱线和楼顶砖棱线，楼顶垛墙全无，但还能看出楼额有两个楼窗高。

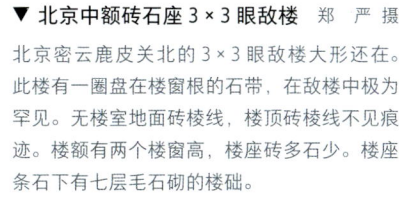

▼ 北京中额砖石座 3×3 眼敌楼　郑　严 摄

北京密云司马台的 3×3 眼敌楼里，这座保存最好。砖石楼座上没有楼室地面砖棱线，完整的楼顶垛墙后立着哨房山墙。楼额有两个楼窗高，是个中额砖石座 3×3 眼敌楼。

◀ 北京中额砖石座 3×3 眼敌楼　刘青年 摄

密云西坨古长城的 3×3 眼敌楼截面为长方形。楼垛墙全无，楼顶砖棱线不见痕迹，无楼室地面砖棱线。楼座砖石各半，楼额有两个多楼窗高。

▼ 北京中额砖石座 3×3 眼敌楼　郑　严 摄

北京密云鹿皮关北的 3×3 眼敌楼大形还在。此楼有一圈盘在楼窗根的石带，在敌楼中极为罕见。无楼室地面砖棱线，楼顶砖棱线不见痕迹。楼额有两个楼窗高，楼座砖多石少。楼座条石下有七层毛石砌的楼础。

◀ 北京中额砖石座 3×3 眼敌楼

密云古北口蟠龙山东的龙峪沟有一座 3×3 眼敌楼。楼顶垛墙有残根，有清楚的楼顶砖棱线，无楼室地面砖棱线。楼座砖多石少，楼额有两个多楼窗高。

253

第三篇 长城的墩、台、楼

▼ 北京中额砖石座 3×3 眼敌楼 黄东晖 摄
北京平谷镇罗营长城未修补过的 3×3 眼敌楼。楼顶砖棱线看不出残痕，无楼室地面砖棱线。楼座砖多石少。楼窗都残破如同门洞，但窗券保持原状。楼额可看出有两个多楼窗高。

▲ 河北中额砖石座 3×3 眼敌楼 黄东晖 摄
河北秦皇岛箭杆岭北的 3×3 眼敌楼。楼顶垛墙每面四个垛牙基本完整。楼顶面砖棱还可辨认，没有楼室地面砖棱。敌楼南门用四块形石组成楼门框，右边的门柱石粗，左边的细。楼座砖少石多。敌楼西面三个楼窗完好，可看出楼额有两个多楼窗高。

▲ 河北中额砖石座 3×3 眼敌楼 马骏 摄
河北迁西榆木岭关南完整的 3×3 眼敌楼。楼顶的垛墙基本完整，楼顶面砖棱亦完整，没有楼室地面砖棱。敌楼北面三个楼窗分布不均衡，中楼窗偏左了。楼额有两个楼窗高，楼座砖少石多。

▶ 辽宁中额砖石座 3×3 眼敌楼 王献武 摄
辽宁绥中小河口东的 3×3 眼敌楼。楼顶上还保留部分高大的垛墙，楼顶哨房有残墙痕迹。楼顶面砖棱清楚，没有楼室地面砖棱。楼座砖少石多，石块加工精细。楼室窗下砖面风化严重，楼额有两个多楼窗高。

第三章 有门有窗的敌楼

▲ 河北中额砖石座 3×3 眼敌楼

河北秦皇岛城子峪东的 3×3 眼敌楼。楼顶北面垛墙罕见的完整，楼顶无哨房痕迹。楼顶面砖棱清楚，没有楼室地面砖棱。敌楼东面破损不整。楼座几乎是砖组成，楼额有两个多楼窗高。

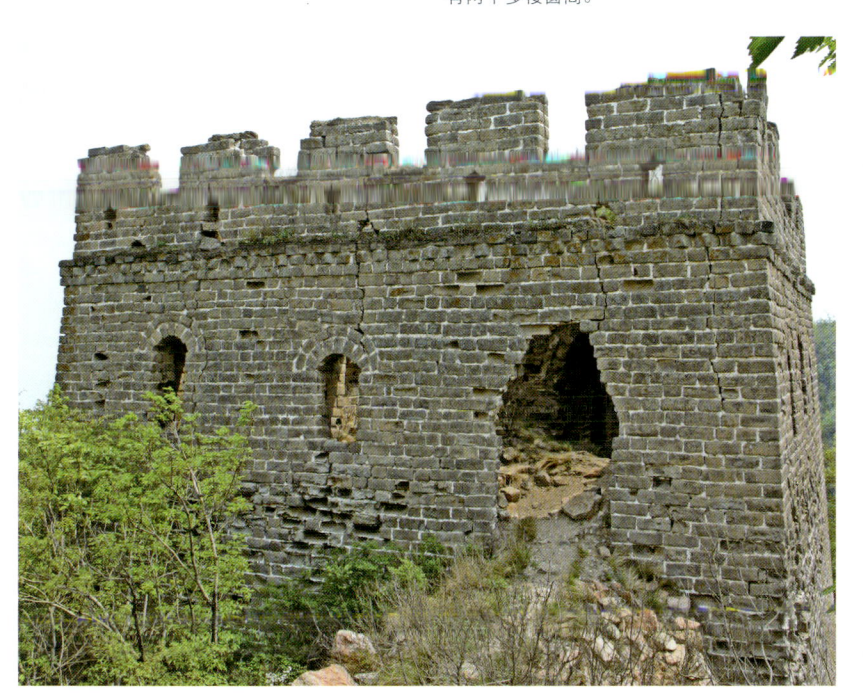

▼ 河北中额砖石座 3×3 眼敌楼 吕 军 摄

河北秦皇岛无名口（今名杜城子）关到黄土岭关有六座 3×3 眼敌楼。此楼顶西面和北面的垛墙之完好，为六座敌楼第一。敌楼东垛墙全无，敌楼南面破损成大洞。没有楼室地面砖棱。楼座以砖为主，石块极少，才两层。楼额有两个多楼窗高。

▲ 河北中额砖石座 3×3 眼敌楼

河北秦皇岛黄土岭关南的 3×3 眼敌楼。楼顶四面垛墙基本完整，楼顶哨房却无任何痕迹，楼顶面砖棱尚可辨认，没有楼室地面砖棱。敌楼南门偏在左边，南面两楼窗左高右低，不可思议。楼座砖多石少。楼额有一个多楼窗高。

▼ 河北中额砖石座 3×3 眼敌楼 吕 军 摄

山海关角山的 3×3 眼敌楼。楼顶完好的垛墙是近年新修复的，楼顶新修的小屋是楼梯顶口屋。敌楼南门与长城接，楼北楼顶垛墙开口与长城接通。有楼顶砖棱，没有楼室地面砖棱。楼座砖极多、石极少，石块才三层。楼额有两个多楼窗高。

255

第7目 低额石座 3×4 眼敌楼

标准的 3×4 眼敌楼比 3×3 眼敌楼大了一号。敌楼骑在长城主体墙上，与长城主体墙相接的两面各为一门两窗。敌楼与长城主体墙平行的两个侧面为四券窗。敌楼门窗数应是十四眼（3×3 眼敌楼门窗总数是十二眼）。非标准的 3×4 眼敌楼在对敌防御面开四个券窗，而对长城内的一侧开三个券窗，门窗数统算为十三个。3×4 眼敌楼也有石楼座与砖石楼座之分，每类之中，又都有低楼额、高楼额、中楼额之分。

◀ 北京低额石座 3×4 眼敌楼　吕　军 摄
北京怀柔大榛峪的 3×4 眼敌楼东、西两面各是一个楼门两个楼券窗，南面三个楼券窗，北面四个楼券窗。楼室地面砖棱下的楼座全部为石块垒砌。

▲ 北京低额石座 3×4 眼敌楼　姚　磊 摄
八达岭长城北十楼是近年修复的 3×4 眼敌楼。此敌楼对长城内外两面各有四个距离紧密的楼券窗，与长城主体墙相接面为一门两窗。楼室地面石棱下的楼座全部为方整的块石，楼顶面砖棱完好，楼顶垛墙整齐。敌楼的楼额才一个楼窗高，是个没有哨房的低额石座 3×4 眼敌楼。

▲ 北京低额石座 3×4 眼敌楼　吕　军 摄
此楼楼窗间距为两个多窗宽，楼顶垛墙部分残破，楼顶面、楼室地面砖棱均完整。楼座为石砌。楼额有一个多楼窗高，属于低额石座 3×4 眼敌楼。

◀ 北京低额石座 3×4 眼敌楼　严共明 摄
此楼位于八达岭古长城东。楼东西开四窗，北面三窗，南面一门两窗均残破。楼座全部为方整的块石。楼顶面砖棱已残破，楼顶垛墙全毁。此楼楼额仅一个楼窗高。

第 8 目 高额石座 3×4 眼敌楼

　　高额石座敌楼最明显的特点是楼券窗感觉离楼座近，离楼顶远。因楼额高达三个楼窗的距离，楼窗券顶到楼室地面距离明显小于其与楼顶砖棱的距离。高额石座 3×4 眼敌楼比低额石座 3×4 眼敌楼的楼室肯定要高，敌楼整体也显得挺拔高耸。此类敌楼在河北涞源存留较多。当地的高额石座 3×4 眼敌楼虽然并不在石楼座和砖楼室之间修楼室地面砖棱线，但石砌楼座与砖砌楼室区分得仍然非常清楚。

◀ 河北高额石座 3×4 眼敌楼　吕朝华 摄
河北涞源石窝最北边的高额砖石座 3×4 眼敌楼。敌楼南楼门砖券被拆成大洞，楼顶哨房山墙还有残迹，楼顶哨房山墙尚在。敌楼的裂缝为雷击所致，方石块楼座完整。没有楼室地面砖棱，楼顶砖棱多处裂缝。

▲ 河北高额石座 3×4 眼敌楼　山雪峰 摄
河北涞源七亩地的 3×4 眼敌楼是长城内外两面各有四个楼券窗，另外两面各是一个楼门、两个楼券窗。没有楼室地面砖棱，楼座为砖少石多，楼顶面砖棱有残破。楼顶垛墙全无。楼额有三个楼窗高，是个高额砖石座 3×4 眼敌楼。

▶ 河北高额石座 3×4 眼敌楼　古远 摄
河北涞源白石山的 3×4 眼敌楼东西两面各有四个楼券窗，北面有三个楼券窗，南面有一个楼门、两个楼券窗。没有楼室地面砖棱，楼座全部为方石块，楼顶面砖棱有残破。楼顶垛墙还有两角。楼额有三个楼窗高，是座高额石座 3×4 眼敌楼。

第三篇　长城的墩、台、楼

▶ 北京高额石座 3×4 眼敌楼　黄东晖 摄

北京怀柔鹞子峪南的 3×4 眼敌楼。此敌楼东西两面各四个楼券窗，敌楼南北面各是一楼门两楼券窗，南北楼门都有石门柱和压柱石。楼室地面砖棱下的楼座全部为方石块，楼顶面砖棱缺东南角，楼顶垛墙西北两面完好。楼额有两个半楼窗高，是个高额石座 3×4 眼敌楼。

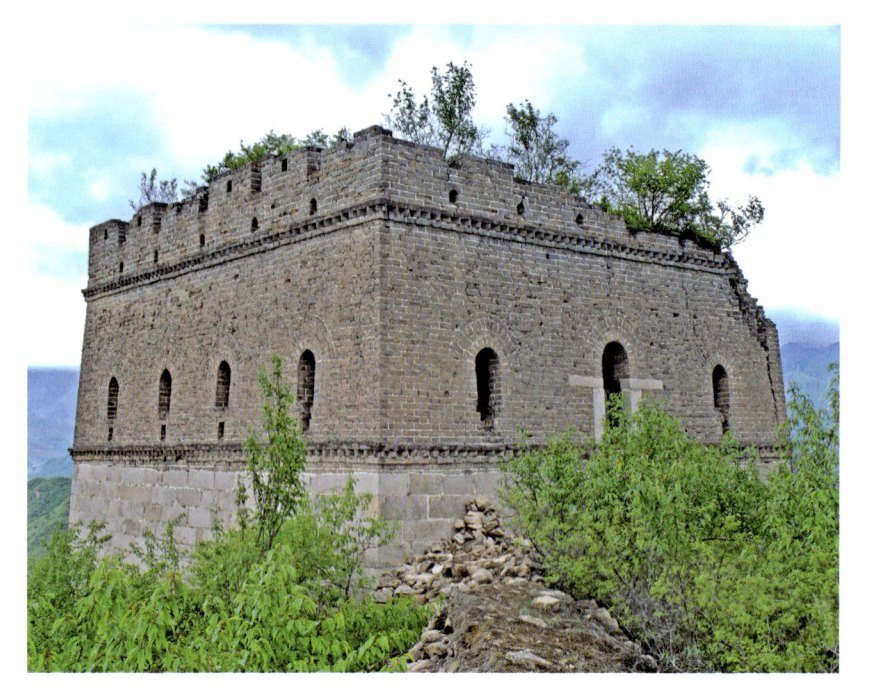

▶ 河北高额石座 3×4 眼敌楼　方　明 摄

河北涿鹿羊圈村北有六座 3×4 眼敌楼，因还有楼匾刻字，得知是"龙字壹号"到"龙字陆号"。此敌楼是"龙字叁号"。东西两面各四个楼券窗，南北两面各是一楼门、两楼券窗。无楼室地面砖棱，楼座全部为方石块，楼顶面砖棱还完整，楼顶垛墙全部无存。敌楼的楼门为石券柱，楼门左右的楼窗亦是石券框，并且在券石下横一石带，这是龙字台长城敌楼的特点。楼额有两个半楼窗高，可以归到高额石座 3×4 眼敌楼。

◀ 河北高额石座 3×4 眼敌楼　方　明 摄

河北涞水蔡树庵的 3×4 眼敌楼是南北两面各有四个楼券窗，东西两面各有一楼门两楼券窗。有楼室地面砖棱，楼座全部为条石块，楼顶面砖棱全部被挖走，楼顶垛墙亦无存。敌楼的楼门为石券柱，楼门左右的楼窗亦是石券框。敌楼的楼额有三个楼窗高，是个高额石座 3×4 眼敌楼。

第9目 中额石座 3×4 眼敌楼

中额石座 3×4 眼敌楼的形态特点其实不大明显。因其楼额有两个楼窗高，不及低楼额的敌楼显得楼券窗醒目，又不及高楼额的敌楼显得有气势。不过中额石座 3×4 眼敌楼楼室高度居中，从审美角度出发，这类敌楼便显得四平八稳。把这些特点不大明显的中额石座 3×4 眼敌楼归拢到一起仔细观察，又可发现分散各地的中额石座 3×4 眼敌楼，其形态在统一之下也有细微的差别。"和而不同"，是长城建筑的一大特点。

▲ 河北中额石座 3×4 眼敌楼 方 明 摄
河北涞源白石山石窝村北的 3×4 眼敌楼。楼座为九层石块，无楼室地面砖棱，敌楼东面楼顶砖棱线下残有砖匾框，十分罕见。这座中额石座 3×4 眼敌楼一定有自己的故事。

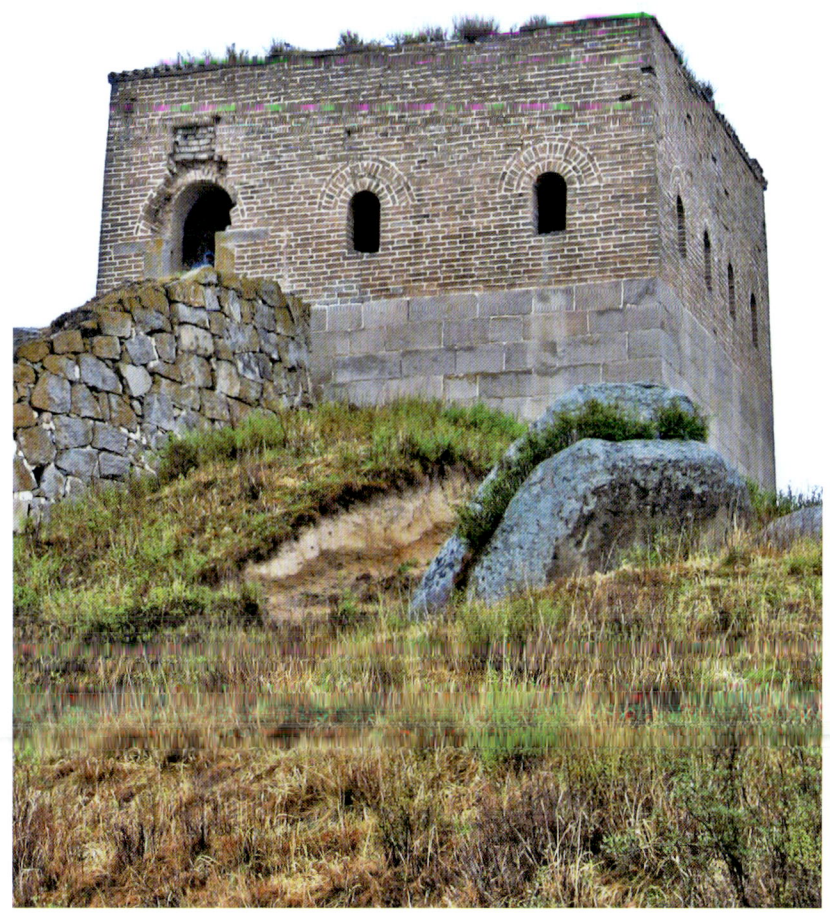

◀ 河北中额石座 3×4 眼敌楼 任树垠 摄
河北涿鹿 3×4 眼敌楼，楼座是十层石块，楼顶垛墙还有几个完好的刹牙。最明显的特点是两个石券楼窗斜下方的小孔开在楼门与楼窗中间。无楼室地面砖棱，楼额有两个多楼窗高，是个中额石座 3×4 眼敌楼。

▲ 河北中额石座 3×4 眼敌楼 山雪峰 摄
河北涞源白石山石窝村北的第二个中额石座 3×4 眼敌楼。整体完好，但楼顶垛墙被拆得干干净净。楼座为六层石块，无楼室地面砖棱，敌楼楼顶砖棱已残破。

第三篇 长城的墩、台、楼

▲ 河北中额石座 3×4 眼敌楼 方 明 摄
河北涞水蔡树庵的 3×4 眼敌楼，与涿鹿县马水的 3×4 眼敌楼样式接近。敌楼东西两面各四个砖券窗，南北两面各是一石框楼门、两个石券楼窗，石券楼窗下偏外各有一小孔，都没有楼顶垛墙。与前一座敌楼不同，此楼有楼室地面砖棱，还是用四层砖顺砌的砖棱。楼座为十一层石块，楼额有两个多楼窗高，是座中额石座 3×4 眼敌楼。

▲ 北京中额石座 3×4 眼敌楼
八达岭水关南的 3×4 眼敌楼。敌楼东西两面各是四个楼券窗，楼窗之间仅一窗之宽。南北两面各是一个楼门和两个砖券楼窗。北楼门上有石匾刻着"川字壹号台"，南楼门无楼匾。此敌楼的楼室外地面石棱为白色条石，楼座全部为方石块。楼顶面砖棱还完整，楼顶垛墙略有残缺。楼额两个半楼窗高，归到中额石座 3×4 眼敌楼。

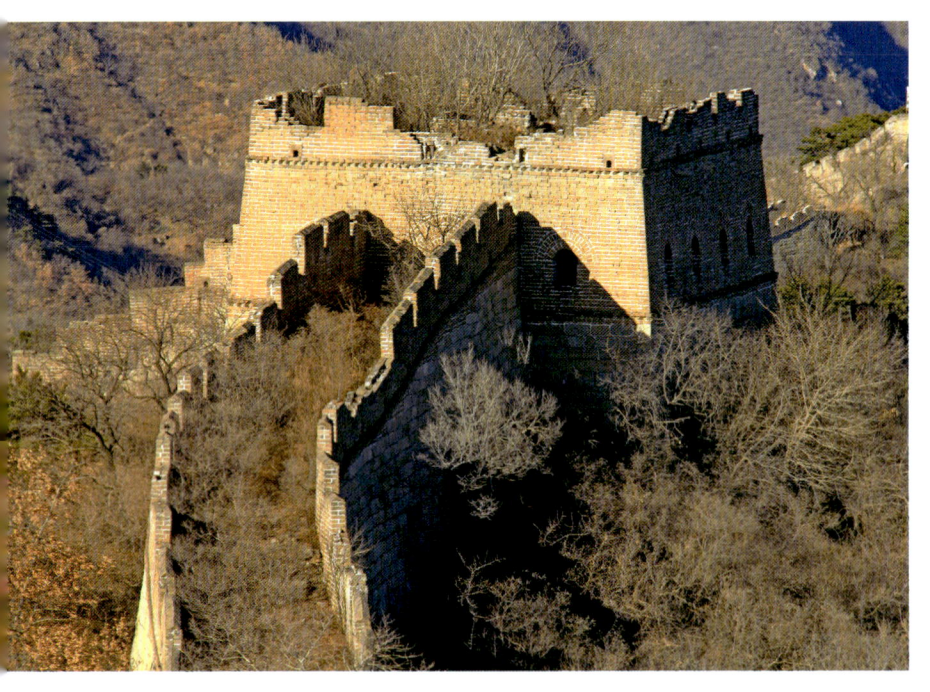

▲ 北京中额石座 3×4 眼敌楼 严共明 摄
此敌楼在慕田峪向南的支线长城上。敌楼东西两个面各是四个楼券窗，南北两面各是一个楼门和两个砖券楼窗。楼顶垛墙部分缺损，楼顶面砖棱完整，楼室地面砖棱也完好。楼为石块砌，楼额有两个多楼窗高，是座中额石座 3×4 眼敌楼。

▶ 河北中额石座 3×4 眼敌楼 龚建中 摄
河北卢龙长城只看到两座中额石座的 3×4 眼敌楼。一座在刘家口关西，敌楼南北两面各四个砖券窗，东西两面各是一个石框楼门和两个砖券楼窗。楼顶垛墙还有完整的垛牙，楼顶砖棱清晰可见，没有楼室地面砖棱。此楼的楼座为五层石块，楼础为两层石块。

第三章　有门有窗的敌楼

第 10 目　低额砖石座 3×4 眼敌楼

前文介绍的低额 3×4 眼敌楼的楼座是纯石料砌成的，楼座与楼室的外表质感不同，也很容易区别。这里要介绍敌楼的楼座由砖石两种材料组成，楼座的上砖与下石各占多少比例并无定数，敌楼楼座外观也因而显得多样，令人感到砖石座的敌楼变化更丰富。低额砖石座敌楼最突出的特点是楼额特别低。而恰恰是楼额的低矮，配合与楼室融为一体的砖石座，这样的敌楼整体产生的视觉观感反而要比石座敌楼要高耸。

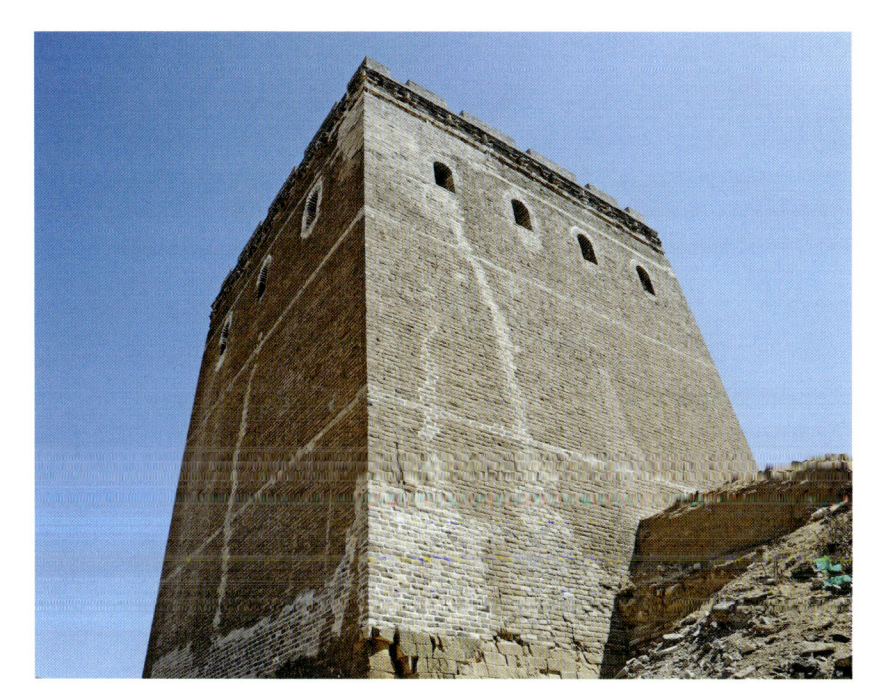

▲ 山西低额砖石座 3×4 眼敌楼　黄东晖 摄
此低额砖石座 3×4 眼敌楼东西两面均是四券窗，北面开三窗，南面则是一砖券楼门和两个砖券窗。敌楼南面距地面近 2 米开一砖券楼门。门上仿木垂花中嵌有石匾，阴刻"镇宁"二字。门内为登楼梯道入口。"镇宁楼"总高近 17 米，是万里长城中最高的敌楼之一，其楼座有四个楼室高，八层为砖砌，占楼座五分之一。楼额仅一个楼窗高。大同市近年修补了该楼的楼室和楼窗。修复前，楼顶砖棱线下有十分罕见的仿斗拱砖刻。

▶ 山西低额砖石座 3×4 眼敌楼　刘钢 摄
山西繁峙韩庄还保留着四座低额砖石座的 3×4 眼敌楼，其中三座都是双扁敌楼。图为"茨字贰拾陆号台"。敌楼御敌面与对内面均开四券窗。接长城的两面则各有一石框楼门居于两窗中。该楼两侧的长城墙体垮塌严重。后人为爬进敌楼，在南楼门下挖了四个脚窝。此敌楼的楼顶砖棱和楼室地面砖棱都很完整。砖石楼座的石砌部分为七层石块，其下为一层石块楼础。该楼的楼额约一个半楼窗高。

◀ 河北低额砖石座 3×4 眼敌楼　王盛宇 摄
河北阜平与山西灵丘交界的群山里还有十多座楼窗完整的敌楼，低额砖石座的 3×4 眼敌楼能看见五座。此敌楼据守在山口河边，能看出楼室地面砖棱和楼顶砖棱，只有一个东楼门，楼门卜本有楼匾，卜刻"茨字拾陆号台"，现在已经被盗挖得只留一残龛。楼座南面条石上有"小蓬莱"石刻大字。在敌楼砖石楼座中仅此一处。

第三篇 长城的墩、台、楼

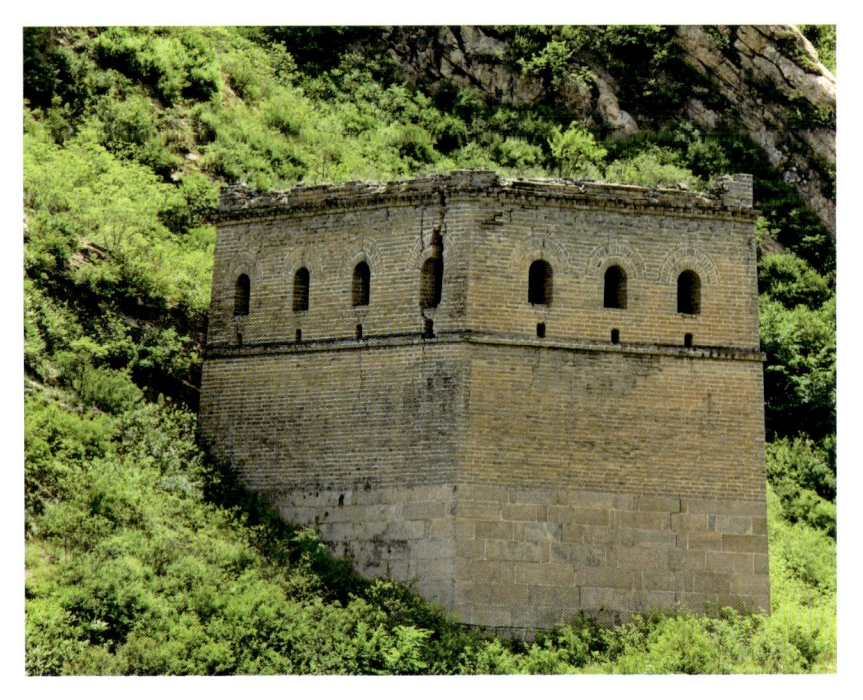

◀ 河北低额砖石座 3×4 眼敌楼　王盛宇 摄
"茨字拾肆号台"在河北阜平邓家庄南山沟里。敌楼南北两面各四个砖券窗，东面一个楼门居两个券窗中，西面足二个砖券窗。楼门上的石匾因风化严重无人理会。楼顶砖棱和楼室地面砖棱都很完整。砖石楼座石砌部分为七层石块，一层石块楼础。楼额才一个楼窗高。

▶ 北京低额砖石座 3×4 眼敌楼　丁 岩 摄
北京密云长城的低额砖石座 3×4 眼敌楼不多。这座敌楼在古北口到金山岭的长城线上，因当地居民和外地游客都不能涉足，其保存完整超过前边介绍的几座低额砖石座 3×4 眼敌楼。楼顶砖棱上的垛墙，每个垛牙都在。楼室地面砖棱上的楼都很完整。楼额才一个楼窗高。唯一不足的是砖石楼座的砖面酥化严重。

◀ 河北低额砖石座 3×4 眼敌楼　钱琪红 摄
迁安冷口关西有一处低额砖石座 3×4 眼敌楼。其顺长城敌楼面有三个砖券窗基本完好，故楼接长城两面各有一个楼门和三个楼窗。楼顶砖棱明显，楼顶垛墙无垛牙，无楼室地面砖棱。楼额不够一个楼窗高，是低楼额中最低的一个敌楼。

▶ 河北低额砖石座 3×4 眼敌楼　马 骏 摄
这座敌楼位于迁西榆木岭关南。敌楼顺长城两面各有四个砖券窗，基本完好。敌楼接长城两面各有一个楼门和两个楼窗，其北楼门被拆成大豁口。可以看出楼顶砖棱，楼顶垛墙有残根，无楼室地面砖棱。楼额才一个楼窗高。砖石楼座以砖为多。

第三章 有门有窗的敌楼

第 11 目 高额砖石座 3×4 眼敌楼

高额砖石座敌楼最直观的判断特征是楼窗离敌楼顶砖棱有三个窗洞高。砖石座敌楼如果没有楼室地面砖棱，会造成错视，令人们对楼窗离楼室地面距离产生困惑，觉得敌楼楼室极为高大，进而推断楼窗内人员也必定身材魁梧，实际上楼窗离楼室地面也就是一个窗洞高。高额砖石座 3×4 眼敌楼的御敌面设置四个楼窗，面宽比标准三个楼窗敌楼大了一号。再加上其楼额高大，所以这个类型的 3×4 眼敌楼在所有的 3×4 眼敌楼里是最气派的。

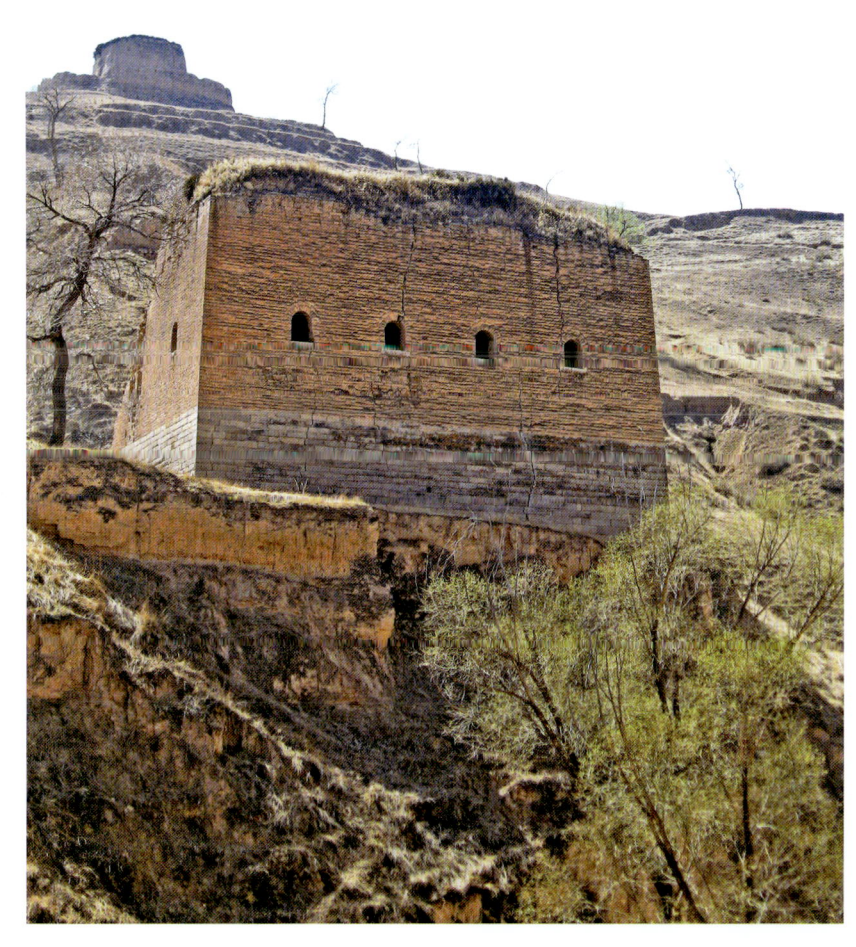

▲ 山西高额砖石座 3×4 眼敌楼　钱琪红 摄
高额砖石座 3×4 眼敌楼在山西长城中只查出一个。1997年"华夏子"考查长城时此楼尚存，小帽楼已毁山，北东南上楼门 其余三面皆四楼窗。楼门上本来有楼匾，上刻"平胡墩"。现在敌楼南半部分垮成一个大洞，从未垮的一面能看出楼额有三个多楼窗高。有楼顶砖棱残迹，无楼室地面砖棱。楼座为砖少石多楼座。

▲ 河北高额砖石座 3×4 眼敌楼　马 骏 摄
河北涞源插箭岭西石城安村边有一座高额砖石座 3×4 眼敌楼。其顺长城敌楼两面各有四个砖券窗，都还完好；挨长城面两面各有一个楼门和两个楼窗。东楼门上有楼匾，上刻"插字伍拾贰号台"。西楼门上无楼匾。楼顶砖棱明显，楼顶垛墙全无，无楼室地面砖棱。楼额有三个楼窗高，也是砖少石多楼座。

◀ 河北高额砖石座 3×4 眼敌楼　钱琪红 摄
河北涞源碾子沟的高额砖石座 3×4 眼敌楼。其顺长城敌楼两面各有四个砖券窗，都还完好；接长城两面各有一个楼门偏靠长城内侧。西楼门上有楼匾残龛，楼门距残墙 4 米。楼顶砖棱明显，楼顶垛墙十分完好，无楼室地面砖棱。楼额有两个多楼窗高，也是砖石楼座。

第三篇　长城的墩、台、楼

▲ 北京高额砖石座 3×4 眼敌楼　吕朝华 摄
北京密云大角峪长城多有损坏，此 3×4 眼敌楼算保存较好的。楼顶垛墙还有半截存留，楼顶砖棱明显，没有楼室地面砖棱。敌楼南北两面是四个楼窗，东面是三个楼窗，西面是一门两窗，楼额达三个楼窗高，是个高额砖石座 3×4 眼敌楼。

▼ 河北高额砖石座 3×4 眼敌楼　吕军 摄
河北秦皇岛箭杆岭关城北山有两座相邻的高额砖石座 3×4 眼敌楼。没有楼室地面砖棱，每个楼窗都有一个石窗台，从不残破的楼窗还能看出楼额有三个多楼窗高。楼顶砖棱还清楚，楼顶垛墙全毁完了。楼座为砖石砌。

▼ 河北高额砖石座 3×4 眼敌楼　张宴 摄
金山岭段长城能数出二十八座楼台。从长城外看 3×4 眼敌楼比从长城内看多几座，因为这些敌楼对内是三个楼窗而对外是四个楼窗，内外都是四个楼窗的只有两座。这是金山岭段长城的大金山楼，只有这座楼的楼额达三个楼窗高，此楼 20 世纪 80 年代修复时重建了楼顶哨房。金山岭长城至今也只给五座敌楼修复了楼顶哨房。

◀ 河北高额砖石座 3×4 眼敌楼　黄东晖 摄
河北涞源乌龙沟较好的高额砖石座 3×4 眼敌楼。楼顶垛墙的垛牙一个不缺。敌楼接长城两面各有一个楼门偏靠长城内侧，楼门上有楼匾残龛。楼顶哨房屋墙基本完整。没有楼室地面砖棱，楼额有三个楼窗高。楼座是砖石楼座。

第三章　有门有窗的敌楼

第12目　中额砖石座 3×4 眼敌楼

中额砖石座 3×4 眼敌楼从楼额看与石座 3×4 眼敌楼一样，二者不同仅在楼室地面砖棱下。石座敌楼即是由石材组成，而砖石座敌楼在楼室地面砖棱下还是砖，也许就几层，也许占多半个楼座。现存的中额砖石座 3×4 眼敌楼总数与现存的低额砖石座 3×4 眼敌楼和高额砖石座 3×4 眼敌楼总数之和差不多，至少说明中额砖石座敌楼在 3×4 眼敌楼里是常态。

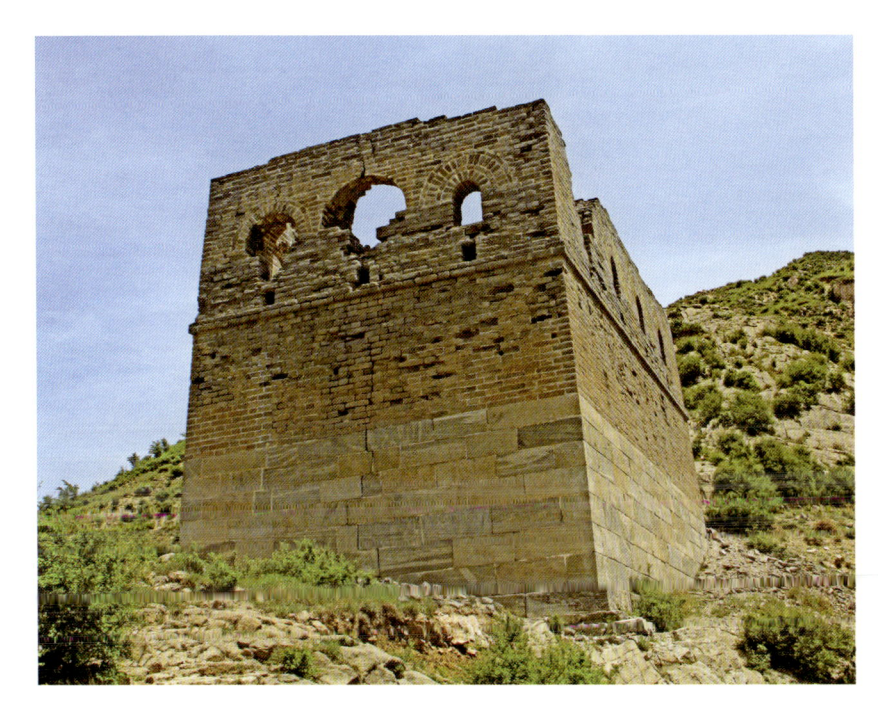

▲ 山西中额砖石座 3×4 眼敌楼　山雪峰 摄
山西灵丘下关乡潘铺村南，一座楼顶垮完的敌楼。砖石座极完好，楼室地面砖棱也极完好。敌楼截面为长方形，宽的面都是四个砖券窗，一个窄面是三个砖券窗，另一窄面是一个楼门居两个楼窗中。楼顶砖棱已模糊，楼额还有两个楼窗高。

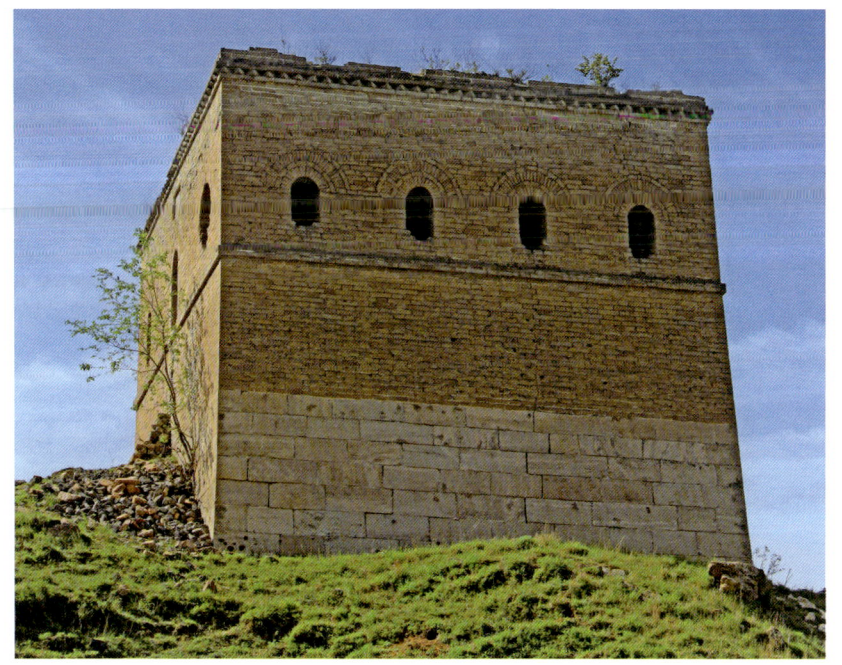

▶ 山西中额砖石座 3×4 眼敌楼　王盛宇 摄
此楼在山西灵丘龙须台村南。敌楼南北两面都是四个砖券窗，东面为一个楼门居两个砖券楼窗中，西面是三个砖券楼窗。敌楼东楼门上有一个楼匾刻着"茨字叁号台"，楼门下有塌垮的石台阶。楼室地面砖棱极完好，楼顶砖棱尚完好，楼顶垛墙有残根，楼额有两个楼窗高，砖石楼座保存完好。

▶ 山西中额砖石座 3×4 眼敌楼　马骏摄
山西灵丘荞麦茬村南有五座敌楼，其中四座为中额砖石座 3×4 眼敌楼。图为"插字伍拾号台"和"插字伍拾壹号台"。敌楼御敌面与对内面各有四个完好的砖券窗，接长城的两面各有一门居干两个砖券楼窗中。敌楼北面的楼门上有楼匾。楼顶砖楼明显，却无楼室地面砖棱线。楼额有两个多楼窗高。

265

第三篇 长城的墩、台、楼

▶ **河北中额砖石座 3×4 眼敌楼** 黄东晖 摄
河北涞源七亩地长城和山西灵丘荞麦茬长城在明朝归属一个防区，敌楼楼匾都是按"插字"号编排。图中 3×4 眼敌楼的西楼门上有楼匾，刻着"插字肆拾肆号台"。楼室地面砖棱和楼顶砖棱明显，楼顶垛墙多数完好，楼额有两个多楼窗高，楼座也是砖石楼座。

▲ **河北中额砖石座 3×4 眼敌楼** 任树垠 摄
河北涿鹿马水的 3×4 眼敌楼，顺着长城的两面都是四个楼窗，接长城的两面为一门两窗，门窗都用石料做框，并在门窗石框上雕刻了花纹。楼顶垛墙上的垛孔亦嵌入石框，但现在都被后人挖出了，垛孔成为残洞。楼室地面砖棱和楼顶砖棱完好，楼额有两个多楼窗高，砖石楼座几乎是石砌。

▲ **北京中额砖石座 3×4 眼敌楼** 岳华 摄
北京密云北石片的 3×4 眼敌楼是北京明长城存留最完整的敌楼。其楼南面和楼北面都是四个楼窗，楼西面三窗，楼东面为一门两窗。楼顶哨房罕见地存留下来，楼顶垛墙多数完好。楼顶砖棱完好，无楼室地面砖棱，楼额有两个楼窗高，楼座也是砖石楼座。北京密云文物相关部门近年加固维修了此敌楼。

▶ **北京中额砖石座 3×4 眼敌楼** 丁欣 摄
司马台长城是北京市密云区长城最称奇的一段，北京市文物局在 20 世纪 80 年代加固维修了此段长城。此 3×4 眼敌楼横截面为长方形。窄面三窗，间距小；宽面四窗，间距大。楼顶垛墙半数修复，楼顶砖棱完好，无楼室地面棱。砖石楼座极高，楼额不足两个楼窗高。

266

第三章 有门有窗的敌楼

◀ 河北中额砖石座 3×4 眼敌楼　马　骏 摄
河北迁西城子岭北的 3×4 眼敌楼，因附近都是 3×3 眼敌楼，对比之下此楼立刻显得大了一些。此 3×4 眼敌楼的楼顶垛墙已无，楼室木梁柱结构已毁，无顶，只外墙基本完整。顺着长城的两面都是四个楼窗，连接长城的两面为一门两窗。楼顶砖棱痕迹清楚，没有楼室地面砖棱。楼额接近两个楼窗高，砖石楼座以砖砌为主。

▼ 河北中额砖石座 3×4 眼敌楼　马　骏 摄
河北迁西榆木岭南的 3×4 眼敌楼，顺着长城的两面都是四个楼窗，连接长城的两面为一门两窗，但都被后人挖凿变成了破洞。楼顶垛墙还有残根，楼顶砖棱痕迹清楚，没有楼室地面砖棱。因楼窗券破，估计楼额有两个楼窗高。砖石楼座以砖砌为主。

▼ 北京中额砖石座 3×4 眼敌楼　刘青年 摄
北京密云墙子路关北长城比关南长城保存得好。此为关南唯一还完整的 3×4 眼敌楼。敌楼东西两面都有四个楼窗，南北两面都是一门两窗。楼顶垛墙还有残垛牙，可以看出楼顶砖棱，没有楼室地面砖棱。砖石楼座的石块不大规则。

▶ 辽宁中额砖石座 3×4 眼敌楼　刘民主 摄
辽宁虎山长城是明长城东起点，为近几年开发修复的。据 1985 年辽宁省博物馆考古队的考察报告，辽宁省东部没有发现一处明代还有门有窗的敌楼遗存。虎山长城遗址考察没有发现砖头遗存，证明虎山长城当初建筑材料为石材。如今虎山长城不光有砖石砌的墙，还有砖石砌的楼。此 3×4 眼敌楼样式参照了北京市慕田峪的 3×4 眼敌楼。八达岭的 3×4 眼敌楼为低额石座，楼窗间隔为一个窗宽。慕田峪的 3×4 眼敌楼多是中额砖石座，楼窗间隔为两个窗宽，最特殊的是楼顶垛墙上垛孔至少有高低两排。虎山长城新修的 3×4 眼敌楼粗看和慕田峪的一样，楼顶垛墙就不及慕田峪敌楼垛墙精致了。虎山长城砖石楼座极具特色，用不规则的石块砌出平整墙面，这点在别处很少见到。

267

第13目 3×5眼敌楼

3×5眼敌楼的存在不像3×3眼敌楼那样普遍和连续，也不似3×4眼敌楼，还能看到上百座。这类敌楼御敌面能开五个楼窗，在长城敌楼中属于体量特大的。2×5眼敌楼现存数在二十五座以上，而3×5眼敌楼笔者却只见过十六座。河北涞源县长城敌楼众多，却只有一座3×5眼敌楼。秦皇岛长城只在界岭口有两座3×5眼敌楼。北京密云长城上有五座3×5眼敌楼，而怀柔营北沟到大榛峪一带的长城上集中了八座3×5眼敌楼。

▲ 河北涞源的3×5眼敌楼　黄东晖 摄

河北涞源天桥村北有一座3×5眼敌楼，南面为三窗，北面为一门二窗，西面为五窗，东面为一门四窗，楼门在四窗南端。此敌楼所处山梁较低位置，砖石楼座，有楼顶面砖棱线，没有楼室地面砖棱。楼门上有匾额的残龛，按说此楼当年应有编号或楼名。楼额有两个多楼窗高，是个高楼额砖石座3×5眼敌楼。

▲ 北京怀柔的3×5眼敌楼　钱琪红 摄

北京怀柔大榛峪村3×5眼敌楼。此楼东面一门居两窗中，西面为三窗，北面为五窗，南面一门四窗。楼顶垛墙基本完整，有楼顶砖棱线和楼室地面砖棱。楼额有两个楼窗高，砖石楼座以石为主。

▼ 北京怀柔的3×5眼敌楼　寇力香 摄

旺泉峪长城有四座3×5眼敌楼，并不是紧挨着，而是隔两三座3×3眼敌楼建一个。也许还有，但已垮掉不好辨认了。在旺泉峪北山上的3×5眼敌楼，楼南北面各为五窗，东西面都是一门居两窗中，门窗都完整。楼顶有砖棱线和残存的垛墙根，楼室地面砖棱清楚。楼额为两个楼窗高，石砌楼座。此敌楼在2013年被北京市怀柔区响水湖景区修复。

第三章 有门有窗的敌楼

▶ 北京怀柔的 3×5 眼敌楼　高光宇 摄

沿长城东上为旺泉峪最东头的 3×5 眼敌楼。此楼最大的特点是向南有两个很长的水嘴，十分醒目。楼顶垛墙完好，楼顶哨房山墙尚存，东西两个楼梯口各保留了梯口小屋和小券窗，从高处看，此楼顶如同一个有正房和东西厢房的小四合院。敌楼的楼顶砖棱线和楼室地面砖棱都很清楚。敌楼每个楼窗都有一个石窗台。

◀ 北京怀柔的 3×5 眼敌楼　曾傲雪 摄

从上个楼向东过四个楼（一个完好，两个残座，一个半垮）是旺泉峪第二座 3×5 眼敌楼。此楼垛墙东面有五个完好的垛牙，样式完全一样。此楼的特征是南面五窗上，楼顶砖棱线的两个石水嘴齐根断掉。楼中心室顶完好，楼梯在北环廊与楼室的小券里，朝西上楼顶。这是个中楼额石楼座 3×5 眼敌楼。

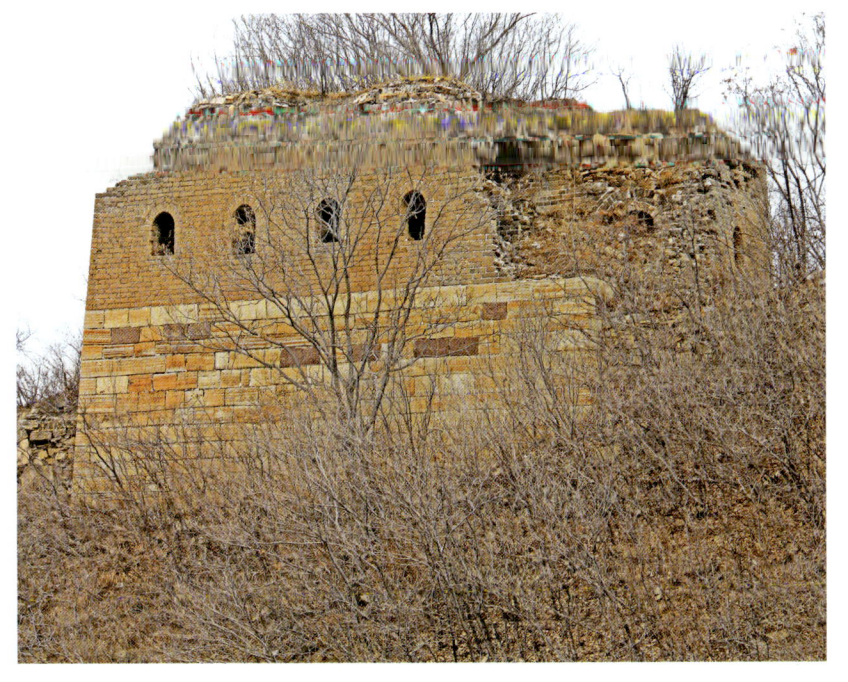

▶ 北京密云的 3×5 眼敌楼　张 骅 摄

密云长城第三座 3×5 眼敌楼在黄岩口北山梁上，是北京长城中最东边的 3×5 眼敌楼。这里山势起伏较大，敌楼可以落脚的施工地面并不宽裕。此敌楼以东长城上多是 3×3 眼敌楼（有一处 3×4 眼）。而这一线前后十几里就这么一座 3×5 眼敌楼。此楼向北（对内）五窗尚完整，向西一门两窗，楼门居中。向东一面全毁，门窗均不可辨认。楼南靠西四窗还在，东头这一窗与东面一齐被毁。石楼座上没有楼室地面砖棱线，楼室顶损坏较重，楼顶砖棱线不可辨认。

269

第三篇 长城的墩、台、楼

▲ 河北迁西的 3×5 眼敌楼 严秋白 摄

河北迁西的青山口水关北两座 3×3 眼敌楼后有一处仅存两面楼室壁的 3×5 眼敌楼。敌楼骑墙而建，南面一个楼门居两个楼窗中，楼门顶稍矮于楼窗顶。楼东面墙还完整，五个楼窗，分下三上二错开排列。楼室的北面、西面墙均垮掉，从敌楼北面看，此楼如同一个四面只存两面的破盒子。楼座为砖砌，楼顶砖棱线还依稀可辨，顶垛墙也仅留残根。此楼虽残存，但样式和与之邻近的敌楼均不相同，内部结构也不是砖券构造而是木柱木梁构造。

▲ 北京密云的 3×5 眼敌楼 丁 岩 摄

北京密云长城中，只见到三座相隔甚远的 3×5 眼敌楼。其一是龙峪沟西的 3×5 眼敌楼。此楼为砖多石少的楼座，无楼室地面砖棱线，但有楼顶面砖棱线和部分楼顶垛墙。敌楼向长城外一面有五个楼窗，敌楼向长城内一面有三个楼窗。此楼最大特点是楼额超高，有三个楼窗之多，高楼额的特征十分明显。

▶ 河北秦皇岛的 3×5 眼敌楼 吕 军 摄

河北秦皇岛界岭口东有一座可以辨认的 3×5 眼敌楼。此楼北面还完整，不仅五楼窗俱在，五窗之上有楼顶砖棱线，楼顶垛墙也还保留了四个垛牙，垛牙下还有垛孔。但从敌楼南面看，此楼室南墙塌损，露出楼室拱券。楼室西也破豁，楼门不存，仅剩两窗。楼东面可见一个楼门和两个楼窗。没有楼室地面砖棱线，此楼为高楼额砖石楼座 3×5 眼敌楼。

◀ 河北迁西的 3×5 眼敌楼 张 骅 摄

河北迁西冷口关的西坡有一座砖券构造的 3×5 眼敌楼。楼顶哨房三面墙还在，此楼东面（对外）为五个券窗。西面为四个券窗，少一个窗的位置里是楼梯。楼南北两面各为一门两窗，楼门均偏西（靠在长城里一侧）。此楼最大的特点是楼窗券为三券三伏，是工艺上最讲究的，一般楼窗券多为一券一伏。楼门为石框、石券，但石券之上也有两券两伏砖券。楼额有三个窗高。楼顶砖棱线和楼顶垛墙被扒毁不见踪迹，无楼室地面砖棱线，是个高楼额石楼座 3×5 眼敌楼。

第三章　有门有窗的敌楼

第14目　3×6眼敌楼

　　修建体量巨大的3×6眼敌楼，究竟是军事防御需要，还是官制排场需要？应由考古专家来解答。从形态遗存的角度去观察，所谓的3×6眼敌楼往往只是敌楼御敌面开六个楼窗，而其楼室长宽与八达岭的3×4眼敌楼大小相同。从留存数量上看，3×3眼敌楼有近四百座，而3×4眼敌楼有近一百五十座，3×5眼敌楼有十六座，3×6眼敌楼目前仅统计出七座。

◀ **北京延庆的3×6眼敌楼**　吕　军 摄

从怀米陈家堡东的3×6眼敌楼到八达岭长城之间有众多敌楼，大多为1×4眼或3×3眼。只有八达岭长城景区修制高点上的北八楼是一座3×6眼敌楼。此楼只有一个西南楼门，门居两窗之中。而与之相邻两面都是六个券窗，与西南门相对的东北面为三个券窗。此楼有一个巨大的石台为楼础，楼座为砖石座。楼身有两道砖棱线。楼窗也都采用两券两伏券，经过修复，楼顶垛墙和垛孔非常完整。此楼再向东北有早期石砌简单的石墙。

▲ **河北怀来的3×6眼敌楼**　黄东晖 摄

陈家堡的3×6眼敌楼是明长城上现存的七座3×6眼敌楼中最靠西的一个。此楼御敌面设六个楼窗。与之相背的北面，对长城内侧为四个楼窗。此楼基础巨大，宽出楼座近1米，令人印象深刻。此楼楼窗为两券两伏，楼额仅一个窗高，属于低楼额，楼室地面棱际线与楼顶砖棱线保存完好。

▶ **北京延庆的3×6眼敌楼**　陈小莹 摄

八达岭水关长城南坡上的3×6眼敌楼一直保留着原来的面貌。前几年为分担八达岭游客拥挤的压力，水关长城做了修补后开放售票，这座3×6眼敌楼的垛墙得此机会修复。从楼窗券伏层数到楼额高矮大小，修复时未做改动，但垛墙与八达岭北八楼的不大一样。

271

第三篇　长城的墩、台、楼

▲ 河北滦平的 3×6 眼敌楼　丁　岩 摄

金山岭这座 3×6 眼敌楼是东边横着一排开了六个楼窗。楼北三券窗，楼南一门两窗。楼西面本应为六个券窗，但实际竟然是一门两窗。如此一来，这座敌楼只能从东北方向观察，才能算是 3×6 眼敌楼。此楼身有两道砖棱线，砖石楼座低楼额，内部结构为木柱木梁构造。

▲ 河北秦皇岛的 3×6 眼敌楼　马　骏 摄

在河北秦皇岛梁家湾山谷沟底还有一座 3×6 眼大敌楼。因秦皇岛长城有四座 2×6 眼敌楼，这座 3×6 眼敌楼从窗数上超过了那四座，但其实也只是在御敌面开了六个券窗。此楼对内的楼面才开三个券窗。这是内外有别的典型例证。此楼西面窗门俱毁，成豁口状。东面一门两窗，楼门靠长城内一侧。在此楼东向背牛顶方向的敌楼都是 3×3 或 2×2 眼，向西有两座 2×5 眼大敌楼。从位置上看，此楼有镇守山口之重任，所以向敌的楼面开了六个券窗，以突出其重要性。

▲ 辽宁绥中的 3×7 眼敌楼　熊启瑞 摄

九门口长城有一座新修复的 3×7 眼敌楼。敌楼内为木柱木梁结构。敌楼对长城外一侧楼室开下四上三两排楼窗，敌楼接长城一面为一门楼两楼窗。修复的楼顶垛墙下修复了楼顶砖棱线，但没修复楼室地面砖棱线。楼座为砖砌座，所用砖与楼室的砖不同。这座九门口长城砖楼座 3×7 眼敌楼的修复者用心良苦。

▶ 河北秦皇岛的 3×7 眼敌楼　吕　军 摄

3×7 眼敌楼在长城修建历史中确有为数不多的样本存留至今，就在河北秦皇岛石碑沟西坡。该敌楼四面楼顶垛墙多数完好，楼顶砖棱线完整，没有楼室地面砖棱线，楼座为石砌座。严格来说此处应再为 3×7 眼敌楼单设一目，但因这类敌楼实在太少，只能附带提到。

第 4 节　单面四眼敌楼

前面在介绍有门有窗的敌楼时，单面一眼敌楼中有 1×4 眼敌楼（发现六座），单面二眼敌楼里有 2×4 眼敌楼（发现三十五座），单面三眼敌楼里有 3×4 眼敌楼（发现一百四十五座）。这些楼室御敌面有四个楼窗的敌楼，其相邻两面都少于四个楼窗。本节介绍的四眼敌楼则是御敌面与相邻侧面均开四个楼窗。

在实际遗存的敌楼数量关系中，楼窗也是一条比对线索。1×1 眼敌楼发现了十二座，2×2 眼敌楼现存二十一座，3×3 眼敌楼有近四百座，而 4×4 眼敌楼笔者看到了七十多座，数量上远逊于 3×3 眼敌楼，甚至还不如 3×4 眼的数目。这说明在敌楼券窗数设置上，3×3 眼使用率最高，其次是 3×4 眼，4×4 眼位列第三，而 2×4 眼排第四位。在建筑空间允许的情况下，保证御敌面楼窗数量与驻兵使用的便利性之间的平衡，似乎是修建者的重要考量。

4×4 眼敌楼在河北涞源塘子沟到天桥村有最密集的分布。十四座敌楼除一座是 3×6 眼敌楼外，余下都是 4×4 眼敌楼或小 4×4 眼敌楼。

◀ **河北涞源的 4×4 眼敌楼**　山雪峰 摄

4×4 眼敌楼在长城上很少连续出现。这是河北涞源天桥村北第一座 4×4 眼敌楼，敌楼跨长城而建，对长城内、外两面都是四个楼券窗。连接长城的两面都是一个楼门和三个楼券窗。敌楼四面门窗总数达十六个。砖石楼座上无楼室地面砖棱线，楼顶砖棱线完好。有部分楼顶垛墙，敌楼门窗大都保持完整。

▲ **陕西神木的小 4×4 眼敌楼**　罗　宏 摄

陕西神木新修复的 4×4 眼敌楼有石垒基座加垛墙的围堡。敌楼东、西、北三面各四个券窗，面南为一楼门居两窗中，楼门下有一个 3 米高的附台。附台有梯道向东下，通向围堡的小堡门。围堡的堡墙顶和敌楼顶都砌了垛墙。也许是陕西长城墩楼旧有的垛墙十分罕见，所以后补修的墙墩楼的垛墙缺乏历史依据参照。垛牙与垛口同宽，与历史遗留的垛牙与垛口差别太大。

第1目 小4×4眼敌楼

理论而言，若是4×4眼敌楼，其楼窗总数应该为十六个。然而实际考察中发现，此类敌楼中，有的面对长城内侧却是一门两窗，造成其四面门窗总数为十五个。这种敌楼从长城外观察，仍是4×4眼，但转到长城内侧看，就应按三眼敌楼来划分。可这种敌楼又与3×4眼敌楼不完全一样，标准的3×4眼敌楼四面门窗总数不超过十四个。所以把这种面向长城内开一门两窗，其他三面都有4个楼窗的敌楼称为"小4×4眼敌楼"。

▲ 陕西神木的小4×4眼敌楼　李远鹏 摄

陕西神木水头沟"花墩"为神木市文物相关部门定名的一座4×4眼敌楼。敌楼主体完整，楼门下的附台残破，楼顶垛墙全无。宝贵的是敌楼顶垛墙根下每面有五个由深至浅的窝槽。这种敌楼顶垛墙根的建筑布设为陕西明长城特有，北京、河北保存再完整的敌楼也未曾出现过。此楼位于山梁上，夯土墙围堡之中。左右相邻的墩台各数出十个，均找不到有楼窗的，所以这就成了神木明长城仅有的五座敌楼之一。此楼三面为四个券窗，一面一楼门居两窗中。

▲ 陕西府谷的小4×4眼敌楼　罗 宏 摄

陕西府谷新民镇龙王庙村的小4×4眼敌楼，应是陕西明长城中保存最完整的敌楼了。此楼东面楼门下附台三面砖墙完整。附台出口小券门仍可通行，券道顶尚存。附台和敌楼顶的垛墙无存，敌楼顶沿四面各有五个窝槽，仍全部保留。敌楼各面楼券窗基本完好，只有楼门的门框石被拆走了。此楼北有围堡残墙，相邻墩台多为土筑。

▶ 山西灵丘的小4×4眼敌楼　刘 钢 摄

从府谷向东要再寻到小4×4眼敌楼，就得到山西东部的灵丘县了。在独峪乡牛帮口村，本来有四座完好的小4×4眼敌楼，20世纪50年代为了修路毁掉了"茨字拾玖号台"，现存三座。此敌楼在沟底河滩边上。敌楼南面是一门两窗，门上有一石匾，刻着"茨字拾捌号台"，另外三面均是四个券窗。楼顶垛墙大多完整，楼础石砌，楼座下石上砖，此楼身有两道砖棱线。

第三章 有门有窗的敌楼

▼ 河北涞源的小 4×4 眼敌楼　马　骏 摄
在涞源白石山长城上有一座近几年修补过的小 4×4 眼敌楼。敌楼位于长城外，不与长城墙体相连接。敌楼御敌的三个面各有四个券窗，面向长城的一面是一门居两窗中。楼门上有楼匾残砖龛，楼匾已不见踪影。楼额有两个多窗高。有完整的楼顶砖棱，却无楼室地面砖棱。楼座为砖石座，此楼是个小 4×4 眼敌楼。

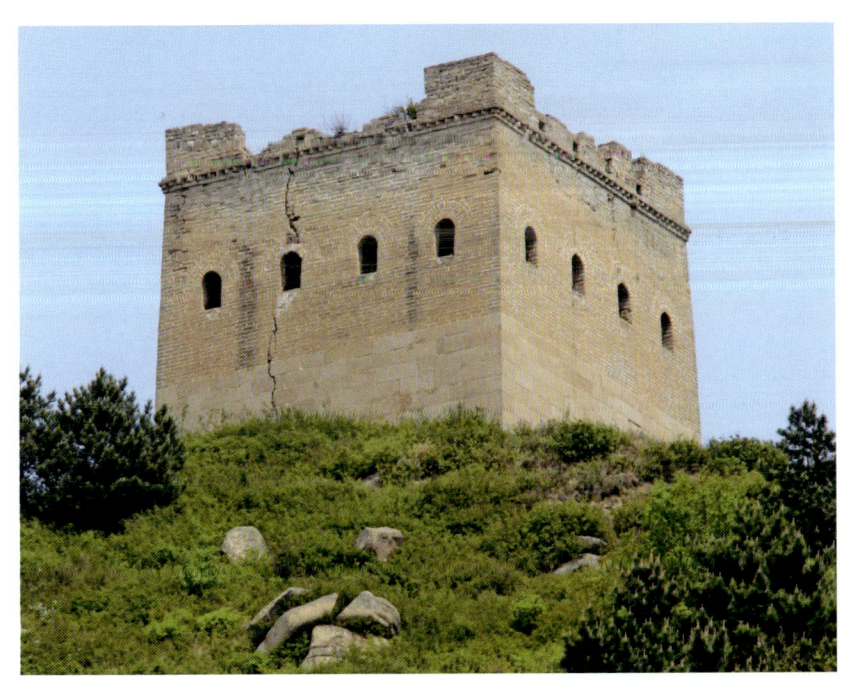

▲ 山西灵丘的小 4×4 眼敌楼　黄东晖 摄
从牛帮口"茨字拾贰号台"向西，山梁上有两座更完好的敌楼，楼门上均有石匾，低处的为"茨字贰拾号台"，高处的为"茨字贰拾壹号台"。两楼楼顶垛墙均十分完好。低处的"茨字贰拾号台"四个券窗之间的距离大于券窗到楼角的距离。而本图中的"茨字贰拾壹号台"的券窗间距小于券窗到楼角的距离。另外，"贰拾号台"属于低楼额，而"贰拾壹号台"的楼额却有两个多楼窗高，属高楼额。

▼ 河北涞源的小 4×4 眼敌楼　曾傲雪 摄
河北涞源隋家庄长城向东是塘子沟长城。塘子沟西坡有个小 4×4 眼敌楼。敌楼顺长城的两面都是四个楼窗，敌楼接长城的东面是四个楼窗，西面一个楼门两个楼窗。敌楼四面门窗总数为十五个。有楼顶砖棱线残迹，无楼室地面砖棱线，是个高楼额、石楼座、小 4×4 眼敌楼。

▼ 河北涞源的小 4×4 眼敌楼　马　骏 摄
河北涞源石城院村西山梁上有一座相当完好的小 4×4 眼敌楼，不光是东、四、北三面的所有券窗完好，楼顶垛墙完好，楼身上两道砖棱线亦完好。每个垛牙上三个"品"字布阵的垛孔，垛牙下的垛孔也都十分完好。楼门上的门匾清楚地指明，此楼为"插字贰拾玖号台"。

275

第三篇　长城的墩、台、楼

▲ 北京门头沟的小 4×4 眼敌楼　郑　严 摄

北京明长城长六百多公里，敌楼八百多座（《明长城通览》），从 1×1 眼到 9×9 眼式敌楼都有，但 4×4 眼的敌楼不超过十四座。在门头沟区洪水口村，长城沿山沟筑有两座小 4×4 眼敌楼。靠南边的敌楼较完整，垛墙虽然全无，楼顶砖棱还完整。敌楼三面各有四个楼窗，楼东面只有一个楼门两个楼窗。楼门上石匾刻有"沿字拾贰号台"。

▼ 河北涿鹿的小 4×4 眼敌楼　孟新民 摄

涿鹿羊圈村的六座敌楼里三座保留有楼匾，分别是"龙字壹号台""龙字贰号台"和"龙字伍号台"。此楼匾已缺失，但可推算出是"龙字肆号台"。座是大条石砌，无楼室地面砖棱线。楼窗券下还横一圈石带。敌楼三面开四个楼窗，一面开一个楼门两个楼窗。敌楼四面门窗总数为十五个，是个小 4×4 眼敌楼。

▲ 河北涞源的小 4×4 眼敌楼　孟新民 摄

河北涞源瓦窑梁长城有座小 4×4 眼敌楼。敌楼的西面和南面都是四个楼窗。敌楼北面接长城有一个楼门和三个楼窗，东面接长城是一个楼门两个楼窗。敌楼四面门窗总数为十五个。石匾座无楼室地面砖棱线，楼室顶西面有一个石水嘴。这是个高楼额小 4×4 眼敌楼。

▼ 北京门头沟的小 4×4 眼敌楼　孟新民 摄

北京门头沟黄草梁长城有六座敌楼，其中只有一座是小 4×4 眼敌楼。此楼紧挨着的 3×4 眼敌楼有楼匾，刻有"沿字拾号台"，推测此楼应为沿字拾壹号。敌楼骑墙而立，敌楼接长城的南面无楼门，开四个楼窗，敌楼北面开一楼门两楼窗，顺长城的两面都是四个楼窗。

第三章 有门有窗的敌楼

◀ 北京门头沟的小 4×4 眼敌楼　孟新民 摄
北京门头沟沿河口村沟口东西各有一座 4×4 眼敌楼。东楼之完好为北京长城少见。此楼唯一的楼门位于敌楼北面，上有一石匾，刻着"沿字肆号台"五个大字。此楼东面四个券窗之上、楼顶砖棱之下还有一块石匾，同样刻着"沿字肆号台"。可能在设计时是骑墙楼，有两个楼门，需做两块楼门石匾，但实际施工盖楼时只砌了一个楼门，多出的一块匾就砌在楼窗之上了。

▶ 河北滦平的小 4×4 眼敌楼　吕　军 摄
在金山岭长城库房楼北坡，长城沿山脊向北延伸出一条支线。此支线长城还建了两座敌楼和一个墩台。金山岭管理处定名南边的敌楼为"敌楼子"，即本文介绍的这座。敌楼内部原应是木柱、木梁结构，修复时只保留了楼室内地面的柱础。此楼北面、西面、东面均有四个楼窗，南面是一门两窗。敌楼四面门窗总数有十五个，是座小 4×4 眼敌楼。

◀ 北京怀柔的小 4×4 眼敌楼　姚　磊 摄
慕田峪长城上的敌楼多是 3×4 眼敌楼和 3×3 眼敌楼，小 4×4 眼敌楼只有这一个。这个楼建在主线长城之外，从主线长城专为此楼筑一支线。因其探身主线之外，应称其为出墙楼。此楼与支线相连的一面为一个楼门，左右各一个楼窗。其余三面，每面皆为四个楼券窗。因近年修补过，楼窗、楼顶垛都十分完好。

第 2 目　正 4×4 眼敌楼

正 4×4 眼敌楼与小 4×4 眼敌楼只有"一窗之别",前者门窗总数为十六,而后者的总数是十五。从长城内侧看,小 4×4 眼敌楼位于主墙外,靠一道伸出的支线墙与主墙连接。小 4×4 眼敌楼对长城内是一门两窗,且只有一个楼门,另外三面各有四个楼窗。正 4×4 眼敌楼四面门窗的总数有十六个。敌楼骑在长城主墙上,楼室有两个楼门,开在与长城连接的面上。一个敌楼一面有一个楼门和三个楼窗,相邻两面各有四个楼窗,这是正 4×4 眼敌楼的特征。

▲ 内蒙古的正 4×4 眼敌楼　吕　军　摄
山西与内蒙古交界的清水河县板申沟村有座大敌楼,楼四面每面都有四个用条石做窗框、筑成方形的楼窗。此楼下大上小收分比较明显,四个楼角斜度让人感觉如同一个扣着的斗。四角残存高 2 米多的垛墙,也是别处难得一见的。敌楼的楼座有两个楼室高,为砖石楼楼座。敌楼骑长城夯土墙而建,于长城内还有半圈堡墙与长城相连,使敌楼安全系数提高。

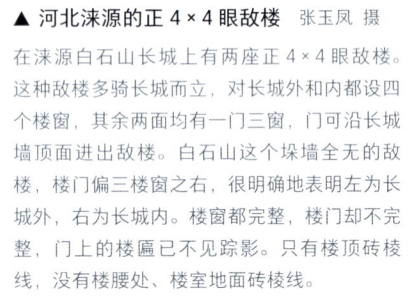

▲ 河北涞源的正 4×4 眼敌楼　张玉凤　摄
在涞源白石山长城上有两座正 4×4 眼敌楼。这种敌楼多骑长城而立,对长城外和内都设四个楼窗,其余两面均有一门三窗,门可沿长城墙顶面进出敌楼。白石山这个垛墙全无的敌楼,楼门偏三楼窗之右,很明确地表明左为长城外,右为长城内。楼窗都完整,楼门却不完整,门上的楼匾已不见踪影。只有楼顶砖棱线,没有楼腰处、楼室地面砖棱线。

▶ 河北涞源的正 4×4 眼敌楼　山雪峰　摄
正 4×4 眼敌楼在长城上很少连续出现。在河北省涞源县天桥村北有十座正 4×4 眼敌楼连续屹立在长城上,成了河北省长城独特的一处。

第三章 有门有窗的敌楼

▶ **河北涞源的正 4×4 眼敌楼** 梁汉元 摄
涞源天桥村西的 4×4 眼敌楼四面门窗总数为十六个。此楼有一个完整的石砌楼座，为九层方整的块石，却没有楼室地面砖棱线，楼顶砖棱基本完好。两个石头加工排水嘴被毁，楼顶垛墙全无。

◀ **河北涞源的正 4×4 眼敌楼** 张玉凤 摄
涞源隋家庄南的 4×4 眼敌楼完好程度在别处少见。楼面无损，楼垛无缺，两个水嘴及门窗都完整。有楼顶砖棱线，无楼室地面砖棱线。这是个高楼额砖石座正 4×4 眼敌楼。

▶ **河北涞源的正 4×4 眼敌楼** 黄东晖 摄
从涞源浮图峪关到小河村北，长城只有五座敌楼。有一处仅为残单面墙，上有三个券窗。离村最近的 3×3 眼敌楼大体完整。余下三座都是 4×4 眼敌楼，离公路村庄都很近，能保存下来实在不容易。此敌楼砖石楼座完好，无楼室地面砖棱线，高楼额楼顶砖棱上有垛墙残根，两个石头水嘴基本完整。

279

第三篇　长城的墩、台、楼

▶ **河北涞源的正 4×4 眼敌楼**　张玉凤 摄
河北涞源潘家铺这座 4×4 眼敌楼四面门窗总数为十六个。敌楼东西两面是四个楼窗，南北两面是一个楼门三个楼窗，楼门偏靠长城内侧。无楼室地面砖棱，楼额有三个楼窗高，砖石楼座。敌楼南门遭到毁坏，东楼座砖面被人凿了六个砖窝。有楼顶砖棱及完整的垛墙，是正 4×4 眼敌楼中的少数。

▶ **河北涞源的正 4×4 眼敌楼**　严共明 摄
河北涞源杨家庄长城现状（左）比当年沙飞先生拍摄长城抗战系列时毁坏了不少，较完整的 4×4 眼敌楼仅能找到四座，且敌楼的垛墙全都毁失。因长城背后的山峦还未被矿老板挖残，且原照（右）中的两座敌楼还保留了大致的原貌，我们才能按图索骥，找到沙飞先生的足迹。

▲ **河北涞源的正 4×4 眼敌楼**　黄东晖 摄
涞源天桥村向北到潘家铺长城的三十一座敌楼里有二十一座是正 4×4 眼敌楼。这些正 4×4 眼敌楼顺长城的两面都是四个楼窗，接长城的两面都是一个楼门三个楼窗。楼门偏靠长城内，楼门左右楼窗多的一边是长城外。

▶ **河北涞源的正 4×4 眼敌楼**　黄东晖 摄
涞源潘家铺这座 4×4 眼敌楼四面门窗总数为十六个。敌楼的楼门和楼窗保存完好，楼顶砖棱以上踪迹全无。楼门偏靠在长城外侧，是正 4×4 眼敌楼中的少数。

第三章 有门有窗的敌楼

◀ 北京延庆的正 4×4 眼敌楼　田　野 摄
在延庆八达岭长城只看到一座正 4×4 眼敌楼。此楼在景区地图上标示为"北十楼"，近年重修过。楼础六层石砌，石楼座为十三层石砌，楼室地面砖棱为石砌。楼南面和西面都是一个楼门、三个楼窗，两面门窗的间距不统一。楼南面垛墙仅四牙，西面垛墙有六牙。故楼横截面是长方形，按说正 4×4 眼敌楼横截面多是正方形，这个新修的正 4×4 眼敌楼不同以往。

◀ 北京怀柔的正 4×4 眼敌楼　吕　军 摄
怀柔大榛峪的正 4×4 眼敌楼，垛墙全毁，楼顶砖棱和楼室地面砖棱很清楚。石楼座、低楼额的特征很明显。可惜敌楼南面楼窗下口毁塌，看上去好像有两个楼门。

▲ 河北涞源的正 4×4 眼敌楼　孟新民 摄
河北涞源唐子沟东山梁上的两座正 4×4 眼敌楼。两个都是高楼额砖石座，似乎很难区别。左边的敌楼楼顶砖棱完整，南面垛墙五个垛牙尚齐，楼门左右毁成豁洞。右边的敌楼南面楼顶砖棱有缺，南面垛墙存有四个垛牙，楼门上下有毁坏。

281

第三篇　长城的墩、台、楼

▶ 北京密云的正 4×4 眼敌楼　田　野 摄

密云长城各样敌楼都有，正 4×4 眼存留却只遇到三座。在古北口东的蟠龙山有一座东墙已豁开的正 4×4 眼敌楼，是十分少见的珍存。此楼南北面均为四个楼窗，东面已毁塌，仅能推测，西面为三窗一门。南面四窗之下又开一个楼门，距离地面 3 米多，但貌似没有实际通行功能。这种构造在密云、北京甚至全国都少见。

▼ 河北迁西的正 4×4 眼敌楼

在迁西榆木岭村南的长城上有一座正 4×4 眼敌楼，北面残破，但能看出为一门三窗，东西两面为四个券窗，南面为一门三窗。此楼在榆木岭长城中属保存极完好之列，楼顶垛墙、垛牙存留高度超过其所邻的各个敌楼。此楼的楼窗却多有破损，楼面砖也破碎不整。楼顶垛墙下有一非常明显楼顶砖棱线，每面垛有五个牙垛，楼窗稍斜下方又有一券孔。

▼ 河北迁西的正 4×4 眼敌楼　黄东晖 摄

在北京平谷、天津、河北卢龙、河北迁安长城都未见到过正 4×4 眼敌楼。在河北迁西榆木岭有个"七十二券楼"引起我们的兴趣。经老乡指点，此楼内凡是用砖头顺拼成一个半圆的拱券，没有外护伏砖，就可称为一个"券"。此楼大大小小，上上下下，能数出的"券"有七十二个之多，所以很得意地标明"七十二券楼"。图中的敌楼，可看见有五个小的、四个大的"券"，另有两个小的残破了。此楼南北面各有四个券窗，东西各有一门三窗。敌楼四面门窗总数有十六个，是个正 4×4 眼敌楼。

▼ 河北迁西的正 4×4 眼敌楼　田　野 摄

迁西城子岭村南山脊上至少有两座正 4×4 眼敌楼。其中一座木柱结构无存，楼顶已塌。另一座楼室为砖券中心室回廊结构，楼顶砖棱线、垛墙残根和垛根孔俱在，只是完整的楼门两边的窗均破损成大洞。从此楼向南还有两座看似 4×4 眼的敌楼，因塌垮严重，窗门不清，不便统计。

第3目 4×5眼敌楼

从防御功能上讲，4×4眼敌楼已足够完备，气派也十足。修建4×5眼敌楼多半是有特殊需求或特定的含义。我们考察长城多年，只遇到过一座1×5眼敌楼、二十五座2×5眼敌楼、十四座3×5眼敌楼。而4×5眼敌楼总共才发现三座，分别位于河北秦皇岛梁家湾村北、河北赤城大庄科村北以及北京密云五里坨，而这三座敌楼的形态及门窗数量组合也各不相同，可谓个个是孤品。现存的4×5眼敌楼在长城敌楼里如此稀少，因此具有珍贵的研究价值。

◀ 河北赤城的 4×5 眼敌楼　黄东晖 摄
此为从西南角度拍摄河北赤城小庄科村北的"盘道界楼"。敌楼西北角有两条贯穿上下的雷击裂缝。敌楼西面第四个楼窗有破损，楼砖剥离。

▲ 河北赤城的 4×5 眼敌楼　明晓东 摄
河北赤城长城上，敌台比敌楼多，所幸保留下来的敌楼都各有特色。比如小庄科村北的"盘道界楼"。这座敌楼左右相邻的都是残石敌台。此敌楼北面是长城外，敌楼北面开了五个券窗，东西两面各开四个券窗，南面唯一的楼门居于四窗中。此楼门距地面6米有余。楼门上有一块石匾，上刻"盘道界楼"四个大字。石匾左边有竖排"万历五年岁次丁丑戊申吉日立"等字。明长城沿线敌楼存匾的，多以"台"称呼。此石匾证明在修建时"楼"的称谓已经存在，只是并不统一规范。"盘道界楼"四面门窗总数有十八个，是唯一符合标准的 4×5 眼敌楼。

◀ 河北赤城的 4×5 眼敌楼　马　骏 摄
河北赤城小庄科村北的"盘道界楼"。此图从东南角度拍摄。敌楼东北角有一条贯穿上下的雷击大裂缝以及多条雷击小裂缝。敌楼南面居四窗中的楼门上有一块石匾，字迹清楚。后来此楼石匾被盗。经多方查找，终于追回。楼石匾现存河北省赤城县博物馆。

第三篇 长城的墩、台、楼

◀ 河北秦皇岛的 4×5 眼敌楼　吕　军 摄

河北秦皇岛梁家湾村北山有一个敌楼。从东北角度看，楼北面五个券窗，楼东面四个券窗，是一座 4×5 眼敌楼。但如果多转两个角度看看，就会发现此楼的南面才三个券窗，西面是一门一窗，四面门窗总数才十四个，和 3×4 眼敌楼总数相等。这在长城敌楼券窗设置中实在很难见到。这个敌楼实际有一个角度可以是 4×5 眼敌楼，所以笔者珍惜这个难得的角度，当一个特殊的 4×5 眼敌楼介绍一下。

▶ 北京延庆的 4×6 眼敌楼　田　野 摄

八达岭长城北十二楼是重修过的，按照 4×6 眼敌楼样式重修。因敌楼位于景区边缘，为防止游人借楼窗出入景区逃票，把敌楼北面四个楼窗全部砌死。敌楼东面和西面的六个楼窗很清楚。要感谢修复此楼的设计者，保留了八达岭长城上唯一的 4×6 眼敌楼。

◀ 河北秦皇岛的 4×7 眼敌楼　高玉梅 摄

河北秦皇岛竭家沟村北有一座敌楼，楼窗设置为秦皇岛长城敌楼所特有。楼窗尺寸小，按高低分布。敌楼接长城面的三个楼窗一高两低，有一个楼门；敌楼向长城内面的六个楼窗四高两低，有一个楼门；敌楼向长城外面的七个楼窗四高三低。敌楼从两个面看是 4×7 眼敌楼，四面门窗总数有二十二个。这样的敌楼只见过这一个。4×8 眼敌楼我和我的朋友从未遇到过，留给更努力的长城爱好者去发现吧。

第 5 节 单面五眼敌楼

敌楼正面开设五个楼窗，就可算特大号敌楼了。五个楼窗对观察与杀敌均更有利。楼窗多，同时又是等级重要的标示。敌楼两侧设置的楼窗数量，是据地理条件、经济条件综合考虑选择的结果。我们在长城沿线上才遇到一座 1×5 眼敌楼，二十五座 2×5 眼敌楼，十四座 3×5 眼敌楼，以及一座确实符合标准的 4×5 眼敌楼。每面有五个楼窗的 5×5 眼敌楼，目前只找到四座，分别分布在山西河曲、北京密云龙峪沟、河北迁安徐流口及河流口村。其中前三座较完整，而最后一座残破。

敌楼御敌面设置五个楼窗，肯定有其军事原因。单面五眼敌楼的两侧设置几个楼窗，则体现出建造者的智慧。即便万里长城沿线都是 3×3 眼敌楼，其规模气势也丝毫不会消减。但借助长城形态这一观察角度，敌楼之间的差异和变化就有了更贴切的展示与描述方法。敌楼的丰富形态是众多长城建造者生命与心血的宝贵结晶。

◀ 河北迁安的 5×5 眼敌楼　吕　军　摄
在迁安徐流口西坡有一座完整的 5×5 眼敌楼，还能看到楼顶砖棱和残存垛墙，楼室为木柱梁结构，已无存。敌楼四面的五个楼窗分上二下三两排。此楼对长城外一面五窗，对长城内一面和相邻两面都是一门四窗。敌楼对内面的楼门居中，相邻两面楼门偏长城内一侧。楼窗都是一券一伏券。这是从敌楼西边高处看此 5×5 眼敌楼。

▲ 河北迁安的 5×5 眼敌楼　吕　军　摄
这是在敌楼东边低处看这座 5×5 眼敌楼。

第三篇 长城的墩、台、楼

第1目 5×5眼敌楼

5×5眼敌楼的四面门窗总数应该是二十个。在我们看到的四座5×5眼敌楼里，真正合乎此数的只有一座，其他三座都是敌楼的三面各有五个楼窗，敌楼向长城内的一面门窗则不够五个或者残破不可识别，敌楼从长城外的一面看还是5×5眼敌楼。即便如此，这四座敌楼依然稀罕且珍贵。由于迄今只发现了四座，便都陈列在此。希望引起同道的关注，也愿热爱长城的朋友们今后有更多发现，为了解长城多些实据。

▲ 山西河曲的 5×5 眼敌楼　山雪峰 摄

此为山西河曲保存最完整的一座敌楼，当地人称"护城楼"。此楼基宽逾 20 米，敌楼高 12 米，楼额超过四窗高，是座高额砖石座 5×5 眼敌楼。此楼东、西、北三面每面均设五个券窗，南面有一门居两窗中。门上有一块万历年间的楼匾，上刻"镇房"。楼门距地面 3 米高，下有石磴台阶。此楼顶不仅顶垛完好，楼顶北还有三间瓦房为庙宇，供奉各路神仙。楼顶南侧东西两角，各有一挂钟和置鼓的亭子。楼内中心室布满近年新塑的神像。

▼ 北京密云的 5×5 眼敌楼

在北京密云古北口与河北滦平金山岭长城之间，一段不开放的长城上，有一个突出于长城主墙之外的大敌楼。从长城外看此敌楼，三个面每面都是五个券窗，在与长城支墙相连接的那面，是一个楼门居于两个券窗之中。此楼基宽 12 米，楼高 13 米。楼额仅一窗多高，是座低额砖石座 5×5 眼敌楼。因为这一带长城从抗日战争前就被卷入军事用途，至今仍被军事单位征用，一般的游人和文物工作者是无法访问和接近的。

▲ 河北迁安的 5×5 眼敌楼　吕 军 摄

河北迁安有两座 5×5 眼敌楼。在迁安的河流口村东山坡有一个破敌楼，只存楼北、楼西两面。敌楼的楼室为木柱木梁结构，由于木结构已毁尽，残存的楼室如同一个破盒子。楼北面墙上有五个券窗，与山西、北京的五窗一字排开不同，是上二下三高低差半个窗位设置。楼西面也是如此。这种楼窗上下二排的做法在冀东的迁安、抚宁等地多有发现。从这座 5×5 眼敌楼向徐流口方向的长城上，还有两座敌楼都是在仅剩的对内一侧的墙上残存五券窗，因没有相邻的两面，所以不好归类到？×5 眼敌楼。

第2目 5×6眼敌楼

探索长城久了，总能偶尔见到极不规范，甚至有点怪模怪样的敌楼。这些残破的敌楼，有的一面设一门四窗，另一面有六个尺寸略小的楼窗；有的一面开一门四窗，另一面有七个小楼窗；甚至还有的开八个小楼窗。这几个残破的5×6眼或5×7眼敌楼分布零散，难归纳出规律。也许已消失的敌楼中还有不少类似规制的，只是我们已无缘见到。

◀ 辽宁绥中的4×6眼敌楼

在九门口关东山坡上有一座敌楼，西面上二下四共有六个楼券窗分布。上排两个券窗中间有两块石拼成的楼匾，因石质不佳，字迹无法辨认。此楼东面是上三下四七个楼窗。敌楼南面是一个楼门以及三个大小不一的楼窗。从敌楼西南角看，该敌楼是座4×6眼敌楼，而若从敌楼东南角看，该敌楼则是座4×7眼敌楼。

▲ 辽宁绥中的5×6眼敌楼

上图中的敌楼与左图中的为同一座，门窗数量为东七、南四、西六。该敌楼北面开有四个小楼券窗，中间还夹有一个破成洞状的楼门。四个小楼券窗中挨着楼门的两个略低，靠外的两个略高。从敌楼西北角看，这个敌楼是座5×6眼敌楼，若从东北方向看，又可视为5×7眼敌楼。

▶ 河北秦皇岛的5×6眼敌楼

在秦皇岛黄土岭北、辽宁绥中锥子山南的长城上有一个过墙门，当年未命名，如今成了"无名口"。此过墙门洞南坡由近旁的一座敌楼看护。敌楼南北为长城主体墙，楼西与堡围墙相接。楼南墙有上墙门。楼室西面开有六个券窗，均为一券一伏券，分上三下三两排。楼北面设四个券窗一个楼门，楼门上还有一门匾龛。可惜的是此楼东、南两面毁坏严重，无法查认。单以西、北两面门窗设置看，是座5×6眼敌楼。

第三篇　长城的墩、台、楼

◀ 河北秦皇岛的 5×7 眼敌楼

九门口长城再向北的黄土岭关长城上有一座敌楼，也是把楼窗改成小号，窗壁才两层砖高，窗券七块砖，楼西面有七个券窗按上三下四布设。楼南一楼门居四窗中，按一门顶一窗位排序。这楼可算是 5×7 眼敌楼，但若为此再开设一目就有些小题大做了。

▼ 河北卢龙的 5×8 眼敌楼　黄东晖　摄

河北卢龙东风村北有座毁坏严重的敌楼，只有发红的石砌楼座完整。敌楼南面和西面都垮得看不出门窗原型，但楼东有一个楼门和四个楼窗（上一下三布设）。楼北有尚未垮的六个楼窗（上二下四），以现存的去推测垮掉的，应还有一上一下两个楼窗。若此楼完好，楼北应是八窗（上三下五），楼东有一个楼门和四个楼窗，可算是一座 5×8 眼敌楼了。这样个别存在的敌楼足以证明长城敌楼的丰富多样。

第 6 节　单面六眼敌楼

介绍单面 2×6 眼敌楼时，本书只有四个实例，单面 3×6 眼敌楼有七个，4×6 眼与 5×6 眼敌楼均只存零星案例。因为笔者在 1987 年 11 月就看到了北京市怀柔区残破的 9×9 眼敌楼，对长城沿线有没有 6×6 眼、7×7 眼、8×8 眼等敌楼形态一直心存疑问。经过多年寻访，笔者还真看到了 6×6 眼敌楼、7×7 眼敌楼的实例，但数量实在太少，而 8×8 眼敌楼至今还未发现。

单面六眼敌楼的四面门窗总数应该是二十四个。类似的敌楼在北京密云古北口有一座，但该敌楼四面的六个楼窗不是一字横排，而是上下两排。敌楼的实际宽度与 3×3 眼敌楼相同。

直到 2012 年 6 月，我们在河北张家口东榆林才看到四面都是一字横排着六个楼窗的大敌楼。

◀ **北京密云的 6×6 眼敌楼**　钱琪红 摄

北京密云古北口蟠龙山长城东的 6×6 眼敌楼。敌楼几乎完整的西面和南面各是六个楼窗，按上三下三布设。虽然每面六个楼窗，实际楼宽与 3×3 眼敌楼差不多。此楼现状是楼北面仅存靠西下边一个券窗，楼东面仅存靠南上下两窗。楼南曲朴楼西面垛墙的垛牙都一点不缺。这个楼是楼西、南两面与长城主墙相连接，长城在这里拐了个 90 度的弯，此楼从所在长城位置上看是拐角楼。敌楼内部用木柱、木梁架设，现木结构已毁，只存楼外墙，看上去如同一个少了两面的空盒。可以看出垛墙每面有五个垛牙，中间的三个垛牙低处开了垛孔。有楼顶砖棱线。楼南面有要垮掉的大裂缝。现在此楼已被有关部门做了保护，焊了大铁架子，把楼室西墙、南墙给锢上了。楼窗多，气势就大，自然威风许多。老乡用敌楼四面楼窗总和来强调，"二十四眼楼"成了此楼特别的楼名。

▲ **北京密云的 6×6 眼敌楼**

离左图的二十四眼楼不远，有一座更完整的 6×6 眼敌楼。该楼内部的木结构已毁尽。楼西连接陡峭的障墙，楼东连接关口砖墙。该楼石砌楼座完整，敌楼东面上排三窗，下排一楼门居两中。敌楼北面为六窗，以上三下三分布。楼南五窗一门，楼西仅开一门。楼窗壁有九层砖高，且窗壁有外大内小的斜面。该楼与二十四眼楼外形完全一样，均是把 3×3 眼敌楼向上加出一层。不过本楼石砌楼座有十二层，高于二十四眼楼的八层石砌楼座。

第三篇 长城的墩、台、楼

▲ 河北张家口的 6×6 眼敌楼　黄东晖 摄

"威远台"在张家口东榆林村，是明朝的驿站设施。此楼四面中北、西、南均为六窗，楼东亦有六个券窗，居中还有一个楼门，属于"超标"的 6×6 眼敌楼。楼顶原有庙宇和当年修建的记事石碑，毁于"文革"期间。此楼楼额有三窗高，属高楼额。楼顶有残存的砖棱线和水嘴。砖石楼座有两个楼室高。此楼宽度达 19 米，并没有靠压缩窗间距来增加楼窗数量，是真正的"大"敌楼。

◀ 河北秦皇岛的 7×7 眼敌楼

河北秦皇岛黄土岭关南梁上有一个仅存东、北两面的敌楼。楼顶和楼西、楼南均被损毁得不成形。此楼并不特别宽大，楼窗实属小号，楼窗立面仅四层砖高。此楼东面有七个砖券楼窗，以上三下四做二层分布。上窗根与下窗券根齐，左右各距一块砖。敌楼北面楼窗布局与楼东面一样，只是保存程度不及东面完好。以此楼残存的两个面可以看出是座 7×7 眼敌楼，属于长城敌楼中的极罕见之类型。

第三章　有门有窗的敌楼

▶ **河北赤城的 6×8 眼敌楼**　黄东晖 摄

河北赤城后城镇上堡村东有一座 6×8 眼敌楼，是一个布窗独特的孤品。此敌楼内为木梁木柱上下二层结构，早已塌垮。敌楼上下二排分布的方方石框楼窗令其独特。楼室一层南侧距地面 3 米高处有一楼门，门左右各一方窗。在楼门上方 4 米，楼室二层有一排四个楼窗。楼室北面上下共八个楼窗。楼东、西面各开上四下二共六个楼窗。楼南门上有石匾，刻有"新添镇川墩"字样。

▼ **北京延庆的 9×9 眼敌楼**　黄东晖 摄

北京怀柔与延庆长城相接的山梁上有一座著名的"九眼楼"，因此楼原为每面九券窗而得名。修复后的"九眼楼"西面为一门启八窗中，北面仅留一窗，东南两面均为九窗。楼内一圈回廊包裹一座 3×3 眼敌楼的楼室。为了突出此楼重要性，竟在五个楼窗的空间内做出九个楼窗来，导致楼窗与窗间距都要得极窄。当地旅游部门称其为万里长城最大敌楼，是单就楼窗数量而言。"九眼楼"宽 13 米出头，小于东榆林 6×6 眼敌楼 19 米的楼宽。

291

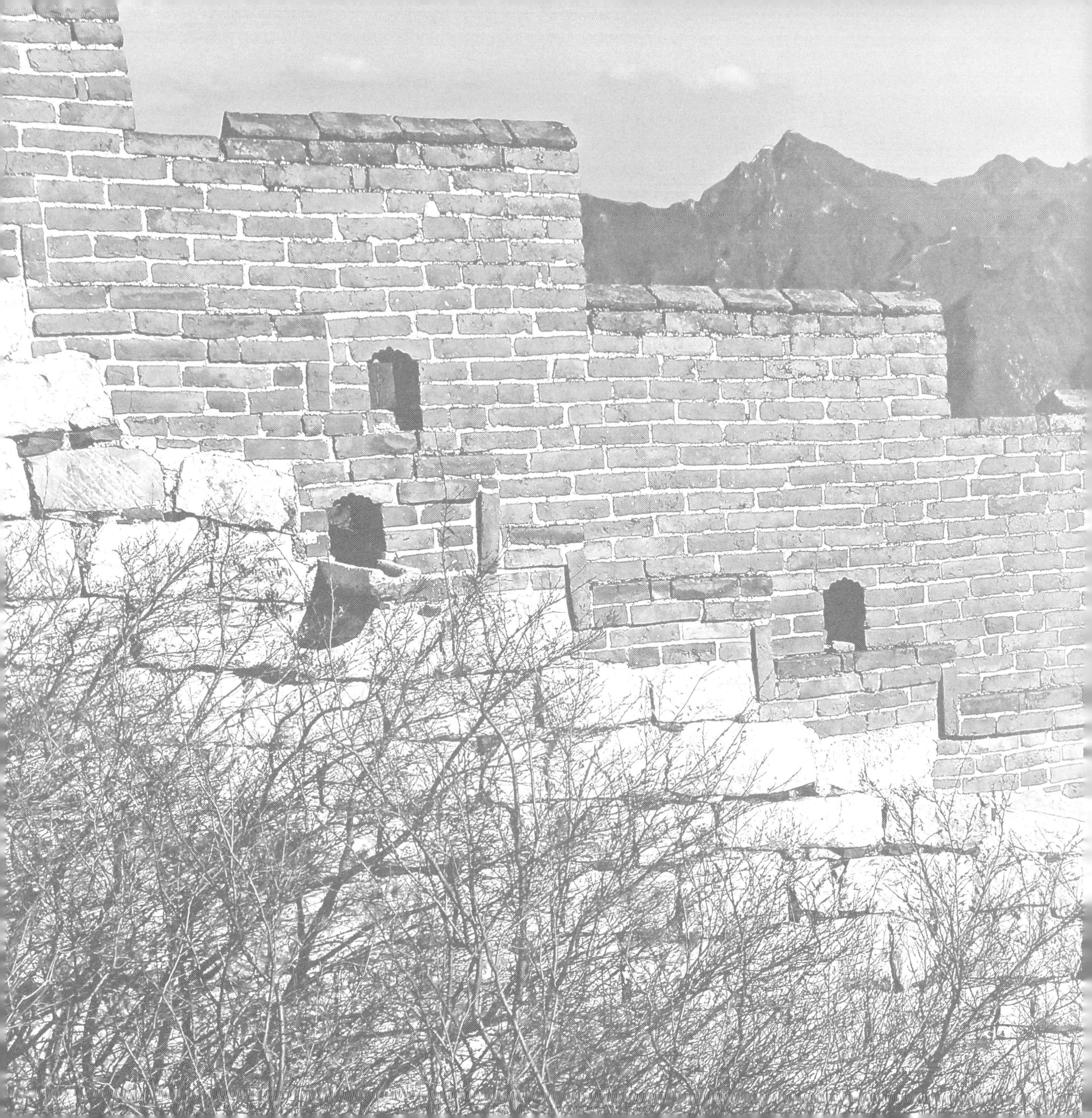

第四篇　长城的垛孔

第一章　垛孔的分布 ⋯⋯ 295
　　第1节　长城敌楼垛墙的垛孔分布 ⋯⋯ 297
　　第2节　长城敌楼楼室的小孔分布 ⋯⋯ 307
　　第3节　长城垛墙的垛孔分布 ⋯⋯ 319

第二章　垛孔的形态 ⋯⋯ 329
　　第1节　垛孔口型的形态 ⋯⋯ 331
　　第2节　垛孔洞道的形态 ⋯⋯ 335
　　第3节　垛孔大小的形态 ⋯⋯ 341

第四篇 长城的垛孔

◀ 河北涞源的石垛孔　高光宇 摄
河北涞源白石山长城残存石垛墙上的完好石垛孔。

▶ 北京怀柔的二排式砖垛孔　王京秋 摄
北京怀柔撞道口长城砖垛墙上的二排式垛孔。

◀ 北京怀柔的砖垛孔　严共明 摄
北京怀柔箭扣长城砖垛墙上的顶砖侧砌的砖垛孔。

▼ 北京延庆的一排式砖垛孔　李玉晖 摄
北京延庆石峡长城砖垛墙的低开一排式垛孔。

▶ 北京密云的石垛孔　史强 摄
北京密云干峪沟长城残存石垛墙上的完好石垛孔。

◀ 河北涞源的石垛孔　孟新民 摄
河北涞源寨子清长城残存石垛墙上的完好石垛孔。

▶ 河北涞源的砖石垛孔　任树垠 摄
河北涞源白石山长城残存石垛墙上的完好砖垛孔。

▼ 北京怀柔的砖垛孔　宇鸣 摄
北京怀柔箭扣长城砖垛墙上的顶砖平砌的砖垛孔。

▼ 河北涞源的石垛孔　王京 摄
河北涞源边根梁长城石垛墙上的石垛孔。

▶ 北京怀柔的砖垛孔　马骏 摄
北京怀柔箭扣长城锯齿形砖垛墙上的一排式砖垛孔。

▶ 北京延庆的一排式砖垛孔　李玉晖 摄
长城墙体沿山脊起伏,锯齿形砖垛墙上,在腰部开一排式垛孔。

第一章　垛孔的分布

只要爬长城，谁都希望能看到保持着历史原貌的长城，少有人喜欢在乱石堆中浪费时间。完整的长城应是主墙高大、垛墙整齐。沿着墙顶马道行走，手扶垛墙，从垛孔中向远方眺望，才能找到当年戍守长城的感觉。

垛孔是指在长城墙顶垛墙上可以用来观察、射箭、出矛、放炮的洞孔。因长城的垛墙有土、石、砖的材质之分，垛孔也有石、砖垛孔之分。

垛孔在垛墙上的分布位置，基本可归纳为三种。以人体比例分析，垛墙通常为一人高。高位置垛孔位于人肩膀附近，中位置垛孔位于腰部附近，低位置垛孔则靠近人的脚踝，可以分别称为高开垛孔、中开垛孔、低开垛孔。

垛墙上若只分布高开垛孔，顺墙纵观就是一排垛孔。垛墙上若在高开垛孔之下还有一个低开垛孔，顺墙纵观就是两排垛孔。还有的垛墙高、中、低三种都有，顺墙纵观就是三排式分布。

本章将用三节文字来介绍长城敌楼楼顶垛孔、楼室小孔以及墙顶垛墙垛孔。

第四篇　长城的垛孔

▶ **河北敌楼顶垛的一排式垛孔**　黄东晖 摄
河北金山岭长城砖垛口西的西梁砖垛楼，敌楼近几年被修补过。完整的垛墙上有六个方形垛孔排在垛牙下，垛孔高低位置在垛口底沿下。

▶ **北京敌楼顶垛的二排式垛孔**　任树垠 摄
北京怀柔旺泉峪长城敌楼垛墙完整。五个垛牙中间的三个垛牙有腰开垛孔，挨着楼顶砖棱线有九个低开垛孔。北京市怀柔区长城垛墙上二排式垛孔的敌楼还有几个。

▼ **河北敌楼顶垛的三排式垛孔**　马　骏 摄
河北涞源七亩地长城的敌楼，楼顶垛墙每面六个垛牙。中间的四个垛牙宽，两头的垛牙窄。宽垛牙根有个大孔。垛牙头有三个小垛孔呈"品"字形分布。这种三排式垛孔的敌楼只在河北省涞源县长城和北京市长城见过。

296

第 1 节　长城敌楼垛墙的垛孔分布

楼顶垛墙与墙顶垛墙最大的区别在楼顶垛墙涉及的范围有限，毕竟最宽的 6×6 眼敌楼一面才 18 米，与动辄绵延几十米或上百米长的墙顶垛墙长度比较要短许多。建于楼顶垛墙上的垛孔通常视野较小、视角稳定。

只要还能看见敌楼顶的一牙垛墙及上面的垛孔，就可以根据垛孔位置判断此敌楼垛墙的垛孔分布。长城敌楼垛墙的垛孔分布帮助我们从细微处发现敌楼之间的不同，使我们在了解长城敌楼时又多了一个简便的方法。

由于长城敌楼存留状况不佳，十有三四被拆毁得仅剩土石堆，十有二三楼室被扒平，只存石砌楼座。另有相当大的一批敌楼虽依稀可见残破的楼室，但楼窗无券顶。长城沿线楼室尚存仅十之一二，还多是楼室缺边角，呈圆丘状。只有不足一成的敌楼楼顶整齐，但又难寻垛口。在野长城上能看到楼顶存有垛墙的敌楼则是可遇而不可求的。毕竟突出于楼体的楼顶垛墙能够在几百年的风雨雷电以及人为破坏中存留下来，绝对是自然与历史留给酷爱长城者的礼物。

◀ **河北敌楼顶垛的一排式垛孔**　孟新民 摄
河北涞源乌龙沟长城敌楼楼顶垛墙保存较好。这座敌楼四面均有五个垛牙，每个垛牙下方中心位置开一小圆形垛孔。垛孔高度略低于垛口下沿。

▲ **甘肃箭楼顶垛的一排式垛孔**　吕 军 摄
嘉峪关罗城角墩顶有垛墙，垛墙里有哨房。嘉峪关文物专家称此哨房为箭楼。嘉峪关经多次维修，在垛墙垛牙下有方形的垛孔，离垛墙根边有二层砖。

第1目　楼顶垛墙垛孔一排式分布

敌楼顶垛墙的垛孔有一排式、二排式及三排式分布。保留着一排式分布的敌楼不算最多，但这种分布是楼顶垛墙垛孔分布的基本形式。在河北唐山、秦皇岛，北京怀柔、密云的长城上均可见到。

一排式分布的垛孔，位置大多在敌楼楼顶垛墙的墙根、楼室顶砖棱线之上。其左右与垛牙中心对齐。有意思的是，也有建造者把垛孔从垛墙根上移，离开楼室顶砖棱线，使其高低位置分布在垛口底沿上下。

▲ 北京密云敌楼的一排式垛孔　丁　岩摄
北京密云司马台长城敌楼顶垛孔数量与垛牙同，高低与垛口底边齐，为外方内圆形石垛孔。

▶ 河北遵化敌楼的一排式垛孔　郑　严摄
河北遵化洪山口长城敌楼的垛孔紧靠着楼顶砖棱，左右与垛牙中心对齐。垛孔口呈"由"字形。

◀ 河北迁西敌楼的一排式垛孔　马　骏摄
河北迁西榆木岭长城敌楼的垛孔虽然有破损，仍可看出是挨着楼顶砖棱分布，与垛牙对齐的方形垛孔。

第一章 垛孔的分布

▲ 河北迁安敌楼的一排式垛孔　黄东晖 摄
河北迁安徐流口长城上完好敌楼十分少见，这是最完整的敌楼，垮塌掉是早晚的事。此楼楼顶垛墙两个楼门五个垛牙。五个垛孔都是取一个用石料凿成的外方内圆的石垛孔，与北京市司马台长城敌楼的垛孔相同。

▶ 辽宁绥中敌楼的一排式垛孔　熊启瑞 摄
辽宁绥中小河口长城北半边已经垮掉的 2×5 眼敌楼。楼室南面完整，在楼顶砖棱上七个垛牙下各有一个三角形垛孔。

◀ 河北秦皇岛敌楼的一排式垛孔
河北秦皇岛苇子峪长城的敌楼保存较好。此敌楼南面四个垛牙根处各有一个垛孔排在楼顶石棱上。与之相邻的敌楼五个垛牙下分布着四个垛孔。

▶ 河北山海关敌楼的一排式垛孔
山海关老龙头近年新修复的敌楼，应是座 3×3 眼敌楼。新敌楼有一条楼顶石棱线。楼顶垛墙垛牙与垛口比例都与老物件相近，只是垛牙下的垛孔很少，敌楼北面才两个。这是否可算一排式分布垛孔的敌楼，还不敢确定。

299

第四篇　长城的垛孔

第2目　楼顶垛墙垛孔二排式分布

楼顶垛墙垛孔二排式分布的敌楼比一排式分布要多些。这类敌楼所在地域也广些。从陕西省、山西省到河北省、北京市的长城上都可看到。

在上下二排式分布的垛孔中，其低开的垛孔与一排式分布的位置不同。虽然垛孔高低还在垛墙的墙根砖棱线之上，但垛孔左右不都与垛牙中心对齐，有些是与垛口中心对齐。至于二排式中高开的一排，多开在垛牙中，高低位置位于垛口底沿之上。

▲ 陕西神木敌楼的二排式垛孔　吕　军 摄
陕西长城的敌楼，旧有的和新修的总共不超过二十座。五龙口墩在神木水利局院内，近几年刚新修完。敌楼四面的垛墙都有五个垛牙。垛墙上有高低二排垛孔，低一排垛孔在楼顶砖棱上边，左右与垛口中心齐，是一排方形垛孔；高一排在楼顶垛牙中心。

▲ 山西灵丘敌楼的二排式垛孔　马　骏 摄
山西的明长城砖砌敌楼，保存较好者，细数总共不超过五十座，而荞麦茬村南这段长城就有五座，其中三座敌楼有垛墙。这座敌楼垛墙上有高低二排垛孔，低一排在楼顶砖棱上边，高一排在垛牙中心。六个垛牙仅有上下各四个孔，低一排垛孔与高一排上下对齐，与陕西长城敌楼五龙口墩的垛孔分布完全不同。

◀ 河北涞源敌楼的二排式垛孔　孙国勇 摄
河北涞源白石山长城有座敌楼也是高低二排式垛孔。低一排垛孔在楼顶砖棱上边，左右与垛牙中心齐。高一排垛孔在楼顶垛牙上，宽垛牙开两个孔，窄垛牙开一个孔。这与山西荞麦茬长城敌楼二排式垛孔又不同。这种样式在涞源众多敌楼中仅此一例。

▶ 河北涞源敌楼的二排式垛孔　孟新民 摄
图为河北涞源唐子沟长城敌楼的二排式垛孔。高一排垛孔在垛牙中心，每牙一个方孔，共五个。低一排垛孔在楼顶砖棱上边，左右与垛口中心对齐，圆垛孔，共四个。

第一章 垛孔的分布

◀ 北京门头沟敌楼的二排式垛孔　严共明 摄
北京门头沟黄草梁长城有六座敌楼，这六座都基本完整。三座敌楼存有垛墙，但垛孔的分布方式各不相同。此敌楼为二排式垛孔，敌楼南垛高一排在垛牙中心，五个垛牙中间的三牙每牙有一个方孔。低一排方孔在楼顶砖棱上边，左右与上孔对齐。高排有三个方垛孔，低排有三个方垛孔。

▲ 北京门头沟敌楼的二排式垛孔　闫允杰 摄
北京门头沟沿河口长城只有三座完整敌楼。此敌楼新修复的垛墙为二排式垛孔，高一排在垛牙中心，六个垛牙中间的四牙每牙一个方孔。低一排方孔在楼顶砖棱上边，左右与垛口中心对齐。高排有四个方垛孔，低排有五个方垛孔。

◀ 北京延庆敌楼的二排式垛孔　李玉晖 摄
北京八达岭古长城的敌楼接长城的面只有一个楼门，无楼窗。此敌楼垛墙二排垛孔，高一排在垛牙中心，四个垛牙中间的两牙各开一个方孔。低一排方孔在楼顶砖棱上方，与垛口中心相对齐，其中堵了一个。高排有两个方垛孔，低排有四个垛孔，上少下多。

第四篇　长城的垛孔

◀ 北京怀柔敌楼的二排式垛孔　黄东晖 摄
北京怀柔黄花城的敌楼垛墙上也是高低两排垛孔。此敌楼宽面垛墙有五个垛牙、四个垛口。其开在垛牙上是每牙一个垛孔，总共才五个孔；而低开在垛根处的却是七个孔。垛孔分布上少下多。

▶ 北京密云敌楼的二排式垛孔　刘建光 摄
北京密云鲇鱼沟的 3×3 眼敌楼的垛墙，每面都是五个垛牙。只中间三牙上下各有一个垛孔，垛口下没有开孔。高排有三个垛孔，低排也有三个垛孔。

◀ 北京怀柔敌楼的二排式垛孔
图为北京怀柔箭扣长城 3×4 眼敌楼北面的垛墙。六个垛牙上各有一个垛孔，垛牙下各有一个三角形垛孔，垛口下各有一个方形垛孔。高排有六个垛孔，低排有十一个垛孔。

302

第一章 垛孔的分布

◀ 河北滦平敌楼的二排式垛孔　丁 岩 摄
河北金山岭的 3×4 眼敌楼。敌楼窄面的垛墙有四个牙牙。中间两牙宽，宽牙上下开了四个垛孔；两边垛牙窄，上下开了两个孔。上下两排都是六个垛孔。

▲ 河北秦皇岛敌楼的二排式垛孔　王盛宇 摄
河北秦皇岛板厂峪长城的 3×3 眼敌楼的垛墙。敌楼每面都是五个垛牙，垛牙上各开一个垛孔。四个垛口下开了三个孔和一个水嘴孔。此楼垛墙高排有五个垛孔，低排有三个垛孔。

◀ 天津蓟州敌楼的二排式垛孔　吴 凡 摄
天津太平寨长城的 2×3 眼敌楼的垛墙。敌楼每面都是四个垛牙，只中间两个垛牙上开了垛孔，每个垛口下开了一个孔。高排有两个垛孔，低排有三个垛孔。

▲ 辽宁绥中敌楼的二排式垛孔　熊启瑞 摄
辽宁绥中九门口长城的 3×7 眼敌楼近几年刚修过。崭新的南面垛墙有四个垛牙，每牙与垛口石同高处开一个圆垛孔，在楼顶砖棱上开了七个圆垛孔。此楼垛墙高排有四个垛孔，低排有七个垛孔。

303

第四篇　长城的垛孔

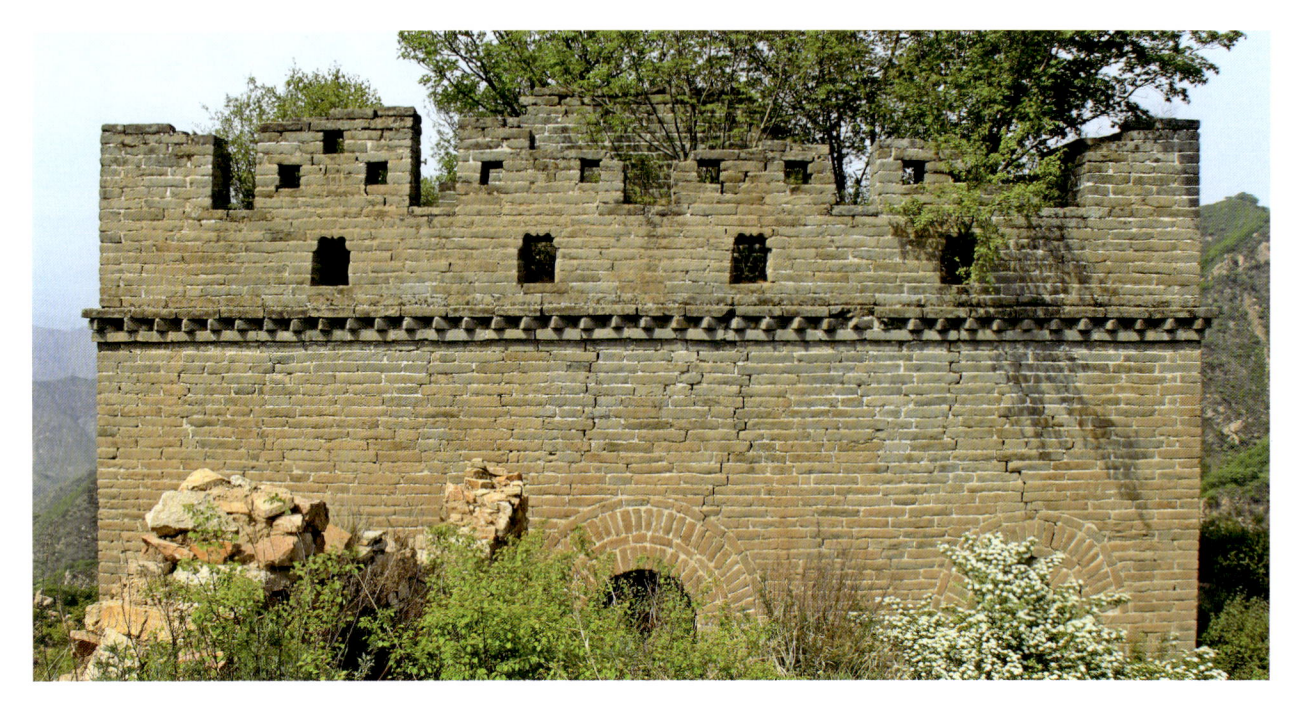

▲ **山西灵丘敌楼的三排式垛孔**　马　骏 摄
山西灵丘荞麦茬长城的五座敌楼中三座的楼顶垛墙还能看出有垛孔。其中"插字伍拾壹号台"的垛墙有高低三排垛孔。"伍拾壹号"每面都是五个垛口、六个垛牙，在中间的四个垛牙高于垛口底的位置，垛孔按"品"字形布局，每孔仅高二层砖。在垛牙根另有一排高四层砖的方形垛孔四个。

▶ **河北涞源敌楼的三排式垛孔**　吕朝华 摄
图为河北涞源插箭岭长城东唯一保留部分垛墙的敌楼，没有楼匾。其楼顶垛墙上的垛孔，与前文所述的"插字伍拾壹号台"肯定一脉相承。中间四个垛牙各有二层砖高的小垛孔三个，下有四层砖高的大垛孔。楼顶垛孔三排式分布的敌楼在河北涞源按编号有五十座，如今能看到有垛墙的只有四座。

◀ **山西灵丘敌楼的三排式垛孔**　黄东晖 摄
山西灵丘牛帮口长城现有三座完整敌楼。楼顶垛墙上的垛孔都是三排式分布。此为"茨字贰拾号台"，每面垛墙有四个垛口、五个垛牙，中间三个垛牙开有高低垛孔。高排垛孔左右居垛牙中，上下在垛口底线上分布。中排垛孔左右与高排垛孔相对，高低在垛口底沿之下。低排垛孔紧贴垛墙根分布，左右与四个垛口相对，共四个。

第3目 楼顶垛墙垛孔三排式分布

　　三排式分布的垛孔作为一种存在，其数量与前两种分布相比极为稀少，只在山西灵丘、河北涞源与怀来、北京门头沟与怀柔长城上有零星发现。

　　长城的敌楼楼顶砌垛墙是必需的，而楼顶垛墙开设垛孔也是必需的。垛孔开设在垛墙什么位置？开设几排？从留存极少的敌楼垛墙中，仍能看到丰富的变化。这也恰好证明楼顶垛墙垛孔的位置和多少，全由长城敌楼的建造者决定，并无死板的规定。

◀ **北京市长城敌楼的三排式垛孔**　闫允杰 摄
北京门头沟黄草梁长城上也有一座楼顶垛孔三排式分布的敌楼。此楼楼匾上刻"沿字拾号台"。在楼顶五个垛牙中间的三个垛牙高于垛口底的位置，一高两低按品字布局开设了三个仅高二层砖的方形小垛孔。与垛口相对，在垛墙根上开了四个孔。与五个垛牙相对，在垛墙根共开五个高四层砖的方形垛孔。黄草梁长城楼顶垛孔是高排三、中排六、低排九个垛孔，比较特别。

▲ **河北怀来敌楼的三排式垛孔**　黄东晖 摄
河北怀来的水头村东山应是镇边城长城辖区。此段长城损毁严重，多数敌楼都仅为残砖堆。这个敌楼已垮掉一半，原本应是 2×4 眼敌楼。仅存的楼南面垛墙有四个垛牙、三个垛口，中间两个垛牙在高于垛口底沿位置上下两个垛孔。第二排垛孔低开在垛墙根，上与垛口相对，共三个。在垛孔分布样式中，这种分布只遇到这么一个。

▶ **北京怀柔敌楼的三排式垛孔**　任树垠 摄
在北京怀柔三岔长城有两座 3×4 眼敌楼，楼顶垛墙不同于别处。其中居山坡高处的敌楼对长城外一面垛墙有五个垛牙、四个垛口，每个垛牙高低各开一个垛孔。紧挨着垛墙根又开了一排，共六个墙根孔。其中最高一排和最低一排都是平开孔，中间一排是内口高、外口低的斜开孔。此楼顶垛孔高排是五个，中排是五个，低排是六个。

第四篇　长城的垛孔

◀ 北京密云敌楼的三排式垛孔　郑　严　摄
在北京密云龙峪沟长城有一座垛墙完好的 3×4 眼敌楼。可以看到敌楼窄面是四个垛牙、三个垛口。东面垛墙三排垛孔为高处四个、中间八个、低处四个的布局。

▼ 河北滦平敌楼最复杂的垛孔　张　和　摄
河北金山岭长城大金山楼东有一座残破的 3×4 眼敌楼，金山岭旅游展牌定名为"窑沟楼"，是一座只有两面完整楼室墙的敌楼。此楼垛墙上的垛孔，在金山岭是最复杂的。此为楼室北墙上的四个垛牙，每牙下各一个大孔，每牙上小孔布局各是一套。

▶ 北京密云敌楼的三排式垛孔　陈元志　摄
在北京密云古北口卧虎山长城最西头有一座仅存一个垛牙的 3×3 眼敌楼。就这一个垛牙上，可看见上有一个垛孔，中间有两个垛孔，下有一个垛根孔。可推断此楼一面垛墙上高排是四个垛孔，中排是八个垛孔，低排是四个垛孔，可惜快毁得无法辨认了。

▼ 河北滦平敌楼最复杂的垛孔　张　和　摄
此为金山岭长城窑沟楼楼室东垛墙，五个垛牙还完整。其中第一、第三、第五个垛牙的大小垛孔布局相同，第二、第四个垛牙的小垛孔布局又有变化。金山岭长城只有这一个敌楼垛墙如此。

第 2 节　长城敌楼楼室的小孔分布

保存完好的敌楼，不单楼顶垛墙上设有垛孔，有些在楼窗下还会有一个与垛墙垛孔大小相若的窗下孔。有些敌楼在楼窗正下方不开孔，而是在楼窗下旁侧开孔。本以为所有敌楼都会按这两类规格处理，后来又发现还有些敌楼除了楼窗再无任何小孔。敌楼从有无楼室孔的角度看，可分为三类：1. 楼室窗正下方开孔的敌楼；2. 楼室窗侧下方开孔的敌楼；3. 楼室窗旁无孔的敌楼。

相较于敌楼楼窗可观察、战斗、通风、进光四大功能，这些分布在楼窗下的小于窗的孔是做什么用的？目前未见长城专家和书籍评论过。

常言"存在即是合理"，不论敌楼的楼室是否分布有这种小孔，它们都指向了敌楼设计者和建造者的意愿，证明了那个时代的人对同一类工程上的不同理解与感悟。这个看似不显眼的楼室小孔也因此成了长城敌楼上一处非常宝贵的细节，使我们在识别描述长城敌楼时又多了一个有力的根据。本书因此把"楼室小孔"单列一节呈献给读者。

◀ **山西灵丘楼窗下开孔的敌楼**　黄东晖 摄
山西灵丘牛帮口长城的"茨字贰拾号台"在前面三排式垛孔敌楼里刚介绍过。前面展示了敌楼的北面，一楼门居内楼窗中样式。现在从敌楼东面看，敌楼东面和南面都是四个楼窗。每个楼窗下各开一个与垛墙上的垛孔大小差不多的孔，很醒目。

▲ **陕西府谷楼窗下开孔的敌楼**　吕 军 摄
陕西府谷长城仅存的几个敌楼有一个共同的特征，就是楼顶垛墙无存，楼窗下必开一个比楼窗小的方孔。府谷县龙王庙的敌楼公认保存最好，楼窗下的方孔保存亦完好。

第1目　楼窗正下方开孔的敌楼

楼窗下有孔的敌楼，从陕西省、山西省、河北省、北京地区明代长城遗存到现代复建的敌楼中，都有实例。其数量比窗下旁侧开孔的敌楼多，但又比楼室无小孔的敌楼少。因楼窗正下方开孔的敌楼特征明显，因此先把这类敌楼介绍给读者。

从楼室内看，楼窗下的小孔紧靠着楼室地面。孔道水平，小孔内外口同样大小。从楼室外看楼窗下的小孔紧靠着楼室地面砖棱线，左右与楼窗中心对齐。

▲ **陕西神木楼窗下开孔的敌楼**　罗　宏 摄
陕西神木水头沟的小 4×4 眼敌楼，楼顶垛墙虽已无存，但通过墙下的溜槽能看出当年修建此楼的工夫和难度。这个明代遗存敌楼，每窗之下均有一个二层砖高的小孔，也给我们传递了这是当时的规矩和样式。当地文物部门特立一个保护碑，定名为"花墩"，可能取其楼及窗下小孔之完整且悦目之意吧。

▲ **陕西榆林楼窗下开孔的敌楼**　罗　宏 摄
陕西长城有窗的敌楼，现存和近年复建的不超过十五座。从实例可以看到每个楼不管是四窗的还是三窗的，楼窗下必有一个高二层砖的小孔，陕西长城的敌楼都是如此。
榆林镇北台北边正在重建"款贡城"。镇北台的"款贡城"已重建了一座 3×3 眼敌楼，并立碑纪念重建此楼。敌楼每窗下均有一个二层砖高的小孔，此孔绝非现代人的创意，而是参考了陕西境内长城遗存敌楼样式而复建的。

▶ **河北阜平楼窗下开孔的敌楼**　王盛宇 摄
河北阜平邓家庄南山沟有两座敌楼，一座有楼匾，字迹不清，另一座无匾。但从邻近"茨字拾柒号台""茨字拾陆号台"来判断，这两座敌楼应是茨字拾伍和拾肆号。样式规模都是 3×4 眼敌楼。楼顶垛墙全无，但每个楼窗下都有一个三层砖高的小孔，开在楼室地面砖棱上。

第一章 垛孔的分布

◀ 北京门头沟楼窗下开孔的敌楼　闫允杰 摄
北京门头沟沿河口的小 4×4 眼敌楼沿字伍号台是沿河口三座敌楼里保存最好、最完整的一座。其根本原因是此楼一直为村中公产，得到爱护。这是别处长城破败敌楼无法相比的。此楼每窗之下均有一个石料加工的小孔，也是最完整和最齐全的。

▶ 河北涿鹿楼窗下开孔的敌楼　孟新民 摄
河北涿鹿羊圈村北山梁上有六座完好的敌楼，因其中三座楼还能看见带字的石匾，人们称此长城为"龙字号长城"。六个敌楼中，只有一号台的每个楼窗下正中间有一小孔，而另外五个楼都是两窗中间、低于楼窗台的位置有孔，这个现象在本节下一目再介绍。

◀ 山西灵丘楼窗下开孔的敌楼　王盛宇 摄
在山西灵丘下关乡铜碌崖村，山沟东西两边山崖上各有一座敌楼。沟东为 2×4 眼敌楼。每个楼窗下的小孔都很完整，紧靠在楼室地面砖棱上。

▶ 河北怀来楼窗下开孔的敌楼　马 骏 摄
在河北怀来陈家堡长城有一座残 3×6 眼敌楼。楼室南全垮完，只有楼室北墙尚在。北墙上的六个券窗之下，楼室地面砖棱线上都有一个小孔。

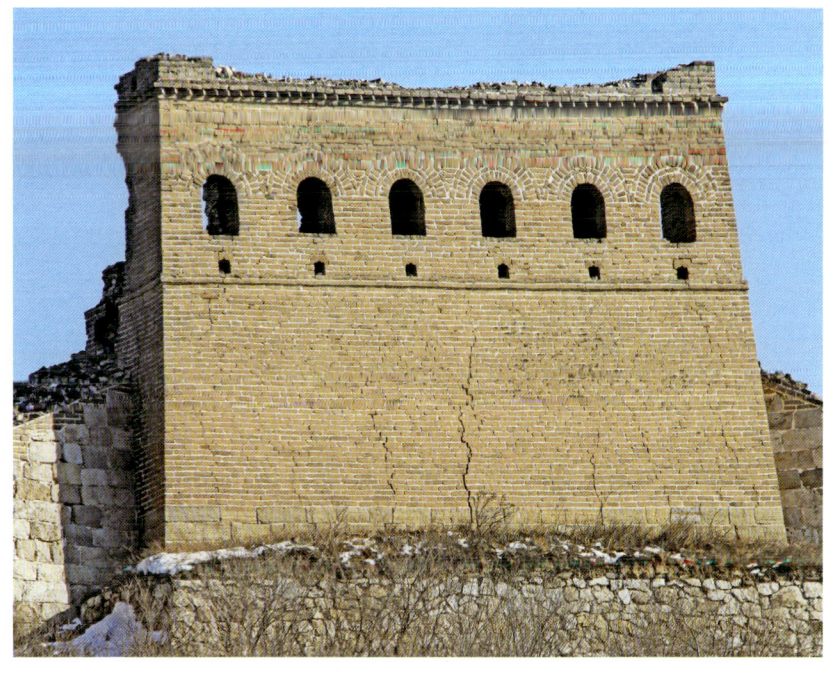

309

第四篇 长城的垛孔

▲ 北京怀柔楼窗下开孔的敌楼 黄东晖 摄
北京怀柔大榛峪长城最特别之处是有六座 3×5 眼敌楼，这在别处很少见到。这几座五眼敌楼楼窗之下还都有一个小孔。比如这个敌楼对内的两个水嘴西边的缺失，楼顶垛墙只有东南角存一个垛牙。

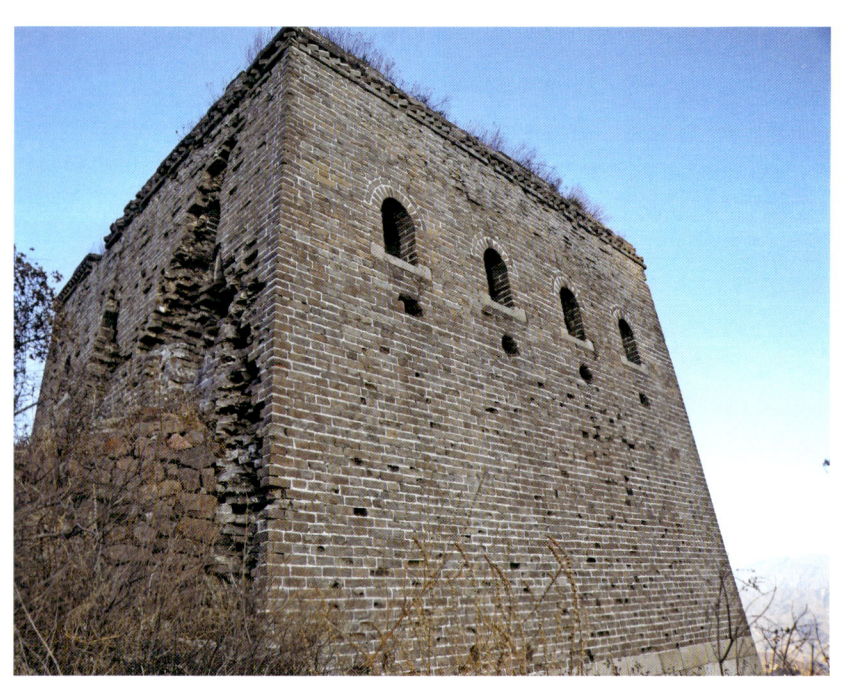

▼ 河北迁安楼窗下开孔的敌楼 宇 鸣 摄
河北迁安白羊峪长城仅存的 2×5 眼敌楼已是个危楼。楼顶已垮，仅存南、北两边外墙，东面也垮完了。此楼南面的五个券窗之下各有一小孔，还十分明显。

▲ 河北秦皇岛楼窗下开孔的敌楼 黄东晖 摄
河北秦皇岛罗汉洞关西山坡上有座 3×4 眼敌楼。楼顶垛墙全无，楼主体较完整，此楼的楼窗都是石材窗台。每窗之下，各有一孔。由于小孔都有损坏，无法确定这些窗下孔是原有大小，还是后人加工损坏后的样子了。

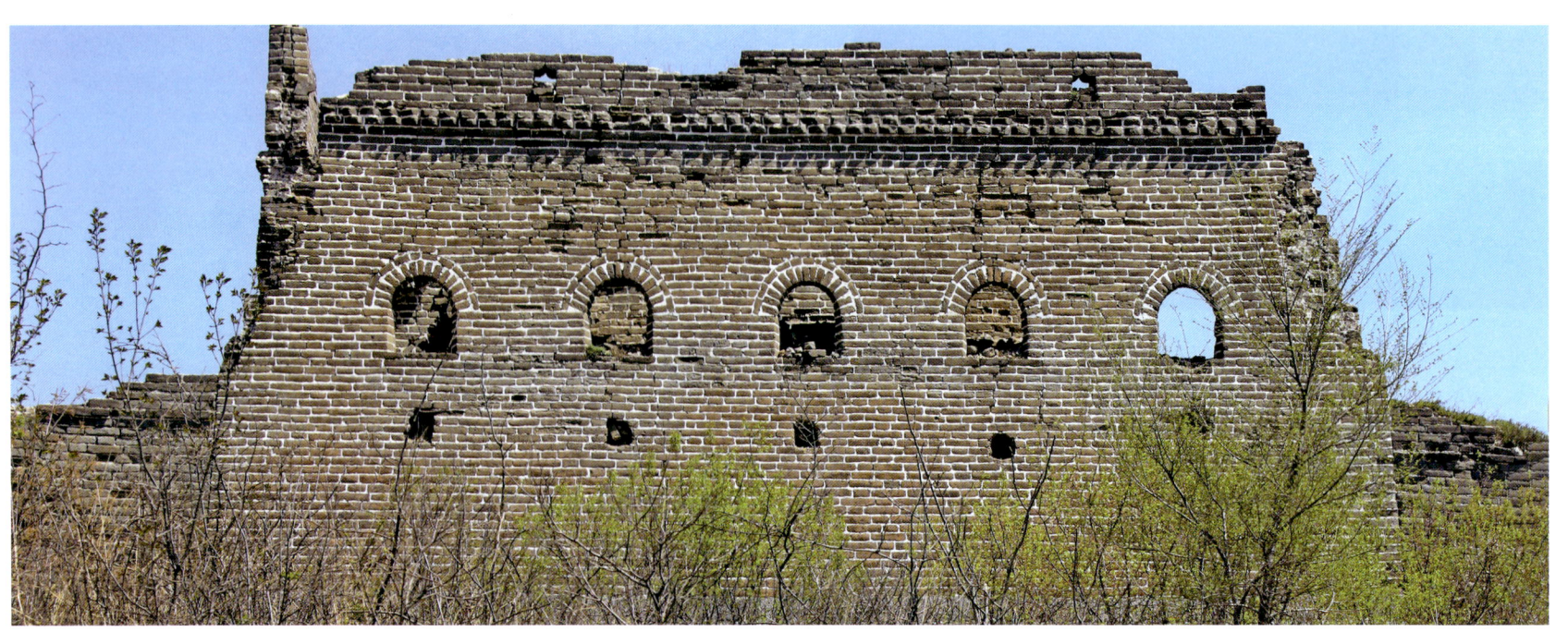

第 2 目　楼窗下旁侧开孔的敌楼

在了解长城的过程中，发现有些敌楼的小孔并不分布在楼窗正下方，而是分布在窗下旁侧。楼窗边有孔的敌楼，只在河北省涿鹿县、涞水县，北京市门头沟区有少量存在，但已足够证明长城敌楼的细节丰富多样。

楼窗下旁侧开小孔的孔道有两种：一种孔道水平，内外口径同大；另一种孔道内高外低，通常内口大而外口小。内口用一块方石凿掏一个圆洞，嵌做护沿。这种样式仅在河北涿鹿谢家堡"龙字伍号台"上有存留。

◀ 河北涞水窗下旁侧开孔的敌楼　方　明摄
河北涞水蔡树庵的石楼座 3×4 眼敌楼。垛墙垮光，楼窗下无孔。楼室地面砖棱线上、两楼窗之间有小孔，顺长城面的四个楼窗下旁侧有五个小孔，接长城面的两个楼窗下外侧各有一个小孔。

▲ 河北涿鹿窗下旁侧开孔的敌楼　方　明摄
河北涿鹿羊圈村有四个石楼座 3×4 眼敌楼，两个石楼座小 4×4 眼敌楼，其中三个楼有楼匾。此楼是龙字伍号。垛墙虽然垮光，楼顶砖棱线还整齐。楼室地面石棱线上，两楼窗之间有小孔。顺长城面的四个楼窗下旁侧有三个小孔。

◀ 河北涿鹿窗下旁侧开孔的敌楼　任树垠摄
河北涿鹿马水村的 3×4 眼敌楼，敌楼特征为低楼额石楼座。楼顶已垮得漏了天。敌楼临敌面的四个楼窗之下旁侧有五个小孔。

第四篇 长城的垛孔

▶ **北京楼窗下旁侧开孔的敌楼** 闫允杰 摄
北京门头沟黄草梁长城的 3×4 眼敌楼。顺长城从沿字陆号敌楼数过来，此楼应是沿字捌号，可惜敌楼南北两门上的门匾均失。敌楼接长城的两面都是一个楼门居两楼窗中，楼门与两个楼窗之间有小孔。

◀ **北京楼窗间高处开孔的敌楼** 严共明 摄
北京怀柔撞道口长城有四座 3×4 眼敌楼。不光是在每个楼窗下开一个孔，楼窗与楼窗之间距离楼室地面 1.7 米高处还有一个小孔。敌楼中心室与之对应的墙壁上也有一个小孔，敌楼接长城面楼窗与楼门之间高处也有一个孔。楼窗之间高处开孔的敌楼笔者只在撞道口长城见到过。

▶ **河北楼窗下旁侧开孔的敌楼** 郑严 摄
河北迁西大岭寨长城有个垮了一半的敌楼，三个破豁如楼门大的楼窗开在石质边框的楼门之上。在楼门上楼窗下与楼窗不相对应之处有顺排的五个砖券拱洞。可惜敌楼其他三面已垮，无法看出这个敌楼还有什么特点。

第 3 目　楼室无小孔的敌楼

前面介绍的敌楼，一类是楼室窗下有孔的敌楼，实例数以百计。而小孔分布在楼室窗边的敌楼，实例相对较少且集中。认真梳理手边资料，楼室除了楼窗再无任何孔洞的敌楼数量众多，可谓是三类敌楼中声势最浩大的。

敌楼楼室设不设小孔的原因至今未明，楼室有无小孔也不影响敌楼作为长城建筑的巨大魅力。希望我们在此节中对细节的执着，终有一日能成为对长城保护与研究相关课题的有益补充。

◀ 甘肃楼室无小孔的敌楼　高玉梅 摄
甘肃、宁夏、青海的长城有墩台无敌楼，只在嘉峪关的关城上看到近似敌楼的建筑。高凤山先生在《嘉峪关及明长城》一书中将其称为"角楼"，因其建在关城的角台之上。按本书之见，此楼有楼座、楼窗、楼顶垛墙，符合敌楼三大要素。本目是归纳楼窗之下无小孔的敌楼，嘉峪关的四个角楼都可归为此列。

▲ 山西楼室无小孔的敌楼　陈晓虹 摄
此旧广武中额砖石座 3×3 眼敌楼贴砌在长城外。敌楼接长城的一面只开了一个楼门，敌楼楼室另外三面都开了三个楼窗。敌楼顶的楼顶垛墙毁坏无存，楼砖棱线亦有大部分缺损。因敌楼立面和楼窗较完好，可以看出楼室窗下无孔。

▶ 山西楼室无小孔的敌楼　山雪峰 摄
陕西明长城的敌楼楼窗下都有一小孔，而山西明长城，不论外长城还是内长城，楼室窗下无孔的敌楼比有孔的要多。窗下无孔的敌楼也是一种形态。此为旧广武东南，邻近代县与山阴交界处的高额 1×2 眼敌楼。该楼楼顶垛墙已毁，但哨房尚存，楼门上有垂花门浮雕，但楼室除门窗外，并无开孔。

第四篇　长城的垛孔

▲ 山西灵丘楼室无小孔的敌楼
山西灵丘荞麦茬有五座敌楼，四座完好。从保留着楼匾的"插字伍拾号台"敌楼可以看出楼室窗下都没有小孔。

▶ 河北涞源楼室无小孔的敌楼　黄东晖 摄
涞源乌龙沟长城的高额砖石座3×4眼敌楼。敌楼垛墙里还有楼顶哨房的山墙。完整的楼窗下都没有小孔。

◀ 河北涞源楼室无小孔的敌楼　山雪峰 摄
河北涞源是内长城敌楼保存完好大户。涞源敌楼楼窗下都无小孔，不知该如何解释。隋家庄的高额砖石座4×4眼敌楼有完整的楼顶垛墙，无楼室地面砖棱线，楼窗下无小孔。

◀ 河北涞源楼室无小孔的敌楼　吕　军 摄
河北涞源隋家庄长城敌楼多数保存完好。这座敌楼离长城下的村庄最近，因此被村民充分利用。夏天当羊圈，冬季存柴草。楼顶垛墙被扒去垒了猪圈。所幸敌楼楼室顶未漏，楼窗基本完整，楼窗下无小孔。该楼亦无楼室地面砖棱线。

第一章 垛孔的分布

◀ 河北怀安楼室无小孔的敌楼　宇　鸣 摄
河北怀安盘道门长城的敌楼，楼顶垛墙和楼顶砖棱线毁坏严重，高大的砖楼座却极完好。没有楼室地面砖棱线和楼窗下的小孔。

▲ 河北赤城楼室无小孔的敌楼
河北赤城长城镇房楼，楼顶垛墙和楼顶砖棱线都还完整，可以看出是座中额砖石座 2×3 眼敌楼。无楼室地面砖棱线，无楼窗下小孔。

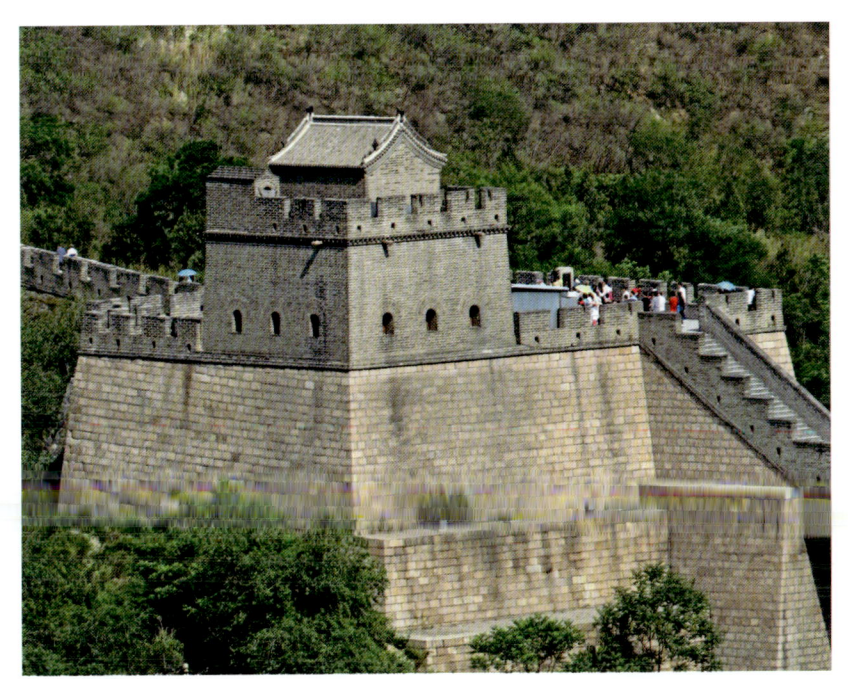

▲ 北京昌平楼室无小孔的敌楼
北京居庸关长城于 1992 年新修了一遍。居庸关长城在明朝历史上是路城，等级不低，军事地位很重要。为了招揽游客，新修的敌楼几乎个个不重样，但所有的楼窗下都没有小孔。游人反正不大在意，历史就这样被改写了。

◀ 北京延庆楼室无小孔的敌楼
在北京八达岭长城上，敌楼窗下有孔和无孔分得很清楚。真止从历史上保存下来、后人从来没动过的敌楼窗下都有孔，而在开放景区的被修补过的敌楼楼窗下就无孔。

315

第四篇　长城的垛孔

◀ **北京怀柔楼室无小孔的敌楼**　姚松露 摄
在怀柔长城的敌楼窗下有孔与无孔很难找出规律，比如青龙峡景区长城上敌楼窗下都没有小孔。图为青龙峡山谷西崖上的高额石座 3×3 眼敌楼。

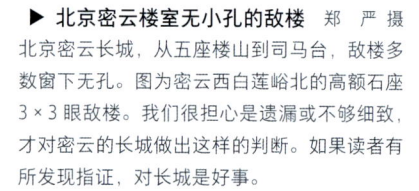

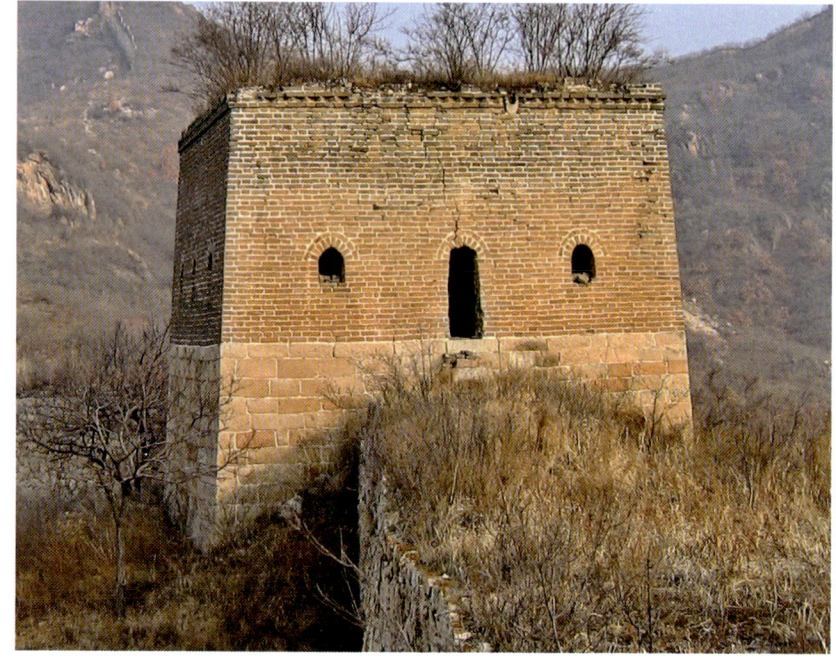

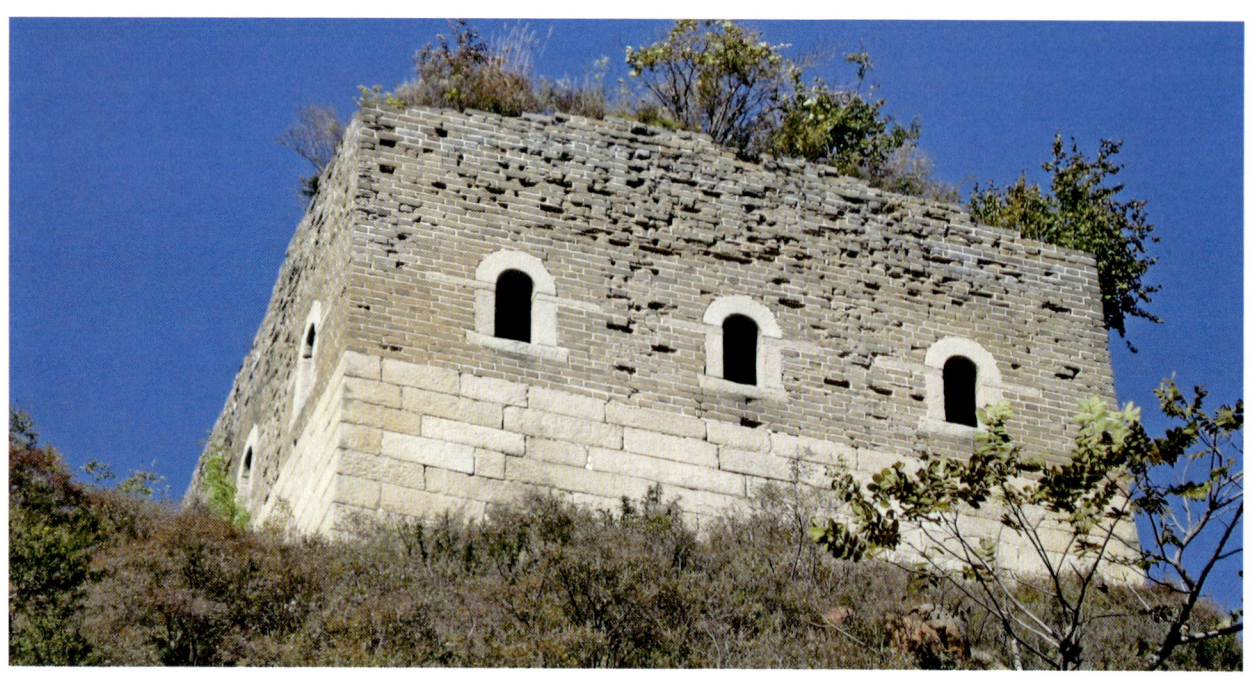

▶ **北京密云楼室无小孔的敌楼**　郑　严 摄
北京密云长城，从五座楼山到司马台，敌楼多数窗下无孔。图为密云西白莲峪北的高额石座 3×3 眼敌楼。我们很担心是遗漏或不够细致，才对密云的长城做出这样的判断。如果读者有所发现指证，对长城是好事。

◀ **北京密云楼室无小孔的敌楼**　任树垠 摄
此为北京密云孟僧郎峪中额石座 3×3 眼敌楼。孟僧郎峪守卫山谷的两个敌楼垛墙和哨房均毁尽，用石料做框的楼窗十分完好，但数窗下无孔。

316

第一章 垛孔的分布

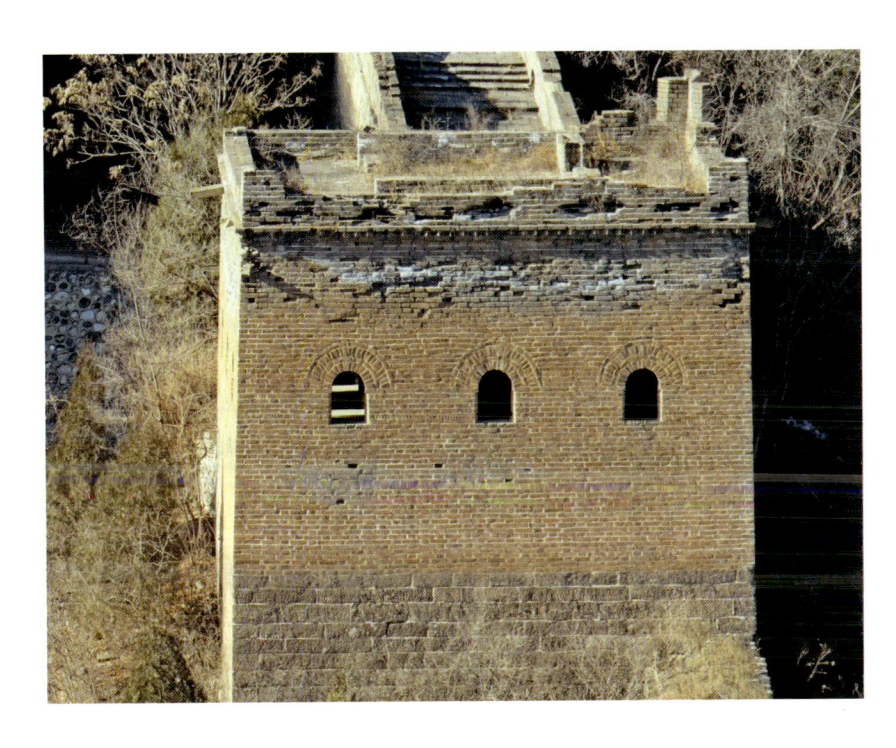

◀ 北京密云楼室无小孔的敌楼　陈　茜摄
北京密云司马台水库西边第一座敌楼，中楼额砖石座 3×3 眼敌楼的特征很清楚。没有楼室地面砖棱线和楼窗下小孔，使人感觉敌楼立面整洁。

▲ 北京平谷楼室无小孔的敌楼　马　骏摄
北京平谷长城的砖砌敌楼保存较好的不超过十座，其余的普遍破败。张家台有两座敌楼，一座塌毁严重，另一座楼室还基本完整，敌楼南面的三个楼窗没有一点破损，可以看出敌楼的楼窗下都无小孔。

▲ 北京平谷楼室无小孔的敌楼　方　明摄
北京平谷长城敌楼保存情况在上面已经提过。2007 年平谷文物部门修补了四座楼山的三座敌楼，这些修补过的敌楼楼窗也无小孔。

◀ 天津蓟州楼室无小孔的敌楼　吕　军摄
天津黄崖关长城复建了十八个敌楼，这些青砖整齐的敌楼，都没有窗下小孔。

317

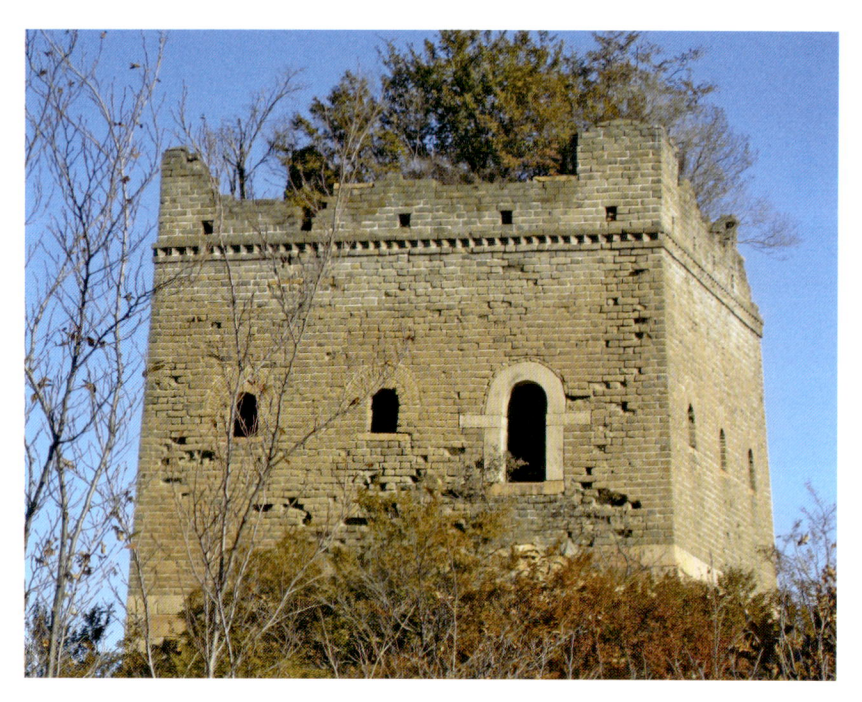

第四篇　长城的垛孔

▲ 河北迁西楼室无小孔的敌楼　张 骅 摄
在河北遵化、迁安、迁西、抚宁长城敌楼中，有窗下孔的敌楼，本书搜集了十九座，无窗下孔的却有九十四座。目前的状态是楼窗下有孔的敌楼少，楼窗下无孔的敌楼多。这是河北迁西青山口的中额砖石座 2×4 眼敌楼。

▲ 河北秦皇岛楼室无小孔的敌楼
河北秦皇岛苇子峪西南有七座楼室完好的 3×3 眼敌楼。虽然楼顶垛墙保留程度不同，垛墙的垛孔分布有不同，但高楼额砖石座和楼室无小孔这两点相同。

▶ 河北秦皇岛楼室无小孔的敌楼
河北秦皇岛夕阳口长城紧靠九门口，在秦皇岛长城东部位置。从夕阳口长城完整的敌楼可看出楼额高，楼室无小孔。

◀ 辽宁绥中楼室无小孔的敌楼　山雪峰 摄
辽宁绥中蔓枝草长城上完整的敌楼非常少，仅存的样本形态显示辽宁绥中敌楼与河北的有所不同，例如敌楼楼室外墙不做两道砖棱线。

第 3 节　长城垛墙的垛孔分布

长城全线的墙顶垛墙实际存留情况，虽然至今仍无确切统计。单凭本人经历，能在未修复的长城上见到墙顶垛墙肯定属于难得的福气。笔者恳请热爱、关心长城的朋友今后多留意长城墙顶垛墙尚存的垛孔。

长城敌楼楼顶垛墙即便保存再好，顶多一面有六个垛牙。而在保存完好的地方，长城墙顶垛墙则是连绵的，一眼望不到头。不仅如此，长城墙顶垛墙还会随着主墙沿地形高低起伏或左右摆动而展示出动态的美感，这也是长城震撼人心的魅力所在。敌楼楼顶垛墙虽高居敌楼之上，展现威严与杀气，然而其气势与墙顶垛墙比还是略逊一筹。

相较于楼顶垛墙，墙顶垛墙的样式也更丰富，包含牙形垛墙、锯齿形垛墙、组合型垛墙三种不同的形态。面对这种形态上的丰富，垛墙垛孔的分类工作也变得更加复杂。我们需要将目光聚焦在垛孔与垛牙、垛口的组合关系上，这样静心观察，就可以看出墙顶垛墙也可存在一排式到三排式的三类分布。

▲ 北京怀柔垛墙的二排式垛孔　严共明 摄
北京怀柔青龙峡长城垛墙的垛孔，垛墙根开一个，垛墙腰再开一个。顺着长城垛墙看，垛墙上的垛孔为二排式分布。

◀ 北京延庆垛墙的一排式垛孔　张　宴 摄
北京八达岭古长城现在已经开放。部分垛墙的分水顶砖缺失，沿垛墙根设置的垛孔呈一排式分布。

第四篇　长城的垛孔

◀ 北京延庆垛墙的一排式垛孔　严共明 摄
北京八达岭古长城的牙形垛墙沿山脊起伏。每个垛牙下各一个垛孔，垛孔随长城起伏，平行于垛墙顶，呈一排曲线式分布。

▶ 北京延庆垛墙的一排式垛孔　宇　鸣 摄
北京八达岭水关长城在斜坡用石水平砌。长城的内外砖垛墙都采用锯齿形，在每两个齿尖下开一个垛孔，远看垛孔呈一排斜线式分布。

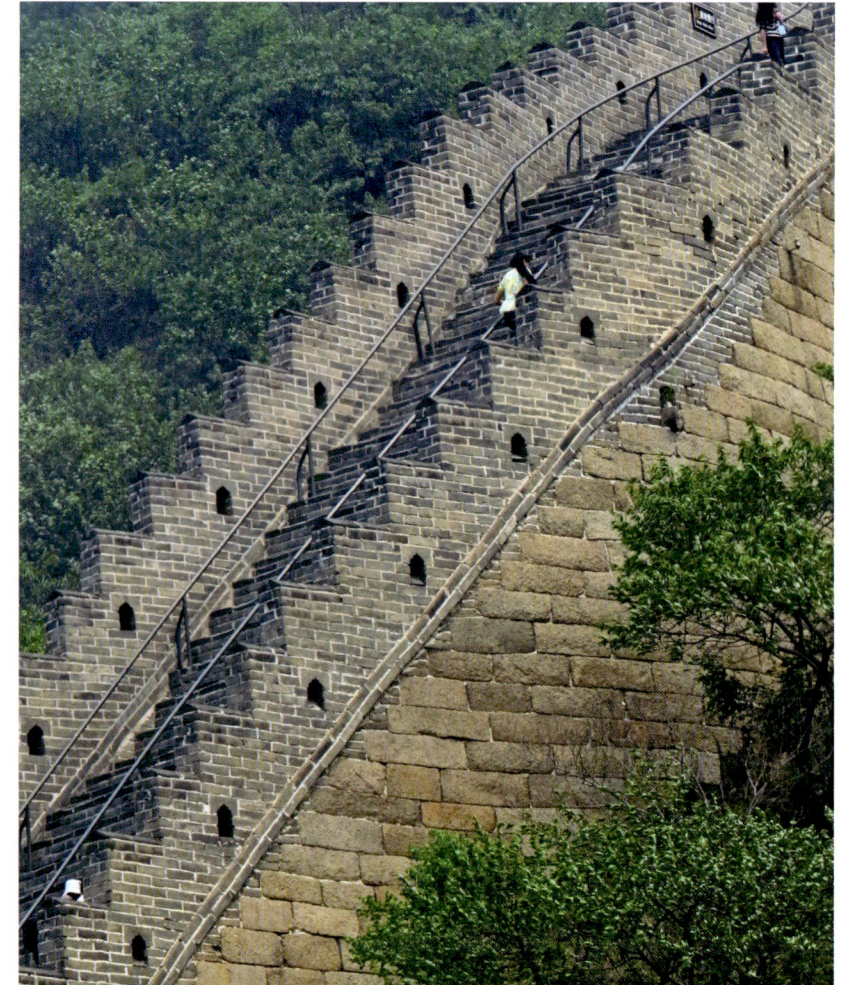

▼ 北京延庆垛墙的一排式垛孔　山雪峰 摄
北京延庆石峡长城为条石水平砌。长城爬山坡时砖垛墙呈弓背状。垛牙下的垛孔呈一排弧线式分布。

第1目　墙顶垛墙垛孔一排式分布

通观一排式分布的长城垛墙垛孔，牙形垛墙中垛孔的位置高低并不统一。有的地段垛孔高低以垛口底沿为基线，垛孔左右居垛牙中。一排式分布的垛孔有的被安置在垛口底沿基线之上，有的被安置在基线之下，还有的地段，一排式垛孔高低更靠近垛墙根。在锯齿形垛墙上，对一排式垛孔分布的观察则更费力。锯齿形垛墙齿尖所构成的斜线，与长城主墙顺山坡形成的斜线大致平行。在两条平行斜线中间，垛孔呈一排式分布，构成了第三条平行斜线。

◀ 北京延庆垛墙的一排式垛孔　刘　萌摄
北京八达岭古长城的锯齿形垛墙已整体开裂，每个残破的齿尖中都开了一个垛孔，沿着长城齿形垛墙构成一排斜线式分布的垛孔。

▲ 北京怀柔垛墙的一排式垛孔　闫允杰 摄
北京怀柔大榛峪长城的砖墙是沿坡水平砌，砖墙上的垛墙却顺着砖墙顶沿坡砌，垛墙下的长城砖棱线因就坡面而不大平顺。垛牙下的垛孔因此构成一排不大平顺的线式分布。

▶ 北京怀柔垛墙的一排式垛孔　闫允杰 摄
北京怀柔三岔长城的牙形砖垛墙保存完整，垛墙的分水顶砖都还保留着。每个垛牙的垛孔与整齐的长城垛墙砖顶线平行，沿着长城砖棱线构成一排直线式分布的垛孔。

第四篇 长城的垛孔

▲ 河北迁安垛墙的一排式垛孔　王盛宇 摄
河北迁安大龙庙长城西边是白羊峪长城。大龙庙长城比白羊峪长城还要保存完整些，其垛墙下的墙顶面棱线为石板材料。沿着石棱线开设的垛孔大小交替排列，样式十分独特。

▶ 河北迁安垛墙的一排式垛孔　张骅 摄
河北迁安河流口长城上还有垛墙的地方非常少。河流口长城砖墙水平砌，垛墙却沿墙顶面顺坡砌。砖材料的墙顶面棱线多有破碎。挨着砖棱线开设的垛孔并不醒目。

◀ 河北秦皇岛垛墙的一排式垛孔　黄东晖 摄
河北三道关长城全部用不大的石块码砌。墙顶面由连续的台磴组成，齿形石垛墙下没有做墙顶面棱线。齿形石垛墙开的垛孔虽然稀疏，但还能够构成斜排的阵势。

第一章 垛孔的分布

▶ **山西代县垛墙的一排式垛孔**　钱琪红 摄
山西代县白草口长城因地质和地势原因，采用貌似砖垛墙的办法砌了一道单边墙。墙头沿山石筑成锯齿形，每个齿形中间开一方孔，与其他地区长城的锯齿形砖垛墙非常类似。

◀ **河北涞源垛墙的一排式垛孔**　王盛宇 摄
河北涞源白石山长城，垛牙基本完整的石垛墙比较少，开在石垛牙上保持完整的石垛孔更少。这几个含着石垛孔的石垛牙难得见到。

▼ **河北涞源垛墙的一排式垛孔**　黄东晖 摄
河北涞源湖海长城，仅有的一段石垛墙在突起的石崖上。石垛孔在石垛墙上能够基本保持大小和位置一致，证明了砌石垛墙工匠的技术能力。

第四篇 长城的垛孔

◀ 河北涞源垛墙的一排式垛孔
河北涞源边根梁长城石垛墙的石垛孔距垛墙根不足半米，是用不规则的石块砌出了方正规矩的垛孔。

▶ 河北涞源垛墙的一排式垛孔　陈晓虹 摄
河北涞源曹家庄长城石垛墙，当年墙面还抹了白石灰。石垛孔距垛墙根半米左右，当年用白石灰搪孔。现在可以看出垛孔和垛口在同一高度，垛口略宽于垛孔。石块砌垛墙比砖块砌垛墙难度大。

▼ 北京怀柔垛墙的一排式垛孔　闫允杰 摄
北京怀柔箭扣长城牛角边的石砌墙上，两边都是带垛口的砖垛墙。垛孔距垛墙根 1.2 米，超过人的腰高，属于高开一排式垛孔。

第 2 目　墙顶垛墙垛孔二排式分布

　　墙顶垛墙垛孔二排式分布的存留地段比一排式分布的少。二排式分布垛孔在牙形垛墙上以垛口底沿为基线，分高低两排。其中高于垛口底沿基线开的为高开。在有的地段，高开垛孔分布是每个垛牙上均设一个垛孔，而有的地段是一垛牙开两垛孔。至于低于垛口底沿基线开的则为低开。低开垛孔分布，在有的地段是垛孔左右与垛口中心对齐，而有的地段是垛孔左右与垛牙中心对齐，还有的是每个垛牙高位开一个、低位开两个，三个垛孔呈三角形分布。

◀ 北京怀柔垛墙的二排式垛孔　黄东晖　摄
北京怀柔黄花城长城是每个垛口之下开一个垛孔，每个垛牙中开一个垛孔，以垛口底沿为轴线上下二排式分布。

▲ 山西代县垛墙的二排式垛孔　黄东晖　摄
山西代县白草口长城垛墙，在每个垛牙靠墙顶砖棱线开两个垛孔，高处于垛牙中再开一个垛孔，以两个垛口之间看，上下有三个垛孔，是一种低多高少二排式分布垛孔。

▶ 北京怀柔垛墙的二排式垛孔　黄东晖　摄
北京怀柔撞道口长城也是每个垛口之下开一个垛孔，每个垛牙中开一个垛孔。高开的垛孔与垛口底沿齐平，低开的垛孔紧贴着墙顶砖棱线。

第四篇　长城的垛孔

▼ **河北卢龙垛墙的二排式垛孔**　黄东晖 摄
河北卢龙东风口长城石砌垛墙残破不堪，仅有一个石垛牙保持了历史原状。石垛牙的垛口立壁规整，垛牙中上下两个垛孔大小接近。用不规则的石料砌出规则的石垛墙和石垛孔，这比用砖料砌难度大多了。

◀ **北京密云垛墙的二排式垛孔**　陈小莹 摄
北京密云司马台长城东段有几处单边墙。此段石砌单边墙高3米，厚1米，墙头无法站人。沿石墙根布置了二排内口大外口小的墙孔。高墙孔距地面1米，低墙孔距地面半米。在石砌墙根布置墙孔，这是长城石砌墙里独有的一处。

▶ **河北滦平垛墙的二排式垛孔**　丁 岩 摄
河北金山岭长城在1983年得到维修。金山岭长城支线的砖垛墙维修得最有特点，组合型垛墙在每牙垛墙的墙根开一个九块砖构成的大垛孔，于分成五个或六个的齿尖上再开两个五块砖构成的小垛孔。远看垛墙顺坡布置了二排垛孔。

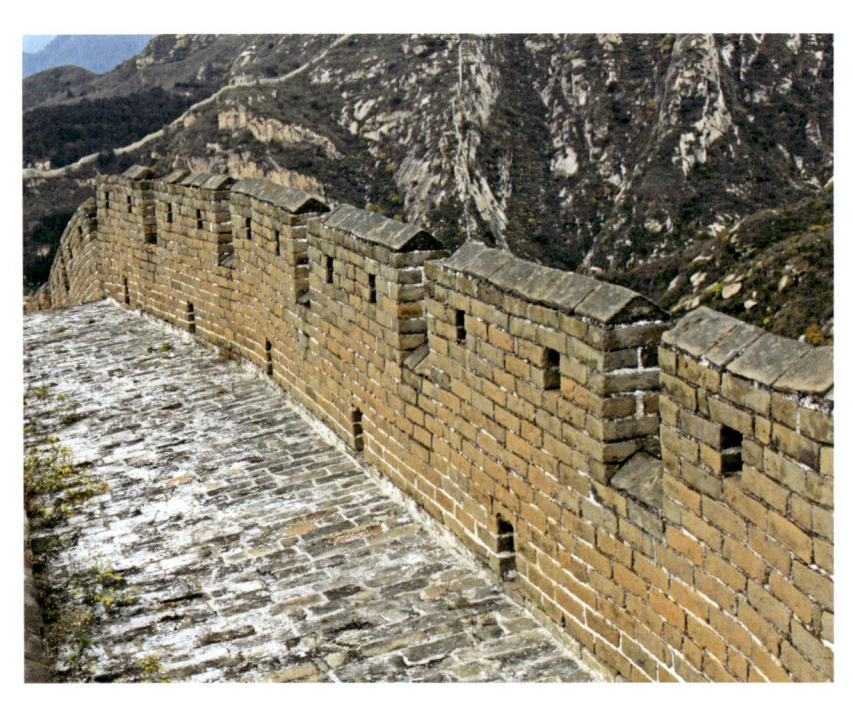

◀ **北京怀柔垛墙的二排式垛孔**　严共明 摄
北京怀柔青龙峡长城垛墙上二排式垛孔是历史遗存物。牙形垛墙在每牙墙的墙根开一个七块砖构成的垛孔，于墙头分水砖两层下每牙再开两个五块砖构成的小垛孔，是二排式分布里孔距最大的。

第一章　垛孔的分布

第3目　墙顶垛墙垛孔三排式分布

长城墙顶垛墙上三排式分布垛孔极为罕见。目前只在北京市八达岭水关、司马台以及河北省金山岭三个地段看到相关存留。金山岭长城的三排式垛孔分布在对内的宇墙上，达数公里长。司马台长城的三排式垛孔分布在山崖梁脊的单边砖墙上，长不过200米。八达岭水关长城有三排式分布垛孔的墙顶垛墙长不过50米。单凭这有限的遗存，很难解读墙顶垛墙上三排式分布垛孔产生的原因和历史。究竟是为了增加防御火力，还是另有他用？至今仍然是一个谜。

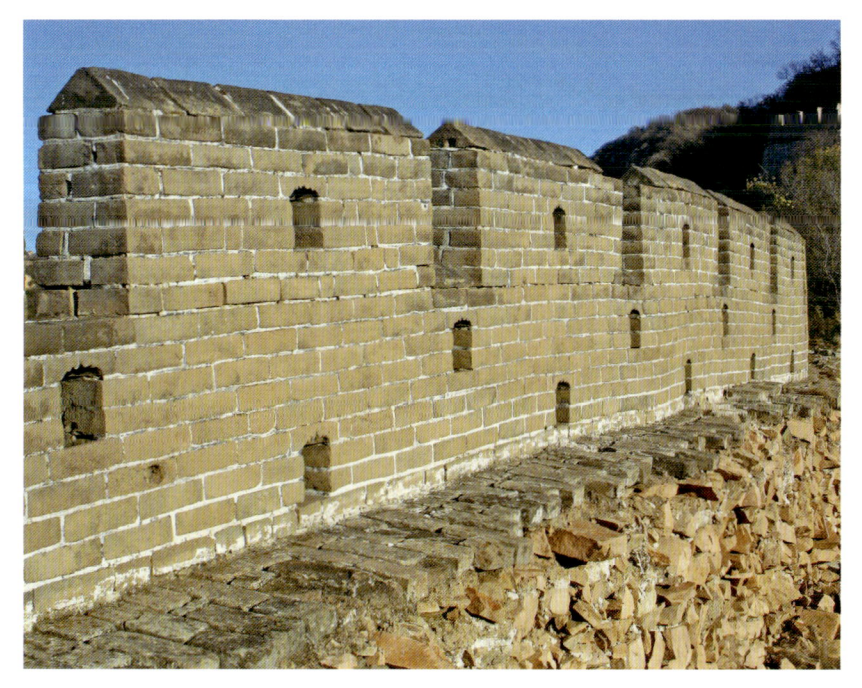

◀ 北京延庆垛墙的三排式垛孔
北京延庆八达岭水关长城有一段牙形砖垛墙。垛孔按高、中、低三排式分布。高排垛孔在墙头分水砖的两层砖下，每牙一个；中排垛孔在垛口的一层砖下；低排垛孔在垛墙根，左右与高排垛孔对齐。延庆区长城上三排式分布的垛孔就此一段。

▲ 河北滦平垛墙的三排式垛孔　丁　欣摄
河北金山岭长城将军楼北垛墙对外为障墙，对内为锯齿形宇墙。宇墙上的垛孔按高、中、低三排式分布。高排垛孔距墙头分水砖有一层砖，低排垛孔紧靠墙根，中排垛孔在两高两低孔对角线交叉点位置。

▶ 河北滦平垛墙的三排式垛孔　陈小莹摄
河北金山岭长城拐角楼附近的垛墙是历史存留下来的素贝。高排垛孔，距墙头分水砖有两层砖，垛孔，内口由五块砖构成。低排垛孔，紧靠墙根，垛孔中口由两块砖构成。

▼ 河北滦平垛墙的三排式垛孔　张　宣摄
河北金山岭长城西方台下的宇墙。垛孔亦按高、中、低三排式分布。高排垛孔距墙头分水砖有一层砖，低排垛孔紧靠墙根，中排垛孔在两高两低孔对角线交叉点位置。这是1983年维修的成果。

第四篇　长城的垛孔

▶ **北京密云垛墙的三排式垛孔**　丁　欣　摄
北京密云司马台长城仅有一座 3×5 眼敌楼，司马台长城景区定名为"东十二号楼"，又称"将军楼"。东十二号楼东边长城的砖垛墙上没有垛口，而是开了高、中、低三排垛孔，垛孔内口都是由七块砖构成的。

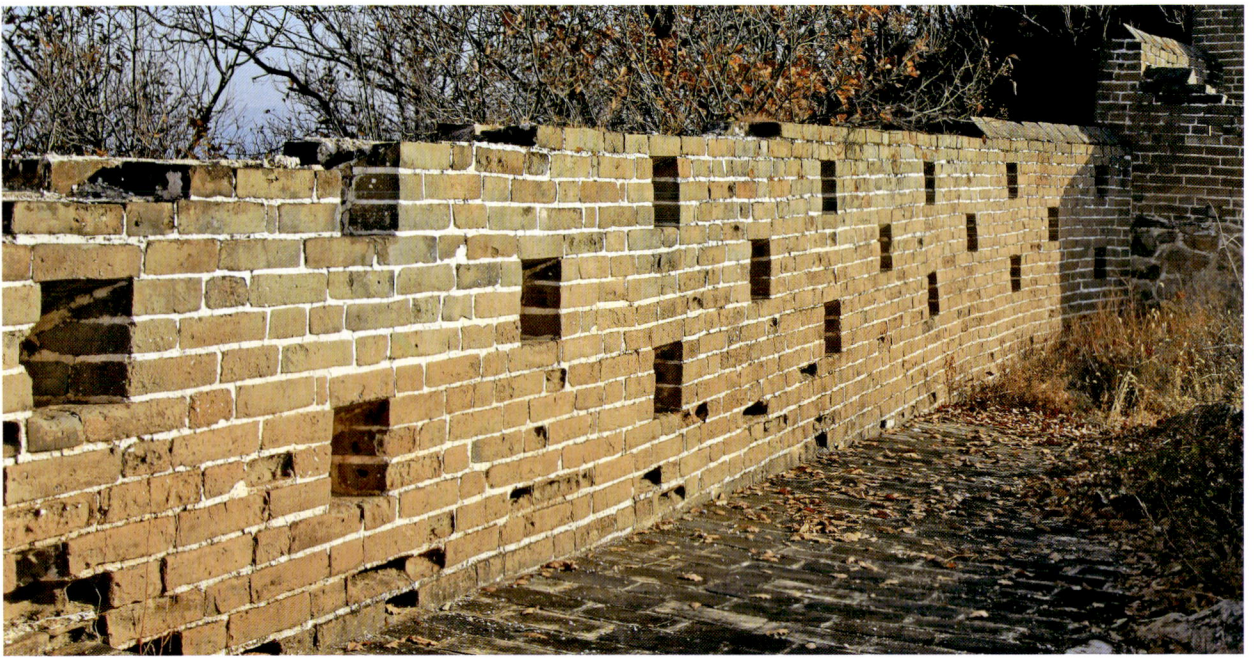

▶ **北京密云垛墙的三排式垛孔**　张　宴　摄
北京密云司马台望京楼东垛墙上三排式分布的垛孔。

◀ **北京密云垛墙的三排式垛孔**　张　宴　摄
北京密云司马台长城东路十三号楼的西边有一马面式敌台，司马台长城景区定名为"东方神台"。图为东十三号楼到东方神台之间长城墙上的三排式分布垛孔。

▶ **河北滦平垛墙的三排式垛孔**　严共明　摄
金山岭长城在将军楼北又修了一道伸出长城主线的支线墙，此支线墙两侧均为垛墙，没有宇墙样式，垛墙高处的垛孔与低处垛孔的口型迥异。这种差异引起我们的注意，由此发现，仅金山岭长城垛墙上垛孔的口型就至少有十四种，有心的朋友不妨去数数。

第二章　垛孔的形态

　　垛孔是指分布在长城墙顶垛墙和楼顶垛墙上可以用来观察、射箭、出矛、通风的透孔。我们对垛孔的形态的观察与记述，围绕着垛孔的口型、垛孔的孔道、垛孔的大小、垛孔眉砖的塑刻样式变化四个方面展开。

　　客观地说，垛孔是长城最小的构成单元，是在建筑施工接近完结时的收尾工程。然而正是这细微之处，方寸之间，其形状、线条变化之丰富令人惊叹。

　　如今长城已是我国的外交名片，各地对修复长城的热情也持续高涨。这本是一件利国利民利长城的好事，然而在新修复的长城上，有些垛孔简单得让人瞠目。当年垛孔的设计者、建造者所浸注的智慧和心血，不该在修复中被遗忘和抹去。本书把我们看到的垛孔的形态展示给大家，便是希望历史的智慧能被保护并延续下去。

第四篇　长城的垛孔

◀ 河北涞源垛墙的方形垛孔　孟新民 摄
河北涞源七亩地长城敌楼垛墙上垛孔为三排式分布。垛孔的内外口都是方形，内外口同样大小。垛孔的孔道平直，垛孔用五块砖搭砌。这是长城垛墙上样式最简单的垛孔。

▲ 河北迁安垛墙的方形垛孔　闫允杰 摄
河北迁安马井子长城石砌墙最高处有一段砖包墙。砖包墙的垛墙上垛孔有两种，一种开在垛墙根，另一种开在垛牙。开在垛牙的垛孔内外口都是方形用五块砖搭砌，内外口同样大小。垛孔的孔道平直。

▶ 河北迁西垛墙的多边形垛孔　山雪峰 摄
河北迁西城子岭长城垛墙上的垛孔内口用七块砖搭砌。内口顶砖不做任何加工，内口顶砖下左右三砖均为斜角砖，使垛孔的孔道左右呈斜面。垛孔外口上下各挡了一层砖。内口呈正方形，外口是小正方形。

▲ 北京密云垛墙的方形垛孔　姚磊 摄
北京密云司马台长城垛墙上的垛孔。内口用七块砖搭砌呈正方形，顶砖做成斜面，两侧砖去角砌成锥面。垛孔外口是长方形。

▶ 河北垛墙的多边形垛孔　山雪峰 摄
河北秦皇岛花厂峪长城垛墙垛孔内口用七块砖搭砌。内口顶砖脊角刻有一尖两弧槽，顶砖下左右两砖的头角修成圆弧，圆弧头角砖下的四砖修成斜角。孔道左右呈锥面，底面平直，外口为方形。

▶ 河北秦皇岛垛墙的多边形垛孔　龚建中 摄
河北秦皇岛平顶峪长城垛墙上完好的多边形垛孔。垛孔内口用九块砖搭砌，内口顶砖脊角刻带浅线描边。孔道底面水平，外口型砖开有拳头大小的圆洞。

▼ 河北秦皇岛垛墙的多边形垛孔　吕军 摄
河北秦皇岛板厂峪长城垛墙上的垛孔初看垛孔内口为多边形，大小与右图花厂峪长城垛墙上的垛孔内口相同，但垛孔底面呈斜坡，内高外低。垛孔外口挡了一块开有拱顶长洞的型砖，内口顶砖脊角刻挖两圆弧。

▶ 河北秦皇岛垛墙的多边形垛孔　吕军 摄
河北秦皇岛苇子峪长城垛墙的多边形垛孔，内口用七块砖搭砌。垛孔内口顶砖开裂。孔道底面外低内高，外收内放，使得垛孔外口低于内口。

第1节 垛孔口型的形态

一般人印象中，长城垛墙上垛孔的内外口应是正方形。从山海关到嘉峪关几千公里的长城上，垛墙垛孔的样子应该基本一致。可实际上，不同地区的长城垛墙垛孔的形状可谓是各有千秋。例如同处河北省，涞源长城垛墙垛孔的形状和抚宁长城的差别就很大。北京市延庆区八达岭的与怀柔区慕田峪的也颇有不同，与司马台长城单边墙上的垛孔更是迥异。

目前发现的垛孔的内外口，不仅有正方形、圆形、半圆形，还有菱形。虽没有发现正三角形的，但至少有接近三角形的垛孔，比如七块砖式的垛孔，看上去像个"土"字，也有的像个"由"字。在慕田峪长城有大量由两块砖构成的垛孔内口，拼成有伊斯兰建筑风格的拱门式垛孔……

更有特点的长城垛墙垛孔也许已消失在历史长河中，也许还在深山高崖之上等待后来的朋友们去发现。希望长城垛孔口型形态之丰富能为更多人所知，也希望修复长城时，垛墙垛孔不因其小而被忽略。

◀ 陕西府谷敌楼垛墙的垛孔　罗　宏 摄
陕西府谷守口墩是一座只剩一半的3×4眼敌楼。敌楼垛墙上的垛孔为历史遗物。垛孔内口内嵌开一个圆洞的方砖，垛孔外口内嵌开一个圆洞有花纹的方砖。

▲ 北京密云敌楼垛墙的垛孔　丁　欣 摄
北京密云司马台长城东十二号敌楼，垛墙上的垛孔是一方石挖刻出圆形石洞。圆洞内口大外口小，孔道呈锥形。

| 第四篇 长城的垛孔

▶ **河北敌楼垛墙的圆形垛孔** 周幼马 摄
河北涞源乌龙沟长城敌楼垛墙上内外口都是圆形的垛孔。垛孔的外口小，用两块砖拼砌。垛孔的内口大，在砖砌垛墙时预先留出龛窝，用石灰搪出圆形内口。

▲ **河北敌楼坞墙的圆形垛孔** 史 强 摄
坞墙又称"坞壁""坞堡"，是为保护长城敌楼或烽火台而在其四周修建的墙体。此为河北秦皇岛板厂峪长城敌楼外砌坞墙，类似的建筑结构在秦皇岛长城上目前只看到两处存留。

▶ **河北敌楼垛墙的五边形垛孔**
河北秦皇岛无名口长城有座 2×4 眼敌楼。楼顶垛墙上垛孔外口都是嵌一方石，挖刻出五边形的垛孔。垛孔的内口用六块砖拼砌，大小与垛孔的外口相近。

▲ **北京敌楼垛墙的圆形垛孔** 严共明 摄
北京门头沟沿河口长城的沿字叁号敌楼垛墙上的垛孔内外口各嵌一方石。垛孔外口方石挖刻出接近正方形的石洞，垛孔内口方石挖刻出圆石洞。垛孔口型有内圆外方的安排。

◀ **北京怀柔垛墙的多边形垛孔** 黄东晖 摄
北京怀柔箭扣长城垛墙上完好的多边形垛孔。垛孔内口用五块砖搭砌。内口顶砖脊刻三个弧，中间大两边小。

第二章　垛孔的形态

▶ **河北秦皇岛垛墙的长方形垛孔**　吕　军 摄
河北秦皇岛破城子北高楼西坡的长城垛墙保存比较完整。此处的垛孔有几种。这段垛墙上的垛孔外口都是一块中心掏一圆洞的方砖，而坡底低处垛墙上的垛孔内口是四块砖脊拼成的菱形，在坡顶高处垛墙上垛孔的内口则为七块砖垒成的长方形。这段垛墙低处的垛孔比高处的内口大，体现了对低处垛墙垛孔的重视。

◀ **河北迁安垛墙的长方形垛孔**　闫允杰 摄
河北迁安马井子长城石砌墙最高处有一段砖包墙。砖包墙的垛墙上垛孔有两种，一种开在垛墙根，另一种开在垛牙。开在垛墙根的垛孔内外口都是长方形，用十一块砖搭砌。垛孔内口外口同样宽，内口高，外口低，垛孔的孔道倾斜。

◀ **北京怀柔垛墙的"土"字形垛孔**　黄东晖 摄
北京怀柔旺泉峪长城，垛墙根上完好的垛孔用五块砖搭砌，垛孔内口型呈"土"字形。这是垛孔的内口。

▶ **北京怀柔垛墙的长方形垛孔**　黄东晖 摄
北京怀柔慕田峪"秃尾巴边"长城，垛墙根上完好的垛孔用五块砖搭砌。垛孔内口、外口同样宽。垛孔内口顶砖脊刻一个圆弧，垛孔外口封一块开圆洞的盖砖。内口大，外口小。

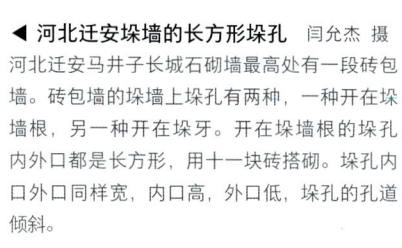

▲ **北京怀柔垛墙的"由"字形垛孔**　张　俊 摄
北京怀柔大榛峪长城，垛墙上的垛孔用七块砖搭砌。垛孔内外口型呈"由"字。垛孔的内口高，外口低。这是垛孔的内口。

▶ **北京怀柔垛墙的"由"字形垛孔**　曾傲雪 摄
北京怀柔箭扣长城，垛墙上的垛孔用七块砖搭砌。垛孔内口型呈"由"字形。内口顶砖下的两砖相对的砖面挖成弧形。与"由"字形接近，但字肩圆了。此段长城垛墙上的垛孔内口大，外口小。外口顶砖有弧凹。

333

第四篇 长城的垛孔

◀ 北京怀柔垛墙的多边形垛孔 黄东晖 摄
箭扣长城垛墙上有用五块砖砌的垛孔。垛孔内高外低，其内口顶砖挖六个弧，弧上有装饰性描边浅刻。顶砖下的四砖削角，孔道立面外收内放。

▶ 河北秦皇岛垛墙的菱形垛孔 吕 军 摄
河北秦皇岛破城子长城垛墙上垛孔的内口是菱形，由四块大砖搭砌，外口用挖有圆洞的型砖封堵。

▶ 北京怀柔垛墙的近似菱形垛孔 张 骅 摄
北京怀柔箭扣长城垛墙上的垛孔，内口上下用两块型砖搭砌，型砖以直角切挖，直角边再稍挖四个小弧，弧上有装饰性描边凸棱。垛孔内、外口的大小和高低相同。

◀ 北京怀柔垛墙的拱顶型垛孔 高光宇 摄
北京怀柔旺泉峪长城垛墙上的垛孔，内口左右用两块型砖搭砌。型砖以半边留头带弧切挖，两块型砖对头搭砌，组成一拱顶型垛孔。垛孔内、外口大小一致，内口高、外口低，孔道下斜。

◀ 北京延庆垛墙的"火"字形垛孔 张 骅 摄
北京八达岭长城敌楼垛墙上的垛孔用六块砖搭砌。城砖的直角削磨成四分之一圆，两砖背靠背组成一半圆，垛孔顶由两块去角的砖对头接。垛孔的口型与火字的外形接近，此形垛孔只在八达岭长城敌楼垛墙上存在。

◀ 北京怀柔垛墙的尖顶型垛孔 任树垠 摄
北京怀柔旺泉峪长城垛墙上的垛孔，内口左右用两块型砖搭砌，型砖以半边留头带两弧切挖，两块型砖对头搭砌时组成一拱尖顶型垛孔。垛孔外口也用此样型砖。垛孔内口高、外口低，孔道下斜。

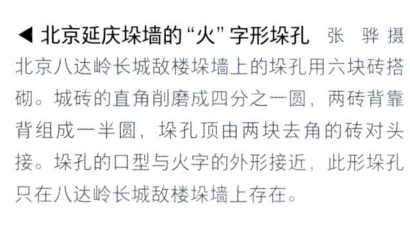

◀ 河北滦平垛墙的半圆形垛孔 山雪峰 摄
河北金山岭长城垛墙上的半圆形垛孔，内口左右用两块型砖搭砌，型砖的直角以四分之一圆切挖，两砖对头搭砌时组成一个半圆形大孔。垛孔外口由一块下挖小洞的方砖封堵。孔道底面水平，孔道两侧立面用砖砌成内阔外收的锥状。

第 2 节 垛孔洞道的形态

垛孔洞道是指长城垛墙垛孔内外口之间的洞道。垛孔洞道的形态由洞轴线的平斜、长短以及洞壁面的简繁等部分组成。

垛孔洞道的洞轴线是否水平，与垛孔在垛墙的位置和功能有关。最简单的垛孔洞道形态是洞轴线水平，洞壁四面平直。有些新修复的长城垛墙垛孔洞道就按此样式营造。在未修复的地段，也会见到在垛墙高位开设的高开垛孔或中开垛孔，洞轴线多按水平角度构筑，这样修建便于远望敌情。而垛墙上的低开垛孔，洞轴线常按内高外低倾斜角度构筑，也是为了便于守卫者近距离御敌。

垛孔洞壁面的形态变化，通常是有区域性的，在一个地段附近是一致的，但与相邻或更远的地段就不同。垛孔洞壁面有直面和折面之分，例如有内大外小的圆口垛孔，洞轴线水平，洞壁用砖脊背拼成直面锥桶状；也有方形垛孔，洞轴线内高外低，洞壁立侧面砖头齐平，洞壁底面和顶面为折面。洞道在垛墙里上下拐弯。垛孔洞道的变化，多暗藏在垛墙里，并不直接表现在垛墙表面。

▲ 北京斜直壁曲洞道垛孔内口 任树垠 摄
北京怀柔旺泉峪长城，垛墙上的垛孔内口用五块砖搭砌，垛孔内口底砖与外口顶砖持平，垛孔内口腐砖向外砌成斜面，垛孔内外口似一样，垛孔洞道为内高外低下斜。

◀ 河北直壁斜洞道垛孔外口 闫允杰 摄
河北迁安马井子长城，垛孔外口有十四块砖高，内口才七块砖高。垛孔的两壁平直，构成一种内高外低、内小外大、向下斜倾的洞道。

第四篇　长城的垛孔

▲ 甘肃嘉峪关垛墙垛孔外口
甘肃嘉峪关城南、北、东三面垛墙上的垛孔分布以在垛牙高开为主，间隔三个垛牙有一垛牙上再增两个低开垛孔。这些垛孔的洞道四面平直，洞轴水平。

◀ 甘肃直壁直洞道垛孔内口
甘肃嘉峪关城南、北、东三面垛墙上的垛孔用五块砖搭砌。垛孔内外口型一样，垛孔洞道四面平直，洞轴水平。

◀ 河北直壁直洞道垛孔内口　梁汉元 摄
河北遵化后杖子长城垛墙上的垛孔内外口都是方形，可以看出洞道四面平直。

▼ 山西直壁直洞道垛孔外口　岳　华 摄
山西山阴白草口长城，垛墙上洞轴水平、四面平直的垛孔洞道。

▼ 北京直壁直洞道垛孔内口　任树垠 摄
北京怀柔旺泉峪长城垛墙上的垛孔内口用五块砖搭砌。垛孔内外口型一样，垛孔洞道四面平直，洞轴水平。

第二章　垛孔的形态

◀ 河北直壁锥洞道垛孔内口　丁　岩 摄
河北金山岭长城垛墙，垛孔洞道的底面平，两壁和顶面向小于内口的外口靠拢。洞壁直，构成锥洞道。

◀ 北京直壁锥洞道垛孔内口　高光宇 摄
北京怀柔旺泉峪长城，垛墙上的垛孔内门用五块砖搭砌，垛孔外口用三块砖搭砌。洞道的底面平，两壁直。洞道顶面的三块砖型无法形成平面，构成一种垛孔三面平直的锥洞道。

▲ 北京直壁锥洞道垛孔内口　严共明 摄
北京密云司马台长城，石墙上的垛孔内口用几块砖搭砌。洞道的底面平，两壁直，三面向小于内口的外口靠拢，构成一种四锥面的锥洞道。

▶ 陕西直壁曲洞道楼孔内口　罗　宏 摄
陕西榆林水掌村长城，敌楼窗下孔用九块砖搭砌。洞道的底面、顶面均向小于内口的外口斜，两壁平直，构成一种垛孔两壁平直的曲洞道。

▲ 北京直壁直洞道楼孔内口　吴　凡 摄
北京门头沟黄草梁长城，敌楼窗下孔的内口用三块砖搭砌。洞轴水平，洞道四面平直。

337

第四篇　长城的垛孔

▲ **北京直壁斜洞道垛孔外口**　闫允杰 摄
北京门头沟沿河口长城，敌楼垛墙上的垛孔内外口都是一块方石。内口方石开一个圆洞，外口方石开一个方洞。洞道的两壁直。内口方石比外口方石高一层砖，构成一种垛孔两壁平直的斜洞道。

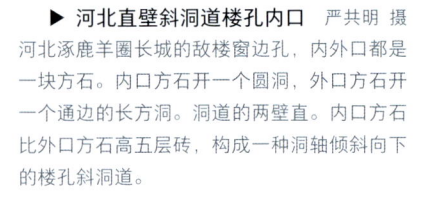

▶ **河北直壁锥洞道墙孔内口**　吕 军 摄
河北秦皇岛程山长城东架墙的墙孔很特别。内口用四块各去一角修成四分之一圆弧的方砖拼合成大小占五层砖高的大圆洞。外口用两块各挖去半圆的城砖拼合成大小占两层砖高的小圆洞。洞道用九块砖加工拼合成一个锥洞。

▶ **河北直壁斜洞道楼孔内口**　严共明 摄
河北涿鹿羊圈长城的敌楼窗边孔，内外口都是一块方石。内口方石开一个圆洞，外口方石开一个通边的长方洞。洞道的两壁直。内口方石比外口方石高五层砖，构成一种洞轴倾斜向下的楼孔斜洞道。

◀ **辽宁洞轴上斜的墙孔洞道**　山雪峰 摄
辽宁绥中小河口长城，沟东敌楼残顶墙上还留了三个券窗。券窗之上各有一个洞轴向上斜的墙孔。墙孔内口用两块各挖去半圆的城砖拼合成大小占两层砖高的小圆洞，外口亦如此。外口比内口距券窗顶多了两层砖，构成了洞轴向上斜的墙孔洞道。

▶ **北京直壁锥洞道垛孔内口**　黄东晖 摄
北京怀柔慕田峪长城，垛墙上的垛孔内口用七块砖搭砌，与"土"字相似。垛孔外口用五块砖搭砌，比内口矮一层砖。洞道的底面平，两壁直，洞道的顶面不成平面，构成一种垛孔两壁平直、底面平的锥洞道。

第二章 垛孔的形态

▼ 北京直壁斜洞道垛孔内口　黄东晖 摄
北京怀柔慕田峪长城，垛墙上的垛孔内口用五块砖搭砌，垛孔外口用七块砖搭砌，比内口矮两层砖。洞道的底面斜平，两壁直，洞道的顶面不成平面，构成一种垛孔两壁平直、顶底两面斜的斜洞道。

◀ 北京直壁斜洞道垛孔外口　黄东晖 摄
北京怀柔慕田峪长城，垛墙上的垛孔外口用七块砖搭砌，比内口矮两层砖。洞道的底面斜平，两壁直，洞道的顶面不成平面，构成一种垛孔两壁平直、顶底两面斜的斜洞道。

▶ 北京直壁斜洞道垛孔内口　黄东晖 摄
北京怀柔箭扣长城，垛墙上的垛孔内口用五块砖搭砌，垛孔顶砖下的四块砖都修去一角，使垛孔两壁多了外阔的小斜面。外口比内口矮了两层砖。洞道顶面因砖搭含有拐角，洞道的底面斜平，构成一种垛孔两壁小、斜面平直、洞顶拐角的斜洞道。

▼ 甘肃嘉峪关罗城垛墙垛孔外口
甘肃嘉峪关城南、北、东三面垛墙，垛孔分布以在垛牙高开为主，但嘉峪关城西面和罗城垛墙上的垛孔分布以紧临墙头砖棱线分布。这是区别嘉峪关的城墙方位最简便有效的特征。

◀ 甘肃直壁斜洞道垛孔外口
甘肃嘉峪关城西面垛墙上的垛孔用七块砖搭砌。垛孔,内外口型一样。洞道两壁平直，垛孔外口比内口低两层砖，洞道顶面因砖搭含有拐角，洞道的底面斜平，构成一种洞道两壁平直、洞顶拐角的斜洞道。

第四篇　长城的垛孔

◀ 北京锥壁洞道垛孔内口　李玉晖 摄

北京怀柔撞道口长城，垛墙上的垛孔内口用五块砖搭砌。垛孔顶砖下的四块砖都修去一角，使垛孔两壁多了外阔的长斜面。内口底砖上挖一个向外无沿的方形浅窝，在垛孔洞道内口底砖中很少见到。

▼ 河北锥壁洞道垛孔内口　张　骅 摄

河北遵化后杖子长城，垛孔内外口都是用九块砖搭砌。外口与内口同高。洞道的底顶面水平。内口型呈一极宽的"由"字形，外口型呈一极窄的"由"字形。洞道两壁的六块砖都切去一角，使垛孔洞道两壁前直后斜。孔口内大外小，构成一种洞道水平指向。洞道前段直窄、后段斜阔。

▶ 河北锥壁洞道垛孔内口　宇　鸣 摄

河北金山岭长城垛墙上的垛孔内口用五块砖搭砌。垛孔顶砖下的四块砖都切去一角，使垛孔洞道两壁前直后斜。外口与内口同高，孔口内大外小。洞道的底顶面水平，构成一种洞道水平指向。洞道前段直窄、后段斜阔。

▲ 北京锥壁拐弯洞道垛孔内口　李玉维 摄

北京怀柔铁矿峪长城，垛墙上的垛孔内口用五块砖搭砌。垛孔顶砖下的四块砖都修去一角，使垛孔两壁多了外阔的小斜面。垛孔外口低于内口三层砖，洞道顶面在顶砖下拐了个弯。洞道底面为里高外低的斜面。

第 3 节　垛孔大小的形态

本章第 1 节在介绍垛孔口型的形态时，借用了平面几何的概念以描述其形态的丰富。但仅借用数学概念仍难以做到细致无遗，且从条理上说还有欠缺，还需要理性的说明。

丰富的垛孔形态多数存留于长城的砖砌垛墙上。垛孔是由砖块搭接组成的。一个垛孔用了几块砖搭建？砖块数量的多少，会给垛孔带来哪些不同的样貌？同样数量的砖块搭接出的垛孔形态可产生哪些变化？本节试借助简明的数字顺序梳理垛孔形态的种类，使其形成一个清晰理性的关系。

长城砖砌垛墙上的垛孔是留空砌出来的。最简单的垛孔是在一块方砖或方石中心掏洞。两块砖各挖去半边，对接起来，也可拼成一个垛孔。三块砖的垛孔多是两砖之间留空，空当上搭住一块眉砖。依此类推，奇数块砖组成的垛孔是眉砖下的垛孔壁砖依次递增。垛孔眉砖若是两块被加工后对接的型砖，就有了偶数块砖的垛孔的排序。用砖数多少来分类可进一步了解垛孔形态的丰富。

◀ 河北兼具两种垛孔的垛墙　张　骅 摄
河北遵化后杖子长城，砖垛墙上垛孔有两种：一种为垛墙根开，垛孔内外口都是用九块砖搭砌，另一种为垛墙头开，垛孔内外口都是用五块砖搭砌。

▲ 河北垛墙上的特殊形态垛孔　闫允杰 摄
河北遵化后杖子长城垛墙，垛孔分高开和低开两种。在墙根低开垛孔中，还发现有一个内外口都是用八块砖搭砌的、口型为半圆形的垛孔，此当牛事。

第1目上 一块砖构成的垛孔

一块砖构成的垛孔在长城上分布非常少。只在北京密云古北口至河北承德金山岭一带，河北唐山董家口、河流口及秦皇岛无名口、黄土岭长城上有存留。单砖筑成的垛孔用砖特殊，其长宽不同于一般墙砖的长宽比例，而是接近正方形。制造砖坯时，在方砖一边留出缺口，成砖后以有缺口的边为底侧，砌在垛墙上成为垛孔。方砖预留出的缺口大小形状似乎没有一定之规，因而砌成的垛孔形态也呈现出微妙的差异。这种单砖成孔的垛孔砖又叫垛孔护口砖。

◀ 平弧顶小尖角的单砖垛孔　吕　军 摄
河北迁西董家口长城的垛墙上，垛孔内口用一块方砖做护口砖，方砖底边开一个方形豁洞，圆角的垛孔平顶中间加小尖角。

▲ 平直口顶的单砖垛孔　严共明 摄
北京司马台长城东破单边石墙的垛孔内口大，外口小。垛孔外口用一块方砖做护口砖，方砖底边开一个方形豁洞成为垛孔。

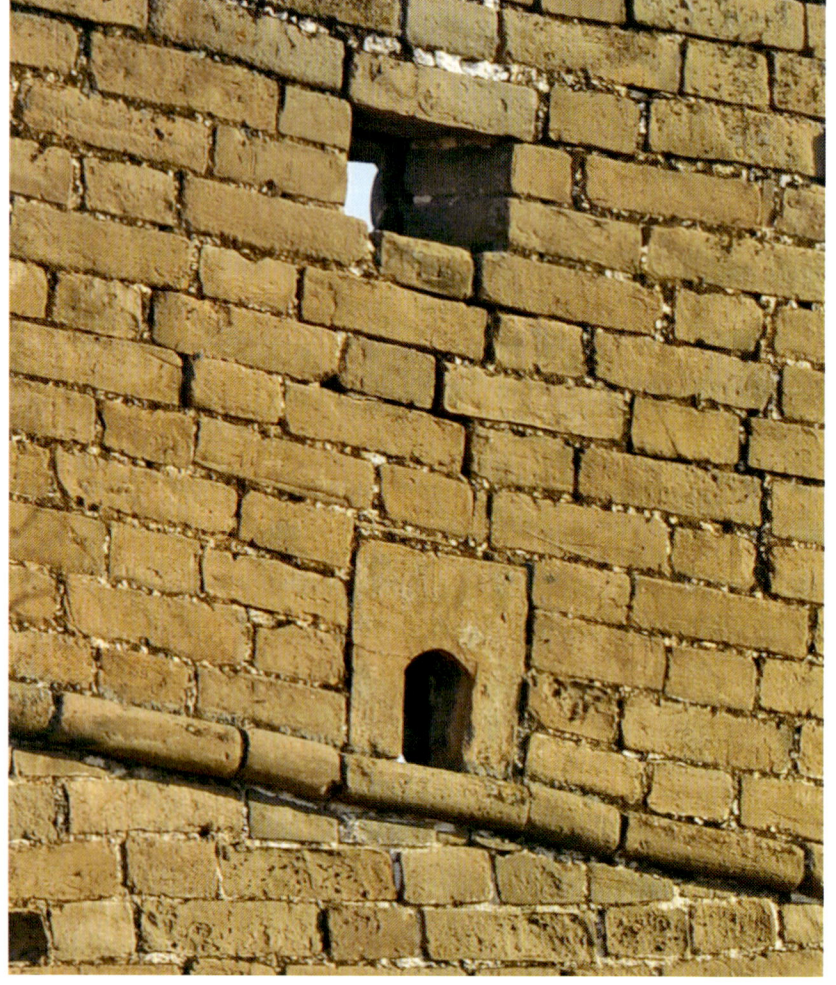

▶ 圆弧口顶的单砖垛孔　黄东晖 摄
河北金山岭长城的垛墙上，垛孔外口用一块方砖做护口砖，方砖底边开一个方形豁洞，豁洞顶为半圆弧形。

▲ 圆弧口顶的单砖垛孔　山雪峰 摄
河北金山岭长城龙峪口东的垛墙上，垛孔外口用一块方砖做护口砖，方砖底边开一个方形豁洞，豁洞顶为半圆弧形。

▶ 圆弧顶加圆突的单砖垛孔　黄东晖 摄
河北迁安河流口长城的垛墙上，垛孔外口用一块方砖做护口砖，方砖底边开一个方形豁洞，半圆弧形垛孔顶中间还加小半圆豁洞。

▶ 尖角边加尖角的单砖垛孔　张　骅 摄
河北迁安河流口长城的垛墙上，垛孔内口用一块方砖做护口砖，方砖底边开一个方形豁洞，三角形垛孔顶两边中间各加小尖角。

第二章 垛孔的形态

◀ **圆弧口顶的单砖垛孔** 严共明 摄
北京司马台长城聚仙楼东的垛墙上，垛孔外口用一块四层砖高的方砖做护口砖，方砖底边开一个方形豁洞，豁洞顶为平直顶。

◀ **圆弧口顶的单砖垛孔** 宇 鸣 摄
河北迁安白羊峪长城的垛墙上，垛孔内口用一块三层砖高的方砖做护口砖，方砖底边开一个方形豁洞。圆角的垛孔顶略呈钝角三角形，垛孔顶中间加了一小尖角。

▶ **圆肩平顶尖角的单砖垛孔** 吕 军 摄
河北秦皇岛黄土岭长城的垛墙上，垛孔内口用一块三层砖高的方砖做护口砖，方砖底边开一个方形豁洞，豁洞顶为半圆弧形。

▶ **圆肩平顶加圆弧的单砖垛孔** 张 骅 摄
河北迁安河流口长城的垛墙上，垛孔内口用一块四层砖高的方砖做护口砖，方砖底边开一个方形豁洞，圆肩平顶中间加一小圆弧豁。

◀ **四个小圆弧顶的单砖垛孔** 李玉晖 摄
河北迁安河流口长城的垛墙上，垛孔内口用一块三层砖高的方砖做护口砖，方砖底边开一个方形豁洞。垛孔顶为四个小圆弧组成的圆肩梯形。

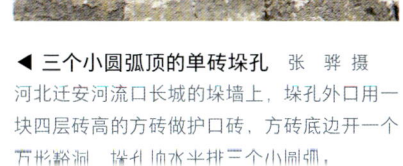

◀ **三个小圆弧顶的单砖垛孔** 张 骅 摄
河北迁安河流口长城的垛墙上，垛孔外口用一块四层砖高的方砖做护口砖，方砖底边开一个方形豁洞，垛孔顶水平排三个小圆弧。

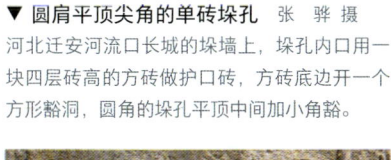

▼ **圆肩平顶尖角的单砖垛孔** 张 骅 摄
河北迁安河流口长城的垛墙上，垛孔内口用一块四层砖高的方砖做护口砖，方砖底边开一个方形豁洞，圆角的垛孔平顶中间加小角豁。

▲ **圆肩平顶尖角的单砖垛孔** 吕 军 摄
河北秦皇岛无名口长城的垛墙上，垛孔内口用一块四层砖高的方砖做护口砖，方砖底边开一个方形豁洞。垛孔顶为圆角的垛孔平顶中间加三角豁。

343

第1目下 一块石构成的垛孔

　　一块石构成的垛孔多是在长城敌楼垛墙御敌面上发现的,其存留分布地段比一块砖构成的垛孔多了四处,以河北秦皇岛长城敌楼垛墙的石垛孔存留最多。垛孔石料的外形接近正方形,四层砖厚,近一块砖长。垛孔石料材质各地亦不统一,用石材加工成的垛孔肯定比砖垛孔结实耐用。在石板中心挖出一个垛孔,取料、加工都比用烧砖的工作量多了不少。即使如此,现存于世的石垛孔造型多多少少都有不同,令后人感叹古代工匠付出的心血。

▶ **中开圆洞的单石垛孔**　龚建中 摄
河北卢龙刘家口长城的敌楼垛墙上开一排垛孔,垛孔的外口砌有护口石。护口石外有五层砖高,一块半砖长。护口石于石板正中间开一个小于两层砖高的圆洞。圆洞外口小、里口大,洞道呈锥状,与五层砖砌的左右斜面衔接。

◀ **中开弧顶方洞的单石窗下孔**　郑 严 摄
北京门头沟洪水口长城沿字拾贰号敌楼的楼窗下孔外口用石护口。护口石外有四层砖高,一块砖长。护口石的方洞,顶边为中间带尖,两头向内掐尖弧线形。护口石外边和洞孔外边细刻着粗线凸边。

▶ **中开弧顶方洞的单石垛孔**　闫允杰 摄
北京门头沟沿河口长城沿字叁号敌楼垛墙上开两排垛孔,垛孔的内外口均有护口石。护口石有四层砖高,一块砖长。外口护口石于石板正中间开一个方洞,护口石的方洞顶边为中间带尖的弧线形,护口石外边和洞孔外边粗刻着细线凸边。

◀ **中开弧顶方洞的单石窗下孔**　张 骅 摄
北京门头沟沿河口长城沿字肆号敌楼的楼窗下孔内外口均有护口石。护口石有四层砖高,一块砖长。外口护口石于石板正中间开一个方洞。护口石的方洞顶边有五个小尖的弧线形,护口石外边和洞孔外边细刻着细线凸边。

◀ **底开半圆洞的单石窗下孔**　都 东 摄
河北迁安冷口长城敌楼的楼窗下孔外口用石护口。护口石外有五层砖高,一块砖长。护口石底边开一个半圆豁洞,豁洞大小达两层砖高。

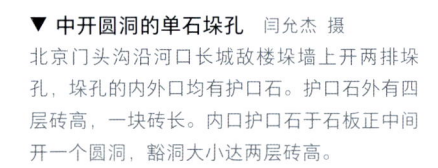

▼ **中开圆洞的单石垛孔**　闫允杰 摄
北京门头沟沿河口长城敌楼垛墙上开两排垛孔,垛孔的内外口均有护口石。护口石外有四层砖高,一块砖长。内口护口石于石板正中间开一个圆洞,豁洞大小达两层砖高。

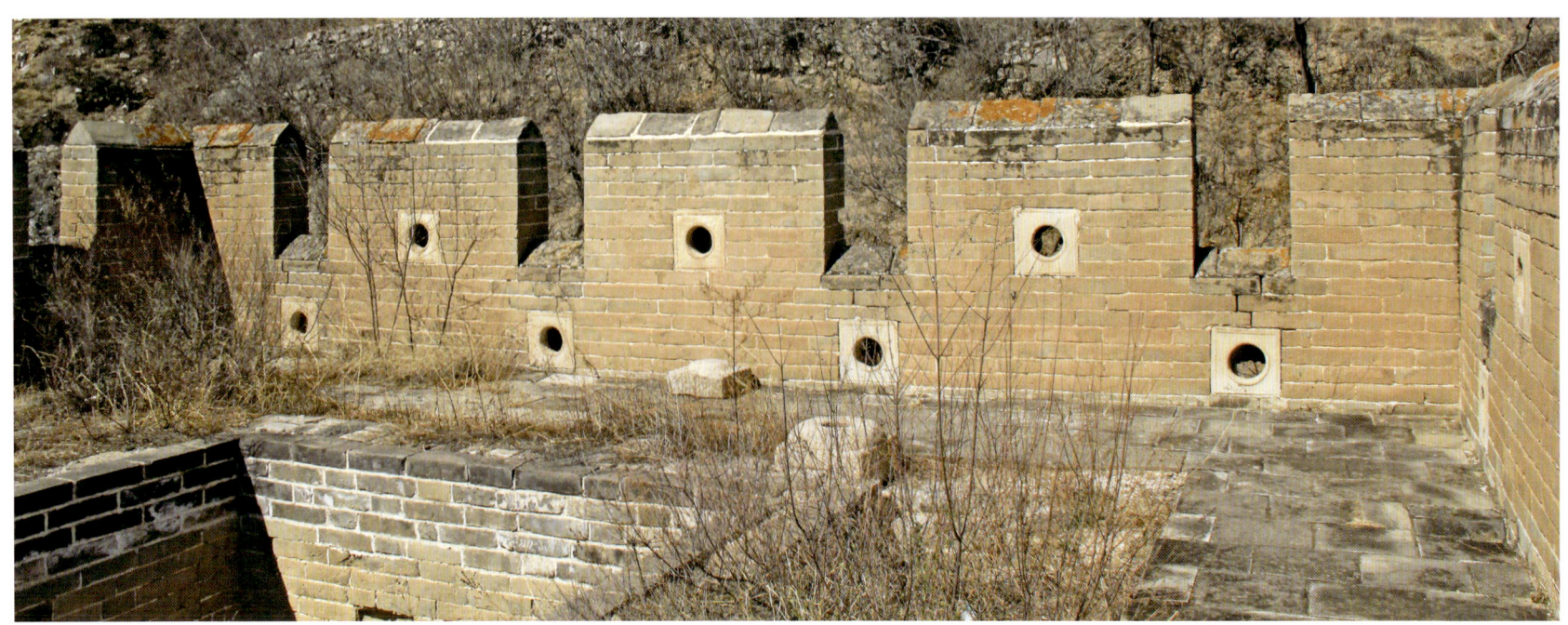

第二章 垛孔的形态

◀ 中开圆洞的单石垛孔　马　骏 摄
河北秦皇岛梁家湾长城的敌楼垛墙上残留的垛孔石。外口小、内口大，洞道呈锥面。

◀ 中开弧线方洞的单石垛孔　张　骅 摄
河北秦皇岛茅子峪长城，敌楼的楼窗下孔，外口的护口石多数丢失。仅存的这块护口石正中间开一弧线顶方洞。石质加工粗糙，弧线顶方洞外有一圈浅线描边刻。

▲ 底开弧线顶长方洞的单石垛孔　吕　军 摄
河北秦皇岛义院口长城，敌楼的楼窗下孔，外口护口石多数不存。护口石高达五层砖，中间开一个弧线顶通底豁洞。其上为一搭楼窗内壁的石窗台。护口石的外沿和洞边刻有凸棱。

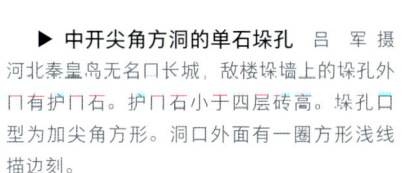

▶ 中开尖角方洞的单石垛孔　吕　军 摄
河北秦皇岛无名口长城，敌楼垛墙上的垛孔外门有护门石。护门石小于四层砖高。垛孔口型为加尖角方形。洞口外面有一圈方形浅线描边刻。

▲ 底开拱门形单石垛孔　严共明 摄
河北秦皇岛板厂峪长城的敌楼窗下孔外口护口石，与义院口长城敌楼窗下护口石相同。护口石高达五层砖，弧顶通底，豁洞有三层砖高。护口石的外沿和洞边刻亦有凸棱。

▼ 中开圆洞的单石垛孔　张翅飞 摄
北京怀柔河防口长城新近修复的敌楼，垛墙上的垛孔基本保持了历史原貌。

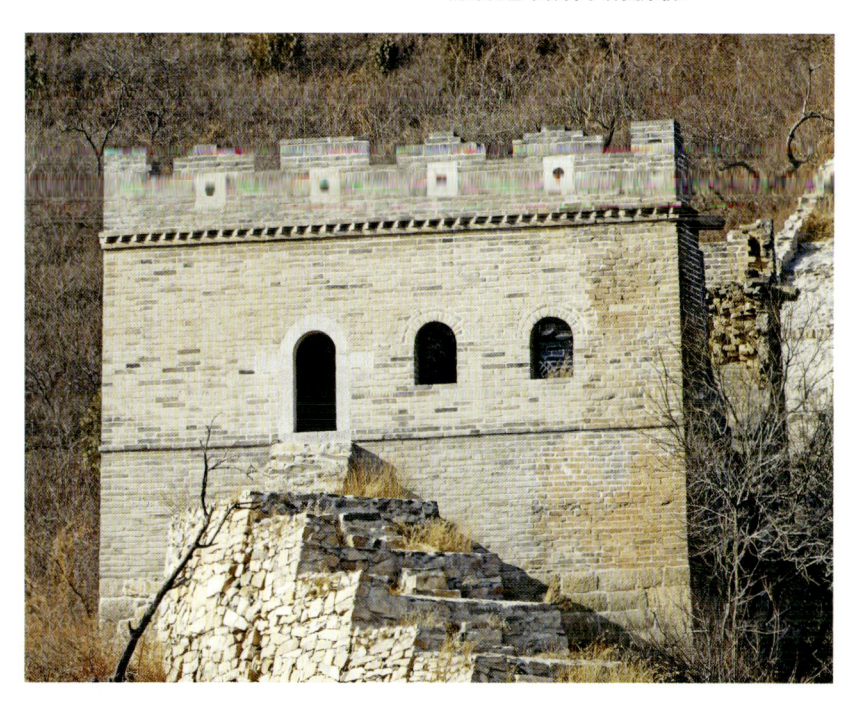

◀ 中开三弧顶方洞的单石垛孔　黄东晖 摄
河北秦皇岛花厂峪长城敌楼垛墙破损严重。垛墙上的垛孔外口护口石极为罕见。护口石上开的方洞顶由三个小弧线组成。护口石的外沿和洞边刻有凸棱。

▶ 中开圆洞的单石垛孔　刘玉奎 摄
北京怀柔河防口长城，新近修复的敌楼垛墙上保留了旧有的石垛孔。石垛孔高达五层砖，外口小、内口大，保持着沧桑原貌。

345

第2目 两块砖构成的垛孔

两块砖构成的垛孔在长城地段分布上比一块砖构成的垛孔多几处。这种垛孔均是用两块砖拼成垛孔护口，其拼接方式可分上下对接与左右对接两类。上下对接类的垛孔是在城砖长边挖去一个半圆，再用两个半圆上下砌垒出一个圆形垛孔。河北涞源长城敌楼垛墙上仍有此类遗存。左右对接类的两块砖垛孔是把城砖从短边挖去一角，顺势把城砖的长边挖去一条，使砖成瓦刀状。两砖左右刀头对接，刀柄之间空出一个孔。此类型垛孔在北京慕田峪长城垛墙上随处可见。

◀ **两块砖构成的圆形垛孔**　罗　宏 摄
陕西府谷新民镇守口墩敌楼垛墙上的垛孔，是陕西长城此类垛孔的唯一遗存。垛孔内口由上下两块砖拼构成一个圆孔。

▲ **两块砖构成的圆形垛孔**　刘　萌 摄
河北涞源白石山长城，敌楼垛墙上的垛孔结构自有特点。垛孔外口以两砖左右拼成一个圆孔。

▶ **两块砖构成的圆形垛孔**　山雪峰 摄
河北涞源隋家庄长城，敌楼垛墙上的垛孔分高低开。低开垛孔紧靠垛墙根，高开垛孔在垛牙中间。高开垛孔的外口由上下两块砖构成圆形垛孔。

▶ **两块砖构成的圆形墙孔**　吕　军 摄
河北秦皇岛罗汉洞长城的东架城墙孔内口大、外口小。墙孔内口由四块砖拼接，外口由上下两块砖构成。

▶ **两块砖构成的圆形垛孔**　王　虎 摄
辽宁绥中小河口长城，敌楼垛墙上的垛孔由上下两块砖构成。垛孔的内口大、外口小，上下两块垛孔砖的圆形缺口均为同轴斜曲面。其曲面之顺滑，彰显出古人加工技艺的高超，令人叹服。

◀ **两块砖构成的菱形垛孔**　严共明 摄
北京怀柔箭扣长城垛墙上的垛孔有三种样式，菱形垛孔为箭扣长城垛墙上独有。垛孔内外口一样大，用挖空三角的型砖上下拼构成一个菱形孔。

◀ **两块砖构成的拱门形垛孔**　张　骅 摄
北京怀柔旺泉峪长城，垛墙上的垛孔内口由左右两块砖构成，垛砖长边半挖去一条，垛砖短边两头一长一短，两块垛砖短边对头对接，留出一个圆弧顶拱门式垛孔。

第二章 垛孔的形态

▶ **两块砖构成的拱门形垛孔** 陈元志 摄
北京怀柔旺泉峪长城宇墙上的垛孔内口由左右两块砖构成。垛墙上垛孔内口的左右砖高占四层砖，宇墙上垛孔内口的左右砖高占三层砖。同是圆弧顶拱门式垛孔，却有高矮的不同。

▶ **两块砖构成的拱门形垛孔** 龚建中 摄
河北卢龙刘家口长城垛墙上的垛孔内口砖的外高占三层半砖，由两块砖构成直边方角顶拱门式垛孔。

◀ **两块砖构成的拱门形垛孔** 钱其红 摄
北京密云古北口长城，垛墙上垛孔内口砖的外高占三层半砖。垛孔砖为正方形，各挖去一角，两块砖构成扁圆弧顶式垛孔。

◀ **两块砖构成的拱门形垛孔** 山雪峰 摄
北京密云蟠龙山长城，宇墙上的垛孔内口砖的外高占三层半砖。垛孔砖为正方形，各挖去一角，两块砖构成尖圆弧顶式垛孔。

▲ **两块砖构成的拱门形垛孔** 张 和 摄
北京怀柔旺泉峪长城，垛墙上的垛孔分布在垛牙中间。垛孔内口由左右两块砖构成。垛砖长边半挖出一条曲线，两块垛砖短边对头拼接。圆弧顶多一个尖角，做成了拱尖角的拱门式垛孔。

◀ **两块砖构成的拱门形垛孔** 田丽华 摄
北京怀柔旺泉峪长城，垛墙上的垛孔分布在垛牙中间。垛孔内口距垛墙根六层砖高，由左右两块砖构成。

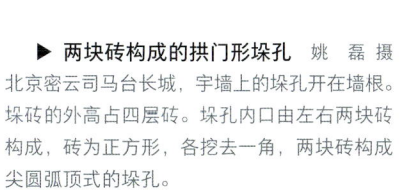

▶ **两块砖构成的拱门形垛孔** 姚 磊 摄
北京密云司马台长城，宇墙上的垛孔开在墙根。垛砖的外高占四层砖。垛孔内口由左右两块砖构成，砖为正方形，各挖去一角，两块砖构成尖圆弧顶式的垛孔。

▶ **两块砖构成的拱门形垛孔** 吕 军 摄
天津太平寨长城垛墙上的垛孔，一看就是新近修复的。垛孔内口由左右两块砖构成，为保持长城垛墙垛孔的原貌做了努力。

第3目 三块砖构成的垛孔

　　三块砖构成的垛孔数量不多，分布地段也有限。这种垛孔通常是由两块砖留空，再架起一块垛孔眉砖。虽数量有限，但三块砖构成垛孔的模式成了单数砖构成垛孔的基础模式。五、七、九、十一块砖构成的垛孔，都是在其基础上加码而成。三块砖构成的垛孔，其眉砖有大有小。从砖外边高占四层砖的方形眉砖，到外高占三层半的方形眉砖都有发现。垛孔封顶的眉砖底边都有挖刻。现在看到的三块砖构成的垛孔眉砖挖刻样式很少重复。

◀ **三块砖构成的垛孔**　吕　军　摄
河北秦皇岛苇子峪长城垛孔的内口用三块砖构成。垛孔眉砖侧立。砖脊挖出的形状粗看为一个圆弧，细看为四个小圆弧，还有一个小尖角造型。

▲ **三块砖构成的垛孔**　吕　军　摄
河北秦皇岛苇子峪长城垛孔的内口用三块砖构成。垛孔眉砖侧立。砖脊挖出三个小圆弧水平并立的造型，细看小圆弧外还有描沿浅细线刻。

▶ **三块砖构成的垛孔**　吕　军　摄
河北秦皇岛董家口长城垛孔的内口用三块砖构成。垛孔的眉砖为方形。外高占三层半砖。眉砖底边挖一个长方形豁口，口顶平，两头有小圆拐角，中间有尖角槽。

▶ **三块砖构成的垛孔**　吕　军　摄
河北秦皇岛董家口长城垛孔的外口用三块砖构成。垛孔眉砖侧立。砖脊挖出的形状远看为一个圆弧，近看为四个小圆弧，还有一个小钝角造型。

▲ **三块砖构成的垛孔**　王献武　摄
辽宁绥中小河口长城垛孔的内口用三块砖构成。垛孔眉砖侧立。砖脊挖出的圆弧不大规范，近看小圆弧和小钝角边上还有描沿浅细线刻。

▶ **垛墙根的三块砖构成的垛孔**　山雪峰　摄
北京密云古北口卧虎山长城，垛墙开高低两排垛孔。低排垛孔紧靠着墙顶砖棱线，由三块砖构成。高排垛孔开在垛牙中间，由五块砖构成。

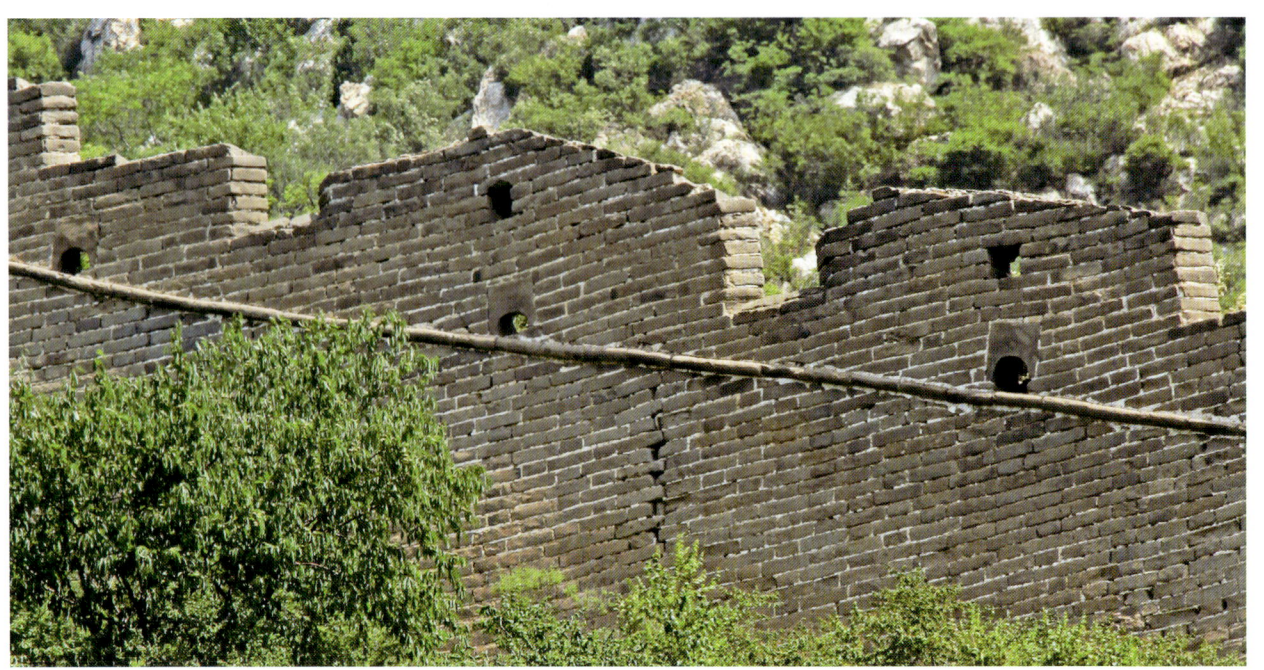

第二章 垛孔的形态

◀ 三块砖构成的垛孔　山雪峰 摄
北京密云古北口卧虎山长城，垛墙的低开垛孔内口用三块砖构成。垛孔的眉砖是方形，外高占四层砖。方砖底边挖去半圆。在三块砖构成的垛孔中，卧虎山长城垛孔的眉砖面积最大，样式奇特。

◀ 三块砖构成的垛孔　王献武 摄
辽宁绥中小河口长城，垛孔的内口用三块砖构成。垛孔眉砖侧立。砖脊挖出豁口，远看为一个三角形，近看为四个小圆弧，还有一个小钝角造型，边上有描沿浅细线刻。

▲ 三块砖构成的垛孔　吕 军 摄
河北秦皇岛董家口长城，垛孔的内口用三块砖构成。垛孔眉砖侧立。砖脊挖出的曲线顶，远看为深口曲线形顶，近看由两个小圆弧三个小波折组成，排列对称。

◀ 三块砖构成的垛孔　吕 军 摄
河北秦皇岛董家口长城，垛孔的内口用三块砖构成。垛孔眉砖侧立。砖脊挖出的圆弧不大规范，远看为半个圆弧形，近看为五个小波折，带有对称的布局。

▲ 三块砖构成的垛孔　田丽华 摄
辽宁绥中九门口长城垛墙为新近修复。垛墙有方牙形和锯齿形。垛孔内口有圆形和方形。这几个开在齿形垛墙上的垛孔内外口都是由左右三块砖构成。

▶ 三块砖构成的垛孔　龚建忠 摄
河北迁安大龙庙长城垛孔的内口由三块砖构成。垛孔眉砖侧立，挖出的圆弧接近三角形。垛孔口顶有一小尖角，左右各为三个小圆弧。垛孔口型沿边有一道浅刻装饰线。

349

第四篇　长城的垛孔

第4目　四块砖构成的垛孔

四块砖构成的垛孔存留数量比三块砖构成的垛孔存留数量要多一些，样式也比三块砖构成的垛孔多一些。构成方式以保持两块砖构成的垛孔的左右对接的样式为基础，在对接的两砖之下各多一块砖垫脚，就成了四块砖构成的垛孔。还有另一种复杂的样式：垛孔左右对接的去角方砖下亦是左右对接的去角方砖，上下也对接起来。因各去一角，四块砖拼成的外边为方形，空出的垛孔呈菱形或近圆形。双数砖构成的垛孔都是用两块眉砖对接出垛孔的顶口。

◀ **四块砖构成的垛孔**　丁　欣　摄
北京密云古北口蟠龙山长城，垛墙的低开孔内口用四块砖构成。其实与两块砖构成的垛孔有相似之处，垛孔顶砖为两块正方形各挖去一角拼搭的尖弧顶式。与两块砖构成的垛孔不同的地方是，这种垛孔两块方砖下各有一块垫脚砖。

▲ **四块砖构成的垛孔**　钱琪红　摄
北京密云古北口蟠龙山长城，垛墙的四块砖构成的垛孔内口大、外口小，孔道呈锥状。施工时垛孔顶砖与垫脚砖对齐是个规划计算很精细的技术。

▲ **四块砖构成的墙孔**　吕　军　摄
河北秦皇岛程山长城东架墙的墙孔内口用四块各挖去一个圆弧角的方砖拼成。墙孔达七层墙砖高。其内口为五层砖高的大圆洞，外口用两块各挖去半圆的砖拼合成两层砖高的小圆洞。洞道用砖拼合成一个锥洞。

▶ **四块砖构成的垛孔**　史　强　摄
箭扣长城垛墙上有垛孔内口用四块挖去一个圆弧角的方砖拼成。垛孔达四层砖高，内口远看近似菱形。

▶ **四块砖构成的垛孔**　张翅飞　摄
怀柔箭扣长城宇墙亦设垛牙，垛牙中间亦开垛孔。垛孔的内口和外口都用四块方砖拼成，外口、内口一样大，垛孔洞道平直。

第二章 垛孔的形态

▶ **四块砖构成的垛孔** 张 骅 摄
河北迁安河流口长城，从塌垮的砖包墙里可以看到早期完整的石砌墙。残存的砖包墙上大多砖垛墙无存。仅存的砖垛墙根有完整的一块砖构成的垛孔和四块砖构成的垛孔，两种构成的垛孔交替分布。

▼ **四块砖构成的垛孔** 孟新民 摄
河北迁安河流口长城垛墙，四块砖构成的垛孔。外口、内口同样大，垛孔洞道平直，是四块砖构成的垛孔中最简单的。

◀ **四块砖构成的墙孔** 史 强 摄
河北秦皇岛董家口长城只有两座敌楼外配备了坞墙，可惜多半毁垮。坞墙上的墙孔按高低两排分布，高排墙孔与低排墙孔左右相邻接。全部由四块砖构成。

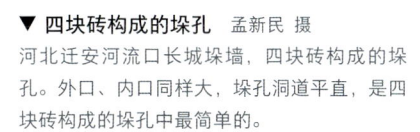

▲ **四块砖构成的坞墙墙孔** 严共明 摄
河北秦皇岛板厂峪长城只有一座敌楼外配建了坞墙，现在仅存四分之一。墙孔亦按高低两排分布，全部由四块砖构成。墙孔内口大外口小，没有一个完好。这是其中最完整的四块砖构成的墙孔。

▶ **四块砖构成的垛孔** 吕 军 摄
本书在描述垛孔时上下垛孔的底砖计算在内，但对于河北秦皇岛破城子长城的垛孔却把底砖包括进来，因为其他垛孔的底砖都是长城垛墙的垛砖，而破城子长城的垛孔的底砖不同于垛墙的垛砖：一，其尺寸要大得多；二，其形态也很特别。所以按四块砖构成的垛孔归类。

◀ **四块砖构成的垛孔** 熊启瑞 摄
河北秦皇岛破城子长城垛墙的垛孔用四块大方砖构成。每块大方砖加工成梯形，四块砖的宽边搭成垛孔的内口，窄边相拢聚搭成垛孔的外口，然后再封一块开了圆洞的护口方砖。

▶ **四块砖构成的垛孔** 方 明 摄
北京怀柔莲花池长城，垛墙的垛孔内口多数为两块砖构成。不经意发现还有四块砖构成的垛孔内口，应是从两块砖构成的垛孔内口衍展出来的。

第5目 五块砖构成的垛孔

　　五块砖构成的垛孔是长城墙顶垛墙和楼顶垛墙普遍采用的样式，存留数量几乎比其他所有垛孔存留数量总和还多。五块砖构成的垛孔和三块、七块、九块、十一砖垛孔在结构形式上相同，在用砖数量上有递进的关系。砖数多少与垛孔大小成正比。五块砖垛孔眉砖分成横着伏砌及立砌两类。眉砖的砖刻又有砖脊角刻与砖面刻之分。由于刻凿多样细节丰富，需要本书单列一项，给予专项介绍。

◀ **五块砖构成的垛孔**　王　虎　摄
北京怀柔旺泉峪长城的垛墙垛孔内口多以五块砖构成。这类垛孔顶砖侧立，脊边挖塑波形凹口。垛孔两壁垂直，孔道向外下倾。

▶ **五块砖构成的垛孔**　王宗藩　摄
北京怀柔黄花城长城垛墙顺山势砌筑，每个垛牙的坡度都有微调，其下的垛孔都由五块砖构成。垛孔顶砖侧立，脊边挖塑角形凹口。垛孔壁垂直，孔道下倾。垛孔内外口顶砖凹形不一致。

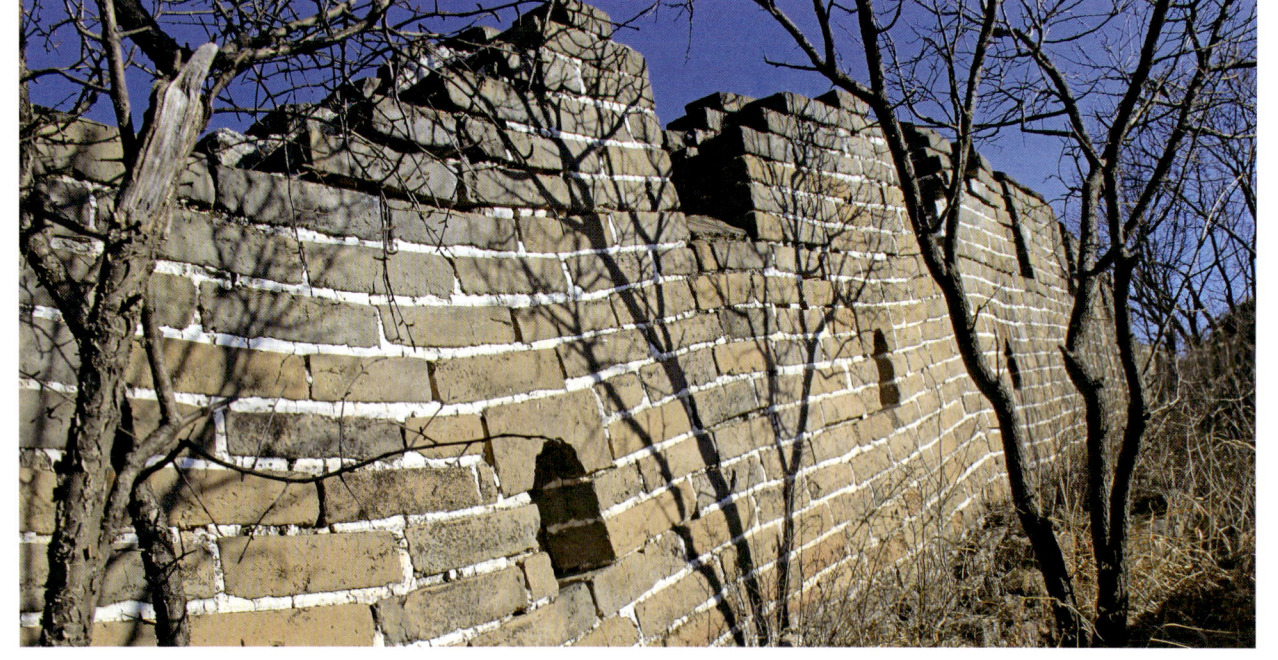

◀ **五块砖构成的垛孔**　姚　磊　摄
北京怀柔慕田峪长城，修复地段垛墙垛孔内口为两块砖构成，未修复地段垛墙垛孔内口为五块砖构成。垛孔顶砖侧立，顶砖脊边挖塑弧形凹口。垛孔两壁垂直，孔道向外下倾。垛孔位置因坡度小有变化。

◀ **五块砖构成的垛孔**　宇　鸣　摄
北京延庆花家窑子长城垛墙半数完好。御敌面垛孔内口都由五块砖构成。这个垛孔顶砖为侧立，脊边挖塑的凹口变化丰富，由四个小圆弧和一小尖角组成波形凹口，垛孔内口顶砖也有类似凹形。

▶ **五块砖构成的垛孔**　李玉晖　摄
在北京怀柔慕田峪大角楼南的支线墙体上，垛墙垛孔内口为五块砖构成。垛孔顶砖都是侧立，其脊边挖塑三个带内低外高的斜面尖角形的凹口。

▲ **五块砖构成的垛孔**　严共明　摄
北京密云古北口卧虎山长城垛墙保存下来的不到十分之一。垛墙面对长城外的垛孔都由五块砖构成，面对长城内的垛孔有三块砖和五块砖构成两种。此为面对长城内五块砖构成的垛孔内口。顶砖脊边挖塑角形凹口，细看由五个小尖角组成一个角形凹口。

第二章 垛孔的形态

▶ **五块砖构成的垛孔**　山雪峰 摄
北京延庆石峡长城面对长城外的垛孔内口都由五块砖构成。垛孔顶砖有侧立砌，也有平伏砌。侧立砌顶砖脊边挖塑的凹口较深，平伏砌顶砖脊棱挖塑的凹口略浅。细看这个顶砖是由四个小圆弧和一小尖角组成一个波形凹口。

▼ **五块砖构成的垛孔**　王京秋 摄
北京怀柔撞道口长城垛墙垛孔内口由五块砖构成。垛孔内口顶砖为平伏砌，两壁略微扩展，孔道向外下倾，垛孔顶砖是由六个小圆弧和一小尖角组成一个浅弧形凹口。

▶ **五块砖构成的垛孔**　钱琪红 摄
山西代县白草口长城垛墙垛孔内口由五块砖构成。垛孔内口顶砖为平伏砌，垛砖未做任何加工。垛孔两壁垂直，孔道水平。这是构造最简单的垛孔。

▼ **五块砖构成的垛孔**　李玉晖 摄
北京延庆石峡古长城，垛墙垛孔由五块砖构成。垛孔内口顶砖为平伏砌，两壁垂直，孔道向外下倾。垛孔顶砖是由两个小圆弧和一小尖角组成一个浅波形凹口，凹口上有装饰性浅线刻。

◀ **五块砖构成的垛孔**　宇 鸣 摄
北京延庆石峡古长城，垛墙垛孔由五块砖构成。垛孔内口顶砖为平伏砌，垛孔两壁垂直，孔道向外下倾。垛孔顶砖是由两个浅弧和一小尖角组成一个浅波形凹口，凹口上有装饰性浅线刻，线条流畅。

▼ **五块砖构成的垛孔**　吕 军 摄
河北涞源石城安长城，敌楼垛墙垛孔由五块砖构成。垛孔顶砖为平伏砌，垛砖未做任何加工。垛孔两壁垂直，孔道水平。这是最容易搭建的垛孔。

▼ **五块砖构成的垛孔**　吕 军 摄
河北秦皇岛车厂峪长城，敌楼垛墙垛孔由五块砖构成。垛孔顶砖为平伏砌，垛孔两壁垂直，孔道向外下倾。垛孔顶砖是由两个浅弧组成的浅波形凹口，凹口上有简单的装饰性浅线刻。

353

第6目 六块砖构成的垛孔

　　六块砖构成的垛孔在北京市八达岭长城左右的敌楼垛墙上集中遇到过，另外的都是在野长城断壁上零星意外发现。六块砖的垛孔实际存留数量比四块砖的垛孔存留数量还要少，而结构形式上与四块砖的相同。垛孔洞口顶本可由一块眉砖当顶，但施工中改由两块去角的砖对接拼成尖角形孔顶。六块砖垛孔的形式，可能是施工人员对垛孔用砖数字有兴趣，但更可能是明代工匠在建造长城过程中，对垛孔适宜样式的探索与尝试。

◀ 六块砖构成的垛孔　黄东晖 摄
河北卢龙东风只有一座敌楼垛墙的垛孔由六块砖构成，此六块砖构成的垛孔顶由两块修成圆弧的砖对接出弧形空尖，空尖上有装饰性浅线刻。

▶ 六块砖构成的垛孔　唐少文 摄
北京延庆水关长城敌楼垛墙的垛孔由六块砖构成。此类垛孔为八达岭到水关长城特有。垛孔两壁向孔洞中心突出，呈半圆形。垛孔顶由两垛砖搭出弧形空尖。垛孔共有五个空尖。

▶ 六块砖构成的垛孔　宇鸣 摄
河北秦皇岛无名口长城的六块砖构成的垛孔。垛孔内口顶由两个抹去头角的砖对接，垛孔洞道平直，是六块砖构成的垛孔中最简单的。

▼ 六块砖构成的垛孔　史强 摄
北京延庆八达岭水关长城楼台垛墙的垛孔由六块砖构成。此敌台垛墙每个垛牙设三个垛孔，垛孔两壁平直，顶由两个抹去头角的砖对接，拼成一个方形尖顶孔洞。

▶ 六块砖构成的垛孔　严共明 摄
河北秦皇岛板厂峪长城杨来楼东有一段残砖垛墙，垛孔由六块砖构成。此垛孔顶由两块修成凹弧的砖对接，拼出圆弧形顶的方垛孔。

▼ 六块砖构成的垛孔　李玉晖 摄
河北秦皇岛程山长城的六块砖构成的垛孔。垛孔顶砖头角抹去的斜度略大，两砖对接拼成一钝角孔顶，垛孔两壁洞道平直。

第二章 垛孔的形态

第 7 目 七块砖构成的垛孔

初看七块砖构成的垛孔，只觉得比五块砖垛孔高了一层砖。在更多的地方看到七块砖构成的垛孔后，才发现七块砖构成的垛孔形态另创了一套模式。其垛孔眉砖下的两砖之间留空，从半块砖宽到三分之一块砖宽、四分之一块砖宽。这使得垛孔眉砖下挂着一小缺口。缺口粗细在长城不同地段上有变化，但在相邻几公里的空间内则是统一的。另外垛孔眉砖下的两砖还有留角、圆角、修薄去角等几种加工手法，使七块砖构成垛孔的口型多出了很多样式。

▶ 七块砖构成的垛孔　郭　峰摄
河北秦皇岛苇子峪长城的七块砖构成的垛孔。垛孔内口顶砖下由两个抹去头角的砖出头托接，出头托接砖下的壁砖去内角，孔壁外阔里窄，洞道对外下倾，是七块砖构成的垛孔中最复杂的。

◀ 七块砖构成的垛孔　吕　军摄
河北山海关角山长城残存的七块砖构成的垛孔。垛孔内门顶砖脊有两浅弧一小尖角刻。垛孔顶砖下的壁砖对齐，垛孔内外口同大，洞道平直，是七块砖构成的垛孔中最简单的。

▼ 七块砖构成的垛孔　吕　军摄
北京怀柔大榛峪长城，垛墙垛孔内口为七块砖构成。垛孔内口顶砖脊有五个小圆弧刻。垛孔两壁平齐，洞道对外下倾。

◀ 七块砖构成的垛孔　丁　岩摄
河北金山岭长城，垛墙残存的内口是正方形七块砖构成的垛孔。垛孔内口顶砖脊没有任何加工。垛孔顶砖下的壁砖修去内角，孔壁外阔里窄。垛孔内口大外口小，洞道平直。垛孔样式简洁，施工时并不省事。

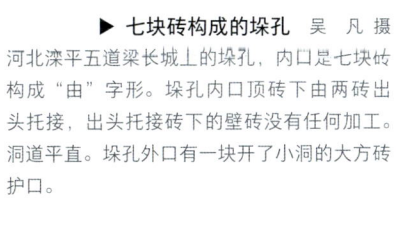

▶ 七块砖构成的垛孔　吴　凡摄
河北滦平五道梁长城上的垛孔，内口是七块砖构成"由"字形。垛孔内口顶砖下由两砖出头托接，出头托接砖下的壁砖没有任何加工。洞道平直。垛孔外口有一块开了小洞的大方砖护口。

▼ 七块砖构成的垛孔　丁欣摄
北京怀柔箭扣长城，垛墙垛孔内口为七块砖构成。垛孔内口顶砖下由两块修成曲面的砖出头托接，出头托接砖下的壁砖没有任何加工。洞道平直。垛孔内口呈曲肩"由"字形。

▶ 七块砖构成的垛孔　方　明摄
北京密云墙子路长城上的垛孔，内口为七块砖构成，呈"由"字形。垛孔内口顶砖下由两块未加工过的砖出头托接，出头托接砖下的壁砖也没有任何加工。洞道平直，垛孔内外口同大。这是七块砖构成的"由"字形垛孔中最简单的。

355

第四篇　长城的垛孔

第8目　八块砖构成的垛孔

八块砖构成的垛孔在遗存数量和分布地段上都低于二、四、六块砖的垛孔，其结构形式与其他双数砖构成的垛孔有相同之处。八块砖构成的垛孔因眉砖形态不同又可分为两类。一类的垛孔眉砖只利用了四块长城垛墙墙砖，把墙砖头修成突起的圆角，用四条鼓突的圆弧组成垛口的顶边，圆弧砖之下各有两层去角的墙砖。另一类的垛孔眉砖是利用两块各挖去四分之一洼圆的方砖对接，组成一半圆形顶的垛孔，两块眉砖之下各有三层长城墙砖。

▲▶ **八块砖构成的垛孔**　马　骏 摄
河北迁安大龙庙长城，垛墙根的垛孔由八块砖构成。垛孔顶由四块去角的墙砖依次对接，配合下方两侧壁砖修成斜面。垛孔内口底部较宽，外口为长方形。这是八块砖垛孔中结构比较复杂的。

◀ **八块砖构成的垛孔**　翟东风 摄
河北迁西潘家口长城垛墙垛孔由八块砖构成，此垛孔结构与下图金山岭长城上的八块砖垛孔如出一辙。

◀ **八块砖构成的垛孔**　吴　凡 摄
河北金山岭长城垛墙根的垛孔多由六块砖构成，也有一些八块砖的。垛孔顶由两块修出曲边的砖对接，两块顶砖下各有三块壁砖托接。垛孔外口有一个凹砌在墙体上的上深下浅的溜槽。

▼ **八块砖构成的垛孔**　张　骅 摄
河北迁西潘家口长城垛墙垛孔由八块砖构成。垛孔内口顶部由两块挖去一角修成弧边的方砖对接。垛孔两侧壁砖平直，垛孔内口大、外口小。

第二章 垛孔的形态

第9目 九块砖构成的垛孔

　　五块砖垛孔内口基本为正方形。因眉砖是横着伏砌、横着立砌而分成两类。七块砖垛孔内口基本为长方形，比五块砖垛孔多了一种，是在正方形的口顶上冒出一个小口，垛孔口型与"由"字的外边相似，又因其小口宽窄，"由"字两肩是平是溜又可细分出三种。九块砖构成的垛孔存留数量不及七块砖垛孔多，但结构形式变化比七块砖垛孔还多了一种。这多出的一类口型，是正方形口上两侧墙砖依次前伸，使垛孔逐渐缩窄，构成一个塔台形垛孔。

◀ **九块砖构成的垛孔**　闫允杰 摄
河北遵化后杖子长城有九块砖构成的垛孔。其内口顶砖下有两块垛砖留空出头托接。壁砖去内角，呈外阔里窄的斜面。孔内口呈宽"由"字形，外口呈长"由"字形状。

▼ **九块砖构成的垛孔**　钱琪红 摄
北京怀柔箭扣长城垛墙上独有的九块砖垛孔。顶砖下由两块垛砖留一小空出头托接，其下再续两块砖留一中空，出头托接。垛孔内高外低。

▲ **九块砖构成的垛孔**　王 虎 摄
北京慕田峪长城，垛墙垛孔内口为九块砖构成。垛孔内口顶砖下由两块垛砖留空出头托接，出头托接砖下的壁砖没有任何加工。洞道平直。垛孔内口呈长"由"字形。这种是九块砖构成的垛孔中结构比较简单的。

◀ **九块砖构成的垛孔**　严共明 摄
河北秦皇岛板厂峪长城垛墙独有的九块砖垛孔。其顶砖脊有四个带宽棱边的小圆弧凹刻。壁砖对齐。垛孔内大外小。洞道底砌一个石槽。

▼ **九块砖构成的垛孔**　吕 朋 摄
山西灵丘荞麦茬长城敌楼垛墙的垛孔由九块砖构成。其外口顶砖脊有两个圆弧、一个尖角凹带细线描边刻，顶砖下由两块抹去头角的砖出头托接。壁砖去小角，筑成外阔里窄的斜面，结构比较简单。

▲ **九块砖构成的垛孔**　张 骅 摄
河北迁安马井子长城九块砖构成的垛孔。垛孔内口顶砖脊有两个圆弧和一个尖角的粗糙细线描边刻。垛孔顶砖下的壁砖对齐，垛孔内口高、外口底。这是九块砖构成的垛孔中比较简单的。

◀ **九块砖构成的垛孔**　吕 军 摄
河北秦皇岛无名口长城残存的九块砖构成的垛孔。垛孔内口顶砖下由两块垛砖留空出头托接，出头托接砖下的壁砖与壁砖对齐。洞道底平。垛孔外口加一底边开有尖方口的护口盖砖。

357

第四篇　长城的垛孔

第10目　十块砖构成的垛孔

十块砖构成的垛孔不是在长城上现场发现的，而是因为整理垛孔形态的图片，核查八块砖构成的垛孔时竟数出了几张十块砖构成的垛孔。罕见的遗存数量说明，十块砖构成的垛孔绝非制度规定的产物，而是一种补救措施。当年建长城时，长城垛墙顶线与垛墙上的垛孔分布有一个平行的关系，垛孔想排列整齐，实际会遇到一些困难。要解决类似问题，个别垛孔就得底层再加一层砖，使得大段采用八块砖垛孔的垛墙中混进了几个由十块砖构成的垛孔。

▲ **十块砖构成的垛孔**　吕　军 摄
河北金山岭长城垛墙根的垛孔由六块砖构成的居多，也有不少由八块砖构成的。垛孔顶由两块修成曲边的砖对接成顶，两块顶砖下各有四块壁砖托接，垛孔外口顶用型砖护顶。这是麒麟楼东长城垛墙根的垛孔。

▲ **十块砖构成的垛孔**　都　东 摄
河北金山岭长城于 1983 年得到维修。这个垛墙根上十块砖构成的垛孔是历史遗留下来的旧物，是在沙岭口过墙洞西边的垛墙根发现的。

▶ **十块砖构成的垛孔**　孙国勇 摄
从 1983 年开始，河北金山岭长城大维修有四次，小修不断，"修旧如旧"比较到位。这个十块砖构成的垛孔由新旧砖构成，保持了历史原貌。此孔在小金山楼东边的垛墙根发现。

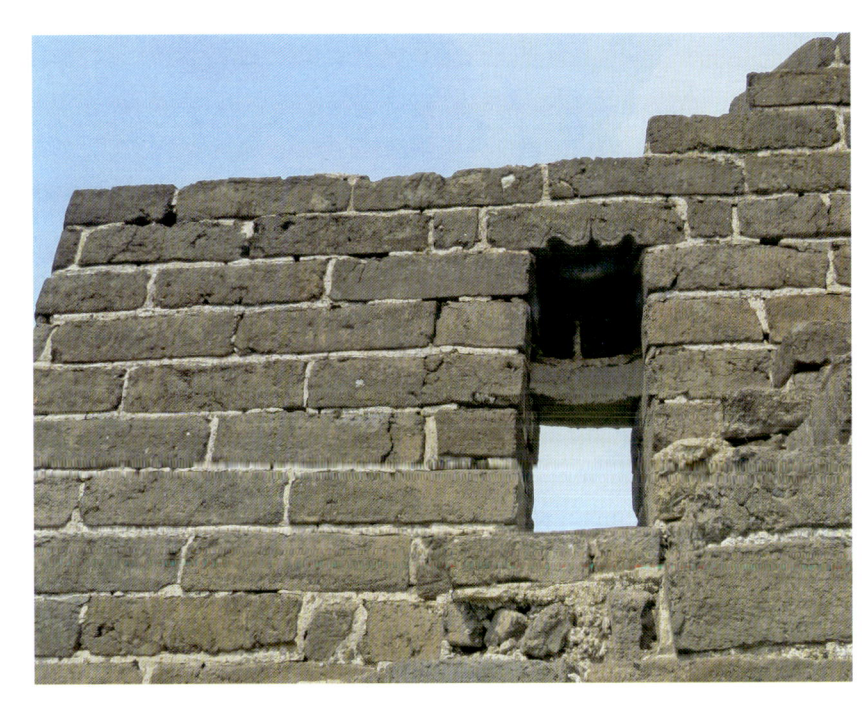

第二章 垛孔的形态

第11目 十一块砖构成的垛孔

　　按三、五、七、九块砖垛孔的数理顺序推理，十一块砖构成的垛孔也可能存在。经过在图库中查找，才发现不仅仅是有，十一块砖的垛孔样式还达五种之多，并且是在一处长城上连续出现。

　　在长城垛孔形态构成中，凭用砖数量的多少就可分列出十一个级别，若再把每个级别中包含的多种不同的样式统算起来，长城垛墙垛孔样式不可谓不丰富。

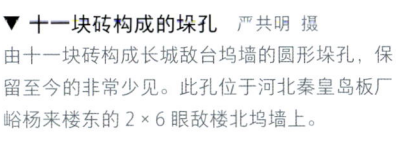

▲ 十一块砖构成的垛孔　　亞盛宇 摄
河北迁安马井子长城残存的垛墙垛孔由十一块砖构成。其内口顶砖脊有两个圆弧、一个尖角的凹刻。顶砖下的壁砖对齐，垛孔内高外低。外口下有一个凹砌在墙体的上深下浅的溜槽。

▼ 十一块砖构成的垛孔　　严共明 摄
由十一块砖构成长城敌台坞墙的圆形垛孔，保留至今的非常少见。此孔位于河北秦皇岛板厂峪杨来楼东的 2×6 眼敌楼北坞墙上。

▲ 十一块砖构成的垛孔　　黄东晖 摄
河北涞源七亩地敌楼垛墙的垛孔由十一块砖构成。其外口顶砖下由两块抹去头角的砖出头托接。托接砖下的壁砖去外角，孔壁里窄外阔带斜面。

▼ 十一块砖构成的垛孔　　田丽华 摄
河北山海关角山长城敌台垛墙的垛孔都由十一块砖构成。其内口顶砖下由两块头角内凹的砖出头托接，托接砖下再续两块头角凸圆的砖出头托接。再下的壁砖去外角，孔壁里窄外阔带斜面。

▲ 十一块砖构成的垛孔　　王　虎 摄
河北山海关角山长城敌台垛墙的垛孔由十一块砖构成。垛孔内口砖略有磨损，但仍可看出两层共四块托接砖的结构。托接砖下，去外角的壁砖伸孔，壁里窄外阔带斜面。

▼ 十一块砖构成的垛孔　　都　东 摄
河北秦皇岛板厂峪长城敌楼坞墙的垛孔外口为圆形，由十一块底脊厚头脊薄，两面斜的型砖拼成一个小圆洞。这种垛孔只在板厂峪长城残存。

359

第12目 不好归类的垛孔

实际考察中，我们还领略过一些不在前面涉及的所有样式内的长城垛墙的垛孔。因其形态特殊，甚至找不出合适词语来对其进行描述和归类。本书中提到的仅是我们与朋友在过去四十年间发现的长城垛孔。我们还没有彻底走遍长城，必定有遗漏错过的垛孔形态。而已经塌垮消失的垛孔又有多少？没有任何记录，也无法想象。希望这本书对长城垛孔的归纳可以令更多热爱长城的朋友发现并认识长城垛孔，并将我们还未囊括的垛孔类型展示给大家，留给后人。

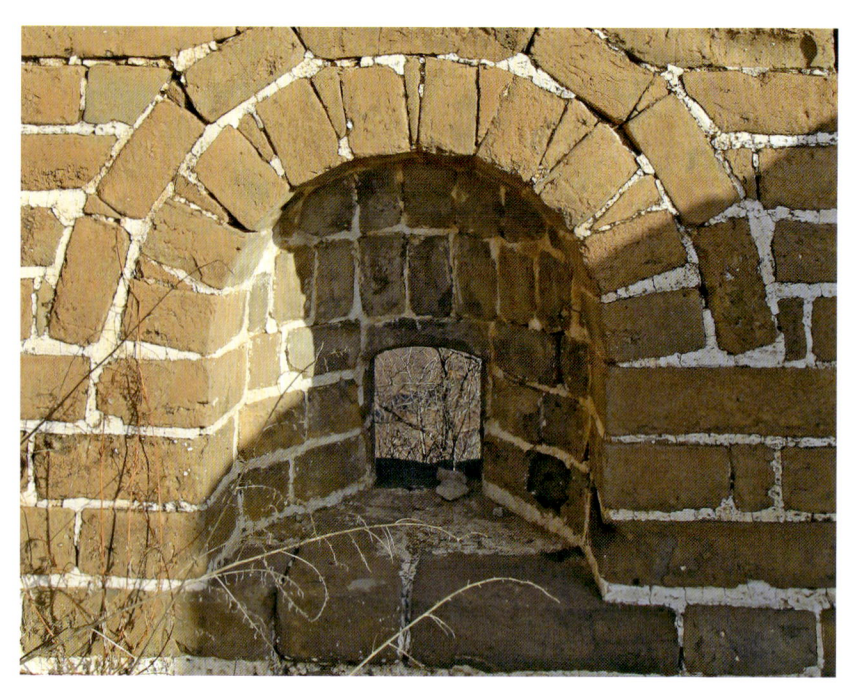

▲ 不好归类的垛孔　王 虎 摄
这个垛孔在北京密云司马台长城东十二号楼东边。从垛孔内口沿数是由十四块砖构成。从垛孔外口看是由五块砖构成。拱券三面砌成半圆弧面。拱券内高五层砖，深不足半米。垛孔底面水平，可置放小型金属火器。此样完整的垛孔在这段单边墙上还有三十个。

▲ 不好归类的垛孔　严共明 摄
这个垛孔在北京密云司马台长城东十三号楼西边。从垛孔内口沿数是由二十四块砖构成。从垛孔外口看是由五块砖构成。以垛孔外口说肯定是个垛孔，以垛孔内口说更似一个拱券。拱券内口高七层砖，深不足1米。人除了蜷缩坐，怎么待着都不舒服。若以置放小型金属火炮，牢固的空间不是问题。所以推测这是一个含有置物功能的大垛孔。

▲ 不好归类的垛孔　吕 军 摄
从辽宁绥中锥子山与河北秦皇岛大毛山长城接点向东，第三个敌楼南面存留着保存极好的楼顶垛墙，五个垛牙下设有四个垛孔。从垛孔内口观察，可见上大下小的"子母洞口"，但垛孔的整体形态难以描述且不好归类。

▲ 不好归类的垛孔　山雪峰 摄
在河北秦皇岛花厂峪沟北的第二个敌楼上，残存垛墙有两牙，基本接近原高。垛口下的垛孔磨损严重。从垛孔外口观察，很难判断垛口的原始构成，导致归类困难。

◀ **不好归类的垛孔**　张　骅　摄

河北迁西榆木岭长城的敌楼楼室多数还在，楼顶垛墙却损坏严重。图中敌楼残垛墙能看出有垛孔的残迹，垛孔的形状却无法识别。榆木岭长城的垛孔就谈不上归类了。

◀ **不好归类的垛孔**　张　骅　摄

这是河北涞源乌字叁拾柒号敌楼的垛墙垛孔。垛孔口型为长方形，垛孔的内外口顶、底侧、两壁四个方向都是里小外大的斜面。论砖数是由十四块砖构成的。目前为止，此敌楼垛墙的垛孔样式属于孤例，不便再归出一类。

▲ **不好归类的垛孔**　王　虎　摄

河北涞源乌字叁拾壹号敌楼的垛墙垛孔的口型几乎与乌字叁拾柒号敌楼的相同。若仔细观察，则会发现乌字叁拾壹号敌楼垛孔底是垛墙水平砌砖，不是斜面，以此与乌字叁拾柒号敌楼相区别。

▲ **不好归类的垛孔**　罗　宏　摄

陕西府谷守口墩是陕西明长城唯一保留了楼顶垛墙的敌楼。垛墙垛牙上的垛孔内口为圆形，外口还加了一镂空纹砖。在明长城的敌楼里，只有这个敌楼垛墙的垛孔保存如此，极宝贵却无法归类。

▼ **不好归类的垛孔**　口　平　摄

河北秦皇岛板厂峪长城上，有个村民称呼为“媳妇楼”的敌楼。其楼顶垛墙的垛孔内口顶由十块砖拼成半圆形，左右各有两层斜面砖。外口是一块挖一个小洞的方形护口石。因遗存甚少，也不便再归出一类。

◀ **不好归类的垛孔**　马　骏　摄

河北迁安马井子长城，只在山顶部分存留了一段砖包墙。这段长城墙顶垛墙上的垛孔有三种以上的构成方式。其中还保留着一个斜垛孔，其眉砖下左边有三块砖，右边四块砖。这种稀罕的样式也令其难以归类。

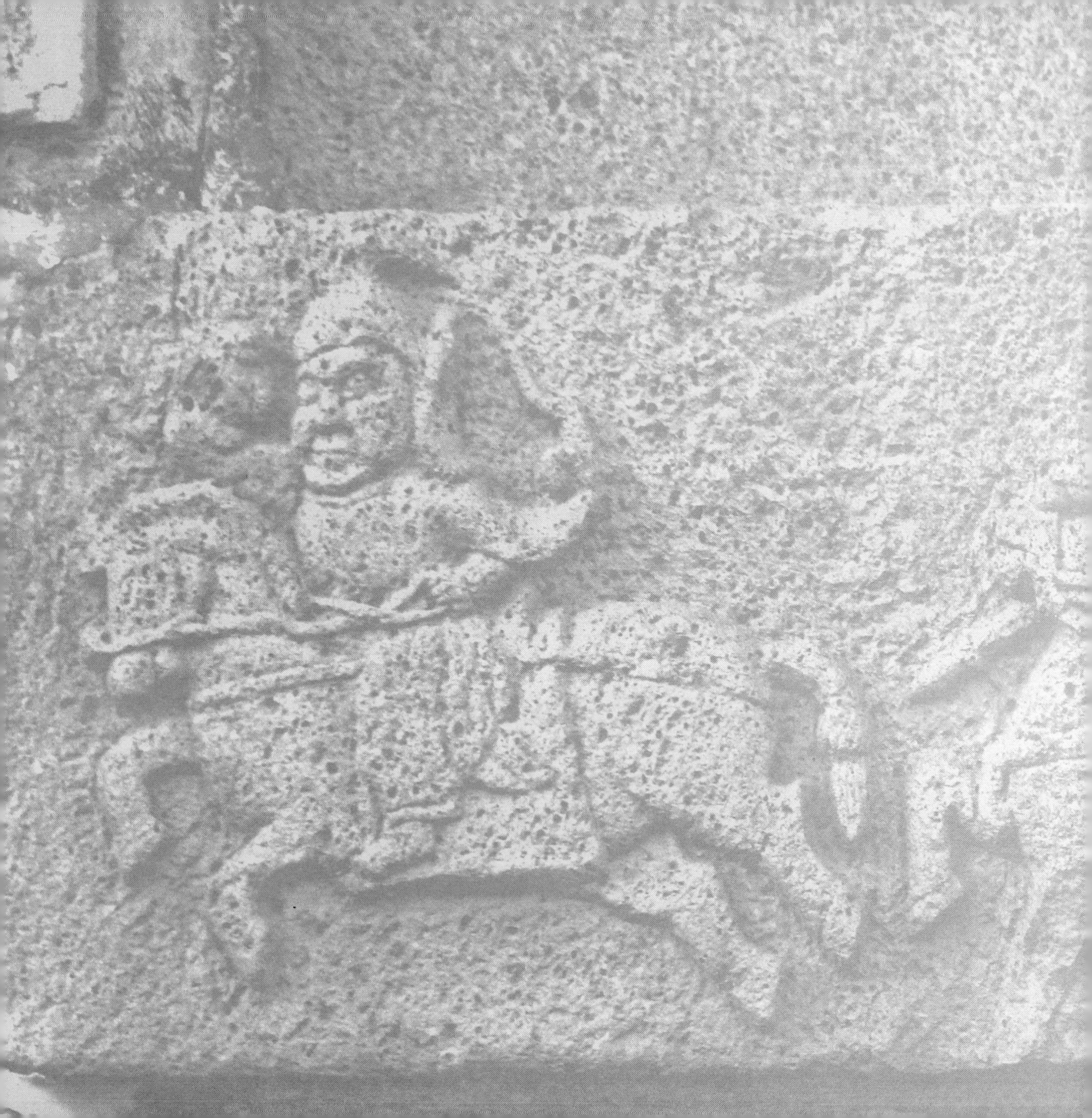

第五篇　长城的石刻砖雕

第一章　长城的石刻 ……………………………… 365
　　第1节　长城的石匾题字石刻 ……………………… 367
　　第2节　长城的水嘴造型石刻 ……………………… 393
　　第3节　长城敌楼的门框石刻 ……………………… 413
第二章　长城的砖雕 ……………………………… 421
　　第1节　长城垛孔眉砖的雕刻 ……………………… 422
　　第2节　长城砖的刻字 ……………………………… 433
　　第3节　敌楼的仿木垂花门砖雕 …………………… 443
　　第4节　堡门的仿木垂花门砖雕 …………………… 457

第五篇　长城的石刻砖雕

◀ 河北秦皇岛敌楼门框石刻　吕　军 摄
河北秦皇岛黄土岭长城敌楼门框的拱券石、压柱石、门柱石上都有花纹石刻。其压柱石的石刻别具特色。凸刻边框内横贯一凸刻波棱，每个波弯里凸刻两个卷纹，完全是抽象装饰花纹。

▶ 河北秦皇岛敌楼门框石刻　吕　军 摄
河北秦皇岛板厂峪长城敌楼门框的压柱石没有装饰石刻。拱券石、门柱石上有具象的花纹石刻。拱券石上凸刻有七朵西番莲花，两头各一卷口葫芦立在抽象式海波纹上。其门柱石上各凸刻有七朵石榴花从一个开口葫芦中冒出，喻意多子多福连绵不断。

▲ 河北秦皇岛敌楼门框石刻　吕　军 摄
长城敌楼门框石刻多分布在门拱券石、压柱石、门柱石的对外面上。在河北秦皇岛苇子峪，这座敌楼门框压柱石的内侧面也用雕刻做了装饰。一只前腿高抬、后腿下坐、回头立耳的小兽似在等待主人的指令。出入敌楼门的军士看到小兽的配合，必定心情愉快。这是充满生活情趣的石刻装饰纹样。

▲ 河北涞源长城堡门石刻　黄东晖 摄
河北涞源乌龙沟长城堡南门的门券由九块形石拼成。其正中间的形石上凸刻一朵莲花，花梗与花瓣曲线协调，形式优美。进出此门者抬头见喜，寓意吉祥。

▲ 北京密云长城水门石刻　黄东晖 摄
北京密云长城的五虎水门由两个石砌的大门洞组成。门洞南北石拱券上各凸刻一个兽头，在明代长城水关刻此物有镇吓水怪之意。兽头蹙眉瞪眼，兽嘴左右刻有兽爪，石刻塑造成其欲扑出状，造型简练，技法传神。此兽是否严格似虎，已经不再重要。

◀ 河北易县长城水门石刻　黄东晖 摄
河北易县紫荆关有两个保存下来的水门，但只见到一个镇水兽石刻。石刻着意表现镇水兽的肌肉，浮雕的兽眉、兽鼻、兽脸、兽臂都突出饱满。此镇水兽完全是石刻工匠心目中最厉害的样子。

▶ 北京昌平明代以前的石刻　黄东晖 摄
北京昌平居庸关在秦、汉、唐、辽、金、元、明、清各代都是军事重镇。居庸关现存的城防是明代为修长城遗留的建筑。居庸关云台本是元代皇帝下令建造的一个过街塔台座，台座门洞石刻是元代现存石刻的精品。明长城的关防保存了元代石刻精品。

第一章　长城的石刻

用石头垒筑长城，需要开采、加工、搬运石料到长城所需地点，还要在限定的工期内建造完成，这实在是非常辛苦劳累的事情。令人惊讶的是，在长城的门洞石券上，敌楼的门框石柱上，墙头排水的石槽外，还能看到各种装饰性的花纹石刻。在城门洞上的石门匾和敌楼的石匾上，也雕刻有不同风格的书法，引人注目。上述新奇和感动促使我们记下所见到的长城石刻。

长城的建造者在繁重的体力劳动外，还对构成长城的石材做了美化加工，用石刻装饰表达他们的思绪，传递对农耕文明的自信，并赋予这些石头艺术以生命，体现出人类精神的力量。

长城的石刻花纹是长城建造者踏实和耐心的证明，是民间劳动大众对生活朴素情感的真实流露，也是长城建造工匠石刻技艺和审美能力的充分展现。本书仅从长城的石匾题字石刻、长城的水嘴造型石刻、长城敌楼的门框装饰石刻三个部分进行介绍。

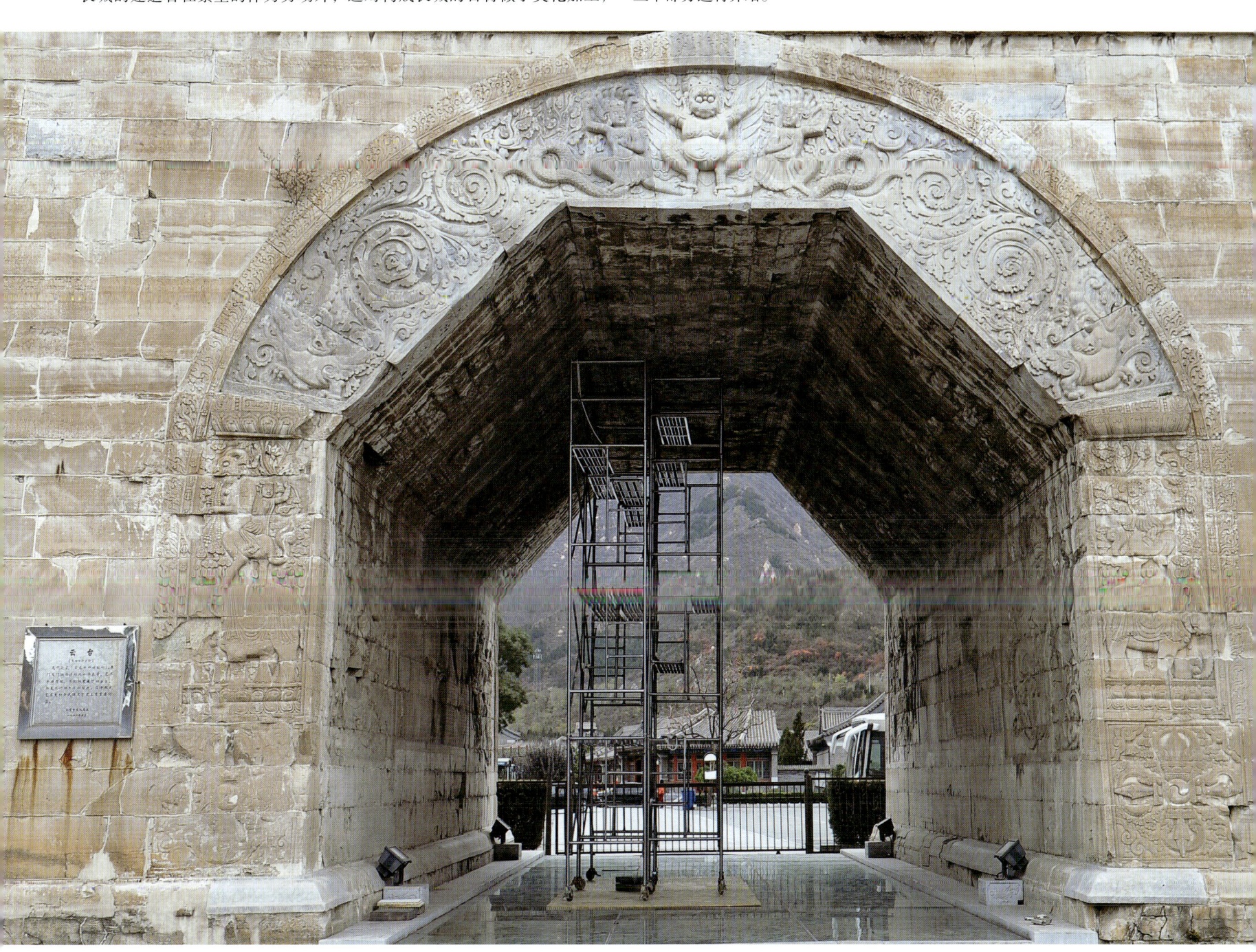

第五篇　长城的石刻砖雕

◀ 河北山海关东门城楼木匾
"天下第一关"传说是明代成化八年（1472年）进士萧显所书，民国九年（1920年）杨宝清勾摹复制。最奇特的是，它被悬挂于山海关城东门城楼二层楼檐上，那里是面对城里的方向。这是块抒怀木匾。

▶ 山西雁门关东门城楼木匾　山雪峰　摄
"中华第一关"，当代长城专家罗哲文先生所题，悬挂于雁门关东门城楼二层面向长城内的楼檐上，是块抒怀木匾。

◀ 山西代县边靖楼木匾　吕　军　摄
山西代县边靖楼建于明代洪武七年（1374年），遭焚后于成化十二年（1476年）重建。"威镇三关"为清代雍正十一年（1733年）清代知州杨弘志题，悬挂于边靖楼北面三层楼檐上。这是块抒怀木匾。

▶ 甘肃嘉峪关东门城楼木匾　吕　军　摄
甘肃嘉峪关东门城楼，面南三层楼檐下，挂有当代杰出书法家赵朴初先生题的"天下第一雄关"木匾。

▶ 山西代县边靖楼木匾　吕　军　摄
山西代县边靖楼面北二层楼檐上有当代长城专家罗哲文先生题的"万里长城第一楼"木匾。罗哲文先生是想强调边靖楼在万里长城的鼓楼中排第一。

第 1 节　长城的石匾题字石刻

"字匾"是伴随着中华文明发展而产生的一种特有文化。"字匾"的内容有告诫昭示、逞显炫耀、奉迎吹捧的官场智慧，也有引经据典的奇思妙想，抒发感慨的文人情怀。"字匾"以木制为主，多悬挂在厅堂楼亭顶梁处。明长城因所经地域万里，关堡众多，为石刻"字匾"提供了充分的展示场地。

正规的长城门洞上都会有一块石质门匾。"门匾"以功能可分为"定名匾"和"抒怀匾"两大类。长城上的"定名匾"又可分为"关堡名匾""城门名匾"两小类。以门匾在城门安置的位置则可分为门洞上的"城门匾"和城门楼上的"城楼匾"两种。长城的墩台和敌楼也都有各自的定名匾，可惜存留不多。

门匾题字多先由官员或书法高手题写，刻字工匠再运用智慧和技术给原稿注入定力以使其达到不朽，相关的刻匾技巧可称为"门匾题字石刻艺术"。归纳实际存留的门匾，具体刻法包括"单线描边刻""鲇鱼背描边刻""凿毛描边刻""凹字刻"以及"凸字阳刻"等类别。

◀ 山西代县雁门关西门及瓮门　山雪峰　摄
山西代县雁门关东门无瓮城，东门洞上有一块石匾刻着"天险"两字，据说为武则天所赐名。雁门关西门外有一个瓮城，瓮城门上无门楼，门洞亦无门台。修复后的瓮门洞上嵌有"雁门关"石匾一块。瓮门内的雁门关西门建有巨大的城门楼，西门门洞外已无门台，从旧图看，西门经修复后，重建了两层高的门楼。

▲ 山西代县雁门关西门石匾　山雪峰　摄
雁门关西门洞上的石匾刻有"地利"两字。此门建有瓮城和瓮门，从设置规格看，比雁门关东门重要。东门是唐代女皇武则天所题"天险"，西门鉴"地利"两字，既与东门呼应，又不抢其风头，从措辞之巧妙可以看出当时官员的智慧。西门因此石匾，又称为"地利"门。

第五篇　长城的石刻砖雕

第1目　单线描边刻

明朝的石匠一般多称题字雕刻技法为"鲇鱼背刻",即题字笔道两边修成圆角,中间略微鼓起。笔道的拐、撇、捺,如同鲇鱼背般灵活。

实际上,鲇鱼背刻只是长城石匾所用的众多刻字方法中的一种。若以技巧的难易程度论,最简单的当属单线描边刻。以细线描出题字轮廓,而不对字面进行任何修饰,线内字体和线外的匾面同样平整。只要描边线条清晰连贯,这种刻法既可突出题字,又相对省时省力。

▶ 河北迁安"神威楼"　黄东晖 摄
河北迁安白羊峪长城的神威楼样式独特。按敌楼样式说它有楼座、楼室、楼门、楼窗,但无楼室顶垛墙和哨房。按楼顶哨房样式说它有铺瓦屋顶,但无环绕楼顶哨房的楼顶垛墙。唯一的楼门上有一块石匾砌在砖墙内。

▼ 河北迁安神威楼石门匾　黄东晖 摄
在河北迁安长城敌楼里,除了神威楼,再找不到第二个保留住了石门的。石匾上"神威楼"三个大字描边浅刻,描边题字笔画没有倒角,粗细一致的刻槽勾描出三个字的笔墨外形,用描字边的方法表现了书法的形态。

第一章　长城的石刻

◀ 山西灵丘敌楼石门匾　山雪峰 摄
山西灵丘荞麦茬村南有五座敌楼，其中三个保有以"插字"为头的楼匾。"插字"楼匾中，只有"插字肆拾玖号台""插字伍拾贰号台"很明显地采用了平底平字细线描边刻，其他"插字"台匾虽是细线描边刻，但字内笔道中心微微鼓起，断面呈曲线，后种匾刻技法称为"鲇鱼背刻"。

▼ 内蒙古清水河敌楼洞门石匾　钱琪红 摄
"徐氏楼"位于内蒙古清水河新墩村。开在楼根的楼门上有条石围成的匾框，其中嵌有一块红色石匾。磨平的匾面上有细线描边阴刻"洞门"二字。两字只沿字迹外边刻下深浅粗细一致的边缘线，笔道内未做任何加工。从雕刻技法看，这是一块最单纯的字内字外齐平的细线描边刻。

▲ 内蒙古清水河"徐氏楼"外貌　钱琪红 摄
内蒙古清水河的新墩村有两座敌楼保存相对较好，其中一座3×3眼敌楼当地人称"徐氏楼"。敌楼所骑夯土长城残破，敌楼在长城内有两重围墙。楼座下部为3米石砌，上为7米砖砌。楼室东面存一门，西面存三窗，南北面室墙毁平。楼东面墙根另开有一个楼门，门内有上为砖拱券顶、下为条石砌的阶梯直通楼顶。

◀ 山西山阴敌楼石门匾　钱琪红 摄
在山西代县的白草口到山阴新广武长城敌楼上的楼匾不是编号排序，而是以两个字来命名。在仿木垂花门的砖雕装饰之下，敌楼门洞之上，嵌有石楼匾，石匾大面找平，磨光，把题的字以细线描边刻在石匾上。这种细线描边刻的有五块，其内容有"天山""雄皋""壮橹""控阨""缄扃"。在白草口的关门洞上的石匾"容民畜众"也是用这种方法刻凿的石匾。

第五篇　长城的石刻砖雕

▲ 河北易县紫荆关北门

河北易县紫荆关位于太行八陉第七陉"蒲阴陉"的地势高点，是著名的军事重地。紫荆关是明长城内三关之一，又是真保镇紫荆关路的重要关城。其关城北门洞上的两重石匾是所有长城关城洞上唯一的特例，使紫荆关在明长城所有的关门里独具一格。

▲ 河北易县紫荆关北门石匾　张玉凤 摄
河北易县紫荆关近年有所修复。关城北门洞上有两重石匾。高匾用八块石板拼接，刻有"河山带砺"四个大字，右款为"万历丁亥夏"（1587年夏），左款为"聊城傅光宅书"。低匾用三块石板拼接，刻有"紫荆关"三个大字。石板面找平磨光，采用了笔道内外同样平整的细线描边刻。

▶ 河北易县紫荆关关门石匾　黄东晖 摄
紫荆关城南有一个东西开的城门，门洞西面有一个六块石板拼接的石匾，刻有"紫塞金城"四个大字，落款为"万历十七年岁次己丑孟秋吉旦立"（万历十七年为1589年）。四个大字为字内、字外齐平的细线描边刻。

◀ 河北涞源乌龙沟西瓮门石匾　严共明 摄
河北涞源乌龙沟长城堡西瓮门上有2米多宽的门匾，款识为万历甲午（1594年），上刻"镇朔门"三个大字，也是用细线描边刻来表现深厚有力的书法。此片于1994年用彩色胶片拍摄，没过多久就听说此匾被盗，这张相片就成了我见过此匾的回忆了。

第一章　长城的石刻

▶ **山西山阴敌楼石门匾**　黄东晖 摄
山西山阴的新广武长城敌楼上的"天山"匾有砖雕的匾框。石匾大面找平磨光，以细线描刻题字。

▼ **河北涞源狼牙关外石匾**　都 东 摄
河北涞源狼牙口长城关门洞里外各有一石匾。外匾刻有"狼牙口"三个大字，里匾刻有"狼牙险道"四个大字。匾右题头为"钦差整饬井陉等处兵备兼理马政驿传 山西提刑按察司副使乔严"，匾左题尾为"万历十二年岁次乙酉中秋吉旦立"（万历十三年为 1585 年）。"狼牙险道"四个大字也是在磨平的石匾上用细线描边刻。

▶ **从河北省地界望狼牙口门洞**　张骅 摄
狼牙口至今仍是河北涞源与山西灵丘之间的民间通道。狼牙口门洞的外匾比内匾小，又无题款。内匾不仅用石巨大，题款也十分详细。从内外石匾的不同，可见狼牙口关的正面在长城内。建城时，对内一侧的外观更需重视，于是从门匾大小、刻字多少上都做了突出。

▶ **北京怀柔敌楼石门匾**　郑 严 摄
北京长城在修复时只有慕田峪的敌楼补上了楼匾，并且选用上好的汉白玉石料。所有新补的楼匾的上款都是"公元一九八四年重修"九个尖槽凹刻小字，而大字则用描边线刻，描边线是尖槽线，大字的笔道没有再进行倒角加工处理。

371

第五篇　长城的石刻砖雕

▶ **河北卢龙刘家口关石匾**　孟新民 摄
河北卢龙刘家口长城有一在山沟底的 2×6 眼大敌楼。敌楼顶哨房仅存山墙，垛墙只有东北和西北两牙。楼窗均豁破为门状。敌楼根正中有一个四券四伏砖券大门洞。门洞南口券上有一块石匾，刻有"刘家口关"四个大字。石匾质地不甚细密，但描边刻细线还清楚。把一个关的定名匾安在敌楼状的门洞上可谓绝无仅有。

刘家

第2目　鲶鱼背描边刻

"鲶鱼背描边刻"是长城匾刻最常用的石刻方法（其实木匾额也多采用这种雕刻方法）。若用单纯细线在平面上描边刻，站在城门下远观或仰视，不足以令人感受题字字体笔道之粗。把刻凿细线笔道内的立角斜着磨圆，使凿线外直内斜，或磨成弧面，这样题字笔道的平面会呈圆弧面，这种浮雕感可以使门匾题字远观依旧醒目。因石刻题字笔道外边磨圆，书写的墨迹从平面被加工突起，书写运笔字迹如同鲶鱼脊背般顺滑，石刻匾字"鲶鱼背刻"这个生动形象的称谓便代代相传。

虽然石匾刻字上多采用"鲶鱼背"描边刻技法，但具体到每个工匠做出的石匾，又因人而异了。这也和建长城的地段附近可获得的石材质地有关，细密的大理石、粗糙的砂岩、杂质混合的火成岩，加工出的效果大相径庭。

从现有鲶鱼背描边刻门匾可以看到原字题写的书法风格丰富多样：有的字架稳健，运笔厚重，有的字架内秀，运笔含蓄；有的笔力迟钝，有的笔力潇洒；有的笔画圆润漂亮，有的笔画方硬有力。石刻工匠通过自身高超的技法，展现书法的魅力和境界。其凿刻不仅准确传达了题字的内容，展示了匾文书写者的才华，还蕴含了工匠们自身对书法乃至艺术的领悟与诠释。

▲ 河北洗马林墩台石门匾　黄东晖 摄
河北万全洗马林长城有八个墩台保留着原来的石匾。石匾的材质都较粗糙，可贵的是石匾刻字方法不尽相同，描边刻"永安东台"效果可辨。石匾左款为"万历三十三年六月□□日吉旦立"（万历三十三年为1605年）。鲶鱼背的效果因石质粗糙而大打折扣。

▲ 山西平定固关新匾　山雪峰 摄
山西平定长城的固关有新旧两处。旧固关城门为给高速公路让地而拆迁重建，沿着高速公路很容易看到。"古固关"门匾题字是现代新作，书法洒脱。鲶鱼背描边石刻表现出书法的活力。

▶ 甘肃嘉峪关的东门石匾
嘉峪关在1372年开始建土城，1495年修建城门，1539年加筑罗城、敌楼、角楼。关城有东、西二门。东门匾刻"光化门"三个大字，门匾右款为"乾隆岁次辛亥孟夏月吉旦"，是1791年刻的门匾。大字描边刻线，大字笔道线内磨成圆弧面，使字迹产生亮暗面，塑造出体积感，达到突出字体的效果。

第一章 长城的石刻

▶ **河北赤城鼓楼石匾** 马 骏 摄
河北赤城是明长城京北军防重镇。古城中心的鼓楼有南北两块石匾，南匾新补，北匾为旧物。石匾风蚀斑驳，鲇鱼背描边刻"控驭"两个大字。虽无左右款，充满指挥意念的题字与历史心态合拍。此题字书写拙钝，石刻工匠凿刻时缺乏补救，把原稿的败笔如实展示。这种如实展示拙字的抒怀石匾实不多见。

◀ **河北张家口小北门石匾** 张 骅 摄
河北张家口老城小北门的石门匾因无题款，搞不清是新是旧。"小北门"三个大字鲇鱼背描边刻的效果因石质细密而表现得最到位。

▼ **河北宣化小白阳堡石匾** 陈晓虹 摄
河北宣化小白阳堡南门有一块极精美的石门匾，上有鲇鱼背描边刻"朝阳门"三个大字。石匾右款为"大明万历二十四年岁次丙申仲秋吉日"（万历二十四年为1596年），石匾左款为"钦差宣府中路副总兵都指挥刘承恩建"。从宣化到张家口的长城定名石门匾当年有几块是大理石的史无记载，现在能见到的就这一块了。

375

第五篇　长城的石刻砖雕

▲ 河北赤城玉泉堡石匾　吕　军　摄

河北赤城玉泉堡南门的定名石门匾保存完好。石匾四周线刻卷草花纹，"玉泉堡"三个描边刻大字清晰，鲇鱼背效果不太突出。石匾右款为"钦差整饬赤城兵备分巡口北道参议刘 崇祯柒年岁次甲戌孟夏月"（崇祯七年为1634年），石匾左款为"宣府中路粮储饷府王□□□□路城守备事都指挥李"。此石匾刻制后十年明朝灭亡。

▼ 河北阜平茨字敌楼石匾　吕　军　摄

"茨字拾伍号台"定名石匾躺在河北阜平木家沟村老乡家的院子里。石匾完好，无年月款，鲇鱼背描边刻"茨字拾伍号台"六个大字极清晰，石匾四周线刻花朵组合花纹。刻字工匠把题字笔画顺序做了叠压处理（拾字"扌"的三笔），这是很少见到的刻字技法。

第一章　长城的石刻

▲ 河北赤城金家庄堡南墩石匾　马　骏　摄
河北赤城金家庄堡南墩的定名石匾左头有一大裂缝。"城南新墩"四个大字为鲇鱼背描边刻。石匾右款为"万历岁次丙午年八月修"（万历丙午年为1606年），石匾左款为"防守金家庄堡赵应寅使"。石匾四周线刻波浪花纹。2018年再去寻看，石匾已不存。

▼ 北京门头沟沿字敌楼石匾　吴　凡　摄
北京门头沟沿河口村的山沟里有一个小4×4眼敌楼。此楼一直被村委会占用，村民从未动过取砖的念头，故保存完好。楼门上石刻定名楼匾从右向左刻有"沿字叁号台"五个大字。石匾题字间架匀称，鲇鱼背描边刻迹清晰。石匾是大理石汉白玉材料，无年月款，四周线刻曲线花纹完好。

第五篇 长城的石刻砖雕

▲ 北京昌平居庸关北瓮门石匾 姚泉龙 摄
北京居庸关长城在1992年修复一新。关城北门的瓮城门没有大改动，门洞上的定名石匾万幸保留。石匾巨大，上刻"居庸关"三个大字，布局饱满，题字粗壮有力，鲇鱼背描边刻使题写效果得到充分发挥。石匾左款为"景泰五年十月吉日立"（景泰五年为1454年），表明此匾是在土木之变明英宗被俘、英宗的弟弟明代宗景泰帝执政时加固居庸关留下的痕迹。景泰帝执政实际等于救了他哥哥一命，在抢修加固居庸关两年后又被他哥哥夺回皇位。此匾是景泰帝悲剧的佐证。

◀ 北京怀柔慕字敌楼石匾 严共明 摄
北京慕田峪长城的敌楼修复时补上了楼匾，全部选用上好的汉白玉石料。新补的定名楼匾的上款是"公元一九八四年重修"9个尖槽凹刻小字。"慕字贰台"四个大字描边线刻，描边线是尖槽线，大字的笔道做了部分倒角加工处理。石匾四周采用浮雕曲线花纹。

第3目 字内凿毛描边刻

长城石匾在平底平字描边线刻与鲇鱼背描边刻之外,还有一种描边刻,是在磨平的石匾上将题字的笔墨沿外边描下,用铁錾刻下深浅一致的细线,再将题字笔墨的部分均匀凿毛,使着墨处字迹与无墨的空白达到反差效果,凸显题字。这种把字内凿毛的工艺对石料要求极高,石料必须材质均匀,凿毛石面时效果才统一,不至于出现大小不一的坑。同时这对工匠的技艺要求也极高,统篇凿毛,着力要一致,石匾才能体现题字应有的效果。

▼ **陕西神木解家堡石匾**　吕　军 摄
此匾上的大字是描边刻字形,字的笔道内处理不同于石匾的净面,而是使之毛糙,但又不是用很大的力气去凿毛刻出凿痕。这块石匾有款识,是万历三年(1575年)所制,在字内凿毛描边刻的定名门匾中是年代最早的一块。从效果看匾书粗壮有力,刻字石匠努力表现了书法的味道和水平,是一块具有石刻艺术水平的石匾。

▶ **陕西神木解家堡堡门**　吕　军 摄
在陕西神木解家堡乡的长城上有一个废弃的古围堡。堡还保留着一个石砌的城门洞,门洞上有一块极完好的石匾,石匾上面刻着"卧虎寨"三个大字。

第五篇　长城的石刻砖雕

◀ 山西大同得胜堡南门南石匾　孟新民 摄
在山西大同的得胜堡有六块石门匾完整地保存下来，实在是很稀罕的事。得胜堡只有一个堡南门。城门洞南面石匾尺寸最大，因找不到合适的石料，结果用两块石板拼接成一个门匾，上刻"保障"二字。匾有款识为万历丙午（1606年）。此石匾上题字的笔道内凿毛，题字外匾面平整，使书写效果醒目。

▼ 山西大同得胜堡南门北石匾　山雪峰 摄
得胜堡南门洞内口面北的石匾上刻"得胜"二字。这块石匾的石料、颜色都与"保障"石匾的不一样，但刻匾的技术方法相同，都是描边刻字形，字迹笔道内凿刻毛点。"得胜"石匾上有十五个大口径子弹击痕，是历史动荡、古迹难保的佐证。

第一章　长城的石刻

◀ 山西左云镇宁楼石匾　吕朝华 摄
在山西左云八台子村北有一座此县唯一残存的大敌楼，近年刚刚被修整一新。此楼的入门开在楼根，进门后正对一道楼梯直通楼顶室。楼根门券上有一块石门匾，刻字迹仍清晰，上面用描边的办法刻出"镇宁"两个大字。题字笔道内用凿毛的方法区别笔道内外，使题字格外醒目。由于此匾的题字，此楼自然就称"镇宁楼"，但楼西山口称"马市口"，又有人说此楼为马市口关楼。石匾右上部有两处子弹击痕。

▼ 八达岭东门上的石匾　严共明 摄
北京八达岭关城东门洞外有一块门匾，刻有"居庸外镇"四个大字。西门洞外也有一块门匾，刻有"北门锁钥"四个大字。从门匾题字落款上看，东门匾比西门匾还早了43年。八达岭景区对长城维修工作非常努力。东门洞外的"居庸外镇"四个大字近年被刷上了绿色油漆。

▶ "居庸外镇"石匾局部　严共明 摄
北京八达岭关城东门上有一块门匾，上刻"居庸外镇"四个大字。匾款小字为"嘉靖己亥年"（1539年）。八达岭为京北大门，门匾采用上好汉白玉材料，为表现门匾题字提供了最好的基础。四个大字用描边刻凿，字笔道内用细斜线凿毛。因此匾位于交通要道之上，文物盗贼不易盗取，给我们留下了一个字内凿毛描边刻的精品。

第4目　字外凿毛描边刻

字外凿毛描边的匾刻技法与字内凿毛刻方法一样，只是加工的部分从字内改到了字外。应该说麻烦又多了一些。石匾在刻字前要找平磨光，贴上"粉稿"（从原题字稿上勾线描下的字形稿），描边阴刻出字形后，要保持刻字内笔画光洁，并把字外统一凿成为糙面，还要保持毛糙面基本平整，凿毛的程度基本相同，使题字的平整光洁与无字处的毛糙形成反差，用无墨迹处的灰暗衬托题字的光亮。

◀ **河北万全平房东空台**　李 炬 摄
河北万全洗马林长城有三十多座墩台。从材料构成上分，有土筑、石砌、砖包三类。形态则按截面分为方、圆两种。其中保有定名石匾的墩台有八座。这座方形砖门台上有一块定名石匾，刻着"平房东空台"。台顶垛墙有残，哨房无存。

▲ **河北万全平房东空台石匾**
洗马林长城上有匾的八个墩台中，石匾刻字方法并不统一。此石匾上五个字笔道面平整光亮，而字外石匾的底面似乎沙眼很多，其实是字形描边字外凿毛刻的办法。只是刻的力度较小，凿毛很浅，因此只在光线最合适的时候才能看出来。

▶ **山西天镇保平堡石匾**　龚建中 摄
山西天镇保平堡门洞上的抒怀匾粗看是描边刻，细看会发现字迹笔画平整，字形外的石匾属于凿毛刻。门匾上字面平整，门匾底面的粗糙肉眼可辨，字外部分凿刻数道细线。石匾四周线刻曲线花纹框。

第 5 目 尖槽凹字刻

在明长城的石匾刻字技法里，不仅有描边刻，还有一种尖槽凹刻。在中国汉字石刻中，文人以字突起称为"阳"刻，字凹下称为"阴"刻。民间则俗称"凸"刻和"凹"刻。中国历史上，较多的石碑刻字都是采用凹刻技法。凹刻字中又以凹槽底形分为尖槽刻和圆槽刻。尖槽刻以字迹笔画边为槽沿，向笔道中心线斜刻，尖槽断面为三角形。这是石材凹刻字里最常见的技法，也是刻字效率最高的技法。这类字刻每笔都有亮暗两个面，使得字迹清楚。

◀ **山西左权黄泽关北门石匾**　熊启瑞 摄
晋冀交界处的黄泽关现存一个北门。门洞壁为石砌，洞券为砖砌，门楼和垛墙均毁而门匾尚存。有报道说门匾已被当地老乡收藏。

▼ **黄泽关"飞磴盘云"石匾**　王献武 摄
黄泽关北门的门匾右款刻有"大明嘉靖二十二年李春吉旦"（嘉靖二十二年为1543年），中刻"飞磴盘云"。此匾石材是粗糙的火成岩。工匠磨平匾面后采用尖槽刻法，弱化了石材平面颜色花驳的缺陷。

▲ **河北涿鹿"龙"字敌楼石匾**　方 明 摄
羊圈村龙字台长城是河北涿鹿长城中保存较完好的地段，六个敌楼都在，三个敌楼的楼匾还嵌在楼门上。"龙字贰号台"楼匾边框和匾芯是用一块石头凿成的，边框上还刻有莲花瓣的花纹。费如此巨大功夫做楼匾，全国的长城敌楼上只有龙字台这么几块，非常罕见。龙字贰号台有南北两个楼门，每个门上都有一块匾，这是北门上的。

第五篇　长城的石刻砖雕

◀ 陕西榆林城南瓮门石匾
陕西榆林古城南门瓮城门是近年新修过的。面向西的门洞上有个近2米宽的门匾，上刻"镇远门"三个大字，看字形应是隶书风格。字每笔中心为尖槽，中心线随笔画而行，三个大字有了亮暗面，远看突出醒目。

▶ 山西灵丘"茨"字敌楼石匾　王盛宇 摄
茨字叁号台位于山西灵丘龙须台村山梁上。现在以茨字排序的楼匾能见到茨字贰拾陆号台，但楼匾已丢失或毁坏的占一多半，我只找到十二块。这十二块石匾中尖槽刻的就这一块，其余刻字方法各有不同。

▶ 河北鹿泉西土门堡西门石匾　张玉凤 摄
山西与河北交界的太行八陉中的井陉东口是土门关。有东、西两个城堡，把守山口的东西两侧，分称东、西土门。在西土门堡的西门洞向外的门券之上，石匾刻着"山陕通衢"。此匾所刻四字，实话说算不上书法精品。题字用的笔细小了些，用细毛笔写大字，笔画纤细瘦弱了。但刻匾的工匠，用字画运笔中线为尖槽，笔画虽然较细，由于是尖槽，匾字的间架和布局表现出书写者的功力。笔虽小，但字的架子搭起来了，笔画细了，但四个字布局还匀称，效果舒服。这是刻匾工匠采用了补拙的办法，成就了这个书法不够精到的字稿。

第一章 长城的石刻

◀ 河北涿鹿"龙"字敌楼石匾　方　明 摄
龙字壹号台敌楼有南、北两个楼门，南、北楼门上各有一块定名楼匾，都写的是"龙字壹号台"。区别的方法是南匾刻字是尖槽凹字刻，北匾刻字是平槽描边刻。

▶ 辽宁绥中"石黄"字敌楼石匾　熊启瑞 摄
在九门口北山，当地人称青台楼。此楼有两个楼门，门上各有一块楼匾。南门楼匾风化严重。西门楼匾上有"石黄第拾壹号"六字，为尖槽凹字刻。

◀ 河北涿鹿"龙"字敌楼石匾　杨健武 摄
龙字贰号台敌楼也有南、北两个楼门，敌楼南门和北门上的定名楼匾刻字都是"龙字贰号台"。两块匾都是采用了尖槽凹字刻，区别的方法是南匾框下沿被撬掉了，缺了下匾框，而北匾高高在上，厚厚的石匾还完好无损。

385

第6目　圆槽凹字刻

在河北涞源独山城的城门洞上，存留着一块与众不同的长城石匾，全因这块石匾刻字使用了圆槽凹字刻的技法。在北京故宫午门的左右掖门石匾上，也能寻到圆槽凹字刻的痕迹。圆槽凹刻的明暗、交接比尖槽凹刻的匾字更为柔和，匾刻更能展示出书法稳重的气势。圆槽凹刻因需把字迹凹槽磨圆，会比尖槽凹刻耗费更多气力和工时。一般的石匠都不愿意采用圆槽凹刻去刻匾，这可能是明代圆槽凹刻石匾存留极少的原因之一。

▲ 北京怀柔河防口堡新匾　张翅飞 摄
北京怀柔河防口长城 2015 年修复。新建的河防口堡南门里外各有一块石门匾，两块门匾完全一样，完全出自同一字稿，这样安置在明长城上不曾见过。"河防口"三个大字，字体是行楷，笔画变化，粗细随意。刻字工匠在细笔画时用尖槽刻，粗笔画时用圆槽刻。门匾刻字技术也与时俱进。

▶ 北京故宫"右掖门"石匾　丁人人 摄
故宫午门始建于明朝永乐帝朱棣迁都北京，时为永乐十八年（1420 年）。此门可称城门中规格最高者。午门开五个方门，中间为帝门，在皇帝出入时打开，两侧供文武官员及宗室王公出入。这三个门上都无匾。三门外侧还有两门供品官出入，门上有定名门匾。向东开的匾刻"右掖门"，向西开的匾刻"左掖门"。"右掖门"为整块汉白玉大理石制成，三个大字用圆槽凹字刻法挖刻，是石门匾圆槽凹字刻里最大、等级最高的一个。

◀ 河北涞源独山城石匾　马 骏 摄
在河北涞源唐河东岸有一个古城堡，现存一个西门。门洞上有一块宽 1 米多、高 0.4 米的花岗岩石匾，上刻"独山城"三个大字。刻字以笔画边缘向下挖刻，挖成半圆的凹槽。字槽比尖角刻在表现书法的力度方面更显厚重。此石刻技术属表现书法艺术中特有的一种手法，达到了追求厚重的艺术效果。

第一章　长城的石刻

第7目　平槽凹字刻

　　这种刻字的方法等于把书法家题写的字深刻进石匾。石匾在刻字前已经找平磨光。工匠先将拓描好的字稿粘在石匾上，把题写的字迹垂直地凿刻下去，凿刻深度基本一致，然后再把凹下去的字槽底凿平磨光。这种刻法虽然较前面几种更难更费工，但在甘肃、山西、河北的长城沿线都有样本可寻，并非最罕见的。每每见到平槽凹字刻的门匾，都令我肃然起敬。唯有不怕困难、敬业且有追求的工匠才能刻出这样的门匾来。

▲ **甘肃嘉峪关西瓮门石匾**　张　骅 摄
嘉峪关内城西门外有瓮城，瓮城有门，开在西门外南边，门洞南北向。此门洞上亦有石匾，但不称"关"也不标"门"，只题"会极"二字。这在等级繁复的封建社会是一种讲究。"会极"取于《韩非子·解老》一篇中的"其智深则其会远，其会远，众人莫能见其所极"。门匾亦是极平整光滑，所刻两个字亦是浅刻磨光，字面低于匾面。

◀ **甘肃嘉峪关西门石匾**　都　东 摄
嘉峪关是明长城西端最大的关城，关城有大小六个城门洞，每个门洞上都有门匾。刻着"嘉峪关"三个大字的石门匾嵌在西罗城门洞上。据考察，此匾是清代乾隆皇帝所题写。三个字的笔画面要比石匾面略深一些，还进行了磨光，这个功夫可是费大了。

▶ **山西平顺虹梯关石匾**　王献武 摄
山西平顺的太行山峡谷中有一个明代古关"虹梯关"。河流可顺山崖落下流淌，古道不可能沿河谷顺水跌落而下，只能向山崖、山梁可行处盘绕。古道在登临山崖最险要处有一座石砌关门城台，城台上有垛墙，城台开一个券门洞。门洞上有一块石匾，上刻三个大字"虹梯关"。从字面理解，雨后彩虹构成的天梯路，此处为天梯的关口，形象且富有诗意。关门洞门匾上的三个字是凿深凹字，但没有再把字迹面磨平，从艺术效果上看，石匾的平面与凹字的平面是光洁与毛糙的质感对比，格外醒目。

▲ 山西偏关滑石涧堡石匾　郭茂德　摄

山西偏关黄龙池村长城内有个滑石涧堡，现在还保留着唯一的堡南门。虽然城门顶垛墙垮完了，但门洞上的石匾还完好。这块石匾从题款可以看出是万历八年（1580年）所置。门匾上下款均为中号字（八位官员姓名和官职）。中间为两个榜书大字"镇宁"，笔画粗壮。刻字工匠把大字安排得顶天立地，按字形描边立槽凹刻。书法上的干笔，书写收笔时笔锋飞尖都照单描刻。因为笔画宽粗，石刻时全部找平，磨光。这块凹字的平槽刻技术水平很高，对原字稿的表现也很传神，在石刻匾额中是亟待得到保护的珍品。

第一章 长城的石刻

第五篇　长城的石刻砖雕

▶ **河北涿鹿"马"字敌楼石匾**　方　明 摄
河北涿鹿马水长城敌楼有十多座，但敌楼上的楼匾就只有"马字拾号台"这一块了。这块匾石材质量极好，是上等的汉白玉，为表现书法艺术提供了基础。此匾的字是楷书最规矩的写法，一笔一画都符合书法规范。工匠把书法如实地表现在了石匾上。雕刻的笔画深度一致，字边工整，字面平滑。这种拘谨的风格是明朝官场上级最喜欢的。

◀ **河北迁西汉儿庄堡石匾**　黄东晖 摄
在河北迁西汉儿庄古堡的南门上有一块定名门匾，上刻"带川门"三个大字。门匾石材极好，是汉白玉，可惜被拓碑帖爱好者弄得墨迹斑斑，污垢垂淌。匾上所刻三个字的字面略低于石匾的平面，字面的光洁程度极高。三个字原来题写时的字形、用笔的功夫都表现得到位。石匾左款立匾人第一位署名戚继光，在这么多石匾里很难遇到。

390

第一章 长城的石刻

第8目 凸字阳刻

从技术角度讲，把字或物形以凸起的形式刻出来，比凹下去刻难度更大一些。凹刻时，即使因石材质地不均导致失误，只需把凹刻稍微加大，便可弥补。而凸刻时若失手，就不易补救，只能把凸刻再缩小一点。在凸刻起题字后，无字迹的凹下部分还要加工平整，因此比凹刻又多了找平的工作。因此，在门匾刻法里广泛采用的是阴刻，而只有很少的门匾采用凸字阳刻。笔者猜测这是凸字阳刻的门匾更为罕见的主因。

◀ 松树堡北门　黄东晖 摄

▼ 河北赤城松树堡石匾　马 骏 摄
在河北赤城松树堡唯一的北门洞上，现还保存着明朝的石门匾，上面凸刻"松树堡"三个大字。石匾左边凹刻一列小字，"嘉靖丙午年肆月吉日立"（嘉靖丙午年为1546年），距今已470多年。在55年之后，此堡的守卫官员、龙门卫指挥使张国恩在这个石匾的框边上加刻了一列小字，表明"万历二十九年"（1601年）复建。以上从款识上证明这块匾是明长城年代较早的门匾之一，因为别的门匾大部分是万历年间的。此门匾字书写饱满有力，刻匾时亦努力精心。这块阳刻凸起的门匾成了本书中唯一的一块阳刻且品相良好的精品。

第五篇　长城的石刻砖雕

◀ **河北鹿泉西土门关东门石匾**　张玉凤 摄
太行山八陉中的井陉，山西一边的关卡为娘子关，河北一边的关防为土门关。土门关在山谷两边各筑一座关堡，称东、西土门堡。西土门堡的东门洞券上有一块抒怀石门匾，上面四个凸起的刻字"山辉川媚"。据考证此匾为清代乾隆二十二年（1757年）所嵌，至今也有二百多年的历史了。匾材选石为上等青石，匾书工整，刻工精细，至今仍完整清楚，为门匾中的上品之作。

▼ **北京延庆九眼楼西堡石匾**　严秋白 摄
九眼楼位于北京延庆与怀柔交界处，因四面各设了九个楼窗而得名，此楼西南还有一座设在山梁上的兵堡。近年文物部门考察修复了兵堡唯一的西门，挖出一块被砸碎的抒怀石匾，现在拼合复安在门洞之上。此门匾阳刻凸起的"威严"两字，下款有小字"万历戊午"（1618年）。此匾石材上等，刻字技艺高超，可惜被毁。

第 2 节 长城的水嘴造型石刻

水嘴原是长城的建筑构件,是用来排泄长城墙顶、台顶、敌楼垛墙内积水的设施。水嘴应安装在长城向内的一侧,通常从石水嘴的指向即可判断长城的内外。

水嘴在甘肃、青海、宁夏、陕西、辽宁长城上几乎无存,在山西长城上也仅剩几处遗存,而在河北、北京长城保存完整的地段,则还容易看到。但水嘴能连续完好、大小一致地排成气势的地段已经不多。

水嘴本是敌楼的必需配置,但经实际野外考察发现,即便在同一地区,安装在敌楼的背面、正面、侧面垛墙根的水嘴位置都有差异。从审美角度看,完好的石水嘴可以令一座完整的敌楼锦上添花,也可以令一座残破敌楼保持倔强的尊严。

受材料限制,在不同地段的长城上,石水嘴长短粗细变化很大,其造型亦因制造工匠能力与趣味的不同而差别多多。石水嘴上珍贵的石刻装饰反映出长城建造者的艺术追求及其为长城倾注的心血。

▲ 河北涞源唐子沟的敌楼水嘴　田　野　摄
河北涞源唐子沟长城敌楼还保有楼顶垛墙的很少见,楼顶垛墙下还有石水嘴的就更少见了。唐子沟长城敌楼的水嘴有单双之分,此敌楼垛墙下的水嘴不光对内有两个,对外也有两个,虽然对外的两个残了一个,但也还是非常宝贵的遗存。

◀ 北京怀柔旺泉峪的城墙水嘴　黄东晖　摄
北京怀柔旺泉峪长城砖石墙上,不光顶垛墙完整,垛墙下的石水嘴也多数保留。石水嘴伸出长度1米左右,紧接着墙顶砖棱线,相互之间间隔20米左右,是石水嘴最有气势的一处。

第五篇　长城的石刻砖雕

◀ 河北易县紫荆关北门的水嘴　山雪峰 摄
长城的内三关中，倒马关毁后近年才补修，居庸关老城门台的水嘴不如紫荆关北门老城门台的水嘴醒目有气势。长城关城门台的水嘴以紫荆关北门为最突出。

▼ 北京延庆八达岭的城墙水嘴　黄东晖 摄
长城石砌墙的水嘴在八达岭长城一带保存较完整。自西向东，带水嘴的石砌墙以八达岭古长城为起点。这一段长城上的水嘴都是历史原物。

第一章　长城的石刻

▶ 北京怀柔慕田峪的城墙水嘴　王　虎摄
北京怀柔慕田峪长城对内的垛墙与对外的垛墙一样。慕田峪长城的水嘴多数完好，证明墙头的排水有效，长城墙体和垛墙因此受益。

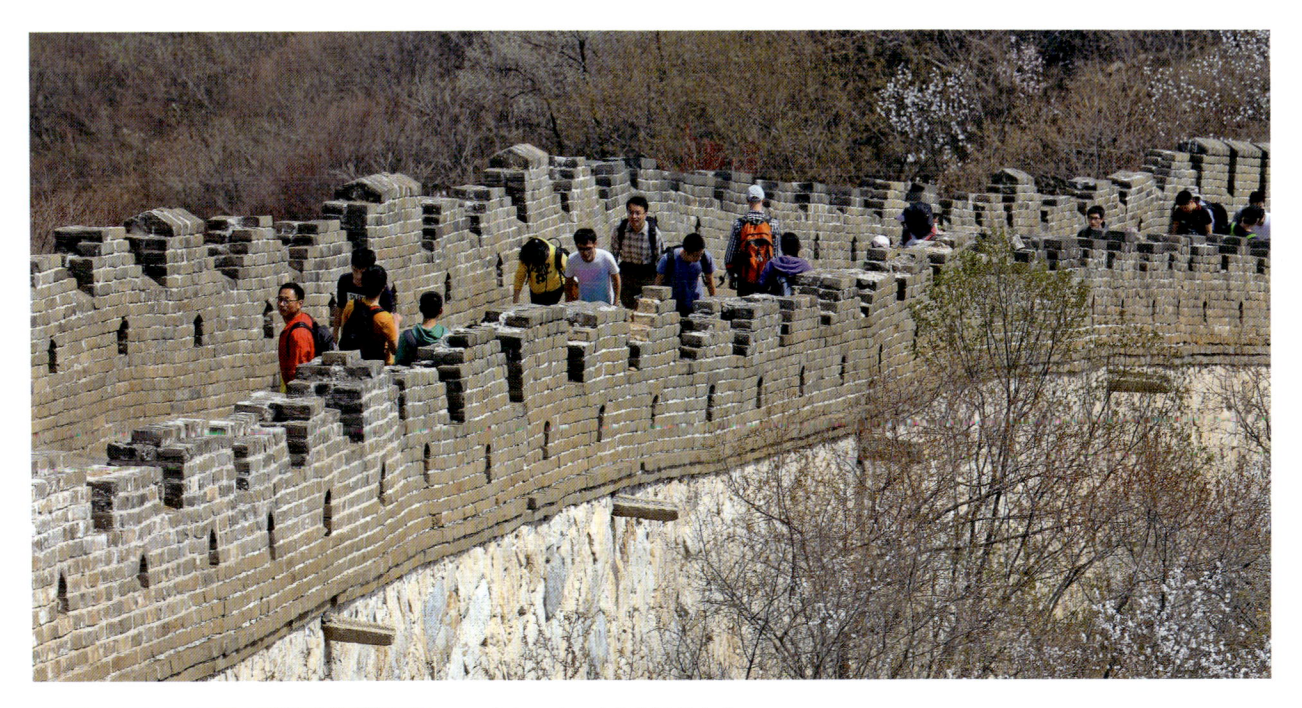

◀ 北京延庆八达岭的城墙水嘴　姚　磊摄
八达岭长城宇墙下的水嘴并不是游客观赏的对象，但要了解观察长城石砌墙上的水嘴，还是去八达岭长城方便。因为八达岭长城所在地区开采石材便利，对长柱形水嘴石材需求可充分满足，这是八达岭长城独有的优势。

▼ 河北山海关新修城墙水嘴　张　鹏摄
河北省对山海关长城的修复是非常尽心和努力的。修复后的城墙平均高10米，墙基宽17米，墙顶平均宽12米。墙顶外沿有高1.7米的垛墙，内沿有高1.5米的宇墙。宇墙根处，每隔10米还嵌设长达1.8米的花岗岩石水嘴。这在单一地段的长城保护中，属于修复石水嘴数量最多的，所刻制的石水嘴长度也是最长的。

395

第五篇　长城的石刻砖雕

◀ 北京怀柔黄花城的城墙水嘴　黄东晖 摄
北京怀柔黄花城长城对内的垛墙是牙形垛墙，垛墙根砖棱线下的水嘴间隔 20 米，是水嘴完好并且密集的地段。

▶ 北京怀柔撞道口的城墙水嘴　王贵亮 摄
北京怀柔撞道口长城对内的垛墙是牙形垛墙，垛墙根的砖棱线十分规整，砖棱线下的水嘴造型修长，水嘴的凹槽比较到位。

▼ 北京怀柔大榛峪的城墙水嘴　黄东晖 摄
北京怀柔西大楼长城对内的垛墙是齿形垛墙，垛墙根的砖棱线改为齿尖式。垛墙下的水嘴间隔比较灵活，水嘴造型不太规范统一。

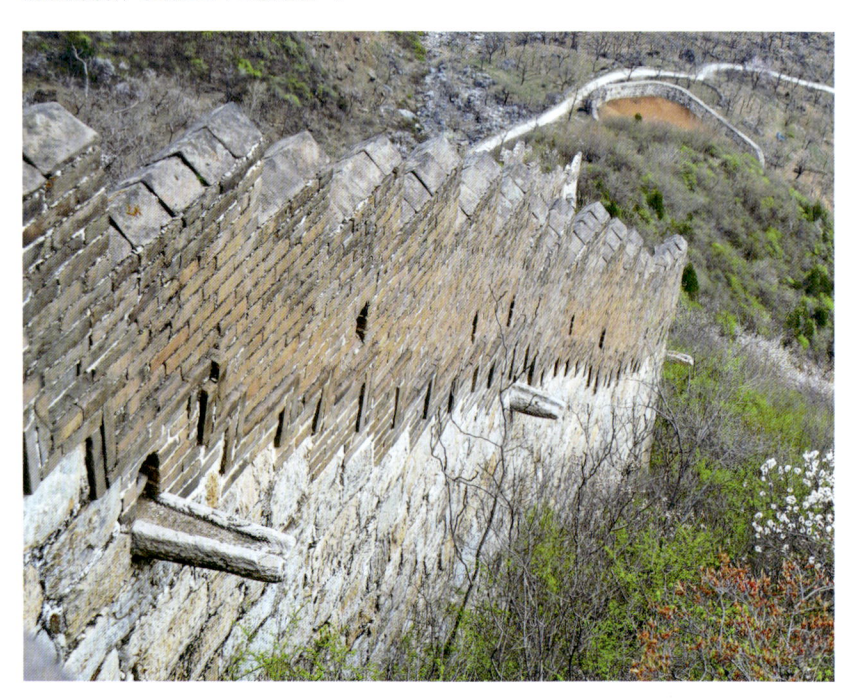

第一章 长城的石刻

▶ 河北万全旧堡的敌台水嘴　黄东晖 摄
河北万全旧堡长城敌台也是个有门无窗的敌台。台门上无台匾，台门内垛墙下有一间木顶无窗小室。台顶每面有三个垛牙，垛牙毁坏，垛牙下的垛孔完好。台门下因踏软梯磨出的踏痕十分清楚。此敌台唯一的水嘴安在敌台侧面。

◀ 河北怀安赵家窑的敌台水嘴　岳　华 摄
河北怀安赵家窑长城敌台是个无窗有门的敌台。敌台顶每面有四个垛牙，每个垛牙下的垛孔完好。台门内有一间木顶无窗小室，台门洞上有一块字迹不清的石匾。台门左上垛墙下有一个水嘴，是台顶排水和台顶面的水平标识。

▶ 北京密云黄岩口的敌楼水嘴　黄东晖 摄
北京密云黄岩口长城在沟口有两个有门无窗的敌台。敌台接长城墙处有台门，台门内左边是登台顶梯道。两个敌台都在对内的垛墙下安了两个水嘴，因是新补上的，用料十分讲究，造型简单。

第五篇 长城的石刻砖雕

▲ **河北涞源潘家铺的敌楼水嘴** 山雪峰 摄
河北涞源潘家铺这个正 4×4 眼敌楼四面门窗总数为十六个。此敌楼最明显的特点是对外垛墙只存有两个垛牙。敌楼的楼门偏靠在长城内侧，已垮塌，仅存三个楼窗。三个楼窗上的楼顶砖棱线下有一个水嘴，与之对应的敌楼的另一面也有一个水嘴。

▼ **河北涞源潘家铺的敌楼水嘴** 黄东晖 摄
河北涞源潘家铺长城有两个探出长城外的小 4×4 眼敌楼，四面门窗总数为十五个。此敌楼最明显的特点是南面仅有一个楼窗完整，另三个楼窗垮成一个大豁口。此敌楼顶对外存有两个水嘴，与之对应的敌楼的另一面也应有两个水嘴，但现在只剩下一个了。

▶ **河北涞源石城安的敌楼水嘴** 山雪峰 摄
河北涞源石城安村东山坡有两座带水嘴的敌楼。一座偏北一些立在长城之外，敌楼三个面各有四个券窗。从长城内看此楼，敌楼南面唯一的楼门居两窗中，楼门上有石匾一块，上刻"插字贰拾玖号台"。此楼东、西两面垛墙砖棱线下各有一个水嘴。

第一章 长城的石刻

◀ 河北涞源潘家铺的敌楼水嘴　山雪峰 摄
河北涞源潘家铺长城正4×4眼敌楼有十多座，其中还保留着楼顶垛墙的只有五座。这几座保留了楼顶垛墙的，垛墙下对外和对内都各有两个水嘴，但有的水嘴被齐根断去，能看到一面有两个完整水嘴的不多。

▲ 北京门头沟沿河城的敌楼水嘴　黄东晖 摄
北京门头沟沿河口村沟口东、西各有一座小4×4眼敌楼，沟口东楼之完好为北京长城少见。沟口东楼有石匾，刻有"沿字肆号台"；沟口西楼亦有石匾，刻有"沿字伍号台"。沟口西楼近几年被修补了楼顶垛墙，只有两个水嘴，都在南面新修的楼顶垛墙下。

▼ 北京门头沟沿河城的敌楼水嘴　黄东晖 摄
北京门头沟沿河口村北沟里东坡有一座小4×4眼敌楼。敌楼东面一楼门居两楼窗中，楼门上石匾刻有"沿字叁号台"，敌楼另外三面都是四个楼窗。敌楼共有四个水嘴，分布在敌楼南、北两面楼顶垛墙下。

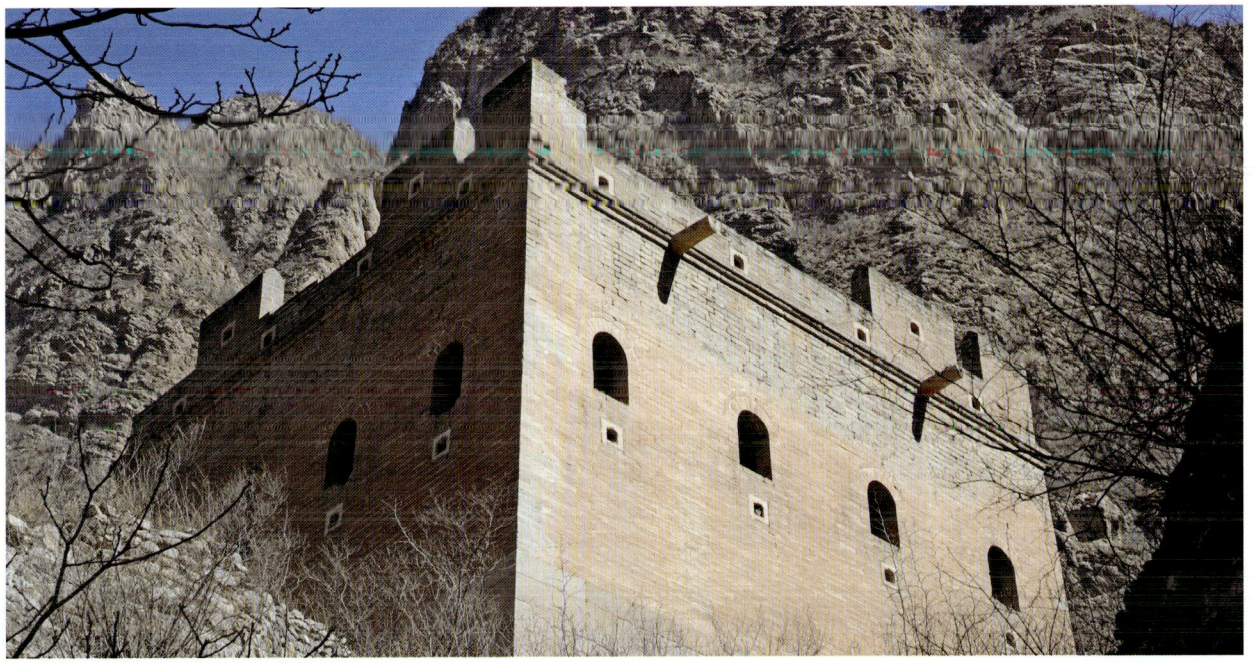

第五篇 长城的石刻砖雕

◀ 河北滦平金山岭的敌楼水嘴　黄东晖 摄
河北金山岭长城敌楼的相同之处是楼座都是下石上砖砌，都没有楼室下砖棱线，以及都保留着水嘴。这是金山岭的麒麟楼，因楼顶哨房影壁用砖刻组拼出一只神话瑞兽麒麟而得名。此楼外貌特点并不突出，楼顶南面垛墙完好，楼顶砖棱线处有两个粗糙的水嘴。

▶ 北京怀柔黄花城的敌楼水嘴　黄东晖 摄
北京怀柔黄花城长城西坡的 3×3 眼敌楼近年修补过。楼座为石砌。楼额有一个楼窗高，是低额，楼室下棱线为石料。楼顶水嘴和楼门下水嘴完好。

▼ 河北涞水蔡树庵的敌楼水嘴　严共明 摄
河北涞水蔡树庵的 3×4 眼敌楼，南面有四个楼券窗，东、西两面各有三个楼券窗，北面是一个楼门、两个楼券窗。楼座全部为条石块。楼顶面砖棱不全，楼顶垛墙亦无存。此敌楼最特别的是保留了三个高质量的水嘴，四个楼券窗上有两个，东面有一个，西面的水嘴残破了。

第一章 长城的石刻

▼ **北京怀柔旺泉峪的敌楼水嘴** 马 骏摄
北京怀柔旺泉峪最东头的 3×5 眼敌楼。楼顶垛墙完好，东、西两个楼梯口各保留了梯口小屋和小券窗。敌楼的楼顶砖棱线和楼室地面砖棱都很清楚。敌楼每个楼窗都有一个石窗台。此楼最大的特点是向南有两个巨长的水嘴，十分醒目。

▶ **北京延庆石峡的敌楼水嘴** 张 骅摄
北京延庆石峡长城西的 1×4 眼敌楼东西面各有一个楼门，楼门左右无楼窗，但敌楼南、北面各有四个楼窗。楼室下的楼座为块石垒，楼额有三个楼窗座高。楼顶垛墙几近毁尽，只在楼四角处残留几层砖。楼顶砖棱线中有一个此敌楼唯一的短粗水嘴。

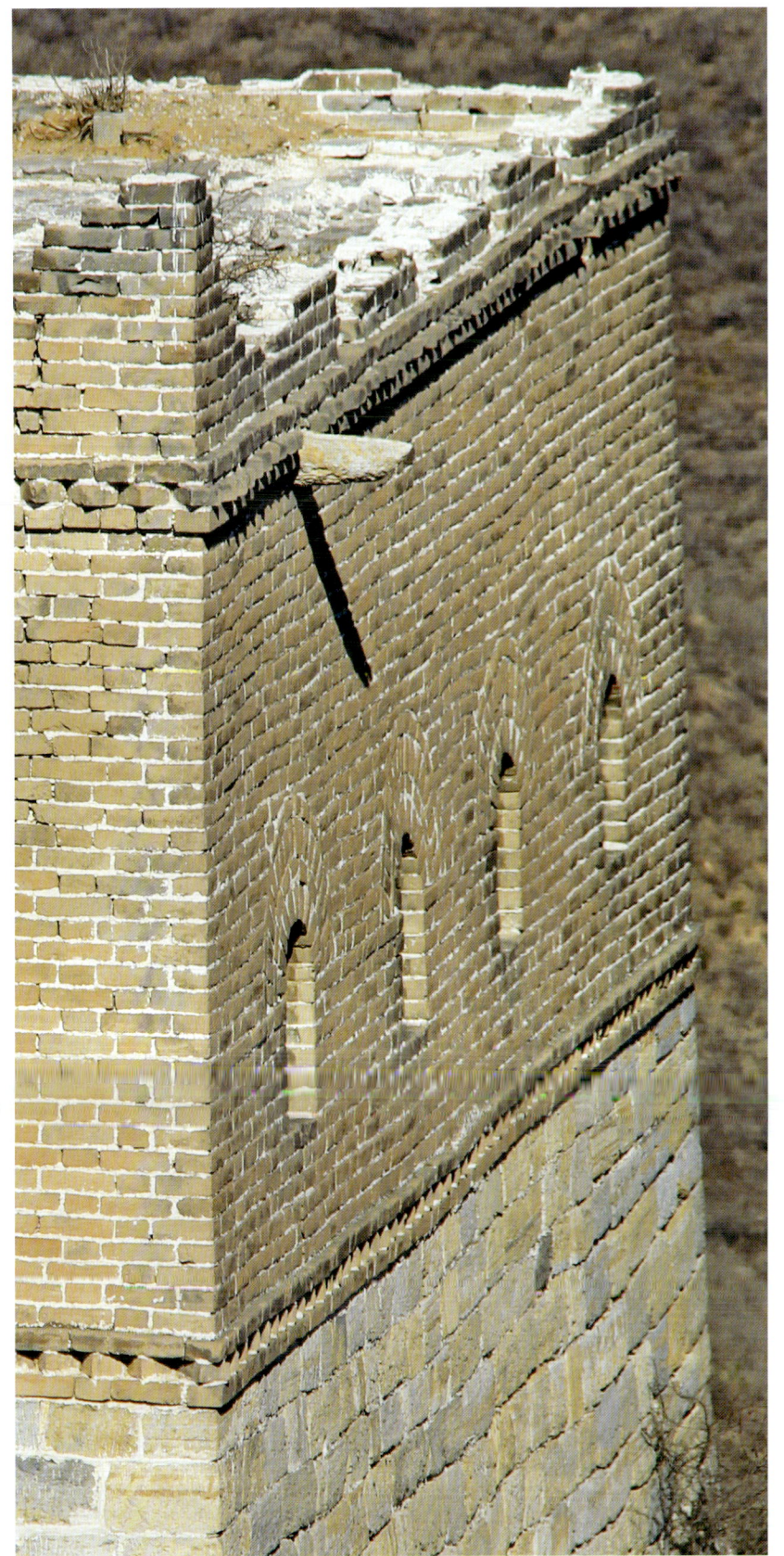

第五篇 长城的石刻砖雕

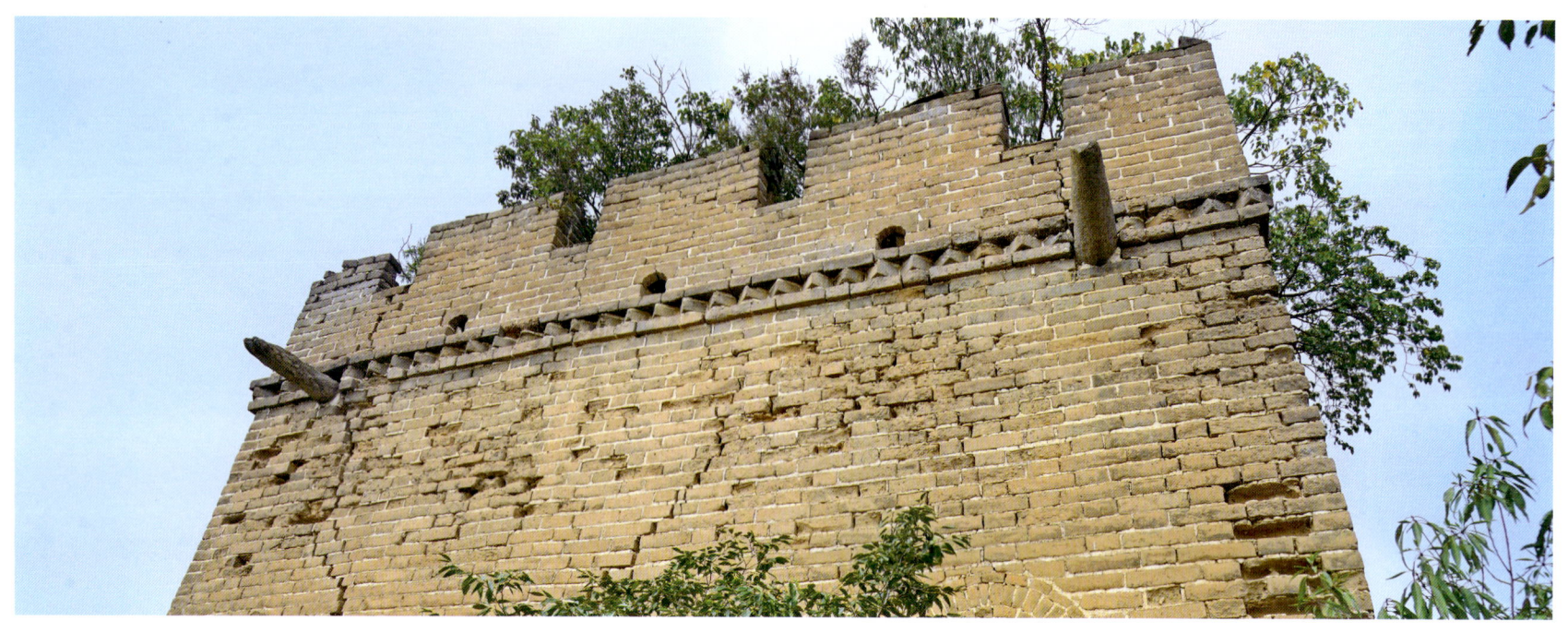

◀ 北京密云冯家峪的敌楼水嘴　吕　军　摄
北京密云冯家峪向黄峪口的这段长城穿越难度较大，有两座较完好的 2×2 眼敌楼是这段长城的亮点。敌楼还有垛墙，仅有的水嘴还担负着排水的功能。

▲ 北京密云黄峪口的敌楼水嘴　吕　军　摄
北京密云黄峪口向冯家峪的这段是北京市长城最荒僻的一段野长城。这座 3×3 眼敌楼垛墙完整。南、北面各有一个石框楼门居两楼窗中，东、西面各有三个楼窗。楼室下的楼座为石砌垒，楼额有三个楼窗座高。敌楼的两个水嘴都安在南面。

第一章 长城的石刻

▼ **辽宁绥中锥子山的敌楼水嘴**
锥子山长城木柱结构的敌楼只有两座，还都不完整。其一为3×4眼敌楼。敌楼的水嘴砌在对外的四个楼窗上的楼顶棱线中间。四个楼窗这面能保存下来，也许就是受益于这个水嘴，没水嘴的敌楼墙面都有毁垮。

▶ **河北秦皇岛黄土岭的敌楼水嘴**
河北秦皇岛黄土岭长城的3×3眼敌楼的楼门、窗台、楼顶棱线都是石材料。楼顶垛墙的垛牙都毁垮，垛墙根完整。敌楼的水嘴顺着长城的走向安放。敌楼北边的水嘴还在原位，南边的水嘴因楼塌，现在躺在山坡的草丛里。

◀ **河北滦平金山岭的敌楼水嘴** 黄东晖 摄
河北金山岭长城的敌楼在结构上分砖券结构和木柱结构两种。木柱结构敌楼现在都未修复木柱棚顶。这座3×4眼敌楼只有楼室墙，无楼室顶，有雨水全都直接在楼室地面积存。楼顶垛墙下的两个水嘴没发挥作用，只是摆设。

▶ **河北遵化马蹄峪的敌楼水嘴** 黄东晖 摄
河北遵化马蹄峪长城的敌楼保存下来非常少，还都有一些破损。这座3×3眼敌楼的楼门上还有仿木垂花门砖雕，可惜破损严重。万幸敌楼的水嘴还在，对内对外各一个，砌在三个楼窗上的楼顶棱线中间。

403

第五篇　长城的石刻砖雕

◀ **河北尚义敌楼的短水嘴**　黄东晖 摄
河北尚义红庄科长城敌楼的水嘴安在楼窗下。水嘴伸出的长度很短，截面基本为U形。水嘴柱根到水嘴柱头亦带锥度。泄水槽是方形槽。

▶ **河北涞源敌楼的半圆形水嘴**　吕 军 摄
河北涞源潘家铺长城的每座正4×4眼敌楼配装四个水嘴，每座3×3眼敌楼配装两个水嘴。水嘴截面基本为半圆形，水嘴根到水嘴头略有锥度。泄水槽是方形槽。

◀ **山西山阴新广武的方形水嘴**　严共明 摄
山西山阴长城水嘴保存下来的非常少，新广武的堡墙上还有一个。水嘴截面为正方形，水嘴头中间掏一个方口泄水，侧面各掏一个方口通风。这样的方柱形水嘴只在山西偏关老营堡还有。

▶ **河北涞水敌楼的残水嘴**　严共明 摄
河北涞水蔡树庵长城有四座3×4眼敌楼，其中只有两座敌楼保留着水嘴。其一还是只在敌楼北角剩个残水嘴，半扁圆口水嘴的头被砸去一块，敌楼南面有两个水嘴的断根混在破砖中，很难辨认。

第一章 长城的石刻

◀ 北京怀柔旺泉峪的城墙水嘴　任树垠 摄
北京怀柔旺泉峪长城东坡垮了的砖棱线下的水嘴，截面为三角形，花岗岩石料凿就。泄水槽深度适中。水嘴头略垂，水嘴头底部有垂水的突尖。

▲ 北京怀柔的钝角三角形水嘴　严共明 摄
北京怀柔箭扣长城以敌楼、空心敌台轮流配置为最大特色。墙头水嘴保留下来的不少，大小样式也挺多。此水嘴位于齿牙垛墙下，截面为钝角三角形，黑色石料凿就。水嘴头略扁，水嘴初看像鸭嘴下半片。泄水槽极浅。

▶ 北京怀柔的锐角三角形水嘴　严共明 摄
北京怀柔箭扣长城水嘴不太讲究统一，有的特别下功夫。此水嘴位于牙形垛墙下，截面为锐角三角形，花岗岩石料凿就。水嘴柱身根宽头窄，向头部收拢。水嘴头底部有垂水的突尖。

405

第五篇　长城的石刻砖雕

◀ **河北秦皇岛板厂峪的方槽水嘴**
河北秦皇岛板厂峪长城垛墙的完好程度超过邻近地段长城。垛墙下的水嘴多数缺失。此水嘴截面为正方形，花岗岩石料凿就。泄水槽亦为方槽。水嘴根左右的砖已缺失，水嘴上的墙根孔极完好。

▶ **北京门头沟沿河城敌楼水嘴**　严共明 摄
北京门头沟沿河城长城以敌楼完好为最大亮点。这是沿字叁号台的水嘴。耐风化的花岗岩水嘴至今保留着原样，为后人了解标准的长城水嘴提供了宝贵的实物。

▶ **河北涞源的扁方形水嘴**　山雪峰 摄
河北涞源潘家铺长城墙是缝不成行的石砌墙。因墙头宇墙无存，宇墙下的水嘴亦非常罕见。这个水嘴截面为扁方形，体形较短且宽胖。泄水槽又浅又宽。水嘴裸放在墙沿已起不到排水的作用。

▶ **河北秦皇岛的扁方形水嘴**
河北秦皇岛程山长城为石缝不成行的石砌墙。因墙头有零星砖垛墙，在垛墙下还能看到完整的水嘴。与别处长城的水嘴指向长城内不同，程山长城的水嘴指向长城外。水嘴截面为扁宽方形，泄水槽也是又浅又宽。水嘴外面加工粗糙，但泄水槽加工精细。

◀ **河北秦皇岛黄土岭的锥形水嘴**
河北秦皇岛黄土岭长城的一个从敌楼上垮落下来的水嘴，整体显现。水嘴根宽方，水嘴头锥窄。泄水槽沿与接水槽沿连接处有短横沿。水嘴用料和加工都比较粗糙。

▲ **北京怀柔旺泉峪的城墙水嘴**　任树垠 摄
北京怀柔旺泉峪长城以砖垛墙和敌楼完整为最大特点。这是塌毁石墙上残留的水嘴，该水嘴石料质量不够理想，虽然尺寸达标，但口、头、槽沿都有破缺。在大量的石水嘴中有不少这样不完美的实物。

第一章　长城的石刻

◀ 北京密云吉家营的敌楼水嘴
北京密云吉家营长城，关门堡东敌楼是个破3×3眼敌楼。敌楼防御方向是南面，敌楼顶垛墙全无。敌楼顶北边有一个水嘴，水嘴根埋在残渣中。泄水槽半圆。水嘴石料粗糙。

▶ 北京延庆八达岭的泄水横砖
北京八达岭古长城的墙头宇墙大段完好，宇墙砖沿墙头顺坡砌。长城的墙顶为砖台阶，水嘴的根埋在墙顶砖下。墙顶砖里专有一种半圆槽的泄水砖横拦在墙顶，以低的一头指向水嘴根。此为历史原状。

▲ 河北怀安赵家窑的敌楼水嘴
河北怀安赵家窑长城敌楼窗下的水嘴。水嘴后根整体显现，水嘴根截面为正方形。水嘴头在探出敌楼部分断掉，能看到泄水槽的根。设计为根重头轻。可惜水嘴头已毁坏。

▼ 北京怀柔箭扣的城墙水嘴　黄东晖 摄
北京怀柔箭扣长城，西大墙的水嘴因石质坚硬，加工不易，造型显得粗笨。但根粗头细、方形泄水槽、水嘴头下带垂水突，这些基本要求都体现出来了。

▶ 北京门头沟黄草梁敌楼水嘴　吴 凡 摄
北京门头沟黄草梁长城的敌楼都是3×4眼敌楼。每个敌楼的楼顶对内和对外的垛墙下都有两个水嘴，此为沿字陆号敌楼顶上的一个水嘴。敌楼顶垛墙已全无，水嘴根从楼顶面砖中露出大部分。水嘴根截面为扁方形，泄水槽亦为扁方形。水嘴头上面本是方头，现已不规范，右角有损。

407

第五篇　长城的石刻砖雕

◀ 河北涞水蔡树庵的敌楼水嘴　严共明 摄
河北涞水蔡树庵长城有座建在长城外的3×4眼敌楼。敌楼顶保留着四个水嘴，其中三个完好。水嘴伸出楼顶的部分有1米多，截面基本为U形。水嘴柱头侧面刻有凸起卷纹花边，作为美化装饰，这是刻石工匠在水嘴装饰上展示自己的能力。

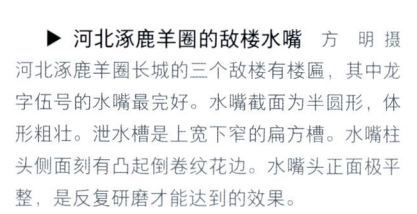

▶ 河北涿鹿羊圈的敌楼水嘴　方　明 摄
河北涿鹿羊圈长城的三个敌楼有楼匾，其中龙字伍号的水嘴最完好。水嘴截面为半圆形，体形粗壮。泄水槽是上宽下窄的扁方槽。水嘴柱头侧面刻有凸起倒卷纹花边。水嘴头正面极平整，是反复研磨才能达到的效果。

◀ 河北涞水蔡树庵的敌楼水嘴　李玉晖 摄
一般敌楼水嘴头不论截面是方的，还是半圆的，水嘴头面都是平的。河北涞水蔡树庵长城敌楼的水嘴头正面多了个窝，极为罕见。此水嘴截面为长三角形。泄水槽为半圆槽。从水嘴头侧面看，下多一个垂水突尖。水嘴头正面在泄水槽口沿与垂水突尖之间凿一个曲面窝，使下泄的水多了个斜力。

第一章　长城的石刻

▶ **北京怀柔旺泉峪的敌楼水嘴**　任树垠 摄
北京怀柔旺泉峪长城有五座 3×5 眼敌楼，保留着长水嘴的 3×5 眼敌楼只有一座。此敌楼每个楼窗都有一个石窗台。敌楼的楼顶垛墙、楼顶砖棱线清楚完好。楼顶砖棱线下的水嘴长1.2 米。水嘴头正面研磨细密，水嘴头侧（剖）面上短下长，垂水突尖回弯，侧看如猛禽老鹰的弯钩嘴。

◀ **北京怀柔慕田峪的城墙水嘴**　严共明 摄
北京怀柔慕田峪长城因 1986 年维修过，墙体、垛墙、敌楼都很完整。慕田峪长城墙体上的水嘴多数是老物件。此水嘴外形粗糙，根略粗，水嘴头不方不圆，一点也不讲究，但泄水槽还是下了功夫，尽量平整。由此可以看出水嘴的要害是泄水槽。水嘴别的部分可以粗糙，泄水槽不可马虎。

▶ **北京怀柔旺泉峪的城墙水嘴**　张 和 摄
北京怀柔旺泉峪长城上完全裸露出来的水嘴不多。这个水嘴埋在墙顶的部分为方形，伸出墙沿的部分为三角形。水嘴刻平底浅槽。这种宽根尖头浅槽的样式少见。

▶ **河北秦皇岛董家口的敌楼水嘴**　马 骏 摄
河北秦皇岛董家口长城尚完整的五座敌楼，居然没有一座保留着水嘴，但在唯一垮了的敌楼脚下有两个遗弃的石头水嘴构件。水嘴多数为短柱形，以根粗头细、一面刻有泄水槽为必需。董家口长城遗弃的水嘴柱身非一直线，水嘴头与水嘴根有两次下折，泄水槽亦两次下折，应是为加速排水。董家口长城的水嘴因此不同一般。

409

第五篇　长城的石刻砖雕

◀ 山西右玉右卫北瓮门悬柱　张骅 摄
山西右玉右卫堡城近几年得到维修，堡城北门的门台、门楼、瓮城焕然一新。瓮城门内有两个刻了泄水孔的水嘴，但位置似乎有点问题。瓮城门外有两个没有刻泄水孔的兽形悬柱，石兽似龙非龙，似虎非虎，瞪眼咧嘴龇牙。本是悬挂灯笼、横匾之建筑构件，刻成兽形，有恐吓震慑的装饰之意。

▲ 山西代县白草口的敌楼水嘴　山雪峰 摄
白草口长城敌楼的水嘴整体为方柱体。水嘴柱头刻成大张的兽嘴，泄水孔内含在大张的兽嘴里。虽然只刻一口，没有再刻别的兽类眼、耳、鼻等，但水嘴已从一个建筑构件发出了似有生命力的信息，多了震慑之意。

▲ 山西大同得胜堡鼓楼南水嘴　山雪峰 摄
山西大同长城得胜堡鼓楼近年刚刚修复。鼓楼四面各有两水嘴，此为鼓楼南面靠东的水嘴。耳边刻鬃毛、嘴后刻鳞片，都是龙头的特征。可惜龙的两枚上牙缺失，下牙还在。龙头形水嘴在明朝应为皇帝级别建筑才可以使用，此水嘴是山西民间工匠的作品，非皇宫建筑工匠的作品，所以保留了民间的审美取向。

▶ 山西大同得胜堡鼓楼北水嘴　黄东晖 摄
山西大同长城得胜堡修复的鼓楼四面各有两水嘴，其东、西、南三面的水嘴是龙首形，唯鼓楼北面的水嘴是龙尾形。北面的龙尾与东面龙首相接，表示此处有全龙，以寄托龙可镇水的寓意。这种一边是龙首另一边是龙尾的样式，在规格讲究的石拱桥桥券上也会采用。此龙尾形水嘴在砖棱线下有一个长方形进水口，在盘卷的龙尾柱底面有一个圆形泄水孔与上进水口相通。

第一章 长城的石刻

▶ 山西大同得胜堡门台水嘴　吕　军 摄
山西大同得胜堡唯一的南门台于2016年修复，门台南北两面垛墙下各复装了两个水嘴。此为门台北面东边的水嘴，水嘴整体为方柱形，刻石者运用浅浮雕的手法在柱头两侧面刻出兽鼻、兽眼、兽耳、兽嘴和兽牙。水嘴柱头大形简洁，细节图案装饰合适，具有现代大形抽象、细节图案美化的感觉。

▼ 山西代县白草口散落的水嘴　钱琪红 摄
白草口长城墙外草丛中散落的水嘴。水嘴整体为方柱形，水嘴柱头不光刻出大张的兽嘴，还刻出兽耳、兽眼，以夸张提炼的手法塑造出一个凶猛的兽头。

▼ 山西大同得胜堡门台水嘴　吕　军 摄
此为得胜堡门台南面东边的水嘴。水嘴整体为方柱形，刻石者采用浅线雕刻的手法在水嘴柱头侧面刻出兽鼻、兽眼、兽耳、兽嘴和兽牙。水嘴柱头大形十分简洁，细节图案因过浅不大醒目。

▶ 山西大同得胜堡门台水嘴　张　骅 摄
得胜堡门台南面西边的水嘴，也是新装上的，造型和雕刻技法与门台新装的其他水嘴大同小异。柱头的兽形比前两个仅仅多点突出，边角凿圆，兽形其他部位仍采用浅线雕刻，但兽形的岁月沧桑的感觉就出来了。

411

第五篇　长城的石刻砖雕

◀ 河北赤城长伸地的敌楼水嘴

河北赤城长伸地堡西有座相当完好的敌楼，敌楼东面有一块石匾刻着镇虏楼，敌楼南面楼顶垛墙下有一个水嘴。与山西大同长城的短脖水嘴不同，河北赤城长城的水嘴脖子特别长。在开挖方槽泄水沟的柱顶头刻了一个张嘴的兽头。鼻、眼、耳的形并不十分清楚，兽头凶狠的感觉还是表现出来了。与多数兽头水嘴的脖子占半头长相比，此兽头水嘴的脖子占四头长，实在是少有。

▼ 山西朔州鼓楼水嘴

山西朔州鼓楼于 2014 年修复。鼓楼台座顶四面各有两个水嘴，用大理石刻成龙头形状。眼、嘴、牙、鬃毛都以浮雕的方法表现。鼻形饱满前突，鬃毛横飘，动感十足。龙头造型有元代龙头形状余味，也和远离京城不知皇家趣味变化有关。

▶ 河北万全黑石堰堡门台水嘴　黄东晖　摄

河北万全高庙堡乡黑石堰堡北门基本完好。门台、门洞、门楼都有破损，但架子没垮。门台南面垛墙下有两个水嘴，应是被砸毁残留下来的老物件。本文前面介绍刻成兽头的水嘴有短脖和长脖之分，但都是伸着脖子的样子，黑石堰堡的兽头水嘴脖子刻成了挺立状。兽嘴和兽鼻被砸掉又涂抹白灰。细看兽眼、兽眉、兽嘴，其雕刻技术之圆熟，虽然残了但也还是件民间石刻艺术上乘之作。

▶ 北京天坛圜丘的水嘴

北京天坛是明清皇帝祭天的地方。以三层高台组成的圜丘是皇帝与上天对话之处。圜丘每层栏杆下都有龙首形水嘴，既是排水构件，又以群龙来衬托圜丘。龙首形水嘴在皇家建筑中被称为"螭首"，用汉白玉大理石刻成。"螭首"造型追求的是气派和观赏性，与长城沿线的兽形水嘴相比，少了些野蛮的色彩。

412

第3节 长城敌楼的门框石刻

建长城时肯定要设关口，而给关口定名后必然会在关城门洞上嵌匾留名。在关门石匾上刻字是长城管理的需要，亦是文化的需要。

同样必不可缺的，还有筑长城时为保护墙体，在墙顶、台顶、楼顶安置的排水嘴。

部分地区长城敌楼的石门券上有石雕花纹，这就不是建筑长城敌楼所必需的。敌楼属于军事建筑，在上面饰刻花纹，是工匠们一份额外的热情和创造。

石刻工匠是在风吹日晒的艰苦环境中靠人力与铁器加工石头，还常要拼命赶工期，必须先努力完成建筑任务，才有可能发挥艺术热情去刻些花纹。

从现存的敌楼门柱石、门券石、压柱石上的花纹中，可以看出明代工匠期盼圆满、渴望平安的追求。这些石刻花纹表面上只是建筑装饰，但在深层次上，它们是当年长城工匠精神世界的物化，是他们对美好世界的一种奉献。这种坚硬的表达有时比文字记述更有艺术魅力。

▼ **河北涿鹿敌楼门券石刻** 高光宇 摄
河北涿鹿马水长城有几座敌楼保存完好。敌楼的楼门都是用石料做门柱、门券，但只有三座敌楼把门券石和窗券石做了装饰雕刻，而券石下的压柱石、门柱石都未再雕刻。在河北省西部的长城上敌楼的楼门楼窗上很少看到有雕花。

◀ **河北涿鹿敌楼门券石刻** 高光宇 摄
河北涿鹿马水长城敌楼的楼门券石做了装饰雕刻。因为券石是花岗岩，石质粗糙，刻花只能追求大致效果明显。券石花纹设计在边框中，满盘布局。凸刻的花枝在两朵莲花和花叶中缠绕，疏密有致，图案效果强烈。在涿鹿的长城上，这座敌楼的楼门楼窗上的雕花是非常罕见的石刻佳作。

第五篇　长城的石刻砖雕

▶ **河北涞源敌楼"兽头"门券**　钱琪红 摄
河北涞源唐子沟长城有一座 3×4 眼敌楼，敌楼南北各一个楼门，门框的柱石、压柱石，都没有雕刻。南北门券石都是用三块石拼成，门券石中间的石块，浅浮雕刻了一个怪兽头，头有双角，嘴有獠牙，头后有狮鬃，兽眼的睫毛还有翻边，十分新奇。两兽不同之处是南兽头的睫毛更多，头后的狮鬃成团状。这两兽应是瑞兽，置于楼门能把阴间的鬼（一般夜晚才出来）吓跑了。我是 1995 年去时看到的，到 2014 年再去时，两块刻有瑞兽的门券石已被文物贩子挖走了，门券破成了豁口。这是全国长城敌楼门券石唯一的瑞兽石雕。

◀ **河北涞源敌楼兽头门券**　王　虎 摄
唐子沟长城敌楼北门券石比南门券石完整。北门券石上的兽头与南门兽头略有不同，北兽头的睫毛略少，南兽头的狮鬃成团状，而北兽头的狮鬃弯少。这是长城沿线敌楼门券上唯一的瑞兽浮雕。两块浮雕如今均已被盗。

▶ **山西河曲"护城楼"门券石刻**　孙国勇 摄
山西河曲护城楼是座 5×5 眼敌楼。敌楼的楼门石雕是山西长城上敌楼石雕唯一的遗存。左右门柱石的最下边各有一个浮雕花瓶，花瓶上插一枝，浮雕四朵大花。门券石由五块拼成，每块均浮雕一朵花，每朵花瓣各不相同。这种花团锦簇、枝叶茂密是一种幸福、美好的象征。

第一章 长城的石刻

▶ 河北涿鹿敌楼门券石刻　吴　凡 摄
河北涿鹿的羊圈村长城上可看到六个敌楼。在山谷最低处，垮了一半的楼门券石刻着寓意隐晦的花纹。券石中刻了一个小人，踏在曲线状花梗上，花梗两头各为一枝盛开的花朵，有人说这是并蒂莲，取其生生不息之意。

◀ 河北涿鹿敌楼窗券石刻　于　虎 摄
此为敌楼北面楼门券石雕刻。券石花纹设计在边框中，三点布局，采用了近似抽象的曲线，在门券石中间表现祥云，而券石两头各为四旋花纹，是花是蝶由读者自判，至少是吉祥纹样。

▶ 北京怀柔敌楼门券石刻　高光宇 摄
北京长城上的敌楼以石造门券的很多，但很少看到在券石上刻花。这是北京怀柔庄户长城的敌楼，门柱石用浅线刻满了海水纹，压柱石也凿了浅花纹，三石拼成的门券上能看出来有初刻浅线。这三块券石铺了浅线草稿，没有深入完成，是因为工期太紧，还是工匠体力不济放弃？留在山上，由后人去猜想。

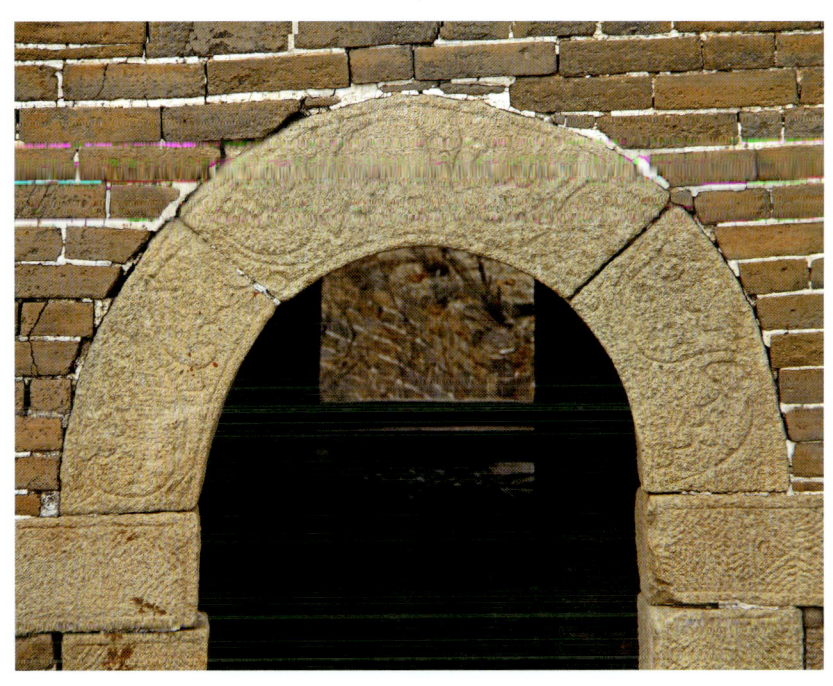

415

第五篇　长城的石刻砖雕

◀ 北京密云敌楼门券石刻　吴　凡　摄
北京密云司马台长城东坡有一座 3×5 眼敌楼。敌楼东门已破成大豁口。敌楼西门石券、石柱、压柱石、门槛石都在。因门券石上有浮雕刻花（西番莲），在司马台长城旅游介绍里成了一处美谈。多数游人不大注意，也不明白这块门券石有什么稀罕。在北京长城上敌楼有门券石雕花的不超过三座，所以尤为珍贵。

▶ 河北卢龙敌楼门柱石刻　张　骅　摄
河北卢龙桃林口长城西段有一座敌楼，门框为五块红色的石材拼成。三块形石拼成门券，上面只有錾平的线纹。左右门柱上细看能发现有线刻人物，左右相向而立，身穿宽袖长袍，右边人物帽后还有帽翅，身形也比左柱的人高大。一个敌楼门框上刻有两个文职官员形象，似乎是说明此敌楼的驻守人员不同于别的敌楼。这种人物纹样的石刻在别处均未见过，非常罕见。

◀ 河北秦皇岛敌楼门券刻字　吕　军　摄
河北秦皇岛长城敌楼，石头造的门框上刻花纹有好几处，刻文字的不多。在冷口关西的石碑沟的一座敌楼，南门券石上竖刻四个字"天下太平"。东门券石躺在草丛里，上面竖着四个字"人马平安"。这都是当年建造长城工匠的一种期盼和祝愿。字不大，刻工也简单，但这八个字所反映的心态还是十分宝贵和耐人回味。

第一章　长城的石刻

◀ 河北秦皇岛敌楼门石刻　吕　军　摄
河北秦皇岛花厂峪北第六楼，门券石和门柱石的石刻质量和品相都很好。此楼东门与地面相接（照片中可见野草遮挡门槛）。门柱石上刻的花瓶小口，高肚小底。门券石刻的花瓶是宽口低肚小底，并且上有两只小鹿口衔莲花。门券石上大大小小刻有九朵莲花，这也是寓意吉祥丰富。两个压柱石头上各刻一朵莲花。这组石雕在长城石刻中应是品相最好的。

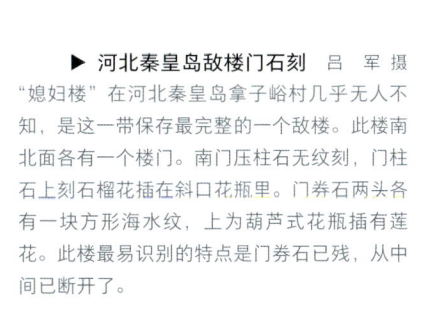

▶ 河北秦皇岛敌楼门石刻　吕　军　摄
"媳妇楼"在河北秦皇岛拿子峪村几乎无人不知，是这一带保存最完整的一个敌楼。此楼南北面各有一个楼门。南门压柱石无纹刻，门柱石上刻石榴花插在斜口花瓶里。门券石两头各有一块方形海水纹，上为葫芦式花瓶插有莲花。此楼最易识别的特点是门券石已残，从中间已断开了。

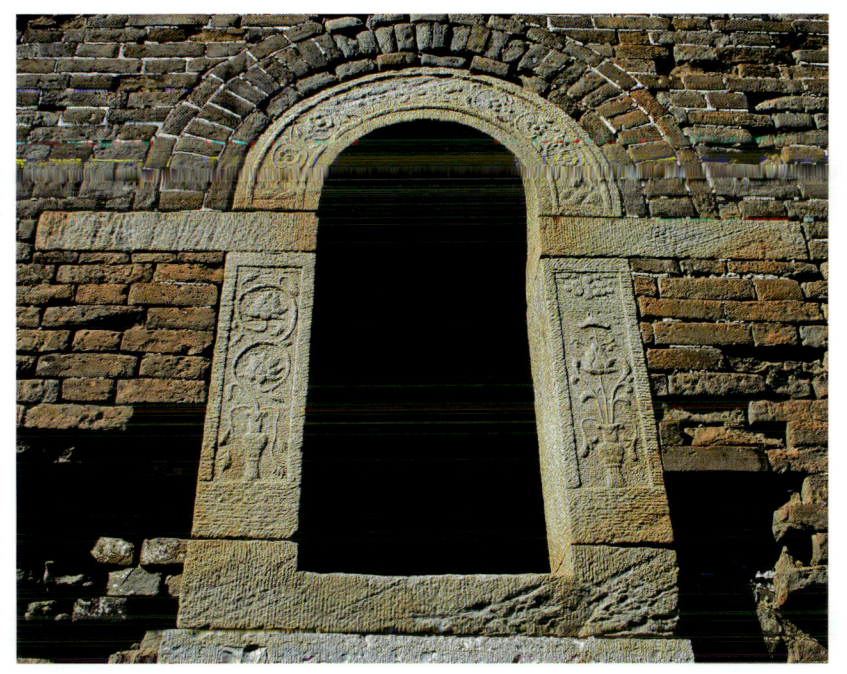

◀ 河北秦皇岛敌楼门石刻　吕朝华　摄
在秦皇岛长城上有一座敌楼，楼东、西面各有两个楼窗，楼北面有四个楼窗，楼南面有一个楼门居两窗中。组成楼南门的六块石材没有一点损坏，楼门的压柱石上没有雕刻花纹，门券石上有两道凸棱，在棱边内刻有缠枝花纹。两个门柱上石刻花纹不对称，左边为瓶插两团曲线缠枝荷花，右边花瓶上只伸展出一朵荷花，左边门柱右侧面也刻了花纹。这两门柱石品相不错，为敌楼门柱石雕刻中的精品。

417

第五篇　长城的石刻砖雕

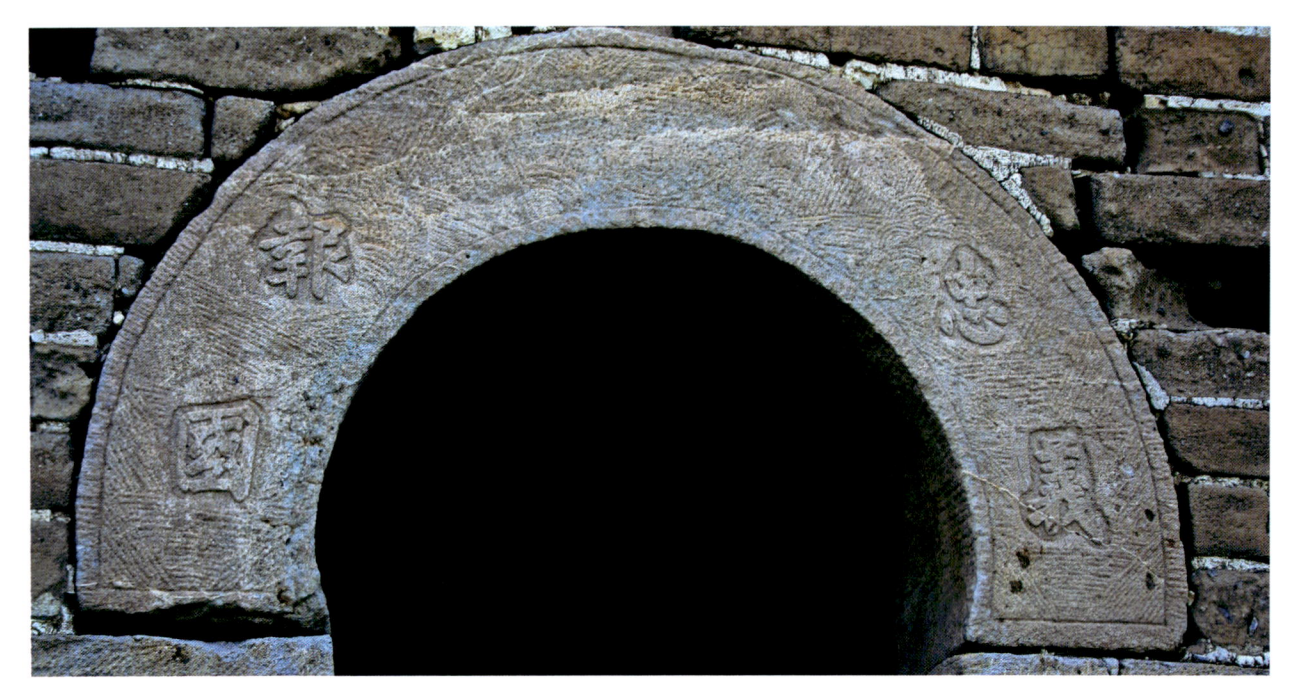

▲ 河北秦皇岛敌楼门券刻字　龚建中 摄
河北秦皇岛董家口长城一座敌楼的东门，门券石上没刻一点花纹，而是阳刻"忠义报国"四个大字。描边字笔画凸起，笔画外凿低，使字形突出。这四个刻字的门券石还有一块，2003年我在董家口长城敌楼看到过，后来再去就寻不到了。

▼ 河北秦皇岛敌楼门压柱石刻　马 骏 摄
敌楼门的压柱石上刻了四头小狮子，只在河北秦皇岛董家口长城有一处。狮在民间传说中为百兽之王，是权力和威严的象征。刻狮有镇百兽、辟邪之意。传说若掷以球，狮子会很专心地转弄不息，此寓一心一意，是一种可爱的忠诚。楼门左边压柱石上两狮为站狮，在滚玩绣球，右边两狮为卧姿，表示玩累了爬着也还紧盯着绣球。门券石的花不是花瓶插枝，而是盆花长伸，以四朵莲花布局，花枝伸展缠绕。

▲ 辽宁绥中敌楼门柱石刻　王 虎 摄
辽宁绥中小河口东坡第一座长城敌楼，有东、西两个楼门。明显可以看出，为了盗走门券石，两个楼门的压柱石托石券处都被撬坏。西门左门柱石已失，仅存右门柱石，上浅刻一个盆栽水仙。这种图形只此一处，非常稀罕。门券石正中间为一个小人形。门券石左边大叶小花，右边小叶大花。

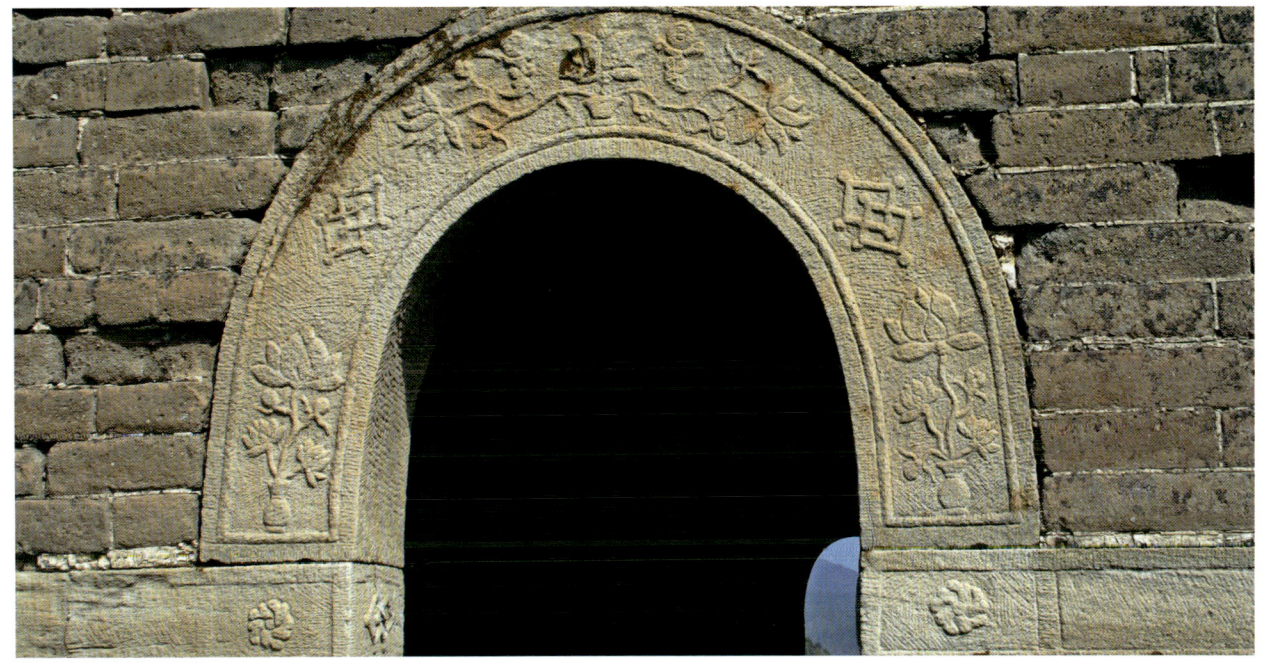

第一章　长城的石刻

▲ 河北秦皇岛敌楼门券石刻　龚建中 摄
河北秦皇岛城子峪东有两座敌楼可以看到楼门的石刻雕花。这个楼再向东就是董家口堡了。此楼的西门柱石没有刻花，压柱石托石券处各刻一朵卷心花。压柱石口里面各刻一个"方胜"纹，门券石上也有两个"方胜"纹，据说这是神鬼的统帅西王母首饰的纹样。刻上"方胜"纹，表示西王母有首饰在此，众鬼神都要小心，不得随便出入造次，否则让西王母不悦，就会被捉来下酒。

▼ 河北秦皇岛敌楼门券石刻　吕 军 摄
河北秦皇岛破城子村北山有一座敌楼，当地人称高楼。此楼为骑墙3×3眼敌楼，敌楼东、西两面各有楼门，两门都拥有石质门柱和门券。东门券和压柱石的石刻保存程度好于西门。东门石券中刻一个铜钱状的球，彩带两边各是一只狮子，应是狮子滚绣球的装饰纹样。压柱石刻为忍冬花草纹，取其耐寒、生命力顽强之意。在我到过两年后，听闻此楼垮了，令人担心这个刻有狮子绣球的石门券去向。

▲ 花厂峪敌楼门柱石雕刻　王 虎 摄
花厂峪北坡第二个敌楼南、北各一个楼门。石门券、柱都有刻纹，南门的石门券纹刻风化严重，石面都已不完整。两个门柱口里侧似刻有大屋顶纹样，屋顶瓦垄都刻出来，屋顶下没有刻窗柱，只刻了很多方格。可以看出工匠刻花的本事很熟练，但表现建筑就有所不足，只是很努力地去做。至于为什么要在石门柱侧面刻建筑纹样，还没有专家解释过。

第五篇　长城的石刻砖雕

▶ 河北秦皇岛敌楼门券石刻　黄东晖 摄
秦皇岛苇子峪沟东第一座敌楼骑墙而建。此楼东门的石刻风化严重，压柱石无纹刻，门券石中间断裂。裂缝处原刻有一匹奔马，马头向左，周围似是祥云，券石左还可以看出衔灵芝的小鹿，鹿脚下四棵羽状树，石券两边为海水纹。

▶ 河北秦皇岛敌楼门石刻
紧邻上述那座敌楼，再高处是座拐角楼。楼西、南两面无门，东面偏北一门，北面偏东一门。两个楼门石框都有纹刻。东门左柱和压柱石上石刻已全毁，右压柱石两面都刻了卷心花瓣纹，右压柱石外侧刻有宝瓶花卉，门券石刻海水缠枝莲花。北门石刻保存比东门好一些，但门券石和右压柱石都有裂纹。左右门柱石下刻大肚窄口花瓶，各插一枝盛开的花枝。门券石两端各刻一个宽口大底花瓶，以花蕾、花叶、弯枝相连。左右压柱石头各刻一个圆形卷心花纹。

◀ 辽宁绥中敌楼门石刻　黄东晖 摄
绥中锥子山南有一座3×3眼敌楼，北门靠西，南门居中。北门券石上一券一伏券砖完整，门券石两头各刻一兽，右边的看得出有牛角，作回头屈腿状，口吐云和月，兽脚下是海水纹。压柱石上端刻一团花。门柱石下刻一个有双执耳圆肚花瓶，上刻的花形别处未见过，似是石榴花。右门柱石比左边的保存好一些，从花纹样式来看，此门柱石有独特价值。

▶ 山西偏关"虎头墩"堡门砖雕　张 骅 摄
山西偏关"虎头墩"在长城史料中赫赫有名，但在20世纪60年代因修水利被拆毁，2010年偏关县政府投资重修并扩建。新建围堡的堡门基座上嵌一块黑石匾，刻有"虎头墩"三个大字。堡门洞上有砖拼门匾，刻"护城楼"三个大字。门匾上有砖拼仿木垂花门浮雕，其纹样与新建的虎头墩门洞上砖塑浮雕相同。

第二章　长城的砖雕

对砖进行艺术加工，起始于汉代，目前已发现的遗存集中于富豪的墓室。至于明长城的砖雕规模之大，形式之多样，实在值得热爱长城的朋友去关注。

明长城的砖雕可分两大类。一类是对单块墙砖的雕刻，操作空间比较有限。其下又可细分两部，一部分是垛孔眉砖的雕刻，另一部分是长城墙砖上的纪年刻字。

明长城砖雕的第二类是运用大量经过雕刻的墙砖，组建出复杂的仿木垂花门建筑装饰，其展示范围较大，细节丰富。此类砖雕也包含两个子部：一部分是在敌楼门洞上的仿木垂花门砖雕，另一部分是在长城堡门洞上的仿木垂花门砖雕。

纪年文字砖刻传递着丰富的历史信息，而长城的砖雕使长城散发出民间艺术的纯朴的生命力。敌楼门和堡门洞上的仿木垂花门雕刻更展示着建筑工匠的才华与对生活的热爱。

第1节　长城垛孔眉砖的雕刻

长城垛墙的垛孔，根据大小，由一块砖到十一块砖组成，可分单数和双数两类。在单数类型的三、五、七、九、十一块砖构成的垛孔中，都是在垛孔顶部搭一块孔口封顶眉砖，成为单数类垛孔顶一种固定的形式。

经过多年对长城的考察，我们发现长城垛墙垛孔口封顶眉砖，有眉砖趴着的平砖顺砌和眉砖"侧躺"着的顺砌两种。两种砌法使垛孔眉砖有薄眉和厚眉两种形态。同样，在不断积累中，我们才发现垛孔眉砖的塑刻样式也有抽象与具象之分，由此产生把垛孔眉砖雕刻归为一节单独向读者介绍的愿望。

必须承认的不足是，由于并非所有的单数类垛孔眉砖都被加工塑刻，而针对未加工塑刻与已加工塑刻过的垛孔眉砖，从分布地段上，我们还未统计整理。为何会出现加工和不加工两种处理效果？我们也未及进行优劣比较和探讨。再一点是，对薄眉和厚眉两种眉砖的分布地段缺乏统计。为什么会有薄、厚眉两种眉砖？其塑刻样式对垛孔的实际使用有何影响也有待进一步探讨。

▶ 河北涞源垛孔厚眉砖花纹刻　山雪峰 摄
河北涞源石城安长城的插字贰拾玖号台上有垛孔眉砖雕刻。这座敌楼垛墙的每个垛牙上都有四个垛孔，其中高处三个由五块砖构成，垛孔眉砖是平砖顺砌，没有雕刻花纹。低处的那个垛孔由七块砖构成，眉砖是侧躺着顺砌，砖面有花草纹样雕刻。

▲ 北京怀柔垛孔薄眉砖雕刻　吕　军 摄
北京怀柔大榛峪长城是垛墙保存较好的一段。这段垛墙上垛孔的眉砖都是平砖顺砌。垛孔眉砖的塑刻多数不重复。贴近观察，此垛孔眉砖在砖脊棱上挖了七个小弧形斜面，弧形斜面很粗糙，远看则是一个由小曲线构成斜边的钝角三角形。

◀ 北京密云垛孔薄眉砖雕刻　高光宇 摄
北京密云白岭关长城的垛墙大部分毁坏，仅存的垛墙上的垛孔眉砖似乎都是平砖顺砌一种样式。在砖脊棱上挖出五个弧形斜面，五个弧形外还有一道描边细线刻槽装饰。已发现的垛孔眉砖都有损坏，这是损坏最小的一块。

第1目 垛孔薄眉砖脊的抽象雕刻

长城垛墙的垛孔眉砖有"趴"着的平砖顺砌，与"侧躺"着的顺砌区别，我们根据厚度称其垛孔薄眉砖。当年造砖工匠在垛孔薄眉砖的砖角棱上刻出抽象的斜面，从几何学上可分为圆弧形、尖角形的斜面。圆弧形薄眉砖上，圆弧数量从一个到七个，充满变化。至于尖角形薄眉砖，少则挖刻三个带尖角的斜面，多的可有七个尖角，还有的是在两个圆弧之间加挖一个尖角。垛孔薄眉砖抽象雕刻的特点是挖刻的深度较浅。

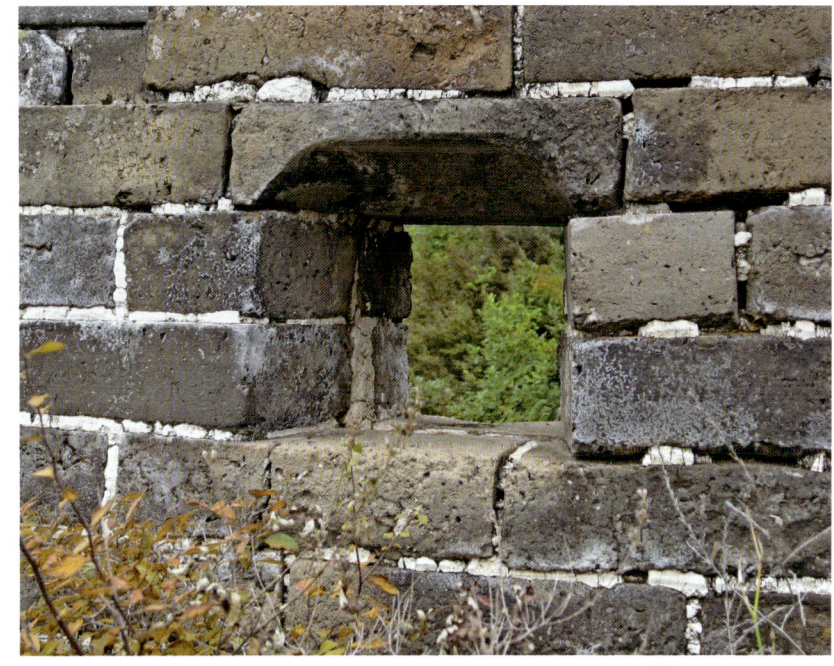

▲ 北京怀柔垛孔薄眉砖圆弧刻　刘青年 摄
北京怀柔庄户长城的垛墙垛孔的眉砖有平砖顺砌和侧砖顺砌两种。其中平砖顺砌的眉砖塑刻采用了最简单的做法，把砖脊棱挖出一个弧形斜面。

▶ 北京怀柔垛孔薄眉砖圆弧刻　刘青年 摄
北京怀柔大榛峪西大楼长城的垛墙上，垛孔眉砖在砖脊棱挖出两个弧形斜面。斜面外还多一道细线描边，两个弧曲之间尖角又刻了简单刻线装饰。

▲ 北京密云垛孔薄眉砖塑刻　方 明 摄
北京密云墙子路长城的垛墙上，有腰部开和脚部开两种位置的垛孔。其腰部垛孔的眉砖都是平砖顺砌，可称为薄眉式。墙子路长城垛孔薄眉砖塑刻又细分为三种形态。最简单的是把眉砖脊棱挖个中间平、两头弯的斜面。这种眉砖在墙子路长城可连续数出十多个。

◀ 河北滦平垛孔薄眉砖圆弧刻　王宗藩 摄
河北滦平金山岭长城的对内垛墙上有腰部开、膝部开和脚部开三种位置的垛孔。其中腰部开和膝部开垛孔的眉砖都是平砖顺砌薄眉式。垛孔薄眉砖刻的样式在金山岭长城又有好几种，在砖脊棱上挖三个弧形斜面是最简单的。此垛孔眉砖脊面还塑有宽边凸棱。凸棱眉砖在制作时是要多费些功夫的。

▶ 河北滦平垛孔薄眉砖圆弧刻　王宗藩 摄
河北滦平金山岭长城的对内垛墙上的垛孔薄眉式刻样式很丰富，例如在砖脊棱上挖八个小弧形斜面，这是弧形数量最多的。六个弧形以中间略高两头低排开。六个小弧形边上还有一道浅刻细线。同是弧形斜面刻，在此处又通过弧形数量、砖脊面凸棱或凹平等使眉砖塑刻产生变化。此砖的一个有趣之处在于其表面除圆弧刻外，还隐约可见匜字印记。

▲ 河北秦皇岛垛孔薄眉砖圆弧刻　吕 军 摄
河北秦皇岛无名口长城的垛墙毁坏严重，保留着垛孔的垛墙寥寥无几。这是扒开荒草找出来的一个完好垛孔。其眉砖为平砖顺砌，在砖脊棱上挖了四个弧形斜面。在四个小弧形上又塑出两道顺边凸棱，这种四个小弧形上带双凸棱的眉砖，在别处还未见过。

第五篇　长城的石刻砖雕

◀ 河北秦皇岛垛孔薄眉砖尖角刻
河北秦皇岛黄土岭长城还有垛孔的垛墙不太多。残存的垛孔眉砖样式各不相同。这块垛孔眉砖在砖脊棱上挖了三个大小一致的尖角斜面。尖角上面还有一道描边细线刻。塑刻效果规矩，可看出是很认真的成品。

▶ 北京怀柔垛孔薄眉砖尖角刻
北京怀柔箭扣长城垛墙的垛孔眉砖尖角塑刻还有一些样式。此眉砖在砖脊棱上挖了四个不大规则的三角形斜面。尖角虽不规则，但其上还有一道装饰性的描边细线。在箭扣长城能零星见到这种不太规则的垛孔眉砖。

▲ 北京怀柔垛孔薄眉砖尖角刻　王宗藩 摄
北京怀柔箭扣长城是明长城全线中垛墙保存最好的一段。其垛墙垛孔的眉砖多是平砖顺砌，且塑刻样式多数不重复。此垛孔眉砖在砖脊棱上挖了三个尖角形斜面。细看斜面大小不太一致，应当是工匠很随意地操作的结果。此处的尖角斜面效果与黄土岭长城垛孔眉砖差别很大。

◀ 河北滦平垛孔薄眉砖尖角刻
河北滦平金山岭长城经过认真修复，新补垛墙上的垛孔眉砖完全参照旧有的塑刻样式制作。这块新补的垛孔眉砖在砖脊棱上挖出了五个小尖角斜面。中间的尖角略大，两侧尖角稍小。尖角上边还有一道描边细线刻装饰。此处修复完美地做到了"修旧如旧"。

◀ 河北秦皇岛垛孔薄眉砖尖角刻
河北秦皇岛板厂峪长城的垛墙从杨来楼向东为石垛墙。"杨来楼"以西的第二个敌楼开始则是砖垛墙。这部分砖垛墙也有部分毁坏，但在秦皇岛长城中还是保存最好的地段。垛墙上的垛孔眉砖都是平砖顺砌，而其中的眉砖塑刻有九种之多。此块眉砖的砖脊棱上水平挖了五个互不相连的斜面尖角，中间的稍大，尖角上面还有几道细线刻槽装饰。

▼ 河北秦皇岛垛孔薄眉砖尖角刻　张 和 摄
河北秦皇岛苇子峪长城分沟北和沟南两段，其砖垛墙大部分毁坏。沟南段残存垛墙上有五块砖构成的垛孔，眉砖为平砖顺砌。此块眉砖的砖脊棱上挖了三个相连的斜面尖角。做工虽粗糙，却在尖角上刻了几道细线进行装饰。

▶ 北京怀柔垛孔薄眉砖尖角刻　张 和 摄
北京怀柔箭扣长城垛墙上垛孔眉砖的塑刻多不重复。其中有些雕刻效果略显随意。远看此垛孔眉砖在砖脊棱上挖了一个三角形斜面，近看三角形不甚平直的斜边上各有三个小尖角，是垛孔眉砖塑刻中罕见的造型。

第二章　长城的砖雕

第2目　垛孔厚眉砖面的抽象雕刻

厚眉砖面的抽象雕刻与薄眉砖脊的抽象雕刻方法相同：都是采用圆弧挖或尖角挖来改变垛孔眉砖顶沿的平直，从而使每个垛孔具有各自的外观特点，甚至可作为线索便于守护者寻找战位和观察角度。厚眉砖的抽象雕刻与薄眉砖的抽象雕刻又有不同的地方：厚眉砖面的抽象雕刻比薄眉砖脊的在挖刻深度上要更深。既有用小圆弧、小尖角组成更大的组合形状，也有大圆弧、大三角或是接近方形，因此厚眉砖雕刻的形态更加丰富。

▲ 北京延庆垛孔厚眉砖圆弧刻　张　和摄
北京延庆花家窑子长城垛墙上的垛孔眉砖有不少是侧砖顺砌的厚眉砖。砖面的抽象雕刻样式都不相同。这块眉砖的砖脊挖了两个浅圆弧斜面，圆弧中间还挖了一个小尖角。两个浅圆弧和小尖角上方有一道描边细线刻装饰。

▲ 北京延庆垛孔厚眉砖圆弧刻　王宗藩摄
同是花家窑子长城的垛孔厚眉砖，纹样似乎相同，但圆弧弧度和尖角都比左图的要深。

◀ 北京延庆垛孔厚眉砖圆弧刻
北京延庆八达岭古长城垛墙上的垛孔厚眉砖比花家窑子的多，样式也都不重复。此眉砖挖了一个近似梯形的缺口，又在顶边挖了三个小圆弧。

◀ 北京怀柔垛孔厚眉砖圆弧刻　郭　轶摄
北京怀柔箭扣长城垛墙上垛孔厚眉砖完好的不多。此块眉砖的砖脊上挖了三个圆弧，中间的圆弧最高。三个中圆弧组成了一个大半圆弧。

▶ 北京怀柔垛孔厚眉砖圆弧刻
北京怀柔箭扣西大墙长城垛墙上的垛孔厚眉砖挖了四个圆弧，中间有一小尖角。高处的两圆弧小，低处的两圆弧略大，四个圆弧构成了一个梯形的空间。

◀ 北京延庆垛孔厚眉砖圆弧刻
北京延庆八达岭古长城的垛孔厚眉砖挖了四个圆弧，中间有一个尖角。两个外圆弧略低，两个内圆弧略高。圆弧左右对称，挖刻工整。

▶ 北京怀柔垛孔厚眉砖圆弧刻
北京怀柔西大墙长城的垛孔远看像是在厚眉砖上开了一个方口槽，细看在眉砖万口顶上是四个浅圆弧。四个浅弧顶部齐平，在圆弧塑刻里独具一格。

425

第五篇　长城的石刻砖雕

◀ 北京延庆垛孔厚眉砖圆弧刻　山雪峰 摄
北京延庆花家窑子长城垛墙上的垛孔厚眉砖塑刻里，还有一些不规矩的样式。这块厚眉砖的砖面挖了五个半圆弧，圆弧安排布局歪斜不对称，似是随意而做。五个半圆弧上却有一道描边细线刻装饰，又似乎在表示工匠构思之认真。

▶ 北京延庆垛孔厚眉砖圆弧刻　山雪峰 摄
北京延庆花家窑子长城垛墙上的垛孔厚眉砖里还有一些复杂的样式。此块厚眉砖的砖面上挖了六个半圆弧，中间带一个小尖角。六个半圆弧和小尖角组成了大的半圆弧，布局严谨对称。

▲ 北京怀柔垛孔厚眉砖圆弧刻　吕 军 摄
北京怀柔箭扣长城垛墙上的垛孔厚眉砖还有一些复杂的样式。此块厚眉砖的砖脊上挖了六个半圆弧。六个半圆弧上还刻有一道描边细线装饰。六个半圆弧组成一个大的半圆弧，布局比较严谨。

▼ 北京怀柔垛孔厚眉砖圆弧刻　吕 军 摄
北京怀柔箭扣长城垛墙上，同样由六个半圆弧组成一个半圆弧的垛孔厚眉砖，六个半圆弧有大有小，随意而不够严谨。半圆弧个数相同，也有一道描边细线装饰，但与上图是两个砖模的产品。

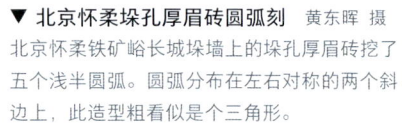

▼ 北京怀柔垛孔厚眉砖圆弧刻　黄东晖 摄
北京怀柔铁矿峪长城垛墙上的垛孔厚眉砖挖了五个浅半圆弧。圆弧分布在左右对称的两个斜边上，此造型粗看似是个三角形。

▶ 北京怀柔垛孔厚眉砖圆弧刻　罗 宏 摄
北京怀柔大榛峪长城垛墙上的厚眉砖挖了七个浅圆弧。七个浅圆弧又组成个大的半圆弧。布局不够严谨对称，圆弧大小也不够一致。

第二章 长城的砖雕

◀ 北京怀柔垛孔厚眉砖尖角刻　姚 磊 摄
北京怀柔慕田峪"秃尾巴边"长城垛墙上的垛孔眉砖中，有厚眉砖也有薄眉砖。此垛孔厚眉砖的塑刻采用了尖角塑刻。三个大尖角斜面的根几乎与垛孔同宽。中间的尖角略高，布局呈"山"字形。

◀ 北京延庆垛孔厚眉砖尖角刻　李玉晖 摄
北京延庆花家窑子长城垛墙上的垛孔厚眉砖远看有个浅圆弧，近看沿着浅圆弧的边还挖了四个小尖角。这四个小尖角布局既不居中，也不对称，非常随意，但小尖角上方加了一道描边细线塑刻，又似乎颇为讲究。

▲ 北京密云垛孔厚眉砖尖角刻　山雪峰 摄
在北京密云古北口卧虎山长城西段，垛墙上的垛孔厚眉砖远看有个正三角形豁口，三角形底角与垛孔同宽。细看会发现三角形的两条斜边上各挖了个小尖角豁。同是三个尖角构成，却与左边展示的尖角塑刻思路不同。

◀ 北京怀柔垛孔厚眉砖尖角刻　吴 凡 摄
北京怀柔大榛峪长城垛墙上的垛孔厚眉砖面上挖了个正三角形豁口。三角形底角与垛孔同宽。在三角形的两条斜边上各挖了占斜边一半长度的三角豁。这三个尖角构成的造型与"秃尾巴边"的三尖角塑刻构成又大不一样。

▶ 北京延庆垛孔厚眉砖尖角刻　李玉晖 摄
北京延庆花家窑子长城垛墙上垛孔厚眉砖用的尖角塑刻最多。此垛孔内口厚眉砖面上挖了五个尖角形豁口。五个尖角形豁的底边还不够垛孔的宽度，于是右头斜切一角。五个尖角形豁大小不同。五个尖排在同一水平线上，尖角上方有一道描边装饰边线塑刻。

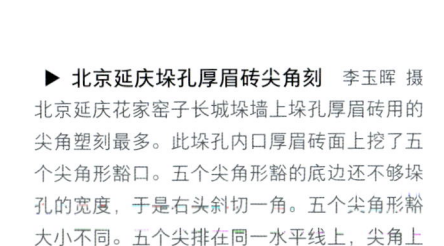

427

第五篇　长城的石刻砖雕

▲ 北京延庆垛孔厚眉砖面尖角刻　严共明 摄
同是用五个尖角形豁塑刻的垛孔厚眉砖，在北京延庆八达岭古长城垛墙上。垛孔内口近乎长方形，五个尖角排在同一水平线上。

▶ 北京延庆垛孔厚眉砖方角刻　山雪峰 摄
这是在北京延庆花家窑子长城垛墙上，垛孔内口厚眉砖用了四方角加一尖角的挖刻。以对称布局，排成平衡的梯形分布。垛孔外口眉砖也刻了四方一尖的五个角，却显得不及垛孔内口的眉砖刻得规矩。

▶ 北京延庆垛孔厚眉砖尖角刻　山雪峰 摄
北京延庆花家窑子长城垛墙上用五个角形豁刻的垛孔眉砖。五个大小不同的尖角以居中对称布局，却排出个不平衡的梯形分布。垛孔厚眉砖的塑刻里，常可看到这类怪异的样式。

▶ 北京怀柔垛孔厚眉砖尖角刻　王　虎 摄
北京怀柔旺泉峪长城垛孔厚眉砖也有塑刻五个尖角的。五个大小差不多的尖角排在钝角三角形两条斜边上。这个钝角三角形底边与垛孔同宽。

◀ 北京延庆垛孔厚眉砖尖角刻　严共明 摄
北京延庆花家窑子长城的垛孔厚眉砖上，还有塑刻六个尖角的遗存。六个小尖角分布在浅圆弧的边上。小尖角的位置分布全凭工匠把握。尖角上方有一道描边装饰边线塑刻。

▲ 北京延庆垛孔厚眉砖尖角刻　严共明 摄
垛孔厚眉砖塑刻尖角数量最多的能有七个，这在北京延庆八达岭古长城的垛墙上可看到。七个等大的尖角分布在半圆弧形的边上，尖角上有一道描边装饰浅线塑刻。浅线两头还多了个卷曲回弯，以此加大浅线装饰的分量。

第3目　垛孔厚眉砖的装饰花纹雕刻

长城垛墙垛孔厚眉砖塑刻，普遍是在眉砖侧面用抽象方法塑刻，但在极个别的地方，敌楼垛墙上的垛孔口厚眉砖面也有具象塑刻的，例如以植物花朵和枝叶构成卷纹，以达到对垛孔厚眉砖的美观装饰。

厚眉砖面的装饰花纹塑刻纹样有繁有简，每种纹样的眉砖只刻做一块。即便在同一座敌楼中，相邻垛墙的眉砖塑刻也不同。这些珍稀的眉砖近年成了文物盗贩的目标，由于保护不善，存留的实物极少。

◀ 河北涞源厚眉砖花枝卷纹刻　山雪峰 摄
河北涞源石城安长城敌楼垛墙上的垛孔,眉砖都是侧砖顺砌的厚眉砖，但垛孔眉砖面有花枝卷纹的塑刻只在"插字贰拾玖号台"可看到。这是该楼垛墙垛孔内口的厚眉砖，图案存留基本完好，因眉砖质量有欠缺，其花枝卷纹部分已风化。凹底突塑的花枝卷纹粗看左右对称，细看左右不完全相同。

▲ 河北涞源厚眉砖花枝卷纹刻　吕　军 摄
"插字贰拾玖号台"垛墙外的垛孔厚眉砖比垛墙内的垛孔厚眉砖保存数量多些。这是该敌楼垛墙东面外侧的垛孔厚眉砖。此厚眉砖图案面积较大，内容也较复杂，使用的刻法更多些。其花枝卷纹左右对称、主次分明，整体效果比下图中的更好。

▼ 河北涞源厚眉砖花枝卷纹刻　山雪峰 摄
"插字贰拾玖号台"垛墙上有高低三排垛孔。高的两排垛孔用薄眉砖，未做任何加工。低排垛孔内外口都是厚眉砖。敌楼内外口存留的厚眉砖多达二十多块，且每块眉砖图案各有特点。本图和上图的厚眉砖花枝卷纹刻是2004年在敌楼西边垛墙里面首次拍到的。2011年再去时，品相较好的，包括这两块，已被盗走，只剩残洞。

▶ 河北涞源厚眉砖花枝卷纹刻　吕　军 摄
此厚眉砖卷纹塑刻位于"插字贰拾玖号台"垛墙东面外边，是该敌楼垛墙外眉砖纹图案面积最大、内容最复杂的一块。其花枝卷纹左右对称，设计和塑刻的难度都极高。

| 第五篇　长城的石刻砖雕

◀ 河北涞源厚眉砖花枝卷纹刻　山雪峰 摄
2004年5月3日首次从插箭岭关沿长城向西爬到石城安口，发现了匾刻"插字贰拾玖号台"的敌楼，还首次发现敌楼垛墙垛孔厚眉砖有从未见过的花枝卷纹刻。这是敌楼南面垛墙垛孔厚眉砖的原况。因刚转用数码相机，还保持着控制胶片消耗的习惯，因而没有细拍多拍。即便如此，单凭仅拍的这一张，也能判定此塑刻是该敌楼眉砖塑刻中最漂亮的一块。

▼ 河北涞源厚眉砖花枝卷纹刻　吕　军 摄
我们在2011年2月27日第三次去河北涞源石城安长城。彼时数码相机内存已扩大充分，本想再细致彻底地拍摄"插字贰拾玖号台"的厚眉砖塑刻，其中敌楼南垛墙上的花枝卷纹塑刻仍是重点，但竟遗憾地没照到！精美的眉砖被盗，其原本所在的位置只剩豁口。

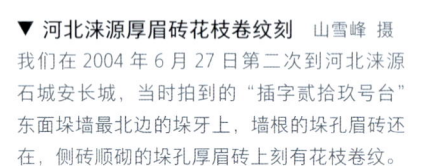

▼ 河北涞源厚眉砖花枝卷纹刻　山雪峰 摄
我们在2004年6月27日第二次到河北涞源石城安长城，当时拍到的"插字贰拾玖号台"东面垛墙最北边的垛牙上，墙根的垛孔眉砖还在，侧砖顺砌的垛孔厚眉砖上刻有花枝卷纹。

▼ 河北涞源厚眉砖花枝卷纹刻　吕　军 摄
我们于2011年2月27日第三次到河北涞源石城安长城，再拍"插字贰拾玖号台"东面垛墙最边边的垛牙。当时垛墙根的垛孔眉砖已被挖走，只留下残洞。从垛墙砖缝石灰纹路仍可辨识，这就是曾有精美砖刻的那个垛牙。

第二章 长城的砖雕

▲ 河北涞源敌楼垛孔眉砖　山雪峰 摄
这是2004年6月27日第二次拍的"插字贰拾玖号台"西面垛墙偏北的两个垛牙。低处的两个垛孔厚眉砖都还在。

◀ 河北涞源垛孔厚眉砖塑刻　山雪峰 摄
2004年5月3日第一次拍"插字贰拾玖号台"西面垛墙偏北的垛墙根垛孔厚眉砖。当时只顾及拍摄光线是否合适，至于砖刻纹样有何不同，保存品相哪个最好，完全没有考虑，更没想到日后有人会盗窃这些垛孔眉砖。

▶ 河北涞源垛孔眉砖保存现况
2011年在涞源巧遇新春大雪，想借机重拍"插字贰拾玖号台"的垛孔眉砖。到现场后才发现物去楼空。2014年夏天随朋友再去这座敌楼时，在楼内荒草丛中，偶然发现了贼人几年前盗窃失手摔碎丢弃的垛孔厚眉砖，正是我在2004年5月3日拍下的西面垛墙上的厚眉砖。

第五篇　长城的石刻砖雕

第4目　垛孔护口方砖面的装饰花纹雕刻

用一块方砖作垛孔护口砖，在北京密云司马台、河北承德金山岭，以及唐山、秦皇岛等地的长城上多处可以见到，然而在护口方砖面上有装饰花纹雕刻的地段仅有两处。制砖工匠在枯燥繁重的烧砖、质检工作之余，还能在砖面上雕刻装饰性的花纹，必定是投入了极大的热情。几百年后，这些古砖也因而具有了艺术价值，甚至被文物盗贩所窥窬。现今仍能遗留在长城垛墙上的，多是有残缺或品相一般的。

◀ 河北秦皇岛垛孔护口砖卷纹刻　孟新民 摄
河北秦皇岛程山长城的垛墙现在几乎无存，仅存的垛墙上可零星看到用一块方砖做的垛孔护口。砖面布满浮雕卷纹，不带边框塑刻。卷纹左右对称，也是叶芽弯钩，细看一边各有六个弯钩。这是程山长城残留的垛孔方砖里品相最好的。

▲ 河北迁安垛孔护口砖卷纹刻　龚建中 摄
河北迁安大龙庙长城有很长一段垛墙垛孔内口都用一块方砖作为护口。护口砖高有三层普通城砖高。砖面布满浮雕卷纹刻，边框内左右卷纹对称，都是叶芽弯勾，一边各有五个弯勾。框顶还塑有八个半圆弧波浪纹。这是垛孔方砖中品相最好的一块。

▼ 河北迁安垛孔护口砖卷纹刻　龚建中 摄
河北迁安大龙庙长城垛墙垛孔内口用一块方砖作为护口。护口砖面框顶塑有三个半圆弧波纹，框角各一占角波纹，之下是四个圆卷心纹。左右大致对称。因长城马道塌垮，垛孔位置升高，不易被盗才保留下来。

▲ 河北秦皇岛气孔护口砖卷纹刻　黄东晖 摄
这是在河北秦皇岛罗汉洞长城发现的有卷纹刻的护口方砖。图案纹样与大龙庙的完全不同。

◀ 河北秦皇岛垛孔护口砖卷纹刻　孟新民 摄
这是河北秦皇岛程山长城垛墙上的砖刻。砖左边的莲枝卷纹舒展优美，可惜右半边毁坏残缺，也正因残缺半边才保留至今。

第 2 节　长城砖的刻字

明长城发现有文字砖的地区并不普遍。在长城经过的十多个省市中，只有河北秦皇岛与承德、北京密云与怀柔等地有发现，其中以滦平金山岭的文字砖最为集中，而其他地区长城上的文字砖只是零星分布。比如密云区长城，也只在墙子路、司马台、古北口等处看到有文字砖。

在有文字砖的地段，文字砖大量、密集出现，不仅垛墙上有，主墙的立面和顶面上也有许多。文字砖上的文字多数分布在细长的砖脊部位，少数分布在砖面上。

文字砖大部分为阴文，应是在砖坯泥未干硬之前按压而成。在个别地点发现有阳文，字迹突起的文字砖，也应该是用字模按压的效果。

文字砖的文字内容可分标识、纪年两类。标识类文字砖上的字数较少，以标示为要。纪年类文字砖的字数多，以何帝、何年、何处制造机构题写。目前发现的纪年类文字砖所嵌印的年代从万历五年到十二年（1577—1584 年）期间都采用砖坯压字。

◀ **北京密云纪年类文字砖**　严共明　摄
北京密云司马台长城上发现有大量的文字砖，其中标识、纪年两类都有。纪年类文字砖都是将字模按在砖脊部位。从这段砖垛墙上可以看到的，都是"万历伍年山东左营造"这同一纪年印迹的文字砖。

▲ **北京怀柔标识类文字砖**　黄东晖　摄
北京怀柔箭扣长城砖垛墙发现有压"查收讫"的文字砖，应是制砖坯检查验收后才能使用的三个字，是砖坯质量通过鉴定的印迹。此印迹是在垛口的砖脊上，因光线合适才被发现的。

第五篇　长城的石刻砖雕

▲ 北京密云标识类文字砖　严秋白 摄
北京密云墙子路长城的敌楼和主墙上都可以看到有标识类"河间营"文字砖，其文字都是按在砖脊上。细看这块文字砖，"河间营"文字书写工整，字模雕刻规范，砖脊压字清晰，是"河间营"文字砖中保存较好的一块砖。

▶ 北京怀柔标识类文字砖　姚泉龙 摄
北京怀柔大榛峪长城有一段砖垛墙，50米距离的砖脊上有两种压印的阴文文字砖，文字内容都是"右部"二字。两种压印"右部"的阴文文字砖都带框边，可以看出框边有大小不同。

◀ 北京怀柔标识类文字砖　黄东晖 摄
北京怀柔箭扣长城砖垛墙还发现有压"查收讫"的文字砖，是在垛孔口内的顶砖面上发现的。在长城砖坯检查时合格印按在砖脊还是砖面？看来都有，只是现存的太少了。

◀ 北京怀柔标识类文字砖　王　虎 摄
北京怀柔旺泉峪长城砖垛墙上，垛孔眉砖有一些是侧砖顺砌。垛孔眉砖面上还发现有压"左部"的文字，应该是制砖单位的标识文字砖。在垛孔眉砖面上成批量发现有文字的，只有这么一处。

第二章 长城的砖雕

▼ **北京密云标识类文字砖** 姚泉龙 摄
北京密云墙子路长城垛墙上纪年类文字砖多，标识类文字少，在砖脊上按压"河间"两字的就更少。这是品相极好的一块。

▲ **北京密云标识类文字砖** 孙国勇 摄
北京密云墙子路长城塌垮的散砖堆上还有一种"右"字样。可见压砖模子多，还各有不同。

▲ **北京密云标识类文字砖** 姚松露 摄
在北京密云墙子路长城塌垮的散砖堆上可以发现标识类文字砖。散砖的砖面上竖排凸起"东右"二字。有字的砖在砖堆上并不多，但能发现同是"东右"的文字砖并非一个模子压出来的。

▶ **北京密云标识类文字砖** 孙国勇 摄
北京密云墙子路长城的敌楼和主墙上都可以看到有标识类"河间营"文字砖，其文字都是按在砖脊上。若仔细看这两块"河间营"文字砖还不是一个模子压出来的。

第五篇　长城的石刻砖雕

◀ 北京密云标识类文字砖　刘　萌　摄
北京密云司马台长城垛墙上的"六甲"文字砖。在砖脊上，阴文挖刻隶书体字，字外没有边框。

◀ 北京密云标识类文字砖　严共明　摄
北京密云司马台长城垛墙上的"三等墙止"文字砖，八个字挖刻在两块砖上。楷书字体不够规范，但挖刻注意表现了书写笔法。字外没有边框。

▼ 北京密云标识类文字砖　严共明　摄
司马台长城马道面上的旧砖，若留心看，能发现有文字。砖缝间的荒草被踏平，阳文楷书字体亦有磨损，但"左前"两字还能辨认。字外没有边框。

▶ 北京密云标识类文字砖　严共明　摄
司马台长城马道在1986年被修补过，新补的砖面上无字，原存旧砖面上个别有字。此砖为半块，砖面阳文楷书"河大"两字还可辨认。字外没有边框。"河大"应是"河大营"的缩写。

第二章 长城的砖雕

▶ 河北迁安标识类文字砖　都　东 摄
河北迁安白羊峪长城发现有零星文字砖。在墙砖的砖脊上，有阴文、楷体"右三司"三个字。三字外有边框。如此品相好的文字砖极少见到。

▲ 河北卢龙标识类文字砖　龚建中 摄
河北卢龙刘家口长城，在散落的城砖里偶然发现垛墙垛口边沿砖下有文字。阳文隶书体"右"字，字外没有边框。砖字为隶书，体架稳重，笔画有力，可以看出为字模写字的执笔者是位隶书高手。砖上的隶书字散发着书法的艺术魅力。

◀ 河北迁安标识类文字砖　张　骅 摄
河北迁安河流口长城垛墙残砖面上有阳文"中"字。笔道清晰如同刚刚制作完成。

◀ 河北迁安标识类文字砖　都　东 摄
河北迁安冷口长城残楼拱券里，三块伏砖面上各有一个阳文"中"字。三个"中"字三个字样，证明在制文字砖时一个单位的工匠同时会有好几个字模在使用，而且新旧字模还不是同一个人书写和制作的。

437

第五篇　长城的石刻砖雕

▼ 河北滦平纪年类文字砖　黄东晖 摄
这块在砖脊上印有"万历陆年镇虏奇兵营造"的文字砖，是在河北金山岭长城麒麟楼东边垛墙上。相同字迹印模的文字砖大量出现，但压印有浅有深，风化有轻有重。这是最好的一块。

▲ 北京密云纪年类文字砖　黄东晖 摄
北京密云司马台长城有"万历伍年古北路造"文字砖。石塘路造的文字砖出现在司马台水库东，古北路造的文字砖出现在望京楼附近，二者之间是"万历伍年山东左营造"。此砖字迹极清晰，可惜缺了一个半字。

▲ 北京密云纪年类文字砖　扬文宴 摄
文字砖的年份显示，北京密云司马台长城是在万历五年开始进行包砖。金山岭长城包砖是从西向东施工，时间延续到万历六年，用了两年时间。司马台长城包砖是万历五年从水库东起始，到望京楼再向东。一年后的万历六年就没有遗存了，并且在司马台东的白岭关长城，大角峪长城到黑谷关长城，都未发现文字砖。这个问题没人能解释。

▲ 北京密云纪年类文字砖　扬文宴 摄
还是密云司马台长城垛墙的纪年类文字砖，也同样是阴文细楷体"万历伍年石塘路造"。字外有边框。内容完全一样，仔细看字的间架细微处都不同，是两次书写制作。证明石塘路在万历五年至少有两个字模在使用。

第二章 长城的砖雕

▼ 河北滦平纪年类文字砖　吕　军　摄
"万历陆年镇虏奇兵营造"文字砖，分布在河北金山岭地区长城上，证明了金山岭长城包砖比司马台长城晚一年。此砖模字书写笔画饱满，可当作书法欣赏。

▲ 北京密云纪年类文字砖　姚泉龙　摄
北京密云司马台水库东长城上的文字砖多是万历五年，单位有山东左营、古北路、河大营几个单位。水库西的文字砖是万历六年的，单位是镇虏奇兵营、振武营、延绥营、白塘岭路几个单位。此"万历伍年山东左营造"砖分布在"仙女楼"外面楼座上。

▲ 北京密云纪年类文字砖　郑　严　摄
司马台长城"万历伍年古北路造"文字砖也有两个字模在使用。从"古北"二字相比较就可以发现不同。

▲ 北京密云纪年类文字砖　姚泉龙　摄
司马台长城"万历伍年山东左营造"文字砖，从"山"字可看出笔法不同，是两个字模。此类样砖分布在"仙女楼"西面垛墙上。

439

第五篇　长城的石刻砖雕

▲ 北京密云纪年类文字砖　刘玉奎 摄
"万历柒年墙子路造"的文字砖，很少见到。这是热爱长城的朋友在北京密云蟠龙山长城发现，拍了送我的。可惜文字砖已残断。

▲ 河北滦平纪年类文字砖　吕　军 摄
金山岭长城笔者前后造访多次，但发现文字砖并非遍布金山岭长城，而是集中在东五眼楼到麒麟楼之间。"万历陆年振武营右造"文字砖分布在麒麟楼东的长城垛墙上。

▲ 河北滦平纪年类文字砖　严共明 摄
"镇虏奇兵营万历柒年造"文字砖，在金山岭长城砖垛口附近发现。把制砖单位摆在纪年前，只此一例。因没有品相更好的，再模糊也要留给大家。

▼ 河北迁西纪年类文字砖　孟新民 摄
"万历柒年河南车营造"文字砖，是热爱长城的朋友在河北迁西汉儿庄堡门砖券上发现，拍了送我的。砌筑堡门用砖万块不止，有文字的砖就此一块，而且它又是万历七年河南车营造，十分宝贵。

第二章　长城的砖雕

▼ 北京密云纪年类文字砖　郭　轶　摄
"万历十年沈阳营秋防中部造"文字砖，只在北京密云与平谷长城相接的墙子路长城上出现。由纪年类文字砖可知墙子路长城的砖是沈阳营造，时间比金山岭长城、司马台长城晚了四五年。

▲ 河北秦皇岛纪年类文字砖　吕　军　摄
在山海关的东罗城墙上还有"万历拾贰年滦州造"文字砖。砖都是同样大小，看不出有任何区别。但砖上的文字"滦州造"与"德州营造"一看就能看出书写风格、字模加工、砖坯压印都不一样。

▲ 河北秦皇岛纪年类文字砖　吕　军　摄
此"万历拾贰年德州营造"文字砖，是在山海关的东罗城（近几年刚补修过）城外的墙砖上看到的。还见到万历十二年间滦州营、真定营造的文字砖。在山海关博物馆陈列中，还看到被收藏的万历十二年迁安县造、卢龙县造、抚宁县造、乐亭县造、燕河路造、建昌营造的文字砖。

▲ 纪年类文字砖　郭　轶　摄
"万历十年"文字砖已残断，但清晰的字迹可以看出，制作文字砖离不开对书法的研究和掌握。就这四个字已体现出楷体字类里一种竖笔宽、横笔宽中有细的变化楷体，显示了书法艺术里对规矩工整的追求。
在山海关长城博物馆的陈列中可以看到在迁西发现的万历三年通津营、保河营、德州营造的文字砖，万历四年保河营、天津营、延绥营造的文字砖，另外在滦平县发现万历五年石塘路造、河大营造的文字砖。长城上的文字砖只有万历皇帝年代被坚持使用，现在我们只能看到万历五年、六年、七年、十年、十二年五个年代的文字砖，而八年、九年、十一年却没有实物遗存。估计中间不会停止使用，但还未见到实物，真是可惜。是因质量不好都没保存下来？还是被后人给拆干净了？这些成了历史之谜。

441

第五篇　长城的石刻砖雕

▶ **浙江台州纪年类文字砖**　严共明 摄
浙江临海台州古城建于宋。明代名将戚继光曾守卫台州城，由此显露出才能，后来更调任北边，统率蓟镇长城防卫。台州古城于1995年以修复江南长城的名义集资修缮，所用墙砖上有部分压印了"公元一九九五年重修"字样。字外有一个边框。

▲ **北京平谷纪年类文字砖**　方　明 摄
此"公元二〇〇七年"文字砖是在北京平谷四座楼山长城的敌楼中见到的（由北京市文物局2007年拨款修补）。为修补敌楼特意制造的墙砖上部分压印了"公元二〇〇七年"七个简体字，字外有一个边框。除此处外，北京平谷将军关、怀柔河防口、慕田峪、箭扣、黄花城长城都有用新砖修补的，但新砖用压印文字的很少。

◀ **河北秦皇岛纪年类文字砖**　吕　军 摄
山海关长城在新中国建立后经多次修补，但只见到"贰零零伍年山海关文物局监制"的文字砖。这在服远门瓮城内多处可看到。山海关西门、南门、北门同样都已复修，但均未见到新的文字砖。砖上纪年文字使用了正体字，而其他内容则用了简体，也算是一种特色。

▲ **北京延庆纪年类文字砖**　黄东晖 摄
北京昌平居庸关、延庆龙泉峪、八达岭水关、八达岭、花家窑子长城等都被大规模修复过，其中只在花家窑子长城见到过专门做的纪年类文字砖。这是在菱形敌楼的窗台边见到的。让人不解的是，新制文字砖上2014年份前还有"雪山天成"四个字。是抒怀还是标识？比明万历年文字砖还复杂。

第 3 节 敌楼的仿木垂花门砖雕

垂花门是官宅、富户内院第二道门特有的样式,对外人有不开放的意思,除非主人邀请方可进入(这是特别友好的表示)。长城敌楼的出入门上并非都一定做垂花门浮雕装饰,目前能看到这种装饰的主要集中在山西长城敌楼的出入门上。敌楼上有垂花门样式浮雕并不是表示这里为第二道门,而是展示敌楼建造者的才华和表示非请莫入的含意。

在农业文明鼎盛的明朝,艺术分为宫廷和民间两个分支,各自传承。宫廷艺术追求奢靡极致,民间艺术多为简朴生动。长城实为官府营造的建筑,审美取向要迎合宫廷艺术,但长城的施工队伍是大量的民间工匠。这些工匠脱离不开自身的成长条件,他们的审美取向摆脱不了民间百姓的爱好与习惯,所以长城上的建筑装饰,一方面有着追求繁复奢华的倾向,另一方面又处处表现出工匠各自不同的能力和多样的特点。两者的融合,展示了长城建筑工匠对富足和美好的追求。

▲ **山西山阴仿木垂花门砖雕** 钱琪红 摄
山西宁武阳方口长城现在只残存了两座敌楼,两座敌楼的楼门上都有仿木垂花门砖雕。这是靠东边敌楼的仿木垂花门砖雕,毁坏缺损比较严重,只剩左垂柱、垂柱左边的雀替和花板以及垂柱间的横梁。砖塑垂花门的瓦脊、斗拱、斗拱之间的装饰花砖全被挖去,楼门匾和门匾带雕花的边框只剩部分砖框。

◀ **山西山阴仿木垂花门砖雕** 黄东晖 摄
从山西代县白草口到山阴新广武的长城上有八座敌楼的楼门保存了仿木垂花门砖雕,其中七座敌楼都是建立在长城外,唯有此楼是骑长城而建。敌楼南北各有一个楼门。两楼门上各一块楼匾,南门上匾刻"雄泉",北门匾刻"壮橹",楼匾上都有砖塑浮雕。图为北门上的仿木垂花门砖雕,除了右垂柱右缺一块花板,三组斗拱下的砖塑浮雕都还完整。

第五篇　长城的石刻砖雕

▲ 山西河曲仿木垂花门砖雕　山雪峰　摄
山西河曲护城楼的仿木垂花门砖雕规模之大和完整，在山西敌楼仿木垂花门砖塑浮雕中可谓样本。仿木垂花门砖雕从屋脊开始向下是瓦垄、瓦垄头的瓦当、椽头、屋檐下的横梁、斗拱、斗拱下的刻花大额枋、两垂柱、垂柱间的刻花小额枋、垂柱间的花板、花板之间的间柱、梁枋与垂柱交角的雀替、垂柱的上下销头和末端的柱头。细数有十四个基本部件。护城楼的砖雕斗拱有五组，两垂柱内外花板有八块，花板之间的间柱都有纹刻。别处敌楼的仿木垂花门砖雕都没它完整。

▶ 山西河曲"护城楼"　山雪峰　摄
山西河曲长城上还保持着敌楼模样的楼数不出十个。河曲县黄河边的"护城楼"是河曲县长城中规模最大、最完好的敌楼。"护城楼"近年被多次修补，敌楼顶应建哨房的地方被扩建出庙宇和游廊，还加了钟、鼓亭，成为河曲县地界的名胜古迹。

第二章 长城的砖雕

▼ 山西左云八台子"镇宁"楼　岳　华 摄
山西左云八台子村西北长城跨山谷沟口处有一座大敌楼，东、西、北三面各四个楼窗，楼室南面有一门居两窗中，而楼南侧的楼根处另有一门。这是左云县长城里唯一保留着楼门、楼窗的完好敌楼。此山谷沟口原为镇宁口，此敌楼有匾上刻"镇宁"二字。新修补的敌楼垛墙下有砖塑浮雕斗拱痕迹，从未在别处长城敌楼上见到过。此敌楼在2003年被修补过。

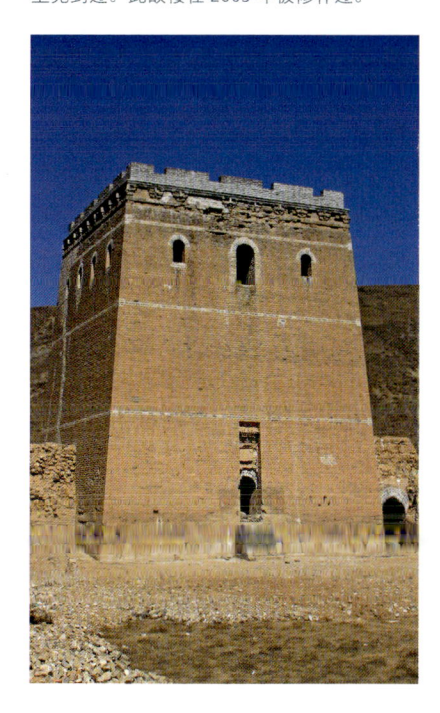

▶ "镇宁"楼仿木斗拱砖雕　岳　华 摄
"镇宁"楼砖塑浮雕不同于山西别处长城的仿木浮雕，只有屋脊、瓦垄、椽头和三组斗拱，而无梁枋、花板。从残存的匾框可看出砖塑的重点是匾框。框高突起立体，框沿身面遍布花纹。可惜残存不足三分之一，只能凭仅有的残存估想当年的繁华。

445

第五篇　长城的石刻砖雕

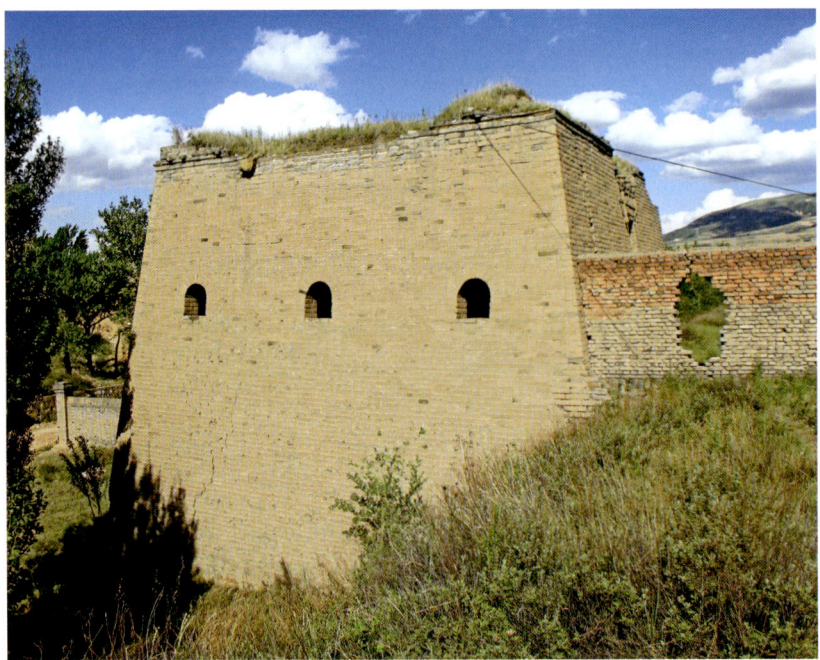

▲ 山西宁武仿木垂花门砖雕　钱琪红 摄
山西宁武阳方口长城上残存两座敌楼。靠西的敌楼砖塑浮雕保存较完整，其中三组斗拱残余还可以辨认。斗拱间有装饰花砖，垂柱间的梁枋、花板之间的间柱，都做了砖塑雕花。六块花板上吉祥花样都不相同。雀替上花纹茂密完好，可惜右垂柱被毁了半截。这两个敌楼足以证明当年宁武长城上有砖塑垂花存在。

◀ 山西宁武保存较完整的敌楼　罗　宏 摄
山西宁武阳方口长城现在只有两个敌楼保留楼室。楼室三面各三个楼窗，楼室南面只有一个楼门而无楼窗。楼顶垛墙全无。敌楼的楼门上都有仿木垂花门砖雕。这是靠西边的敌楼全景。

第二章 长城的砖雕

▲ 山西代县仿木垂花门砖雕　山雪峰 摄
楼门石券中间嵌有柱形兽样龙口石，兽嘴内含一个石球，为长城敌楼门中独有的一种石刻装饰。此楼门上有一块石匾，字迹辨认困难，但石匾上下款与东山上几个敌楼的一致。此楼门石匾上还有砖塑仿木垂花门浮雕。三组斗拱，两垂柱及雀替塑砖都还在。无花板，斗拱之间有大块花卉砖塑。仿木垂花门砖雕完整，可惜全都风化严重。

▶ 山西代县保存较完整的敌楼　山雪峰 摄
山西代县白草口为雁门关北口。白草口现只存留一座沟底敌楼，是一座 3×3 眼敌楼。只有一个楼门开在敌楼西曲。楼座有将近两个半楼室高。楼顶垛墙全无，楼顶南、北各设一个水嘴。敌楼西墙有一个带门匾的门洞，门洞外被塌土淤死。

第五篇 长城的石刻砖雕

▲ 山西代县敌楼仿木垂花门砖雕　岳　华　摄
白草口东第四座还保存楼形的敌楼。砖塑浮雕垂花装饰基本完整，砖塑椽头下有三组斗拱。两垂柱间有四块花板，花板纹样各不相同，花板间柱上亦塑花饰。花板下的雀替风化模糊。只有垂柱柱头花蕾完好。

▶ 山西代县保存较完整的敌楼　黄东晖　摄
山西代县白草口东边第四座还保存楼顶哨房的敌楼。楼室对长城外有三窗，左右各两窗。向长城内只设一楼门无楼窗，楼门上楼匾无存。楼顶垛墙全无。楼顶有一个东西面各开一门的哨房。在哨房东边看房顶所剩无几。

448

第二章 长城的砖雕

◀ 山西山阴旧广武"天山"楼　钱琪红 摄
山西山阴旧广武的"天山"楼是位于白草口村以东的第九楼。楼室对长城外有三窗，左右各两窗。向长城内楼室只设一楼门，左右无楼窗。楼顶垛墙全无。楼顶哨房向东开一门，左右各开一窗。其北窗豁破至房顶。

▼ 山西山阴敌楼仿木垂花门砖雕　黄东晖 摄
"天山"楼楼门上石匾尚在，匾上浅线描边刻"天山"两个大字。砖塑浮雕垂花门的三组斗拱破碎不全。四块花板中间两块花板尚可，其他的都酥蚀无形了。砖塑装饰雀替是"天山"楼的仿木垂花门浮雕中最好的部分，花纹舒展、浮雕砖质量品相完好。

第五篇　长城的石刻砖雕

▶ **山西山阴旧广武"雄皋"楼**　钱琪红 摄
山西山阴旧广武"天山"楼再向北的敌楼是这一线长城上最独特的敌楼。邻近的几个敌楼都是凸出在长城墙外，面向长城内一边设一个楼门，楼门左右无窗。而此楼是沿着长城走向，骑在长城上。接长城的楼面各有一个楼门，两楼门上各一块楼匾。楼门左右各一个楼窗。南门上匾刻"雄皋"两个大字。楼顶有一垮成矮墙的哨房。

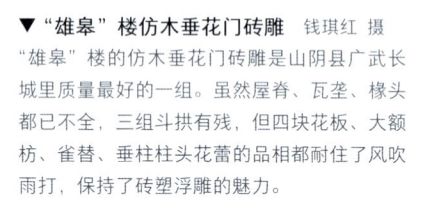

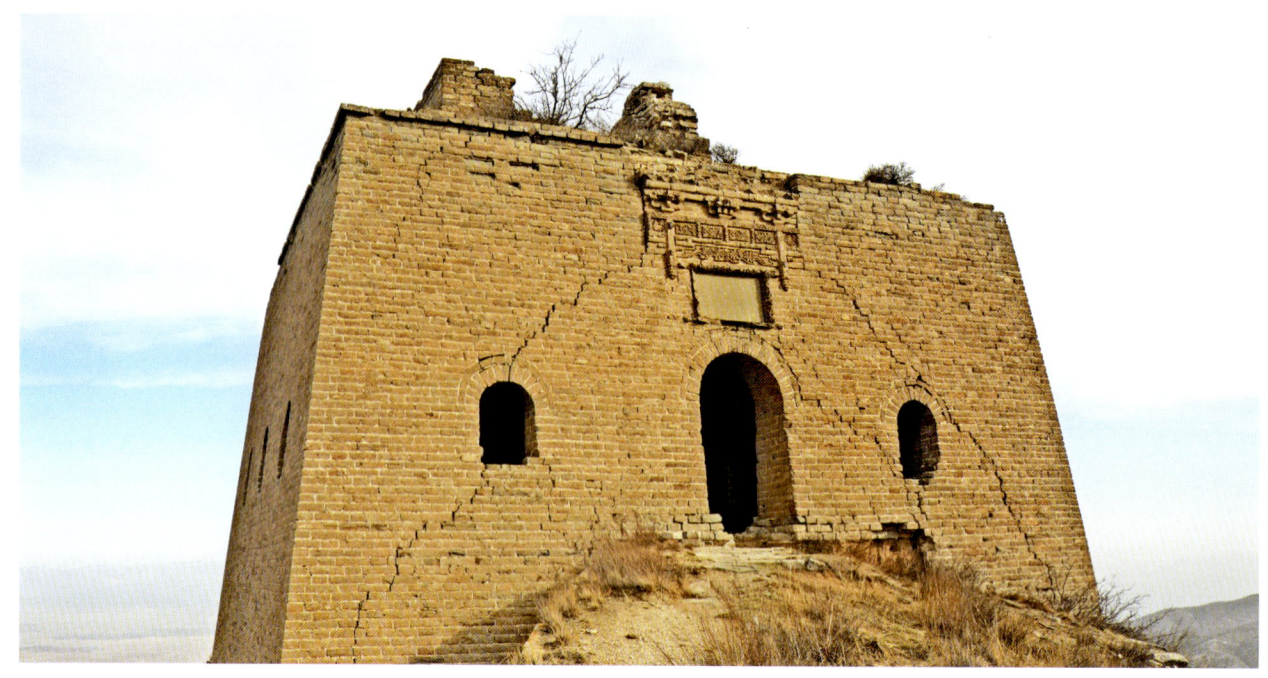

▼ **"雄皋"楼仿木垂花门砖雕**　钱琪红 摄
"雄皋"楼的仿木垂花门砖雕是山阴县广武长城里质量最好的一组。虽然屋脊、瓦垄、椽头都已不全，三组斗拱有残，但四块花板、大额枋、雀替、垂柱柱头花蕾的品相都耐住了风吹雨打，保持了砖塑浮雕的魅力。

450

第二章 长城的砖雕

▲ "铗肩"楼仿木垂花门砖雕　黄东晖　摄
"铗肩"楼的砖塑浮雕垂花大都完整。三组斗拱下五块花板，比前几个的花板多了一块。花板两头垂柱外各方砖刻了一个圆形图案，似是一只麒麟。此楼砖塑雀替图案由八个圆形卷花组成，与前述几个敌楼的都不一样。

◀ 山西山阴旧广武"铗肩"楼　黄东晖　摄
"铗肩"楼位于山西山阴旧广武城东南。敌楼贴在长城外曲，楼室对长城外三窗，左右各二窗。向长城内楼室只设一个楼门，左右无楼窗。楼顶垛墙全无，楼顶哨房塌垮无痕迹。楼顶南砖棱线已残断，楼门砖券尚完整。

451

▲ **新广武敌楼仿木垂花门砖雕** 山雪峰 摄
新广武大北门敌楼的楼门上有一块近 2 米宽的石匾，所刻字迹已无法辨识。楼匾上及左右存有山阴长城规模最大的砖塑浮雕。虽然瓦垄残败，五组斗拱却很明显。花板为中间六块，垂柱外各一块，刻塑间柱九根，雀替被额枋替代，其数都超过别的敌楼。石匾两旁还各有一个方形砖塑，塑刻一对大头麒麟，憨态可掬。

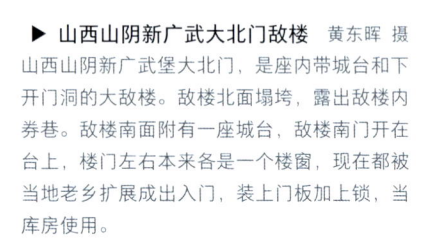

▶ **山西山阴新广武大北门敌楼** 黄东晖 摄
山西山阴新广武堡大北门，是座内带城台和下开门洞的大敌楼。敌楼北面塌垮，露出敌楼内券巷。敌楼南面附有一座城台，敌楼南门开在台上，楼门左右本来各是一个楼窗，现在都被当地老乡扩展成出入门，装上门板加上锁，当库房使用。

第二章 长城的砖雕

▲ 新广武东楼仿木垂花门砖雕 钱琪红 摄
山西山阴新广武堡东坡的敌楼西面楼门上匾框尚存。屋檐、斗拱、花板、雀替砖雕被毁得干干净净。东门相反,垂柱、花板、雀替砖雕都还完整(三组斗拱毁坏),五块花板中间是一个人尾祥兽。雀替改刻成颤枞式花纹。垂柱外两头砖塑图案为圆形,圆框内各刻一只麒麟,证明当年此楼仿木垂花门砖雕是下了功夫的。

◀ 山西山阴新广武东山坡敌楼 严共明 摄
山西山阴新广武堡东坡的敌楼。东、西楼门下各带一门台。对北开三窗,东西面各开一门一窗,对南无门无窗。敌楼位于东坡山岗北头。东、西楼门下的门台里各有一个耳室。东、西楼门上各有一块楼匾。楼顶垛墙和哨房全无。敌楼北面楼座基石全被掏空。

453

第五篇　长城的石刻砖雕

▶ **河北遵化有砖塑浮雕的敌楼**　黄东晖 摄
河北省的长城，只见到一座敌楼上有砖塑仿木垂花门浮雕，是在遵化市的马蹄峪。此处山顶完整的敌楼有四五座，但只这一座敌楼东西两面的楼门上做了砖塑浮雕垂花门。此敌楼对内对外各是三个楼窗，东、西面各是一个楼门居两窗中。楼顶砖棱线以上的垛墙、哨房踪迹全无。楼南中窗上塌开一竖状豁口。

▼ **马蹄峪敌楼西面的仿木垂花门砖雕**
马蹄峪有砖塑浮雕的敌楼，西楼门砖塑毁坏程度超过东楼门。虽然屋脊砖塑残迹还在，瓦垄、瓦当、椽头砖塑均被捣毁。花板、垂柱的毁坏是风化的结果。左垂柱根的大洞亦是人为的结果。这里肯定遭受过发泄式的毁坏活动。

第二章 长城的砖雕

▲ 河北遵化仿木垂花门砖雕
遵化马蹄峪有一座带砖塑浮雕的敌楼，其东门上砖塑毁坏程度略轻于西门。椽头砖塑保留了六个。两根垂柱内都有遭受风化的砖塑。即使破败不堪，但砖塑造就的生活气息和建筑艺术魅力仍引人注目。附近的敌楼都素面未妆，不知为何单在此楼下了这般功夫？这在河北长城敌楼上属于宝贵的遗存。

◀ 河北遵化有砖浮雕敌楼东面　黄东晖 摄
从《明长城考实》中得知遵化有此一楼。受交通工具限制，第一次找到时太阳即将落山；而第二次去又逢满山大雾，十米外什么也看不清；第三次去终于遇到了阳光，才能把敌楼东门上的仿木垂花门浮雕看清楚。相信每位看到这个敌楼砖塑浮雕垂花门的人都会暗暗惊奇。

455

第五篇　长城的石刻砖雕

▶ **山西偏关翻建的"虎头墩"**　张 骅 摄
山西偏关"虎头墩"是2010年为开发旅游又重新翻建的。为表示"修我长城"的热情，修复者把敌楼顶的小哨房扩建为双檐、两层十字歇山顶、两层四面抱厦的豪华古建，把敌楼的楼室扩建为两层。好在楼窗每面都是三个，与老敌楼的感觉差不多。

虎头墩本是个有围堡的敌楼。新建围堡的堡门上也有砖塑浮雕垂花，敌楼与堡门两组砖塑设计注意了大小规格的差别。堡门的斗拱少两组，花板少一块，但垂柱、柱头都为一个模子翻制。实话说，重建虎头墩能想到这些砖塑方法并且实施，已很不容易了，应该充分肯定。

◀ **"虎头墩"的仿木垂花门砖雕**　张 骅 摄
"虎头墩"的楼室门上有一块砖匾，匾内题"曦月"二字。砖匾上砌了全新的砖塑浮雕垂花。因彻底重建，从屋脊、瓦垄、瓦当、椽头，到屋檐下的横梁、斗拱、斗拱下的刻花大额枋、两垂柱、垂柱间的小额枋、花板、花板之间的间柱，以及梁枋与垂柱交角的雀替、垂柱上下销头和末端柱头，一样不缺。但新修的垂花与河曲县的"护城楼"一对照，就立刻能看出新老不同。新砖塑强调气势派头，老砖塑体现着工匠的专注敬业。

456

第4节 堡门的仿木垂花门砖雕

只在山西省长城的堡门洞上看到有用城砖做出的仿木垂花门砖雕。堡门洞上的垂花门砖雕比敌楼门上的垂花门砖雕体量要大,内容要多。敌楼门上的垂花门砖雕只有驻守者去欣赏,而堡门洞上的垂花门砖雕能让所有出入者,包括堡内军民、外来商旅、内外官员们印象深刻。这是维护皇权、推崇农业文明的宣示。

若在城门洞上加装个"真实的垂花门",花银子费力气不说,如果发生战事,紧急情况时守城的可能看不见、打不着"真垂花门"下的人。用城砖雕刻出垂花门比用真实的省钱省力,在真要动刀枪时又不碍事。用艺术的形式表现出文明的光辉,又不妨碍战斗,可谓用心良苦。

仿木垂花门设计者的构思必须得到当年主管官员认可,还要与所装饰的城门洞大小合适,又得达到一个不同于附近堡城门洞浮雕的新水平。这些装饰使得长城在实用之余,还展露出建造者超凡脱俗之处。

◀ 旧广武西门仿木垂花门砖雕　严共明 摄
在2012年时广武堡西门就已重修好了(但没加盖门楼)。门洞上的石匾刻了"广武"两个大字,匾框完整。垂花门砖雕未见到修补。垂柱、垂柱头原本完好,只是雀替、额枋全都省略。有三组斗拱,砖雕斗拱做成二层跳五铺作,斗拱之间有小块花砖。屋脊、瓦垄、瓦当未修补,椽头坏了一半。

▲ 山西山阴旧广武堡西门　严共明 摄
山西山阴旧广武为历史遗留的老堡。近年为发展旅游业,旧广武堡修补了原有的东、西、南共三个城门台。按说三个城门中南门是正门,堡东、西门是偏门。旧广武的南门洞上没有仿垂花门砖雕,倒是在东、西两门上做了装饰砖雕。

第五篇 长城的石刻砖雕

▶ **山西山阴旧广武堡东门** 孟新民 摄
山西山阴旧广武堡的东门和西门大小一样，但东门的仿木垂花门砖雕从原件看就比西门的略好，保存也比西门垂花门砖雕好一些。

▼ **旧广武堡东门仿木垂花门砖雕** 严共明 摄
旧广武堡东门门匾是用两块石板拼凑完成的。东门仿木垂花门砖雕规模比西门多了几样，垂柱两边有小型雀替，斗拱中间砖面加刻了花纹。三个斗拱中间有两个瓶花砖雕，罕见且宝贵。

第二章　长城的砖雕

▲ 平集堡南门仿木垂花门砖雕　梁汉元 摄
平集堡门洞上石匾刻字完好，雀替花纹繁复，额枋比雀替薄。七块花板的花纹各不相同，两根垂柱外侧各有变形的雀替，上下与垂柱同高，这样的装饰砖雕不多见。五组斗拱上的瓦当齐全，屋脊和两头的吻兽都是新补的。因历史遗存的砖雕较完整和精彩，后补修的部分稍差一些人们也不会太在意。而堡西门和中门的翻建水平则让人不敢恭维。

▶ 山西右玉平集堡南门　山雪峰 摄
山西右玉杀虎口是长城景点中名字颇有血腥气的一处。为了开发旅游，关口已彻底复建，还盖了个博物馆。杀虎口关东的屯兵堡"平集堡"也被整修。"平集堡"有三个城门。其南门有仿木垂花门砖雕花纹，垂花门屋脊、瓦当、斗拱都修复了，使之成为长城堡门洞上仿木垂花门砖雕最完整的一处。

459

第五篇　长城的石刻砖雕

第二章 长城的砖雕

◀ **山西大同助马堡南门** 钱琪红 摄
山西大同助马堡现在保留着东门和南门。东门的门台垮得只存砖券洞和残芯。南门的门台还见方见角，只是没垛墙和门楼。南门砖券洞外还保留着仿木垂花门砖雕。

▼ **镇边堡东门仿木垂花门砖雕** 张翅飞 摄
镇边堡东门西面门洞上有仿木垂花门的砖雕痕迹，仿木垂花门的砖雕在堡门对内面上仅此一处。镇边堡东门内面门脸上斗拱五组，说明东门洞宽大。斗拱垂柱两边有极小的雀替，有垂柱额枋。东门门台有两道台顶砖棱线残迹，其棱线残迹下还有砖面带刻花的斗拱。若这些斗拱都完好，镇边堡东门的砖雕艺术排位就得另说了。听说西门已开始修复，新修复的西门能否参照东门上的仿木垂花门砖雕也复制一遍，把镇边堡有保留价值的东西为子孙后代保留下来，希望有心的读者在探望镇边堡新貌时留意和关心一下。

◀ **助马堡南门仿木垂花门砖雕** 吕军 摄
山西大同助马堡南门的仿木垂花门砖雕装饰，是山西仿木垂花门砖雕高宽比例最瘦的一处。此门洞上匾额被糊了黄泥，嵌有木框，看不清门匾原来的刻字。但额枋花板与雀替和门匾距离都太一些。斗拱三组，之间有花砖装饰，细看在仿木垂花门砖雕的底砖上都有图案纹刻，甚至在斗拱上的檩头砖面上也有花纹雕刻。这是一处"遍地开花"，只是质量品相不如将军会堡瓮门和得胜堡南门的品质好。

▶ **山西大同镇边堡东门** 黄东晖 摄
山西大同镇边堡只有东、西两门。东门瓮城土墙大形仍在，瓮城门洞已成豁门，瓮城内已被淤土堆成高地。东门外面残破得难寻旧貌，东门内面还可看到一些遗存。

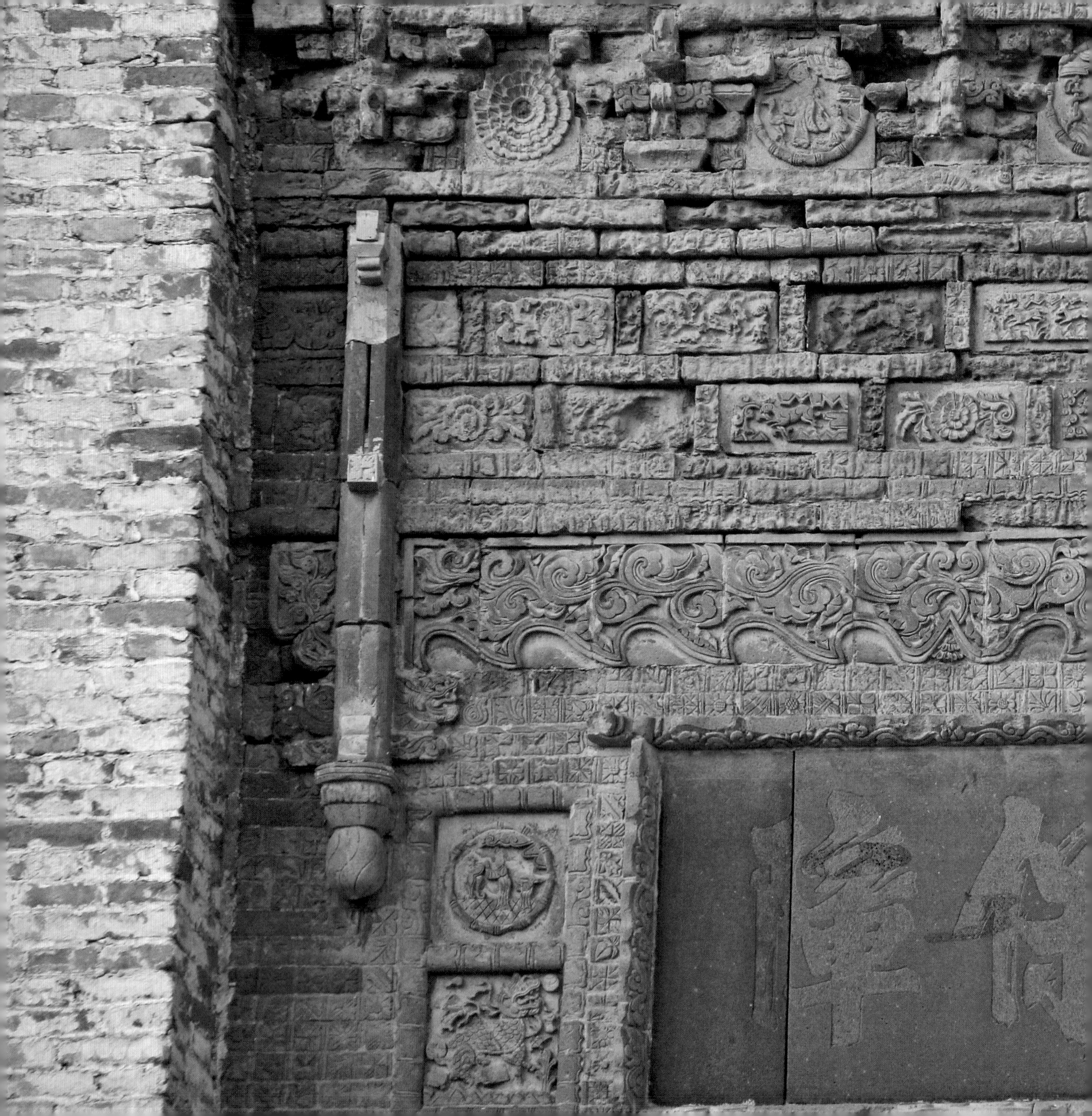

第二章 长城的砖雕

▲ 山西大同得胜堡南门

◀ 得胜堡仿木垂花门砖雕　山雪峰 摄

山西大同得胜堡是长城沿线上位置很重要的据点。四方的堡子只有一个南门。南门外有瓮城，现已三面豁破，瓮城门全无。得胜堡南门近年得到维修，门台重新包砖，砌上了垛墙。可是仿木垂花门的斗拱以上部分，椽头、瓦当、屋脊这三层在修复时全部被弃了，这使得得胜堡南门砖雕不如平集堡南门砖雕完整。得胜堡门匾巨大，用两块石板拼成，上刻"保障"二字，"障"字刻在两石之上。匾框三边完整，可能用的是石料，一点儿风化的痕迹也没有，花纹清晰。

门匾两旁各有上下竖排方形砖雕，这四块砖雕都有竹节式的边框。偏下的方砖上各有一只瑞兽——大头麒麟。左右偏上的方砖上，左边塑一女子身边有一执琴女童，女子在捻香祷告祈盼。右边方砖刻一男子身穿官服，男子身后一男童撑着一柄华盖伞，男子身前有鹿，为考取功名、衣锦还乡、交华盖运之意。石匾上额枋为三层砖厚，中间夹有两层花板，上层为八块、下层为七块，垂柱外还各有两块，总共十九块花板。花板纹样多为花卉，有两块为骏马奔驰，似男子考取功名之意。垂柱花盖柱的撑销为虎头纹，造型生动饱满。额枋上有五组斗拱，斗拱构件上也刻有花纹。斗拱之间还有四块方砖雕刻，方砖内用竹节框边围成圆形图案，靠外的两块为花卉，靠内的两块是人物。左边为一女子，边上有一只仙鹤，和一位执扇女童分立左右，取其吉祥如意；右边为一男子手持一把拢伞，左边插把宝剑，取其有权有势之意。上述人物砖雕表现的应是当时社会生活最幸福的模式典范，把这些罗列在城门之上，似有劝勉男子争取功名、女子本分持家之意。在得胜堡门洞上所有的砖面上均刻有花纹，又是一处"花开遍地"。得胜堡南门的仿木垂花门砖雕个无有艺术水平，还有宣传教化的作用，在长城的城门装饰中要算最华丽的一处，也是中国城防建筑装饰砖雕中极珍贵的一处。

第五篇　长城的石刻砖雕

◀ 山西大同镇河堡东门　钱琪红　摄
山西大同镇河堡就一个东门。东门外瓮城的土墙部分仍与东门台同高，瓮城门洞已难寻踪迹。东门台有七个门洞身宽，一个半门洞高。东门台内面、外面基本完整。无垛墙和门楼。目前整个镇河堡就数这个门台最为体面、高大。

第二章　长城的砖雕

◀ **镇河堡仿木垂花门砖雕**　梁汉元 摄
大同镇河堡就一个东门，瓮城早就垮完了。东门外口上居然存留了仿木垂花门砖雕。门洞上有石匾一方，风化严重，匾框也残破不堪。有意思的是此仿木垂花门的垂柱是四根，外侧的两根长，居内的两根短。四个柱头都一样，垂柱的柱头花蕾上还有叶盘。四个垂柱间都是三块花板，花板和雀替上没有繁杂花纹。五组斗拱两边是二层跳五铺作。中间的斗拱又多一些装饰，可以看出是想要一个与众不同的设计。

▲ **山西朔州将军会堡北瓮门**　罗　宏 摄
山西朔州将军会堡位于长城内，坐守着一个平坦的长山沟。全堡只有一个北门。从堡门设置数量上看应是个小堡子，规格不高，但"将军会堡"这名字倒很大。堡北门外有一个瓮城。将军会堡为砖包墙，塌垮严重，唯独瓮城门用方石包砌，还在瓮城外角砌一层石包马面。因石包砌质量较高，得以存留。

▶ **将军会堡北瓮门外侧**　罗　宏 摄
山西长城用城砖做出的仿木垂花门砖雕多数是在堡城的正门。将军会堡的正门里外均损毁，不见砖雕装饰。在瓮门外做仿木垂花门砖雕，在山西长城中存留下来的仅此一处。瓮门外面有仿木垂花门砖雕，实在是罕见宝贵。

465

第五篇　长城的石刻砖雕

▶ **将军会堡仿木垂花门砖雕**　罗　宏　摄
将军会堡的北瓮门洞上有一块巨大石匾，用浅线描边刻"安攘门"三个大字。匾上雀替中间部分砖雕有缺失，但两排花板都完好。上排十块、下排十一块的布局也使之生动，不呆板。额枋之上的五组斗拱之间都还各有一块大花砖雕，也都基本完好。将军会堡北瓮门外的砖雕还有一个特殊之处，就是城门洞之上砖雕垂花装饰之处，所有的砖面都做了花纹饰刻，可用"遍地开花"来形容这种装饰方法。此种装饰方法还在得胜堡有遗存。这么下功夫的砖雕，实在是工程耗费巨大，在砖雕艺术中，独具特色。

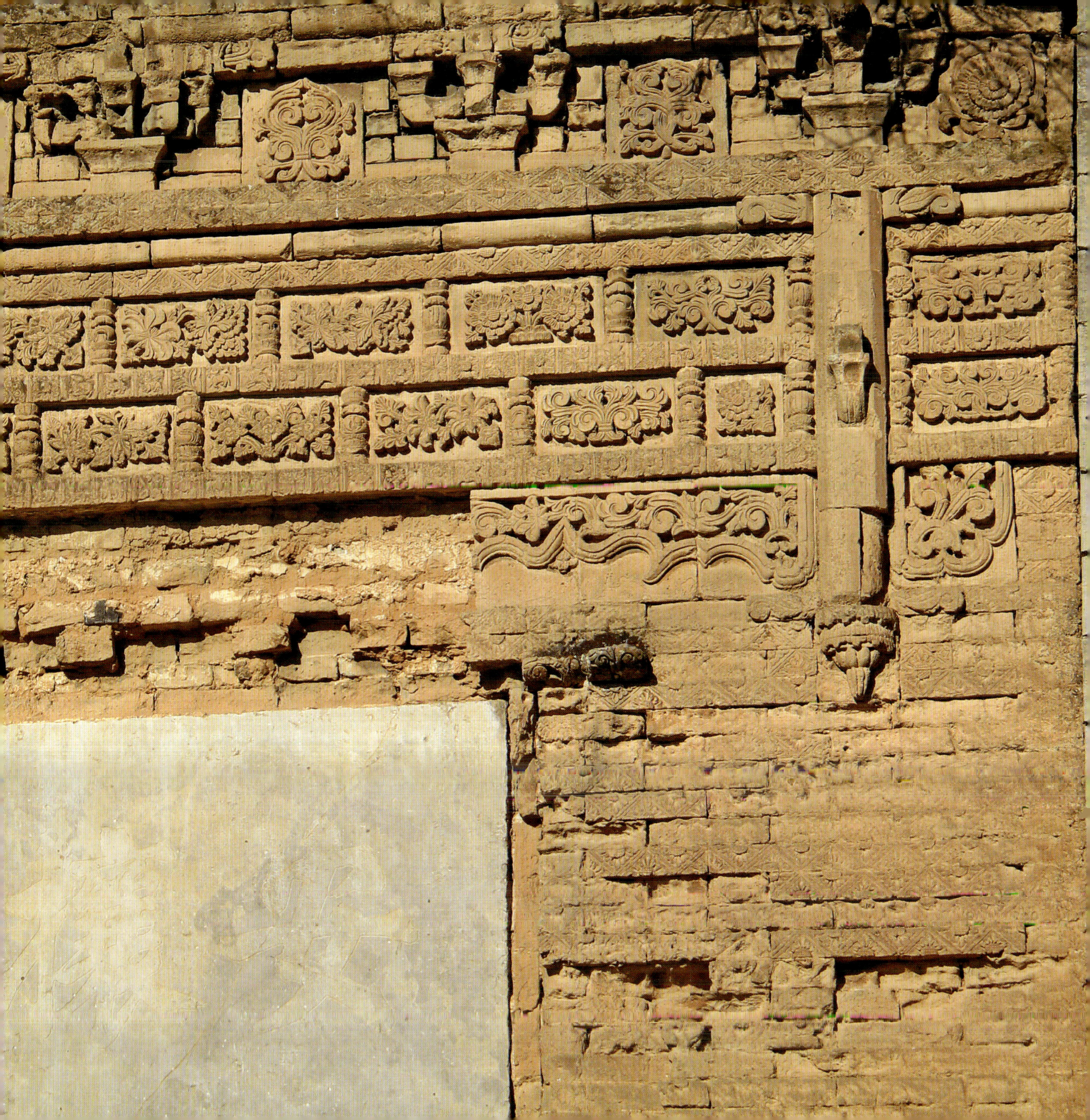

第五篇　长城的石刻砖雕

◀ 将军会堡北瓮门内侧　罗　宏 摄

将军会堡的瓮城门为东西向，东为内，西为外。不光瓮门西面有仿木垂花门砖雕，东面也有，可惜的是毁坏严重，除了两根垂柱留存残迹，其余部分踪迹全无。

▼ 山西偏关桦林堡南门　山雪峰 摄

山西偏关桦林堡古时只有东、西、南三门，堡北面无门。目前西门已被毁成大豁口，南门的门台尚完整，南门的洞券两边被掏出窑洞住进人家。南门洞券上的石匾，由后人重刻了"桦林堡"。石匾上本有仿木垂花门砖雕，现只有两根垂柱和横梁的残迹，其他组件全部被毁尽。

468

第二章 长城的砖雕

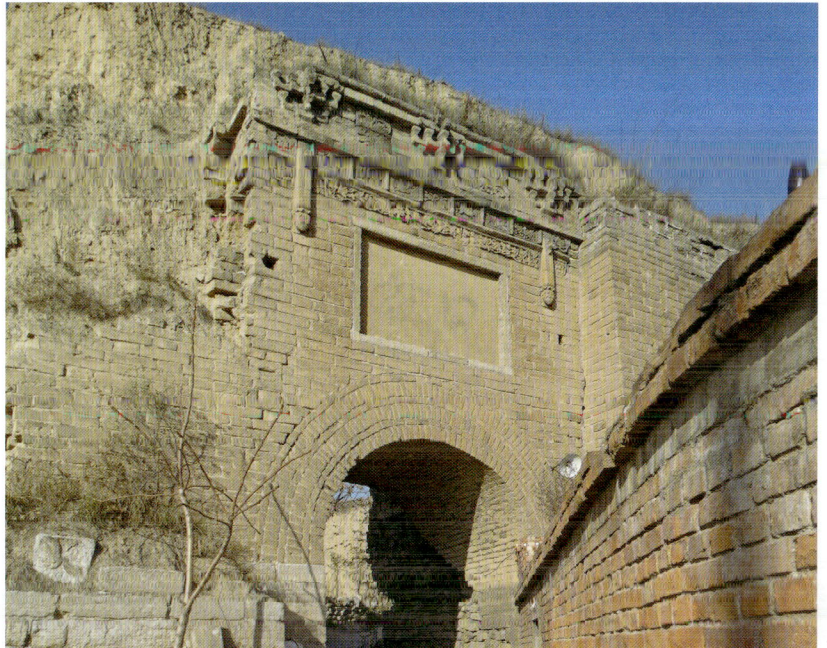

▲ 桦林堡东门仿木垂花门砖雕　吕　军摄
山西偏关桦林堡东门的仿木垂花门砖雕。虽然砖雕的屋脊、瓦垄、瓦当、椽头全都无存，但保留下来的砖雕品相基本完好。三组斗拱及斗拱之间有花砖。垂柱的柱头花蕾上还有叶盘。九块花板的纹样各不相同，华丽的纹样枝叶茂盛，花板上的横梁每块砖都刻了浅细线装饰花纹。这是山西偏关长城唯一还能看到砖雕艺术的门洞。

◀ 山西偏关桦林堡东门　张　骅摄
山西偏关桦林堡的东门位于堡东南角，规模小于南门。东门外居民院墙把门洞外的通道挤成窄巷。东门门台无顶垛墙，门台南边砖大部分脱落，门洞券及门匾和仿木垂花门砖雕还完整。

第五篇 长城的石刻砖雕

◀ 山西大同复建的南城门永和门
山西大同的建城历史可追溯到战国时代，明朝时大同是长城九镇之一的镇城，由朱元璋第十三子朱桂镇守。2008年大同复建古城时，仅南门就重筑了一组"套城"，分别为瓮城、罗城、月城、东西耳城，并设了八个城门。图为月城南门永和门和月城西南角楼。永和门门台上是一座正面开八窗、侧面开三窗、单檐歇山顶的三层箭楼。

◀ 山西大同城南门的永丰门　严共明 摄
新复建的山西大同城南门按遗迹重建了一组"套城"。"套城"的外门有三个，主门是永和门。"套城"东西各设一门，西为永丰门，此门同时又是西耳城的外门。永丰门的门台向东鼓突，从西边看不出来。门楼亦是单檐歇山顶箭楼。楼高两层，正面开七窗，侧面开两窗。永丰门的门匾之上刻有仿木垂花门砖雕，和上图的永和门仿木垂花门砖雕样式完全一样。

▲ 山西大同南门迎晖门砖雕　吕 军 摄
山西大同城南的迎晖门在套城东，此门同时又是东耳城的外门。迎晖门坐落于东耳城的耳垂位置，与东耳城内门含光门成90度。迎晖门与西侧永丰门在门台、门洞大小以及箭楼形式上完全相同，包括门匾上刻的仿木垂花门砖雕，也和永丰门仿木垂花门砖雕样式完全一样。

第二章 长城的砖雕

▲ 山西大同南门永和门砖雕　严共明 摄
重建的大同城南门由一组"套城"总共八座城门组成。八个城门门楼的形式、大小有不少差别，然而八座城门门洞上的仿木垂花门砖雕规格却一模一样，都是只做到斗拱这一层，再向上的椽头、瓦当、屋脊二层都省略了。六组斗拱、无纹饰的额枋、四根垂柱、四块雀替明显都出自一套图纸。从施工角度讲，用一套砖模的好处是，如有缺损，不愁补替，效率高还节约成本。

▶ 山西大同和阳北门砖雕　吕　军 摄
因历史演变的缘故，大同城墙上开过不少豁口，2008 年复建古城时把这些豁口都建成了门洞，因此现在大同城墙上不只有四座明朝设立的城门。新建的豁口门门没有门台和门楼，但门洞上都有门匾和仿木垂花门砖雕。只不过复建的大同古城门洞上，仿木垂花门砖雕用的都是同套模样。

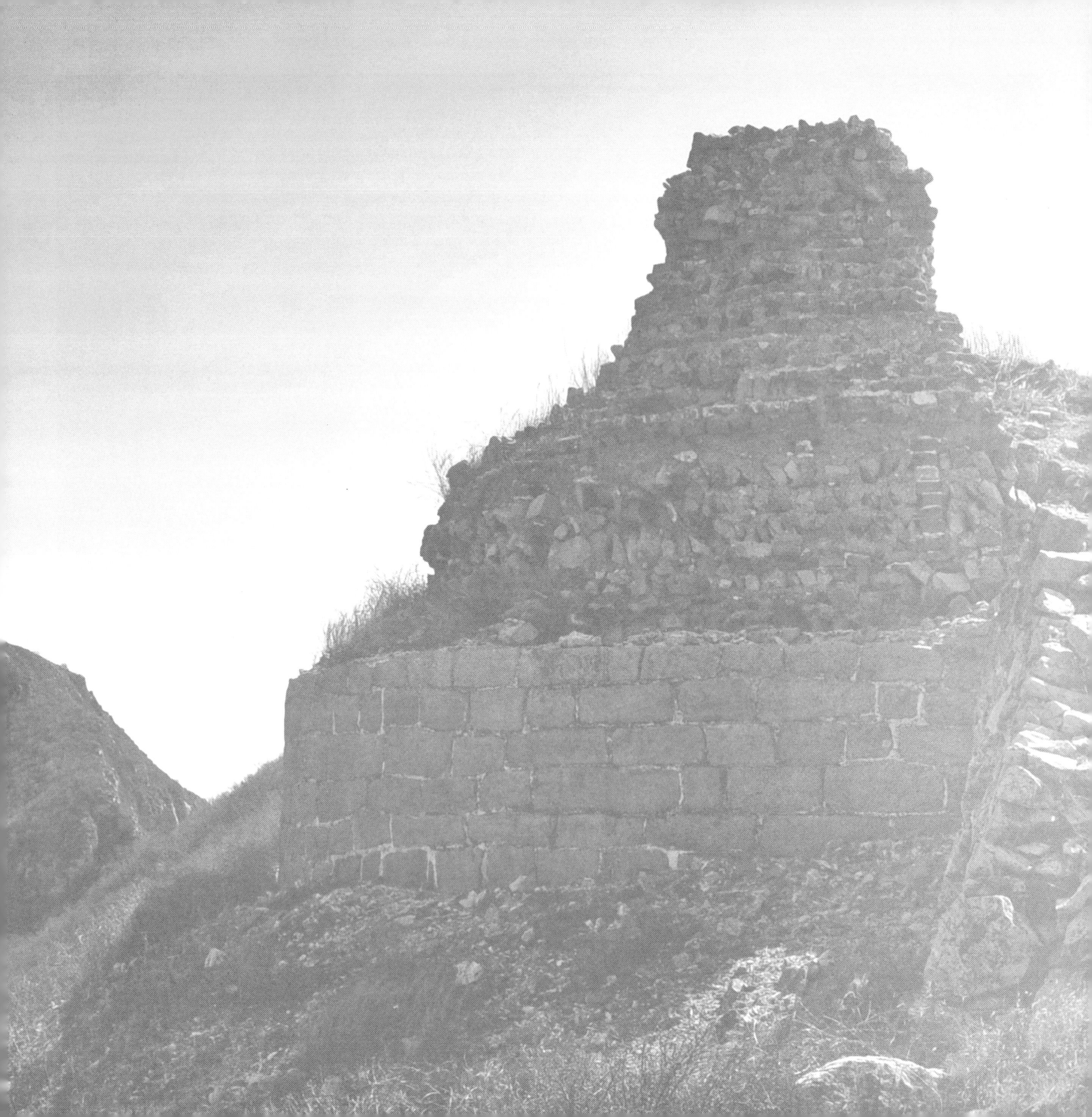

第六篇　忧心回望

第一章	有哨房或垛墙的敌楼（保存较好的敌楼）……475
第二章	楼室完整的敌楼（保存一般的敌楼）……487
第三章	楼室损坏的敌楼（保存较差的敌楼）……497
	第1节　楼体开裂的敌楼……498
	第2节　楼室顶垮的敌楼……505
	第3节　楼室芯垮的敌楼……509
	第4节　楼室侧垮的敌楼……517
	第5节　楼座侧垮的敌楼……523
第四章	即将垮尽的敌楼（保存极差的敌楼）……529

第六篇　忧心回望

◀ 甘肃敦煌的残墩台
甘肃敦煌五墩村因有五个大土坯垒砌的墩台而得名。其中两个尚存门窗残洞，一个垮得不见门窗，另两个已垮成了土堆。

▶ 山西繁峙的残敌楼　刘 钢 摄
山西繁峙韩庄保留有三座带双匾的 3×4 眼敌楼，从北向南依次为"茨字贰拾肆号台"至"茨字贰拾陆号台"。三座敌楼再向南应为"茨字贰拾柒号台"，但该楼已垮成碎砖堆状。

▶ 河北涞源的残敌楼　黄东晖 摄
河北涞源独山城长城还保留三个带楼匾的敌楼，从东向西依次为"插字肆拾叁号""插字肆拾肆号""插字肆拾伍号"。三个敌楼都是中楼额砖石座的 3×4 眼敌楼。"插字肆拾伍号"敌楼再向西应该是"插字肆拾陆号"敌楼，现在的"插字肆拾陆号"敌楼只有敌楼石座部分和楼室的墙根。

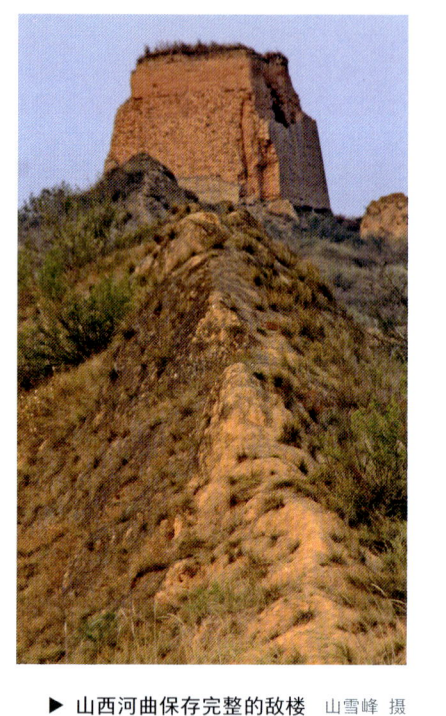

▶ 陕西榆林的残敌楼
陕西长城遗留的土墩台很多，但遗留的砖敌楼屈指可数。在榆林市水掌村长城的唯一的破敌楼东还有一座尚存包砖的墩台。从形态大小、残砖面的厚度可以推断定此建筑以前是座敌楼。

▲ 河北怀来的残敌楼
河北怀来庙港村只有两座敌楼还隐约有敌楼的轮廓，其余全垮成了砖石堆。从堆顶的残砖墙和堆外沿大量的碎砖块可以断定此砖石堆曾是座敌楼。

▼ 北京密云的残敌楼
北京密云古北口卧虎山上有三座敌楼只存楼座，且楼座四面方石也已不完整。从残楼座向东的潮河边就是"姐妹楼"。而由残楼座向西，卧虎山上都是带楼窗的敌楼，故可推断这也曾是敌楼。

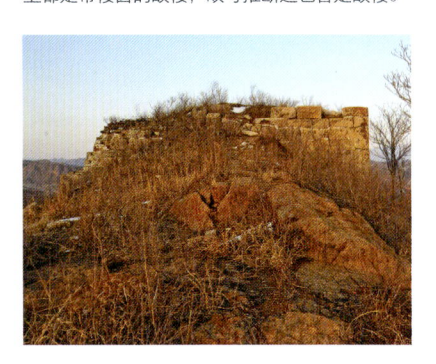

▲ 河北赤城的残敌楼
河北赤城小庄科长城只有盘道界楼大致完整，其余全是形态各异的砖石堆。由此砖堆四面的残砖墙和堆外大量的碎砖可知其曾为敌楼。

▶ 河北怀来的残敌楼　黄东晖 摄
河北怀来水头村长城，在老照片里可看到有四座完整的敌楼，现在已经全是残石碎砖堆。从这个碎砖堆顶的残砖墙和堆外沿大量的碎砖块可以断定，此砖石堆以前是座敌楼。

▶ 山西河曲保存完整的敌楼　山雪峰 摄
山西河曲护城楼是山西长城设施里唯一楼顶部分完整的敌楼。因护城楼现已位于居民区中，被当地居民利用修缮。楼顶哨房被改建成庙宇，庙南还建了钟亭和鼓亭，两亭之间有走廊相连。敌楼的中心楼室供有众多神仙塑像。敌楼内的窗券被安上隔断，盘了火炕供出家的和尚居住。一座古代的敌楼成了当地居民礼神拜佛之处。

474

第一章　有哨房或垛墙的敌楼（保存较好的敌楼）

　　2006 年中国国家测绘局和中国国家文物局联合开展长城资源调查，组建了 51 支调查队，共计队员 448 人。两家单位在 2009 年 4 月联合发布：中国明长城总长度为 8851.8 千米。依据《长城资源保存程度评价标准》，其中保存较好的占 5%，保存一般的占 12.5%，保存较差的占 16.6%，保存差的占 12.5%，其余已经地面无存了。

　　多数人就是看到了这个调查结果也不会寝食难安，毕竟只是个抽象的数字，没有多少具体情况。大家心中的长城保存状况依旧是八达岭、金山岭长城的样子。而在过去四十年了解长城的过程中，我们看到的长城保存现状，特别是敌楼的保存情况，比起上述调查结果更令人忧心。

　　以文物保存的五类状况评定长城是为保护长城确定依据，为保护长城确定有效的办法。这五类状况如何理解？如何认知？这本应是文物工作部门掌握定夺。然而在实践中，敌楼保存状况用保存"较好""一般""较差""差"这类高度抽象的方法去分类，其标准含糊，界定困难。本书借助"形态观察"的方法，依敌楼形态具体的变化为其保存程度评定标准做出具体的补充说明。

　　单就长城敌楼而言，不外乎楼座部分、楼室部分、楼顶哨房部分的保存状况。我们把"仍有哨房或垛墙"的敌楼归为保存较好类，把"楼室尚完整"的敌楼归为保存一般类，把"楼室已有损坏"的敌楼归为保存较差类，把"残垣断壁"的敌楼归为保存极差类，把"残堆残迹或彻底消失"的敌楼归为无存类。

　　每一座敌楼顶上原本是否都有哨房，可能会有争论。陕西省、山西省、河北省以及京津地区的明长城敌楼顶上大都可以找到哨房的痕迹。楼顶哨房和楼顶垛墙是敌楼最易受损的部分，将仍保留楼顶哨房和楼顶垛墙的敌楼归在保存较好类当无异议。

　　游人在八达岭长城、金山岭长城、慕田峪等景区看到的完整无缺的敌楼楼顶哨房其实都是近年修复的。真正历经几百年风雨敌楼顶还有楼顶哨房的，基本上不是缺屋脊就是少房瓦，能保留哨房模样已属不易。楼顶垛墙完整的敌楼在明长城上也不多见。有些敌楼拥有完好的垛墙，但看不到完整的楼顶哨房。两者均保存较好的敌楼更是凤毛麟角。《长城资源调查报告》并没有针对保存较好的敌楼进行统计，粗略估算，有哨房或垛墙的敌楼不足实存敌楼的 2%。

第六篇　忧心回望

◀ 甘肃嘉峪关修复的角台哨房

1989年文物出版社的《嘉峪关及明长城》一书里，高凤山先生介绍嘉峪关城西罗城两头的墩台为角台。角台上各建一座有屋脊的房屋，为当年警戒哨所。高凤山先生称此为"箭楼"。这是甘肃长城仅有的墩台顶垛墙里修复的哨房，以此可证明甘肃长城墩台顶若完好，垛墙里应该有个哨房，可惜只有嘉峪关城修复了哨房。

◀ 山西山阴有楼顶哨房的敌楼　张　和摄

这座敌楼在山西代县白草口长城东，敌楼突出于长城墙外。敌楼室西面开三个楼窗，南北面各两个楼窗，东南只有一个楼门。门上有一块石楼匾，刻有"天山"两个大字。楼匾上有砖塑仿木垂花门浮雕。此敌楼楼顶垛墙全无，但有楼顶哨房。哨房虽残破无屋脊，屋里砖券顶还可见到。这是山西长城中很少存有楼顶哨房的敌楼之一。

▶ 山西代县有楼顶哨房的敌楼　张　和摄

本书231页介绍过"凤回头"东边大形完整的敌楼，在山西代县白草口长城东。敌楼突出于长城墙外。此敌楼北面三个楼窗，东西各有两个楼窗，楼室南面只有一个楼门。门上有砖塑仿木垂花门浮雕，楼匾现已失。此敌楼高大，敌楼立面收分明显，楼顶十分狭窄，但还有一座哨房。哨房北面有一个券门，东西各有一窗破成大豁口。哨房屋脊散落，仅存砖券顶。这两座敌楼是山西长城楼顶哨房还完整的极宝贵的遗存。

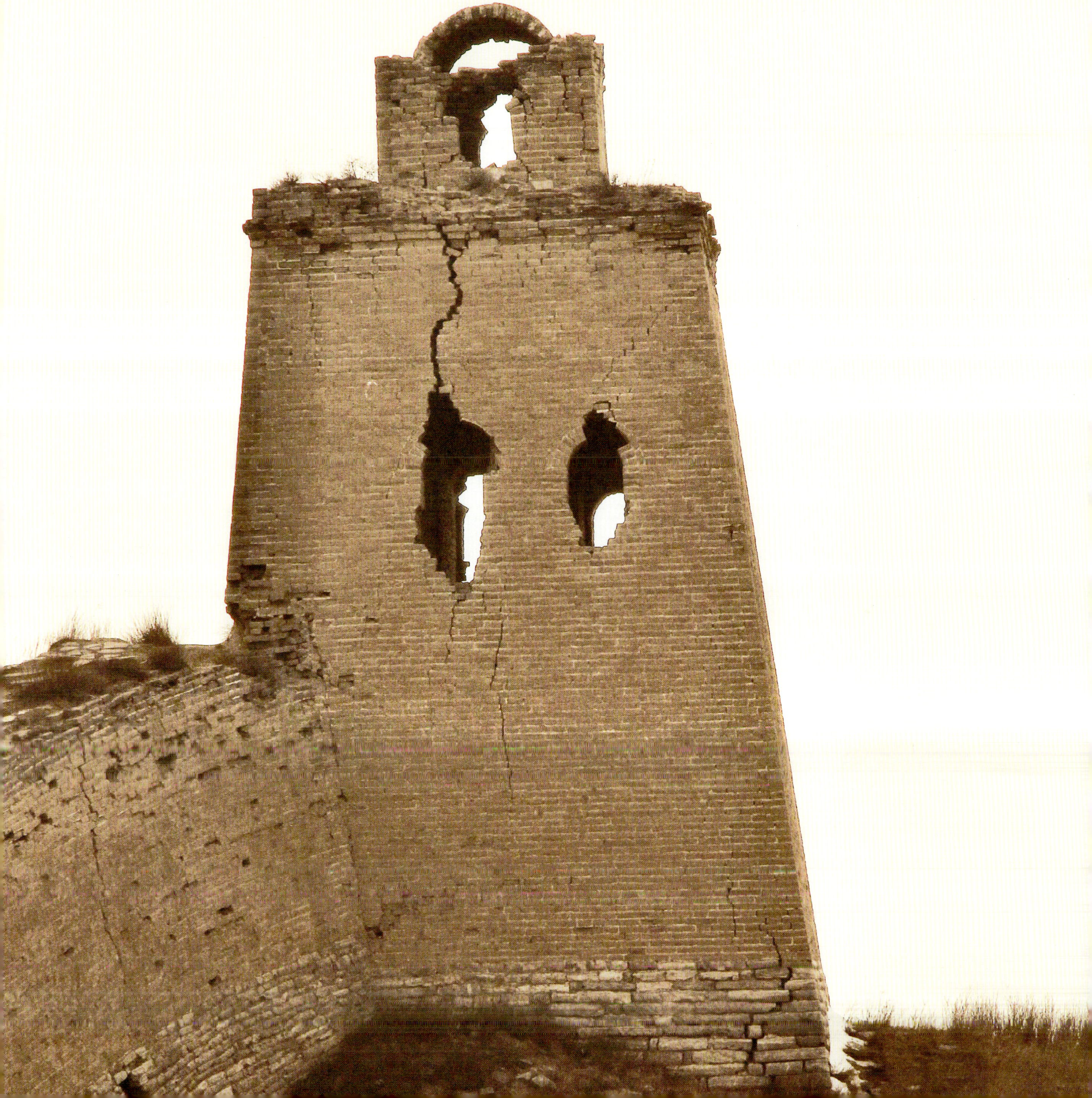

第六篇 忧心回望

▲ 北京延庆有楼顶哨房的敌楼　黄东晖 摄
北京八达岭长城景区内有二十多座修复后编号敌楼，楼顶哨房被修复的却只有两座。这是南六号，一座 2×4 眼敌楼。楼顶哨房屋顶为硬山顶，还安了脊兽，这是楼顶哨房很讲究的建筑装饰。

▶ 北京怀柔有楼顶哨房的敌楼　吕　军 摄
北京怀柔旺泉峪长城有三座 3×5 眼敌楼，这是保存最好的一座。楼顶哨房的木梁屋顶虽然塌垮，哨房的山墙仍极完整。哨房两边各有一个保留着两窗的梯顶房。敌楼顶三间房如同四合院布局。残存类似楼顶结构的敌楼，在北京仅此一例。

▲ 北京密云有楼顶哨房的敌楼　岳　华 摄
北京密云冯家峪的北石片村东，有一座保留楼顶哨房的 3×4 眼敌楼。其楼顶哨房为砖券结构硬山顶。哨房向南的一门两窗完整。

▶ 河北秦皇岛有楼顶哨房的敌楼　黄东晖 摄
河北秦皇岛平顶峪河沟西有三座仍存有楼顶哨房的敌楼，这是其中哨房最完整的一座。此楼楼顶垛墙全垮，哨房的房门结构完整，而其哨房屋型也是未修复过的敌楼中完整程度最高的。

478

第一章　有哨房或垛墙的敌楼（保存较好的敌楼）

◀ 河北秦皇岛有楼顶哨房的敌楼　黄东晖 摄
河北秦皇岛城子峪长城十五座敌楼中还保存楼顶哨房的只有两座，这是位置偏东地势略低的那座。虽然哨房屋顶有大洞，但砖砌山墙和屋门均完整。此敌楼的两个楼室门券石都有刻花，楼顶垛墙所剩无几，楼梯上口小室残破，楼室门窗部分基本完好。楼顶哨房的门窗结构大形还完整，是其特别之处。

◀ 河北秦皇岛有楼顶哨房的敌楼
河北秦皇岛董家口长城的五座敌楼，都可以在敌楼顶看到哨房屋墙的残迹，这是其中楼顶哨房最完整的那座 3×3 眼敌楼。此敌楼的楼顶垛墙大部分完好，哨房的屋顶全没了，屋门垮成大豁口，两个屋窗结构大形完整。这是董家口长城能了解楼顶哨房原貌的唯一的敌楼。

▲ 河北秦皇岛有楼顶哨房的敌楼　黄东晖 摄
河北秦皇岛板厂峪长城的三十多座敌楼中，几乎都看不到楼顶有哨房屋墙的残迹，但是在板厂峪东山崖石丛中可看到一座楼顶哨房还完整的敌楼，当地人称此楼为"穿心楼"。此敌楼是座 2×3 眼敌楼，楼顶西垛墙大部分完好，没有垛口和垛孔。楼顶哨房的屋顶垮了一个大洞。哨房东面只有一个屋门。哨房西面一个屋门、两个屋窗，结构大形完整。此敌楼哨房屋墙有四块横砖的厚度，属于墙体极厚实的。"穿心楼"是板厂峪长城最完整的敌楼。

◀ 河北秦皇岛有楼顶哨房的敌楼
河北秦皇岛拿子峪长城保留着楼顶哨房的敌楼只有一座，被当地人称为"媳妇楼"，是座 3×3 眼敌楼。媳妇楼的楼顶个尖有哨房，哨房东边的敌楼东北角和东南角还各有一个梯口房。哨房屋顶有个大洞，东面一门两窗，门为平梁顶。哨房西面只有一个门，门为砖券半圆顶。敌楼只有一个楼室南门，门券石、门券柱均有石刻花纹。因有楼顶哨房，以及其楼室门的石刻花纹，此敌楼在拿子峪长城最引人注目。

479

◀ 北京昌平有楼顶哨房的敌楼

1993年居庸关长城重修时，敌楼采取多种样式。敌楼顶的哨房有硬山顶，还有十字歇山顶，或把敌楼改成箭楼。这是居庸关旅游地图标识的五号敌楼，是座石座高额3×3眼敌楼。楼顶哨房的左边有一座砖券梯顶房。在北京长城重修的敌楼中属于复杂的。

▲ 北京怀柔有楼顶哨房的敌楼

北京怀柔庄户长城在水库大坝南重修了一座砖石座中额3×3眼敌楼，并且加盖了楼顶哨房。哨房为硬山顶，木梁结构，向西有一门，门两边为窗，布局为一进三间房。在北京长城重修复的敌楼里，是尽量按老样式做的一处。

◀ 北京怀柔有楼顶哨房的敌楼

北京怀柔慕田峪长城重修的二十座敌楼里，只有五座重修了楼顶哨房。这是慕田峪长城东南起点大角楼，是石座低额3×4眼敌楼。敌楼中心室有一个通楼顶哨房的井口，无梯。哨房为木梁结构硬山顶，向北开一门，两边为栏窗，布局为一进三间房。哨房南面无门无窗。慕田峪长城是北京长城重修复的敌楼里最早重修楼顶哨房的。

第一章 有哨房或垛墙的敌楼（保存较好的敌楼）

◀ 河北滦平有楼顶哨房的敌楼　郭　轶　摄
金山岭长城重修的二十六座敌楼里只有四座重修了楼顶哨房。这是小金山楼，砖石座中额3×4眼敌楼。敌楼中心券东有一个通楼顶哨房外边的梯道，砖券梯顶房在哨房东边。楼顶哨房为木梁结构硬山顶，向南开一门，两边为栏窗，布局为一进三间房。哨房北面无门无窗。金山岭长城存有楼顶哨房的敌楼都是砖券结构的，而木梁结构的敌楼楼室芯均已塌垮，仅保留着柱础石。

▼ 天津蓟州有楼顶哨房的圆敌楼　吕　军　摄
天津黄崖关长城重修的二十一座敌楼里只有五座重修了楼顶哨房，其中关城北的圆敌楼最有特色。该楼砖石楼座，楼室有一个楼门、九个楼窗，高楼额。楼顶垛墙里有一座硬山顶哨房。

▲ 北京密云有楼顶哨房的敌楼　黄东晖　摄
北京密云不老屯镇陈家峪村东有座保存特别好的有楼顶哨房的敌楼，为砖石楼座中额3×3眼敌楼。敌楼的楼顶垛墙仅缺了半个，垛墙上有高低垛孔。在北京长城中旧有楼顶哨房的敌楼仅存两座，陈家峪村东敌楼是一座。此楼顶哨房近几年被重修。

481

▲ **重建的山西偏关虎头墩**

山西偏关城西南岗上的虎头墩作为明长城敌楼典型载入《中国古代建筑史》,以书中所画来看,大小和样式与山西代县白草口长城的敌楼差不多,只是虎头墩敌楼四周有一圈带堡门的围墙,敌楼楼顶也有一座哨房。新修的虎头墩敌楼楼室样式似是按照 3×3 眼敌楼修建的。个头巨大,楼顶哨房为三层檐、明二暗四层楼阁,楼顶为十字歇山顶。二楼每面多一个抱厦,抱厦上各有一个歇山顶凸檐。全楼共有二十个飞檐角,四十八根明柱,在明长城墩台、敌楼甚至长城关城门楼中都没如此豪华气派的,是山西长城楼顶哨房中的大手笔。

第一章 有哨房或垛墙的敌楼（保存较好的敌楼）

◀ 山西灵丘顶垛较完整的敌楼
山西灵丘荞麦茬村插字伍拾号台的楼顶哨房已全无，但垛墙大多完整。楼室部分门窗均完好。敌楼北门洞券上楼匾仍旧在，刻有"插字伍拾号台"。楼座部分亦完好。山西长城敌楼中有楼顶垛墙的敌楼非常罕见。

▶ 山西灵丘顶垛较完整的敌楼
山西灵丘牛帮口长城敌楼的楼顶哨房已坍无，但楼顶垛墙的垛牙大多完整，楼室门窗砖框亦完好。敌楼仅有的南门洞券上楼匾仍旧在，刻有"茨字拾捌号台"。楼座部分亦完好。牛帮口的三座敌楼是山西省长城敌楼里的宝贝。

◀ 山西灵丘顶垛较完整的敌楼　刘　钢摄
山西灵丘狼牙口长城里保存最好的敌楼是狼牙口关西的"茨字贰号台"。敌楼的木梁结构楼室只存外墙，楼室的门窗砖框均完整。砖石楼座风化较轻，楼匾字迹清晰，楼顶垛墙的垛牙多数保持着原始高度，对了解山西长城敌楼原貌极有帮助。

483

第六篇　忧心回望

◀ **河北涿鹿顶垛较完整的敌楼**　方　明 摄
河北涿鹿谢家堡乡羊圈村东的龙字台长城，仅存的五座敌楼里有三座还保留着楼匾。这五座敌楼的楼顶哨房全部彻底垮掉。楼顶垛墙只有龙字贰号存留程度好些。龙字贰号是中额石座3×4眼敌楼，楼座为十一层石块。楼顶垛墙四面各是五个垛牙，至少有三个牙大形完整。另外四座敌楼的楼顶垛墙都毁坏严重。

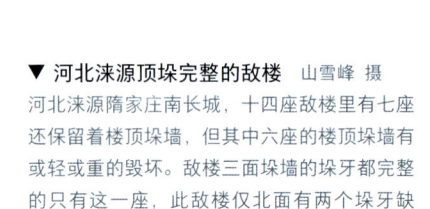

◀ **河北涞源顶垛完整的敌楼**　孟新民 摄
河北涞源石城安长城十座敌楼里两座还保留着完好的楼顶垛墙，这两座敌楼的楼匾分别刻有"插字贰拾贰"和"插字贰拾玖号台"。"插字贰拾玖号台"是座砖石座高额小4×4眼敌楼，楼室为木梁回廊中心室结构。楼顶哨房已毁，楼顶垛墙是石城安长城里最完整的。

▶ **河北涞源顶垛完整的敌楼**
河北涞源白石山长城，二十二座敌楼里只有一座还保留着较完整的楼顶垛墙。该楼为中额砖石座3×4眼敌楼，因楼顶垛墙较完整，可看到垛牙有高低两排垛孔，但楼顶哨房木结构的屋顶已无。这是白石山长城最完整的敌楼。

▼ **河北涞源顶垛完整的敌楼**　山雪峰 摄
河北涞源隋家庄南长城，十四座敌楼里有七座还保留着楼顶垛墙，但其中六座的楼顶垛墙有或轻或重的毁坏。敌楼三面垛墙的垛牙都完整的只有这一座，此敌楼仅北面有两个垛牙缺半，成为隋家庄长城最完整的敌楼。

第一章　有哨房或垛墙的敌楼（保存较好的敌楼）

▲ 河北涞源顶垛完整的敌楼　黄东晖 摄
河北涞源乌龙沟长城，十六座敌楼里有八座还保留着完好楼的楼顶垛墙，但楼顶哨房的屋顶和屋门全部彻底毁掉了。哨房平头屋墙仍在的敌楼有四座。这是乌龙沟堡西边第五座敌楼，远处是第六座敌楼。

▲ 河北涞源顶垛完整的敌楼　黄东晖 摄
河北涞源碾子沟长城，十座敌楼里有八座还保留着楼顶垛墙，其中三座敌楼的楼顶垛墙比较完整。最完整的是这个楼室门偏在靠长城内的中额砖石座3×4眼敌楼，其垛墙完整程度很高，垛墙顶的护顶分水砖居然都在，非常宝贵。

▶ 北京门头沟顶垛完好的敌楼　徐宝生 摄
北京门头沟长城壮观的地段是黄草梁长城，有三座石台和六座敌楼。若论完好，要数沿河口沟门的"沿字肆号台"了，除了没有楼顶哨房，其他楼座、楼室、楼顶垛墙都极完好。历代当权者对这座敌楼的重视与充分利用，使之得以保存至今。

▲ 河北滦平顶垛完整的敌楼　黄东晖 摄
河北金山岭长城从西五眼楼到东五眼楼，共二十五座台楼，其中有九座楼室为木梁柱结构。楼室内间全都毁尽，但楼室四壁和垛墙各有不同程度的保存。其中垛墙最完整的是东五眼楼西边的这座敌楼。此楼向东有一个楼门、一个楼窗，向北四个楼窗，向南、向西均为三个楼窗，二个楼窗下有一个楼门。垛墙完整，南北各七个垛牙，东西各四个垛牙，垛牙上有高低两种位置的垛孔。

485

第六篇　忧心回望

◀ 北京密云顶垛完整的敌楼　吕朝华 摄
北京密云白岭关长城有两座石台和十三座砖敌楼。其中四座敌楼还有楼顶垛墙，是两座2×3眼敌楼和两座3×3眼敌楼，都在白岭关门洞西边的山脊上。这座砖石楼座2×3眼敌楼不光有楼顶垛墙，垛墙里还有楼顶哨房的残山墙。不足之处是个别垛牙有损伤，垛墙的垛口底分水砖有缺。但从这里往东，北京长城楼顶垛墙完整的敌楼都达不到这个程度。

◀ 河北赤城顶垛较完整的敌楼　黄东晖 摄
河北赤城长城有完整楼顶垛墙的敌楼已找不到了。长伸地堡西的"镇虏楼"在赤城长城的完好程度可排第一。楼础虽有残缺，楼匾在，楼室、楼座都完整。楼顶垛墙的南北垛牙都全，只东西垛牙各残了半个。

▶ 河北秦皇岛顶垛完整的敌楼　黄东晖 摄
河北秦皇岛长城有完整楼顶垛墙的敌楼实在不多。平顶峪村北山坡上有座砖石座高额3×3眼敌楼，除了楼顶哨房的屋顶已毁，其他部分都在。楼顶垛墙除西面中间对着哨房的影壁垛少半截，敌楼东、南、北面垛墙的垛牙都还完整。这是秦皇岛顶垛最完整的敌楼。

▲ 河北遵化顶垛较完整的敌楼　黄东晖 摄
河北遵化长城是敌楼毁坏最严重地段之一。完整的敌楼只有洪山口村北长城内小山头上的这座砖石楼座高楼额3×3眼敌楼。唯一的楼门距地面4米多，楼门上无楼匾。楼室顶砖棱线好。楼顶垛墙上完整的垛牙还有墙顶分水砖，但南北垛墙都缺两个垛牙。敌楼表面无裂缝，楼砖酸蚀程度较轻。

◀ 河北卢龙顶垛较完整的敌楼　黄东晖 摄
河北卢龙长城敌楼大多毁坏严重。这座3×3眼敌楼在东风口东，其楼座用粗加工石块砌，门窗皆有缺损，但顶垛垛牙无缺，只零散缺砖。

▶ 河北秦皇岛顶垛较完整的敌楼
河北秦皇岛有楼顶哨房的敌楼数量多于他处，但顶垛完整的敌楼屈指可数。此楼位于罗家沟，其砖石楼座中楼额3×3眼敌楼的楼座、楼窗券有破损，楼额砖面酥化严重，但顶垛仍较完整。

▶ 陕西神木楼室完整的敌楼
明长城以甘肃嘉峪关为西端。甘肃明长城上现已找不到一座砖砌敌楼了，宁夏的明长城也看不到砖砌敌楼。陕西明长城墩台少说有几百个，但砖砌敌楼算上新修的也不超过二十座，神木大柏堡的敌楼是其中珍贵的遗存。该楼砖楼座在楼门下还有一座有梯道和梯口门的砖台，楼室除中心室木顶不存，其他部分都完整，为了解陕西明长城敌楼情况提供了实物证据。即便顶垛、哨房无存，只要楼室完整，敌楼主体就基本完整。

第二章　楼室完整的敌楼（保存一般的敌楼）

楼室完整的敌楼是指垛墙或哨房已垮完，但敌楼的楼室还完整，楼门可入、楼窗可数、楼额高低可辨、敌楼的基本特征还可以判别。以长城保存程度评定五类标准，楼室完整的敌楼排在第二类，归为保存一般类。

我们在求知长城的过程里看到的楼室完整的敌楼在所见敌楼里仍是少数。甘肃省明长城上我们没遇到过一个，陕西省明长城楼室完整的敌楼才七座，山西省明长城楼室完整的敌楼不到三十座。河北省明长城以北京市为界分河北省西部和河北省东部两大段，河北省东部楼室完整的敌楼明显多于河北省西部。北京市有明长城分布的六个行政区中，密云区楼室完整的敌楼最多，但总体看在现存的敌楼里楼室完整的敌楼比楼室损坏的敌楼少。

这些楼室完整的敌楼虽挺过了数百年风雨，但由于地处偏僻且没有任何保护装置，难免不会被损坏。有些敌楼楼室看似完整，然而楼体实则危机四伏。对任何古建筑而言，没有监测和修缮，爱护就是句空话。

第六篇　忧心回望

▼ **陕西府谷楼室完整的敌楼**　岁　宏 摄
陕西府谷新民镇龙王庙村西有一座陕西长城里保存最好的敌楼。敌楼三面各有四个楼窗，一面一个楼门居两楼窗中。楼座比楼门面宽出 3 米，宽出部分内有上下砖券梯道。楼室内开三个砖拱券，居中的拱券宽，两侧的拱券窄。楼室顶虽然垛墙无存，垛墙下每边的五个凹槽全都保留。因为龙王庙敌楼楼室完整，陕西长城敌楼的特点才得以保存。

▲ **陕西神木楼室完整的敌楼**　吕　军 摄
陕西神木水头沟村长城东有一座敌楼，神木市文物部门在敌楼旁立一石碑，称此敌楼为"花墩"。此敌楼与龙王庙村西的敌楼大小制式完全一样，不同的是围堡残墙高一些，楼门下的砖台包砖全都被挖走了，上下砖券梯道成了土沟。但此楼被神木市文物部门立石碑保护，在神木市长城有保护碑的敌楼就此一座。

▼ **陕西府谷楼室完整的敌楼**　吕　军 摄
陕西府谷转角楼村公路边有一座楼室还完整的敌楼。敌楼三面各有四个楼窗，一面有一个楼门居两个楼窗中。2009 年去看时楼门那面的楼窗和楼座都有破损。楼室内部结构与龙王庙村西的敌楼相同，但楼门下不见砖台的任何痕迹，也没有围堡。此敌楼南有一座跨堡墙的土墩台，从毁坏程度看资格比砖敌楼老。

◀ **山西繁峙楼室完整的敌楼**　刘　钢 摄
山西繁峙韩庄长城共有八座敌楼，楼室完整的敌楼才剩四座。因楼室完整，楼门上的匾亦保留，匾刻"茨字贰拾肆号台""茨字贰拾伍号台""茨字贰拾陆号台"。图为贰拾伍号，是砖石楼座低额 3×4 眼敌楼。楼室的中心室木顶板已无，砖券回廊基本完好。楼室外有楼顶和楼室地面两道砖棱线，是山西长城敌楼也有砖棱线的宝贵实物。

第二章　楼室完整的敌楼（保存一般的敌楼）

◀ 山西代县楼室完整的敌楼　黄东晖 摄
山西代县白草口村北边有一座楼室完整的敌楼。楼座为砖石材料，楼室为高楼额 3×3 眼敌楼。唯一的楼门在敌楼西面，此楼门上有砖塑仿木垂花门浮雕，可惜风化严重。楼顶垛墙全无，楼顶南北各设一个似兽头的石水嘴。因楼室完整才能看到敌楼没有楼室地面砖棱线，但有楼顶砖棱线残迹。

▲ 山西山阴楼室完整的敌楼　黄东晖 摄
这是山西山阴旧广武长城上的一座 3×3 眼敌楼。此敌楼东面与长城相接，另三面都在长城外。此敌楼唯一的楼门上有刻着"控扼"两字的门匾，门匾上有仿木垂花门浮雕楼砖刻。敌楼顶已无垛墙。楼座有两个楼窗高，砖石砌楼座，楼额有两个多楼窗高。没有楼室地面砖棱。

◀ 山西山阴楼室完整的敌楼
山西山阴新广武堡东岗上的敌楼。因楼室完整才可看到敌楼南面无门无窗，北面开三窗，东西面各有一门一窗，各带一个门台。东、西楼门上各有一块楼匾的残龛。楼顶垛墙和哨房全无。没有楼室地面砖棱。敌楼北面楼座基石已全被挖走。

▲ 山西山阴楼室完整的敌楼
山西山阴新广武堡在旧广武堡的东边长城内。新广武堡东山上的第二座敌楼是中楼额 3×3 眼敌楼。此敌楼南面与长城相接，另三面都在长城外。唯一的南楼门上的门匾已失，仿木垂花门浮雕楼砖刻被毁。敌楼顶已无垛墙。砖石砌楼座有两个楼室高。楼室西面靠南楼窗券顶塌破。没有楼室地面砖棱。

第六篇　忧心回望

▲ 河北涞源楼室完整的敌楼　黄东晖 摄
河北涞源湖海村西边长城有十五座敌楼，其中八座敌楼楼室完整。因楼室完整，可看到湖海村西边长城上 3×3 眼敌楼和 4×4 眼敌楼交替出现。这是西边第六座敌楼。楼座为砖石材料，楼室为中楼额 3×3 眼敌楼。没有楼室地面砖棱，有楼室顶砖棱残迹。楼门为砖券砌，楼门上有门匾的残砖龛，门匾丢失。敌楼北边顶砖棱上还有一个石水嘴。

▶ 河北涞源楼室完整的敌楼　黄东晖 摄
河北涞源唐子沟村西边长城有十九座敌楼，只有三座的楼室有损坏，其他十六楼室都还完整，是涞源县长城有完整楼室的敌楼分布最密集的地段之一。这是沟西山梁上的第三座敌楼。3×4 眼敌楼室门窗均完整，楼门上有门匾的残砖龛。砖石楼座无楼室地面砖棱线，有楼室顶砖棱残迹。楼顶垛墙全无。该敌楼基本体现了涞源长城敌楼的样式。

▲ 河北涞源楼室完整的敌楼　黄东晖 摄
河北涞源潘家铺村南边长城有十四座敌楼，其中十二座敌楼楼室完整，其他两座敌楼楼室立面墙和楼室顶有损伤。因保存状况较好，可看到潘家铺长城有十一座 4×4 眼敌楼。4×4 眼敌楼如此密集，这是潘家铺长城最大的亮点。

◀ 河北涞源楼室完整的敌楼　吕 军 摄
河北涞源边根梁村西南边长城有十九座敌楼，这是东沟第二座敌楼。敌楼南北楼门都小有破损，但楼室还完整。在边根梁长城的十九座敌楼中只有四座楼室完整，都是 3×4 眼敌楼。楼室不完整的 3×4 眼敌楼和 4×4 眼敌楼有十五座。边根梁长城敌楼保存程度较差。

第二章 楼室完整的敌楼（保存一般的敌楼）

▶ 河北涞水楼室完整的敌楼

河北涞水蔡树庵村西边长城总共有六座 3×4 眼敌楼、三座石砌马面，其中五座敌楼的楼室保持完整。这是北端第一处敌楼。敌楼南北楼门、楼窗都用石头造框，每个楼窗下有一个小方孔。石楼座上有一圈石板拼接的楼室地面石棱线。高楼额，有楼顶砖棱线残迹。楼顶垛墙毁坏无存。因楼室完整，可看出河北涞水长城敌楼的特点。

▼ 河北涿鹿楼室完整的敌楼　黄东晖 摄

河北涿鹿羊圈村北有六座 3×4 眼敌楼，其中五座的楼室完整，保留着楼匾的敌楼有三座。此敌楼是"龙字叁号台"。敌楼东西两面各开四个券窗，南北两面各是一个楼门、两个楼券窗。敌楼楼门采用石夯柱，楼门左右的楼窗也是石券框，并且在券石下横一石带，绕敌楼一圈，圈下楼室四角各有一个石柱。楼座全部为方石块。楼顶面砖棱还完整，无楼室地面砖棱，楼顶垛墙全部无存。"龙"字长城敌楼的特点完全因楼室完整而得以展现。

◀ 北京延庆楼室完整的敌楼

北京延庆石峡长城在八达岭古长城西边，十二座敌楼中有六座楼室完整。这是在山谷沟口长城内的 2×4 眼敌楼。因楼室完整，低楼额的特点非常明显，砖石楼座上的楼室地面石棱亦明显。虽然楼顶垛墙全部被毁尽，楼顶面砖棱残破，石峡长城敌楼的特点大致仍能体现。

▼ 北京怀柔楼室完整的敌楼　黄东晖 摄

北京怀柔大榛峪长城的十九座敌楼里有十三座楼室完整。因而可看到有 2×2 眼、2×4 眼、3×3 眼、3×4 眼、4×4 眼、3×5 眼六种大小不同的敌楼。这是大榛峪长城的一座 3×3 眼敌楼。东西两面各是一个楼门、两个楼券窗，南面三个楼券窗，北面四个楼券窗。楼室地面砖棱下的楼座全部为石块垒砌。楼顶面砖棱有残破。楼顶垛墙剩一圈垛墙根。楼额不到一个楼窗高。这是怀柔长城典型的低楼额石座 3×3 眼敌楼。

491

第六篇 忧心回望

▼ 北京怀柔楼室完整的敌楼　黄东晖 摄
这是北京怀柔黄花城水库东山梁的一座 2×4 眼敌楼。石块垒砌的楼座，楼室接长城墙头面各是一个楼门、一个楼券窗，楼室对长城内外各有四个楼券窗。楼额低至不及一个楼券窗高。有楼顶面砖棱，楼顶垛墙全无。此敌楼的特点是楼门与楼窗距离较近。同是怀柔长城的 2×4 眼敌楼，此敌楼的楼门、楼窗与大榛峪长城敌楼的完全不同。

▲ 北京怀柔楼室完整的敌楼　吕 军 摄
这是北京怀柔大榛峪长城偏东山腰的一座 2×4 眼敌楼。楼室东西两面各是一个楼门、一个楼券窗，南面、北面各有四个楼券窗。楼室地面砖棱下的楼座全部为石块垒砌，有楼顶面砖棱，楼顶垛墙残根还有垛孔。此敌楼的特点是楼门与楼窗距离较大。

▼ 北京密云楼室完整的敌楼　黄东晖 摄
北京密云孟僧郎峪长城只有两座敌楼，楼室都还完整，两座都是石楼座独门 3×3 眼敌楼。最大的特点是楼室门窗都用石头做框。敌楼门窗券石用一块整石凿成。楼窗的压柱石、窗柱石、窗台石尺寸统一，颜色相同。用石头造门窗框的敌楼，北京市长城就这么两座。因为楼室完整，才能看到敌楼的特点。

▼ 北京密云楼室完整的敌楼
北京密云古北口蟠龙山长城有二十座敌楼，其中只有两座敌楼的楼室完整。这座敌楼楼室东西两面各是一个楼门、一个楼券窗，北面有五个楼券窗，南面有两个楼券窗。没有楼室地面砖棱、砖石楼座，有楼顶面砖棱和楼顶垛墙残根。因为楼室完整才展现出敌楼的特点。

第二章 楼室完整的敌楼（保存一般的敌楼）

▶ 北京怀柔楼室完整的敌楼

北京怀柔青龙峡长城东山坡的一座楼室完整的3×3眼敌楼。在明代这里归蓟镇石塘路辖管，敌楼的样式与怀柔长城的小有不同，在明代怀柔长城为昌镇黄花路辖管。怀柔长城敌楼的楼室有楼顶和楼室地面两道砖棱，而蓟镇长城墙的敌楼，至少现存的密云长城楼室很少修楼室地面砖棱。两个镇长城敌楼变化在慕田峪长城的大角楼开始。青龙峡长城石块垒砌的楼座上已没有楼室地面砖棱。

▼ 北京密云楼室完整的敌楼

北京密云黑关北山上长城有二十六座敌楼，楼室还完整的才九座。最有特点的一座是敌楼北面窄南面宽、截面呈梯形的独门高额3×3眼敌楼。敌楼为什么要修造成这样？史料无记载。考虑到山崖顶部形状并不规则，此敌楼因地制宜，楼座占尽崖顶的每寸空间，且无墙体相连，使其易守难攻。如此看来，建成梯形应是最合理的设计。若敌楼的楼室已毁，谁能知道还有截面梯形的敌楼呢？

◀ 北京密云楼室完整的敌楼　吕　军 摄

北京密云大角峪长城西坡几有三座敌楼的楼室还完整。最靠西的是砖石楼座高额独门3×3眼敌楼。这座敌楼最大的特点是所有楼窗的壁都砌成外大内小的斜面，与其邻近的几座敌楼楼窗都未采用这种方法。因楼室完整，而证明当年敌楼的设计和施工是允许在局部有所不同。

◀ 北京平谷楼室完整的敌楼

北京平谷长城楼室完整的敌楼屈指可数。图中敌楼位于镇罗营镇南的山坡上。敌楼的楼顶砖棱和垛墙毁坏彻底，每个楼窗下都开了豁口，但楼窗券还完整，使得3×3眼敌楼仍可判断。以《明长城考实》记载平谷长城曾有敌楼五十二座来看，楼室完整的敌楼不到十分之一。

第六篇　忧心回望

▶ **河北遵化楼室完整的敌楼**　黄东晖 摄
河北遵化长城，楼室完整的敌楼除了洪山口有一座，再就是马蹄峪山顶上还有两座。其中一座在本书 454~455 页介绍过，是有砖塑浮雕的敌楼。另一座是中额砖石楼座 2×3 眼敌楼，位于有砖塑浮雕的敌楼西边山顶上。此敌楼楼室完整，却未对敌楼的楼门上做砖塑浮雕装饰，从而证明长城敌楼的建筑和装修并不要求一致。

▼ **河北迁西楼室完整的敌楼**　吕　军 摄
河北迁西潘家口长城，在水库西岸的二十座敌楼中，楼室完整的有十座。这座 3×3 眼敌楼东边是座 3×4 眼敌楼，西边是座 2×5 眼敌楼。

▲ **河北迁西楼室完整的敌楼**　吕　军 摄
河北迁西铁门关西边长城因楼室完整能看到四座 2×5 眼敌楼。敌楼规格之高，2×5 眼敌楼之密集，在其他地段长城不曾出现，也许与"铁门关"有些关系。此 2×5 眼敌楼的楼顶际砖棱线还完整，楼顶垛墙和哨房已全无，长满灌木。楼门洞券上没设置楼匾，楼室门窗亦还可辨。砖砌楼座已有部分风化。

▶ **河北迁安楼室完整的敌楼**　黄东晖 摄
河北迁安冷口关东长城的十余座敌楼中，楼室完整的敌楼才两座。楼室有破损的敌楼七座，仅剩石楼座的有七座。冷口关东长城属遭受损坏严重地段。此 3×3 眼敌楼砖石楼座上没有修室地面砖棱。楼顶垛墙和楼顶砖棱均毁坏。因楼室完整，能看到楼室西门为石料砌。楼室西门位置并不居两楼窗中间，楼室东门居两楼窗中间。

第二章 楼室完整的敌楼（保存一般的敌楼）

◀ 河北迁安楼室完整的敌楼　吕　军　摄
河北迁安长城从红峪口到白羊峪有四十多座敌楼，至少有二十多座敌楼的楼室还完整，其中2×3眼敌楼就有十四座，3×4眼敌楼才两座，这是其一。砖石楼座上没有楼室地面砖棱。楼门和楼窗都用白石垫底。楼顶砖棱和楼顶垛墙部分毁坏。敌楼西门位置并不居两楼窗中间。敌楼样式比较特别。

◀ 河北迁安楼室完整的敌楼　吕　军　摄
河北迁安长城从河流口到徐流口有二十六座敌楼，楼室还完整的才七座。此2×3眼敌楼地势位置最高，向西可看到河流口和冷口关，向东可看到徐流口和刘家口。因楼室完整，能看到是高额砖石楼座。无楼室地面砖棱，有楼顶砖棱。楼室东门有石框，无压柱石。楼顶南垛墙是梯道房的壁墙。楼室东面比楼室西面完整。楼室西面墙有两道雷电击劈的裂缝。

▼ 河北秦皇岛楼室完整的敌楼　吕　军　摄
河北秦皇岛长城从箭杆岭堡到梁家湾至少有十七座敌楼，楼室还完整的敌楼不到一半。其中有一座敌楼在本书284页介绍过。从东北角度看，敌楼北面五个券窗，东面四个券窗，是一座4×5眼敌楼。但转到敌楼西南角度看，就会发现此楼的南面是一门两券窗，西面是一门一窗。这座敌楼四面门窗总数才十四个，和3×4眼敌楼总数相等。只因为楼室完整，才会发现敌楼还可以这样设计建造。

◀ 河北秦皇岛楼室完整的敌楼
河北秦皇岛长城从界岭口到箭杆岭堡至少有三十七座敌楼，敌楼楼室还完整的不到一半。其中3×5眼敌楼有一座，其楼室西墙塌垮成豁洞。还有一座2×5眼敌楼，虽然楼顶垛墙全无，楼室东面和南面的楼窗部分损坏，因楼室完整，使其在界岭口到箭杆岭堡的敌楼中独一无二。若塌垮成片墙或砖堆，谁会想到三十七座敌楼中有一座2×5眼敌楼？

495

第六篇　忧心回望

◀ 辽宁绥中楼室完整的敌楼　山雪峰 摄

辽宁绥中长城从小河口到锥子山敌楼和敌台有十四座，楼室完整的敌楼有七座。此 2×3 眼敌楼样式很奇特，敌楼东、北、西三面均设两个券窗，南面有一个楼门距楼根岩石 3 米多。楼门内墙壁里左右各砌一个登顶梯道，梯道南壁各有一个券窗。从楼外看，券窗高悬楼门两侧，此券窗不是楼室通风券窗，而是梯道采光券窗。这在敌楼设窗中是少有的。

▶ 辽宁绥中楼室完整的敌楼

明代辽东镇长城毁坏严重，其中楼室完整的敌楼只在辽宁绥中永安堡乡蔓枝草村有几座。这里的敌楼和蓟镇敌楼外形差别不大，亦由楼座、楼室、楼顶垛墙和哨房构成，但无楼室地面砖棱和楼顶砖棱。另外，山西、河北长城敌楼的楼窗券都是以一券一伏或两券两伏齐平头砌。辽东镇仅存的敌楼窗券都是以两券无伏内顺缩头砌，而且每个楼窗都是双券沿，好似双眼皮。此特点乃辽东镇长城敌楼独有。

▲ 河北秦皇岛楼室完整的敌楼

河北秦皇岛长城夕阳口向黄土岭第九座敌楼。券窗位置与小河口敌楼样式比较接近。东、南、西三面均设两个券窗，北面有一个楼门距楼根岩石 4 米多。楼门内墙壁里左右各砌一个登顶梯道，梯道北壁各有一个券窗。从楼外看，两券窗高悬楼门两侧，几乎贴着楼顶砖棱。此券窗也是梯道采光券窗。这座敌楼还保留部分垛墙和垛牙，西面和南面楼设窗都有损坏，但楼室还完整。

▶ 河北秦皇岛楼室完整的敌楼

河北秦皇岛黄土岭长城向夕阳口数第八座敌楼，也是一座东、南、西三面均设两个券窗的敌楼。此楼北面有一个楼门紧挨着楼外的岩石。北门内墙壁里左右各砌一个登顶梯道，梯道北壁各开一窗。两券窗高悬于楼顶砖棱下，实为梯道采光券窗。这个敌楼砌筑在石崖斜坡边，从北面看，楼室门接地，似乎无楼座；从南面看，楼座比楼室还高。

▶ 河北涞源楼室损毁的敌楼　黄东晖 摄

河北涞源潘家铺北沟是长城敌楼浮字号的起点。此楼如果有门匾应是浮字柒号。敌楼对内对外都是四个楼窗。东西为一个楼门偏在三楼窗南边。楼顶南垛墙还有残垛牙。此楼楼室四面都有遭雷击产生的裂缝，以西面最重。西楼门被劈开，门券已成豁口。门下裂缝明显超过另外七条雷击产生的裂缝。敌楼的楼室已开始损坏。

第三章　楼室损坏的敌楼（保存较差的敌楼）

探索长城的过程中，最希望能遇到楼室完整的敌楼。这些敌楼向世人展示，敌楼因门窗数量组合至少有大小六类二十余种样子。岁月在敌楼上留下的种种痕迹，使很多敌楼楼室不再完整。如今，这些楼室损坏的敌楼如同受伤的战士，坚守在烽烟已熄的战地之上，静待支持和救助。

把楼室损坏的敌楼归为《长城资源保存程度评价标准》中的第三类，即"保存较差"的一类，是因为损坏已扩展至敌楼楼室。面对程度不同、大小各异的损坏，我们试着做了更细致的梳理，根据可以观察到的敌楼楼室外观损伤情况，可归纳出五种具体存留形态来阐释"保存较差"所包括的具体内容：

一、楼室外墙出现裂痕的敌楼；二、楼室芯或巷道尚存，但楼室顶垮塌的敌楼；三、楼室四壁尚存，室芯垮塌的敌楼；四、楼座完整，但楼室侧垮的敌楼；五、因楼座散塌导致楼室侧垮或多边坍塌的敌楼。

第 1 节　楼体开裂的敌楼

古人将雨天电闪雷鸣以及地震等现象视为是天神发威。明成祖朱棣在北京建皇宫奉天殿，刚刚建成就被雷劈引发的大火烧了个干净，坊间便因其篡位而传说这是天意。当年修长城的人并不具备相关的科学知识来应对此类自然灾害，而位于地势高处的长城敌楼，地震时常在劫难逃，雨季时更易遭雷击。

顶不住雷击与地震的敌楼早已塌垮。迄今屹立的敌楼，既是上天眷顾，也必是建筑质量相当不错。然而雷击、地震后的墙体裂缝久经雨水浸泡，虫啃草噬，牢固已无从谈起，塌垮只是时间问题。

按理说，楼室、楼座俱存，应视为"保存一般"的敌楼。然而这些敌楼看似完整，出现裂缝却提示着楼体已进入危险状态。如今人们对雷暴、地震灾害有了科学的解释，也掌握了防治的手段。有雷击或地震裂缝的敌楼急需安装避雷设施并进行加固，而裂缝应用石灰膏填补。至于没有裂缝的敌楼，条件许可的话，也应安装避雷设施或检查地基，防患于未然。

◀ **北京密云楼体开裂的敌楼**　严共明 摄
北京密云蔡家甸东沟长城上有二十二座敌楼，其中楼室完整的才四座，有十二座敌楼都只残留楼座。这个楼室完整的敌楼西侧可以见到三条贯穿楼室的裂缝，无论这些裂缝的出现是何种原因，安装避雷装备并对该楼进行加固显然都具有迫切的必要。

▲ **北京怀柔楼体开裂的敌台**　黄东晖 摄
这是北京怀柔大榛峪长城西大楼到大榛峪口门之间的一座残台。残台南门尚完整，台西边已塌垮。南门外墙有三道雷击裂缝，最大的一道裂缝不仅贯穿砖墙和基石，就连基石石块都被劈开。从错开的台顶砖棱线可看出保留垛墙的一边因基石破碎而下沉。破碎的墙体无言地证明着雷电巨大的摧残能力。

第三章　楼室损坏的敌楼（保存较差的敌楼）

▲ 河北赤城楼体开裂的敌楼　明晓东 摄
河北赤城小庄科长城上的"盘道界楼"因敌楼南面唯一的楼门上有一块石匾上刻"盘道界楼"四个大字而得名。敌楼东西两面各开四个楼窗，北面开五个楼窗，南面一门居四窗中，因楼室完整可看出门窗总数有十八个。让人心痛的是，敌楼东面偏北有一条上下贯穿的状似雷电击劈的裂缝，敌楼西面偏北亦有两条上下贯穿的裂缝。作为赤城唯一的4×5眼敌楼，这件长城珍品急需安装防雷防震的保护性措施。

▲ 山西偏关楼体开裂的敌楼　罗　宏 摄
在山西偏关长城上，我们只看到五座存有楼窗的敌楼，但这些敌楼楼室都有部分损坏。其中体量最大的要算柏杨岭村北边的敌楼。此敌楼东、北、西三面都破垮，只有南立面还保持大体完整。四个楼窗中左边两个向下破损，右边两个向上破损。平整的石砌楼座上有两条雷电击劈的裂缝。在开阔的平缓山坡上，没有避雷装备大敌楼肯定还会被雷电击劈。

◀ 山西山阴楼体开裂的敌楼　黄东晖 摄
山西代县白草口向东到山阴新广武的长城上有二十座敌楼，有六座楼室还完整，其中四座楼室门上有石匾，此为"天山"楼。因此楼地处位置高，被雷电击劈的概率比低处敌楼要高。雷电从敌楼东面发威，穿墙到敌楼北面，将敌楼东北角劈开。敌楼北面左窗上边还有一道击劈裂缝。看似楼室完整的敌楼其实已被雷电切开多处，如不进行加固保护，即坏塌塔只是早晚的问题。

499

第六篇 忧心回望

▲ **山西山阴楼体开裂的敌楼** 山雪峰 摄
山西山阴新广武南门大关楼楼座下开有可三马并行的大门洞。敌楼楼室北面外墙塌，垮露出楼室内券。楼室南面原为一门两窗，东面、西面各设三窗。楼室东面左窗上下有条贯穿楼室及楼座立面的雷劈裂缝，其左还有一条稍短的裂缝。由于此楼高于周围建筑，易招雷电，可推测敌楼塌垮的北面外墙亦是被雷电击劈的结果。

▲ **山西灵丘楼体开裂的敌楼** 山雪峰 摄
由山西灵丘狼牙口到繁峙的龙泉关长城上，敌楼以"茨字壹号"排到"茨字叁拾柒号"，其中楼室完整的敌楼有十二座。灵丘下关乡铜碌崖村有两座敌楼。沟东偏南，楼顶塌垮的2×4眼敌楼是"茨字柒号台"。沟西偏北，楼顶还有残存垛墙的3×3眼敌楼是"茨字捌号台"。该敌楼只在西面有一个楼门，门上有一块楼匾，字迹模糊。门下有一条贯穿楼座的裂缝。敌楼北面偏左还有一条上下贯穿并转到东墙的裂缝。

◀ **河北涞源楼体开裂的敌楼** 钱琪红 摄
在河北涞源白石山长城上，从原共青团林场到石窝村的十一座3×4眼敌楼里，只有两座楼室塌垮过半，有一座是残楼座，其余八座的楼室都还完整，因此白石山是楼室完整的敌楼占多数的地段。八座敌楼中，地势越高的敌楼被雷电击劈的裂缝就越多。此楼东西两面各有四条从楼顶砖棱向下的被雷电击劈的裂缝，而其楼顶垛墙损毁也极可能与雷击有关。

第三章 楼室损坏的敌楼（保存较差的敌楼）

◀ 河北涞源楼体开裂的敌楼　山雪峰 摄
河北涞源潘家铺北长城是敌楼门匾开始刻"浮"字号台的起点。按位置判断，此楼门匾上刻应是"浮字叁号台"。在由此到"浮字拾叁号台"的敌楼中，数这个敌楼保存最完整。该楼楼室四面楼顶垛墙还存有垛牙，但楼室南面有多处遭雷电击劈的裂缝。虽然此楼所在地势并不特别高，因其楼室完整到还有垛牙，又没有避雷设备，敌楼就成了雷电展示威力的场所。

▼ 河北涞源楼体开裂的敌楼　严共明 摄
从河北涞源乌龙沟向西，长城敌楼门匾先以乌龙沟的"乌"字排序，此敌楼位于唐子沟村西山的探楼西侧，是乌龙沟以西第四十一座敌楼。敌楼东面一门两窗，北面一门三窗，南面、西面都是四窗。虽然楼顶砖棱已毁，楼室还完整。敌楼西南角楼室砖砌部分被雷电从上向下砍去一角。雷电击掉一角的敌楼极难修复，而若安装避雷设备，费用肯定比修复敌楼的费用少。

▼ 河北涞源楼体开裂的敌楼　黄东晖 摄
河北涞源唐子沟向西，长城敌楼从"乌字伍拾叁号台"排到"乌字柒拾壹号台"，有十五个楼室还完整，但其中七座敌楼的楼垒都有雷电击劈的裂缝。根据已发现的敌楼门匾推算，此图是"乌字陆拾贰号台"，是为数不多的还有楼顶垛墙、券窗的敌楼之一。乌字陆拾贰号敌楼的雷击裂痕是这七座敌楼中最重的。

501

第六篇　忧心回望

◀ 河北怀来楼体开裂的敌楼　严秋白 摄
长城从河北怀来镇边城向西，以山险与北京门头沟沿河城长城相接。从镇边城向东，则是怀来横岭长城。这段长城上如今只能看到两座还有楼室外墙的敌楼，其他都已毁成残楼座。仅存的两座敌楼中，靠北的一座2×4眼敌楼的西面和北面都塌成砖堆，只有南面还保持着完整的垛墙。但分布在南墙的雷电击劈的裂缝预示着此敌楼南墙已危在旦夕。

▶ 河北怀来楼体开裂的敌楼　山雪峰 摄
河北怀来横岭长城西与镇边城长城相接，东与昌平长峪城长城相接。这段长城的东头高点是长峪城北山尖的高楼。横岭长城敌楼损毁严重，只在高楼西还可看到四个楼室残破的敌楼，这是其中之一。该敌楼室顶已无，楼室西面被雷电击劈的裂缝大小可数出七条。

◀ 北京延庆楼体开裂的敌楼　黄东晖 摄
北京延庆石峡长城西接怀来陈家堡，东与北京八达岭古长城相接，这段长城的十二座敌楼中有六座楼室完整。这是在石峡山谷公路东的残2×4眼敌楼。砖石楼座上的楼室地面砖棱只到楼门边。楼门砖券上就是楼顶面砖棱，低楼额的特征非常明显。可惜敌楼只存东、北两面。东面楼窗下三条雷击裂痕导致楼室东墙和北墙裂开，保护此敌楼的迫切需要是安装避雷设备。

第三章 楼室损坏的敌楼（保存较差的敌楼）

◀ 北京密云楼体开裂的敌楼　王盛宇 摄
北京密云高岭镇界牌峪长城西接水石浒长城，东与北京密云古北口卧虎山长城相接。这段名气最大的"八大楼子"中实际已没有一个楼室完整。这是在界牌峪北山最高处的敌楼。楼室三券道只存东南边的半个，敌楼西面有两个窗券尚完整，其余窗券均有不同程度破损。

▶ 河北迁安楼体开裂的敌楼　刘民主 摄
长城从河北迁安红峪口经马井子、石门剞白羊峪。四十多座敌楼中，至少有二十多座敌楼的楼室还完整，其中2×3眼敌楼就有十四座，而3×4眼敌楼才两座，此为其中一座。敌楼砖石楼座上没有楼室地面砖棱。楼门用白石垫底，门离地面5米多。敌楼南面中窗上下有贯通的雷击细缝，右窗上下贯通的雷击裂痕比中窗的大，楼门左侧的缺损应该也是雷电击劈的结果。此楼所处地势高峻陡峭，免不了成为雷电的目标。

◀ 北京密云楼体开裂的敌楼　马　骏 摄
北京密云黑关北山上有二十六座敌楼，而楼室完整的还有九座。此敌楼是从黑关北山数过来的第十五座敌楼。敌楼南、北面都有雷击裂痕，北面尤甚。敌楼北面左窗上有一条上下贯通的雷击细缝，中窗上下贯通的雷击裂缝则是直接劈开楼室，导致敌楼已开始向四面斜散，塌垮已成定局。

第六篇 忧心回望

◀ 北京怀柔楼体开裂的敌楼　黄东晖 摄
北京怀柔大榛峪的十九座敌楼中有十三座楼室完整。在此段长城上可看到六种因楼窗多少而大小不同的敌楼。在楼室完整的敌楼上也发现了雷击裂痕。这是其中一座 3×3 眼敌楼。楼南、北两面各是一个楼门、两个券窗。东、西两面各是三个楼窗。比此楼地势高的邻近敌楼已塌成砖堆，应与雷击有关。而比此楼地势低的邻近 3×4 眼敌楼尚未发现有雷击裂痕。此楼几近完好的楼南垛墙也分布着两细一粗三道雷击裂痕。此楼再遭雷击的概率不低。

▲ 辽宁绥中楼体开裂的敌楼
辽宁绥中锥子山向东第三座敌楼比第一座敌楼完好。敌楼东面、南面各开两个楼窗，西面只有一个楼门。北面设三个楼窗。2014 年辽宁省文物保护部门对二号和三号敌楼做了修复，对敌楼西面楼门破损裂痕都进行了补平，对每个楼窗的缺砖进行了补齐，但对楼室东外墙的多道雷击裂痕置之不理，敌楼也没安装避雷设备。

▲ 辽宁绥中楼体开裂的敌楼　黄东晖 摄
辽宁绥中锥子山向东第一个敌楼的北面半个楼室已塌垮。楼南面有间砌在崖石顶的小院，院东开一个小门。敌楼的东面有两个楼窗，楼额正中有一块石匾，因石质风化，所刻的字迹已无法辨认。敌楼的左窗上、右窗下，砖面上分布着多道雷击裂痕。辽宁长城的砖砌敌楼所剩无几，类似的损坏亟待文物保护部门重视。

▶ 河北秦皇岛楼体开裂的敌楼
从河北秦皇岛夕阳口向黄土岭的第五座敌楼是座残破 3×3 眼敌楼。敌楼西面有一个垮了一半的楼门，东面偏南的两个楼窗垮成了一个大洞。敌楼北与长城墙体相接，南面楼根下是长城墙头。敌楼南面分布着多道雷击裂痕，与楼西楼东塌垮成洞相比，敌楼南面还算完整。但再有雷电击劈，这面分布着裂痕的南墙又能挺立多久呢？

第 2 节　楼室顶垮的敌楼

敌楼楼室结构可按建筑材料分为木柱梁架顶、砖券顶、木梁砖券结合顶三类。木柱梁架顶可细分为木柱木梁顶和砖砌楼中心室墙木梁顶。砖券顶可细分为巷道砖券顶和中心室回廊砖券顶。木梁砖券结合顶可细分为中心室木梁架顶与回廊砖券顶结合顶、中心室木梁架顶与四伸砖券洞结合顶。

敌楼楼室顶塌垮是指敌楼顶垛墙和敌楼楼室楼窗以上部分因建筑质量、自然因素、人为因素而垮掉。敌楼楼室顶垮失，常常使判断敌楼内部结构类型缺少关键依据，也给了解长城敌楼造成了直接知识缺憾。但敌楼的楼础、楼座以及楼室楼窗下半截都还完好，敌楼的楼窗、楼门也还可查可数。

楼顶塌垮后，碎砖淤堆在楼室巷券里，或者被人取走，但这在楼室损坏的敌楼里尚属状况较轻的。从保护修复的角度看，类似的工程不必彻底复建敌楼，而是可以在清理淤土后，在现状基础上加固，不但工作量相对较小，也可达到"修旧如旧"的效果。

◀ **河北涞源楼室顶垮的敌楼**　王盛宇 摄
河北涞源边根梁南十九座敌楼里有六座敌楼的楼室顶垮掉。这是南山梁上的第十八座敌楼。这座 3×4 眼敌楼的楼窗、楼门都完好，但从楼顶砖棱线以上却被拆去。敌楼回廊和中心室拱券全无。楼面立面整齐，楼室砖面无风化雷击痕迹。砖石座上无楼室地面砖棱线。这是楼室顶垮程度较轻的敌楼。

▲ **山西灵丘楼室顶垮的敌楼**　黄东晖 摄
山西长城在灵丘县潘家铺村南还保留三座敌楼。沟东的 3×4 眼敌楼楼芯垮。沟西北边 3×4 眼敌楼的楼顶东南角破垮。沟西南边的 3×4 眼敌楼砖石楼座和楼室地面砖棱都很完整，楼室顶却已全垮。敌楼北面的四个楼窗砖券全豁开，初看以为是四个垛口。楼室窗内被碎砖堆满。这是楼室顶垮程度比较严重的一座。

第六篇　忧心回望

◀ 河北涞源楼室顶垮的敌楼　马　骏 摄
以"插字"编序号的敌楼是从河北涞源白石山开始，向西到山西灵丘荞麦茬村，楼匾刻字排序到"插字伍拾贰号"。"插字叁号"是二十八号以前唯一还有楼匾的敌楼。3×4眼敌楼的楼窗、楼门都完好，但敌楼回廊和中心室顶拱券全无。楼室地面砖棱线完好，楼室顶砖棱线砖有部分损坏。回廊和中心室落砖堆得有半人高。这是楼室顶垮程度最轻的敌楼。

▶ 河北涞源楼室顶垮的敌楼　黄东晖 摄
河北涞源杨家庄西山长城的十一座敌楼里只有三座敌楼的楼室完整，另外八座敌楼残破各异。这是从浮图峪数过来的第五座敌楼。敌楼楼室似乎被横扫过，3×4眼敌楼的楼窗砖券大多开豁。敌楼券道砖拱顶全无，券道被落砖碎渣淤满。这是楼室顶垮程度比较严重的敌楼。

◀ 河北涞源楼室顶垮的敌楼　马　骏 摄
河北涞源边根梁南十九座敌楼里有六座敌楼的楼室顶垮掉。这是南山梁上的第十六座敌楼。砖石座上无楼室地面砖棱线。4×4眼敌楼的楼窗砖券大多开豁，敌楼回廊和中心室被落砖淤满，敌楼从楼顶砖棱线以下被拆开。这是楼室顶垮程度比较严重的敌楼。

第三章 楼室损坏的敌楼（保存较差的敌楼）

◀ 河北怀来楼室顶垮的敌楼　王 虎 摄

河北怀来从水头村圆城到黄台子村高楼是内长城毁坏最严重的地段之一。这是高楼西的一座残破3×4眼敌楼。敌楼内外四个楼窗砖券以上的砖被扒得坑坑洼洼，楼室顶全毁，楼窗南北外墙的砖被扒走。即便如此残破的状态，但在这段长城线上它还是有个残楼室的敌楼呢。从此楼向西敌楼多为楼座的残芯堆，当年楼座上的敌楼什么样，完全无法看出。

▼ 北京密云楼室顶垮的敌楼　宇 鸣 摄

北京密云营房台长城的十五座敌楼里只有一座敌楼楼室完整，余下顶垮的敌楼有四座，其他都毁成石台状残楼座了。这是从南大岗梁顶排序下来的第七座敌楼。能看到楼南是一门两窗的残痕，楼室顶从楼窗腰部垮掉，敌楼券道长满荒草灌木。这是楼室顶垮程度最严重的敌楼。

▼ 河北迁西楼室顶垮的敌楼　黄东晖 摄

河北迁西喜峰口水库北岸长城唯一的3×3眼敌楼楼室顶垮得只差一层楼窗砖券就开豁了。楼室的三个巷道拱券顶被拆平。楼室巷道的落砖不多，应是被搬走以作他用。此敌楼的楼室顶垮尽，但四面各有几个楼券窗还可辨认，敌楼的特征还在，这是不幸中的万幸了。

▼ 北京密云楼室顶垮的敌楼　黄东晖 摄

标准的1×2眼敌楼我们只看到三座，都在北京密云不老屯镇。有一座在西坨古村北山上，是座楼室顶垮的敌楼。从敌楼外看，楼窗都有些损坏，楼垒还完整。从敌楼内看，中心柱壮已无，楼室顶已垮成一个大洞。落砖从楼室里堆到已破开为豁洞的楼门外。这座标准的1×2眼敌楼还能坚持多久？谁都不敢说。

507

第六篇　忧心回望

▶ **河北迁安楼室顶垮的敌楼**　山雪峰 摄
河北迁安白羊峪长城南有一座楼室顶垮了的 2×5 眼敌楼。楼室南北的五个楼窗都很完整，楼室内巷墙还在，但两个巷通道拱顶都垮完了。楼室西面楼门已垮成一个大豁口，楼室东面也是一个大豁口。白羊峪长城就这么一座 2×5 眼敌楼，以其大小和位置都为了解长城敌楼的设置提供了宝贵的资料，可是以现在的状况，这座敌楼还能保持多久？谁也没把握。

▲ **河北卢龙楼室顶垮的敌楼**　孟新民 摄
在楼室顶塌垮的敌楼中，按巷道拱顶垮塌的不同程度又可再细分。此 3×3 眼敌楼位于河北卢龙大石近，楼西面因保存完好，可发现三个楼窗中间的大，两边的小。此楼南墙两个楼窗破成一个大豁口。南边巷道拱顶垮塌，中券和北券巷道拱顶还在，楼室顶垮了三分之一。这是座楼室顶垮程度较轻的敌楼。

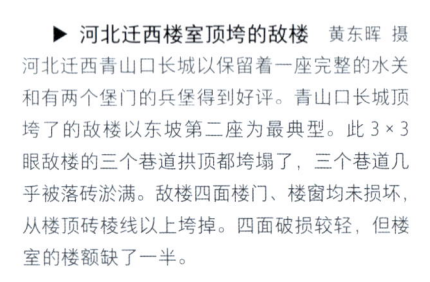

▶ **河北迁西楼室顶垮的敌楼**　黄东晖 摄
河北迁西青山口长城以保留着一座完整的水关和有两个堡门的兵堡得到好评。青山口长城顶垮了的敌楼以东坡第二座为最典型。此 3×3 眼敌楼的三个巷道拱顶都垮塌了，三个巷道几乎被落砖淤满。敌楼四面楼门、楼窗均未损坏，从楼顶砖棱线以上垮掉。四面破损较轻，但楼室的楼额缺了一半。

◀ **河北秦皇岛楼室顶垮的敌楼**　吕 军 摄
河北秦皇岛梁家湾北坡东头楼室顶垮了的敌楼，垮塌部分蔓延到三面的楼窗，得根据残窗根才能判断出这本是座 3×3 眼敌楼。因巷道拱墙还在，远看敌楼如同一个碎砖堆。只因砖石楼座还完整，整体损坏程度还划分在楼室顶垮的敌楼一类。这是座楼室顶垮很严重的敌楼。

第三章　楼室损坏的敌楼（保存较差的敌楼）

第3节　楼室芯塌垮的敌楼

楼室芯塌垮与楼室顶塌垮的敌楼都没有楼顶哨房和楼室顶棚，只是前者塌垮的顶部垛墙还偶有存留。但若从内部来观察的话，这两类敌楼还是截然不同的。

楼室顶塌垮的敌楼最明显的特点是楼室内还存有巷道残墙。这类敌楼大多是砖券顶的，券顶塌落导致楼内巷道里渣土碎砖淤积。从楼外低处仰看楼室顶塌垮的敌楼，仍可见楼窗内的残墙结构。

楼室芯塌垮的敌楼内则不同。众所周知，与外墙受到的侵蚀破坏相比，敌楼内部砖结构通常更易保存，所以楼体存而楼芯塌垮的多是楼内结构靠木柱木梁架顶的敌楼。木质柱梁容易焚毁朽烂，塌垮之后，敌楼内部就变成了"露天小院"，四面只见室墙和楼窗，结构单薄。因木构毁失，楼室内淤积不多。若是同样从楼外低角度观察楼室芯塌垮的敌楼，楼窗内常可见天空与阳光透射，显得岌岌可危。

◀ 山西灵丘楼室芯塌垮的敌楼　山雪峰 摄
山西灵丘狼牙口长城关门外有两座敌楼。偏南的敌楼有匾，刻着"茨字贰号台"五个字。偏北的敌楼唯一的东门破豁，石匾丢失。以茨字叁号在更远的南边来判断，此楼应是茨字壹号。从敌楼西南外边看是座楼室完整的4×4眼敌楼。从敌楼东北塌垮处看，楼室顶和楼室芯全无，敌楼里如同是一间大屋，荒草遍地看不到柱础，西面墙上有垛墙残根。

▼ 山西灵丘楼室芯塌垮的敌楼　黄东晖 摄
山西灵丘浦家铺村南有二座敌楼。山东的3×4眼敌楼不光楼室顶塌，楼室芯也垮得很彻底。敌楼东面唯一的东门和北边楼窗垮成一豁缺，楼室内长满荒草，楼门下的楼室地面砖棱线亦被挖断。其毁坏程度超过狼牙口茨字壹号。

第六篇　忧心回望

▲ 北京门头沟楼室芯垮的敌楼　吴　凡 摄
在北京门头沟洪水口村长城，沿山沟筑有两座小4×4眼敌楼。靠南边的敌楼比较完整，不仅楼顶砖棱还在，楼室拱券都无缺，敌楼唯一的东门上有石匾，刻着"沿字拾贰号台"六个字。靠北边的敌楼则楼顶、楼室芯塌垮严重，敌楼三面的楼窗也被拆成了大洞，只有石砌的楼座规整完好。同一座敌楼的下半楼座与上半楼室好坏对比反差强烈。

▶ 河北赤城楼室芯垮的敌楼　黄东晖 摄
河北赤城后城镇上堡村东有一座6×8眼敌楼。楼室上下二层，上层四面都是四个方楼窗。下层南有一个楼门距地面近3米高，楼门左右各一个方楼窗，东、西面各开两个方楼窗，北面有四个方楼窗。楼室内为木梁、木柱结构，早已塌垮。在楼室内淤土碎砖里生长的树木已长成超过楼室顶垛墙的高树。

第三章　楼室损坏的敌楼（保存较差的敌楼）

▲ 北京怀柔楼室芯垮的敌楼　黄东晖 摄

北京怀柔神堂峪村到莲花池村长城上的敌楼有十九座。其中楼顶垛墙大部分完好的有十座，垮掉只剩石块楼座的有三座，无楼顶、楼室芯垮、敌楼侧半垮的有六座。这是神堂峪村南路边第一座敌楼，楼顶、楼室芯塌垮，偏南的六个楼窗尚未垮开，其他楼门、楼窗都垮成豁口，楼室芯拱券墙渣砖被搬走。与邻近山座完好的敌楼相比较，可判断此敌楼塌垮是人为拆搬的结果。

▶ 北京密云楼室芯垮的敌楼　海长勇 摄

北京长城 6×6 眼敌楼只有两座，都在密云古北口附近。这是蟠龙山长城东的 6×6 眼敌楼。敌楼完整的西面和南面各是六个楼窗，按上三下三布设。虽然每面六个楼窗，敌楼实际楼宽与 3×3 眼敌楼差不多。此楼现状是楼北仅存靠西下边的一个券窗，楼东面仅存靠南的上下两窗。楼南面和楼西面垛墙的垛牙都一点儿不缺。敌楼内部用木柱、木梁架设。现木结构已毁，楼室内已垮，只存楼外墙，看上去如同一个少了两面的空盒。现在此楼已被有关部门做了保护，焊了大铁架，把楼室西墙、南墙给锔上了，但没安避雷设备。当地居民称此楼为"二十四眼楼"。

◀ **北京密云楼室芯塝的敌楼**　马　骏　摄

北京密云黑关北山上长城有二十六座敌楼，楼室还完整的才九座，楼室芯塌塝的有两座。位置靠东的是座 2×4 眼敌楼，不仅楼室芯塌塝，敌楼西面破成大豁口，北面只有两个楼窗完好，另两个也破豁。敌楼就像以天空为顶，碎砖堆满楼室，野草灌木恣意抢占地盘。

▲ **北京密云楼室芯塝的敌楼**

北京密云从里仓峪到东坨古长城有十五座敌楼，敌楼楼室完整的有八座，顶塝的敌楼有四座，其他都毁成坟堆状残楼座了。这是从东山梁顶排序下来的第六座 3×3 眼敌楼。敌楼南是一门两窗，楼门右边楼券窗小破，楼门左边楼窗券破成大豁。楼室的三道拱券墙塌塝，敌楼内碎砖淤土堆满拱道。巷道拱券在荒草里露出券顶，淤土上灌木密集。从外面看敌楼还有个模样，从里面看则是矮墙危壁。这也是楼室顶塝程度最严重的敌楼。

第三章　楼室损坏的敌楼（保存较差的敌楼）

▶ 河北迁西楼室芯垮的敌楼　郭　轶　摄
河北迁西青山口长城西坡高处的 2×4 眼敌楼不光顶垮芯塌，东西楼窗也破成豁口。因敌楼北四个楼窗完好才可辨认它是座 2×4 眼敌楼。敌楼东门垮成大豁口，西门楼额雷击裂痕数条。敌楼里已无拱券痕迹，只存楼室断壁残垣。敌楼西面塌垮是早晚的事。

▲ 河北迁西楼室芯垮的敌楼
河北迁西城子岭长城在擦崖子长城和大岭寨长城之间。城子岭长城南有两道墙，东一道石墙上无敌台、敌楼；西一道石墙上有七座敌楼，其中楼室完整的有两座，楼室顶芯塌垮的有两座，还有三座只存残楼座。这是城子岭长城南道第二个敌楼。敌楼东、西两面各四个带石窗台的楼窗，南面一门二窗，北面一门三窗。北门石框缺了半个。楼室拱券塌垮，被落砖淤满。南面门窗残破无券顶，只存残根。

513

第六篇 忧心回望

▶ **河北迁西楼室芯垮的敌楼** 吕 军 摄
河北迁西潘家口水库西到爬虎堂村长城上的敌楼有二十一座，其中保存楼顶垛墙、楼室顶和楼室芯的敌楼有十二座；淹没在水库里的有两座；垮掉只剩石块楼座的敌楼有三座；无楼顶、楼室芯垮、敌楼侧半垮的敌楼有三座。这是水库西第六座高额 2×3 眼敌楼。敌楼西南两个楼窗到楼顶垛墙垮成大豁口，楼室拱券塌成砖堆。远看此楼耸立在山崖尖，进到楼里只见荒草乱砖，破败不堪。

▼ **河北遵化楼室芯垮的敌楼**
河北遵化后杖子口到罗文峪长城上的敌楼才有五座，楼室全都破损塌垮，没有一座楼室完整的敌楼了。其中以后杖子口东的 3×4 眼敌楼最大，但是此楼无楼顶，楼室芯垮塌，被灌木挤满。只有敌楼西面三个完好的楼窗和一个破豁楼窗还能拼凑出当年的姿态。

第三章 楼室损坏的敌楼（保存较差的敌楼）

◀ 河北迁安楼室芯垮的敌楼　山雪峰 摄
河北迁安冷口关堡向大龙庙村的长城上可数出敌楼十二座。楼室顶完好的两座；楼室顶垮、楼室芯塌、楼室外墙垮的破敌楼四座；垮得难以判断有几窗的残敌楼四座；垮剩楼座残堆的两座。此为从冷口关堡向西数第五座敌楼。敌楼南面三窗，东西面各一门三窗。敌楼顶垮芯塌，敌楼北面塌垮无窗，东面楼窗也破成豁口。这是座楼室芯塌垮的破敌楼。

◀ 河北秦皇岛楼室芯垮的敌楼　马 骏 摄
河北秦皇岛长城从青山口关沟向西的第六座敌楼，是座无楼室顶、楼室芯塌垮的 3×4 眼敌楼。敌楼西面已垮得门窗俱无；东面楼门有损坏，两个楼窗破垮成豁口；南面四个楼窗有三个完好；北面四个楼窗上保留的两个垛墙券眼为秦皇岛长城唯一的存留。这是个保留独特垛墙券眼、楼室芯塌垮的破敌楼。

▼ 河北迁安楼室芯垮的敌楼　黄东晖 摄
河北迁安白羊峪向红峪口长城第七座敌楼，也就是"神威楼"西边高处的那座破敌楼，是座楼室为木梁柱结构的 3×4 眼敌楼。虽然楼顶垛墙全无，楼室木梁柱结构无存，东西楼门垮成大豁。这样破损程度的敌楼在白羊峪长城上还算是个有模样的敌楼，比邻近白羊峪堡的四个毁坏成残堆状的敌楼石座要好多了。

515

第六篇 忧心回望

◀ 河北迁安楼室芯垮的敌楼　黄东晖 摄
河北迁安白羊峪神威楼西边高处的第三座破敌楼，是座楼室砖拱券结构的 2×4 眼敌楼。楼室顶拱券塌垮，楼室顶垛墙还存有西边两角，敌楼北面四个楼窗顶亦有损坏，东面塌垮全无。但以敌楼南面只有一个楼门而无楼窗、敌楼西面两个楼窗用白色条石作梁来看，足以证明白羊峪长城敌楼的形态多样。

▶ 辽宁绥中楼室芯垮的敌楼
辽宁绥中锥子山南到九门口，长城敌楼垛墙垛牙最整齐的是锥子山南第三座敌楼。可惜此楼无顶，楼室木梁柱结构芯塌垮。敌楼南北楼窗以上部分均破成大豁，西面一门两窗。敌楼东面四个楼窗不水平，中间两窗高，外侧两窗低，这种安排很少见到。破敌楼虽无顶无芯，保留的部分还能证明长城敌楼的形态丰富多样。

▼ 河北滦平楼室芯垮的敌楼　黄东晖 摄
金山岭长城木梁柱结构的敌楼少说也有十三座，目前修整了四座，但楼室木梁柱未复建。此敌楼是在西五眼楼西边的 3×4 眼敌楼。垛墙的垛牙修补整齐，还安装了监控设备，地面落砖被清扫归堆。楼室木柱的柱础、木柱在室墙上的窝槽都显露清楚。空荡的楼室也有一种沧桑的感觉。

第三章 楼室损坏的敌楼（保存较差的敌楼）

第 4 节 楼室侧垮的敌楼

评判"保存较差"的敌楼时，我们把楼室损坏的程度按"楼体出现裂缝——楼室顶塌——楼室芯塌垮"的顺序排列，是以敌楼空间高度递次损降。在前三种情况中，敌楼的空间宽度以及楼室的外墙四角尚存。

本节所述"保存较差"的第四种是楼室的空间宽度亦出现严重的毁塌。截面原为方形的敌楼，由于楼室一侧塌垮，楼室原本的四个外角出现缺失。这样的敌楼从一个角度看楼室还完整，楼额高低、楼窗数量均可辨认。但换个角度看，楼室却窗破墙塌，像被斜着砍去了一半。

楼室一侧塌垮的敌楼不在少数，虽归为一类，其坍塌的形态与毁坏程度却各不相同。可以肯定的是，这类敌楼的损毁程度肯定超过了前面三种敌楼。这类敌楼的存在也给长城保护提出了难题，是将其拆除重建？还是在现状上加固，定格长城经历了四百年风雨后的实际状态？无论采用哪种方式，请别让还未塌垮的楼室部分在不闻不问的搁置里塌光垮完。

◀ 河北涞源楼室侧垮的敌楼　　吕　军　摄

河北涞源口子沟在边根梁东，长城上的六座敌楼位于南高北低的山梁上，位置最低的敌楼毁坏最严重。敌楼楼室东面三个楼窗完好，南面唯一的楼门和东边楼窗亦完整。从楼门西边楼窗到楼室西北两面都塌垮成砖堆，楼室仅存东南半个角。敌楼毁坏程度要超过楼室芯塌垮的敌楼。但从楼室残存部分还能看出这是座高楼额 3×3 眼敌楼。

▲ 河北涞源楼室三面垮的危楼

河北涞源边根梁长城上位置最高的敌楼毁坏最严重。敌楼楼室三面都塌垮，只敌楼南面墙保持完整。楼室南面四个楼窗都完好。敌楼中心室顶虽垮，四边拱券还在，从楼室残存拱券还能看出这是座高楼额 4×4 眼敌楼。用极规矩的方石砌的石楼座被雷电劈开深深的裂痕。因看楼匪的凿坏，加猪继续塌垮是早晚的事。

第六篇　忧心回望

◀ 山西偏关楼室侧垮的敌楼　罗　宏　摄

在山西偏关长城上只见到五座砖楼，都是残破的敌楼。其中阳湾子西沟的破敌楼在《明长城考实》一书1986年拍的照片里还是座完好的敌楼。书中介绍此楼有楼门砖雕花，有楼匾，刻有"平胡墩"三个大字。我们2005年见到此楼时，敌楼南面回廊拱券已垮，楼门砖雕花亦被毁。楼匾破碎落在地上，只有刻着"平"字的半块。若不是华夏子1986年拍的照片，谁会想到几百年都挺过来了的敌楼，却在这近二十年中坚持不住了。

▲ 山西偏关楼室三面垮的敌楼　罗　宏　摄

山西偏关长城的五座残破敌楼里，柏杨岭的破敌楼体积最大，是座高楼额4×4眼敌楼。敌楼四面只南面损坏略小，但南面的四个楼窗都有破损。敌楼北面残存三个楼窗内券，东面残存一个楼窗外券，西面从窗内回廊拱券齐根塌垮。此楼本有个九窑十八洞楼的美名，垮成这样就无从揣摩美名的由来了。

◀ 河北涞源楼室三面垮的敌楼　张玉凤　摄

河北涞源插箭岭东长城上的六座敌楼里，只有一座楼室顶垮、三面保留垛墙的敌楼，还有两座只保留一面楼室墙、其他三面各有残破的敌楼，这是其中的一座。其最醒目的特点是此楼位于一个巨大的石笋旁。敌楼本是一座中楼额3×4眼敌楼。东面四个楼窗完好，南面楼门破成大洞，南面中间楼窗完好。西楼窗垮，楼室西面和北面墙均垮塌。虽然破成这样，也是插箭岭东长城尚能识别的敌楼，比另外三座只存残楼座要好多了。

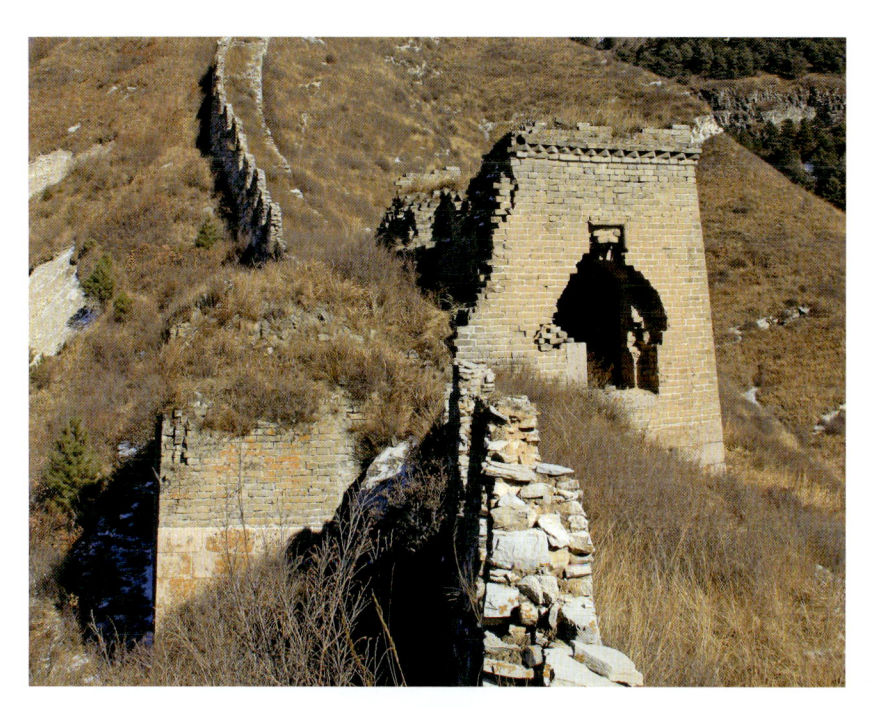

第三章 楼室损坏的敌楼（保存较差的敌楼）

◀ 河北涞源楼室侧垮的敌楼
河北涞源湖海长城在边根梁长城西头。湖海长城自身又分沟东部分和沟西部分两段，湖海长城沟东部分有八座敌楼。其中位置最低的敌楼毁坏最严重，仅为露着残根大石的渣堆。第二座敌楼楼室完好，只缺楼顶垛墙。其他六座都是楼室塌垮一半的敌楼。此为第三座敌楼，楼室南面三个楼窗完好，西面的楼门券破成大洞，楼室北半塌垮的砖堆上长满了荒草。人为扰动痕迹较少。

▶ 河北涞源楼室三面垮的敌楼
河北涞源边根梁长城上位置最高的敌楼北边，是座3×4眼敌楼，也是三面有塌垮，只有敌楼东面保持完整。敌楼中心室木顶虽垮，但四边拱券墙还在。西拱券和西面楼窗都已垮掉。楼室地面平整，落砖清理得很彻底，有被当地人继续使用的可能。

◀ 河北涞源楼室单面垮的敌楼
河北涞源湖海长城沟西自山底长城东头相连。湖海长城沟西部分有十五座敌楼，其中八座敌楼中心室木板顶无存，楼室拱券完好；两座仅存残堆；另外五座各有不同损坏。临沟的第二座敌楼楼室三面还完整，楼室南面三个楼窗完好，东面三个楼窗破成大洞，敌楼西面的楼门、楼窗和西拱券都垮掉了，落砖淤土堆积有半个人高，未垮部分都摇摇欲坠。从敌楼外边看只一面破损，在敌楼里看随时都有可能塌垮。

▲ 河北涞源楼室三面垮的敌楼　黄东晖 摄
河北涞源湖海长城沟西第九座敌楼是座二面塌垮的敌楼。敌楼东边拱券和楼窗全垮完了，敌楼南北面都垮得只剩偏西的两个楼窗。因楼室西面还完整，凭现存部分可判断这是座中楼额3×4眼敌楼。敌楼虽破但还保留了最基本的信息。

第六篇　忧心回望

▶ 河北怀来楼室三面垮的敌楼
河北怀来陈家堡长城有座"罗锅城"，是怀来长城里最有特色的地点。"罗锅城"北边第二座敌楼，从东面外看，其楼室三个楼窗尚完好，楼室西面从中心室向外塌成斜坡，楼室北面有一个楼门拱券，南面垮得只剩南门西墙。这是一个近几年塌垮后无人再来取砖的状态。

◀ 北京怀柔楼室单侧垮的敌楼　黄东晖 摄
北京怀柔神堂峪村东长城上的敌楼有六座，其中四座为残楼座，只有两座有楼室。最高的第六座是3×3眼敌楼，低处的第三座是低楼额3×4眼敌楼，楼顶垛墙大部分存留完好，楼顶哨房还有部分屋墙。让人揪心的是，敌楼南面回廊塌垮达两个楼窗宽，东面楼室外墙已摇摇欲坠。这座有楼顶垛墙的敌楼还在塌垮，却无人过问。

▶ 北京怀柔楼室单侧垮的敌楼
北京怀柔庄户村东长城南北走向。长城北高点是"九眼楼"，长城从"九眼楼"向赤城、张家口而去，称"外长城"。长城南高点是"松树顶"，长城从"松树顶"向八达岭、紫荆关而去，称"内长城"。这是内长城的第二座敌楼。低楼额3×3眼敌楼的石楼座还完整，三通道拱券的北券西头塌垮，未塌垮的部分连楼顶垛墙的垛牙都完好。以敌楼西面中楼窗的雷击裂缝看，北券西头塌垮是雷击所致。

第三章 楼室损坏的敌楼（保存较差的敌楼）

◀ 北京密云楼室单侧垮的敌楼　山雪峰 摄
北京密云古北口卧虎山长城有一个向北的分支。支线长城上有四座敌楼，只有这座高楼额 3×3 眼敌楼的楼室还在。此敌楼南面外墙已塌垮，三通道拱券的中券拱墙南头也已塌垮。此敌楼拱券的高度大大超过怀柔庄户低楼额的拱券，以此可知晓楼额的高低透露了敌楼拱券的高低。塌垮的高拱券敌楼修复难度大大超过塌垮的低拱券敌楼。

▶ 河北迁安楼室三侧垮的敌楼　吕　军 摄
河北迁安河流口到独流口的长城上有二十三座敌楼，其中楼室完整的才七座，塌成残堆状的楼座有四处，其余多数是楼室一侧或是三面破损塌垮的。此为河流口村向东的第九座敌楼。该楼只剩楼室南面外墙。楼室南墙有垛墙的痕迹。从石砌楼座可看出楼室为两通道拱券，北拱券已塌垮完，南拱券两头已有部分垮塌，未垮部分向北倾斜。从残留的南墙和南拱券能看出是座高楼额 2×3 眼敌楼。

◀ 河北迁西楼室单侧垮的敌楼　刘民主 摄
河北迁西榆木岭长城分村南和村北两段。村北段长城上有座号称"七十二券楼"的敌楼，为河北长城敌楼一绝。村南段十四座敌楼有七座楼室完整，在别处长城上少见。此敌楼是从榆木岭村向南数过来的第十座敌楼。敌楼楼室南墙有四个楼窗，北墙有三个楼窗，最东的一个楼窗和楼室东墙全都塌垮。楼室有两个南北向拱券，西拱券完好，东拱券无顶。砖石砌楼座东面砖砌部分有损坏，石砌部分还十分完好。东拱券两头楼窗未垮部分上下都有雷击裂痕，继续塌垮已没有悬念。

521

第六篇　忧心回望

◀ **河北迁西楼室三侧垮的敌楼**　孟新民 摄
河北迁西西城峪长城在潘家口长城西边，遵化洪山口长城东边。此高楼额 3×3 眼敌楼只有东面完整，西面楼窗以上垮塌。南面东窗在、西窗无、中窗豁，楼窗用石料做的窗台还在。楼顶砖棱有部分保留，不设楼室地面砖棱。砖石砌楼座的石料采用大小不等、外形不同的石块。敌楼虽然三面破损塌垮，基本建筑特征还能看到。

▶ **河北迁西楼室三侧垮的敌楼**　孟新民 摄
河北迁西西城峪长城上三面塌垮的 2×2 眼敌楼。看不到有楼室地面砖棱，砖石楼座的石料采用精细加工的石块砌，敌楼仅一面未塌垮。凭砖石砌楼座判断已垮的无楼窗残面原有两窗。只要楼座还完整，对了解敌楼宽窄还是有帮助的。

◀ **河北遵化楼室三侧垮的敌楼**　孟新民 摄
河北遵化长城楼室完整的敌楼不超过十六座，楼室残破的敌楼也不多。沙坡峪三面塌垮的敌楼在遵化长城能算是宝贵的财富了。敌楼三面塌垮，只对长城外的一面完整。因敌楼侧面塌垮，侧面门窗无法判断。不过若根据敌楼横拱券墙残留判断，楼内没有三个通道，因此这应该是座 2×3 眼敌楼。采用粗加工石块砌的石楼座虽然完整，但施工水平不精。石砌的楼座透露出当年工匠的水平，展示出工匠技能的不同。

第三章　楼室损坏的敌楼（保存较差的敌楼）

第 5 节　楼座侧垮的敌楼

敌楼破损通常应该是从楼顶开始，向下垮塌。不过，探索长城的日子久了，危楼见多了，便发现敌楼的破损隐患，其实从什么位置、向什么方向的都有。有的敌楼因墙砖酥化，导致楼室拱券坍塌。有的敌楼因石砌楼座承受不住楼室重压而散垮。有的敌楼因楼基山崖地质变化，楼座一侧失去立足之处而坠垮。

敌楼的楼室顶、楼室芯以及楼室侧塌垮还是局限在楼室部分，毕竟楼室下的砖石楼座还未损坏，尚可根据完整的楼座估算出楼室原本的整体模样。但如果是楼座一侧发生垮毁，就会使敌楼原有的尺度变得难以估算，直接影响对敌楼楼室结构和原来外形的判断。此种损毁状态比前三种楼室损毁塌垮的情况又严重了一些。

楼座侧垮，也给长城敌楼的维护带来了更多的难题。尤其是因山崖塌陷、地貌变动造成的楼座石开散落，想修复维护这类敌楼，常常是连施工的"基础"都荡然无存了。

◀ **陕西府谷楼座塌垮的敌楼**　罗　宏　摄
陕西长城明代遗留的敌楼笔者才寻到七座。府谷守口墩村有座陕西长城唯一保留了楼顶垛墙的敌楼。以敌楼完整的北面四个楼窗、西面两个楼窗来看，此楼原来可能是座 4×4 眼敌楼，可惜楼室南半边和楼室下的砖石楼座都已经垮掉。要命的是，此危楼没有一点儿保护措施，很可能会在某年夏季连续的暴雨中彻底垮完。

▲ **山西山阴楼座塌垮的敌楼**　吕朝华　摄
山西代县白草门东城长城的七座敌楼中只有两座楼室完整，另外五座残破严重。这是山梁最高处的第七座敌楼。敌楼西面因楼座塌垮，楼室砖结构西南角整体下坐。楼室南券窗洞在长城墙顶下边。楼室北侧未下坐，北楼窗并无拱券顶，被近代人改建成射界开阔的军事工事，射击方向对着西北面山下。这种军事改造史无记载，却确实遗留在白阜山长城东坡。

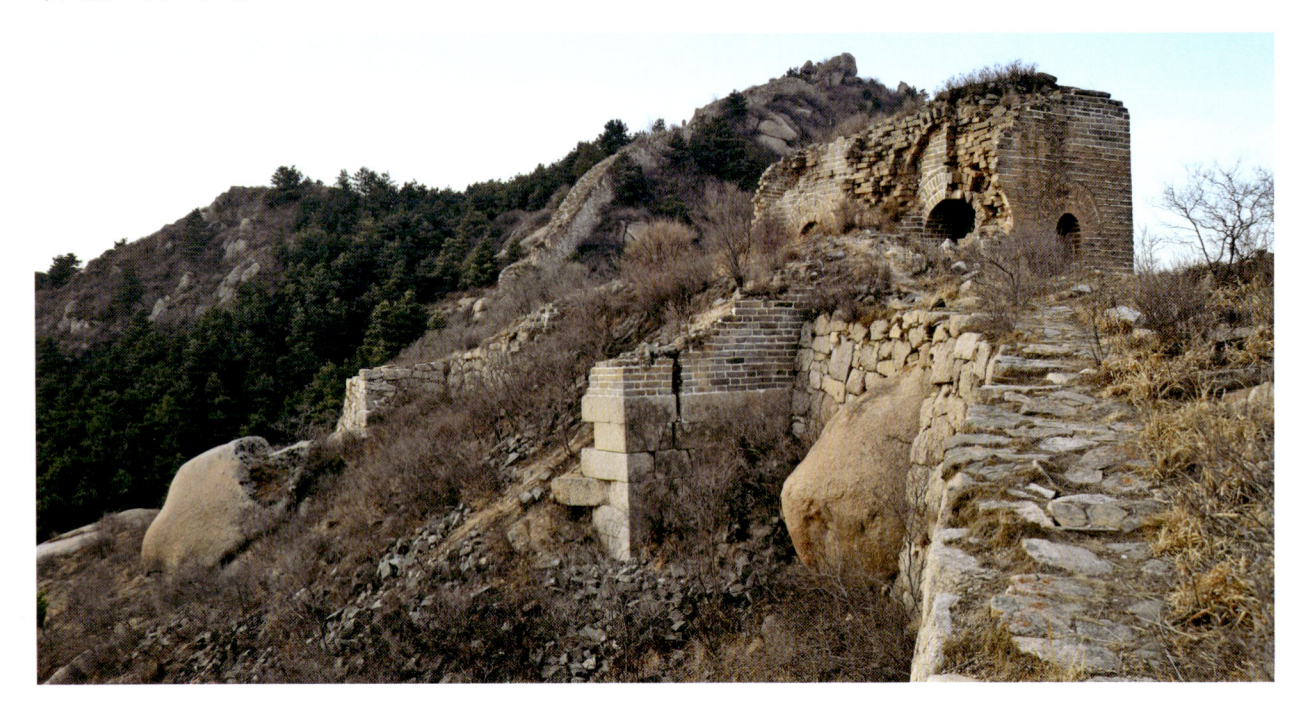

▲ 河北涞源楼座塌垮的敌楼　黄东晖 摄
河北涞源天桥村北有十座正 4×4 眼敌楼连续屹立在长城上，成了河北长城最壮观的一处。但天桥村北还有一个损坏严重的破敌楼，不光是楼室三面塌垮，楼室下的砖石楼座已经破垮散落。以露出的楼室下的石坡看，石楼座太薄，承受不住敌楼重量而滑坡塌垮了。

▶ 山西灵丘楼座塌垮的敌楼　马　骏 摄
山西灵丘荞麦茬村南有五座敌楼，其中四座为中额砖石座 3×4 眼敌楼。这四座敌楼不光楼室完整，其中三座敌楼的楼门上有楼匾，刻着"插字肆拾玖号台"到"插字伍拾壹号台"。以楼匾顺序这座敌楼应是"插字肆拾柒号"。它是五座敌楼中唯一的破敌楼，敌楼东面和北面楼室部分门窗完好，西面全垮完。南面楼室部分只存东窗。楼门以西、楼室西墙和楼室座全塌垮，楼室芯也因楼座塌垮成了砖堆，现在长满荒草。

第三章 楼室损坏的敌楼（保存较差的敌楼）

▲ 河北涞源楼座塌垮的敌楼
河北涞源乌龙沟长城共有十七座敌楼，楼室完整的有十五座，楼室残破的才两座，这是沟东第二座敌楼。敌楼的东面和北面都完整，西面楼门和北窗在，南窗以上塌垮。敌楼南面不光棒室墙全无，楼座南面也塌垮。从敌楼的东门内向下看，斜坡直到沟底，四十多米没有停脚的地方。这是楼础承受不住楼座而塌垮的结果。

▶ 河北涞源楼座塌垮的敌楼
河北涞源边根梁村西南边长城有十九座敌楼。这是东沟位置最低的那座。敌楼只有一南楼门，小有破损。东面完整。西面楼室全垮但楼座还完整。北面仅余东北角室墙，三个楼窗和窗下的石砌楼座都垮没了。北面如同楼室内向外倾倒碎砖的斜坡。在边根梁长城的十九座敌楼中只有这个敌楼座损坏塌垮。

◀ 北京延庆楼座塌垮的敌楼　黄东晖 摄
北京延庆石峡长城在八达岭古长城西边，2018年部分修复，在长城外有北京市文物局2016年立的文物保护碑，标示为"花家窑子段"。保护碑以西的第三座残敌楼至今未修。原本是座2×4眼敌楼，现在敌楼北面和西面从楼室墙到石座全部塌垮完。楼室南墙有一个楼门，楼室东墙外面有损坏。整个楼室东墙向西倾斜，如果塌垮将没有任何防护。

▼ 北京延庆楼座塌垮的敌楼　海长勇 摄
北京延庆花家窑子长城。保护碑西有七座敌楼，只有一个楼室完整。这是经修补前的第二座残敌楼。敌楼原状本是2×4眼敌楼，现在只楼室外面完整。楼室南面虽有破损，南楼门和南楼窗拱券还在。敌楼北面和西面全无。以楼室东墙根为高点向西、向北塌垮成大斜坡。敌楼石座北面、西面彻底塌垮，没留一点儿痕迹。

525

▲ 北京延庆楼座塌垮的敌楼　海长勇 摄
北京延庆有三个以八达岭长城命名的长城游览景区。外国元首参观的是"八达岭长城景区"，在"八达岭长城"东南有一个"八达岭水关长城景区"，在八达岭长城西南有一个"八达岭古长城景区"。这是"八达岭古长城景区"入口东边第三座敌楼。敌楼原本是座2×4眼敌楼，现在只楼室南面残存四个楼窗，楼室东面和西面破豁。敌楼北面楼室地面砖线以下的楼座被山洪冲垮，散石碎砖铺成斜坡，任由雨水从垮楼座石坡里向下流淌。

▶ 北京密云楼座塌垮的敌楼　刘民主 摄
北京密云白岭关长城东为蔡家甸长城。此为从白岭关门洞向东数第十一座敌楼。敌楼坐落于山梁崖石上，原本是座3×3眼敌楼。敌楼南面、西面都完好，东面因楼座下的崖石不支而大部分塌垮，仅存敌楼东面楼座和楼室东券的南头。敌楼东券地面成了断崖边缘，从山崖对面远看，敌楼被从上到下切了个剖面。

第三章　楼室损坏的敌楼（保存较差的敌楼）

第六篇　忧心回望

▶ **北京密云楼座塌垮的敌楼**　刘建光 摄
北京密云的白岭关长城，从西石台到东石台其间有十四座敌楼，其中九座敌楼的楼室完整，五座敌楼的楼室塌垮残破。楼座塌垮的敌楼只有一处，是白岭关门洞向东数第三座敌楼。敌楼东面和北面还都完整，西面存北角，南面还存一窗。敌楼西南从楼基开始塌垮，楼座和楼室均受其害。楼中心室地面塌垮的斜度与山坡斜度一致，直通谷底。楼座因楼基崩塌而塌垮，楼室斜着垮去一半。

▼ **辽宁绥中楼座塌垮的敌楼**　孟新民 摄
辽宁绥中锥子山东金家沟南边长城有三座敌楼。这是辽宁长城西头第一座敌楼。敌楼南面一门两窗均好，南门外山崖顶被砌成窄院，院东有一个券门通长城。敌楼东面有两个楼窗，楼额有一块石匾，风化无字。敌楼北面因石砌楼座从中间向西头塌垮，致使北面三窗均毁塌，露出中心室及西回廊残头。敌楼北面石砌楼座根基部还完整，楼室北面塌垮是因楼座石松散崩解所致。

▶ **河北迁西楼座塌垮的敌楼**　郑 严 摄
河北迁西大岭寨长城总体为南北走向，以大岭寨山沟分为南北坡。大岭寨南坡有七座敌楼，其中仅两座楼室完整，有四座的楼室残破，还有一座只剩下残破的楼座。这是四座中楼室残破最严重的那个。敌楼的东西两面垮尽，只剩楼室南面半边墙和北面一个柱状墙角。敌楼楼室的结构已不明确。残存的室墙四面无支撑，亟待保护。

第四章　即将垮尽的敌楼（保存极差的敌楼）

古时长城上的狼烟只在危机来临时才会燃起。如今长城内外已是一家，铁蹄下的流血厮杀都已成为历史。

斗转星移，人类已从修建长城的铁器时代，穿越了蒸汽、电气时代，迈入了信息时代。长城的防御功能消失殆尽，而雄伟绵延的长城已升华为新的民族精神。关注并保护长城，也日益成为国之大计。

在开放的景区里，长城有专门的管理机构在维护，当然一时无虞。但在偏远地区或非开放景区内的长城保存情况，就实在令人揪心。破损的墙体、即将消失的敌楼无人过问，发生急迫的险情该向谁报警告急？临危的长城敌楼是不会自己放出告急的狼烟的。

每次寻访长城时，我们最不忍心去看那些残破的敌楼。它们如同孤独弥留的老人。每一个经过它们面前的心灵，想必都能感受到残楼里萦绕着的不甘和留恋。我们只能用照片留住危楼，希望能引起更广泛的关注。

第六篇 忧心回望

▶ **山西河曲垮塌近半的敌楼** 吕朝华 摄
在山西河曲境内，只寻到三座砖砌敌楼，四旦平村（又名石坡子村）北的这座是其中最破的一个。敌楼的垛墙和楼顶哨房全无，西面四个楼窗全在，楼座被挖空一半。敌楼北面存有三个楼窗，敌楼室东北角塌。东面四个楼窗仅剩一个。南面楼座塌垮，南面的楼窗和楼门随楼座一同塌垮了。

◀ **陕西榆林不断垮塌的敌楼** 罗 宏 摄
这座敌楼我是从威廉·林赛的长城画册里知道的，也是威廉·林赛告诉我确切位置后才找到的。敌楼位于陕西省榆林市东北边四无人烟的沙漠里。威廉·林赛说他几年前看到的比现在的完整。敌楼西北角几年前有几道大裂缝，现在敌楼北面砖墙整体大块脱落坐沉。几百年风雨都扛过来的敌楼，现在不行了，再不保护还要继续塌垮。

▼ **山西繁峙即将垮尽的敌楼** 吕 军 摄
山西繁峙韩庄长城曾建有十一座敌楼，如今楼室完整但无完整垛墙的尚有四座，其中三座还有双楼匾，另外楼室塌垮楼座完整的有两座，而楼室不存楼座残破的有五座。图为"茨字贰拾叁号台"，是根据相邻敌楼有匾"茨字贰拾肆号台"及"茨字贰拾伍号台"推测出来。此楼只在东北角有破成大洞的券窗，券窗左上还有一截楼顶垛墙角，是十一座敌楼里的独存。敌楼西南角已有开裂的大缝，楼室里落砖堆积有半人高。

第四章 即将垮尽的敌楼（保存极差的敌楼）

▼ 山西偏关即将垮尽的敌楼　钱琪红 摄
山西偏关长城明代遗留的敌楼笔者才寻到五座，草垛山堡的敌楼是其一。此敌楼位居堡西土岗最高处，偏关县北部长城从滑石涧堡到水泉堡尽在其视野之内，是个了解军事情报、联系各处的关键。然而此楼现状是楼座垮破，仅一个楼中心室顶着厚拱芯立在 4 米高的楼座土芯上。偏关县长城的这座中枢敌楼已耐不住风吹雨打了。

◀ 山西浑源即将垮尽的敌楼　黄东晖 摄
据《明长城考实》介绍，山西浑源长城存留状态是最差地段之一，没有一段像样的墙和一个完整的墩台，更别提完整的敌楼了。在王庄堡镇村边一个有砖券拱门的高大土墩台是浑源县长城最像样的遗存了。砖券拱门里有空间但无拱券。土墩台四面原来肯定有包砖，现在虽然没有了，也还不失当年的威风。浑源县现在还没发现自己地界内长城的宝贵价值，这个墩台还没有得到应有的保护。

▶ 山西代县楼座塌垮的敌楼　黄东晖 摄
山西代县白草口东山坡有一座即将垮尽的危楼，被长城摄影爱好者送了个雅名叫"凤回头楼"。该楼北面、西面因楼座塌垮，楼室砖结构一并塌垮，仅存楼室东南一角。据说 2021 年 8 月国家投资六百余万元、当地筹资一百余万元对这段长城进行了维修，当时在"凤回头楼"西北角砖堆里挖出一块"白草口长城鼎建碑"，已被山西代县博物馆保管。

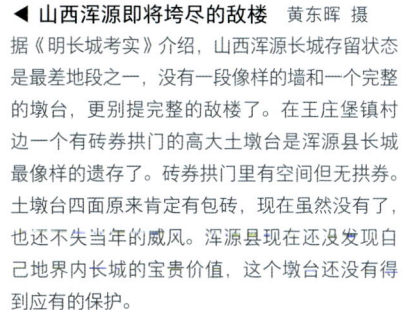

▶ 山西偏关即将垮尽的敌楼　罗　宏 摄
山西偏关长城从水泉堡到老营堡墩台林立，而敌楼笔者才寻到两座，小元峁的残敌楼算其一。从此敌楼的楼基残存看原来是座 3×4 眼敌楼，现在敌楼北面四窗仅存两窗，东面一门两窗仅存两窗，楼门部分和楼座南面整个碎垮，很明显是受敌楼南山坡水土流失的推动而破垮。若敌楼南山坡水土流失加剧，小元峁的敌楼能否躲过灾难就很难说了。

531

第六篇　忧心回望

▼ 河北迁安楼座塌垮的敌楼　山雪峰 摄
河北迁安大龙庙长城在白羊峪长城东，这段长城上，楼座塌垮的敌楼有三座。这是地势位置最高的那座。敌楼只有东面保存着三个楼窗，南北两面都只剩个靠东的楼门。敌楼西面从楼座开始塌垮，连带楼室西墙垮成砖堆，散布在山坡上。不知敌楼仅存的东面三个楼窗还能经受住几次雷雨。

▲ 河北涞源即将垮尽的敌楼　钱琪红 摄
河北涞源白石山长城从原共青团林场到石窝村的十一座 3×4 眼敌楼里，八座楼室都还完整，一座是残楼座，还有两座楼室塌垮过半。此楼的楼座塌垮，楼室开裂，楼顶残破。以"修旧如旧"说，旧全、旧破、旧残、旧危都是旧，而其中当以旧危楼的修补为最难。

▶ 河北涞源即将垮尽的敌楼　黄东晖 摄
河北涞源瓦窑梁在唐子沟村到煤窑村最高处。最高处的敌楼毁坏最奇怪，敌楼南面楼室一门两窗都完整，敌楼的东面和西面向北依次垮。敌楼的北边与山坡构成一个大斜面。敌楼残留下来的是比较坚固难拆的部分，大斜面的落砖是经过挑拣后的废弃。此敌楼现在的状况已经脱离拣砖群众的视野，但还躲不过雷电的击劈。

第四章 即将垮尽的敌楼（保存极差的敌楼）

▶ **河北涞源即将垮尽的敌楼** 黄东晖 摄
河北涞源湖海长城在边根梁长城西头。湖海长城自身又分沟东部分和沟西部分两段。湖海长城沟西部分有十五座敌楼，楼室完整的有八座，垮成渣石堆的有一座，楼室塌垮一半的有六座，此为其一。敌楼楼室北面外墙破垮，四个楼窗留存三个拱券，楼室顶塌垮成砖堆状。敌楼好坏完全放任不管。

▼ **河北涞源即将垮尽的敌楼** 马 骏 摄
河北涞源边根梁南十九座敌楼里有一座垮得只剩楼座，还有两座楼室保留有楼室窗根。这是南山梁上的第十八座敌楼。敌楼楼室四面外墙还平整。楼室东北存一墙角，楼券以上部分被拆尽。砖石座上无楼室地面砖棱线。4×4眼敌楼的楼窗痕迹还可辨认。这是楼室顶塌垮程度比较严重的敌楼。

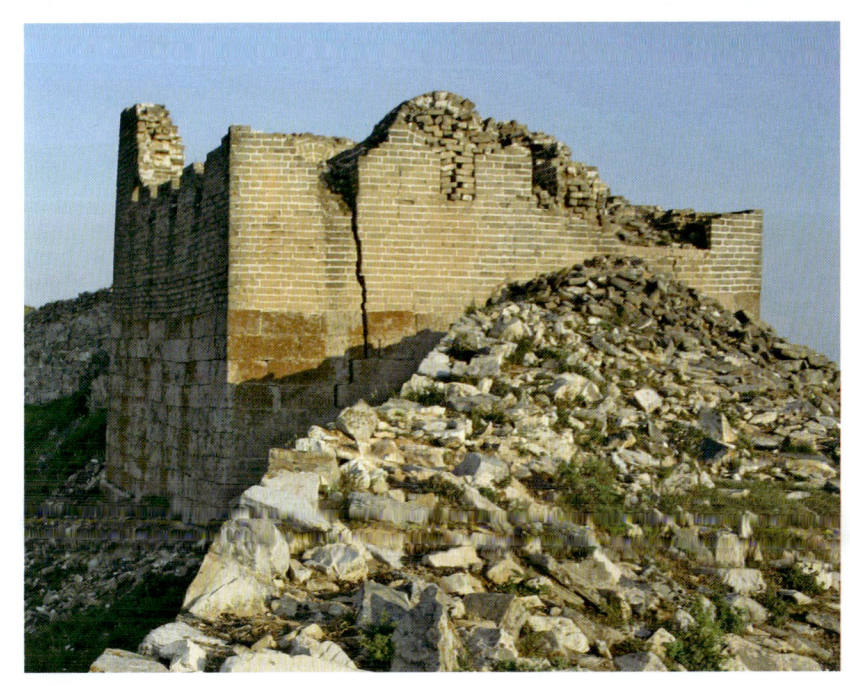

▶ **历史经典"欢呼东团堡胜利"** 沙 飞 摄

▶ **河北涞源即将垮尽的敌楼** 严共明 摄
河北涞源杨家庄长城是抗日战争年代摄影家沙飞出作品的地方。抗日战争历史经典照片"欢呼东团堡胜利"就是在这座敌楼前拍摄的。当年敌楼楼室十分完整，八路军战士站在敌楼上举枪欢呼。现在敌楼楼室塌垮过半，我们是凭着砖石楼座的纹路对照吻合而确认的。这座拍过历史经典照片的敌楼塌垮成这样，原因、责任不好追究，但任其自生自灭，面对历史经典实在让我们有些不好意思。

533

第六篇 忧心回望

▲ 河北怀安即将垮尽的敌楼　郭　峰 摄
河北怀安长城敌楼我们才看到四座。有把楼门开在楼根的，进楼门后有梯道上到楼室。此敌楼东边砖室已全垮无，南面和北面都垮得剩西角。因敌楼西面还未垮，可看到楼室西有三窗，楼西墙根有一个券门。其他三面残毁无迹。如果敌楼西面再垮了，怀安长城又多了个无法辨识的遗迹。

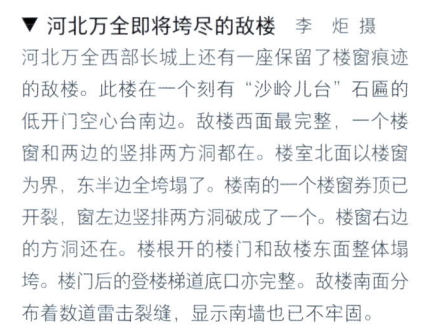

▼ 河北万全即将垮尽的敌楼　李　炬 摄
河北万全西部长城上还有一座保留了楼窗痕迹的敌楼。此楼在一个刻有"沙岭儿台"石匾的低开门空心台南边。敌楼西面最完整，一个楼窗和两边的竖排两方洞都在。楼室北面以楼窗为界，东半边全垮塌了。楼南的一个楼窗券顶已开裂，窗左边竖排两方洞破成了一个。楼窗右边的方洞还在。楼根开的楼门和敌楼东面整体塌垮。楼门后的登楼梯道底口亦完整。敌楼南面分布着数道雷击裂缝，显示南墙也已不牢固。

◀ 河北万全即将垮尽的敌楼　吕　军 摄
河北万全长城基本可分县北和县西两部分。县北长城没敌楼，全是巨大的碎石堆和垮成石垄的墙。县西长城没有完整的敌楼，保留了楼窗痕迹的敌楼我们才看到两座，都在洗马林乡西山上。此敌楼只保留了楼室南面的一个楼窗和左边竖排两个方洞，楼窗右边相对部分已垮。楼根处的楼门两边完整，楼室的东、北、西三面都塌垮，楼座四面都完整，楼根门后上楼室的梯道亦完整。万全长城保存最好的敌楼就是这个样子。

▼ 河北怀安即将垮尽的敌楼　李玉晖 摄
河北怀安长城仅有的四座敌楼里有两座楼门开在楼室层，上下敌楼要靠楼门外的悬梯。此楼西边和北边砖台和包砖楼座全塌，南面垮剩楼门东壁。因敌楼东面还未垮，可看到楼室东有三窗，推测可能是座 3×3 眼敌楼。敌楼垮露出方形楼座土芯。这种土芯在河北长城多处可见，其他仅存楼座土芯的敌楼曾经是什么样，从这座危楼还能找到些依据。

第四章 即将垮尽的敌楼（保存极差的敌楼）

◀ 河北怀来即将垮尽的敌楼　马　骏 摄
河北怀来陈家堡长城有两座 3×6 眼敌楼。一座楼室楼座四面都还完整，另一座楼室楼座对外面完整，但对内面楼室楼座都破垮。一个敌楼两面存留差别如此巨大，非常少见。长城敌楼的损坏原因很多，长城敌楼的保护一定得根据问题着手。明朝人有能力建修长城，我们理应有能力保护好这珍贵的遗产。

▲ 北京昌平即将垮尽的敌楼　吴　凡 摄
北京昌平黄楼院长城西头，是地图标识为高楼的一个腰开台门的包砖台，东头是怀来陈家堡长城。这是从东边数第六座敌楼。按相邻敌楼残存楼窗看，它也应是座 2×4 眼敌楼，可惜敌楼对外、对内两面楼窗都破垮，不好辨认。敌楼较完整的南面楼券窗豁破，楼门券顶也豁破，楼室南面墙断裂多处已是危墙。这座敌楼的命运全凭大自然来安排了。

▲ 河北怀来即将垮尽的敌楼　孟新民 摄
河北怀来陈家堡长城有一座楼室楼座四面都完整的 3×6 眼敌楼。其北面相邻的敌楼楼座完整，楼室破垮。再向北的一座敌楼座完整，楼室只剩东门拱券，另外三面皆无，楼砖被搬走以作他用。这种被拆、毁、搬，剩个拱券的敌楼陈家堡长城还有三座。

535

第六篇 忧心回望

▲ 河北迁安楼座垮塌的敌楼　都　东 摄
河北迁安冷口长城在小龙庙长城东。冷口长城分沟东、沟西两段。沟西段山势地形起伏较大。沟西段第三座敌楼从东、南、西三面看，都是座 3×3 眼敌楼。进到楼内才发现敌楼已无北墙，敌楼踞山崖边而立，敌楼楼座北面已随碎崖坠塌。敌楼还能撑多久要看山崖地质是否继续变化。

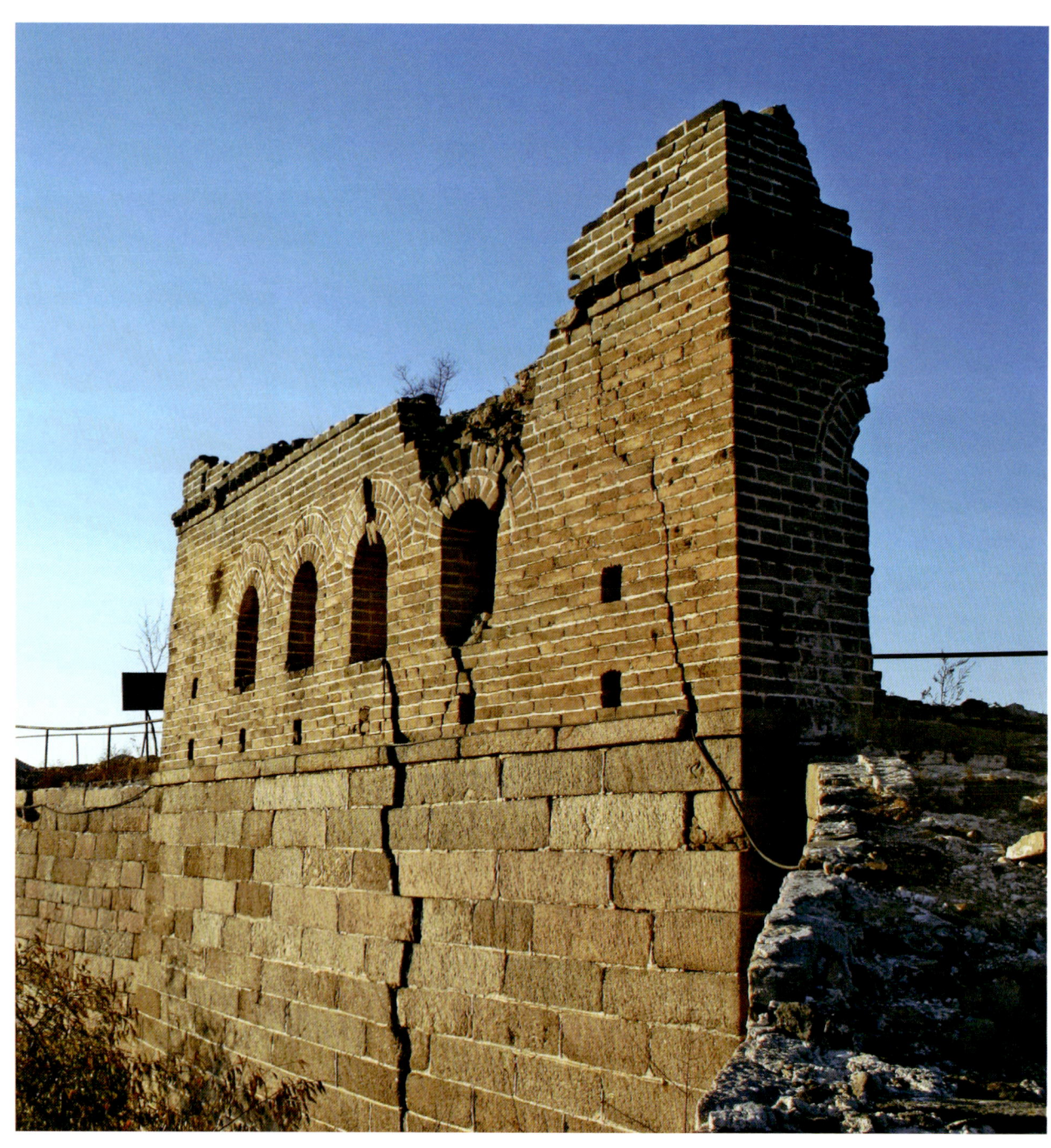

◀ 北京怀柔即将垮尽的敌楼　黄东晖 摄
北京怀柔撞道口长城在 2007 年得到修补，修到撞道口镇房关门洞西第一座敌楼东根边，因为棘手，修补就此停止。敌楼原状本是 3×4 眼敌楼。楼室东面楼门和楼门北边楼窗垮成一个大洞，洞左是东楼门南壁，洞顶是楼室顶方砖，楼门拱券砖已全垮失。洞顶的楼室顶方砖还能保持多久，真不好说。这种程度的塌垮最不容易修补。

▲ 北京延庆即将垮尽的敌楼　山雪峰 摄
北京延庆八达岭水关长城在 1993 年得到修补，向青龙桥方向修补了五座敌楼，向水关东南方向修补了一座敌楼。修补过的第一座敌楼是 3×6 眼敌楼，未修补的第二座敌楼是 3×4 眼敌楼。这是水关东南方向的第二座敌楼，敌楼仅存的楼室南面有大小三道雷击裂缝，石砌楼座被劈裂。楼室另外三面塌垮的落砖被搬运干净，这是自然和人力共同损坏后的样子。

第四章 即将垮尽的敌楼（保存极差的敌楼）

▼ **北京密云即将垮尽的敌楼**　钱琪红 摄
北京密云古北口蟠龙山长城在1993年得到修补开放。蟠龙山长城有两座敌楼名声响亮。一座是以建筑不凡，总计楼门、楼窗达二十四个而得名的"二十四眼楼"，另一座是以当年驻守过高级武官而得名的"将军楼"。此楼在"将军楼"东边，原本也不会太小，现在垮得只剩南面东楼窗拱券。此楼窗下的楼座芯基开裂，残存楼窗如同一片船帆，挺肚仰首默默哀叹。时光雕琢，给保护长城技术出了个难题。

▶ **北京怀柔修补过的敌楼**　黄东晖 摄
北京怀柔黄花城长城在2007年得到修补。黄花城关门洞西第三座敌楼因塌垮严重，修补时以维持现状为主，仅加固了残存的楼门和唯一的垛牙，楼室地面石块用水泥漫抹，糊成个大石堆。这原来是个敌楼还是个敌台？重修补过后反而说不清了。

▼ **北京怀柔即将垮尽的敌楼**　严共明 摄
北京怀柔慕田峪长城西北的牛角边长城，因沿地势起伏勾画出一个大牛角形状而得名。此大牛角尖有一座敌楼。从残存楼西面还能看出一门两窗，北面有四个楼窗，东面和南面残塌得不可判断。现在西面楼门拱券尚好，楼顶还有一个垛牙，但门右的楼窗及楼额已有裂缝多道，敌楼好坏完全听天由命。我们怎么保护它？

▼ **北京密云即将垮尽的敌楼**　龚建中 摄
北京密云境内雾灵山北麓的长城不知为何光建敌楼不修墙。从五虎水门到吉家营的关门堡山梁上，敌楼只要塌垮就会被三十年以上树龄的树木掩盖。这是遥桥峪东南，因两座比较完整的敌楼间隔太长有些不合理，冬季去仔细查看才发现的。敌楼只存一个开在北墙的楼门，东、西、南三面均毁垮，楼室位置被碎砖卓占据。这段长城敌楼有大有小，从1×2眼敌楼到3×3眼敌楼都有。这是座多大的敌楼？现在已不好判断。

537

第六篇　忧心回望

◀ 河北迁安即将垮尽的敌楼　吕　军 摄
河流口村在河北迁安长城东头。河流口村的东山上敌楼可数出十六座之多。楼室完整的才有四座，破楼、危楼有六座，残堆状楼座有两座。这是从河流口村向东数的第九座敌楼，是六座破楼、危楼的其中之一。敌楼座北面破垮，楼室东西向的北拱券因脚下无根已塌垮，南拱券东西两头各垮到楼窗内的横通道。仅存的南面楼额已断裂斜倚着南拱券，已破的南拱券暂时还能扛住斜楼额。也许还能坚持一会儿，也许挺不过下次的雷雨。

▲ 河北迁安即将垮尽的敌楼　都　东 摄
小龙庙村长城在河北迁安冷口长城西。十二座敌楼里只有两座楼室完整，其余都或多或少地塌垮了。这是从冷口关城向西数的第十二座敌楼，坐落在东高西低的山坡上。条石砌楼座西北角塌垮，楼室南面、西面、北面外墙已垮得看不出原来各有几个楼窗。但楼室东西向三个砖拱券还存留着东头，拱券里被淤土落砖堆满。唯一残存的楼室东墙有两个楼窗。中拱券东头在楼室东墙上无楼窗。这种拱券尽头在楼室墙上无楼窗的敌楼在冷口长城还有几座，但都残破，使敌楼建筑形式的研究缺少完整样本。

▼ 河北卢龙即将垮尽的敌楼　张　骅 摄
河北卢龙桃林口堡西边长城有十一座敌楼。仅有两座是楼室楼座四面都还完整的，破楼、危楼有九座。这是九座破楼危楼里最糟糕的一座。敌楼的楼座已散垮，长满荒草的巨大堆坡上躺着破碎的砖墙。堆坡东根耸立着一段楼室东墙，墙顶还有楼顶砖线。墙腰左右的楼窗券残根证明这原本是一面有过两个楼窗的楼室外墙。这个墓碑式的残存已四面受风，朝不保夕，苦撑着在为垮成坟堆状的敌楼"招魂"。

◀ 河北卢龙即将垮尽的敌楼　吕　军 摄
河北卢龙桃林口堡西边的长城上，破楼、危楼共有九座。这是从低向高数的第八座敌楼。楼室南北两面都破垮，而东西两面部分完整。残存楼室展示出独特的楼室结构。拱券洞道式的敌楼通常有横拱券结合纵向洞道或纵向拱券结合横洞道两种分布，而这个敌楼内部横纵拱券兼备。一座纵向拱券两边各开三洞道，三座横拱券（一座已垮）两边各开两洞道。这种混搭的内部结构赋予此楼很高的研究价值，但愿它的保存状况能得到重视。

第四章 即将垮尽的敌楼（保存极差的敌楼）

◀ 河北秦皇岛即将垮尽的敌楼　黄东晖 摄
这是河北秦皇岛界岭口堡西月城向西数残破敌楼的第十座。敌楼原本是座低额 3×4 眼敌楼，现在只剩楼室南两窗和北四窗。其北面左二窗券砖散落垮成大洞，敌楼北墙即将垮断。以墙壁的柱窝可知此敌楼为木柱梁结构。因落砖较少，荒草长满楼室地面。

◀ 河北秦皇岛即将垮尽的敌楼　孟新民 摄
河北秦皇岛板厂峪"穿心楼"向东南的第二座敌楼。敌楼原本是座高楼额 2×5 眼敌楼，现在楼室西、南两侧楼窗及楼门尚全，北边存两窗，东边楼窗则垮成了上豁下坠的深沟。东边楼门开裂的楼额顶还存有一段楼顶砖棱线。楼室内断墙落砖挤靠，危机四伏，楼室南壁摇摇欲坠。这座板厂峪长城最大的 2×5 眼敌楼危在旦夕。

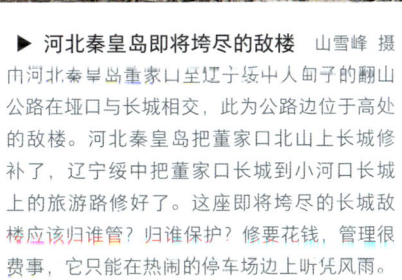

▶ 河北秦皇岛即将垮尽的敌楼　山雪峰 摄
由河北秦皇岛董家山至辽宁绥中人甸子的翻山公路在垭口与长城相交，此为公路边位于高处的敌楼。河北秦皇岛把董家口北山上长城修补了，辽宁绥中把董家口长城到小河口长城上的旅游路修好了。这座即将垮尽的长城敌楼应该归谁管？归谁保护？修要花钱，管理很费事，它只能在热闹的停车场边上听凭风雨。

▲ 河北秦皇岛即将垮尽的敌楼　吕 军 摄
河北秦皇岛界岭口堡到箭杆岭堡的长城上共有三十七座敌楼。楼室楼座四面都还完整的敌楼有十五座，垮成堆状的敌楼有七座，破楼、危楼有九座，垮成单片状的危楼有六座。此敌楼的楼座还完整，楼室西、南、北墙全垮没了。仅存的东墙上，三个楼窗中间的楼窗也破成了大洞。楼顶垛墙还有保留，垛墙偏南的两个垛牙和垛根的四个垛孔也都有保留。从东墙可看出楼内原有拱券的痕迹。此墙若垮，这座敌楼的历史信息就难寻了。

539

第六篇　忧心回望

◀ 河北秦皇岛即将垮尽的敌楼　王　虎 摄
河北秦皇岛花厂峪河沟里有两道墙、两个墩台和一个石楼座。沟北可见四座敌楼。高处两座都是楼室完整的3×3眼敌楼，最低处的敌楼毁得只剩个秃楼座。从河沟向高排第二的敌楼楼室只保留东面偏北的门券和部分楼室北墙。楼室北墙的两个楼窗已破成大洞。珍贵的是楼室北墙上还有垛墙和一个保留着垛孔的垛牙。垛牙中心垛孔是方形，垛墙根的垛孔是长方形。这是花厂峪长城垛墙唯一保留高低垛孔的敌楼，敌楼只剩这部分北墙没垮了。

▼ 河北秦皇岛即将垮尽的敌楼　王　虎 摄
河北秦皇岛板厂峪长城楼室完整的敌楼中，有1×3眼、1×4眼、2×2眼、2×4眼、3×3眼几种组合，而在楼室残破的敌楼里，还有几个比较特殊的组合，例如拿子峪村北第二楼。楼室南北已塌成砖堆，遍布荒草，东侧残墙只剩一窗。楼室西面相对完整，可看出上三下四共七个小窗。有趣的是外看是七窗，若站在里面看，却只有上三下二共五个楼窗。下排中间的两窗内侧被砌成墙。楼窗外多内少的案例本就不多，外七内五的更是罕见。

▶ 河北秦皇岛即将垮尽的敌楼　黄东晖 摄
河北秦皇岛界岭口堡到罗汉洞堡的长城上，敌楼墩台共四十三座，其中残破的二十二座。这是从界岭口堡向西数，残破敌楼的第十三座。该楼原本是座低额3×4眼敌楼，如今只剩楼室有墙角的半面北墙。北墙存留的两窗中，一个已通顶豁破，另一个窗内券完整、外口残破。敌楼西面楼座塌散。东、南两面楼座楼室砖结构荡然无存。楼室地面已垮成与山势相同的陡坡。这里曾是1933年长城抗战的战场。此楼是那段历史的见证，亟待保护。

◀ 河北秦皇岛即将垮尽的敌楼　黄东晖 摄
这是2016年4月9日再去河北秦皇岛时所见的拿子峪村北第二敌楼。敌楼楼室西面残存的垛墙又有缺失，楼室西面南头墙顶裂缝又有加大。这十多年人为毁坏的因素已停止了，因风吹雨打自然损坏的因素却无法停止。长城需要保护的地方太多了。

第四章 即将垮尽的敌楼（保存极差的敌楼）

◀ 河北秦皇岛即将垮尽的敌楼　龚建中 摄
河北秦皇岛平顶峪长城西与板厂峪相接，东与城子峪相连。平顶峪长城分河谷东、西两段。河西段有十一座敌楼。楼室完整的敌楼有六座，其中三座楼顶垛墙仍十分完整。此为河西第二楼，是五座残破的敌楼中的一座。敌楼楼室西、南、北三面均垮。楼室落砖被搬干净了。楼室东墙亦破垮，只存南北两墙角。宝贵的是未垮部分的垛墙极完好，仅存的两个垛口底的垛口石还在。这是平顶峪长城唯一有垛口石的敌楼。

▼ 河北秦皇岛即将垮尽的敌楼　黄东晖 摄
河北秦皇岛破城子长城在小河口长城西，董家口长城东。有六百多米砖包墙上的砖垛墙都还完整，是秦皇岛长城少有的。破城子长城的敌楼不少，保存状态却较差。十二座敌楼只有两座楼室完整，一个只存楼座，其他都是破垮残危。此楼是从董家口长城翻山公路东开始数的第六座敌楼。楼室结构为中心小室回廊券。这是 2018 年 10 月中心小室塌垮后的状态，楼室只剩中心小室的南回廊残券。残券还能站多久只能听天由命了。

▲ 河北秦皇岛即将垮尽的敌楼　吕 军 摄
本图摄于 2010 年 5 月，此楼是从董家口长城翻山公路向东数的第六座敌楼。楼室中心小室还在，小室北回廊拱券已塌掉。当时看中心小室墙脚比南回廊拱券墙脚粗不少，以为南回廊拱券危险了。不料 2018 年 10 月再去，看到的是中心小室先塌垮了，世事难料。残危敌楼没有保护措施，只能任其自然。

▲ 河北秦皇岛即将垮尽的敌楼 黄东晖 摄
河北秦皇岛界岭口到箭杆岭口的长城上有座 2×6 眼的大敌楼，在罗家沟村东。敌楼只存楼室东墙北角，楼座东南角碎垮。本图摄于 2013 年 11 月。

▶ 河北秦皇岛即将垮尽的敌楼
这是 2012 年 1 月看到的上图中同一座敌楼，可见当时敌楼楼室东墙北端还保留着两窗，窗下还可见一排共五个小孔。凭着残存楼窗及小孔到南、北两侧的距离推断，此楼原为 2×6 眼敌楼。

◀ 河北秦皇岛即将垮尽的敌楼 黄东晖 摄
河北秦皇岛罗家沟村东最大的 2×6 眼敌楼南是座楼室完整的 2×5 眼敌楼，其后是个堆状石墩台，石墩台再东是座东西塌垮、北面半垮、南有三窗的 2×3 眼破敌楼。楼室落砖堆积如山，荒草灌木丛生。仅存的楼室南墙内无拱券支撑，已经向北倾斜，离塌垮不远了。

▲ 河北秦皇岛即将垮尽的敌楼 梁汉元 摄
这是 2012 年 1 月看到的罗家沟村东 2×6 眼敌楼东南的残 2×3 眼敌楼，比左图早不到两年时间。敌楼的楼室南墙楼顶砖棱线完整，五个垛根小孔俱在，垛墙西头还有一个较完好的垛牙。楼室南墙无雷击裂痕，似乎结实，谁能想到两年后楼室南墙西头就垮掉了。以此推断长城上敌楼的塌垮还在不断发生。

第四章 即将垮尽的敌楼（保存极差的敌楼）

▶ **河北秦皇岛即将垮尽的敌楼** 王 虎 摄
河北秦皇岛拿子峪长城最著名的敌楼是村南的"媳妇楼"，到了这里拿子峪长城全景就可尽收眼底。其实"媳妇楼"西边更高的山崖尖敌楼才是统揽全局的制高点，可惜的是山崖尖敌楼已三面塌垮，只剩敌楼北一门一窗和门内拱券。门内拱券南边、西边楼座均随山石塌坠散成砖坡。门内拱券墙根有通道券洞，使残存的敌楼远看像个四面有洞的砖堆。此敌楼何时可以得到重视和维护，很难回答。

◀ **河北秦皇岛即将垮尽的敌楼** 黄东晖 摄
河北秦皇岛箭杆岭村现在还有明万历年间修的堡西门。当年箭杆岭村有箭杆岭口关的称呼。箭杆岭村长城分村北山和村南山两部分，墙为石垒砌，敌楼大多楼室完整有形，少数残塌。此为村南的第二座敌楼。楼座砌石现在还完整，楼座砖砌部分被扒毁。楼座残芯长年被雨水侵蚀流散，逐渐缩小，而楼室砖砌地面相比较结实，散垮较慢。垮得快的楼座残芯顶着垮得慢的楼室砖砌地面，形成个蘑菇状的残迹，为曾经有过的敌楼做最后的证明。

▶ **辽宁绥中即将垮尽的敌楼** 黄东晖 摄
辽宁绥中锥子山向西是小河口长城，向东是辽东镇长城的辽西段，向南是通到九门口的长城。锥子山南的第二座敌楼三面塌垮，被树木荒草取代。敌楼仅存北墙，墙根边有走长城的驴友踩出的小路。北墙有五个楼窗，西边两个楼窗通顶豁破，东边三个楼窗高规格的内券内伏窗券完整，以此判断这是座五眼敌楼。好友黄东晖用飞行器航拍，敌楼东在草木中有石座残迹。以楼东石座残迹看北墙，五个楼窗东还有一个随墙垮没的楼窗。在锥子山南到山海关老龙头横排六个楼窗的敌楼中，此楼都排第宽。可惜此楼是个残片状，并且还在继续塌垮，没有得到任何保护。

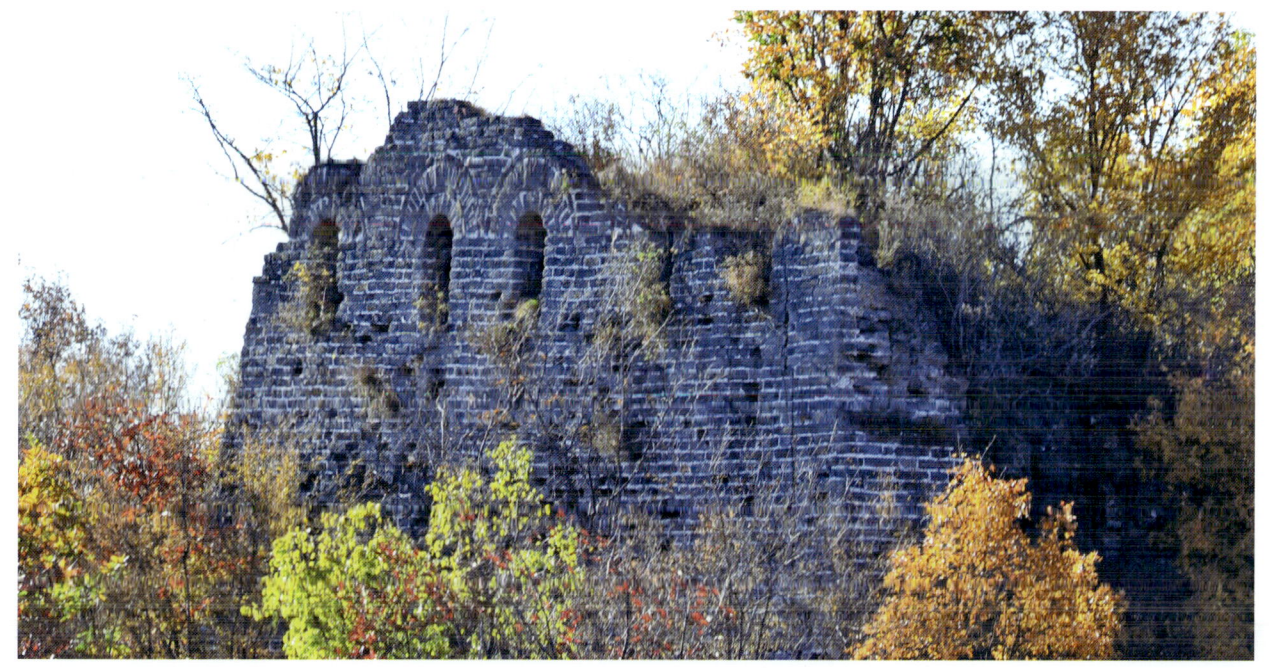

543

第六篇 忧心回望

▶ **河北迁安即将垮尽的敌楼** 张 骅 摄
河北迁安白羊峪长城最有特点的地方要算村东长城内仍保留拱券门的屯兵堡，以及村北长城上保留着楼匾但没有楼顶垛墙的神威楼。在神威楼西北山顶有一座敌楼，楼室、楼座、楼基均大部分垮塌，但仍有部分楼室及楼顶垛墙留存。这也是白羊峪长城保存状况最令人担忧的垮楼。

▲ **河北迁西即将垮尽的敌楼** 黄东晖 摄
河北迁西榆木岭长城分沟南、沟北两段。沟北段长城的残破敌楼比沟南段多。图中的残敌楼是沟北段里最急需维护的一座。该楼楼室已垮成了砖堆，掩埋了楼座。残存的含有一个楼窗的楼室南墙还保留着楼顶砖棱线和一个带有根开垛孔的残垛墙。这面残存的南墙有如敌楼的纪念碑。

▲ **河北秦皇岛即将垮尽的敌楼** 张 骅 摄
河北秦皇岛抚宁长城的最西段是河口村长城。这段长城上的敌楼多数是3×3眼敌楼，但也有这样一个即将垮尽的敌楼。凭楼室残存的一个半楼窗以及其他三面的荒草高度可以判断出来这座敌楼曾经也是一座3×3眼敌楼。

◀ **河北迁安即将垮尽的敌楼** 山雪峰 摄
河北迁安大龙庙村长城在白羊峪以东，由此地再向东就是冷口长城。大龙庙村长城上即将垮尽的敌楼不多，这座是离村子最近、位置最低的敌楼。该楼仅对长城外的一面楼室墙上存有两个楼窗，而楼室另外三面均已塌垮。土红色石块垒砌的楼座南角亦塌垮。楼窗上方到楼顶砖棱线这部分砖墙也摇摇欲坠。

第四章 即将垮尽的敌楼（保存极差的敌楼）

◀ 河北秦皇岛即将垮尽的敌楼　黄东晖 摄
在河北秦皇岛黄土岭隘口南，第三个敌楼从西北角度看已"开膛破肚"。敌楼的北面基座垮塌，一直垮到了楼室南墙内面，露出了砌在东墙内的梯道残券口。敌楼西面的楼室外墙拦腰垮断，比塌成陡坡的座芯略高。已塌尽的北墙和垮掉过半的西墙使楼室东墙、南墙内侧无任何支撑和依靠。

▲ 河北秦皇岛即将垮尽的敌楼　吕　军 摄
背牛顶长城位于河北秦皇岛抚宁区与青龙满族自治县的分界线上。因山高林密，此地是秦皇岛长城中最难通过的一段。背牛顶长城的敌楼多数残破。图中敌楼只存留楼室西面，楼室东面楼座已散垮成坡。从楼室南面看，敌楼外形变成了直角三角形。石门框楼门只剩半边，楼室已成砖堆，敌楼原状已很难判断。

▲ 河北迁安即将垮尽的敌楼
冷口是河北迁安长城中最易于通行的山口。冷口长城沟西段的山势地形比东段起伏更剧烈。沟西段第四座敌楼破垮极其严重，东面仅存的外墙如同人类的两个半手指，西面只存半个楼门，北面已碎垮成堆，几乎和山坡混成一片斜坡。残存的三段砖墙柱向上的方向因楼座开裂而分散。

545

致　谢

长城绵延万里的分布，使得极少有人能不间断地沿着它走下来。对于有工作、学业的我们父子二人，只能靠业余时间一点一处地"捡拾"宝贵的长城遗存。在四十多年求知长城的过程中，最常见的问题是缺乏便捷的交通工具，或是定下了目的地却不知路在何方。多亏好友相伴相助互相鼓励，我们才得以西出阳关，南下太行，北上黄河，东临鸭绿。

关于长城的知识浩瀚无边，有如一本翻不到尽头的巨著。也因为身边有朋友，有他们提供的信息与建议，大大扩展了我们的眼界，使我们对长城有了更全面的认知。而单凭父子二人的力量将知识系统化并非易事。正是朋友们的热情鼓励，推动我们动笔写书并付印，将愿望最终转化为了现实。

这本书中对长城的每点认知，都凝聚了朋友们的心血和汗水。在我们求知长城的路上，永远感谢他们。

（以在长城上结识后便开始为我们提供帮助的时间排序，不论社会名望大小或行政职务高低。）

◀ 周幼马（右）、马骏（左）父子

我们于 1987 年 11 月 13 日在北京怀柔西栅子开始结伴爬长城。1990 年 6 月 20 日，当时已是著名长城摄影专家的幼马引荐我父子二人加入中国长城学会。到 2010 年他共带着我们爬长城 146 次。其中河北怀来、赤城、涞源、迁安、抚宁等地的长城，当年因交通不便，若没有周幼马父子协调引领，极难到达。可以说他们为我父子二人四十多年的长城之旅打下了坚实的基础。

◀ 刘建光

1988 年 3 月 27 日刘建光邀请我父子二人参加她组织的走金山岭长城活动。经由她组织的爬长城活动，我们还陆续结识了李玉晖、宇鸣、刘青年等十多位热爱长城的朋友。她热心组建了一个关注求知长城的团队，得空就去长城上走走，也为我们求知长城提供了很多方便。刘建光帮我们了解了北京密云山区一些偏僻难去的长城地段，功不可没。

▶ 吴凡（右）

1988 年 11 月 13 日我们在北京怀柔箭扣东的正北楼开始结伴爬长城。陪伴我们共同经过了 5 次失败，才弄清楚如何从山下四个不同方向登上北京门头沟黄草梁长城。他是我们爬长城头七八年里最热心的支持者之一。作为驾驶员，他不怕麻烦，专捡难去的地方帮助我们实现接近长城的愿望。

▶ 钱琪红

我们于 1989 年 9 月 3 日在北京怀柔大榛峪开始结伴爬长城。在我们爬长城的早期活动中，很多艰苦之处都有她与女儿古远的身影与帮助。受经济能力制约，我靠带一帮孩子上长城分摊爬长城的出行成本，而钱琪红则高瞻远瞩，坚信爬长城对孩子身心成长有益。她是我们爬长城头二十年里最坚定的支持者。

◀ 姚泉龙

我们于 1995 年 4 月 15 日在北京密云小黄岩口开始结伴爬长城。虽然共同爬长城的次数不多，但他为我们结识当代长城摄影专家翟东风以及长城摄影爱好者王盛宇创造了条件，为我们结识长城探险专家吕朝华、长城爱好者方明提供了机会。

◀ 翟东风

著名的长城摄影专家。我们于 1995 年 4 月 15 日一起爬北京密云小黄岩口墙子路长城。在 1998 年 5 月两次带我们到迁西县潘家口领略喜峰口长城风貌。这可是他辛苦努力探寻的成果，如此无私让我们敬佩。他对长城摄影的理解使我们很受启发。

▶ 王盛宇

王盛宇是周幼马的朋友，对长城摄影极度爱好。我们 1995 年 4 月在北京密云小黄岩口长城结识。1997 年春节我们一起到河北涞源找到沙飞的红色经典老照片拍摄地点。山西天镇沙屯堡，河北秦皇岛义院口、界岭口，万全庙儿沟，阜平龙泉关、吴王口，都是他带领我去的。

▶ 高光宇（右）、任树垠（左）

在 1995 年 6 月 17 日爬北京密云仙女楼到望京楼时结识二位。二位有几年对爬长城十分痴迷。河北涿鹿马水长城是二位冒着危险带我们去的。任树垠为我们爬北京密云冯家峪西北 42 号台、孟僧郎峪、转山子等处的长城，吃了不少苦。

致谢

◀ 吕朝华
长城探险专家，我们于1995年8月13日在涞源乌龙沟长城遇见。吕朝华和朋友之前走过不少长城。他以能吃苦耐累在徒步长城的圈子里独树一帜。自结识以后，吕朝华就把他爬过的长城地点都向我们敞开分享，例如他了解的山西偏关长城悉数相告，这对我们细致了解该段长城帮助很大。

◀ 王虎
他把爬长城和拍摄长城当作最大的快乐。我们在1996年5月25日爬北京怀柔莲花池东段的高楼时结识。河北涞源寨子清长城敌楼门框上曾有的避邪石刻就是他先发现告诉我们的。从1996年5月到2010年4月我们一起爬长城75次。他也是我们后来爬长城活动中最可靠的伙伴之一。

▶ 方明
我们在1996年5月25日爬北京怀柔莲花池长城东段的高楼时结识。有八年时间他被长城吸引，经常参加我们求知长城的活动。1997年我们一起到河北涞源杨家庄寻到沙飞红色经典老照片拍摄地点。北京平谷四座楼山长城是方明带领我去的。方明还曾带着同学在寒冬时节从古北口沿长城走到金山岭长城，风夜中困守24眼敌楼，其毅力让我望尘莫及。

◀ 李少白
当代著名的长城摄影专家，我们在1996年6月20日爬北京怀柔正北楼长城时结识。是李少白把寻觅确定沙飞的红色经典长城老照片拍摄地点的光荣使命放到我们的肩上，让我们在求知长城时找到了高度和方向。他是我们求知长城确立思路时最热情的鼓励者，也是我们在长城摄影领域里的学习榜样。

◀ 董耀会
当代著名的长城专家。我们1988年就开始拜读有他参与合著的大作《明长城考实》，从书中吸取了大量营养。在1998年4月19日是他带我们第一次到河北易县紫荆关，考察一个刚刚出土的过墙门。在2003年10月我们一起爬山西天镇、阳高、代县长城时，他一路给予了我们很多指导和帮助。他主持料理长城学会日常工作时曾几次组织会员到长城考察，对我们求知长城帮助很大。

◀ 黄东晖
我们于1998年5月23日爬北京密云蔡家甸西长城时结识。从1998年5月到2014年10月我们一起爬长城222次。黄东晖拍摄长城已有二十多年，累计三百多次。他把爬长城、拍摄长城、求知长城当作最大的快乐。在使用数码相机后，他的辛勤成果全都无偿地供我们在本书中使用，对我们了解长城、介绍长城，构思完成本书帮助极大。

▶ 张骅
清华大学的长城摄影专家，我们于1998年5月1日在北京怀柔正北楼偶遇结识。从1998年5月到2015年6月我们一起爬长城143次。山西偏关虎头墩是张骅于2007年7月领我去的，山西河北交界处的狼牙口关、井陉东天门古关、河北白龙潭河营电峪口长城也都是张骅带领我去的。

▶ 焦维
焦维是张骅爬长城的铁哥们。我们同样是于1998年5月1日在北京怀柔正北楼偶遇结识。1999年4月25日河北怀来大营盘长城是焦维带领我们第一次去的。焦维工作繁忙却能抓住机会帮助我们接近长城，他对长城朴实的热爱令人难忘。

▶ 张俊（左）、曾傲雪（右）伉俪
我们于1999年9月25日在北京怀柔旺泉峪长城上结识。他们发起并组办了"长城小站"这一公益网站，旨在宣传并保护长城。他们在网站建设上倾注的对长城的热爱和关注让我们敬佩。通过"长城小站"网站，我们结识了很多热爱长城的朋友，也借助"长城小站"的网页获得了很多知识和信息，例如河北怀来大营盘长城独特的水关就是他们发现并告诉我们的。

▶ 山雪峰
他把爬长城和拍摄长城当作最快乐有意义的活动。我们在2001年6月9日爬北京怀柔正北楼长城时结识。是他帮助我们把了解长城的视野扩大到山西天镇、阳高、偏关、河曲、山阴、灵丘等县。由于他的执着努力，我们才在太行山深处找到了"岸底关""古榆树关"。在求知长城过程中寻找最困难、最偏僻的地点时，山雪峰给予我们的帮助最大。

547

致　谢

▶ 李玉晖

原解放军飞行员。我们在2001年6月9日爬北京市怀柔区正北楼长城时通过刘建光结识。对我们爬长城和摄影长城活动做过很多奉献。从河北秦皇岛黄土岭长城到北京密云墙子路南大岗长城，从河北怀来坊口长城的残圆楼到怀安县总镇台长城，李玉晖的干练、准确使我们求知长城的效率大大提高。

◀ 宇鸣

原解放军海军军官。我们也是在2001年6月9日爬北京市怀柔区正北楼长城时通过刘建光结识。宇鸣对长城的热爱出于军人与长城的不解情怀。他与刘青年、李玉晖两人在爬长城和拍摄长城上志趣相投，结为伙伴。他们爬长城时邀请我们参加，为我们更多地发现和了解长城提供了方便。从河北迁安冷口长城到白羊峪长城，从北京密云平谷交界的长城到古北口西八大楼子长城，这些都为我们求知长城填补了关键的空缺。

◀ 高玉梅

我们在2001年6月9日在爬北京市怀柔区正北楼长城时通过刘建光结识。她在长城摄影上有追求、有热情，并帮助我们在求知长城时填补了一些难度较大的地点，其中河北秦皇岛大石窟的八角楼、竭家沟长城、罗汉洞长城及北京密云新城子北沟长城，都是她帮助我们找到并共同实地查看的。

▶ 孙国勇

我们在2002年5月18日北京平谷四座楼山长城上结识，后来一起结伴到河北涞源白石山长城、赤城独石口长城、宣化常峪口长城，山西天镇、河曲、偏关多处长城上考察。他多次表示对我爬长城的故事有兴趣，一直支持我们写一本考察长城的书。对书的立意、书的框架结构提供了帮助，也对我们反复的修改给予宽容理解，是本书成形的关键推动者。

◀ 刘民主

刘民主是周幼马的好朋友。我们于2002年9月14日在河北省怀来县大营盘长城上结识。他对长城的热爱之踏实和认真让我们由衷敬佩。他在长城摄影活动时十分努力，在有危险或困难的情况时是个可以信任的朋友。他在考察了解长城时有公安办案的严谨，总以细致全面了解长城为要。是他带我到河北迁西榆木岭关看到那个仅存的过墙残门洞的。

◀ 郑严

我们于2003年7月19日通过中国长城学会活动在爬辽宁九门口长城时结识。他是中国长城学会两刊编辑部主任，又是"长城小站"最铁杆的网友。在他经手的两刊长城杂志里，我们获得了很多长城的知识和信息。他曾多次为我们爬长城提供便利，例如2011年9月17日把我带到河北张北的镇虎台长城。

▶ 龚建中

我们也是在2003年7月19日通过中国长城学会活动爬辽宁九门口长城时开始结伴。他是个非常低调踏实的长城志愿者，曾相约探求长城多次，是他带我到山西天镇的保平堡、桦门堡、李二口长城，河北秦皇岛城子峪东长城、平顶峪北长城去的。

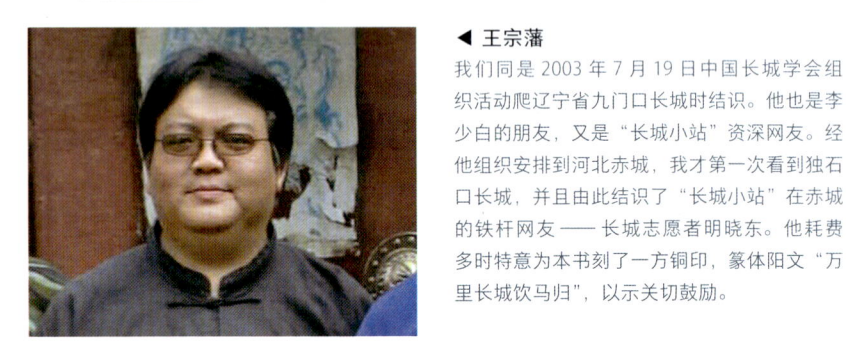

◀ 王宗藩

我们同是2003年7月19日中国长城学会组织活动爬辽宁省九门口长城时结识。他也是李少白的朋友，又是"长城小站"资深网友。经他组织安排到河北赤城，我才第一次看到独石口长城，并且由此结识了"长城小站"在赤城的铁杆网友——长城志愿者明晓东。他耗费多时特意为本书刻了一方铜印，篆体阳文"万里长城饮马归"，以示关切鼓励。

◀ 岳华

他本是郑严的朋友，我们在2003年12月13日爬北京密云水石浒长城时结识，随后立刻成为热爱长城的朋友。他曾多次为我们爬长城提供便利。由于他的努力，我们才得以近距离观察到北京密云新城子镇白岭关西大石沟山崖尖上的2×2眼残敌楼。

▶ 明晓东

我们在2005年8月13日跟着李少白、王宗藩同爬赤城县独石口长城时结识。他是河北省赤城县知名的长城摄影专家，也是"长城小站"在赤城长城领域最深入的研究者。是他带我到河北省赤城县独石口东的"盘道沟楼"，还把青泉堡村南坡天启六年的"永照楼"介绍给我们。

致谢

◀ 威廉·林赛
英国作家兼摄影师，国际长城之友协会主席。2005年12月4日他请我带他到河北涞源杨家庄长城复拍沙飞的老照片，我们有寒夜同宿一帐、哈气在帐篷顶即刻结冰的经历。威廉·林赛把玛约里·黑塞尔·笛尔曼女士赠他的、威廉·盖洛1909年出版的英文书《中国长城》，慷慨地借给严共明阅读，对我们了解长城，尤其是辨识与复拍长城老照片，帮助很大。

◀ 刘钢
"长城小站"资深网友，长城老照片收集与鉴定专家。在"长城小站"无私地提供长城老照片，为爱护长城尽心尽力。我们在2006年4月11日河北涞源浮图峪长城相遇。是他带我到山西灵丘牛帮口长城，复拍了沙飞的"挺进敌后"八路军骑兵过长城的红色经典老照片。山西繁峙茨沟营和韩庄长城也是他领我去的。

▶ 朱民
热情执着的长城发烧友。我们于2007年5月6日一起爬北京怀柔西大楼长城时结识。我们还曾十多次一起爬长城。他和他的同事们对长城的热爱对我是一种激励，他们把接近长城视为生活中的一种美好，这让我实在敬佩。

▶ 张翅飞
"长城小站"早期网友，多年来一直热爱长城，他自1984年起就和我们一起爬长城。2007年10月14日他领我从北京门头沟柏峪村经天津关到黄草梁长城，后来还领我到山西阳高长城乡镇边堡、镇宏堡看过他喜欢的山西省外长城。

▶ 吕军
我与吕军、熊启瑞二位于2008年3月7日一起爬辽宁九门口长城时结识。他们帮我把太行山长城上的黄泽关、峻极关、支锅岭关、黄榆关、娘子关、鹤度岭关、固关、神堂口关、古关逐个找到。其中吕军帮我远征嘉峪关、玉门关，领我见识了陕西、甘肃长城的风貌。吕军还把自己的长城照片毫无保留地供我编纂本书选用，为本书编辑提供了有力的支持。

◀ 王献武
我与王献武、郭茂德二位是2008年4月5日一起爬北京密云龙峪沟东长城时结识的。王献武帮我领略了太行山长城上的虹梯关、数道岩关、大领口关、马岭口关。寻找这几个长城古关难度很大，王献武凭他对长城热爱，助我实现了多年的梦想。

◀ 郭峰
"长城小站"用画笔赞美长城的画家。于2010年5月29日一起爬北京密云蔡家甸长城时，才切身领会到他对长城的热爱。是他帮我到河北怀安总镇台长城找到两个尚存石匾的墩台，由此弥补了对总镇台长城了解的空缺。

◀ 李炬
"长城小站"研究长城老照片的专家，在中外文化交流方面做了很多有益的工作。在2011年6月18日是他帮我们到河北万全洗马林长城，看到了七座存有石匾，且匾上还有着清晰刻字的墩台。

◀ 罗宏
吕军的朋友。于2013年10月他和吕军带我一起去爬陕西府谷引正通的守口墩以及神木市的五龙口楼，帮我清点了陕西长城上有窗的敌楼。2014年6月他和吕军又带我一起到山西朔州将军会堡、偏关黄龙池堡、草垛山堡，还从偏关的水泉堡过小元峁穿越到柏杨岭，这些都是含金量极高的长城考察。

▶ 严欣强的妻子赤囡
最艰苦的初探，例如河北涞源乌龙沟长城，沿着最危险的单边墙头从仙女楼爬到望京楼，还有在北京怀柔箭扣长城沿着墙头爬鹰飞倒仰，都是她陪着我。这么多年只要在家整理爬长城的照片或思索爬长城文字，都是她默默地为我提供支持。凭借赤囡的帮助我才走到今天。

549

后 记

　　1984年春，长城上出现了几个放弃固定工作，立志要凭自己的努力走遍长城的勇士。刘雨田独自从嘉峪关向山海关走，董耀会、吴德玉、张元华则结伴从大海边向着戈壁进发。巧合的是，那年夏天，我们爷俩也刚刚开始了自己在长城上的摸索。但为父的要养家育子，为子的要完成学业，爷俩只能利用周日和假期去爬长城。而彼时，两人心中实在没有更宏大的设想。

　　刘雨田走完长城，心归大自然，转攻野外探险；董耀会走完长城去大学进修，之后写出《明长城考实》，并由此晋升长城专家。我们爷俩用了十年的业余时间，才初步把北京周边的长城走遍。在了解北京长城的过程中，我们结识了周幼马、马骏、吴凡、李少白等一众热爱长城的朋友。通过探寻长城，我们不仅增长了见识，收获了友谊，还巩固了利用业余时间了解长城的信心。经过这十年的积累，我们对长城的感悟也不断加深。

　　1996年11月，中国国家博物馆为纪念中国工农红军长征胜利六十周年举办长城主题摄影展。主办策展人李少白先生约我去审定每幅作品的标签，要我把所有原题中空泛赞美的虚词标题全部改成实在确切的拍摄地点，这是我第一次有机会为长城发声。送展作品多数拍摄于北京地区，作品中的长城段落大多不难确认。影展里有一张极为重要的作品，是中国军人在长城上迎击侵略者。偏偏这张由沙飞先生创作的原题为《战斗在古长城》的历史名作，没有任何关于拍摄地点的信息或提示。就在我一筹莫展时，严共明指出，沙飞先生的历史名作中的山影轮廓以及长城形态，与不久前我们在河北涞源浮图峪长城上见到的非常接近，因此我们便大胆将这幅名作的标签地点定为：河北省涞源县浮图峪附近长城。

　　为了确认沙飞先生历史名作的实际拍摄地点，1997年春节，我们与几个朋友再探涞源浮图峪长城，并准确核对出先生当年拍摄历史名作的机位，成功解开了《战斗在古长城》这幅长城抗战摄影佳作的历史之谜，既还原了长城本色，也为中国革命历史填补了细节上的空缺。没想到这次为长城发声，竟引发了更多长城与历史爱好者寻找与长城相关的"红色经典"老照片拍摄地点的热情。

　　就在这种热情的推动下，不知不觉地，我们父子二人关注长城即将走入第四十个年头。在这近四十年的探访考察中，我们既见证了各地长城形态之丰富，也目睹了其因缺乏保护而遭受的损毁，并逐渐感到一种记录与保护长城的责任。这些年适逢"爱我中华，修我长城"的热潮，在越来越多的长城段落得到保护抢修的同时，也不乏热心人把长城修得跑调走样的尴尬事情发生。这让我们意识到，我们不仅要记录长城，更有必要向大众介绍长城的真实面貌。同样还是在这些年中，虽不断有介绍长城的书籍与画册出版，却没有一本能准确描述我们对长城的认知。以上种种，促使我们父子二人思考，是时候以自己的一手体验，为真实的长城写一本与众不同的书了。

　　既是"与众不同"，本书从构思伊始，便试图跳出前人的表述框架。经过反复讨论，最后我们决定从"形态"角度对长城进行归纳梳理，因缺少先行者的著述以供借鉴参考，这"形态"的视角便局限于笔者的管窥之见，叙述中难免有偏颇之处。在长城上拍照记录，也受天气、光线、机位、设备等诸多条件限制，因此书中选用的照片不敢奢求与风光画册媲美。虽是求知长城，但我们的确还未能把明长城细致彻底地走遍，其中的遗漏缺失亦是本书极大的缺憾。再加上篇幅限制，长城的存留与损坏皆不可能见到必叙，只能尽可能选取较有代表性的。

　　本书由构思、搜集素材到动笔，再到设计版式以及修改，前后历经15年有余。恰如世间万物，皆有其形成变化的过程。作为跨越冷兵器和热兵器时代的军事工程，长城从出现到鼎盛再到淡出舞台，是一部漫长而曲折的历史。长城从土夯石垒而成的简单防御建筑，发展到拥有复杂内部结构的关城、敌楼以及精美饰刻的国族精神图腾，并非一蹴而就，其中凝结了历代戍边将士从鲜血中获得的教训，更有无数工匠的热忱与智慧。我们父子二人探寻并认知长城，则经历了从片面到综合，由肤浅而深入的摸索，渐渐化量变为质变。至于构思设计并撰写本书令我们收获的，似乎正是上述三个历程在500多页的纸张间浓缩、交织、重合再彼此渗透所产生的回响。这本书未必有足够华丽的旋律和节奏，也缺少扣人心弦的情节，因其源自长城，源自我们父子二人对长城的热爱，故而更愿它能如长城般质朴，如长城般绵亘，如长城般坚实。

　　作为读者，若您在翻阅本书后，对长城形态的认知另有高见并愿意分享，这无疑对推动长城研究是一件好事。若本书能激发起您对长城的兴趣，促使您在条件允许的情况下多去了解长城，拿起相机记录长城，并对本书的未尽之处添砖加瓦，那么相信长城的保护工作定能因此而变得更加及时而有效。而通过此书，能让更多人了解、关注长城，并投入到长城保护的行列中，正是我们的小小心愿。

2022年8月22日大暑

出版后记

万里长城是中华民族的象征，是中国古代精湛的营造技术与文化智慧的巅峰体现，更是世界文化遗产，是人类历史上不可多得的伟大建筑成就。它不仅因其宏伟的规模与悠久的历史吸引了国内外众多游客的目光，更为历史学、考古学、建筑学等多个学术领域提供了珍贵的现实案例和丰富的研究资源。

市面上现有的涉及长城的书籍大多聚焦于描述和体现其历史沿革、地理分布、旅游价值或自然景观，相比之下，《长城形态图志》的视角则十分独特，它用影像和文字深入探索长城建筑形态的细节。这是一部关于长城的摄影集，更是一部关于长城的研究论集，凝聚了严欣强、严共明父子四十年的心血。他们利用业余时间，踏遍北京、天津、河北、山西、内蒙古、辽宁、陕西、甘肃、宁夏等地的长城沿线，考察了山海关、居庸关、雁门关、嘉峪关等著名关隘，探寻了无名口、龙字台、马字台等过往隐匿于世的长城角落，用镜头捕捉、用文字记录下了那些默默无闻却又至关重要的建筑元素。

《长城形态图志》全书精心收录了近 1800 幅照片，忠实地记录了长城的墙、门、墩、台、楼、垛孔、石刻砖雕等部分，每幅照片均配有作者的专业解读与实地考察心得，向读者展示了真实又立体的长城形态。《长城形态图志》的出版填补了长城研究在形态学方面的空白，也提供了欣赏长城、研究长城、保护长城的新视角，在视觉上直观可感。阅读本书，既能领略长城作为军事防御工程的精妙之处，也能深入理解其背后所蕴含的文化价值与审美意趣。

本书编校过程中，我们在作者原稿的基础上，逐个查证了书中所涉长城的地点，订正了个别小疵，统一了相关术语。由于作者考察长城的时间长达四十年，涉及地点的相关记述多遵循长城保护人士的惯例借用附近村落的名字，而个别地域的行政区划近年来发生了较大调整，为便读者认知，我们进行了小范围修改。为使读者快速找到相关地段，不令行文烦琐，且兼顾长城保护人士的惯例，书中关于行政区划的记述通常以省级 + 县级的形式（如"河北赤城"）列出；个别区划调整较大的地域，为了不造成新的记述上的混乱，在约定俗成的基础上，以省级 + 市级的形式列出（如原河北省秦皇岛市抚宁县撤县改区后，辖区分属多区，当地长城段落的归属变得较为复杂，今笼统称"河北秦皇岛"）。特此说明。

由于编辑水平所限，书中不足之处在所难免，恳望读者提出批评，以便改进。

后浪出版公司
2024 年 12 月